Mathys Dichter und Beter
Theologen aus spätalttestamentlicher Zeit

ORBIS BIBLICUS ET ORIENTALIS

Im Auftrag des Biblischen Instituts
der Universität Freiburg Schweiz,
des Seminars für Biblische Zeitgeschichte
der Universität Münster i. W.
und der Schweizerischen Gesellschaft
für orientalische Altertumswissenschaft
herausgegeben von
Othmar Keel
unter Mitarbeit von Christoph Uehlinger, Erich Zenger und Albert de Pury

Zum Autor

Hans-Peter Mathys (1951) studierte in Bern Theologie. Nach dem Vikariat in Adelboden war er als Assistent an der Evangelisch-theologischen Fakultät der Universität Bern tätig, wo er 1983 mit einer Arbeit über das alttestamentliche Gebot der Nächstenliebe zum Dr. theol. promovierte (OBO 71). Von 1983 bis 1985 war er als Pfarrer in Saignelégier tätig. Es folgten Studienaufenthalte in Göttingen und Jerusalem und dreieinhalb Jahre Pfarrdienst in der reformierten Gemeinde von Pruntrut. Seit 1991 ist er Professor für Altes Testament an der Theologischen Fakultät der Universität Heidelberg.

Orbis Biblicus et Orientalis 132

Hans-Peter Mathys

Dichter und Beter

Theologen aus spätalttestamentlicher Zeit

Universitätsverlag Freiburg Schweiz
Vandenhoeck & Ruprecht Göttingen

Die Deutsche Bibliothek – CIP-Einheitsaufnahme

Mathys Hans-Peter: Dichter und Beter. Theologen aus spätalttestamentlicher Zeit / Hans-Peter Mathys. - Freiburg/Schweiz: Univ.-Verl.; Göttingen: Vandenhoeck und Ruprecht, 1994
(Orbis biblicus et orientalis; 132)
Zugl.: Bern, Univ., Habil.-Schr., 1989/90
ISBN 3-525-53767-0 (Vandenhoeck und Ruprecht)
ISBN 3-7278-0931-0 (Univ.-Verl.)
NE: GT

Die Druckvorlagen wurden vom Verfasser
als reprofertige Dokumente zur Verfügung gestellt

Paulusdruckerei Freiburg Schweiz

ISBN 3-7278-0931-0 (Universitätsverlag)
ISBN 3-525-53767-0 (Vandenhoeck & Ruprecht)

SAMUEL AMSLER IN DANKBARKEIT
GEWIDMET

Vorwort

Die vorliegende Untersuchung wurde von der Evangelisch-theologischen Fakultät der Universität Bern im Wintersemester 1989/90 als Habilitationsschrift angenommen. Für den Druck wurde sie stark gekürzt und überarbeitet.

Dieses Buch verdankt viel dem Gespräch mit Fachkollegen aus Göttingen, Jerusalem, Bern und Lausanne, denen ich für Ihr Mitdenken danken möchte. Es sind dies: Prof. Dr. S. Amsler, Dr. U. Berges, Prof. Dr. W. Dietrich, Prof. Dr. R. Hanhart, K. den Hertog, Prof. Dr. M.A. Klopfenstein, Prof. Dr. F. Langlamet, PD Dr. Ch. Levin, Prof. Dr. G. Norton, Prof. Dr. L. Perlitt, Prof. Dr. R. Smend und Prof. Dr. H. Spieckermann.

Zu danken habe ich weiter dem Schweizerischen Nationalfonds für die Förderung der wissenschaftlichen Forschung, der meine Studienaufenthalte in Göttingen und an der Ecole Biblique et Archéologique Française de Jérusalem finanzierte, Frau Barbara Joos, die das Stellenregister zu überprüfen half, sowie Frau Pia Gunti, welche die Druckvorlage erstellte und im Unterschied zum Leser verschiedene Fassungen der vorliegenden Arbeit und die Kaprizen ihres Verfassers kennt. In meinen Dank schließe ich die Kirchgemeinde Pruntrut ein, deren Mitglieder meine wissenschaftliche Arbeit mehr gefördert haben, als sie wissen. Prof. Dr. O. Keel hat das Buch mit der ihm eigenen editorischen Effizienz betreut; auch ihm gilt mein Dank.

Gewidmet ist das Buch dem Manne, ohne den es nicht hätte geschrieben werden können.

Heidelberg, Pruntrut, im September 1993 H.P. Mathys

INHALTSVERZEICHNIS

Vorwort VII

EINLEITUNG 1

A. GEBETE 3

1. Nachdeuteronomistische Gebete 4
   a) Neh 9: Das systematische, durchkomponierte Gebet 4
   b) Dan 9,4-19; Esr 9,5-15; Neh 1,4-11: Von Schuld und Vergebung – sowie Ansätzen zu einer Lehre von der Schrift 21
   c) IChr 29; IIChr 20: Der große Gott und der demütige Mensch / das kleine Israel 36
2. Gebete aus dem deuteronomistischen Bereich 50
   a) IReg 8: "Das" alttestamentliche Gebet 50
   b) IISam 7,18-29: Die Antwort Davids 68
   c) Jer 32,16ff: Der Prophet als deuteronomistischer Dogmatiker? 75

B. GESCHICHTE 83

1. Ps 136: Traditionelle Heilsgeschichte? 84
2. Was hymnische Einsprengsel vermögen 101
   a) Am 4,13; 5,8(f); 9,5f: Israel vor der Wahl zwischen Heil und Gericht 101
   b) Dan 2,20-23; 3,31-33; 4,31f(34); 6,26-28: Die verallgemeinernde, bekennende Antwort 113

C. PSALMEN AUSSERHALB DES PSALTERS 125

1. Interpretation 126
   a) ISam 2,1-10; IISam 22; IISam 23,1-7: Die nachdeuteronomistische Auslegung der Samuelbücher 126
      α) ISam 2,1-10: Das Hannalied 126
      β) IISam 22: Der Psalm Davids 146
      γ) IISam 23,1-7: Die letzten Worte Davids 157
   b) Dtn 32; Dtn 33; Jdc 5; Ex 15: Die Vorbilder 165
      α) Das Lied des Mose: Dtn 32 165
      β) Der Mosesegen: Dtn 33 170
      γ) Das Deboralied: Jdc 5 174
      δ) Das Schilfmeerlied: Ex 15 177

2. Zusammenfassung 181
a) Jes 12: Die Zusammenfassung des Jesajabuches 181
b) IChr 16,8-36: Die Festkantate Davids 201
3. Korrektur: Das fromme Individuum in Jon 2,3-10 (Jes 38,10-20) 218

D. PSALMEN 231
1. Die Psalmen in der alttestamentlichen Theologie 232
a) Gunkel und die Folgen: Einige unvermeidliche Gemeinplätze 232
b) Die Psalmen in den Theologien G. von Rads, Zimmerlis und Westermanns 236
c) Antwort 242
2. Zusammenfassung 248
a) Einleitung 248
b) Auslegung ausgewählter Psalmen 251
α) Psalm 33 251
β) Der Doppelpsalm 111/112 256
γ) Psalm 135 259
δ) Psalm 144 262
ε) Psalm 146 266
3. Verdichtung 271
a) Ps 130: Von des Menschen Elend, Erlösung und Dankbarkeit 271
b) Ps 119: Das Gesetz? – Der gesetzesverliebte Beter? – Der von Gottes gnädigem Worte lebende Mensch! 279
c) Ps 117: Der ewig gütige Gott 292
d) Ps 19: Der geheimnisvolle Psalm 298

ZUSAMMENFASSUNG UND AUSBLICK 317

LITERATURVERZEICHNIS 322

BIBELSTELLENREGISTER 354

EINLEITUNG

“Das Alte Testament ist noch weniger ein >israelitisches< und noch mehr ein >jüdisches< Buch, als Wellhausen – von der Wissenschaft vor und nach ihm zu schweigen – annahm”[1].

Mit diesem Satz ließen sich viele Bücher und Artikel abschließen, die in jüngerer Zeit auf dem Gebiete der alttestamentlichen Wissenschaft erscheinen. Immer mehr “Früh”datierungen werden aufgegeben, und immer stärker setzt sich die Erkenntnis durch, daß altes Glaubensgut in später Zeit außerordentlich stark systematisiert worden ist. Diese Systematisierung geschieht außer im “Denken in und der Bildung von größeren Zusammenhängen” durch Begriffe, Lehrsätze, Argumentationen und die Interpretation vorliegender Texte[2]. Sie bringen keine “Theologie des Alten Testaments” hervor, aber vielfältige und vielgestaltige “Theologie im Alten Testament”[3]. Sie ist in vielen Bereichen aufgearbeitet, in anderen nicht. Auf eine dieser Lücken hat Smend aufmerksam gemacht: Bei der Untersuchung der Theologie im Alten Testament seien auch “die Gottesprädikationen in den Psalmen einzubeziehen, schon um das gebetsmäßig-doxologische Element sichtbar zu machen, das zu jeder Theologie gehört”[4]. Diese Anregung wird hier in modifizierter Gestalt aufgenommen. Wir zeigen auf, wie in Gebeten, Doxologien und Psalmen alttestamentliches Glaubensgut systematisiert wird und wie ihre Verfasser mittels dieser Gattungen zum Teil ganze Bücher auslegen. Das Kriterium für die Textauswahl ist also ein formales.

Es geht in der vorliegenden Arbeit um Systematisierung, und doch besteht sie vor allem aus Exegesen, muß es auch: In jedem der behandelten Texte geschieht Systematisierung anders. Aus diesem Grunde können am Schluß als Resultat nur einige *Tendenzen* dieser Systematisierung festgehalten werden. Zu einer wirklichen Systematisierung ist die jüdische Theologie damals noch nicht gekommen.

Eines machen die vorliegenden Untersuchungen jedoch mehr als deutlich – und damit ist ein Resultat der Arbeit vorweggenommen –: Dichter und Beter gehören zu den systematischsten Theologen des Alten Testaments. Anders gewendet: Psalmen, Doxologien und Gebete eignen sich besonders gut für die Systematisierung überkommenen Glaubensgutes. Noch anders ausgedrückt: Der Titel der Arbeit enthält nur eine leichte Übertreibung.

---

1 Smend, Theologie 117.

2 Smend, a.a.O. 111ff (Zitat 111).

3 Vollständiger Titel des Smendschen Aufsatzes.

4 Smend, a.a.O. 114f.

A. GEBETE

Gebete enthält das Alte Testament in großer Zahl und in sehr unterschiedlicher Ausformung. Simsons Gebet von Jdc 16,28: "O Herr, mein Gott! Gedenke doch meiner und stärke mich nur diesmal noch, o Gott, daß ich mich [wenigstens] für eines meiner beiden Augen an den Philistern räche" hat mit den hier behandelten Texten wenig oder nichts zu tun. Es geht in diesem ersten Teil unserer Arbeit nur um "Kunstformen des Gebets in der Spätzeit"[1]. Ihre Theologie(n) und die Art und Weise, in der in ihnen Theologie betrieben wird, sollen hier untersucht werden[2].

---

1 Reventlow, Gebet 265.

2 Die ausführlichen Gebete bei Hiob bleiben hier unberücksichtigt. – Wer sich für die Gattung "Gebet" und ihre Geschichte im Alten Testament interessiert, sei auf die Anm. 1 genannte Monographie Reventlows verwiesen.

1. Nachdeuteronomistische Gebete

a) Neh 9: Das systematische, durchkomponierte Gebet

"C'est l'une des plus belles ... parmi les prières liturgiques conservées dans l'Ancien Testament, en dehors du livre des Psaumes"[1]. So kommentiert Michaeli das Gebet, mit dem die Leviten in einem Sühnegottesdienst im Anschluß an die Gesetzesverlesung durch Esra und die Feier des Laubhüttenfestes (Neh 8) Gott preisen. Diese Beurteilung wird Neh 9 nicht ganz gerecht, enthält das Kapitel doch eine eigentliche Dogmatik in nuce. Gerhard von Rad hat Neh 9 als riesigen Ausbau des kleinen geschichtlichen Credos bezeichnet, das hier erstmals um die Themen "Schöpfung" und "Sinai" erweitert sei[2]. Seine (negative?) Beurteilung[3] dieses eigenartigen Textes hat wohl mit dazu beigetragen, daß er in der Forschung bis vor kurzem ein Mauerblümchendasein fristete und man die systematische Leistung seines Verfassers übersah. Sie steht im Mittelpunkt dieses Abschnitts.

Neh 9 zerfällt in zwei Teile: Im eigentlichen Gebet, V. 32-37 umfassend, bitten die Leviten Gott, die Mühsal des Volkes trotz seiner Verfehlungen nicht gering zu achten (V. 32). Der erste ist wie folgt aufgebaut:

- Einzigkeit Jahwes (V. 6aα)[4]
- Schöpfung (V. 6aβb)
- Heils-, respektive Unheilsgeschichte (V. 7-31).

Da Gottes Treue und Erbarmen trotz des anhaltenden Ungehorsams von Israel den zentralen Skopus des Textes bilden, mag man in V. 6 eine schöne, aber letztlich belanglose Einführung zu V. 7ff erblicken. Er ist es nicht – im Gegenteil: Den drei Abschnitten kommt, etwas übertrieben ausgedrückt, das gleiche inhaltliche Gewicht zu. Ihre unterschiedliche Länge erklärt sich einfach: Daß Jahwe allein Gott ist, läßt sich in einem Satz

---

1 Michaeli, Chroniques – Néhémie 342.

2 von Rad, Problem 19f.61.

3 von Rad, a.a.O. 20: "Damit ist aber auch das Stadium der *völligen Zerdehnung* der Gattung erreicht; denn der geschichtliche Rückblick umfaßt jetzt Weltschöpfung, Vätergeschichte, Ägypten, Auszug, Sinai, Wüstenwanderung, Landnahme, Richterzeit, Königszeit bis herab zur nachexilischen Zeit" (Hervorhebung v.Vf.).

4 Fensham übersieht, daß die Behauptung von Jahwes Einzigkeit eine Aussage für sich bildet (Neh. 9, 40; Williamson, Structure 121; vgl. aber ders., Ezra – Nehemiah 312). – Daß Jahwes Einzigkeit gleich anschließend an seinem Schöpfungshandeln exemplifiziert wird, ändert an dieser Tatsache nichts.

sagen; es genüge der Hinweis auf das gleich prägnant formulierte Dtn 6,4. Ähnliches trifft für die Schöpfungsaussagen zu. Bei der (Un)Heilsgeschichte liegen die Dinge anders: Sie verlangt eine ausführliche Darstellung, weil einzelne Ereignisse aneinandergereiht, erzählt werden müssen.

Ein zweiter Punkt kommt hinzu. Wer Neh 9 nur unter dem Gesichtspunkt betrachtet, worauf es dem Beter ankommt und worum er bittet, kann V. 6 mehr oder weniger außer acht lassen. Diese Sicht ist allerdings einseitig. Die späten alttestamentlichen Gebete enthalten nicht nur Aussagen, die sich strikt auf das Gebetsanliegen, die vorausgesetzte Situation beziehen, sondern auch "Dogmatik" Neh 9 in besonders starkem Maße. Verhielte es sich anders, hätte der Verfasser dieses Kapitels kaum so sorgfältig formuliert, daß jedes seiner Worte auf die Goldwaage gelegt werden muß, wie sich an V. 6f besonders schön zeigen läßt:

> Du allein bist der Herr (*ᵓth-hwᵓ jhwh lbdk*);
> du (*ᵓt*) hast den Himmel und aller Himmel Himmel
> und ihr ganzes Heer gemacht,
> die Erde und alles, was darauf ist, das Meer, und alles, was darin ist.
> Du (*wᵓth*) erhälst alles lebendig, und das himmlische
> Heer betet dich an.
> Du, o Herr, bist Gott (*ᵓth-hwᵓ jhwh hᵓlhjm*), der du
> Abram erwählt...

Das Personalpronomen *ᵓt(h)* verwendet der Verfasser von Neh 9 im Rest des Gebets nur noch, wo er selbständig formuliert, zudem allein im Zusammenhang mit den zentralen Aussagen von Jahwes Gerechtigkeit, Hilfe und Vergebung[5]. Auch in V. 6f dürfte *ᵓth* den durch es eingeleiteten Aussagen Nachdruck verleihen. Die beiden ersten enthält auch IIReg 19,15 (vgl. V. 19), die Vorlage für Neh 9,6:

> O Herr, Gott Israels, ... du allein bist Gott über alle
> Königreiche der Erde (*ᵓth-hwᵓ hᵓlhjm lbdk lkl-mmlkwt hᵓrṣ*)! Du hast Himmel und Erde gemacht...

Überall wo der Verfasser des Gebets sich an vorliegende Texte anlehnt – es geschieht häufig[6] –, ändert er seine Vorlage ab, wo es sich aufdrängt.

---

5 Belege: V. 6(3x).7.8.17.19.27.28.31.33.

6 Vgl. dazu die ausführliche Liste bei Myers, Ezra – Nehemiah 167-169. Sie ist allerdings mit Vorsicht zu benutzen. Wichtige Stellen fehlen; so dürfte bei V. 13 der Verweis auf Ez 20 nicht unterbleiben (s. dazu unsere Auslegung des Verses). Andere Parallelstellen wirken an den Haaren herbeigezogen.

Neh 9,6 entfällt die Näherbestimmung "über alle Königreiche der Erde". IIReg 19,15 ist sie unverzichtbar – als Antwort auf die versteckte Drohung Sanheribs, schon die Götter von Gosan, Haran... hätten ihre Völker nicht vor seinem Vater (Sargon II) zu retten vermocht. Der Verfasser von Neh 9 beläßt es nicht bei dieser verallgemeinernd wirkenden Anpassung, sondern baut die Schöpfungsaussagen von IIReg 19,15 aus. Daß er es tut, verrät ein Interesse an der Schöpfung als solcher; er spult nicht einfach ein Pflichtpensum an Schöpfungsaussagen ab[7]. Wie er's tut, verdient Beachtung: Er orientiert sich an der priesterschriftlichen Darstellung, die er vereinfachend und systematisierend zusammenfaßt – in deuteronomistischem Sprachgewand[8]. Ein wichtiger Text und eine wichtige theologische Sprache haben sich gefunden.

Diese gelungene Synthese wird durch einen Satz weitergeführt, zu dem das Alte Testament keine enge Parallele enthält: *wᵓth mhjh ᵓt¯klm*: Alle Lebewesen verdanken Gott ihre Existenz / Erhaltung[9]. Anders ausgedrückt: Die Schöpfung erstreckt sich bis in die Gegenwart, ist noch aktuelle.

Mit dem eben zitierten Satz schließt der Abschnitt über die Schöpfung und leitet zugleich zur Aussage von Jahwes Einzigkeit am Anfang des Verses zurück: Das himmlische Heer, einst Jahwe unterstellter Hofstaat (IReg 22), im deuteronomistischen Bereich Name für die bekämpften Astralgottheiten, ist in nachexilischer Zeit "fast wieder das, was es einst in der Vision Micha b. Jimlas war: ein Teil der Schöpfung Jahwes, der ihm untergeben und zu Diensten ist"[10]. Die Anbetung Jahwes durch das himmlische Heer, die fremden Gottheiten, macht auf anschauliche Weise deutlich, daß er der einzig mächtige Gott ist.

Der Einsatz des heilsgeschichtlichen Teils in V. 7 (*ᵓth¯hwᵓ jhwh hᵓlhjm*) unterstreicht die Wichtigkeit von Jahwes Einzigkeit ein weiteres Mal. Er bindet zugleich Schöpfung und Geschichte eng aneinander: In beiden wirkt Jahwe und er allein.

---

7 Fensham, Neh. 9, 41, geht zu weit, wenn er schreibt: "In Neh. 9 the creation is described in general terms, e.g. the creation of heaven and earth, while Ps. 136 in close connection with Gen. 1 and 2 gives certain particulars".

8 Vgl. neben IIReg 19,15 noch den Ausdruck *šmj hšmjm:* Dtn 10,14; IReg 8,27 = IIChr 6,18; Ps 148,4; IIChr 2,5.

9 Rudolph, Esra – Nehemia 158. – Nach Jenni, Piᶜel 62, wird für "den irgendwie motivierten weiterdauernden Vorgang des irgendwie qualifizierten Lebens" das Hifil verwendet; das Piel sei "nur am erreichten Zustand der Lebendigkeit ... interessiert".

10 Spieckermann, Juda 225; nähere Ausführungen zu dieser Vorstellung 221 – 225.

Noch stärker kommen theologischer Gestaltungswillen und Gestaltungskraft des Verfassers in V. 13f zum Ausdruck:

> Du fuhrst herab auf den Berg Sinai und redetest mit ihnen vom Himmel her und gabst ihnen richtiges Recht, zuverlässige Weisungen, gute Satzungen und Gebote. Du machtest ihnen deinen heiligen Sabbat kund und gabst ihnen Gebote, Satzungen und Weisung durch deinen Knecht Mose.

Dieser kurze Abschnitt[11] enthält eine hochdifferenzierte Gesetzeslehre, in der Elemente aus den Büchern Exodus, Deuteronomium und Ezechiel zu einem einheitlichen Ganzen verschmolzen sind[12]. Die Entlehnungen aus dem zweiten Buche Mose beschränken sich auf die Art des Kommens und Redens Jahwes: Er steigt auf den Berg Sinai herab (vgl. Ex 19,11.20) und spricht vom Himmel her (vgl. Ex 20,22). Auch vom Himmel her gibt Gott nach Neh 9 den Israeliten Brot (V. 15) und erhört sie, wenn sie zu ihm schreien (V. 27f). Der Ausdruck *mšmjm* dient hier wie auch in den Chronikbüchern dazu, die Transzendenz Jahwes zu unterstreichen, die er behält, auch wenn er sich zu den Israeliten wendet. Wie ᵓ*th* dient auch *mšmjm* als theologisches Gestaltungsmittel[13].

Zur Gesetzeslehre von Neh 9: Den Dekalog hat das Volk direkt von Jahwe erhalten, die übrigen Gesetze dagegen durch die Vermittlung Moses. Diese Konzeption übernimmt der Verfasser des Gebetes aus dem Deuteronomium und spitzt sie zu, indem er nur die von Gott erlassenen Weisungen als richtig, zuverlässig und gut bezeichnet[14].

In ihren Hauptzügen berührt sich die Gesetzeslehre von Neh 9 eng mit der von Ez 20,10-12:

> Ich führte sie also aus dem Lande Ägyten heraus und brachte sie in die Wüste. Dort gab (*w*ᵓ*tn*) ich ihnen meine Satzungen und tat ihnen meine Gebote kund, die der Mensch halten soll, damit er am Leben bleibe. Auch meine Sabbate gab ich (*nttj*) ihnen.

---

11 Vgl. dazu die ausgezeichneten Ausführungen von Gilbert, Place.

12 Zu undifferenziert ist der Kommentar von Rads zu diesen beiden Versen (Problem 20): "Ohne Frage lehnt sich dieser Abschnitt an die priesterschriftliche Darstellung an".

13 Eine eigene Untersuchung wäre die Frage wert, warum auch der Verfasser der Chronikbücher eine Vorliebe für diese Form zeigt (man vgl. etwa die deuteronomistische und chronistische Fassung des Tempelweihgebetes miteinander).

14 In die gleiche Richtung weist (vorsichtig) Gilbert, Place 311. – Bei den von Gott erlassenen Geboten ist wohl nicht ausschließlich an den Dekalog gedacht; es leuchtet nicht recht ein, warum für ihn allein gleich vier Gesetzesausdrücke Verwendung finden sollten.

Die Israeliten befolgen diese Gebote nicht, weshalb Jahwe eine ungewöhnliche Strafe verhängt (V. 25):

> So habe denn auch ich ihnen Satzungen gegeben (*ntt*j), die nicht gut waren (*l*ᵓ *ṭwbjm*), und Gebote, durch die sie nicht am Leben bleiben konnten.

Die Übereinstimmungen zwischen Ez 20 und Neh 9 sind frappant: Gott gibt (*ntn*) den Israeliten Gesetze und Sabbat (in dieser Reihenfolge). Beide Texte qualifizieren die von Jahwe erlassenen Gebote (als gut o.ä.), wie sonst ausführlich nur Ps 19; 119 (vgl. Mal 2,6), aber nicht das Deuteronomium[15]. Aussagen des Inhalts "sich gegen Gott vergehen", "seine Gebote nicht befolgen" werden in beiden Kapiteln promiscue verwendet.

Die wichtigste Gemeinsamkeit zwischen ihnen ist damit noch nicht genannt. Sie betrifft, wie weiter unten darzustellen, das Geschichtsbild, dem wir uns nun zuwenden. Es ist stark am Theologumenon "Land" orientiert[16]. Dieses Interesse an der ᵓ*rṣ* macht einige besondere Züge und scheinbare Unausgeglichenheiten in der Darstellung der Heilsgeschichte verständlich. Sie setzt mit der Vätergeschichte ein (V. 7f):

> Du, o Herr, bist Gott, der du Abram erwählt[17] und aus Ur in Chaldäa herausgeführt und mit dem Namen Abraham benannt hast. Du hast sein Herz treu gegen dich befunden und mit ihm den Bund geschlossen, seinen Nachkommen das Land der Kanaaniter, Hethiter, Amoriter, Pheresiter, Jebusiter und Girgasiter zu geben, und hast deine Verheißungen erfüllt; denn du bist gerecht.

Von den drei Erzvätern findet allein Abraham Erwähnung. Der Grund dafür ist erstaunlich einfach: Die ausführlichsten und wichtigsten Landverheißungen ergehen an ihn[18]. Die V. 7f greifen auf Gen 15 und vor

---

15 Vgl. immerhin Dtn 4,8: Und wo wäre ein großes Volk, das Satzungen und Rechte hätte so gerecht (*ṣdjqm*) wie dieses ganze Gesetz? – Dtn 16,18 bezieht sich *mšpṭ-ṣdq* auf das gerechte Richten von Richtern und Amtsleuten.

16 Deutlich stellt das Williamson, Structure 123, heraus; vgl. weiter Gilbert, Place 310: "aucun texte biblique n'a parlé aussi souvent de la terre". – Belege: V. 6. 8.10.15.22(3/2x; vgl. den Apparat der BH und die Kommentare). 23.24(3x). 30.35.36. Sogar im Zusammenhang mit fremden Völkern verwendet der Verfasser von Neh 9 den Ausdruck ᵓ*rṣ*, obwohl er sich nicht aufdrängte (V. 10.30); zu V. 22 vgl. die Ausführungen im Hauptteil.

17 Der Ausdruck *bḥr* fehlt in der Vorlage; Williamson, Ezra – Nehemia 313, weist auf Dtn 4,37; 10,15 hin.

18 Näheres dazu bei Westermann, Verheißungen 133.

allem Gen 17 zurück. Aus diesem Kapitel übernimmt der Verfasser allerdings nur die zentrale der dort gegebenen Verheißungen, die Zusage des Landbesitzes. Davon abgesehen berühren sich die Darstellungen von Neh 9 und der Priesterschrift erstaunlich eng: In beiden spielt der Verheißungsbund mit Abraham eine zentrale Rolle und werden am Sinai nur Gebote erlassen, aber kein Bund geschlossen[19]. Die V. 7f machen deutlich, wie der Verfasser von Neh 9 mit Einzelheiten und Ausschmükkungen geizt und seine Darstellung zügig weiterführt: Isaak und, wichtiger, Jakob übergeht er mit Stillschweigen. Ausführlicher wird er nur, wo es um die Hauptsache, den Landbesitz, geht. So fügt er etwa eine auf uns langweilig wirkende Liste mit den Ureinwohnern des Landes an, das Jahwe Abraham zugesagt hat[20].

Als Jahwe Abraham eine zahlreiche Nachkommenschaft verhieß, glaubte dieser ihm trotz des fortgeschrittenen Alters seiner noch kinderlosen Frau, was ihm zur Gerechtigkeit angerechnet wurde (Gen 15,6). Diesen Satz übernimmt der Verfasser von Neh 9 sinngemäß; den Wortlaut ändert er vollständig ab: *wmṣʾt ʾt-lbbw nʾmn lpnjk* (V. 8). Er bezieht ihn im Unterschied zu Gen 15 nicht auf die Verheißung einer zahlreichen Nachkommenschaft, sondern des Landbesitzes. Im Ganzen des Gebets besitzt dieser Satz eine zentrale Bedeutung: Im Unterschied zu seinen Nachkommen hat Abraham die Landverheißung ernst genommen und darf deshalb als Vorbild gelten.

V. 8 enthält neben *ʾrṣ* einen zweiten theologischen Schlüsselbegriff: *ntn*[21] (*ltt ʾt-ʾrṣ* ...), dessen Behandlung hier eingeschoben sei. Jahwe gibt den Israeliten nicht nur das Land, sondern auch Königreiche und Völker, Satzungen und Gebote, Brot vom Himmel, seinen heiligen Geist.

---

19 Vgl. Gilbert, Place 310f zu V. 13f: "Notons en passant que ni ces versets ni d'autres ne font la moindre allusion à l'alliance sinaïque... Il semble que pour l'auteur de Ne 9 l'alliance avec Abraham suffise".

20 Sie könnte als "Auszug" aus der Liste in Gen 15 verstanden werden – wollte es wohl auch, wie die sonstigen Bezüge von Neh 9,8 auf Gen 15 zeigen. Tatsächlich liegt in jenem Vers eine eigene Ausprägung der Völkerliste vor; Näheres dazu bei Ishida, Structure passim, vor allem 487-489. Erweist sich der Verfasser von Neh 9 in diesem Vers nicht auch als politischer Realist, indem er geflissentlich unterschlägt, daß Gott dem Geschlecht Abrams das Land vom Bach Ägyptens bis zum großen Strom, dem Euphrat, zugesagt hat (Gen 15,18)?

21 Belege: V. 8(2x).10.13.15(2x).20(2x).22.24.27(2x).29.30.35(2x).36.37. Trotz nicht geleisteter Konkordanzarbeit teilen wir die Vermutung von Gilbert, Place 310: "Aucun texte biblique n'a, semble-t-il, utilisé si fréquemment le verbe <donner> ". – Ein weiteres, eng mit den beiden andern zusammenhängendes Leitwort bildet in Neh 9 *jrš*: V. 15.22.23.24.25.

Sie erweisen sich nicht als dankbar (*wjtnw ktp swrrt*, V. 29), und Jahwe sieht sich gezwungen, sie in die Hand ihrer Bedränger, der Völker der Länder, zu geben. In dieser Häufung des Verbes *ntn* kommt klar der starke gestalterische Willen des Verfassers zum Ausdruck. Sie seinen Vorlagen anzulasten hieße verkennen, wie sorgfältig er diese ausgelesen hat, vielleicht gerade unter dem Gesichtspunkt, ob *ntn* in ihnen vorkommt oder nicht. Der "Spieler" von Neh 9 weiß, warum er gerade mit diesem Verb spielt. Mit *ntn* kann er ihm wichtige theologische Anliegen zur Sprache bringen. Land und Gesetz hat Jahwe dem Volk gegeben: Es handelt sich bei ihnen also gleichermaßen um Heilsgüter, -gaben. Sollte es eines Beweises bedürfen: Die Bezeichnung des Gesetzes als richtig, zuverlässig und gut reicht für sich allein aus, es als Heilsgut zu qualifizieren. Mit der geballten Verwendung von *ntn* will der Verfasser von Neh 9 vor allem Jahwes überschwengliche Güte und Freigiebigkeit herausstellen. Auf sie weist er unermüdlich hin: Den Israeliten mangelte es in der Wüste an nichts, ihre Kleider zerfielen nicht und ihre Füße schwollen nicht an (V. 21); sie nahmen feste Städte und ein fruchtbares Land ein, erwarben Häuser, ausgehauene Brunnen, Weinberge, Ölbäume und nahrungsspendende Bäume in Menge (V. 25). Dies sind nicht belanglose Einzelheiten; sie veranschaulichen Jahwes Großzügigkeit und sind in der vorliegenden Darstellung deshalb unverzichtbar. Der Verfasser von Neh 9 mußte auf Dtn 2,7; 6,10f; 8,4 zurückgreifen; die Stellen gehören zu seinem Pflichtpensum.

Zurück zum Thema "Land". Die Könige Sihon von Hesbon und Og von Basan gehören, obwohl historisch schwer faßbar, zur alttestamentlichen Prominenz[22]. Berichten Neh 9 (wie die damit verwandten Psalmen 135 und 136) von ihnen, weil mit ihrer Besiegung die Eroberung des Ostjordanlandes eingeleitet wird (Num 21,21ff)[23], oder weil das Deuteronomium immer wieder auf sie zu sprechen kommt – oder aus beiden Gründen? Die Frage läßt sich kaum beantworten, spielt im vorliegenden Zusammenhang auch keine entscheidende Rolle. Wichtig ist: Während die andern Texte vor allem von der Niederlage Sihons und Ogs berichten,

---

22 Sie werden an folgenden Stellen genannt: Num 21,33; 32,33; Dtn 1,4; 3,1.3.4.10.11.13; 4,47; 29,6; 31,4; Jos 2,10; 9,10; 12,4; 13,12.30.31; IReg 4,19; Ps 135,11; 136,20; Neh 9,22(Og); Num 21,21.23.26.27.28.29.34; 32,33; Dtn 1,4; 2,24.26.30.31.32; 3,2.6; 4,46; 29,6; 31,4; Jos 2,10; 9,10; 12,2.5; 13,10.21.27; Jdc 11,19.20.21; IReg 4,19; Jer 48,45; Ps 135,11; 136,19; Neh 9,22(Sihon).

23 Zum historischen und geographischen Aspekt vgl. Aharoni, Land 208ff.

weiß Neh 9,22 zu vermelden, die Israeliten hätten das *Land* der beiden Könige erobert. Der Verfasser von Neh 9 ändert seine Vorlage nur geringfügig, aber theologisch bedeutsam ab.

Ein letzter Punkt: In der Wüste setzen die Israeliten es sich in den Kopf, zu ihrem Sklavendienst in Ägypten zurückzukehren (V. 17). Ihre erste Sünde, ihre Ursünde, besteht also in der Zurückweisung der Landverheißung und nicht in der Herstellung eines goldenen Kalbes (V. 18)[24]. Das erstaunt auf den ersten Blick, berührt sich Neh 9 doch in vielen Punkten mit andern Geschichtsaufrissen, handelt etwa die Zeit vor der Landnahme breiter ab als die darauffolgende[25].

Wie erklärt sich diese Abweichung? Im Unterschied zu andern Geschichtsaufrissen folgt Neh 9 stark dem Pentateuch[26], häufig bis in den Wortlaut hinein, im Aufbau bis auf die genannte Ausnahme immer. Ein Beispiel für diese fast sklavische Anlehnung an den Pentateuch: Neh 9 berichtet zweimal davon, daß eine Wolkensäule die Israeliten bei Tag und Nacht geleitet habe (V. 12.19), vor und nach der Gesetzesverkündigung; nicht anders verhält es sich im Pentateuch (Ex 13,21f; 40,36-38 u.ö.). Er besitzt für den Verfasser von Neh 9 schon so etwas wie kanonische Geltung – in Aufbau wie Inhalt – allerdings nur so weit, als er seiner systematischen Konzeption nicht zuwiderläuft: In der Frage, welches die Ursünde Israels sei, tat er es.

Israels Geschichte im gelobten Lande konnte der Verfasser des Gebets freier darstellen: Die Kanonisierung der vorderen Propheten war nicht so weit fortgeschritten wie die des Pentateuchs; folglich besaßen sie auch nicht dessen Ansehen. Da sie vom Inhalte her reichhaltig sind, mußte er eine starke Selektion vornehmen (V. 26-31):

> Aber sie wurden ungehorsam und lehnten sich auf wider dich und kehrten deinem Gesetz den Rücken und brachten deine Propheten um, die sie vermahnten, um sie zu dir zurückzuführen, und verübten überaus Lästerliches. Darum gabst du sie in die Gewalt ih-

---

24 Vgl. dazu Gilbert, Place 312.

25 Vgl. dazu von Rad, Problem.

26 Um so mehr erstaunt, daß der Abschnitt V. 12-21 einen kunstvollen Aufbau aufweist (Williamson, Ezra – Nehemiah 313f). Er zerfällt in zwei Abschnitte, die sich vom Aufbau her entsprechen:
1. Führung (V. 12/19)
2. Gute(s) Gesetz(e), guter Geist (V. 13f/20a)
3. Materielle Ausstattung in der Wüste (V. 15a/20b.21)
4. Wiederholung der Landverheißung (V. 15b/ –: wird in den V. 22–25 entfaltet).

> rer Feinde; die bedrängten sie. Zur Zeit ihrer Bedrängnis aber schrieen sie zu dir, und du erhörtest sie vom Himmel her und gabst ihnen nach deiner großen Barmherzigkeit Retter, die sie aus der Gewalt ihrer Feinde erretteten. Sobald sie dann Ruhe hatten, taten sie aufs neue Übles vor dir. Da gabst du sie der Gewalt ihrer Feinde preis; die unterjochten sie. Darauf schrieen sie abermals zu dir, und du erhörtest sie vom Himmel her und errettetest sie nach deiner großen Barmherzigkeit. Und du vermahntest sie, um sie zu deinem Gesetze zurückzuführen. Sie aber handelten vermessen und gehorchten deinen Geboten nicht, sondern sündigten gegen deine Satzungen, durch deren Befolgung der Mensch am Leben bleibt; sie lehnten sich auf und waren halsstarrig und gehorchten nicht. So hattest du viele Jahre lang Geduld mit ihnen und vermahntest sie durch deinen Geist, durch deine Propheten; aber sie hörten nicht darauf. Darum gabst du sie den Völkern in den heidnischen Ländern preis. Doch nach deiner großen Barmherzigkeit vertilgtest du sie nicht ganz und gar und verließest sie nicht; denn du bist ein gnädiger und barmherziger Gott.

Dieser Abschnitt orientiert sich am deuteronomistischen Geschichtsbild des Richterbuches mit seinem Vierschritt: Abfall – Überantwortung an den Feind – Schrei um Rettung – Hilfe Jahwes. Deuteronomistische Elemente aus den Königsbüchern stehen im Hintergrund. Von den Königen, gehorsamen wie ungehorsamen, verlautet kein Wort. Neh 9,26-31 berichtet nicht von hervorstechenden Ereignissen und wirkt in seinem Schematismus farblos. Einmal mehr wird deutlich, wie sehr sich der Verfasser von Neh 9 aufs Wesentliche konzentriert und "Nebensächlichkeiten" beiseite läßt; die Ausführlichkeit des Abschnitts täuscht darüber hinweg.

In seiner Grundsätzlichkeit berührt sich Neh 9 eng mit dem programmatischen Abschnitt Jdc, 2,10-19, der den Vierschritt (ohne Konkretionen) auch dreimal wiederholt[27]. Deshalb zu behaupten, Neh 9 habe die Dreizahl aus Jdc 2 übernommen, ginge wohl zu weit. Schon näher liegt die Vermutung, die Dreizahl drücke das "Immer wieder", "Immer von neuem"[28] aus; beweisen läßt sie sich nicht. Ebenso stark wie Jdc 2

---

27 Der letzte Zyklus in Neh 9 wird nicht zum Abschluß gebracht; er erstreckt sich bis in die Gegenwart.

28 Ähnlich Gilbert, Place 312, der zu Recht noch auf Jdc 3,7-15; 10,6-16; ISam 12,9-11 hinweist.

dürfte der Geschichtsrückblick von Ez 20 den Abschnitt Neh 9,26-31 bestimmt haben. Auch in diesem verläuft die Geschichte Israels – allerdings schon in der Wüste – zyklisch; wie in Neh 9 fällt Israel von Gott und seinen Geboten ab. Neh 9,26-31 bildet also eine gelungene Synthese von Jdc 2 und Ez 20.

Obwohl prinzipiell gleich aufgebaut, unterscheiden sich die drei Abschnitte von Neh 9,26-31 in Einzelheiten. Sie teilen die Unheilsgeschichte in Phasen ein. Die erste umfaßt die Zeit der Richter. Jahwe schickt den zu ihm schreienden Israeliten Retter (*mwšj*ᶜ*jm*), die sie aus der Hand ihrer Bedränger retten (*wjwšj*ᶜ*wm*, V. 27). Jdc 2 verwendet das gleiche Verb, spricht aber von Richtern (*šptjm*) und nicht von Rettern. Der Verfasser von Neh 9 will das rettende Handeln Gottes ganz stark betonen; Jdc 2 ging ihm in dieser Beziehung nicht weit genug.

Die zweite und dritte Epoche umfassen je einen Teil der Königszeit. Sie lassen sich nicht scharf voneinander abheben. Dies zeigt, wie wenig den Verfasser des Gebetes einzelne geschichtliche Fakten interessieren, wie sehr es ihm ums Grundsätzliche geht. In qualitativer Hinsicht unterscheiden sich die drei Epochen allerdings voneinander: Gott bestraft Israel immer strenger[29]: Zuerst wird es von seinen Feinden bedrängt, dann unterjocht und schließlich den Völkern in den heidnischen Ländern preisgegeben[30]. Die Annahme legt sich nahe: Neh 9 rechnet mit einer zunehmenden Verschuldung des Gottesvolkes; ausdrücklich sagt der Text dies allerdings nicht.

Jdc 2 und Ez 20 liefern das Grundgerüst für die schematische Darstellung von Neh 9,26-31. Ein wichtiger Einzelzug, die Vorstellung nämlich, die Propheten[31] in ihrer Gesamtheit hätten die Israeliten vermahnt und versucht, sie zu Gott zurückzuführen (V. 26.30), ist aus IIReg 17 übernommen. Das deuteronomistische Geschichtswerk, in dem den Propheten ein zentraler Platz zukommt, spricht nirgends sonst in so allgemeiner, grundsätzlicher Weise von ihrer Rolle. Das Kapitel liefert die theologische Begründung für die Exilierung Israels (und Judas). Was IIReg 17 zusammenfassend und im Rückblick auf eine lange Geschichte festhält, steht in Neh 9 betont am Anfang: die Weigerung Israels, sich von den Propheten vermahnen zu lassen, zu Gott zurückzukehren und seine Ge-

---

29 Williamson, Structure 124.

30 V. 30 bezieht sich wahrscheinlich auf das babylonische Exil; vgl. u.a. Rudolph, Esra – Nehemia 161; Williamson, Ezra – Nehemiah 315f.

31 Man beachte die Verwandtschaft zwischen Mose und den Propheten: Sie haben es mit dem Gesetz zu tun und üben eine Mittlerfunktion aus (*bjd*: V. 14.30). Wie Gott direkt und durch Mose Gesetze erläßt, ermahnt er die Israeliten selber und durch die Propheten (ᶜ*wd*: V. 29.30).

bote zu befolgen. Das heißt: Israel ist von Anfang an und radikal böse (vgl. Ez 20). Im Unterschied zu IIReg 17 führt Neh 9,26ff die Vergehen Israels nicht einzeln, detailliert auf, sondern spricht in allgemeinen Wendungen vom Ungehorsam des Volkes und betont vor allem seinen Abfall von der Tora[32].

Das harte Urteil über Israels Verhalten führt fast zwangsläufig zur Frage: War es überhaupt in der Lage zu gehorchen? Neh 9 geht im Unterschied zu andern Geschichtsrückblicken auf sie ein und gibt eine erste, indirekte Antwort, indem es die von Jahwe dem Volk gegebenen Gesetze als zuverlässig, richtig und gut bezeichnet (V. 13), also als menschenfreundlich und erfüllbar. Eine Antwort enthält auch V. 20, eine originelle Auslegung vorliegender Schrift:

> Und du gabst ihnen deinen guten Geist, sie zu unterweisen/einsichtig zu machen[33]; dein Manna entzogest du ihrem Munde nicht, und wenn sie dürsteten, gabst du ihnen Wasser.

Der Behauptung, mit der *rwḥ* sei der Wind gemeint, der wie Num 11,31 den Israeliten die Wachteln herangebracht habe[34], steht V. 30 entgegen, wo vom Geist (den Propheten) die Rede ist, durch die Jahwe Israel vermahnt hat. Da es in beiden Versen um das richtige Handeln der Israeliten geht, ist mit *rwḥ* sicher je das gleiche gemeint. Ehrlichs Hinweis auf Num 11 ist allerdings berechtigt, bildet Neh 9,20 doch eine gewagte, midraschartige Auslegung[35] dieses Kapitels, in dem der Verfasser die Verbindung von Manna und *rwḥ* vorfand. Diese Erzählung sei kurz zusammengefaßt: Die Israeliten beklagen sich über die eintönige Kost des Mannas und begehren Fleisch. Jahwe befiehlt daraufhin Mose, der ihm seine

---

32 Das Wort *twrh* findet sich zwar schon V. 13f, aber nicht, wie V. 26.29.34, in determinierter Form. Warum? Etwa deshalb, weil *htwrh* innerhalb von Ex 19-24 nur gerade 24,12 Verwendung findet, hingegen in IIReg 17,13 und Sach 7,12 auftaucht, Stellen also, welche Neh 9,29 zu Gevatter standen?

33 Diese Übersetzungen (ZB, respektive TOB) erfassen beide einen Aspekt von *śkl* – der zweite ist wichtiger; vgl. Saebø, Art. *śkl* passim, vor allem 824f. Die Wurzel, die belegmäßig einen Schwerpunkt in weisheitlichen Texten aufweist, findet auch im Zusammenhang mit dem Gesetz, der Tora Verwendung; der Stelle stehen Dan 9,13; Neh 8,13 am nächsten; vgl. weiter Dtn 29,8; Jos 1,8; IReg 2,3; Ps 119,99; Prov 16,20.

34 Ehrlich, Randglossen 205, der folgerichtig statt *lhśkjlm lhśbj*[c]*m* liest.

35 Midraschartig im Sinne von Seeligmanns Definition (s. seinen Aufsatz Voraussetzungen). – Auf Num 11 weist u.a. Batten, Ezra – Nehemiah 368, hin.

Not mit den murrenden Israeliten klagt, er solle die siebzig Ältesten versammeln, damit er ihnen einen Teil seines (Moses) Geistes abgebe; er brauche dann die Last des Volkes nicht mehr allein zu tragen und dieses werde mehr Fleisch als nötig erhalten. So geschieht es. Jahwe nimmt ein wenig vom Geist des Mose und legt ihn auf die siebzig, die zu prophezeien beginnen. Der darob erschrockene Josua bittet Mose, ihrem Treiben Einhalt zu gebieten, aber dieser antwortet nur (V. 29): Wollte Gott, daß alle im Volke des Herrn Propheten wären, daß der Herr seinen Geist auf sie legte! Unmittelbar darauf bringt ein von Jahwe gesandter Wind (*rwḥ*) den Israeliten Wachteln. Wer Neh 9,20 als etwas anderes denn Midrasch, korrigierende Auslegung von Num 11 verstehen will, gerät in beträchtliche Schwierigkeiten. Auf dem Hintergrund dieser Geschichte, mit ihr zusammen und als ihre Korrektur gelesen besagt Neh 9,20: Die Israeliten benötigen für ihr Leben und für ein einsichtiges Handeln nicht nur Manna, Wasser (und Wachteln), sondern auch, ja in erster Linie den guten[36] Geist Gottes; er hat ihnen aber auch das Manna nicht vorenthalten.

Das einzige, was Neh 9 von den Israeliten – Abraham ausgenommen – zu berichten weiß, ist: Sie haben gesündigt. Ja, wie die Ägypter an ihnen (V. 10), so haben sie an Gott vermessen gehandelt (V. 16.29). Daß der sorgfältig, gewählt formulierende Verfasser von Neh 9 für das Verhalten von Ägyptern und Israeliten das gleiche Verb verwendet, bedeutet: Die Israeliten sind nicht besser als die Ägypter[37]. Auf diesem dunklen Hintergrund erhalten die vielen Stellen, die von Jahwes Hilfe, Vergebung und Barmherzigkeit handeln, noch mehr Gewicht, als ihnen ohnehin zukommt. Was der Verfasser an einschlägigen Aussagen vorfand – oft sind sie von klassischem Zuschnitt und stehen in zentralen alttestamentlichen Texten –, führt er an und prägt selbst neue. So wortreich und vielgestaltig kommt das Thema im Alten Testament auf so knappem Raum nicht mehr zur Sprache.

Als die Israeliten ins Sklavenhaus Ägypten zurückkehren wollen, bestraft Jahwe sie nicht, denn (V. 17):

> du bist ein Gott der Vergebung, gnädig und barmherzig, langmütig und reich an Huld. Du verließest sie nicht.

---

36 Man beachte die sicher beabsichtigte Parallele zu *ḥqjm wmṣwt ṭwbjm* (V. 13).

37 Von den nur neun Stellen, an denen die verbalen Belege von *zjd* "frech, vermessen handeln" bedeuten (vgl. HAL I 257), entfallen gleich drei auf Neh 9 (V. 10. 16.29)! – Neh 9,10 nimmt Ex 18,11 auf.

Von der Vergebung Jahwes spricht Israel schon relativ früh[38]. Erst in später Zeit und relativ spärlich finden dafür jedoch das Adjetiv *slḥ* und das Nomen *sljḥh* (pl. *sljḥwt*) Verwendung[39]. "Damit ist die vollendete abstrakte Wiedergabe einer der Sache nach schon lange vorhandenen Erkenntnis erreicht"[40]. Zusätzliches Gewicht erhält der nur hier belegte Satz "Aber du bist ein Gott der Vergebung" durch die an ihn anschließende Formel "Gnädig und barmherzig..."[41], hier in ihrer vollen Länge zitiert, aber nicht, wie Ex 34,6f, mit einer Einschränkung[42] versehen. Das heißt: Gottes Gnade kennt keine Grenzen. Wie wichtig dies dem Verfasser von Neh 9 ist, macht V. 32 deutlich:

> Und nun, unser Gott, du großer, mächtiger und furchtbarer Gott, der du den Bund und die Gnade einhälst (*šwmr hbrjt whḥsd*) ...

Ähnlich beginnt das Gebet Nehemias in Neh 1,5; es fährt dann aber fort:

> denen, die ihn lieben und seine Gebote halten.

Im Unterschied zu dieser und allen andern Stellen, an denen die Formel (wörtlich oder leicht abgewandelt) vorkommt[43], schränkt Neh 9,32 die Geltung von Bund und Gnade durch keine Bedingung ein, wenigstens was die Vergangenheit betrifft. Für die Beter in ihrer desolaten Situation bildet dies Grund zur Hoffnung.

Auf die Gefahr hin, zu ermüden, sei noch auf einen weiteren Punkt hingewiesen. Der Beter sagt in V. 27:

> Zur Zeit ihrer Bedrängnis aber schrieen sie zu dir, und du erhörtest sie vom Himmel her und gabst ihnen nach deiner großen Barmherzigkeit Retter, die sie aus der Gewalt ihrer Feinde erretteten.

---

38 Am 7,2 und IIReg 5,17 dürften die beiden ältesten Belege sein; nur sie gehören mit Ex 34,9 und Num 14,19f zusammen nach Stamm, Erlösen 47-49, in die vordeuteronomische Zeit.

39 *slḥ*: Ps 86,5; *sljḥh*: Ps 130,4; Dan 9,9; Neh 9,17.

40 Stamm, Erlösen 128.

41 Zu dieser Formel vgl. Spieckermann, Barmherzig.

42 ... der Gnade bewahrt bis ins tausendste Geschlecht, der Schuld und Missetat und Sünde verzeiht, aber nicht ganz ungestraft läßt, sondern die Schuld der Väter heimsucht an Kindern und Kindeskindern, bis ins dritte und vierte Geschlecht.

43 Dtn 7,9f; IReg 8,23 = IIChr 6,14; Dan 9,4; Neh 1,5; 9,32 (vgl. weiter Ex 20,5f; Dtn 5,9f). Zur zeitlichen Ansetzung dieser Stellen und ihrer Auslegung vgl. die (teilweise überholte) Arbeit von Scharbert, Formgeschichte. Ein Stück weit zu Recht führt er 137 Neh 9,32 nicht auf.

Er übernimmt das deuteronomistische Formular aus dem Richterbuch; auf ihn geht nur die adverbiale Näherbestimmung zurück[44]. Durch die gleiche Verbindung *k/brḥmjk (hrbjm)* werden weiter folgende Sätze näher bestimmt: Du hast sie nicht verlassen (V. 19); Und du rettetest sie (V. 28); Du hast sie nicht gar vernichtet (V. 31). Diese Sätze sagen deutlich genug, worum es geht; sie bedürften der adverbialen Näherbestimmung nicht. In ihr allerdings eine durch wiederholten Gebrauch zusätzlich entwertete fromme Floskel zu sehen, geht nicht an. Das Nebeneinander von verbaler und nominaler Aussage bedeutet: Gott hat die Israeliten nicht nur je und je gerettet und ihnen vergeben. Es gehört vielmehr zu seinem *Wesen*, gnädig und barmherzig zu sein; darauf beruht die Hoffnung der Beter. Williamson hat einen zentralen Aspekt des Kapitels erfaßt, wenn er bei seiner Auslegung von "God's character"[45] spricht[46]. Wer den Begriff "Wesen Gottes" verwärfe, spräche seinem Handeln Kontinuität und Berechenbarkeit ab und machte aus ihm einen für die Menschen unbegreiflichen Tyrannen. Diese Bemerkungen machen deutlich, wie nötig eine Untersuchung zum Verhältnis von verbalen und nominalen Aussagen im Alten Testament ist. Eine weitere Andeutung zu diesem Thema: In Neh 9 werden Jahwe viele Attribute (Adjektive) beigelegt[47]. Man könnte in ihnen leeres Wortgeklimper aus später, geistig erschlaffter Zeit erblicken. Diese theoretisch durchaus denkbare Argumentation ist kaum zu widerlegen, aber mit dem Hinweis auf die andern Teile des Kapitels ein Stück weit zu entkräften: Sie zeigen einen bedeu-

---

44 Die Belege des vor allem auf Gott bezogenen Terminus *rḥmjm* konzentrieren sich in jüngeren Teilen des Alten Testaments; gleich vier davon entfallen auf Neh 9 (V. 19.27.28.31). Näheres dazu bei Stoebe, Art. *rḥm* 767 (dort auch Stellenverzeichnis).

45 Williamson, Structure 123.

46 Vgl. etwa noch Stamm, Erlösen 56: "Der späteren Zeit eigen ist der Gebrauch des Adjektives *slḥ* ... und des Substantives *sljḥh* ..., um die Bereitschaft zu vergeben als *Wesenszug* Jahwes angemessen ausdrücken zu können" (tr.; Hervorhebung v.Vf.).

47 *ṣdjq* (V. 8.33; in V. 8 ist das Adjektiv "fast ein Synonym von ‚treu' "; Rudolph, Esra-Nehemia 159); *ḥnwn wrḥwm* (V. 17.31); *ᵓrk- ᵓpjm* (V. 17); *hᵓl hgdwl hgbwr whnwrᵓ* (V. 32). Der Herkunft der einzelnen Ausdrücke kann hier nicht nachgegangen werden, auch nicht ihrer genauen Bedeutung; vgl. dazu die Kommentare.

tenden, sorgfältig formulierenden Theologen am Werk[48].

Es ist noch eine theologische Frage zu besprechen, vor die Neh 9 stellt: Welches Sündenverständnis macht sich in ihm geltend? In V. 33 bekennen die Beter: *wʾnḥnw hršʿnw*. V. 34-36 aber fahren sie fort:

> Und unsre Könige, unsre Fürsten, unsre Priester und unsre Väter haben nicht nach deinem Gesetze gehandelt und haben nicht achtgehabt auf die Gebote und Mahnungen, mit denen du sie vermahntest. Sie haben dir nicht gedient in ihrem Königtum, trotz der reichen Güter, die du ihnen verliehen..., und sie haben sich nicht bekehrt von ihrem bösen Tun. So sind wir denn heutigentages Knechte.

Angesichts dieser Sätze stellt sich leicht der Eindruck ein, hier werde noch einmal die Klage von Jer 31,29 (vgl. Ez 18,2) laut:

> Die Väter haben saure Trauben gegessen, und den Kindern werden davon die Zähne stumpf.

V. 33 dagegen spricht eher dafür, daß die Sprechenden die Verantwortung für die Sünden ihrer Väter übernehmen. In die gleiche Richtung weist V. 32. Gott wird in ihm gebeten, die Mühsal, die uns betroffen hat, unsre Könige und Fürsten, unsre Priester und Propheten, unsre Väter und dein ganzes Volk, seit der Zeit der Könige von Assyrien bis auf diesen Tag, nicht gering zu achten. Wenn die Beter die Beschwernis der Vergangenheit zu ihrer eigenen machen, warum nicht auch ihre Sünden? In Neh 9 macht sich möglicherweise also eine neue Einstellung zur kollektiven, generationenübergreifenden Schuldverhaftung geltend: nicht mehr

---

48 Die bisherige Forschung hat sich vor allem auf einen der eben aufgeführten Termini gestützt, nämlich *ṣdjq*. Zwar tritt gegenüber Jahwes Gnade und Güte, seinem barmherzigen und vergebenden Handeln seine Gerechtigkeit in Neh 9 zurück. Nur zwei Stellen sind zu nennen: Gott hat seine Landzusage eingehalten, denn er ist gerecht (*kj ṣdjq ʾth*), liest man V. 8 in zwei Sätzen, die sich gegenseitig auslegen. Den letzten Satz enthält, grammatikalisch leicht abgeändert, auch V. 33: Du bist gerecht (*w ʾth ṣdjq*) bei allem, was über uns gekommen ist; denn du hast Treue geübt, wir aber sind gottlos gewesen. Dieser Vers bildete lange den Aufhänger für die formgeschichtliche Einordnung des Kapitels. von Rad rechnet es zusammen mit Esr 9,6-15 und Dan 9,4-19 zu den Gerichtsdoxologien. Aufgrund einiger anderer Texte glaubt er nachweisen zu können, "daß es im alten Israel Buß- und Fastengottesdienste gab, in denen die durch eine Landeskalamität aufgeschreckte Gemeinde sich ihrer Verfehlungen erinnerte, die Bestrafung akzeptierte und Gott von jedem Vorwurf freisprach". Freilich repräsentierten die drei genannten Texte eine späte, literarische Ausprägung der Gattung: Anlaß zum Bekenntnis bilde nicht mehr eine konkrete Not, sondern "eine theologische, nämlich das jahrzehnte-, jahrhundertelange gestörte Verhältnis zwischen Israel und Jahwe" (von Rad, Gerichtsdoxologie 247). Auf Begründung, Weiterentwicklung und Kritik der von Radschen These braucht im vorliegenden Zusam-

fragloses Hinnehmen oder leidenschaftliches Bekämpfen, sondern bewußtes, freiwilliges Bejahen; der Begriff "Schuldverhaftung" wäre dann verfehlt. Neh 9 zeugte also von einem theologisch gleich reifen und tiefen Umgang mit Sünde wie etwa die Gottesknechtlieder.

Vor der Zusammenfassung der Resultate seien kurz einige Thesen zu Herkunft und Abfassungszeit von Neh 9 referiert. Zwei der vorgeschlagenen Lösungen scheiden zum vornherein aus: Neh 9 ist keine für einen Fasten-, Bekenntnis- und Gebetstag verfaßte Litanei aus dem Nordreich, die aus der Zeit nach dem Falle Samarias stammte[49]. Das Kapitel greift stark auf (nach)exilische Schriften zurück und setzt den (fast) abgeschlossenen Pentateuch voraus[50]. Feststehen dürfte auch, daß nicht der Chronist das Gebet verfaßt hat[51]. Der Exodus, in diesem Kapitel relativ breit dargestellt, interessiert ihn nicht, um so mehr der Tempel, David und seine Dynastie, Themen, von denen in diesem Kapitel nichts verlautet. Zudem berührt es sich, was noch beweiskräftiger ist, auch sprachlich nicht nennenswert mit den beiden Chronikbüchern[52]. Auf den Chronisten als Verfasser von Neh 9 kann man auch aus Verlegenheit tippen, deshalb nämlich, weil ein Gebet, das so offen über die Fremdherrschaft der Perser klagt, im Munde Esras und als Teil der Esra-Memoiren undenkbar sei; tatsächlich stehen die Bücher Esra und Nehemia den Persern wohlwollend gegenüber[53].

---

menhang nicht eingegangen zu werden. – Auf den theologisch entscheidenden Punkt im Zusammenhang mit der Gerichtsdoxologie hat Williamson, Ezra – Nehemiah 307, hingewiesen: Sie ist "the most exalted, because most objective form of confession that the OT knows".

49 Gegen Welch, Source 136. – Neuerdings setzt auch Rendsburg, Origin, Neh 9 im Norden an, allerdings in nachexilischer Zeit. Der Text weist nach ihm einige Charakteristika des dort gesprochenen Hebräisch auf.

50 Vgl. dazu Williamson, Ezra – Nehemiah 316. – Beweise enthalten die Ausführungen im Haupttext mehr als genug.

51 Vgl. dazu Rudolph, Esra-Nehemia 157: "Von mehr untergeordneter Bedeutung ist die Frage, ob der Chr. das Gebet selbst verfaßt oder nur einen bereits formulierten Text aufgenommen hat"; er neigt "der zweiten Annahme zu". Der gute Zustand des LXX-Textes läßt Batten, Ezra – Nehemiah 365, vermuten, es handle sich bei Neh 9 um einen chronistischen Einschub aus hellenistischer Zeit.

52 Gemeinsam ist Neh 9 und den Chronikbüchern die gehäufte Verwendung von *m(n h)šmjm*; zudem steht IIChr 24,19 Neh 9,26.30 von der Formulierung her etwas näher als die Parallelstelle im deuteronomistischen Geschichtswerk (IIReg 17,13). Andere wichtige, nur Neh 9 und den Chronikbüchern eigene Gemeinsamkeiten habe ich nicht entdeckt.

53 Rudolph, Esra – Nehemia 156f; Williamson, Structure 126: "[The Persian] benevolence towards the Jews and their initiative in the restoration under divine prompting are a key unifying element of both the major sources and the redaction of these works [Ezra and Nehemiah]".

Eine bedenkenswerte These hat neuerdings Williamson vorgelegt[54]: Die 586 im Lande verbliebenen (ärmeren) Israeliten erhoben den Anspruch, ihnen und nicht den Exulierten habe Gott das Land gegeben (ᵓ*rṣ* bildete also nicht von ungefähr das theologische Schlüsselwort des Kapitels); dabei beriefen sie sich auch auf Abraham (vgl. Ez 11,15; 33, 24). Als sie nach 515 vom Tempelkult ausgeschlossen wurden, entwickelten sie gezwungenermaßen eine eigene, nicht an Tempel und Dynastie ausgerichtete Liturgie, in der sie Abraham und das Land in den Vordergrund stellten. Für Williamsons These spricht auch eine Beobachtung, auf die er nur am Rande eingeht: Babylonische Gefangenschaft und Rückkehr aus dem Exil spielen in Neh 9 keine (entscheidende) Rolle. Den historisch entscheidenden Einschnitt bildete für die im Lande Verbliebenen die Besetzung des Landes durch die Assyrer. Sie waren nicht mehr Herren im eigenen Lande[55], sondern Knechte (V. 36). Williamsons These, so schön sie auch ist, weist nun allerdings einen entscheidenden Schönheitsfehler auf: Neh 9 greift so stark auf (auch jüngere) Schriftsteller zurück, daß er nicht abwegig ist, den Text als "nachchronistisch"[56] zu bezeichnen.

Neh 9 enthält ein reiches theologisches Vokabular, handelt ungewöhnlich viele Themen ab, die kunstvoll aufeinander bezogen und nicht einfach aneinandergereiht sind. Bei näherem Hinsehen erweist sich das Kapitel als einheitlich; es ist aus einem Guß. In ihm ist ein Systematiker von hoher Gestaltungskraft am Werk, der zentrale Glaubensaussagen auf den Begriff bringt und verallgemeinert. Die Geschlossenheit des Kapitels erstaunt um so mehr, als sich sein Verfasser zwei einengenden formalen Regeln unterworfen hat: Wo immer möglich zitiert er aus vorliegenden alttestamentlichen Schriften; er verwendet die Leitworte "Land" und "geben" (*ntn*, vgl. auch *jrš*) so oft wie möglich. Obwohl er häufig zitiert, hat er etwas Eigenständiges, einen unverwechselbaren dogmatischen Entwurf geschaffen. Er gehört nicht einer bestimmten Schule an[57], auch

---

54 Williamson, a.o.O. 129ff; vgl. auch schon Michaeli, Chroniques – Néhémie 341.

55 Deshalb spricht V. 32 von der Mühsal, die uns betroffen hat... seit der Zeit der Könige von Assyrien; vgl. dazu Williamson, Ezra – Nehemiah 318.

56 Crüsemann, Tora 44; vgl. dazu die Auslegung des Kapitels Neh 9 durch Gunneweg, Nehemia (vor allem 129).

57 Williamson, Structure 129, rechnet in nachexilischer Zeit mit einem reichhaltigeren theologischen Spektrum als viele Alttestamentler. Er spricht in diesem Zusammenhang von "minority opinions", d.h. Theologien, die sich nicht einem der großen Traditionsströme einordnen lassen; eine von ihnen enthielte Neh 9.

nicht der deuteronomistischen[58], sondern ist ein Theologe eigener Prägung. Sitz im Leben des Gebetes dürfte eine Bußfeier sein[59]. Das Kapitel bildet ein schönes Beispiel dafür, wie gottesdienstliche Bedürfnisse große Theologie hervorgebracht haben.

b) Dan 9,4-19; Esr 9,5-15; Neh 1,4-11: Von Schuld und Vergebung – sowie Ansätzen zu einer Lehre von der Schrift

Diese drei Gebete gehören zusammen. Sie verbindet nicht nur das Thema "Schuld und Vergebung"[1]; alle drei weisen auch Ansätze zu einer "Schriftlehre" (im weitesten Sinne des Wortes) auf.

Zum Inhalt von Dan 9: Daniel bekennt Gott die Sünden, die das ganze Volk begangen hat und deretwegen es in alle Länder zerstreut worden ist (und überall Gegenstand des Spottes bildet). Im Vertrauen nicht auf die eigene Gerechtigkeit, sondern auf Gottes Barmherzigkeit bittet er diesen, einzugreifen. Interessant ist, wie dieser einfache Inhalt entfaltet wird. An die Anrede Gottes (V. 4) schließt sich in V. 5f[2] direkt ein Sündenbekenntnis an:

> wir haben gesündigt und uns verschuldet, wir sind gottlos gewesen und abgefallen, wir sind abgewichen von deinen Geboten und deinen Satzungen. Wir haben auch nicht gehört auf deine Knechte, die Propheten.

---

58 Gegen Welch, Source: "Now the first broad characteristic of the litany is that it is saturated throughout in the language and the ideas of Deuteronomy" (132). Bemerkenswert seien "not merely the number of words and ideas common to the litany and to Dtn, but the number of cases in which Neh 9 uses phrases which are peculiar to that book" (133). Auch Steck, Israel passim, betont das deuteronomistische Element in Neh 9 zu stark. Eine differenzierte Position in bezug auf die deuteronomistische Prägung von Neh 9 vertritt Williamson, a.a.O. 127f.

59 Rudolph, Esra – Nehemia 156; so auch Williamson, Ezra – Nehemiah 307, mit folgender Begründung: "In view of the present literary setting of Neh 9, there is no reason why our author should not in fact have used material drawn directly from its original life-setting in the cult".

1 Auf die Frage, ob sie alle der Gattung der Bußgebete zugehören oder nicht, wird hier nicht eingegangen.

2 Der Anfang von V. 5 nimmt leicht abgeändert IReg 8,47 auf. Das fromme Israel hat seine Sünden so bekannt, wie Salomo es gelehrt hatte. Dan 9,5 enthält einen wichtigen Hinweis auf die Schlüsselstellung, welche dieses Gebet im Alten Testament einnimmt (vgl. dazu auch unsere Auslegung von IIChr 20).

Diese Aussagen werden im Fortgang des Gebetes immer wieder aufgenommen, inhaltlich aber nur geringfügig variiert. Dabei fallen die fünf Sätze am Ende von V. 8, 9, 11, 14 und 15 auf: "die wir gegen dich gesündigt haben (*ᵓšr ḥṭᵓnw lk*)"; "denn/ja wir sind von ihm abgefallen (*kj mrdnw bw*)"; "denn/ja wir haben gegen ihn gesündigt (*kj ḥṭᵓnw lw*)"; "und wir haben nicht auf seine Stimme gehört (*wlᵓ šmᶜnw bqlw*)"; "wir haben gesündigt, wir sind gottlos gewesen (*ḥṭᵓnw ršᶜnw*)". Zum Teil unterbrechen diese Sätze den Hauptgedanken. Um sekundäre Erweiterungen handelt es sich sicher nicht. Welchen Grund hätte denn ein Redaktor gehabt, noch einige Male zu wiederholen, was der Text deutlich genug sagt[3]! Die kurzen Sätze enthalten Einwürfe, mit denen sich der Beter die schmerzliche Tatsache, daß er und seine Volksgenossen gesündigt haben, immer wieder in Erinnerung ruft.

Das Sündenbekenntnis von Dan 9 ist allgemein gehalten[4] – wie auch die Aussagen über Jahwe. Da der Verfasser von Dan 9 die Schuld der Israeliten nicht an ihrem Verhalten in der Geschichte festmacht – anders als der von Neh 9 –, blieb ihm auch nichts anderes übrig. Positiv gewendet: "ce ne sont pas les faits historiques dans leur succession chronologique qui interéssent l'auteur, c'est plutôt l'enchaînement des attitudes profondes de Yahvé et d'Israël"[5]. Die auf uns langatmig wirkende Aufzählung von Israels Vergehen dient also dazu, die Schuldverfallenheit Israels in ihrem ganzen Ausmaß und in ihrer Tiefe deutlich zu machen. Es wäre falsch, den Verfasser des Gebetes der Geschwätzigkeit und mangelnder Gestaltungskraft zu bezichtigen, wie die beiden kurzen, theologisch gehaltvollen und zentralen Sätze in V. 7 und 8f deutlich machen:

lk ᵓdnj hṣdqh *wlnw bšt hpnjm kjwm hzh*
lnw bšt hpnjm *lᵓdnj ᵓlhjnw hrḥmjm whslḥwt*

Jahwe hat sich in seinem Handeln als gerecht erwiesen, er steht gerecht da, Israel muß die Konsequenzen aus seinem unbotmäßigen Verhalten

---

3 Auch sollte man die Sätze nicht durch grammatikalische Erklärungen domestizieren, wie das Wambacq, Prières 469, im Falle von V. 11 tut, den er zu V. 12 zieht: "Parce que nous avons péché contre lui, il a accompli sa parole": "Nous commençons ici une nouvelle phrase contre la ponctuation des massorètes, des LXX et de la Vulgate. Au verset 11 a.b. l'auteur parle de Yahvé à la seconde personne; ici il emploie la troisième" (Anm. 1). Der Wechsel in der Person erklärt sich zwanglos damit, daß V. 11 einen nicht an Gott gerichteten Stoßseufzer enthält.

4 Das trifft noch ausgeprägter für Neh 1 zu (Williamson, Ezra-Nehemiah 173, zu V. 6b.7: "Nehemiah's confession is extremely general, the phraseology of v 7 amounting to a comprehensive summary of the whole law").

5 Gilbert, Prière 301.

– "öffentliche Schande" – tragen (V. 7)[6]. Die *Hoffnung*, es möge nicht so bleiben, Jahwe möge sich Israels erbarmen und vergeben, bringt V. 9 zum Ausdruck. Die Hervorhebung ist angebracht, da man über den ins Auge springenden formalen und inhaltlichen Entsprechungen zwischen V. 7 und 8f leicht den Unterschied zwischen *lk* und *l ᵓdnj* übersieht; im Deutschen entspricht er dem zwischen Indikativ und Potentialis: Du *bist* gerecht, du *hast die Möglichkeit* zu vergeben[7]. Daß diese Hoffnung einer Gewißheit nahekommt, ändert daran nichts.

Vom nur gerechten Gott hat Israel nichts zu erwarten; Daniel wendet sich deshalb an den barmherzigen und vergebenden Jahwe[8]. Das drückt der Verfasser unter anderem mit der Wurzel *ṣdq*, dem theologischen Leitwort des Kapitels, aus. Es besitzt (bei nur vier Belegen) drei verschiedene Bedeutungen. Im Unheil, das Jahwe als Strafe für ihre Vergehen über die Israeliten brachte, hat er sich als gerecht erwiesen (V. 14, ähnlich V. 7). Daniel kann nur an Gottes Barmherzigkeit appellieren (V. 16):

> O Herr, laß doch, wie du allzeit barmherzig gewesen bist (*kkl¯ṣdqtk*), deinen Zorn und Grimm sich abwenden von deiner Stadt Jerusalem.

---

6 Es ist zumindest mißverständlich, wenn Gilbert, a.a.O. 299, schreibt: "L'aveu du péché apparaît donc surtout en 9,5-6 et 9,9-11a. En 9,7-8, il est plutôt question de la confusion qui frappe Israël, confusion avec laquelle contraste la justice, haṣṣᵉdāqâ, du Seigneur"; vgl. dazu Klopfenstein, Scham 105 (dort auch Ausführungen zu *bšt hpnjm*): Nach Esr 9,6f und Dan 9,7f "ist solche Schande um so gravierender, als sie Aufdeckung von < Missetaten >, < Schuld >, < Untreue >, < Sünde > ist".

7 Einen leicht anderen Akzent setzt Marti, Daniel 65: "Der Sinn ist: Auf Gottes Verzeihung sind wir angewiesen".

8 "Es wäre sicherlich verfehlt, beides, Gerechtigkeit und Barmherzigkeit, von vornherein etwa unter einem gesamtbiblischen Aspekt synonym zu verstehen. Vielmehr wird nach dem radikalen Schuldbekenntnis im Introitus des Gebetes (V. 5f.) in dieser Polarität von Gerechtigkeit und Barmherzigkeit Gottes das Ziel des Schuldgeständnisses angedeutet: das Israel, das die Gerechtigkeit seines Gottes auch in dem Unheil, das geschehen ist, anerkennt, kann seine Barmherzigkeit erbitten" (Plöger, Daniel 138). Diese Ausführungen Plögers sind trotz der verbreiteten These, das Alte Testament kenne eine strafende Gerechtigkeit nicht, immer noch richtig. Kein Text trennt strafende (V. 7.14) und rettende (V. 16) Gerechtigkeit so stark wie Dan 9, muß es von seiner theologischen Konzeption her. Ob man von den zwei Gerechtigkeiten Gottes spricht oder von den beiden Aspekten der gleichen *ṣdqh*, ist unerheblich.

Diese Übersetzung der Zürcher Bibel trifft unseres Erachtens das Richtige (mehr dazu weiter unten). Eine fast technische zu nennende Bedeutung weist *ṣdqh* in V. 18 auf[9]:

> Denn nicht im Vertrauen auf unsre Verdienste/unsre guten Werke (*ᶜl-ṣdqtjnw*)[10] bringen wir unser Flehen vor dich, sondern im Vertrauen auf deine große Barmherzigkeit (*ᶜl-rḥmjk hrbjm*).

Es ist nicht zu übersehen: Der Verfasser des Gebetes spielt mit den verschiedenen Bedeutungen, Aspekten der Wurzel *ṣdq*; im Alten Testament steht er damit allein da[11]. In diesem spielerischen Element gibt sich die lehrhafte Absicht zu erkennen. "Aus Gnaden allein und nicht aus Werken"; diesen zentralen Satz christlichen Glaubens entfaltet bereits das Alte Testament, begrifflich präzise und zugleich in einfacherer Gestalt als etwa die paulinischen Briefe. Diese Auslegung von Dan 9 weist eine Schwachstelle auf: die Übersetzung von *kkl ṣdqtk* (Pl.) in V. 16:

"leicht denkt man... an... Barmherzigkeit,... der Schluß aber, wo von der Schmach, die auf Israel liegt, die Rede ist, zeigt, daß Thaten, womit Jahwe seine Treue an Israel bethätigt, gemeint sind vgl. Ps 103$_6$. Israel sah Gottes Hilfe eben weniger als eine ihm erwiesene Barmherzigkeit, denn als einen Erweis seines Rechtes vor den Heiden an"[12].

Marti hält gute Trümpfe in der Hand: Außer in Jes 45,24 bezeichnen die *ṣdq(w)t (jhwh)* immer die großen Heilstaten, die er für sein Volk vollbracht hat, so daß man fast von einem terminus technicus sprechen kann[13]. Daniel bittet Gott tatsächlich darum, wiederum eine solche Großtat zu vollbringen: *jšb-nᵓ ᵓpk wḥmtk mᶜjrk*. In V. 15, mit dem die Bitte des Gebetes einsetzt, wird Gott daraufhin angesprochen, daß er Is-

---

9 Der Plural von *ṣdqh* findet für menschliches Handeln noch Jes 33,15; 64,5; Ps 11,7 Verwendung, aber nicht in technisch so präzisem Sinne wie Dan 9,18 (vgl. weiter das Qᵉre von Ez 3,20; 18,24; 33,13).

10 Übersetzung der Zürcher, respektive Jerusalemer Bibel (vgl. Plöger, Daniel 132: "unsere gerechten Taten"). Zwei Kommentatoren berücksichtigen in ihren Übersetzungen nicht, daß *ṣdqh* im Plural steht: "unsere Gerechtigkeit" (Bentzen, Daniel 64); "our own righteousness" (Montgomery, Daniel 368).

11 Es enthält zwar recht viele Stellen, an denen die Wurzel *ṣdq* verschiedene Bedeutungen aufweist (s. etwa Jes 56,1; Ez 18; Ps 11,7), aber, so viel wir sehen, wird sie, von Jes 56,1 abgesehen, an keiner so konsequent als theologisches Gestaltungsmittel eingesetzt wie in Dan 9.

12 Marti, Daniel 66.

13 Es handelt sich um folgende Stellen: Jdc 5,11; ISam 12,7; Mi 6,5; Ps 103,6; vgl. dazu die Ausführungen von Crüsemann, Gerechtigkeit.

rael aus Ägypten herausgeführt und sich so einen Namen geschaffen habe. Bezieht sich *kkl ṣdqtk* darauf? Auszuschließen ist es nicht. Es sind Argumente eher allgemeiner Art, die gegen Marti sprechen. Die Heilsgeschichte tritt in Dan 9 zurück; der Hinweis auf den Exodus ist zu allgemein und zu konventionell, als daß sich aus ihm ein echtes Interesse an ihm herauslesen ließe. Jahwes Zorn gegen Israel ist berechtigt. Mit der Bitte, er möge davon ablassen *kkl ṣdqtk*, appelliert Daniel an sein Vergeben, seine Gnade; auch der Tenor des Gebetes erlaubt keine andere Interpretation. Das heißt: In allen Heilstaten Gottes kommt seine Gnade, seine Liebe (seine Vergebung) zum Ausdruck. Die gestelzte Übersetzung der Jerusalemer Bibel "entsprechend all den (früheren) Gnadenerweisen deiner Gerechtigkeit"[14] trifft den Sinn des Ausdrucks genau. *ṣdqtk* weist in Dan 9 eine technische Bedeutung auf ("Großtaten") und interpretiert sie zugleich: als reines Gnadenhandeln Gottes. Dieser Aspekt eignet *ṣdq(w)t* auch den in Anm. 13 genannten Stellen; aber erst in Dan 9, 16 tritt er stark hervor und wird zum bestimmenden. Die Behauptung, *ṣdq(w)t* besitze hier eine andere Bedeutung, erscheint von daher nicht vermessen.

Ein Aspekt des Gebetes, der uns befremdet, hat zur Zeit Daniels kaum gestört. Dieser weist Gott darauf hin, es liege in seinem eigenen Interesse einzugreifen: Seine Ehre stünde auf dem Spiel, wenn Volk und Stadt dem Schmähen und Spott fremder Nationen preisgegeben seien. Wird hier nicht das im Buche Ezechiel zentrale "um meines eigenen Namens willen" von Menschen instrumentalisiert, als Erpressungsmittel eingesetzt[15]? Zur Gewißheit erheben läßt sich dieser Verdacht nicht – hätte er als ehrenrührig gegolten? –; man wird ihn deshalb nicht als Beweismittel verwenden.

Daß Dan 9 einem kultischen Gebet nachempfunden wurde, leidet keinen Zweifel. Der flehentliche Schlußvers weist deutlich in diese Richtung:

> O Herr, höre! Herr, vergib! Herr, merke auf und greife ein ohne Zögern um deinetwillen, mein Gott! Denn deinen Namen tragen deine Stadt und dein Volk.

---

14 Vgl. weiter Plöger, Daniel 132, der den Ausdruck mit "Entsprechend allen deinen Treueerweisen" übersetzt.

15 Die entgegengesetzte Position vertritt Lacocque, Daniel 139: "En de termes pathétiques, l'orant supplie Dieu d'avoir pitié de Soi-même en pardonnant le partenaire de son alliance".

In diesem Aufschrei, zutreffend als Kyrie eleison des Alten Testaments bezeichnet[16], tritt die Theologie ganz zurück. Das *slḥh*, Grund für diese Bezeichnung, droht von der flehentlichen Bitte "Greife schnell ein" fast erdrückt zu werden. Nicht daß sie nebensächlich wäre – ganz im Gegenteil; nur scheint Daniel keine Zeit mehr für ähnliche Bitten zu haben.

Die Behandlung von Esr 9 kann kurz ausfallen, da dieses Gebet theologisch etwas weniger ergiebig ist als Dan 9. Zu seinem Inhalt: Esra gesteht Gott tief beschämt, welch große Schuld Israel seit den Tagen der Väter auf sich geladen hat, und dankt ihm dafür, daß er ihnen die Huld der persischen Könige zugewandt hat und sie, wenn auch als Knechte, in ihrer Heimat leben und den Tempel wiederaufbauen können. Und nun haben die Israeliten die Gebote wieder gebrochen, sich vor allem durch Heiraten mit Ausländern befleckt[17]. In V. 13-15 fragt Esra besorgt, warum sich Israel, das Gott stärker verschont hat, als es nach seinen Sünden verdient hat (*ḥskt lmṭh m^{c}wnnw*)[18], sich wieder der gleichen Vergehen schuldig machen sollte. Und er fährt fort:

> O Herr, Gott Israel, du bist gerecht/gnädig, barmherzig (*ṣdjq*)[19] darin, daß heute (noch) ein Rest Geretteter von uns am Leben ist. Siehe, wir stehen da vor deinem Angesicht in unsrer Schuld; bei solchem Tun kann niemand vor dir bestehen.

Von den Inhalten her berührt sich dieses Gebet eng mit Dan 9, geht aber nicht so weit wie dieses. Daß die Israeliten ganz von Jahwes Gnade und Vergebung abhängen, steht so in Esr 9 nicht. Das radikale Sündenbewußtsein von Dan 9 geht diesem Gebet ebenfalls ab – der letzte Satz macht es deutlich: *kj ᵓjn l^{c}mwd lpnjk ^{c}l-zᵓt*. Die Stelle berührt sich von der Formulierung her eng mit Ps 130,3:

---

16 Wer diese Bezeichnung aufgebracht hat, entzieht sich unserer Kenntnis. Unter den von uns konsultierten Kommentatoren verwendet sie Montgomery, Daniel 368, als erster ; er nennt keine Quelle.

17 Auf die Mischehenfrage ist hier nicht einzugehen.

18 Einige Mss sowie der S lesen *ḥšbt*, was "denselben Sinn" ergibt (Rudolph, Esra-Nehemia 90). Die LXX umschreibt: ἐκούφισας. – Es besteht kein Anlaß, vom masoretischen Text abzugehen.

19 Die beiden Übersetzungen schließen einander nicht notwendig aus: Gott ist gerecht darin, daß er nur einen Rest übriggelassen hat, gnädig, barmherzig deshalb, weil er überhaupt jemanden dem Gericht hat entkommen lassen (ähnlich Gunneweg, Esra 169). Batten, Ezra-Nehemiah 336, hebt das "gerecht" hervor, Rudolph, Esra-Nehemia 90f, und Michaeli, Chroniques-Néhémie 302 (und Anm. 2), betonen das "gnädig".

> Wenn du die Sünden anrechnest, Jah,
> Herr, wer kann bestehen (*mj j^cmd*)?

Dieser Vers spricht von der absoluten Unfähigkeit der Israeliten, vor Jahwe zu bestehen, Esr 9,15 von einer konkreten. Christlicher Glaube und Predigt werden – dies nebenbei – die beiden Gebete nicht gegeneinander ausspielen, vielmehr immer auf die Schuldverfallenheit des Menschen und konkrete Schuld hinweisen.

Neh 1,4-11 entfaltet die Thematik von Dan 9 und Esr 9 in ganz anderer Weise:

> Gedenke doch des Wortes, das du deinem Knechte Mose aufgetragen hast, als du sprachest: "Wenn ihr mir die Treue brecht, so werde ich euch unter die Völker zerstreuen. Wenn ihr euch aber mir wieder zuwendet (*wšbtm ᵓlj*) und meine Gebote treulich erfüllt – wären dann eure Versprengten sogar am Ende des Himmels, so will ich sie doch von dort sammeln (V. 8f).

Daß die geforderte Umkehr erfolgt ist, sagt Nehemia indirekt, aber unüberhörbar. Er bittet Gott also, er möge seine Zusage einhalten. Deshalb wohl verlautet von Gottes Gnade und Barmherzigkeit kein Wort. Eine Anspielung darauf in *zkr-nᵓ* (V. 8) zu finden, fällt schwer. Auch in der Schlußbitte (V. 11) fehlt ein ausdrücklicher Verweis auf Jahwes Vergebung oder Barmherzigkeit. Man vergleiche damit Dan 9, das mit dem Kyrie eleison, und Esr 9, das mit einem wiederholten Sündenbekenntnis schließt.

Neh 1,4-11 fällt gegenüber den anderen Gebeten ab. Die Bitte schließt abrupt, unvermittelt an das Sündenbekenntnis an, die Begründung in V. 10 hat mit der von V. 9 nichts zu tun. Vor allem wirkt V. 5 leicht floskelhaft:

> Ach Herr, du Gott des Himmels, du großer, furchtbarer Gott, der den Bund und die Gnade[20] denen bewahrt, die ihn lieben und seine Gebote halten.

In Dan 9 folgt auf die praktisch gleichlautende Anrede Gottes das Sündenbekenntnis. Dadurch entsteht eine inhaltliche Spannung, die erst später eine Auflösung findet. Der Verfasser von Neh 1 läßt diese effektvolle Spannung gar nicht aufkommen; er trennt Anrede und Bekenntnis durch die Bitte an Gott, er möge aufmerken. Daß V. 5 floskelhaft ist, macht auch der Vergleich mit Dtn 7,7ff deutlich:

---

20 Es ist wohl mit vielen hebräischen Handschriften, LXX und S *hḥsd* zu lesen (vgl. Dtn 7,9.12; IReg 8,23; Dan 9,4; IIChr 6,14).

> Nicht weil ihr zahlreicher wäret als alle Völker, hat der Herr sein Herz euch zugewandt und euch erwählt..., sondern weil der Herr euch liebte... So sollst du denn erkennen, daß der Herr, dein Gott, der [wahre] Gott ist, der getreue Gott, der den Bund hält und die Gnade bewahrt denen, die ihn lieben und seine Gebote halten, bis ins tausendste Geschlecht, dem aber, der ihn haßt, ins Angesicht vergilt, indem er ihn verderbt.

Die Jahweprädizierung unterstützt und begründet hier die andringende Aufforderung zum Gesetzesgehorsam, den Appell, die Erwählung nicht zu verspielen. Mit der Aufnahme der Formel spitzen die Verfasser von Neh 1 und Dan 9 das Problem, vor das die Versündigung Israels stellt, noch zu – Dtn 7,9 war doch autoritatives Gotteswort und schloß auch in seiner gekürzten Fassung ein gnädiges, vergebendes Handeln Gottes an Sündern aus. Wie vor allem der Verfasser von Dan 9 mit diesem Widerspruch umgeht, verdient Beachtung, noch mehr allerdings die "Frechheit", mit der Neh 9 die Bekenntnisaussage von Dtn 7,9 in ihr Gegenteil verkehrt (bewußt korrigierend oder in der Überzeugung, eine traditionelle, bekannte Wahrheit zu wiederholen?)[21].

Der Verfasser von Neh 9 geht virtuos mit vorhandener Schrift um; eine eigentliche Schriftlehre oder, bescheidener ausgedrückt, Bausteine dazu, enthalten Dan 9, Esr 9 und Neh 1. Sie hängt eng mit den Rollen zusammen, die in ihnen Mose und den Propheten zukommen.

---

21 Vgl. dazu unsere Auslegung des Gebetes. Zu dieser und verwandten Formeln liegt erstaunlicherweise nur eine gewichtige Untersuchung vor: Scharbert, Formgeschichte. Er unterscheidet 137 zwischen einer älteren (1), zwei deuteronomischen (2+3) und einer nachexilischen (4) Fassung; 1: Ex 34,6f; Num 14,18;(Ex 20,5f; Jer 32,18); 2: Dtn 5,9f; Ex 20,5f; 3: Dtn 7,9f; 4: Neh 1,5; Dan 9,4; IReg 8,23; IIChr 6,14. Neh 9,32 führt er im Haupttext nicht auf (er erwähnt die Stelle ohne Kommentar 149 Anm. 1). Die erste, alte Formel, vom Solidaritätsdenken her zu verstehen, sei in "einer glaubensschwachen Zeit, die mit nationalen Katastrophen verbunden war" (145), gefährlich gewesen; man hätte sich ja mit dem Hinweis auf die Sünden der Vorfahren aus der eigenen Verantwortung stehlen können. Die Dtn hätten deshalb zwei präzisierende Ergänzungen angebracht: *lᵓhbj wlšmrj mṣwtj* und *lśnᵓj*. "Die nachexilischen Frommen haben, vielleicht unter dem Eindruck der Theologie Jeremias und Ezechiels, für das letztlich Entscheidende in der Beziehung zu Gott erst recht die eigene sittliche Haltung der einzelnen Generation angesehen. Deshalb tilgen sie aus der Formel die Bemerkung über die < Tausende > und interessieren sich überhaupt nur noch für den ersten Teil, für die Verheißung an diejenigen, die Gott lieben; sie lassen in ihren Gebeten, in denen sie an die Liebe und Gnade Gottes appellieren, den zweiten Teil ganz weg. Daß auch sie keineswegs leugnen, in die Schuld der Väter irgendwie verstrickt zu sein, zeigt das für das nachexilische Beten geradezu charakteristische Bekenntnis der eigenen und der Väter Sünden"(149).

Gott hat direkt und durch Mose Gesetze erlassen; den Propheten oblag es, die abtrünnigen Israeliten zu vermahnen, zu Jahwe und seinem Gesetze zurückzuführen – so Neh 9, das mit dieser Sicht Pentateuch und vordere Propheten, insbesondere Deuteronomium und Königsbücher, gut zusammenfaßt.

Wenn es Dan 9,5f heißt:

> wir haben gesündigt,... wir sind abgewichen von deinen Geboten und Satzungen. Wir haben auch nicht gehört auf deine Knechte, die Propheten, die in deinem Namen zu unsern Königen und Fürsten... geredet haben,

so liegt dies einigermaßen auf der Linie von Neh 9. Man vermißt nur den Hinweis auf die Rückführung zum Gesetz. An seiner Stelle findet man eine Umschreibung des prophetischen Wirkens, die der Darstellung in den hinteren Propheten besser entspricht. Die Nebiim verkünden Gottes Wort (d.h. Gerichtsbotschaft). Ihnen kommt noch eine andere Funktion zu: Israel ist nicht nach den Weisungen gewandelt, die er uns durch seine Knechte, die Propheten, vorgelegt hat (*ᵓšr ntn... bjd ᶜbdjw hnbjᵓjm*). Die Propheten sind hier die Vermittler der Gebote, nicht Mose. Er taucht in anderem Zusammenhang auf (V. 11-13):

> Ganz Israel hat dein Gesetz übertreten... So hat sich denn der Fluch und Schwur, der im Gesetze Moses, des Knechtes Gottes, geschrieben steht (*hᵓlh whšbᶜh ᵓšr ktwbh btwrt mšh ᶜbd-hᵓlhjm*), über uns ergossen... Und er hat das Wort wahr gemacht, das er wider uns und unsre Herrscher, die über uns regierten, geredet hat, indem er großes Unheil über uns brachte... Ja, wie es im Gesetze Moses geschrieben steht (*kᵓšr ktwb btwrt mšh*), ist (*ᵓt*)[22] all dies Unheil über uns gekommen.

22 Nach Gesenius-Kautzsch, Grammatik § 117m S. 381, führt *ᵓt* "in späthebr. Weise... mit mehr oder weniger Nachdruck ein Nomen ein". Ähnlich (im Anschluß an Pedersen) Bentzen, Daniel 64: es läge "hier ein Fall von casus pendens, durch *ᵓt* eingeführt, vor... In dieser Weise kann danach das Subjekt eingeführt werden, obwohl es vor dem Verbum steht"(tr.). Nach Marti, Daniel 66 – er nimmt einen Vorschlag von Behrmann auf – hängt *ᵓt* von *lhbjᵓ* in V. 12 ab. Er versteht *bᵓh* als Partizip, bei dem der Artikel fehle und das nach den grammatikalischen Regeln nicht hinter *hzᵓt* stehen sollte. Von der Musik her löst Montgomery, Daniel 369, das grammatikalische Problem: "It appears, however, to be a case of staccato construction". Unter diesen Erklärungen ist die von Gesenius-Kautzsch durch Parallelstellen am besten abgesichert. – Erwägenswert ist auch der Vorschlag von Hartman in Hartman-Di Lella, Daniel 242, der auf die Zitationsformel und das anschließende, nicht wörtliche Zitat hinweist: "This may explain the strange use of the following ᵓēt, something like English ‚namely,...' ".

"Wie im Gesetze des Mose geschrieben steht": Mit diesem und ähnlichen Sätzen werden in Talmud und Neuem Testament Zitate aus dem Tanach eingeleitet[23]. In Dan 9,13, einem Gebet also, taucht diese Zitationsformel zum ersten Mal auf[24]. Sie ist mit keinem wörtlichen Zitat verbunden. Eine Lehre von der Schrift beginnt sich erst abzuzeichnen, und offensichtlich kommt es dem Verfasser auf den Inhalt, nicht die genaue Formulierung der Unheilsweissagung an[25]. Mose der Verfasser eines Buches, die Propheten die Verkünder des darin niedergelegten Gotteswillens: Diese plakative Gegenüberstellung dürfte dem Text nicht ganz gerecht werden. Zweifelsohne kannte der Verfasser von Dan 9 Mose auch als Verkünder des Gotteswillens, ließ ihn aber, weil verwirrend und vom Zusammenhang her nicht gefordert, hinter dem Verfasser des Buches zurücktreten.

Eine etwas andere Konzeption enthält der eigenartige Abschnitt Esr 9,10-12. Mose wird in ihm nicht erwähnt. Die Propheten erscheinen als Vermittler der göttlichen Gebote (*ᵓšr ṣwjt bjd ᶜbdjk hnbjᵓjm lᵓmr*), die sich bei näherem Hinsehen als Collage von nicht wörtlichen Zitaten und Anspielungen aus verschiedenen alttestamentlichen Texten erweisen[26]:

"This is understandable in a liturgical context, but also is of significance as a pointer to the emergence of a view which came to regard Scripture as a unity and hence of uniform authority"[27].

Damit ist das Wesentliche zur Schriftlehre dieses Abschnittes gesagt[28].

Auch Neh 1,7-9 enthält eine eigene Schriftlehre. Eine Unheils- und

---

23 Zu den Zitationsformeln vgl. Plümacher, Art. Bibel II 10f.

24 V. 11 (*hᵓlh whšbᶜh ᵓšr ktwbh btwrt mšh*) steht dieser Zitationsformel *inhaltlich* sehr nahe. Der Unterschied zu V. 13 ist *grammatikalisch* bedingt: Im Unterschied zu diesem verlangt V. 11 nicht *kᵓšr*, sondern *ᵓšr*; vgl. weiter Anm. 30.

25 Immerhin erstaunt, daß die V. 12f im Unterschied zum Rest des Gebetes wenig Beeinflussung durch andere Schriftstellen verraten.

26 Lev 18,24; Dtn 7,(1-)3; 23,7; vgl. weiter Dtn 11,8; Jes 1,19; Ez 36,17.

27 Williamson, Ezra-Nehemiah 137.

28 In den Bereich der – interessanten und bemerkenswerten – Vermutungen gehört, was Williamson, ebd., weiter zu dieser Stelle bemerkt: "since it is mainly the Pentateuch which is cited, Ezra would appear not only to be regarding Moses as a prophetic figure (cf. Deut 18:15; 34:10), but also to be blurring the sometimes too rigid distinction between law and prophecy by subsuming the whole under the category of the spoken, prophetic word of God".

Heilsweissagung (mit Vorlagen vor allem im Deuteronomium)[29] wird mit den Worten eingeleitet:

> Wir haben uns schwer vergangen gegen dich; wir haben die Gebote, Satzungen und Rechte nicht gehalten, die du deinem Knechte Mose geboten hast (*ᵓšr ṣwjt ᵓt¯mšh ᶜbdk*). Gedenke doch des Wortes, das du deinem Knechte Mose aufgetragen hast, als du sprachest (*ᵓt¯hbdr ᵓšr ṣwjt ᵓt¯mšh ᶜbdk*)...

Mose ist alleiniger Empfänger des göttlichen Wortes (Auch hier gilt: Aus dem Schweigen über die Propheten dürfen keine weitreichenden Schlüsse gezogen werden). Dabei unterscheidet der Verfasser in der Terminologie deutlich zwischen Geboten und dem Wort, d.h. Unheils- und Heilsweissagungen. Anders gewendet: Mose ist Gesetzgeber und Prophet zugleich.

Eine einheitliche Lehre von der Schrift, Mose und den Propheten enthalten die drei Gebete nicht. In theologisch zentralen Punkten stimmen sie aber miteinander überein. Mose und die Propheten sind gleichermaßen Vermittler des göttlichen Wortes. Gesetzliches und prophetisches Wort, Mose und die Propheten gehören in der einen oder andern Weise eng zusammen. Kein Text spricht nur von Mose und dem Gesetz oder von den Propheten und ihren Weissagungen. Wenn das göttliche Wort auch nicht ausschließlich dem Pentateuch entnommen wird, sich darin findet: Er herrscht vor. Das braucht nicht zu erstaunen: Die fünf Bücher Mose sind zuerst kanonisiert worden und haben auch immer mehr Ansehen genossen als die beiden andern Teile des Tanachs.

Der Ausdruck "Tora des Mose" taucht auch neben Dan 9 häufig auf[30]; eher allgemeine Aussagen zu Mose und den Propheten als Verkündern des

29 Dtn 30,1-5 ("But the passage in Dt. has nothing in it about transgressing"; Batten, Ezra-Nehemiah 186); Lev 26,14f; vgl. weiter Dtn 4,27; 28,64; Jer 9,15; Ez 11,16.

30 Jos 8,31.32; 23,6; IReg 2,3; IIReg 14,6 (Die Söhne der Mörder aber tötete er nicht, [nach dem Gebot des Herrn] *kktwb bspr twrt¯mšh*: "Die Väter sollen nicht samt den Kindern, noch die Kinder samt den Vätern getötet werden..." = Dtn 24,16); 23,25; Mal 3,22; Esr 3,2 (um Brandopfer darauf darzubringen *kktwb btwrt mšh*); 7,6; Neh 8,1; IIChr 23,18 (Jojada aber bestellte Wachen für den Tempel..., damit sie die Brandopfer des Herrn darbrächten *kktwb btwrt mšh*); 30,16 (und traten auf ihren Posten der Vorschrift gemäß *ktwrt mšh*). Einige dieser Stellen berühren sich von ihrer Schriftlehre her eng mit Dan 9. – Bei ihrer Ausbildung hat der Begriff *twrh* auch außerhalb der Verbindung "Tora des Mose" eine Rolle gespielt. Die wichtigsten Stellen seien eben aufgeführt: Dtn 28,61; 29,20; 30,10; Jos 8,34; 24,26; Neh 8,3.14.18; 9,3; 10,35.37; IChr 16,40; IIChr 12,1; 17,9; 31,3; 34,14; 35,26f (vgl. auch noch Ex 24,12; Dtn 17,18; 27,3.8; 31,9.24; Jos 1,8; IIReg 17,37). Besondere Beachtung verdient IIChr 34,14: Als sie nun das Geld herausnahmen, das in den Tempel ge-

Gotteswortes finden sich nicht erst in den drei Gebeten. Neu ist in den hier behandelten Texte nur, daß diese beiden Themen so viel Platz einnehmen. Sie erhalten dadurch eine neue Qualität. Daß die Zitationsformel "wie geschrieben steht in der Tora des Mose" ihren Einstand in Dan 9 gibt, erscheint von daher alles andere als zufällig.

Wann und von wem sind die drei Gebete verfaßt worden? Das stark von der Mischehenproblematik bestimmte Gebet Esr 9 war sicher von Anfang an für seinen jetzigen Platz vorgesehen[31]. Es gibt keine Anzeichen für eine sekundäre Einfügung in den Text. Rudolph behauptet sogar, es sei im Zusammenhang mit Esras Absicht, das Volk zu einem positiven Entscheid in der Mischehenfrage zu bringen, unentbehrlich[32].

Neh 1,5-11 betrachtet Steck[33] als ein in Juda verfaßtes Gebet aus der Exilszeit, in dem ein Einzelner Gott darum bitte, dieser Notzeit ein Ende zu bereiten. Sekundär sei es durch einige kürzere Einschübe der Situation Nehemias angepaßt worden. Diesem spricht Steck das Gebet deshalb ab, weil deuteronomistisches Denken für die Diaspora nicht bezeichnend gewesen sei. Gerade dieser deuteronomistische Stil verrate die Hand eines späteren Ergänzers (des Chronisten), meinte eine einflußreiche Richtung in der älteren Forschung. Sie führte für ihre These u.a. noch folgende Argumente an[34]: Das Gebet enthalte typisch chronistisches Vokabular, die Ausdrücke *bnj jśr ᵓl* und *jhwh* fehlten in den andern Teilen des Buches Nehemia, dieser pflege sich sonst nicht so wortreich auszudrücken. Zudem sei das Gebet nur der allgemeinen, nicht

---

bracht worden war, fand der Priester Hilkia das Buch mit dem Gesetz, das der Herr durch Mose gegeben hatte (*ᵓt-spr twrt-jhwh bjd-mšh*). Der Parallelbericht in IIReg 22f spricht nur von diesem/dem Gesetzbuch (IIReg 23,25: *kkl twrt mšh*). Der Chronist präzisiert: Das Gesetzbuch geht auf *Jahwe* zurück, und *Mose* ist sein Vermittler.

31 So im Anschluß an Williamson, Ezra-Nehemiah 128: "the references to the current circumstances in vv 8-9 and 11-14 are too specific for it to have been an independent prayer inserted in its present position by a later editor who thought that it might be appropriate". – Anders Steck, Israel 111: "nach dem vorliegenden Text... gehört... [das Gebet] jedenfalls in die frühnachexilische Zeit, doch ist m.E. zu fragen, ob nicht ein älteres, freilich nicht mehr vollständig erhaltenes Gebet aus dem Juda der Exilszeit vorliegt" (vgl. auch noch Anm. 32). – Gerne rechnet man mit chronistischen Retouchen (Batten, Ezra-Nehemiah 336; Michaeli, Chroniques-Néhémie 302). Ganz dem Chronisten schreiben Torrey, Composition 14ff, und Gunneweg, Esra 166ff, das Gebet zu.

32 Rudolph, Esra-Nehemia 90, anders Steck, a.a.O. 111 Anm. 4: "Spuren nachträglicher Bearbeitung finden sich in diesem Gebet ja vielfach, wie Formulierung, Eintragung der Mischehenfrage und Gattung... zeigen".

33 Steck, a.a.O. 111f und Anm. 11.

34 Zusammengestellt hat sie Kellermann, Nehemia 9 Anm. 16; sie werden hier nur in Auswahl aufgeführt.

aber der spezifischen Situation Nehemias angepaßt. Diese Argumente überzeugen nicht. Das angeführte chronistische Vokabular beschränkt sich auf *m^cl*[35]. Da Gebete andern Darstellungsgesetzen folgen als Berichte und Erzählungen, kommt den weiteren Argumenten, die für die Zuweisung von Neh 1,4-11 an den Chronisten oder einen anderen Redaktoren ins Feld geführt wurden, nicht entscheidende Bedeutung zu[36]. Das Gebet könnte gut einen ursprünglichen Bestandteil von Nehemias Memoiren gebildet haben:

"There is no adequate reason to doubt that at least as early as the time when he wrote the memoir – and perhaps even in the historical situation itself – Nehemia could have used such stereotyped phraseology; indeed, this would be the type of material on which we would expect him to draw in order to gain orientation in a time of crisis"[37].

Zum Gebet von Dan 9: Geht es auf den Verfasser des Restes des Kapitels zurück, hat dieser selbst ein ihm vorliegendes liturgisches Stück in die Deutung der siebzig Jahre eingefügt; oder liegt gar eine Interpolation durch einen späteren Redaktoren vor? Unter den unzähligen Argumenten zur Stützung und Widerlegung dieser drei Thesen verdienen die beiden folgenden Punkte besondere Beachtung:

- Dan 9 berührt sich von Aufbau, Inhalt und Formulierung her eng mit andern Texten (Neh 1; 9; Esr 9)[38]. Die Annahme, der in Jerusalem[39] schreibende Verfasser von Dan 9 habe das Gebet völlig frei geschaffen, erscheint schon deshalb als unwahrscheinlich[40].

---

35 Kellermann, ebd.

36 Williamson, Ezra-Nehemiah 167.

37 Williamson, ebd; vgl. weiter Gunneweg, Nehemia 50f.

38 Vgl. dazu die Tabelle bei Gilbert, Prière 295f.

39 V. 7.16! Vgl. dazu unter anderem Marti, Daniel 64; Lacocque, Prayer 134: "Only a Judean writer could have maintained without any more ado that the Diaspora – as numerous as it seems to be, for it is spread over several countries – is a divine chastisement. This is a very important clue as to why, among the social classes blamed for the catastrophe which befell Jerusalem, the priests and the prophets are not mentioned. The author of the prayer was a Judean who remained in Jerusalem during the exile, at a time when many of his fellow-citizens had been taken into captivity in foreign lands".

40 Vgl. dazu etwa Lococque, a.a.O. 127: "The penitential prayer we are considering here, especially in the form it has in Daniel 9, is not an original creation. At its core, the prayer is exilic. It has been remodelled in the fourth century by Ezra and Nehemiah [Esr 9; Neh 1], in the second century by ‚Daniel' and ‚Baruch' [Dan 9; Bar 1,15-3,8]". Er meint, das Gebet in seiner ursprünglichen Gestalt setze die Zerstörung des Jerusalemers Tempels voraus, verrate aber keine Kenntnis des Kyrosedikts von 538 (126); im 2. Jh. sei es auf die Entweihung des Tempels bezogen worden. Lacocques These kann hier keiner ausführlichen

– Gebet und Deutung der siebzig Jahre weisen zahlreiche Berührungen im Vokabular auf[41]. Sie erklären sich am ungezwungensten mit der Annahme, der Verfasser des Kapitels Dan 9 habe bei dessen Niederschrift seine beiden Teile aneinander angeglichen. Hätte ein späterer Redaktor das Gebet eingefügt[42]: Man müßte ihn ob des Geschicks bewundern, mit dem er Retouchen am Gebet, möglicherweise auch am Rahmen, vorgenommen hat, um die beiden Teile aufeinander abzustimmen. Mit einem so gewandten Redaktoren rechnet Charles nicht. Im Gegenteil: Er wirft ihm vor, mit dem Bußgebet ein störendes Element in den Text eingetragen zu haben. Der Kontext verlange eine Bitte um Erleuchtung, kein Sündenbekenntnis[43]. V. 3 (Fasten in Sack und Asche), im allgemeinen nicht zu einer Überarbeitung gerech-

---

Kritik unterzogen werden. – Eine ausgefallene Position vertritt Steck, Israel 114: "Vom dtrGB ist das Gebet im ganzen wie in den einzelnen Wendungen durch und durch geprägt"; Anm. 1: "Natürlich liegt auch hier nicht Nachahmung literarischer Vorbilder vor, dafür sind die verwendeten dtr Wendungen über die älteren Schriften viel zu verstreut; wie soll auch ein Verfasser zur Makkabäerzeit sich ausgerechnet lauter dtr Wendungen aus älteren Schriften zusammengesucht haben? Schon dazu müßte er in lebendiger dtr Tradition stehen! In Wirklichkeit muß diese bis in die Mitte des 2. Jahrhunderts lebendig gewesen sein und die aktuelle Neubildung solcher Gebete wie Dan 9 ermöglicht haben". Ob Steck die Schriftkenntnis des Theologen aus dem 2. Jh. nicht etwas unterschätzt? Darf man so scharf zwischen lebendiger Tradition und Nachahmung literarischer Vorbilder unterscheiden? Wie sind die zahlreichen Anklänge an das jeremianische Schrifttum zu erklären? Zur Kritik an Steck vgl. auch Lacocque, a.a.O. 127f.

41 Vgl. dazu Jones, Prayer 491f: *lhśkjl* (V. 13.22); *šmm* (V. 17f.26); *šwb//śkl* (V. 13, vgl. 25); *nbjʾ* (V. 2.6.10.24) und *tḥnwn** (V. 3,17.18.23; Hinweis von Bayer, Danielstudien 53) kommen nur in diesem Kapitel vor, und zwar in seinen beiden Teilen. Die V. 15f und 24 (also Gebet und Prophetie) enthalten zudem Wendungen, die sich sonst im Danielbuch nicht finden (Bayer, ebd.). Hebräische Belege der Wurzel *ḥṭʾ* enthält das Danielbuch nur in Kapitel 9 (V. 5.8. 11.15.16. 20[2x].24). – Zusammengenommen bilden diese Berührungen zwischen Gebet und Rahmen ein Argument für die Einheitlichkeit von Dan 9. Unter ihnen kommt der ersten am meisten Gewicht zu, da es sich bei *śkl* um einen theologischen Schlüsselbegriff handelt.

42 So u.a. Bentzen, Daniel 75. Er betrachtet V. 4a und 20 als Doppelungen von V. 3 und 21, als "redaktionelle Klammern". V. 3 und 4 bilden keine Dubletten. Der gleiche Anfang von V. 20 und 21 kann tatsächlich stutzig machen; vgl. allerdings Plöger, Daniel 139: "V. 3 und 20 sind nicht Verklammerungen, ... sondern dürften normale Überleitungen innerhalb des Kapitels sein".

43 Charles, Daniel 226.

net, läßt aber erwarten, was folgt – ein Bußgebet[44]. Es bildet in Dan 9 nicht nur keinen Fremdkörper, sondern ist geradezu unverzichtbar:

"This prayer introduces the vision of 24-27 as it gives the theological reason why Israel is punished"[45].

Gilbert nennt noch einen weiteren Grund, warum Dan 9 ein Gebet enthalten muß: "Le contexte de Jr 25,3-11 invitait Daniel à la contrition"[46]. Noch näher liegt die Annahme, der Verfasser von Dan 9 habe (auch) Jer 29,10-12 vor Augen gehabt[47]:

> Denn so spricht der Herr: Erst wenn siebzig Jahre für Babel um sind, will ich nach euch sehen. Dann will ich meine Verheißung an euch erfüllen und euch wieder an diesen Ort bringen. Denn ich weiß, was für Gedanken ich über euch hege, spricht der Herr, Gedanken zum Heil und nicht zum Unheil, euch eine Zukunft und Hoffnung zu gewähren. Wenn ihr mich ruft... und zu mir betet (*whtplltm ᵓlj*), will ich auf euch hören.

Dieser Abschnitt enthält die wichtigsten Elemente von Dan 9, wenn auch in anderer Anordnung. Wir behaupten nicht, das Kapitel bilde geradezu eine Auslegung von Jer 29,10-12. Immerhin verdient Beachtung, daß der Verfasser von Dan 9 das ganze Jeremiabuch ausgezeichnet kennt[48]. Keiner der bisher untersuchten Texte weist eine so starke jeremianische Prägung auf, was der Vermutung zusätzliches Gewicht verleiht.

Nur einen sicheren Schluß lassen die vorangehenden Überlegungen zu: Keines der drei Gebete wirkt in seinem Kontext wie eine Faust aufs Auge; sie sind diesem jeweils gut eingepaßt. Um so mehr verdient Beach-

---

44 Anders Lacocque, Daniel 135: "Quant au jeûne, il est parfois envisagé comme mise en condition pour recevoir une révélation". Wäre also doch eine Bitte um Erleuchtung zu erwarten? Kaum! Von den alttestamentlichen Stellen her, die er anführt (Ex 34,28; Dtn 9,9; Dan 10,3; Est 4,16), müßte Lacocque vorsichtiger wie folgt argumentieren: Fasten kommt *im Zusammenhang* mit einem Offenbarungsempfang vor. Von Fasten *in Sack und Asche* spricht keiner dieser vier Texte.

45 Catholic Commentary par. 536c S. 667.

46 Gilbert, Prière 292.

47 Vgl. dazu Wilson, Prayer.

48 Nur noch das Deuteronomium kommt ihm, was Zitate und Anspielungen betrifft, gleich; vgl. dazu Lacocque, Daniel 136, und Gilbert, Prière 295f, der die Stellen, auf die das Kapitel anspielt oder die in ihm zitiert werden, zusammengestellt hat.

tung, daß alle Elemente enthalten, die über ihren unmittelbaren Anlaß hinausweisen. Anders ausgedrückt: Sie enthalten einen theologischen Überschuß, mehr Theologie als unbedingt nötig; in Dan 9 ist das besonders deutlich.

Spektakuläre Ereignisse hat die Untersuchung von Dan 9; Esr 9 und Neh 1 nicht erbracht. Immerhin entdeckten wir in Dan 9 die neben Ps 130 wohl systematischste Ausgestaltung des Themas "Sünde und Vergebung" im Alten Testament. Der Verfasser des Gebets entfaltet seine Lehre vom Begriff *ṣdqh* aus – wie Paulus seine Rechtsfertigungsbotschaft im Römerbrief mit Hilfe von δίκαιος / δικαιοσύνη. Da Dan 9,18 implizit auch den Begriff "Glauben" enthält, ist die Behauptung nicht zu vermessen, das Gebet nehme eben diese Botschaft des Apostels weitgehend voraus.

Unter den alttestamentlichen Texten, in denen sich die Umrisse einer Schriftlehre abzeichnen, gehören die drei untersuchten Gebete, allen voran Dan 9, zu den gewichtigsten. Einen Ehrenplatz haben sie allein deswegen verdient.

c) IChr 29; IIChr 20: Der große Gott und der demütige Mensch / das kleine Israel

Nach der Abgabe der Weihegeschenke für den Tempel hat David das folgende Gebet gesprochen (IChr 29,10-19):

(10) Gepriesen seist du, Herr, du Gott unsres Vaters Israel, von Ewigkeit zu Ewigkeit! (11) Dein, Herr, ist die Größe und die Macht und die Herrlichkeit, der Glanz[1] und die Majestät! Denn/ja[2] alles, was im Himmel und auf Erden ist, (das ist dein[2]). Dein, Herr, ist das Reich, und du bist's, der über alles als Haupt[3] erhaben bist[3]. (12) Reichtum und Ehre kommen von dir. Du bist Herrscher über alles, in deiner Macht stehen Kraft

---

1 Zu dieser Bedeutung von *nṣḥ* s. HAL III 676.

2 Wer *kj* nicht als bekräftigendes oder steigerndes "ja" versteht (vgl. Kropat, Syntax 31), muß vor *kl* ein *lk* einsetzen (so BHS fragend). Der mit frt versehene Vorschlag der BHK (von Rudolph, Chronikbücher 192, als Alternativmöglichkeit erwogen), es hinter *wbᵓrṣ* einzusetzen, überzeugt aus stilistischen Gründen weniger: Es folgten zwei *lk* aufeinander.

3 Galling, Chronik – Nehemia 70, liest mit V *wᵓth hmtnśᵓ* ("und du erhebst dich zum Haupt für alle"). Rudolph, a.a.O. 192, versteht *whmtnśᵓ* als "Verbalsubst. nach aram. Bildung" und streicht u.a. gestützt auf einige hebräische Handschriften und V, *l* in *lrᵓš* als Dittographie ("dein... ist... die Erhabenheit über jedes Haupt"). Eine begründete Entscheidung zu treffen fällt schwer.

und Macht; in deiner Macht[4] steht es, einen jeglichen groß und stark zu machen. (13) Und nun, unser Gott, wir danken dir und preisen deinen herrlichen Namen. (14) Denn wer bin ich und was ist mein Volk, daß wir vermöchten, solche Gabe zu spenden? Kommt doch alles von dir, und aus deiner eignen Hand haben wir dir gegeben. (15) Denn wir sind Fremdlinge und Beisassen vor dir wie alle unsre Väter; wie ein Schatten sind unsre Tage auf Erden, ohne Hoffnung/Sicherheit[5]. (16) Herr, unser Gott, dieser ganze Reichtum, den wir gesammelt, dir ein Haus zu bauen für deinen heiligen Namen, aus deiner Hand kommt er, dein ist alles. (17) Ich weiß, mein Gott, daß du das Herz prüfst und daß du an Aufrichtigkeit Gefallen hast. Aufrichtigen Herzens habe ich selbst dies alles gespendet und habe jetzt mit Freuden gesehen, wie auch dein Volk, das sich hier zusammengefunden, dir willig Gaben gespendet hat. (18) Herr, Gott unserer Väter Abraham, Isaak und Israel, erhalte solches Sinnen und Trachten für immer in den Herzen deines Volkes und leite ihre Herzen zu dir! (19) Meinem Sohne Salomo aber gib ein ungeteiltes Herz, daß er deine Gebote, Verordnungen und Satzungen halte und alles ausführe und den Tempel baue, für den ich die Vorbereitungen getroffen habe.

Hochstehender dogmatischer Traktat, Zeugnis tiefer Frömmigkeit, Vorbild auch des christlichen Gebetes: All dies und noch mehr ist IChr 29, 10-19. Diese Kurzcharakterisierung gilt es zu begründen und auszuführen. Sie enthält implizit die Behauptung, diesem Texte komme eine dem Tempelweihgebet vergleichbare theologische und religiöse Bedeutung zu.

IChr 29 ist ad majorem Dei gloriam geschrieben. Kein alttestamentliches Gebet preist Gott auf so beschränktem Platz überschwenglicher[6] – ihm gehören *hgdlh, hgbwrh, htpʾrt, hnṣḥ, hhwd... hmmlkh*[7] (V. 11). In diesem Vers liegt eine der Quellen der Doxologie des Herrengebetes

4 Galling, a.a.O. 70, Anm. 3, streicht das zweite *wbjdk* und beraubt das Gebet damit einer wesentlichen Aussage; vgl. dazu die Auslegung.

5 Zur zweiten Übersetzung vgl. Rudolph, Chronikbücher 192: "wenn *mbṭḥ* neben ‚Vertrauen' auch objektiv ‚Sicherheit' heißen kann (Prv 1426 Jes 3218), muß dies auch bei *mqwh* möglich sein"(tr.). Die beiden Übersetzungen könnten wie folgt miteinander verbunden werden: "ohne Hoffnung auf zukünftige Sicherheit".

6 Throntveit, Kings 95, bemerkt zu dieser Beschreibung von Gottes Größe und Ruhm zu Recht, sie habe "practically depleted Hebrew vocabulary".

7 Streng genommen gehört *lk jhwh hmmlkh* nicht zur Eingangsprädikation.

vor, die wie folgt ins Hebräische zurückübersetzt werden kann[8]: *kj lk hmmlkh whgbwrh whtpᵓrt*. Durch die Massierung der Nomina in V. 11[9] bringt der Chronist ohne Seitenblick auf fremde Götter zum Ausdruck: Jahwe ist schlechthin überlegen, groß. Das theologische Vokabular von V. 11 findet man im Psalter, bei Hiob und Deuterojesaja[10], nicht jedoch im deuteronomisch-deuteronomistischen Schrifttum[11]. Überhaupt weist IChr 29,10-19 – als einziges der wichtigen Prosagebete – kein deuteronomistisches Kolorit auf, weder inhaltlich noch sprachlich[12].

Die begeisterte Prädizierung Jahwes erhält noch in V. 11 ihre dogmatische Begründung: *kj-*[*lk*] *kl bšmjm wbᵓrṣ* [*lk*]. Alles, was es überhaupt gibt, untersteht Jahwe, gehört ihm. Inhaltlich verkündet der Chronist damit nichts Neues. Neu und im Alten Testament einmalig ist allerdings die lehrhafte, dogmatische Zuspitzung des Satzes. Die V. (11)12-16 ziehen die Konsequenzen aus ihm: Da Gott alles gehört, kommen Reichtum und Ehre der Menschen von ihm; weil Kraft und Macht bei ihm liegen, kann er groß und stark machen. Auf den unmittelbaren Anlaß des Gebetes bezogen: Mit ihren Gaben bringen die Israeliten Gott nur das dar, was sie aus seiner Hand erhalten haben: *kj-mmk hkl wmjdk ntnw lk* (V. 14). Mit diesem paradox anmutenden Satz, der leicht abgeändert auch im Kirchengesangbuch auftaucht[13], zieht der Chronist die

---

8 Delitzsch, Neues Testament; de Moor, Prayer 416, liest statt *tpᵓrt hwd*. – Zur Doxologie im Herrengebet vgl. unsere Auslegung von Dan 2,37.

9 Die genaue Bedeutung der einzelnen Begriffe herauszuarbeiten drängt sich hier nicht auf.

10 Auf eine Stellenaufzählung muß hier verzichtet werden. – Auffallend stark berührt sich IChr 29,11 mit dem späten Ps 145. V. 3-6 enthalten außer dem ohnehin seltenen *nṣḥ* und *tpᵓrt* alle Nomina dieser Eingangsdoxologie. Das Gebet und der Psalm weisen noch mehr Übereinstimmungen in Vokabular und Thematik auf: *brk, hll, jdh* (mit Gott oder Gottes Namen als Objekt), *kbwd, gdl, mšl* (*ᶜwlm, jd*). *kl* bildet in beiden Texten theologisches Leitwort. Beachtung verdient weiter Ps 145,11f, wo sich auch das für IChr 29 zentrale Stichwort der Herrschaft Gottes findet.

11 In ihm findet von diesen Nomina (auf Gott bezogen) allein *gdlh* Verwendung (IISam 7,21.23).

12 Ausnahme: V. 19 (vgl. dazu die Auslegung).

13 Ich steh an deiner Krippe hier, o Jesu Christ, mein Leben;
ich komme, bring und schenke dir, was du mir hast gegeben.
(Gesangbuch der evangelisch-reformierten Kirche der deutschsprachigen Schweiz 120,1).

letzte Konsequenz aus dem Zentralsatz von V. 11 – als Dogmatiker mit Freude am Spielen[14].

Alles im Himmel und auf Erden gehört dir: Dieser Satz könnte zusammen mit den daraus gezogenen Konsequenzen den Chronikbüchern als Motto vorangestellt werden. IIChr 13,8 spricht nicht vom Königreich der Davididen, sondern der *mmlkt jhwh bjd bnj dwjd*, IIChr 34,14 vom *spr twrt-jhwh bjd-mšh.* Nach IIChr 29,25 ließ Hiskia die Leviten sich beim Tempel aufstellen...; denn vom Herrn[15] war es also geboten worden durch Vermittlung seiner Propheten (*bjd-nbjʾjw*). Alles gehört Gott: Königtum, Tora und Wort; David, Mose und die Propheten sind nur seine Verwalter und Vermittler[16]. Wohlverstanden: Die drei zitierten Sätze bilden nicht die genaue Umsetzung von IChr 29,11, liegen aber inhaltlich mit den Akzenten, die sie setzen, auf der gleichen Linie. Da in IChr 29, 10-19 Gottes Herrschaft besonders hervorgehoben wird, sei an diesem Thema die Übereinstimmung zwischen dem Gebet und den Chronikbü-

---

14 Charakteristisch für die Spätzeit ist nur die direkte Formulierung dieses Tatbestandes. Er ist schon früh nachzuweisen, wenn auch mit einem andern Inhalt. Die bereits in alten Psalmen belegte "Theologia gloriae" charakterisiert Spieckermann, Heilsgegenwart 225, wie folgt: "Jahwe gibt dem Menschen und der Welt Herrlichkeit, ohne sich zu berauben. Und Aufgabe des Menschen und der Welt ist die Rückerstattung des Empfangenen, ohne sich ihrerseits zu berauben, nämlich als Gotteslob".

15 Rudolph, Chronikbücher 296, liest *bdwjd hjh* statt *bjd-jhwh*: "*bjd* [bedeutet] in diesem Zusammenhang immer nur ‚durch Vermittlung von'..., was bei Jahwe unmöglich ist. Außerdem würde das folgende ‚vermittelt durch seine Propheten' sagen, daß auch David zu den Propheten gehörte, was nicht die Meinung des Chronisten ist (8 14b stammt nicht von ihm)" (tr.). Den Haupteinwand gegen Rudolphs Emendation formuliert implizit Williamson, Chronicles 358: "The Chronicler was anxious to stress that these arrangements followed a word of commandment... from the Lord, and for his readers this would be accepted as most authoritative if it was understood as having been mediated through his prophets".

16 Das theologische Konzept der Mittlerschaft wird u.a. an folgenden Stellen mittels *bjd* ausgedrückt: IChr 11,3 (vgl. IISam 5,3); IIChr 10,15; 12,7; 33,8; 35,6; 36,15. – Die theologisch relevanten Belege des Ausdrucks *bjd* konzentrieren sich, was hier nicht im einzelnen ausgeführt werden kann, vor allem in jungen bis sehr jungen Texten, u.a. in den hier untersuchten Gebeten, Sach 7,7.12 und und in einem zentralen Kapitel des deuteronomistischen Geschichtswerkes, IIReg 17,13 (vgl. weiter Hos 12,11; Hag 1,1.3; 2,1; Mal 1,1). Zum Ausdruck *bjd* vgl. Ackroyd, Art. *jd* 438. – Vermittlung bedeutet keine Abwertung des Mittlers, sondern im Gegenteil eine Auszeichnung. Wer sich gegen den König wendet, nimmt es mit Gott selbst auf. IIChr 13,8 sollte man deshalb mit der Königsstolz verratenden Mahnung Abias (V. 5) lesen – sie enthält einen drohenden Unterton–: "Solltet ihr nicht wissen, daß der Herr, der Gott Israels, David das Königtum über Israel auf ewige Zeiten gegeben hat...?".

chern insgesamt exemplifiziert (Der Hinweis auf die Stellen muß genügen). Wo es um die Nachfolge Davids, ein theologisch zentrales Thema, geht, ist von *Jahwes mlkwt* (IChr 17,14; 28,5), *seinem ks*$^{\supset}$ (IChr 28,5; 29,23; vgl. IIChr 6,10.16) die Rede (man vgl. die Vorlagen im deuteronomistischen Geschichtswerk). Sogar die Königin von Saba schlüpft in die Haut des Chronisten und preist Gott, der Wohlgefallen an dir gefunden, sodaß er dich auf seinen Thron gesetzt hat als König des Herrn, deines Gottes (*lttk* ^{c}*l-ks*$^{\supset}$*w lmlk ljhwh* $^{\supset}$*lhjk*, IIChr 9,8). Während Rehabeams Herrschaft fallen er und ganz Israel vom Gesetz ab. Sie werden von Sisak angegriffen, der die befestigten Städte Judas einnimmt und bis nach Jerusalem vordringt. Da er sich demütigt[17], will Gott seinen Grimm nicht durch Sisak über Jerusalem ergießen lassen (IIChr 12,8):

> Doch sollen sie ihm dienstbar werden (*l*^{c}*bdjm*), damit sie erkennen, was es heißt mir dienen oder irdischen Königreichen dienen (^{c}*bwdtj w*^{c}*bwdt mmlkwt h*$^{\supset}$*rṣwt*).

Dieser Vers geht von seinem Inhalt her über die unmittelbaren Bedürfnisse der Erzählung hinaus, formuliert eine allgemeingültige Lehre: Gott dienen, d.h. seine Königsherrschaft anerkennen, wäre eigentlich leichter als "irdischen" Königsreichen zu dienen[18]; die Zürcher Übersetzung trifft hier das Richtige. Wenn auch der Ausdruck *mlkwt/mmlkh (jhwh)* nicht fällt: Sachlich geht es um die Anerkennung von Gottes Herrschaft; anders wäre *mmlkwt h*$^{\supset}$*rṣwt* nur schwer zu erklären.

Ein fast selbstverständlicher Hinweis zum Abschluß: *kl* bildet das theologische Leitwort der eben behandelten Verse, muß es fast (es taucht auch noch im Rest des Gebetes auf, aber nicht so massiert wie im ersten Teil). Wo es im Alten Testament sonst noch als solches dient: Dies zu beurteilen erforderte einen ungeheuren Aufwand. Mit der Vermutung, IChr

---

17 Wer sich demütigt, von dem wendet Gott seinen Zorn ab, dem hilft er, und zwar unfehlbar. Mit diesem einen Satz ist alles Wichtige zu *kn*^{c} (ni.) in den Chronikbüchern gesagt. Von den Belegen, an denen es "sich demütigen" heißt, finden sich die meisten in den Paraleipomena: IIChr 7,14; 12,6f(3x); 30,11; 32,26; 33,12.19.23(2x); 34,27(2x); 36,12. Restliche Vorkommen: Lev 26,41; IReg 21,29(2x); IIReg 22,19. Die Stellen aus den Chronikbüchern führen inhaltlich nicht über diese drei Stellen hinaus. Wegen der Massierung der Belege in IIChr darf das Theologumenon der Selbstdemütigung allerdings als typisch für dieses Werk gelten (vgl. Wagner, Art. *kn*^{c} 221f); zu *kn*^{c} vgl. auch noch Williamson, Eschatology 150f.

18 So u.a. Rudolph, Chronikbücher 234: Die Züchtigung soll Juda zeigen, "wie viel härter der Dienst irdischer Herren ist als das, was Jahwe von seinem Volk verlangt".

29 könnte zu den wichtigeren Texten dieser Gruppe gehören, dürfte man kaum falsch liegen.

Schon in V. 14 ist ein neuer Ton angeklungen; *wkj mj ʾnj wmj ʿmj kj¯nʿṣr kḥ lhtndb kzʾt*. Der Mensch: welch schwaches, unbedeutendes Wesen. Dies zeigt sich gerade angesichts eines so großen Vorhabens wie des Tempelbaus. Der chronistische Salomo weist darauf (mit dem gleichen Ausdruck *ʿṣr¯kḥ*) sogar in seinem Brief an Hiram hin (IIChr 2,5f; der Passus fehlt im Parallelbericht des deuteronomistischen Geschichtswerkes)[19].

IChr 29,15 führt den in V. 14 angeschlagenen Gedanken in sehr grundsätzlicher Weise weiter: *kj¯grjm ʾnḥnw lpnjk wtwšbjm kkl¯ʾbtjnw kṣl jmjnw ʿl¯hʾrṣ wʾjn mqwh*. Der erste Satz nimmt mit geringfügigen Abänderungen Ps 39,13 auf, der zweite berührt sich eng mit Hi 8,9 (nur *wʾjn mqwh* hat der Chronist selbst beigefügt). Unter den übrigen Parallelstellen, die sich anfügen lassen, kommt Ps 119,19 am meisten Gewicht zu[20]: *gr ʾnkj bʾrṣ*. Wie *bʾrṣ* deutlich macht, bezieht sich *gr* auf die Vergänglichkeit des menschlichen Lebens. In Ps 39,13 dürften *gr* und *twšb* daran erinnern, "daß Jahwe dem flüchtigen, fremden Leben gnädig einen Aufenthalt gewährt hat"[21]. Ein Vergleich mit Lev 25,23 zeigt am deutlichsten, worin das Spezifische in der Aussage von IChr 29,15 liegt:

> Grund und Boden darf nicht für immer verkauft werden, denn das Land ist mein, und ihr seid Fremdlinge und Beisassen bei mir (*kj¯grjm wtwšbjm ʾtm ʿmdj*).

Da das Land Gottes ist, können die Israeliten es nicht als ihren Besitz beanspruchen. Sie leben darin bestenfalls als "Pächter". In Ps 39,13 schimmert diese erste übertragene Bedeutung von *gr* und *twšb* noch durch: Der Psalmist verwendet (wie Lev 25,23) die Präposition *ʿm*. Der Chronist *vergeistigt* die übernommene Vorstellung, indem er sie durch *lpnjk* ersetzt[22]. Daß der Mensch ein sterbliches, vergängliches Wesen ist, wird erst "sub specie Dei" deutlich.

---

19 Vgl. weiter IIChr 14,10 (22,9).

20 Vgl. etwa noch Hi 14,1f (Ps 90,5f; 103,15f).

21 Kraus, Psalm 455.

22 So stark "spirituell" legen die Kommentatoren den Vers meist nicht aus. Einige belassen es bei einer allgemeinen Bemerkung: "Flüchtigkeit und Ungesichertheit des menschlichen Daseins" (Rudolph, Chronikbücher 191; vgl. weiter Michaeli, Chroniques – Néhémie 140). – "Yahweh is the real possessor of the land and Israel's rights are only those of the stranger (*gr*)... and sojourner (*twšb*), i.e., they are entirely dependent upon Yahweh's good will" (Curtis-Madsen,

Auch in V. 15 gibt sich der Chronist als Dogmatiker zu erkennen, der seine Gedanken konsequent zu Ende denken will. Da der Mensch vor Gott Fremdling und Beisasse ist, ein sterbliches Wesen, besteht für ihn keine Hoffnung, muß er jeder Sicherheit entraten: *wᵓjn mqwh* – außer der, die in Gott liegt? Hier bricht der Chronist ab und nimmt den Hauptgedankengang wieder auf. V. 15(f) ist ein, wenn auch wichtiges, Nebengeleise gewesen.

Nach den Ausführungen zu V. 11-16 drängt sich die Frage gebieterisch auf: Wenn der Mensch alles, was er Gott schenkt, diesem verdankt, woran liegt dann sein Verdienst? V. 17 gibt auf diese Frage die einzig mögliche Antwort: in der aufrichtigen Gesinnung und der Freude, mit der die Gaben gespendet werden. Sie will Gott. Um sie zu erkennen, muß er das menschliche Herz prüfen. Eben diesen Gedankengang entwickelt der Chronist, allerdings in umgekehrter Richtung: Wie in V. 11ff setzt er mit der allgemeinen Lehre ein – Gott, der die Herzen prüfen kann, liebt die aufrichtige Gesinnung – und wendet sie dann auf die konkrete Situation ab. Sogar diese Einstellung ist letztlich eine Gabe Jahwes. Deshalb die beiden Bitten in V. 18[23]: *šmrh-zᵓt lᶜwlm ljṣr mḥšbwt lbb ᶜmk whkn lbbm ᵓljk*. Hier wird das Volk nicht aufgerufen, sein Herz auf Jahwe zu richten[24]. Diese Aufforderung findet sich an andern Stellen im Alten Testament. Die engste Entsprechung zu dieser so evangelischen Bitte enthält, für den einen unerwartet, den andern nicht, Ps 119,133:

Chronicles 306, tr.). Diese Auslegung schwankt zwischen einem konkreten, von den Begriffen ausgehenden, und einem eher vergeistigten Verständnis der Stelle. Vielleicht ist die Aussage des Verses tatsächlich so schillernd, wie dieser Kommentar andeutet. – Am weitesten wagt sich Williamson, Chronicles 185f, vor: "even within their secure boundaries the people of Israel are still sojourners, as all our fathers were (cf. especially 16:19...). If now they enjoy a prosperity unknown before, then that is only because they have inherited the substance of the promise of land to the patriarchs and because they have enjoyed God's protection against their enemies (cf. 16:18 and 21); thus they were no empty words of David when he acknowledged, all things come from thee, and of thy own have we given thee (v. 14)". Für Williamsons Auslegung spricht *ᵓbtjnw*, eher dagegen *lpnjk* und V. 15b. – Einen Versuch, beiden Aspekten gerecht zu werden, bildet folgende stichwortartige Auslegung des Verses: V. 15a schildert die "condition politique" der Israeliten – in (leicht) spiritualisierter Form –, V. 15b ihre "condition humaine".

23 Die Bitte wird mit der Anrede Jahwes als *ᵓlhj ᵓbrhm jṣḥq wjśrᵓl ᵓbtjnw* eingeleitet (V. 10 spricht allein vom *ᵓlhj jśrᵓl*); vgl. dazu Rudolph, Chronikbücher 191, und zu den Erzvätern in den Paraleipomena im allgemeinen unsere Auslegung von IChr 16.

24 Gegen Gerstenberger, Art. *kwn* 817: "Wer >seinen Sinn auf Jahwe richtet< (kūn hi. libbō ᵓael Jhwh, so die volle Formel, vgl. 1Sam 7,3), der hat die richtige Einstellung zum Gott Israels (1Chr 29,18; 2Chr 30,19)".

p^c mj hkn b^ɔ mrtk.

Die Kapitel IChr 28f leiten von der Herrschaft Davids zu der Salomos über. Die Zürcher Bibel überschreibt sie zu Recht mit: "Letzte Verfügungen Davids betreffend Tempelbau und Thronfolge". Sie gehören nach der Darstellung des Chronisten eng zusammen. Daß David im Gebet, seinem theologischen Vermächtnis, beide Themen aufgreift, braucht deshalb nicht zu erstaunen. V. 19, auf den ersten Blick wie ein angeklatschter Fremdkörper wirkend, gehört durchaus ins Gebet – und auch an seinen jetzigen Platz: Er leitet zur Einsetzung Salomos als König über. Salomo gehört also in Davids Abschiedsgebet, und er ist organisch in dieses eingefügt worden: Gott möge ihm einen *lbb šlm* geben, damit er die Gebote erfüllen und den Tempel bauen könne. Eine ähnliche Bitte richtet Salomo selbst an Gott (IIChr 1,10). Mit diesen beiden Bitten, besonders der ersten, steht IChr 28,9 scheinbar in Widerspruch:

> Und du, mein Sohn Salomo, erkenne den Gott deines Vaters und diene ihm mit ungeteiltem Herzen und williger Seele (*blb šlm wbnpš ḥpṣh*). Denn der Herr erforscht alle Herzen (*kl-lbbwt dwrš*) und versteht alles Dichten und Trachten (*wkl-jṣr mḥšbwt mbjn*).

Dieser Vers bildet das "gesetzliche" Pendant zu IChr 29,19(18f); man beachte die weitgehenden Übereinstimmungen im Vokabular. Die Bitte darum, die Gebote erfüllen zu können, und die Aufforderung, Gott zu dienen, schließen sich gegenseitig nicht aus, sondern ergänzen sich. Sie haben ihren legitimen theologischen Platz – formal ausgedrückt! – in verschiedenen Gattungen. Mit diesen Bermerkungen soll vor einer zu „ungesetzlichen" Auslegung von IChr 29,10-19 gewarnt werden. Davon unberührt bleibt allerdings, daß kein anderes alttestamentliche Gebet die totale Abhängigkeit des Menschen von Gott so stark betont und in so grundsätzlicher Weise formuliert. Wo Gott so groß ist, wird der Mensch so klein. Wie der "große Gott" bildet der "demütige Mensch" Gegenstand nicht nur von IChr 29,10-19, sondern des gesamten chronistischen Werkes (mehr dazu weiter unten). Das Gebet bildet seine theologisch zugespitzte "Zusammenfassung"[25].

25 Eine ursprüngliche oder sekundäre? Mosis, Untersuchungen 105f Anm. 76, betrachtet das Gebet wie die V. 1-9 als sekundären Einschub. Throntveit, Kings 89ff, spricht dem Chronisten diese Verse ab, beläßt ihm aber das Gebet; allerdings: "Vv 14b, 16-17 and 19 are products of the redactor since they refer back to the secondary material of vv 1-9" (94). In geradezu barbarischer Weise verteilt Hänel das Gebet auf verschiedene Hände (Rothstein-Hänel, Chronik 510). Wegen seiner inneren Geschlossenheit und seiner zahlreichen Berührungen mit Vokabular und Gedankengut des chronistischen Werkes ist diesen Vorschlägen gegenüber Mißtrauen angebracht.

Das Gebet Josaphats (IIChr 20,6-12) weist nicht die theologische Dichte desjenigen von IChr 29 auf. Allerdings ist es wesentlich bedeutender, als eine erste Lektüre erwarten läßt.

Als Josaphat hört, die Moabiter und Ammoniter hätten sich mit Maonitern aufgemacht, um gegen ihn in den Krieg zu ziehen, wendet er sich mit folgenden Worten an Gott:

(6) Herr, Gott unsrer Väter, bist du nicht (*hlᵓ ᵓth-hwᵓ*) der Gott im Himmel, und bist du (*wᵓth*) nicht der Herrscher über alle Königreiche der Völker, in deiner Hand ist Macht und Gewalt, und niemand vermag dir gegenüber standzuhalten. (7) Hast nicht du (*hlᵓ ᵓth*), unser Gott, die Bewohner dieses Landes vor deinem Volke Israel vertrieben und es dem Samen Abrahams, *ᵓhbk*, gegeben für alle Zeiten? (8) Sie nahmen darin Wohnung und bauten dir[26] darin ein Heiligtum für deinen Namen, indem sie sagten[27]: (9) Wenn Unglück über uns kommt, Schwert, Strafgericht[28], Pest oder Hunger, dann wollen wir vor dieses Haus und vor dich treten, denn dein Name wohnt in diesem Hause, und wollen aus unsrer Not zu dir schreien, daß du uns erhörest und uns errettest. (10) Und nun kommen da die Ammoniter und Moabiter und die vom Gebirge Seir, in deren Lande zu gehen du den Israeliten nicht erlaubt hast, als sie aus dem Lande Ägypten kamen; sie ließen sie vielmehr unbehelligt und vernichteten sie nicht. (11) Siehe, die wollen uns nun Böses antun: sie kommen, um uns aus deinem Eigentum[29], das du uns gegeben hast, zu vertreiben. (12) Du, unser Gott, willst du nicht Gericht halten über sie? denn wir sind machtlos gegenüber diesem großen Haufen, der gegen uns heranzieht. Wir wissen nicht, was wir tun sollen; sondern auf dich sind unsre Augen gerichtet.

Das an dieses Gebet anschließende Unternehmen Josaphats gegen die Ostvölker zeichnet IIChr 20 als heiligen Krieg. Dessen Elemente erscheinen

---

26 LXX, V und S streichen *lk*. Sie verbessern den Text damit stilistisch – auf Kosten der dem Chronisten aus theologischen Gründen (Deo!) wichtigen Redundanz.

27 Zu *lᵓmr* siehe die Auslegung im Haupttext.

28 Gerne liest man mit LXX[L] (ἀκρις) *wšṭp*. Rudolph, Chronikbücher 258, liefert für diese Emendation zwei Begründungen: "*špwṭ* ‚Gericht' ist formal (Inf.!) und sachlich anstößig, weil man eine konkrete Not erwartet" (tr.). Anders Williamson, Chronicles 296: "judgement: in view of the context, where Jehoshaphat seems to have regarded the invasion as an expression of God's judgement against him..., the marginal reading 'the sword of judgement' seems appropriate". Die Argumente halten sich ungefähr die Waage.

29 LXX und T lesen "aus unserem Heiligtum" und verfälschen damit die chronistische Theologie an einem entscheidenden Punkt (vgl. die Auslegung von IChr 29).

hier "geradezu in paradigmatischer Vollständigkeit", "aber in welcher geistlichen Sublimierung"[30]. Die Aktion Josaphats trägt stärker Züge einer kultischen Prozession als eines Krieges[31].

Das Gebet, das sich am engsten mit dem "national lament" berührt[32], enthält eine Theologie, die viele Berührungen mit der des "Heiligen Krieges" aufweist. Es setzt mit einer wortreichen Schilderung von Jahwes Macht und Stärke ein. Nicht zufällig wird er "Gott im Himmel" genannt; dieser Titel ist "expression of divine omnipotence"[33]. Die zahlreichen Aussagen über Gottes Allmacht sind zugleich sehr allgemein, dogmatisch gehalten wie auf die konkrete Situation des bevorstehenden Krieges bezogen. "Du herrschest über alle Königreiche der Erde" heißt es in V. 6. Diese zeitlose Aussage besagt angesichts der Bedrohung durch die Ostvölker: Du, Jahwe, kannst sie besiegen. Auch der Hinweis auf die Vertreibung der fremden Völker und die Landgabe paßt gut in den vorliegenden Zusammenhang: Der Landbesitz steht mit dem Einfall von Moabitern und Ammonitern auf dem Spiel[34].

Die "Landnahme" findet nach IIChr 20,8 ihren Abschluß in der Errichtung eines Heiligtums für Jahwes Namen. Darauf zielt sie hin. Nicht zufällig endet auch der heilige Krieg gegen die Ostvölker im Hause Gottes (V. 28) – wie die Landnahme (der Exodus) nach Ex 15[35].

lᵓmr am Ende von V. 8 leitet ein freies, zusammenfassendes Zitat aus dem Tempelweihgebet (IReg 8,28ff) ein, das zwei dem Chronisten wichtige Themenkomplexe miteinander kombiniert: Tempeltheologie und Anweisungen darüber, wie Israel in Notsituationen, beispielsweise in Kriegen, zu handeln hat. Der Chronist biegt das Zitat freilich um: Da Juda keine Schuld am Krieg mit Moabitern und Ammonitern trifft und

30 von Rad, Heilige Krieg 80.

31 Näheres dazu bei von Rad, a.a.O. 80f.

32 Williamson, Chronicles 295 (dort nähere Ausführungen und Lit.). – Inhaltlich steht ihm das trotz seiner Kürze recht reichhaltige Gebet des Asa (IIChr 14,10) am nächsten.

33 Curtis-Madsen, Chronicles 406, mit Verweis auf Dtn 4,39; Jos 2,11; Ps 115,3; vgl. auch Williamson, Chronicles 295f: "God in heaven: the purpose of this phrase, together with the rest of the verse, is to stress God's complete omnipotence".

34 Den Ausdruck *ᵓbrhm ᵓhbk* (V. 7) hat der Chronist aus Jes 41,8 übernommen. Er verwendet ihn "richtig": Jes 41,8ff spricht dem geängstigten und niedergeschlagenen Volk die Hilfe Jahwes zu. In einer vergleichbaren Situation befindet es sich jetzt; wenn Josaphat in seinem Gebet den Ausdruck *ᵓbrhm ᵓhbk* einführt, bringt er damit seine Hoffnung zum Ausdruck, Gott möge ihm im Kampf gegen die Ostvölker beistehen (so andeutungsweise Williamson, Chronicles 296).

35 Vgl. dazu unsere Auslegung des Textes.

es sich in diesem vorbildlich verhält, entfällt das Sündenbekenntnis und die Umkehr zu Jahwe. Das salomonische Tempelweihgebet genoß eine solche Autorität, daß der Chronist sich an es anschloß, anschließen mußte oder eher wollte. Trotzdem ändert er es in einem zentralen Punkte ab. Dieses “dialektische” Verhältnis zu übernommener Schrift erweist sich immer deutlicher als wichtiges Charakteristikum der in diesem Kapitel behandelten Gebete.

Die V. 10f. verbinden “historische” Angaben (Num 20,14ff; Jdc 11, 16f – Ammon wird nicht erwähnt) mit dem theologisch begründeten Verbot, diese Völker zu bekämpfen (Dtn 2,4f.9.19). In dieser Kombination kommt den Stellen aus dem Deuteronomium das stärkere Gewicht zu; die theologische Deutung interessiert mehr als die historischen Fakten, welche vereinheitlicht dargestellt werden[36]. Sie lautet: Gerade die Völker, welche Israel auf Befehl Jahwes nicht bekämpfen durfte, fallen jetzt über es her. Ob in diesen Versen ein leichter Vorwurf an die Adresse Jahwes mitschwingt[37]? Wie auch immer: Sie bilden einen guten Übergang zur flehentlichen Bitte, mit der das Gebet in V. 12 schließt: Hilf uns, Gott, denn wir können allein nichts ausrichten. Wie David in IChr 29, betont hier auch Josaphat, daß Israel Gott alles verdankt. Zu diesem Verse gibt es keine nähere oder gar wörtliche Parallele. Die Wendung ^{c}*ljk* ^{c}*jnjnw* erinnert an Psalmentopik (vgl. Ps 123,1f und vor allem Ps 145,15). Prosagebete und Psalmen berühren sich ein weiteres Mal (vgl. auch unsere Ausführung zu IChr 29,15)[38].

Das Stichwort “Psalmen” bildet eine gute Überleitung zur systematischen Einordnung der beiden untersuchten Gebete. David wird in der Spätzeit des Alten Testaments zum Prototyp des frommen Mannes und

---

36 Vgl. dazu auch von Rad, Geschichtsbild 78: “Die chronistische Notiz gibt wieder ein lehrreiches Beispiel, wie frei unser Verfasser der Überlieferung gegenübersteht: zweifellos auf E zurückgehende Erinnerungen (Umgehungsmarsch) verbindet er mit deuteronomischem Sondergut (Befehl zur Schonung, Erwähnung Ammons) und reproduziert so diese Geschichte auf allgemein pentateuchischer Grundlage. Gern wüßten wir, ob er absichtlich die elohistisch-deuteronomische Fassung der priesterschriftlichen vorgezogen hat, oder ob letztere ihm gar nicht vorlag”. Der Ausdruck “allgemein pentateuchisch” trifft das Richtige. Bei Zitaten aus so später Zeit noch nach Quellen zu fragen macht wenig Sinn: Zitiert wird aus der Schrift.

37 Einen nur leicht anderen Akzent setzt Rudolph, Chronikbücher 261: “Und im vorliegenden Fall ist die Hoffnung auf Jahwes Eingreifen (12a*α*) noch besonders berechtigt, weil der Angriff der drei Völker auf das Heilige Land... ein Zeichen schnöden Undanks ist”.

38 Ein fast überflüssiger Hinweis: Das Gebet des Josaphat gehört organisch zum Kriegsbericht und ist in diesen sicher nicht erst sekundär eingefügt worden.

Königs, der auch die richtige Dogmatik vertritt[39]. Und wer immer den Psalmen *ldwd* als Überschrift vorangestellt hat: Er war sicher ebenso stark am *frommen* Könige wie am Psalm*dichter* David interessiert. Der Chronist läßt ihn sein theologisches Abschiedsvermächtnis[40] in Form eines Gebetes formulieren.

Vorbild als frommer Mann und Beter wurde David direkt für andere Könige – die Chronikbücher enthalten einige Königsgebete mehr als das deuteronomistische Geschichtswerk –, indirekt auch für das Volk, konnte es in ihnen doch ablesen, mit welcher inneren Einstellung es zu Gott zu beten hatte.

David (und andere Könige) stellte der Chronist deshalb als vorbildliche Fromme hin, weil die Frömmigkeit des Königs (und des Volkes) ihm zu einem zentralen Anliegen geworden war. Wenn Israel (betet,) glaubt und sich demütigt, kann es der Hilfe Jahwes gewiß sein. Diesen Satz – G. von Rad spricht geradezu von einem "Dogma"[41] – exerzieren die Chronikbücher an vielen Beispielen und vor allem im Zusammenhang mit kriegerischen Unternehmen durch. Einige Beispiele. Vor dem Krieg gegen die Ostvölker spricht Josaphat eine Ermahnung aus (IIChr 20,20):

> Vertraut (*hᵓmjnw*) auf den Herrn, euren Gott, so werdet ihr bestehen (*wtᵓmnw*)[42], vertraut (*hᵓmjnw*) auf seine Propheten, so wird es euch glücken.

Als Ausdruck des Glaubens par excellence darf das Gebet gelten[43]. IChr 5,18-22 berichtet von einer Auseinandersetzung der Stämme Ruben, Gad und Halbmanasse mit den Hagritern, Jetur, Naphis und Nodab. V. 20 hält fest, wie dieser Kampf ausging:

---

39 Vgl. dazu unsere Auslegung von IISam 7,22.

40 Vgl. dazu Rudolph, Chronikbücher 191 (Hervorhebung v.Vf.): "Wenn der Chr. dem David auf der Höhe seiner Macht und seines Reichtums dieses demütige Gebet in den Mund legt, so ist das sozusagen *programmatisch*: so soll man es verstehen, wenn er auch weiterhin von großen Spenden und anderen Ruhmestaten der Könige zu berichten hat; damit sollen nicht Menschen gerühmt werden, sondern was sie tun, ist nur der Dank an den allgewaltigen Gott, dem der Mensch von sich aus nichts geben kann".

41 von Rad, Geschichtsbild 15.

42 Der Chronist greift hier auf Jes 7,9 zurück und verleiht seiner Aufforderung damit Nachdruck.

43 Myers, IChronicles lxvi: "Prayer was accentuated in the work of the Deuteronomist; it is also evident in that of the Chronicler. In fact it seems to be stressed even more by him". Throntveit, Kings 51, stimmt dem mit der Präzisierung zu, dies gelte nur für das königliche Gebet.

> Und es ward ihnen geholfen wider sie...; denn sie hatten im Kampfe zu Gott geschrieen (*zᶜqw*), und er hatte sich von ihnen erbitten lassen, weil sie ihm vertrauten.

Wie ausführlich wird der Chronist hier doch; in der genealogischen Vorhalle seines Werkes fällt dies besonders auf. Schon vorher berichtet er in einem Gebet (IChr 4,10)[44]:

> Und Jahbez rief den Gott Israels an und sprach: Wenn du mich doch segnen und mein Gebiet erweitern wolltest und deine Hand mit mir wäre, Unheil von mir fernzuhalten, sodaß mich kein Schmerz träfe! Und Gott ließ geschehen, was er erbeten hatte.

Diese selten angeführten Beispiele veranschaulichen die Bedeutung des Gebets in den beiden Chronikbüchern ebenso gut wie die bekannteren Stellen. Die wichtigeren unter ihnen seien kurz angesprochen: Das von Abias Truppen eingekesselte Juda schreit zu Jahwe und wird gerettet (IIChr 13,14.18). Asa betet im Krieg gegen Serah, den Kuschiten, zu Gott (IIChr 14,11). Lapidar heißt es in IIChr 18,31: Aber Josaphat rief laut, und der Herr half ihm. Der Chronist kürzt ab und kann das auch; wie er verstanden sein will, machen die andern Gebete hinreichend klar. Alle aufgeführten Stellen gehören zum Sondergut des Chronisten – weiterer Hinweis auf die zentrale Stellung des Gebetes in seinem (Geschichts-) Werk. Davids Gebet beurteilt Williamson zusammenfassend wie folgt:

"The climax of David's reign, as portrayed by the Chronicler, has now been reached. All the preparations for building the temple have been completed, and Solomon, chosen by God as the one who shall bring the plans to fruition, is about to be proclaimed as king over all Israel. And at this point the Chronicler reveals his true heart: the proper response to such a situation is a prayer which breathes joyful faith and simple humility"[45].

Diese Ausführungen Williamsons treffen sinngemäß auch für andere Gebete zu: IISam 7; 22; IReg 8. Sie bilden die von den Königen geschul-

---

44 Der Abschnitt enthält ein Wortspiel zwischen *jᶜbṣ und ᶜṣb II* (Mühsal, Beschwerde). Rudolph, Chronikbücher 33, der IChr 4,9f als Nachtrag zu IChr 2,55a betrachtet, kommentiert die Stelle wie folgt: "hier waltet kein genealogisches, sondern ein rein theologisches Interesse vor". Mit ihrer Namengebung (V. 9) beeinflußt die Mutter das Leben ihres Sohnes negativ. "Wie ist dem zu begegnen? Nur durch Änderung des Namens wie in Gn 35 18? Nein, sondern durch Gebet. Denn Gebet bricht Magie...". – Zutreffend Williamson, Chronicles 59f: "The passage accords well with the Chronicler's belief in the efficacy of prayer, much emphasised later in his narrative".

45 Williamson, Chronicles 185.

dete Antwort auf Gottes Handeln an ihnen. Anders gewendet: Ein König hat – und man darf in diesem Zusammenhang den Ausdruck "Dogma" verwenden – Gott für die ihm erwiesenen Wohltaten zu danken. Die Paraleipomena knüpfen an die in IISam 7; 22; IReg 8 angelegte Tendenz an und verstärken sie.

Da sie den Gebeten eine so große Bedeutung zumessen, braucht es nicht zu erstaunen, daß sie die Theologie dieses Werkes fast brennpunktartig zusammenfassen. Die Aufwertung des Gebetes bewirkt seine dogmatische Auffüllung. Vorsichtiger ausgedrückt: Beides geht Hand in Hand.

2. Gebete aus dem deuteronomistischen Bereich

a) IReg 8: “Das” alttestamentliche Gebet

“These prayers attributed to Solomon compose one of the noblest flights in sacred oratory from the Deuteronomic school”[1].

Solch enthusiastischen Aussagen enthalten neuere Kommentare kaum noch, obwohl auch sie des Lobs über das Kapitel voll sind. Aber seine Theologie hat noch nicht die Beachtung gefunden, die man von daher erwartet. Zwar ist die Sekundärliteratur zu ihm Legion, aber Untersuchungen, Artikel, die ausschließlich es zum Gegenstand haben, gibt es wenige. Zudem beschäftigen sich die meisten unter ihnen mit einem Teilaspekt; am meisten Beachtung hat der Tempelweihspruch Salomos gefunden[2]. Viel Tinte hat auch die Frage nach dem literarischen Wachstum des Kapitels fließen lassen, noch zu wenig die theologischen Konsequenzen, die sich aus den verschiedenen Wachstumsmodellen ergeben. Die Theologie des Kapitels als ganzen und speziell seines Gebetes stehen in diesem Abschnitt im Vordergrund; die erzählenden Teile werden nur wo nötig in die Diskussion einbezogen.

IReg 8 beginnt mit einer kurzen (V. 12f) und einer längeren (V. 14-21) Rede Salomos; in seiner Mitte steht ein großes, zweiteiliges Gebet (V.22-53), abgeschlossen wird das Kapitel wiederum durch eine Rede (V. 54ff). Die V. 12f enthalten nach dem Urteil der meisten Auslegen “kanaanäische Tempeltheologie, präziser: Präsenztheologie[3]. Einige unter ihnen nehmen an, Salomo habe diese Worte – sie lägen allerdings in verstümmelter Form vor – tatsächlich gesprochen[4]. Nach dieser feierlichen Einleitung dankt Salomo Gott in einer längeren Rede dafür, daß er nun an seines Vaters Statt König ist und den Tempel hat errichten dürfen. Der Abschnitt V. 14-21 bildet “a summary recapitulation of Nathan’s oracle

---

1 Montgomery – Gehman, Kings 194.

2 Einige Titel in Auswahl: van den Born, Tempelweihespruch; Loretz, Torso; Görg, Gattung; ders., Reden 135ff; Weippert, Ort 83; Spieckermann, Heilsgegenwart 89-91. Über diese Beiträge ist die ältere Literatur leicht zu erschließen.

3 Deren schönste Darstellung findet sich bei Mettinger, Dethronement 24ff.

4 So etwa Šanda, Könige 220. Vorsichtig äußert sich Noth, Könige 181: “Über die Herkunft dieses Spruches, über seine geschichtliche Beziehung zu Salomo, über die Quelle des *spr hjšr/hšjr*, aus der er zitiert wird, und über die Umstände und Zeit seiner Anfügung an den Bericht von der Überführung der Lade läßt sich Sicheres nicht mehr ermitteln” (tr.).

to David..., with Deuteronomistic impress"[5]. An Inhalten ist er allerdings reicher als die Vorlage in IISam 7,5ff: Von der Erwählung Jerusalems[6] und Davids schweigt diese; der Ausdruck "Name Jahwes" fehlt in ihr, auch die Lade bleibt unerwähnt. Dieses Plus an theologischen Inhalten, die nur angetippt, kaum entfaltet werden, braucht nicht zu erstaunen. So wichtig die Zusage einer ewigdauernden Dynastie auch ist, an Bedeutung steht hinter ihr der staats- und religionspolitisch zentrale Akt der Tempeleinweihung kaum zurück; er muß theologisch deshalb auch reich bedacht werden. Ganz abgesehen davon: Eine Auslegung ist meist reichhaltiger als der ausgelegte Text.

Das eigentliche Tempelweihgebet (V. 22ff) nimmt nach einer längeren, stilbildenden[7] Prädizierung Jahwes noch einmal die Nathanverheißung auf, diesmal in ihrer konditionalen Gestalt – und, überraschend, auch in der Form einer Bitte (V. 26; vgl. die Auslegung von IISam 7). In den V. 28ff folgt weniger ein einheitliches Gebet als eine Gebets*theorie*[8]. An sieben Beispielen wird vorgeführt, wie sich die Israeliten in Not(situationen) zu verhalten haben (und wie Gott darauf reagieren möge). IReg 8,28ff selbst enthält nur eine *direkte* Bitte (V. 28-30a), die um die Erhöhung des Gebetes; sie allein erlaubt es, von einem Gebet zu sprechen.

In seiner letzten Rede (V. 54-61) greift Salomo einen neuen Themenkomplex auf: Es geht um die Verheißungen für das Volk, ihre Realisierung sowie die Gesetzeserfüllung.

Was gehört in einen Bericht, der von der Tempeleinweihung handelt – in nichtdeuteronomistischer und deuteronomistischer Darstellung? Die Beantwortung dieser so einfachen wie grundsätzlichen, aber bisher kaum aufgeworfenen Frage erlaubt es vielleicht, das Kapitel als ganzes und in seinen einzelnen Teilen besser zu verstehen und seinen Skopus genauer zu bestimmen. In einer nichtdeuteronomistischen Darstellung will man vor allem lesen, was sich an diesem Tage abgespielt hat. Dieser

---

5 Gray, Kings 215.

6 Der masoretische Text von V. 16 spricht im Unterschied zum chronistischen Parallelbericht (IIChr 6,5f) nur per negationem von der Erwählung Jerusalems; vgl. zu dieser Stelle die Ausführungen von Kumaki, Theology, besonders 35.

7 Stilbildend für Gebete sind der monotheistische Einsatz und die Wendung *šmr hbrjt whḥsd* (V. 23). Der Satz enthält mit Sicherheit die für spätere Zeiten wichtigsten Belege dieser beiden Prädikationen.

8 "The prayer of Solomon in 1 Kgs. 8:15ff. is in fact not a prayer but a discourse on the function of prayer in Yahweh's chosen place" (Weinfeld, Deuteronomy 37).

Bericht liegt in den V. 1-13[9] und V. 62-66 vor. Ein nicht kultkritisch eingestellter Verfasser mußte vor allem die *Großartigkeit* des Anlasses herausstreichen[10]. Wer immer dieV. 62ff verfaßt hat[11], er wird dieser Forderung voll und ganz gerecht. *Ganz* Israel nimmt am Anlaß teil[12]. So riesige Mengen an Opfern werden dargebracht, daß man die Mitte des Vorhofes zur Opferstätte machen muß; der eherne Altar vor dem Herrn ist dafür zu klein. Nach dem Feste kehren die Israeliten fröhlich und frohgemut nach Hause zurück. Die V. 62ff enthalten eine ideale Darstellung. Sie einer rationalen Kritik zu unterziehen oder gar lächerlich zu machen[13], geht deshalb nicht an.

In einem deuteronomistischen Bericht und das heißt: im Rahmen des deuteronomistischen Geschichtswerkes darf – zu den bereits genannten Stücken hinzu – ein Hinweis auf die Nathanverheißung nicht fehlen; ohne eine Auseinandersetzung mit ihr hinge IISam 7 in der Luft. Der zweite Teil des Gebets und die Abschlußrede bräuchten nicht unbedingt in IReg 8 zu stehen und verdienen deshalb unser besonderes Augenmerk. Wohl nicht zufällig gehen die Meinungen der Exegeten in bezug auf diese beiden Stücke besonders stark auseinander. Der literarkritischen und redaktionsgeschichtlichen Vorschläge zu ihnen wie zum ganzen Kapitel sind Legion. Ihre Auswertung soll anhand der Darstellung einiger neuerer Positionen etwas weitergeführt werden[14].

---

9 Er umfaßt nach der Rekonstruktion von Würthwein, Könige 85, außer dem Tempelweihspruch folgende Sätze: "Im Monat Etanim, am Fest (das ist der siebte Monat), kamen alle Ältesten Israels herein und sie brachten die Lade Jahwes hinauf. Und die Priester brachten die Lade hinein zu ihrem Ort zu dem Schrein des Tempels unter die Flügel der Kerube". Kürzer kann der Grundbestand von V. 1-11 auf keinen Fall gewesen sein. – Da es kaum möglich ist, die verschiedenen Schichten in den V. 1-11 sauber voneinander abzuheben, verzichten wir auf eine Diskussion der verschiedenen Lösungsversuche.

10 Man vgl. damit die Berichte von Tempelrenovierungen aus dem Zweistromland, etwa die von Salmanasser I (Luckenbill, Records 38ff).

11 Während Noth, Könige 190-192, in diesen Versen einen alten, an V. 1-11* anschließenden Kern ausmacht, bezeichnet Würthwein, Könige 101, sie als "das jüngste Stück innerhalb Kap. 8".

12 Das wird nachdrücklich herausgestrichen; vgl. *kl* in V. (1).2.(3).5.14(2x).55.62. 63.65.

13 Vgl. Würthweins Bemerkungen zur riesigen Anzahl von Opfern (a.a.O. 102): "Wie das praktisch durchgeführt worden sein soll und welch greuliche Atmosphäre entstanden sein müßte beim Verbrennen dieser Opfer, das machen sich diese Ergänzer nicht klar".

14 Schon mit Darstellung und Diskussion "älterer" ließen sich problemlos viele Seiten füllen (vgl. dazu die ausführlichen Hinweise bei Reventlow, Gebet 269-271). Wir referieren kurz einige wichtige. – "Darüber, daß... 8,14-66... von Anfang bis zu Ende deuteronomistisch sind, braucht man kaum ein Wort zu verlieren",

Reventlow, der nur das Gebet untersucht, rechnet zu dessen Grundbestand die V. 23-26.28.30-43*[15]. Nach seiner Analyse bildet auch das nicht auf den Anlaß bezogene Gebet Bestandteil eines älteren Berichtes von der Tempeleinweihung. Anders ausgedrückt: Zum Tempel gehörte nach dieser Schicht wie Altar und Opfer von Anfang an auch das (in der Not gesprochene) Gebet, das im Wortlaut mitgeteilt wird[16].

Dietrich zerlegt IReg 8,12-61 wie folgt: "V. 12f. (alt); V. 14-26.28-30a.53-61(DtrN); V. 27.30b-43 (erste Erweiterung); V. 44-51 (zweite Erweiterung). Denn V. 30b wiederholt V. 30a mit Akzentverschiebung, V. 52 nimmt V. 30a nochmals auf, wodurch die Erweiterungen integriert werden"[17]. Erst der jüngste der drei klassischen Deuteronomisten hätte sich also des Tempels angenommen, freilich nicht besonders stark: Im Stück, das Dietrich DtrN zuweist, dominiert das Thema nicht; ebenso wichtig wie es sind Gesetz und Volk (Zur Erinnerung: Die Nathanweissagung gehört zum Pflichtprogramm). Das eigentliche Gebet schließt nach seiner Analyse mit dem Hinweis (V. 28-30a): Der Tempel ist auch der Ort, an dem König und Volk ihr Gebet und Flehen vor Gott bringen können. Ob es sich hier um einen beiläufigen oder programmatischen Hinweis handelte, ist kaum zu entscheiden. Um Dietrichs Vorschlag be-

---

schreibt Wellhausen, Composition 268. Die V. 44 (Kibla) und 46ff weisen nach ihm eindeutig auf das babylonische Exil als Abfassungszeit des Gebetes hin. Selbst wenn er von ihrer Existenz ausginge, hielte er es wohl kaum für ein interessantes Unternehmen, in ihm mehrere Schichten voneinander abzuheben. – Noth, Könige 173ff, rechnet zwar mit mehreren Einschüben und Zusätzen; grundsätzlich aber steht er Wellhausen nahe. Implizit gehen also beide von einem Deuteronomisten aus, der die Tempeleinweihung als willkommenen Anlaß wahrnimmt, seine Theologie in einem umfassenden Tour d'horizon zu entfalten. – Mit einem komplizierten Wachstumsprozeß rechnet Jepsen, Quellen 15-18: Auf R 1, dessen Vorlage kaum mehr rekonstruiert werden kann, gehen die V. 14.22.27-43* zurück. R 2 hat die Ausführung des Segens Salomos vermißt und deshalb die V. 15-21 eingefügt. Er ist auch der Verfasser der Gebetseinleitung (V. 23-26), der V. 44-53 und wohl auch der Bearbeitungsschicht im Segen, den der König über das Volk ausspricht (V. 56b.58.59b.60.61b). Die ursprüngliche Gebetseinleitung lautete nach ihm wie folgt: "Aber sollte Gott denn wirklich auf Erden wohnen? Siehe, der Himmel und aller Himmel Himmel mögen dich nicht fassen, wieviel weniger dieses Haus... Doch wende dich zu dem Gebet und Flehen deines Knechtes, o Herr, mein Gott, daß du hörest auf das laute Flehen, mit dem dein Knecht dir heute naht...". Jepsen hält die radikalen theologischen Konsequenzen, die seine Rekonstruktion nach sich zieht, eher beiläufig und gar nicht erstaunt fest (vgl. 17): Die erste theologische Interpretation der Tempeleinweihung enthält eine zwar verhaltene, aber nicht zu überhörende Kritik an diesem Bau, ein Gebet und einige Bemerkungen zum Verhältnis zwischen Gott und Volk (V. 54ff). Die Annahme, das ursprüngliche Gebet habe mit V. 27 eingesetzt, dürfte etwas zu "protestantisch" sein.

15 Reventlov, a.a.O. 271.

urteilen zu können, müßte man auch wissen, wie er den Rest des Kapitels literarkritisch einordnet.

Würthweins[18] Analyse weicht in entscheidenden Punkten von der Dietrichs ab: Den Grundstock des Abschnittes V. 14-66, der in allen seinen Teilen deuteronomistisches Gepräge trage, bildeten die V. 14-26. 28. In ihnen gehe es "um spezielle Anliegen des davidischen Hauses"; "Der dadurch hervorgerufene Anschein, daß der Tempel nur mit den Anliegen des davidischen Hauses zu tun habe, forderte zu späteren Erweiterungen heraus. So werden in V. 31-51 gottesdienstliche Veranstaltungen des Volkes eingefügt, die in einem Zusammenhang mit dem Tempel stehen und in denen Jahwe jeweils um Erhörung und Vergebung gebeten wird"[19].

Eine noch andere Konzeption vertritt in Anlehnung an die Deuteronomismustheorie von Cross Levenson. Nach einer bissigen Kritik bisheriger literarkritischer Versuche[20] weist er mit Bestimmtheit V. 15-21 Dtr 1 (vorexilisch), V. 23-53 Dtr 2 (exilisch) zu[21]. Ein kompliziertes Wachstum des Kapitals scheint ihm unwahrscheinlich zu sein. Seine Theorie besagt: Nach der ersten Fassung des deuteronomistischen Geschichtswerkes hat Salomo bei der Tempeleinweihung nicht gebetet und Gott nicht in allgemeinen Worten gepriesen, sondern nur über die Nathanverheißung reflektiert.

Wann, in welcher Gestalt und mit welchen Inhalten hat das Gebet Eingang in den Bericht von der Tempeleinweihung gefunden? Bildet die

---

16 Er setzt es a.a.O. 274f in die (spätvorexilische) exilische Zeit an: "[Es] ist... kein Zufall, daß eine solche Gebetstheorie mit dem Angebot zur Umkehr, auf die hin ein neues Heilshandeln Jahwes zu erwarten ist, gerade in dieser Zeit propagiert wurde. Nach der Erschütterung und dem schließlichen Zusammenbruch der alten Ordnung kam sie einem dringenden Bedürfnis der Zeitgenossen der Deuteronomisten entgegen, denen eine Erklärung der zurückliegenden Katastrophen, vor allem aber eine Möglichkeit zum Neuanfang geboten werden mußte... [Die Deuteronomisten] machten... ihnen ein im echten Sinne seelsorgerliches Angebot. In der gegenwärtigen Situation, wo alle äußeren Sicherungen sich als trügerisch erwiesen hatten, blieb doch die Möglichkeit des Gebetes".

17 Dietrich, Prophetie 74 Anm. 39.

18 Würthwein, Könige 95f. Wie andere Kommentatoren rechnet er mit vielen sekundären Erweiterungen und Glossen, in der Übersetzung (91-94) durch unterschiedlichen Satz ausgezeichnet.

19 Würthwein, a.a.O. 95.

20 "Where does all this leave us? In total confusion...". Zum Glück ist Rettung nahe: "I shall try to move the discussion onto less subjective and more rational ground" (Levenson, Temple 153).

21 Levenson, a.a.O. 153ff.

Einführung eines Gebetes das radikal Neue (Levenson) oder erst die bescheidene (Reventlow) oder massive, mehrmalige (Dietrich, ähnlich Würthwein) Erweiterung seiner Inhalte? Vergleichbare Fragen werden sich bei der Behandlung von IISam 7 stellen und auch dort nicht beantworten lassen. Die Texte erweisen sich Fragen gegenüber resistent, denen im Zusammenhang mit unserem Thema entscheidende Bedeutung zukommt: Wann entstand das theologische, dogmatisch gefüllte Gebet, wo hat es seinen Ursprung, welche Inhalte weist es auf? Um diese Fragen einigermaßen überzeugend beantworten zu können, bedürfte es eines literarkritischen Minimalkonsenses; er ist nicht in Sicht. Wir gehen in der Auslegung des Gebetes deshalb primär nach Themen und nicht nach Schichten vor.

Zwischen V. 29(30a) und V. 30(b) liegt ein inhaltlicher, wahrscheinlich auch literarischer Einschnitt vor: Nicht nur ergreift das Volk Besitz vom Tempel. Durch das Gebet in V. 30ff wird auch die positive Stimmung gestört, welche den Anfang von IReg 8 prägt. Es kreist, vereinfacht ausgedrückt, um die Sünden Israels und Gottes Vergebung. V. 30 heißt es:

> Du wollest erhören das Flehen deines Knechtes und deines Volkes Israel, mit dem sie zu dieser Stätte beten (*jtpllw*), ... und wenn du es hörst, so wollest du vergeben (*wslḥt*).

Trotz *jtpllw* überrascht *wslḥt* am Ende des Verses. Sein Verfasser macht, noch bevor die Rede explizit auf Israels Sünden kommt, deutlich: Auf die Vergebung Gottes kommt es an, von ihr hängt alles ab[22]. Der Vers liefert in gewisser Weise das theologische Motto und die Lesehilfe für die in V. 31ff geschilderten Fälle[23].

Die ersten vier sind nach einem festen Schema aufgebaut: Schilderung

---

22 Zutreffend bemerkt Stamm, Erlösen 54: "Es kann geradezu gesagt werden, daß Vergebung hier zu einem guten Teil Aufhebung von Strafe ist. Damit ist eine auch sonst im A.T. vorhandene Auffassung... in besonderem Maße wirksam. Eigenartig und ohne Parallele ist dagegen der 1. Kn 8,30 hervortretende Zusammenhang zwischen Gebetserhörung und Sündenvergebung". Vgl. weiter Kittel, Könige 76: "Das gesteigerte Sündenbewußtsein der spätern Zeit ist dessen eingedenk, daß jede Gebetserhörung erst Vergebung der Sünde in sich schließt".

23
1. Sünde gegen den Nächsten: V. 31f.
2. Niederlage: V. 33f.
3. Kein Regen: V. 35f.
4. Hungersnot, Pest etc.: V. 37-40.
5. Kommen eines Fremden: V. 41-43.
6. Ausziehen in den Krieg: V. 44f.
7. Sünde: V. 46-53.

der Not – Nennung des Grundes: Sünde – Umkehr der Israeliten zu Gott – Vergebung Gottes – konkrete Hilfe. Es ist nicht ausgeschlossen, daß in den V. 31ff ein (überarbeitetes) vorexilisches Gebetsformular vorliegt[24]. Sicher in nachexilischer Zeit anzusetzen sind aus formalen und noch stärker inhaltlichen Gründen die V. 41ff[25]. Durch das fünfte und siebte Beispiel erhält das Gebetsformular einen stark theologischen Charakter. Die Bekehrung des Fremdlings fällt inhaltlich ganz aus dem Rahmen des Abschnittes heraus; sie gibt dem Verfasser Gelegenheit zu einem Exkurs über die Völker (ihre Bedeutung im Heilsplan Gottes). Die siebente Bitte nimmt das programmatische Thema von V. 30 auf. Sie beginnt in V. 46 mit den Worten: Wenn sie sich an dir versündigen – denn es ist kein Mensch, der nicht sündigt. Den Unterschied zwischen diesem und den vorangehenden Fällen hat Gamper fast überscharf, aber richtig herausgestellt:

"auf der Seite des Vorfalls ist Sünde [in ihnen] nur als Grund des Unheils angegeben, nicht als Übel, um dessen Wegnahme man sich in erster Linie an Gott wendet. Auf der Seite der Erhörung wird neben der Vergebung jeweils das entsprechende versagte Gut erbeten. Ganz anders ist die letzte Bitte gestaltet. Hier steht an der Spitze als das einzige und eigentliche Mißgeschick – Sünde"[26].

Auch in seiner Zusammenfassung formuliert Gamper sehr pointiert, aber grundsätzlich richtig: "Somit zeigt das ganze Gebet, was wichtigster Gegenstand des Gebetes sein muß: das Wiedererlangen der Huld Gottes, Vergebung und Verzeihung"[27]. Ist das typisch deuteronomistisch?

Wolff betrachtet die Umkehrforderung (*šwb*) als zentrales theologisches Anliegen, Kerygma des deuteronomistischen Geschichtswerkes[28]. IReg 8 spielt in seinem Beweisgang wegen der vielen *šwb*-Belege eine wichtige Rolle. Die geforderte Umkehr soll, dies ist eines ihrer Charakteristika, "in der ausschließlichen Hinwendung zu Jahwe im *Gebet* geschehen. Das zeigen am deutlichsten Ri. 2,16 (3,9); 1.Sam 12,19 und 1.Kön. 8,47. Dabei gehören Schuldbekenntnis, Bitte um Errettung und

24 Šanda, Könige 245: V. 31-39 "sind älteren Ursprungs, zeigen keine Ausblicke in eine konkrete Zukunft wie v. 41ff., sind schlicht gehalten und entsprechen jenen Bedürfnissen, die sich in Palästina erfahrungsgemäß immer einstellen und ohne Divination als möglich vorhergesehen werden konnten. Wir haben in diesen Versen wohl das alte salomonische Gebet, das sich im Weihbericht vorfand".

25 Eine ausführliche Begründung dieser allgemein anerkannten These hat nach dem Vorgang von Thenius Šanda, a.a.O. 233f, geliefert.

26 Gamper, Bedeutung 59.

27 Gamper, a.a.O. 60.

28 Wolff, Kerygma, besonders 316f.

Willigkeit neuen Gehorsams zusammen"[29]. Niemand streicht die Bedeutung des Gebetes im deuteronomistischen Geschichtswerk so stark hervor wie Wolff – zu Recht (Der Begriff "Gebet" darf dabei allerdings nicht zu eng gefaßt werden). Daß Gottes Antwort darauf im deuteronomistischen Geschichtswerk nur IReg 8 mit *slḥ* umschrieben wird[30], gibt allerdings zu denken. Die V. 30ff dürften schon aus diesem Grunde kaum zu einer Grundschicht des deuteronomistischen Geschichtswerkes gehören.

Der Verfasser dieser Verse setzt auch sonst eigene Akzente. IIReg 17, 7ff begründet Israels (und indirekt Judas) Exilierung mit einer ausführlichen und detaillierten Schilderung von Israels Vergehen. Welch ein Unterschied zu IReg 8,46ff, wo es auch um die (mögliche) Exilierung des Gottesvolkes geht: Dreimal werden als Grund dafür seine Sünden genannt. Um welche es sich handelt, vernimmt man nicht. Der Nachdruck liegt auf folgendem Satz (V. 50): *ᵓšr ḥṭᵓw-lk wlkl- pšᶜjhm ᵓšr pšᶜw-bk*[31]. Sünde ist Sünde gegen Gott. An diesem Punkte tritt die stark theologische Ausrichtung des Gebetes besonders deutlich hervor.

In diesem Zusammenhang verdient eine weitere Besonderheit dieses Abschnittes Beachtung. Er weist einige Sätze auf, welche der Zusammenhang nicht erfordert und diesen zum Teil sogar leicht stören[32]. Der bereits zitierte V. 46 bildet dafür das instruktivste Beispiel: Wenn sie sich an dir versündigen – denn es ist kein Mensch, der nicht sündigt (*kj ᵓjn ᵓdm ᵓšr lᵓ-jḥṭᵓ*)... Auf den ersten Blick möchte man den letzten Satz mit Prov 20,9; Koh 7,20, einigen Stellen aus der Urgeschichte und dem Hiobbuch, vor allem aber Ps 130, vergleichen, scheint er doch ähnlich radikal und tief von menschlicher Sünde zu reden. Nun ist der Satz aber ein "Zusatz, der den Tenor des Verses verfälscht"[33]. Er gibt dem

---

29 Wolff, a.a.O. 321 (Hervorhebung v.Vf.).

30 Vgl. immerhin IIReg 5,18. – Übrige Belege von *slḥ* im deuteronomistischen Geschichtswerk: Dtn 29,19; IReg 8,30.34.36.39.50; IIReg 24,4.

31 Man beachte, daß der Verfasser hier neben *ḥṭᵓ(t)* noch einen stärkeren Ausdruck für Sünde verwendet: *pšᶜ* (vgl. Gray, Kings 228).

32 Sie werden in der Literatur häufig als Interpolationen, sekundäre Ergänzungen o.ä. bezeichnet, in einigen Fällen sicher zu Recht (Detaillierte Ausführungen dazu unterbleiben hier aus Platzgründen). Ihre große Zahl macht deutlich, wie stark das Bedürfnis war, Lieblingsgedanken in diesen Text einzutragen – wohl deshalb, weil er (wegen des feierlichen Anlasses und des prominenten Verfassers) hohes Anseheh genoß.

33 Würthwein, Könige 93 Anm. 10. Er verweist ihn deshalb aus dem auszulegenden Text in eine Anmerkung. – Von den anderen herangezogenen Kommentatoren (Šanda; Kittel; Montgomery-Gehman; Noth; Jones) enthält keiner substantielle Ausführungen zu diesem Satz.

ganzen Abschnitt einen andern Sinn, stellt die Exilierung als letztlich unvermeidbares Ereignis hin. Handelt es sich bei ihm um einen fast banalen Einwurf: Jeder Mensch sündigt von Zeit zu Zeit? Dies ist die negativste Auslegung, die der Satz erlaubt. Die positivste lautet: Wo es um Sünde geht, darf nicht nur vom Volk, sondern muß auch vom Einzelnen die Rede sein, und da drängt sich die Erkenntnis auf: Sünde ist unvermeidbar, sie gehört zum menschlichen Wesen. Der Text enthält nicht genügend Anhaltspunkte, um zu entscheiden, welche Auslegung zutrifft.

Vor beträchtliche Schwierigkeiten stellt den Ausleger in der vierten Bitte V. 39f:

> das wollest du im Himmel ... hören und verzeihen und eingreifen und einem jeden geben nach Verdienen, wie du sein Herz kennst – denn du allein kennst das Herz aller Menschenkinder –, auf daß sie dich fürchten...

V. 39 enthält einen Widerspruch[34]: Jahwe möge vergeben – und jedem nach seinem Verdienen geben. Ihn mit der Behauptung zu eliminieren, die Vergebung gelte nur für leichtere Sünden[35], geht nicht an. Mit *wntt* setzt wohl keine sekundäre Ergänzung ein, schließt doch keiner der andern Abschnitte mit *wslḥt*. Bildet *wᶜśjt* einen befriedigenden Abschluss? Das Problem bleibt ungelöst, der Widerspruch bestehen.

Jahwe vergilt einem jedem nach seinem Wandel: Diesen im Alten Testament zentralen Satz formulieren neben IReg 8,39 noch Jer 17,10; 32, 19 mit der gleichen Wendung. Jer 17,9f hilft bei der Auslegung von IReg 8,39:

> Arglistig ist das Herz über alles, und heillos ist es, wer kann es ergründen? Ich, Jahwe, erforsche das Herz, ich prüfe die Nieren und kann so einem jeden geben nach seinem Wandel, nach der Frucht seiner Taten (*wltt lᵓjš kdrkw kprj mᶜlljw*).

Rudolph dürfte die beiden Verse richtig ausgelegt haben: Jahwe vergilt einem jedem nach seinem Verhalten. Manchmal glauben die Menschen, das Gegenteil treffe zu. Doch dieser Eindruck trügt: Sie sehen nicht in das Herz ihrer Nächsten und vermögen deshalb auch seinen Wandel nicht zu beurteilen[36]. Mutatis mutandis trifft diese Auslegung auch für IReg 8,39f zu. Man braucht deshalb *ᵓšr tdᶜ ᵓt-lbbw* nicht als sekundäre Er-

34 So mit Noth, Könige 188.

35 Würthwein, a.a.O. 99.

36 Rudolph, Jeremia 115f.

gänzung von der Aussage über Jahwes vergeltendes Handeln abzutrennen[37].

Eher einen Zusatz bildet dagegen der letzte Satz von V. 39: *kj-ᵓth jdᶜt lbdk ᵓt-lbb kl-bnj hᵓdm*. Inhaltlich führt er nur aus, was im vorangehenden angelegt ist: Gott *allein* ist es, der das Herz der Menschen kennt, und zwar das *aller* Menschen. Anders gesagt: Der Satz spitzt zu und verallgemeinert[38]. Ihn allein darf man nicht als systematisierend, lehrhaft bezeichnen. Er ist das nur als Auslegung, Interpretation dessen, was vorausgeht.

Eine weitere theologische Spitzenaussage bildet möglicherweise der Satz *kj twrm ᵓt-hdrk hṭwbh ᵓšr jlkw-bh* (V. 36). Man sollte nicht mit gezwungenen Erklärungen verschleiern, daß diese Begründung, sei sie nun sekundär oder nicht, nur schlecht in den Zusammenhang paßt. Über Mutmaßungen ist kaum hinauszukommen. Besagt der Satz etwa: Gott beläßt es nicht dabei, den Israeliten die Sünden zu vergeben, sondern lehrt sie *dann* den guten Weg, auf dem sie gehen sollen[39]. Zu gesetzlich wird man V. 36a jedenfalls nicht interpretieren dürfen: *hdrk hṭwbh* weist Jahwe den Israeliten, den Weg also, der ihnen hilft, den sie gehen können. Wie immer man den Satz auch interpretiert: Durch das Adjektivum "gut" erhält er ein reflektierendes Element. Aus dem Zusammenhang gerissen bedeutet er: Gott verlangt von den Menschen die Erfüllung der Gebote, die lebensfördernd sind.

Bliebe es bei diesen Bemerkungen zu den drei Stellen: Wir hätten auf sie verzichten können. Aufmerksamkeit verdienen sie nur wegen des ihnen gemeinsamen Themas, der Anthropologie, präziser: der Frage, ob die Israeliten imstande seien, Gottes Willen zu erfüllen oder nicht. Die zentralen Inhalte des Gebetes verlangen keine Auseinandersetzung mit ihr. Gerade weil die Anthropologie in IReg 8,30ff ein fakultatives Element ist, kommt ihr zentrale Bedeutung zu. Diese Aussage gilt unabhängig davon, welchen Schichten innerhalb von V. 30ff die drei Sätze zugehören.

---

37 So u.a. Noth, Könige 188. Für seinen Vorschlag spricht allerdings der grammatikalisch harte Anschluß mit *ᵓšr*.

38 Die Ausleger übergehen diesen Satz großzügig; vgl. immerhin Montgomery-Gehman, Kings 197, die in seinem Zusammenhang von "scrupulousness" sprechen, ihn mit Ps 51 und 19,13 vergleichen und *lb* mit "consciousness" interpretieren.

39 Vgl. etwa Šanda, Könige 231: "*kj twrm* entweder ‚ja sogar', steigernd, oder auch einfach ‚denn'. Die Verzeihung Jahves wird sich darin kundgeben, daß er die wahre Gotteserkenntnis in diesem Zustande der Not und größerer Empfänglichkeit für religiöse Belehrung wird predigen lassen. Immerhin sieht das Ganze von *kj* ab in 36a wie ein späterer Einschub aus"(tr.).

IReg 8,30ff kann man als Traktat zum Thema “Gebet und Sünde” charakterisieren; für das ganze Kapitel drängt sich die Bezeichnung “theologisches Kompendium” auf. Es kreist zentral um die Davidsdynastie und den Tempel, muß es vom Festanlaß und IISam 7 her auch. Auf diese Themen gehen wir wie auf die bereits behandelten im folgenden nicht ein. Es verbleiben immer noch eine ganze Reihe: Einzigkeit Gottes; Exodus; Land; Bund; Gesetz; Verheißung und Erfüllung; Wohnort Gottes. Nicht erschöpfend ausgelegt werden sollen sie hier. Wir wollen nur die Behauptung, IReg 8 bilde ein theologisches Kompendium, begründen.

Wie besonders im deuteronomisch-deuteronomistischen Bereich üblich, wird Jahwe zu Beginn des Gebetes als “einziger” angesprochen (V. 23):

> O Herr, Gott Israels! Kein Gott, weder droben im Himmel noch unten auf Erden, ist dir gleich!

Diese Prädizierung erinnert von ihrer Formulierung her an die Begründung des zweiten Gebotes und Dtn 4,15ff.39[40]. Zwischen IReg 8 und Dtn 4 bestehen auch sonst enge Beziehungen[41]. Die beiden Kapitel (und damit auch IReg 8,23 und Dtn 4,15ff) dürften literarisch voneinander abhängen; wie braucht hier nicht zu interessieren. Wichtig ist: V. 23 hält nicht nur Jahwes Unvergleichlichkeit fest, sondern läßt indirekt auch die wichtige theologische Diskussion von Dtn 4 (über die Götzenherstellung) anklingen.

Den einen Gott thematisieren auch V. 59f[42]. Salomo bittet Jahwe, er möge seinem Knechte und seinem Volke Israel Recht schaffen, damit alle Völker der Erde erkennen, daß er der Herr, Gott ist, (und) keiner sonst. Dieser Satz berührt sich eng mit IIReg 19,19. Ein Unterschied besteht zwischen den beiden Stellen allerdings: Im Gebet des Hiskia ist die Aussage von der Einzigkeit Gottes unverzichtbar, hier bildet sie streng geurteilt Schmuck (V. 44f!)[43]. Der Text würde nicht unverständlich, entfernte man V. 60 aus ihm.

Eines ist nach diesen kurzen Ausführungen deutlich: IReg 8,23.59f enthalten nicht nur je einen pflichtschuldigen Hinweis auf die Einzigkeit Gottes.

---

40 Der Hinweis auf Ex 15,11; Ps 86,8 allein (Gray, Kings 219) genügt nicht.

41 Sie hat Levenson, Temple 160-162, zusammengestellt. Dtn 4 weist er wie IReg 8, 23-53 der exilischen Quellenschicht Dtr 2 zu.

42 Die beiden Verse gelten vielen Auslegern als sekundärer Einschub (vgl. etwa Šanda, Könige 237; Jones, Kings 206).

43 Oder braucht es V. 60, damit klar wird, worin sich Jahwes *mšpṭ* erweist?

Auf den Exodus, das zentrale Ereignis der Heilsgeschichte, spielen V. 9 und 21 eher beiläufig an, im Zusammenhang mit der Bundeslade: Die Vokabel *brjt* löst die Assoziation "Exodus" aus[44]. V. 16 nimmt IISam 7,6 auf. In den V. 51 und 53 wird die Bitte, Jahwe möge dem deportierten Volke helfen, es erhören (V. 50.52), wie folgt begründet:

> denn sie sind dein Volk und Eigentum, das du aus Ägypten, aus dem Schmelzofen, herausgeführt hast (V. 51).
> Denn du hast sie aus allen Völkern der Erde ausgesondert dir zum Eigentum, wie du durch deinen Knecht Mose verheißen hast, als du unsre Väter aus Ägypten führtest... (V. 53).

Im Unterschied zu V. 9.16 und 21 verraten diese Stellen ein mehr als nur beiläufiges Interesse am Exodus[45]. Nicht nur stehen sie kurz hintereinander. In V. 51 läßt der seltene Ausdruck "Schmelzofen"[46] aufhorchen, V. 53 bildet eine unnötige Wiederholung[47]. Allerdings ruht das Interesse weniger auf dem Exodus als darauf, daß Israel Jahwes Volk und Eigentum ist, er es von den Völkern geschieden hat (Das Thema der rituellen Reinheit klingt an)[48]. Fazit: In IReg 8 wird das Theologumenon "Exodus" in bemerkenswerter Reichhaltigkeit entfaltet.

Hinweise auf das Land enthalten folgende Stellen[49]:

- so wollest du im Himmel es hören und die Sünde deines Volkes vergeben und sie zurückkehren lassen *ᵓl-hᵓdmh ᵓšr ntt lᵓbwtm* (V. 34).
- und wollest regnen lassen *ᶜl-ᵓrṣk ᵓšr-ntth lᶜmk lnḥlh* (V. 36).
- auf daß sie [die Israeliten] dich fürchten, so lange sie leben *ᶜl-pnj hᵓdmh ᵓšr ntth lᵓbtjnw* (V. 40).

---

44 Von einer Auszugsberit redet das Alte Testament eher selten (vgl. dazu Perlitt, Bundestheologie 26 Anm. 1).

45 Zu V. 51 schreibt Jones, Kings 205, von der vorhergehenden Bitte her mit Recht: "The allusion to the Exodus may be intended to suggest a parallel act of deliverance".

46 *kwr hbrzl* sonst nur noch Dtn 4,20 (s. Anm. 41) und Jer 11,4.

47 V. 52f betrachten recht viele Ausleger als jüngste Bestandteile innerhalb des Gebetes – als Verbindungsstücke; vgl. noch unsere Ausführungen weiter oben und Noth, Könige 189.

48 Israel als *nḥlh* Jahwes auch Dtn 4,20 (s. Anm. 41). Seine Absonderung von den Völkern thematisiert Lev 20 stark. Nur die vorliegende Stelle kombiniert die beiden Theologumena.

49 Auf die Probleme, die sich aus der Verwendung zweier Ausdrücke für das Land (*ᵓdmh, ᵓrṣ*) ergeben, kann hier nicht eingetreten werden.

Zur ersten Stelle: Hat V. 33 nur einen teilweisen Landverlust im Auge, den Jahwe rückgängig machen soll[50]? Oder wird am zweiten Tempel um die Rückkehr der noch Deportierten gebeten[51]? Die Fallbeschreibung (Niederlage vor dem Feind) setzt im Unterschied zu V. 34b das Exil nicht zwingend voraus. Wie auch immer: Der Hinweis auf die Rückkehr ins Land der Väter schließt nicht zwingend an V. 33 an – Hinweis darauf, welche Bedeutung ihm zukommt.

Etwas Ähnliches trifft für V. 36 zu. Er könnte vom Konzept, der Fallschilderung und der Bitte her gut wie folgt abschließen: “so mögest du es regnen lassen auf dein Land / das Land” – es folgt aber die theologische Qualifizierung der *ˀrṣ* als Israel zum Eigentum gegeben.

In den V. 37-40 erübrigte sich der Hinweis auf die Landgabe – wenigstens in seiner jetzigen Gestalt, steht er doch in keinem inneren Zusammenhang mit den in V. 37 aufgezählten Kalamitäten; auch innerhalb der Begründung bildet er ein sekundäres Element, auf das der Redaktor seines Inhalts wegen so viel Wert legte, daß er nicht darauf verzichtete.

Zentrales, zumindest gewichtiges Thema bildet das Land an diesen drei Stellen also gerade deshalb, weil es sich nicht aufdrängte[52].

Da die Bundestheologie vor allem im deuteronomisch-deuteronomistischen Bereich verbreitet (und vll. auch da entstanden) ist [53], steht zu erwarten, daß sie auch in IReg 8 eine wichtige Rolle spielt. Nur auf den ersten Blick scheint dies nicht der Fall zu sein. Unter Hinweis auf LXX (und Dtn 9,9) ergänzen in V. 9 einige Kommentatoren *lḥwt hbrjt*[54]; ohne den Ausdruck fehlt dem Relativsatz in V. 9b ein befriedigender Anschluß. Selbst wenn diese Textkorrektur zu Unrecht erfolgt: Der Sache nach ist die *brjt* vorhanden, spricht der Vers doch vom [Bund], den der Herr mit den Israeliten schloß (*krt*), als sie aus dem Lande Ägypten zogen. Diese Stelle berührt sich eng mit V. 21:

> und ich habe dort eine Stätte bereitet für die Lade,
> in der der Bund (*brjt*) ist, den der Herr mit unsern
> Vätern geschlossen hat (*krt*)...

Für den deuteronomisch-deuteronomistischen Bereich ist die Lade der

---

50 Noth, Könige 186.

51 Würthwein, Könige 98.

52 Sie finden sich in Schichten, die frühestens im Exil anzusetzen sind. Der “alte” Kern des Kapitels schweigt vom Land, da Israel es besitzt.

53 Vgl. dazu Perlitt, Bundestheologie passim.

54 So u.a. Šanda, Könige 217; Noth, Könige 171.

Gesetzesbehälter[55]. Die in ihm aufgekommene Verbindung *ᵓrwn hbrjt*[56] fehlt hier nicht zufällig: Sie dient nur als terminus technicus, der nicht im Zusammenhang mit einem Bundesschluß Verwendung findet. Die Verfasser von V. 9 und 21 legen Wert darauf, auf ihn wenigstens hinzuweisen; sonst täten sie dies nicht an so unerwarteter, fast unpassender Stelle. Daß V. 9 den Horeb als Ort des Bundesschlusses und Mose als seinen Mittler nennt – beides im Zusammenhang unnötige Details – zeigt nochmals und auf andere Weise, welche Bedeutung Bund und Bundesschluß in IReg 8 zukommen. Zu ihr trägt in inhaltlich anderer Weise V. 23 bei, zu dem alles Nötige gesagt worden ist.

In einem so inhaltsreichen deuteronomistischen Gebet darf die Gesetzestheologie nicht fehlen (einige Stellen sind schon behandelt worden). Man findet sie in reichhaltiger und überraschender Ausprägung.

V. 25 enthält im Zusammenhang mit der Nathanverheißung den Ausdruck *ᵓm¯jšmrw bnjk ᵓt¯drkm llkt*..., V. 40 die Begründung *lmᶜn jrᵓwk*. V. 61 weist typisch deuteronomistische Hausmannskost auf, den Gesetzesimperativ, V. 57f die Bitte Salomos an Gott, er möge die Israeliten zur Gesetzeserfüllung befähigen, ihnen das dazu Erforderliche verleihen. Nach den Ausführungen zu IChr 29 erstaunt diese so ungesetzliche Bitte nicht mehr. Sie gehört ins Gebet und schließt die Ermahnung zur Gesetzesbefolgung nicht aus.

Geht man der Verwendung des Ausdrucks *nṭh ᵓt¯hlb* nach, kommen drei verschiedene Ausprägungen alttestamentlicher Gesetzestheologie in den Blick: Jos 24,23 ermahnt Josua das Volk, die Götter von sich zu tun und das Herz Gott zuzuneigen. Typisch deuteronomistische Gesetzestheologie, am ersten Gebot exemplifiziert. Man stelle daneben die demütige Bitte von Ps 119,36[57]: Neige mein Herz zu deinen Vorschriften und nicht zur Gewinnsucht. Zwischen diesen beiden Versen steht IReg 8,58[58] – etwas näher bei der evangelischen Bitte des Psalmisten als bei der gesetzlichen Forderung Josuas.

Die Gesetzestheologie beherrscht IReg 8 quantitativ gesehen nicht. Da sie aber so reichhaltig ist und auch das letzte Wort behält – das Kapitel schließt mit der Aufforderung zum Gesetzesgehorsam –, kommt ihr im Tempelweihgebet Salomos zentrale Bedeutung zu.

---

55 Vgl. dazu Perlitt, Bundestheologie 40-42.

56 Belege bei Maier, Ladeheiligtum 85.

57 Vgl. dazu auch unsere Auslegung von Ps 119.

58 Vgl. dazu die vielleicht zu radikale Auslegung von Šanda, Könige 237: "Das Volk kann aus sich die Gebote Gottes nicht halten... Dazu hat es den Beistand Gottes nötig. Darum soll Gott ihm seine Gnade und Hilfe nicht entziehen".

Verheißung – Erfüllung: Schon wegen der Nathanweissagung muß dieses Thema in IReg 8 einen wichtigen Platz beanspruchen. Salomo nimmt es in beiden Reden und im Gebet auf – da besonders ausführlich (V. 56):

> Gepriesen sei der Herr, der seinem Volke Israel Ruhe verliehen, ganz wie er es verheißen hat (*kkl* ᵓ*šr dbr*). Kein einziges Wort von all den herrlichen Verheißungen, die er durch seinen Diener Mose gegeben hat, ist hinfällig geworden (*l*ᵓ*-npl dbr* ᵓ*ḥd mkl dbrw hṭwb* ᵓ*šr dbr bjd mšh* ᶜ*bdw*).

"Die Worte Mosis beziehen sich auf die Pazifierung des Landes Dt 12, 10ff. und die zeitlich damit verknüpfte Fixierung der Kultstätte. Es kehrt also der deuteronomistische Gedanke von v. 15-20 und 5,18.19 wieder"[59]. Mit diesen Sätzen hat Šanda einen entscheidenden Hinweis zum Verständnis des Verses geliefert. Dtn 12 spricht kurz nacheinander von der zentralen Kultstätte und vom Volk, dem Gott Ruhe verleihen will. Der (die) Verfasser der Schlußrede von IReg 8 interessierte sich weniger für den Tempel als für das Volk. Dtn 12 (IISam 7) gab ihm die Legitimation, es im Zusammenhang mit der Tempeleinweihung zu einem Thema eigenen Rechts zu machen. Aus diesem Kapitel übernahm er auch das Stichwort *mnwḥh*. Seinen Text freilich hat er aus einer anderen "Quelle": IReg 8,56 stimmt fast wörtlich mit Jos 21,45 (vgl. Jos 21,44) überein – die Verheißungen sind in Erfüllung gegangen. Zusammen mit den beiden vorangehenden hält dieser Vers fest, welch ideale Situation in Israel mit vollzogener Landnahme und -verteilung eintrat: Das Volk hatte Ruhe (Jos 21,44), und kein Feind hielt ihm stand. Als gleich ideal stellt der Verfasser von V. 54ff die Lage unter Salomo dar.

Welchen Reichtum an Themen enthält doch IReg 8 – und dabei haben wir eines der wichtigsten noch nicht behandelt: die Frage, wo Gott "wohnt". Jahwe sitzt, thront im Tempel, ist dort zur gleichen Zeit gegenwärtig wie in seinem himmlischen Palast. Diese Präsenzvorstellung bildet ein zentrales Element in der Zionstheologie. Zusammen mit allem, was sich daraus ableitet, hat es die offizielle Tempelfrömmigkeit praktisch vierhundert Jahre lang bestimmt[60]. Die Zerstörung des Tempels

59 Šanda, a.a.O. 236; ähnlich Gray, Kings 231. Einen etwas anderen Akzent legt Noth, Könige 190: "diese ‚Ruhe', an sich schon mit der Landgabe verliehen (so Jos 21 44 23 1 Dtr), erscheint nach der hiesigen Stelle als doch erst mit dem Königtum ganz erfüllt (vgl. 2 S 7 1 b)". Auch nach diesem Kapitel gehören die Themen "Wohnstätte Gottes" und "Ruhe für das Volk" eng zusammen.

60 Mettinger, Dethronement 19-37.

von Jerusalem setzte eine religiöse und damit auch theologische Revolution in Gang, die ihre stärksten Spuren im deuteronomistischen Bereich und da in IReg 8 hinterließ: Der Tempel ist nicht mehr der Ort, wo Gott wohnt; er regiert vom Himmel aus[61]. Die Theologie vom Namen Gottes bildet nach Mettinger "a grandiose attempt by the Deuteronomistic theologians to expel the pre-exilic doctrine of the Presence... We no longer encounter the immanent God in the Temple, the Lord Sabaoth who thrones above the cherubim, but God's šēm, his ‚Name' "[62]. Gegenüber der Zion-Zebaoth-Theologie bedeutet das einen "strategic retreat", theologisch gesehen einen Fortschritt:

"It is namely impossible to doubt that this theology accomplished an important mission in a changed situation, in that the Name theology presents us with a transcendent God who is invulnerable to any catastrophe which might conceivably affect his Temple"[63].

Im Zusammenhang mit der Fragestellung unserer Arbeit verdient vor allem V. 27 Beachtung:

> Aber sollte Gott denn wirklich auf Erden wohnen?
> Siehe, der Himmel und aller Himmel Himmel mögen
> dich nicht fassen, wieviel weniger dieses Haus, das
> ich gebaut habe?

Der Vers bildet einen sekundären Einschub. Er taucht an unerwarteter Stelle auf, nur: Es gab für ihn keinen geeigneteren Platz[64]. Der Vers begründet auf fast rabiate Weise, warum die Präsenz- durch die Namenstheologie abgelöst worden ist. Dabei stößt er allerdings zu einer Aussage vor, die mit dieser Frage direkt nichts zu tun hat, nur an sie anschließt: Jahwe ist unermeßlich und unermeßlich groß[65]. Das ist ein dogmatischer

---

61 Mettinger, a.a.O. 48; vgl. dazu auch Janowski, Mitte 175ff.

62 Mettinger, ebd.

63 Mettinger, a.a.O. 50.

64 Gegen Würthwein, Könige 97: "Es dürfte sich um eine Randbemerkung handeln, die in einen anderen Zusammenhang von Kap. 8, wahrscheinlich zum Tempelweihspruch, gehörte und hierher versprengt worden ist". Warum denn? – Gray, Kings 221, hält, wie aus seinem Kommentar indirekt hervorgeht, V. 27 an der Stelle, wo er jetzt schon steht, nicht für deplaziert – seine Erklärung überzeugt mehr als Würthweins: "v. 27 is parenthetical... [and] implies a consciousness that the building of the Temple suggested a limitation of the Deity. The Temple, as the sequel makes clear, is but the meeting-place of man and God, from where and to where man can address his prayers to the divine presence, which has been realized upon the invocation of his ‚name' ".

65 Diese zögernde, schwammige Auslegung drängt sich auf, da Bedeutung und Funktion dieses stiefmütterlich behandelten Verses nicht klar sind. Kittel, Könige 75f, verwendet ihn zur Rekonstruktion einer großflächig gezeichneten Religions-

Satz, nicht für sich genommen, aber zusammen mit der ihn einleitenden Frage. Tritojesaja verwendet ihn ebenfalls (vgl. auch noch Jer 23,23f) – in kultkritischem Zusammenhang und mit einer scharfen polemischen Spitze (Jes 66,1)[66]:

> So spricht der Herr:
> Der Himmel ist mein Thron (*ksʾj*) und die Erde der Schemel meiner Füße (*hdm rglj*).
> Was wäre das für ein Haus (*bjt*), das ihr mir bauen wolltet,
> und welches wäre die Stätte meines Wohnens (*mqwm mnwḥtj*)?

Tempelkritik mit dem Begriffsarsenal der Tempel-/Präsenztheologie: Weiter kann man die Kritik an ihr nicht treiben.

Wie diese drei Stellen deutlich machen, ist in (exilisch-)nachexilischer Zeit das Dogma von der Unbegrenztheit Jahwes nachzuweisen, als *Dogma* gerade an seiner polemischen Formulierung zu erkennen. Als solches ist es innerhalb des Alten Testaments eine Randaussage geblieben.

Eine zweite, noch weitergehende Revolution hat Braulik in IReg 8 (und Dtn 4) ausgemacht. Die V. 52f und 59f berühren sich von der Formulierung her recht eng mit andern Stellen aus dem Tempelweihgebet, sprechen im Unterschied zu diesem aber nicht davon, wohin das Gebet gerichtet wird. Warum? Die dtn šēm-Theologie habe, so Braulik, verwirrend gewirkt[67]:

"Die Zerstörung des Tempels bot die Gelegenheit, alles Verwirrende abzustreifen und die unmittelbare Nähe Gottes zu bekennen, der sein Volk hört, sobald es zu ihm fleht. Dies geschieht in Dtn 4,7, wo der fehlende Hinweis auf jenen ‚Ort, den Jahwe sich erwählen wird, um dort seinen

---

geschichte Israels: "Hatte die ältere Zeit allgemein die Tempel als Wohnung der Gottheit angesehen, so auch in Israel. Die steigende religiöse Erkenntnis führt in Israel mehr und mehr zum Gedanken an die Erhabenheit Jahves über Erde und Welt, somit auch über den irdischen Tempel. Sein Wohnsitz wird in den Himmel verlegt. Aber auch damit begnügt man sich nicht auf die Dauer. Ist Jahve wirklich der überweltliche Gott, der Schöpfer Himmels und der Erde, so kann er zwar den Himmel zu seinem Wohnsitz wählen... aber er ist auch an ihn nicht gebunden"; ähnlich, nur weniger gepflegt Šanda, Könige 226f. – In neueren Kommentaren sind grundsätzliche Ausführungen zu IReg 8,27 kaum zu finden!

66 Unseres Erachtens verfehlt Fabry, Art. *hdm* 353f, die Bedeutung dieser Stelle mit seinen Bemerkungen zur Wendung *hdm rgljm*: "Diese Bezeichnung taucht auf in der Zeit der beginnenden Großmonarchie (Ps 99,5; 110,1; 132,7). Alle übrigen Belege (exil.: Kl 2,1; nachexil.: Jes 66,1; 1Chr 28,2) sind eng verbunden mit der David-Lade-Zion-Tradition". An David und die Lade denkt der Verfasser von Jes 66,1ff wohl kaum.

67 Braulik, Spuren 31.

Namen wohnen zu lassen' umso auffallender ist, da es im Kontext des Kapitels um die rechte Form der Gottesverehrung (,Bilderverbot') geht. Jene theologische Korrektur mußte aber auch in 1Kön 8, dem Zentraltext dtr Tempeltheologie, verankert werden, und deshalb wurden dort die VV 52-53.60 eingeschoben"[68].

Träfe Brauliks Interpretation zu, so zögen diese beiden Stellen in gewisser Weise die praktische Konsequenz aus der theologischen Revolution von V. 27. Schon bei der Einweihung des Tempels würde gesagt, daß man auf ihn verzichten kann. Brauliks verführerische These überzeugt aus folgenden Gründen nicht:

- Der unmittelbare Kontext von Dtn 4,17 ist nicht durch die Frage nach der rechten Form der Gottesverehrung bestimmt.
- Wollte der in V. 52(f) wirkende Ergänzer nur ein Verbindungsstück schaffen, ließ er ganz einfach alles Überflüssige, d.h. den Verweis auf Tempel und Namen Gottes weg.
- Hätten die in Dtn 4 und IReg 8 wirkenden Redaktoren an der von Braulik behaupteten Unklarheit so sehr Anstoß genommen: Es wäre ihnen ein Leichtes gewesen, ihr Anliegen deutlicher, unüberhörbar zur Sprache zu bringen. Oder wollten sie etwa nicht zu forsch auftreten?

Braulik argumentiert überscharf und damit dem Gegenstand nicht angemessen. Was nach ihm Aussage von IReg 8,52f.59f bildet, liegt allerdings in der Verlängerung des Kapitels, ist eine logische Weiterführung.

IReg 8 gehört zu den gewichtigsten Texten des Alten Testaments. Die älteste Darstellung der Tempelweihung hat wie ein Magnet allerlei größere und kleinere Ergänzungen verschiedenen Inhalts an sich gezogen, darin etwa der Sinaiperikope zu vergleichen. So entstand ein theologisch reichhaltiges Kapitel. Seinen Rang verdankt es eben diesem Reichtum, seinen theologischen Spitzensätzen sowie dem stark reflektierenden Charakter einiger Passagen. Es ist das wichtigste Gebet innerhalb des deuteronomisch-deuteronomistischen Bereiches, ohne daß es einfach dessen Theologie zusammenfaßte, d.h. deuteronomistische Durchschnittstheologie enthielte. Wegen seines Ranges und des Einflusses der deuteronomistischen Schule hat es andere Gebete formal wie inhaltlich geprägt. Die meisten unter ihnen bleiben hinter dem Vorbild zurück, Neh 9 allerdings stellt es an Originalität, formaler wie inhaltlicher Geschlossenheit

68 Braulik, a.a.O. 33.

in den Schatten. Die beiden Gebete stehen für zwei "Sorten" von Texten: *gewachsene* und von *einem Autor* verfaßte. IReg 8 enthält ein Kompendium alttestamentlicher Glaubensinhalte, Neh 9 bildet einen geschlossenen systematischen Entwurf.

b) IISam 7,18-29: Die Antwort Davids[1]

(18) Da ging der König David hinein, ließ sich vor dem Herrn nieder und sprach: Wer bin ich, Gott mein Herr, und was ist mein Haus, daß du mich bis hierher gebracht hast? (19) Und auch das war dir noch zu klein, o Gott mein Herr; du hast sogar dem Hause deines Knechtes auf ferne Zukunft hin Verheißungen gegeben...[2], o Gott mein Herr! (20) Was soll David weiter zu dir sagen? Du kennst ja deinen Knecht, o Gott mein Herr! (21) Um deines Wortes willen[3] und nach deinem Herzen hast du gehandelt, indem du all dies Große deinem Knechte kundtatest. (22) Darum bist du groß, o Gott mein Herr; denn keiner ist dir gleich, und kein Gott ist außer dir, nach allem, was wir mit unsern Ohren gehört haben. (23)[4] Und wo ist eine andre Nation auf Erden wie dein Volk Israel, um derentwillen ein Gott hingegangen wäre, sie sich zum Volke zu erkaufen und ihr einen Namen zu machen und für sie so große und furchtbare Dinge zu tun, vor seinem Volk ein Volk und seine Götter zu vertreiben[5]? (24) Du aber hast dir dein Volk Israel auf ewig zum Volke bestimmt, und du, Herr, bist ihnen Gott geworden. (25) So erfülle nun, o Gott mein Herr, für alle Zeiten die Verheißung, die du deinem Knecht und seinem Hause gegeben, und tue, wie du geredet hast! (26) Dann wird dein Name groß sein für alle Zeiten, daß man sagen wird: "Der Herr der

---

1 Die mit den Gottesnamen verbundenen textkritischen Fragen lassen wir unerörtert; wir halten uns bei ihrer Übersetzung an die ZB.

2 Der masoretische Text (*wzʾt twrt hʾdm*) ergibt keinen mir verständlichen Sinn. Die Übersetzungen helfen nicht weiter. Unter anderem durch einen Vergleich mit IChr 17,17 gelangt Wellhausen, Text 172f, zur Emendation *wtrʾnj dwrt lmʿlh*. Da dieser Vorschlag (wie auch andere Emendationen) nicht unmittelbar einleuchtet, gehen wir auf den Satz nicht ein.

3 Es besteht keine Veranlassung, mit IChr 17,19 statt *dbrk ʿbdk* zu lesen (gegen ZB).

4 Der Text dieses Verses ist wohl verdorben. Breite Zustimmung hat die Rekonstruktion von Geiger gefunden, die der vorliegenden Übersetzung zugrundeliegt, (zitiert nach Nowack, Richter-Samuelis 179, wo auch Geigers Begründung referiert wird): *wmj kʿmk jśrʾl gwj ʾḥr bʾrṣ ʾšr hlk ʾlhjm lpdwt lw lʿm wlśwm lw šm wlʿśwt lhm gdlwt wnwrʾwt lgrš mpnj ʿmw gwj wʾlhjw.*

5 Hertzberg, Samuelbücher[1] 227, bleibt näher beim masoretischen Text: "...vertriebest du doch vor deinem Volke her, das du dir aus Ägypten erkauft hast, Völker und Götter".

Heerscharen ist Gott über Israel", und das Haus deines Knechtes wird vor dir Bestand haben. (27) Denn du, Herr der Heerscharen, Gott Israels, hast deinem Knechte geoffenbart: "Ich will dir ein Haus bauen". Darum hat sich dein Knecht ein Herz gefaßt, so zu dir zu beten. (28) Und nun, o Gott mein Herr, du bist Gott, und deine Worte sind Wahrheit; du hast deinem Knechte dieses Glück verheißen – (29) so wollest du denn das Haus deines Knechtes segnen, daß es ewig vor dir bestehe; denn du, o Gott mein Herr, hast geredet, und durch deinen Segen wird das Haus deines Knechtes immerdar gesegnet sein.

"Bei der Analyse von 2 Sam 7 wird man zunächst von dem Gebet Davids V. 18-29 vollkommen absehen müssen, das nach der gewichtigen Unterschrift V. 17 neu einsetzt. Es ist nicht Teil der Verheißung, sondern die Antwort auf sie, und zwar eine Antwort, die in jeder Zeile den Geist der späten Frömmigkeit atmet. Man wird durch diesen Text in drastischer Weise darauf gewiesen, daß der Terminus ad quem für literarische Zufügungen in die Königsbücher die Abfassung der Chronik in der ersten Hälfte des 3. Jh.s gewesen ist"[6].

Levin stellt eine gewagte These auf und läßt sie unbegründet. Mit ihr stellt er Rosts[7] Analyse auf den Kopf. Dieser meint, in den V. 18ff (abzüglich einer späteren Ergänzung in den V. 22-24) liege ein Gebet aus der frühen Königszeit vor, vom Aufbau her dem von Gen 32,10ff vergleichbar; zum Grundbestand des Kapitels gehörten daneben nur noch die V. 11b und 16. Bei Levin wird David erst spät zum frommen und dankbaren Mann, der er nach Rosts Analyse von Anfang an ist.

Levin und Rost vertreten, was das Verhältnis zwischen Dynastieverheißung und Gebet betrifft, Extrempositionen – wie, von neueren Analysen her geurteilt, auch Kutsch[8], nach dem das Kapitel literarisch fast einheitlich ist.

Die gegenwärtige Forschungslage bestimmen stark die Analysen Veijolas und Mettingers[9]. Dieser[10] schält aus dem Kapitel einen alten Kern

6 Levin, Verheißung 251.

7 Rost, Überlieferung 159ff. Auf Details seiner Analyse wird hier nicht eingegangen; deshalb unterbleibt auch Detailkritik.

8 Kutsch, Dynastie; "Das Kapitel ist um einen Satz als älteren Kern herum komponiert und erweist sich, abgesehen von einzelnen deuteronomistischen Zusätzen, als sachlich und literarisch einheitlich"(150).

9 Die umfangreiche ältere Literatur kann leicht über die Monographien der beiden erschlossen werden. Zwei Arbeiten aus neuerer Zeit (Caquot, Explication; Coppens, Prophétie) gehen nur auf die Nathanverheißung, nicht hingegen auf das Gebet ein.

10 Mettinger, King 51ff.

(V. 1a.2-7.12-14a.16*.17) heraus: In ihm geht es um die Legitimität des Königs David, dem die “divine kingship” zukommt und ein Haus zugesagt wird. In einer kurz nach seinem Tode erfolgten dynastischen Redaktion ergeht an David eine Dynastieverheißung (V. 3.8f.11b.14b-15.16*.18-22a.27-29). Zu ihr gehört also auch das vom gleichen Thema bestimmte Gebet – mit Ausnahme der deuteronomistischen V. 22b-26, von der Form (Wir-Stil) wie vom Inhalt (Israel) her deutlich als sekundärer Einschub zu erkennen (zu dieser Schicht gehörten auch die V.10.11a).

Veijola[11] macht in IISam 7 zwei alte Orakel aus. Das erste (V. 1a.2-5.7) enthalte das prophetische Veto, einen Tempel zu bauen, das zweite (V. 8a.9f.12.14f.17) beschäftige sich mit David und dem ihm zugesagten Nachfolger, allerdings ohne seinen Namen zu nennen. DtrG (V. 8b. 11b.13.16.18-21.25-29) lege das ihm nicht passende Tempelbauverbot als provisorisches aus. Sodann werde der Tempel “nicht direkt als Jahwes Wohnung, sondern lediglich für seinen Namen gebaut (V. 13a). Mit dieser Korrektur versehen konnte er das erste Orakel übernehmen und darin eine plausible Erklärung zum Fehlen des Tempels zur Zeit Davids sehen, zumal es als Einleitung zu dem zweiten Orakel geeignet war”[12]. An ihm nehme DtrH drei Ergänzungen und Korrekturen vor: Er stelle in V. 13 klar, daß es sich beim zugesagten Nachfolger um Salomo handle; weiter erstrecke er die göttliche Verheißung über diesen hinaus auf das ganze Haus Davids, das vor Jahwe immer Bestand haben solle (V. 11b. 13.16). “Drittens war die jetzige Zusage keine einmalige Offenbarung dieser Art an David, sondern nur eine erneute – allerdings sehr ausführliche – Bestätigung früherer göttlicher Zusicherungen (V. 11b.21)”[13]. In V. 22-24 (und V. 6.11a) sieht er einen noch späteren Ergänzer, DtrN, am Werk; dieser wollte auch das Volk in die Verheißung einbeziehen, ohne die an David ergangene zu entwerten.

Was das Gebet betrifft, stimmen Mettinger und Veijola in zwei wichtigen Punkten überein: Sein Grundbestand gehört weder zu den ältesten noch zu den jüngsten Bestandteilen des Kapitels, sondern hat seinen Platz darin im ersten, entscheidenden Redaktionsprozeß gefunden. Vom Volk spricht erst der jüngste Redaktor.

Aus den vorgestellten Analysen ergeben sich gewichtige, von ihren Autoren kaum ausgeführte Konsequenzen für die Geschichte des Gebets.

---

11 Veijola, Dynastie 72ff.

12 Veijola, a.a.O. 78.

13 Veijola, ebd.

Zu Levins Analyse: David hat Jahwe für seine Zusagen ursprünglich nicht gedankt. Erst ein Theologe aus vorchronistischer Zeit empfand das als Mangel und legte David ein Gebet in den Mund, in dem er über die ergangenen Verheißungen nachdenkt. Neu wäre in ihm der es prägende Geist, und das heißt unter anderem das bescheidene, demütige Auftreten des Königs David. Hätte Levin mit seiner Behauptung recht, bildete IISam 7 den Ausgangspunkt für die These, das Gebet habe in spätnachexilischer Zeit dogmatische Bedeutung gewonnen. Sie verlöre beträchtlich an Gewicht, träfe die Analyse von Rost zu: Systematisch von Belang wäre das reflektierende Gebet schon in der frühen Königszeit gewesen.

Verheißung/Gebet: Dieser Unterschied spielt in den Analysen Mettingers und Veijolas auf den ersten Blick keine Rolle. Die beiden Teile des Kapitels wurden nach ihnen in den entscheidenden Redaktionsprozessen mit verwandten Inhalten gefüllt. Verwandten, nicht gleichen: Das kann nicht genug betont werden. Es sei deshalb der Frage nachgegangen: Wie nimmt das Gebet die Thematik der Nathanverheißung auf?

Auf den ihm verwehrten Tempelbau geht David, wie kaum anders zu erwarten, mit keinem Worte ein. Die Dynastieverheißung spricht der König dreimal direkt an: V. 26 (vgl. V. 16); V. 27 (vgl. V. 11); V. 29. Er tut dies eher verhalten, was nicht zu erstaunen braucht. Der Leser kennt sie und weiß, was sie beinhaltet. Im Gebet geht es vielmehr darum, die Dynastieverheißung zu interpretieren. Das geschieht durch die beiden Ausdrücke *kl¯hgdwlh hzᵓt* (V. 21) und *hṭwbh hzᵓt* (V. 28; der erste gilt für alle in V. 1-16 gemachten Zusagen). Eben weil sie interpretieren, können sie nur im Gebet stehen.

Schon die Dynastieverheißung spricht in den V. 6-8 und 10f ausführlich von der Geschichte des Gottesvolkes. Der Exodus als Ausgangspunkt der Geschichte Israels wird genannt und danach (unter Verschweigung der Landnahme) die Periode der Richter. Bis auf David ist Israel noch nicht zur Ruhe gekommen. König und Volk gehören eng zusammen: David wird *ngjd ᶜl-ᶜmj ᶜl¯jśrᵓl* (V. 8) genannt. Indem der Verfasser im gleichen Vers auf seine Vergangenheit als Hirte hinweist, bringt er ihn auch mit den Richtern in Verbindung, deren Aufgabe es war, *lrᶜwt ᵓt-ᶜmj ᵓt¯jśrᵓl* (V. 7): Er ist ihr "Nachfolger"[14]. Auch das Gebet bindet König

14 Sein Amt bezieht sich wie des ihrige auf *ᶜmj... jśrᵓl* – nicht zufällig dürfte hier die gleiche Formulierung verwendet werden (vgl. V. 11). Diese Interpretation hat zur Voraussetzung, daß in V. 7 mit IChr 17,6 statt *šbṭj špṭj* zu lesen ist (vgl. *špṭjm* in V. 11) oder – *špṭj* könnte lectio facilior sein – *šbṭ* auch „chef" bedeuten kann (CTAT 1 245; vgl. weiter McCarter, IISamuel 192 [Lit.!]). In diesem Falle fielen unter die *šbṭj* nicht nur die Richter, sondern alle Führer aus vorstaatlicher Zeit.

und Volk eng aneinander, freilich auf indirekte Weise, durch Rückgriffe auf die Verheißung und häufig über Leitworte, nicht aber nach dem Schema: Wie... so. V. 14 heißt es vom Nachwuchs auf Davids Thron: Ich will ihm Vater sein, und er soll mir Sohn sein. Cum grano salis darf man in diesem Satz[15] (vgl. noch IChr 22,10; 28,6) eine Bundesformel erblicken. Jedenfalls hat sie der Verfasser von V. 24 als solche verstanden und stark abgeändert auch auf das Volk übertragen[16]: *wtkwnn lk* $^{\supset}$*t*-^{c}*mk jśr*$^{\supset}$*l lk l*^{c}*m* ^{c}*d*-^{c}*wlm w*$^{\supset}$*th jhwh hjjt lhm l*$^{\supset}$*lhjm*. (So stark aufgeweicht wie hier ist sie sonst im Alten Testament nur noch selten)[17]. Die Bezüge zwischen Gebet und Verheißung sind deutlich zu erkennen:

- Vom Erben auf Davids Thron heißt es im Nathanorakel, Jahwe werde sein Königtum, den Thron seiner Herrschaft befestigen, dieser werde fest sein (*kwn* V. 12: Hif.; V. 13: Pol.; V. 16: Nif.). Wohl um das Volk nicht ärmer erscheinen zu lassen als David und seine Nachkommen, verwendet der Verfasser von V. 24 ebenfalls das Verb *kwn*.
- Wie Davids Haus für immer (^{c}*d/l*-^{c}*wlm*) besteht (von Jahwe für alle Zeiten gesegnet wird; V. 13.16.29), so hat sich Gott Israel ^{c}*d*-^{c}*wlm* zu seinem Volke bestimmt[18].

Durch Leitworte wird auch die Theologie im engeren Sinne des Wortes mit den Themen "König" und "Volk" verbunden. Jahwe hat David verheißen: *w*^{c}*śtj lk šm gdwl* (V. 9), und der König dankt ihm dafür, daß er dem Volke einen Namen gemacht habe (*wlśwm lw šm*, V. 23). Da darf Gott nicht ärmer erscheinen: *wjgdl šmk* (V. 26).

Zu zahlreich sind die genannten Berührungen im Vokabular, als daß sie sich allein dem Zufall verdankten. In ihnen macht sich ein ausgeprägtes systematisches Bedürfnis geltend.

IISam 7,6-10 berichtet einige in ihrer Bedeutung nicht immer ganz klare Fakten aus Israels früher Geschichte; die V. 23f interpretieren sie mit theologischen Begriffen, die im ersten Teil des Kapitels fast ganz fehlen[19]. Dazu gehört *pdh*. Erst das Deuteronomium verwendet den Begriff im Zusammenhang mit dem Exodus: Dtn 7,8; 9,26; 13,6; 15,15; 21,8; 24,18. Ein Hinweis auf Ägypten, den Pharao oder das Sklavenhaus fehlt an keiner dieser Stellen – außer in Dtn 21,8. Darf man diesem Verse IISam 7,23 (*lpdwt... l*^{c}*m*) an die Seite stellen? Will der Nebensatz

---

15 Er muß, wie die zwei *l* zeigen, metaphorisch verstanden werden.

16 Vgl. dazu Hertzberg, Samuel[1] 231.

17 Vgl. dazu auch Smend, Bundesformel 13 und Anm. 4.

18 Vgl. in V. 26 auch noch den Satz: Und dein Name wird groß sein ^{c}*d*-^{c}*wlm*.

19 Da sich der Text von 23 in schlechtem Zustand befindet, exegesieren wir nur einzelne Aussagen (Begriffe) daraus.

am Schluß des Verses (*ᵓšr pdjt lk mmṣrjm*), sei er nun sekundär oder nicht, klarstellen, worum genau es bei dieser Erlösung geht? Wenn ja, wäre dies ein deutlicher Hinweis darauf, eine wie allgemeine Bedeutung das erste *pdh* besitzt.

Der Ausdruck "große und furchtbare Dinge" (V. 23) bezieht sich wahrscheinlich auf die Exodusereignisse; er interpretiert sie.

Welch großer, unvergleichlicher Gott; was für ein glückliches Volk (V. 22f): Unter diesem theologischen Motto stehen in diesem Abschnitt alle Aussagen zum Volke. Wer nur nach Parallelen zu V. 23 sucht, muß auf Dtn 4,7f.34 hinweisen. Die Abfolge der Aussagen in V. 22f dagegen weist die engste Entsprechung in Dtn 33,26.29 auf, und Ps 33,12 (vgl. Ps 144,15) bildet in gewisser Weise die Auslegung dieser beiden Verse aus Davids Gebet[20]. Sieht man, wie kunstvoll die Aussagen über das Volk im Gebet denen der Dynastieverheißung angepaßt sind, so kommt man nicht um das Urteil sekundär herum (Auch in IReg 8 werden Aussagen über das Königshaus mutatis mutandis auf das Volk übertragen; vgl. etwa V. 24 mit V. 56).

In V. 24 wird dem Volk die gleiche Ehre erwiesen wie dem König. Der Redaktor beläßt es allerdings nicht bei der Einfügung dieses einen Satzes, sondern bietet in V. 23 eine hochtheologische, in ihrer Bedeutung nicht ganz klare Interpretation. Er entfaltet das Theologumenon "Volk" über die allgemeinen Bedürfnisse des Anlasses hinaus. Es verselbständigt sich.

Das Gebet bietet über die Nathanverheißung hinaus auch eine eigentliche Gotteslehre und reflektiert über das Verhältnis zwischen Verheißung und Erfüllung.

Was ist das für ein Gott, der König und Volk so hoch stellt? Er ist wie sein Name groß, unvergleichlich; ja außer ihm gibt es keinen (V. 22, vgl. V. 28). David kombiniert Unvergleichglichkeits- und Einzigkeitsaussage, die sich wohl gegenseitig verstärken. Smith bemerkt zu diesem und den folgenden Versen: "The author glides into general expressions of praise, not especially appropriate to David's situation"[21]. Diese Behauptung trifft nur bedingt zu: Gebete folgen ihrer eigenen Logik, und in ihnen nehmen Größe und Unvergleichlichkeit/Einzigkeit Jahwes einen zentralen Platz ein, dogmatisch gesehen zu Recht: Die angemessene Antwort des Menschen auf eine Wohltat Gottes besteht darin, daß er daraus auf seine Größe, Unvergleichlichkeit (und Einzigkeit) zurückschließt. Smith behaftet David auf einer zu einfachen Logik, will ihm, respektive dem Verfasser des Gebetes, das Denken verbieten.

20 Die drei Kapitel gehören in die (spät)nachexilische Zeit; vgl. dazu unsere Auslegung von Dtn 33; Ps 33; 144.

21 Smith, Samuel 302.

David ergeht sich im Gebet ausführlich über die ergangene Verheißung. Das Hebräische kennt dafür keinen eigentlichen terminus technicus, sondern bedient sich dafür des Verbes und des Nomens *dbr*[22]. Besondere Beachtung verdient V. 25: *hbdr ᵓšr dbrt ᶜl-ᶜbdk wᶜl-bjtw hqm ᶜd-ᶜwlm wᶜśh kᵓšr dbrt*. Zweimal bittet David hier um die Erfüllung der Verheißung – und nur leicht anders, als er Jahwe sonst dankt. Auf eine göttliche Zusage antwortet der Mensch, so dürfen wir diesen Satz in Dogmatik überführen, angemessen, indem er Gott dafür dankt und ihn um ihre Erfüllung bittet. Im Zusammenhang mit Verheißungen interessiert immer auch, wie es mit ihrer Zuverlässigkeit steht. Sie steht außer Zweifel, wie folgender, Allgemeingültigkeit beanspruchender Satz zeigt (V. 28): *ᵓth-hwᵓ hᵓlhjm wdbrjk jhjw ᵓmt*. Nicht nur seiner Zusage wegen, sondern *wklbk* habe ihm Gott all dieses Große offenbart, hält David in V. 21 fest. Dieser Ausdruck nennt das Motiv für Gottes Zusage: sein Wohlgefallen, seinen freien Willen. Das Gebet Davids enthält keine weit getriebene Theologie der Verheißung, macht diese aber zum Gegenstand der Reflexion und weist ihr einen wichtigen Platz zu.

Ein starker Hang zur Reflexion zeichnet alle bisher untersuchten Texte aus; auch entfalten sie Theolgie über die unmittelbaren Erfordernisse des Anlasses hinaus. Das Gebet von IISam 7,18ff unterscheidet sich darin nicht von ihnen. Wie kein anderes nimmt es jedoch Bezug auf einen längeren Text und interpretiert diesen. Theologisch formuliert: Menschenwort legt Gotteswort aus und ist im Unterschied zu diesem dogmatisch. (Es wird seinerseits zu Gotteswort, indem Gott es dazu macht, respektive indem es Bestandteil der Heiligen Schrift wird)[23]. Diese Auslegung fällt sehr reichhaltig aus und deckt alle zentralen Themen alttestamentlicher Theologie ab: Gotteslehre, Heilsgeschichte und Anthropologie. Auf letzteren Aspekt sei noch etwas ausführlicher eingegangen. Die Frage *mj ᵓnkj...wmj bjtj* (V. 18) zeichnet David als Menschen, der, wie es sich gehört, demütig auf Gottes gnädige Zuwendung antwortet. Die Stelle berührt sich eng mit IChr 29,14[24], wo sich David mit folgenden Worten an Gott wendet: *mj ᵓnj wmj ᶜmj*. Diese Berührung in der Formulierung weist auf eine tiefere Verwandtschaft zwischen den beiden Gebeten hin. Stärker als andere Vertreter dieser Gattung stellen sie

22 Man beachte die hohe Zahl der Belege: V. 19.21.25(3x).28(2x).29.

23 Diese Ausführungen in engem Anschluß an Bonhoeffer, Gebetbuch 545f (vgl. dazu unten den Abschnitt A.1.c: Antwort).

24 Inhaltlich (nicht von der Formulierung her) zu vergleichen sind etwa noch: Gen 32,11; Jdc 6,15; ISam 9,21.

den Beter als frommen, demütigen Mann dar[25]; sie stehen sich theologisch (und damit möglicherweise auch zeitlich) nahe.

Sollte Levin also recht haben? Das Sprachgewand von IISam 7,18ff spricht nicht unbedingt gegen seine These. Ein Späterer kann sich deuteronomistischer Formulierungen[26] bedient haben, ohne selber noch Deuteronomist zu sein. Zudem bietet der Abschnitt nicht einfach deuteronomistische "Durchschnitts"theologie. Wer Levin folgt, kommt gegen ihn[27] kaum um die Annahme herum, IISam 7,18ff sei literarisch einheitlich. Daß sie nicht völlig abwegig ist, macht allein die Tatsache deutlich, daß Veijola und Mettinger den Umfang der postulierten späteren Ergänzung in den V. 22-26 unterschiedlich bestimmen, und zwar an ihrem Anfang und Schluß. Auch für Levins Lösung sprechen die kunstvollen Beziehungen zwischen Verheißung und Gebet, die sich zwangloser erklären lassen, wenn ein Späterer jene interpretiert hat.

Unseres Erachtens erlaubt die gegenwärtige Forschungslage es nicht, dem Levinischen oder dem Mettinger-Veijolaschen Modell mit Bestimmtheit den Vorzug zu geben. Fest steht nur: Von seiner theologischen Ausrichtung her steht IISam 7,18-29 dem Gebet Davids in IChr 29 nicht ferne; die Verse bilden eine Art Brücke zwischen dem deuteronomistischen und chronistischen Geschichtswerk. Ihre theologische Bedeutung liegt darin, daß sie eine ergangene Zusage in einem Gebet interpretieren, die *Antwort* auf sie enthalten. Jahwes Zusage kann nicht ohne Antwort bleiben: Dies bildet die versteckte Zentralaussage des Kapitels IISam 7 in seiner Zweiteilung von Dynastieverheißung und Gebet.

c) Jer 32,16ff: Der Prophet als deuteronomistischer Dogmatiker[1]?

(16) Nachdem ich nun den Kaufbrief Baruch, dem Sohne Nerias, übergeben hatte, betete ich zum Herrn: (17) Ach Gott, mein Herr, siehe, du hast den Himmel und die Erde geschaffen durch deine große Kraft und deinen ausgereckten Arm; für dich ist kein Ding unmöglich – (18) der du Gnade übst an Tausenden und die Schuld der Väter ihren Kindern, die nach ihnen kommen, heimzahlst, du, der große und starke Gott, dessen Name ist "Herr der Heerscharen", (19) groß an Rat und mächtig von Tat,

25 Vgl. in IISam 7 neben der Gebetsanrede noch die beiden Sätze V. 20a.27b!

26 Das Material, das sich in den V. 22b-26 konzentriert (Mettinger, King 51f), hat unter anderem Veijola, Dynastie 74-77, zusammengestellt.

27 Vgl. Levin, Verheißung 251 Anm. 208.

1 In den uns näher interessierenden V. 17-23 weicht LXX* an zwei Stellen von M ab: V. 18 fehlt *ṣbʾwt šmw*, V. 19 *wkprj mʿlljw*.

dessen Augen offenstehen über allen Wegen der Menschenkinder, einem jeden zu geben nach seinem Wandel und nach seinem Verdienen; (20) der du Zeichen und Wunder getan hast im Lande Ägypten und bis[2] auf den heutigen Tag, an Israel und an den Menschen, und dir so einen Namen gemacht hast, wie es heute am Tage ist; (21) der du dein Volk Israel mit Zeichen und Wundern, mit starker Hand und ausgerecktem Arm und großem Schrecken aus dem Lande Ägypten herausgeführt (22) und ihnen dieses Land gegeben hast, wie du ja ihren Vätern geschworen hattest, es ihnen zu geben, ein Land, das von Milch und Honig fließt. (23) Und sie zogen ein und nahmen es in Besitz, aber sie hörten nicht auf deine Stimme und wandelten nicht nach deinem Gesetze[3]; nichts von alledem, was du ihnen zu tun geboten, haben sie getan. Darum ließest du all dieses Unglück über sie kommen – (24) siehe, die Dämme [der Belagerer] reichen schon bis an die Stadt, sie einzunehmen, und die Stadt ist in die Hand der Chaldäer gegeben, die wider sie streiten durch Schwert und Hunger und Pest, und was du gedroht hast, ist eingetroffen; du siehst es ja. (25) Und da sagst du zu mir, o Gott, mein Herr: "Kaufe dir den Acker um Geld und ziehe Zeugen zu" – wo doch die Stadt in die Hand der Chaldäer gegeben ist!"

Dieses Gebet hat in Duhm einen hinreißend bissigen, ja sarkastischen Ausleger gefunden. Mit seinen provokanten Bemerkungen hat er besser als viele ausgewogener urteilende Kommentatoren begriffen, was in diesem Gebet zur Diskussion steht:

"Die langen Gebete sind bei den Späteren sehr beliebt; bevor man von autoritativer Seite bestimmte Gebete für die Gottesdienste und den täglichen Gebrauch komponierte und vorschrieb, haben die Autoren der Erbauungsliteratur an Gebeten der alten Gottesmänner und Frommen, Salomo, Jeremia, Esra, Daniel u.s.w. zu lehren versucht, wie ein wohlunterrichteter frommer Jude zu beten hat. Zum Teil erklärt sich daraus die große Länge dieser Gebete: man suchte sich dabei möglichst die ganze Glaubenslehre des Judentums zu vergegenwärtigen. Solche fertigen Gebete sind die richtigen Laienerzeugnisse, eines der hervorragendsten Mittel, den Schein der Religion auch da festzuhalten, wo ein selbständiges Leben fehlt, daher bei den Lenkern und Freunden der Kirche sehr beliebt"[4].

Bis V. 19 entdeckt er im Gebet nur "allgemeine ... Katechismuswahrheiten". Sein Verfasser komme erst in V. 23 zur "Hauptsache", nämlich

2 Mit LXX^{L} und im Anschluß an Rudolph, Jeremia 210, lesen wir *wᶜd*.

3 Man lese mit Q *wbtwrtk*.

4 Duhm, Jeremia 266f.

zum "Ungehorsam der Väter"[5]. Hart attackiert er die Aussage des Verses: "die gewöhnliche Übertreibung der predigenden Ergänzer, die die Ursache des Exils in dem Abfall vom Gesetz erblicken"[6]. Und als wollte er auch noch den hartnäckigsten Zweifler von der Minderwertigkeit des Gebetes überzeugen, schiebt Duhm seinem Verfasser bei der Auslegung von V. 20 eine verwerfliche Sicht in die Schuhe: Er "teilt die Menschheit ein in Israeliten und ‚Menschen'; die ersteren sind wohl eine höhere Art von Menschen"[7].

In einem Punkt zumindest hat Duhm recht. Zur Hauptsache kommt der Verfasser des Gebets tatsächlich erst in V. 23. Der Grundbestand des Kapitels (V. 6b-15.16.17*.24-29a.42-43[f])[8] erzählt folgende Geschichte: Auf die Aufforderung Jahwes an Jeremia, in Anathoth einen Acker zu kaufen, antwortet der Prophet ungläubig, die Dämme reichten schon bis an die Stadt; diese würde sicher eingenommen werden. Ihm sei nichts unmöglich, setzt Jahwe diesem Einwand entgegen; man werde in Israel wieder Äcker kaufen. Ein Späterer vermißte in dieser Geschichte den Grund für die bevorstehende Einnahme Jerusalems: die Sünde des Gottesvolkes. Auf sie hätte er mit einem Nebensatz in V. 24 hinweisen können. Warum entfaltet er stattdessen die ganze Glaubenslehre? Wollte er Jeremia als Vertreter einer bestimmten (deuteronomistischen) Orthodoxie erweisen, als der er auch an andern Stellen erscheint? Oder fügte der Redaktor sein Gebet hier ein, weil Jeremia schon betet, aber für seinen Geschmack zu kurz und eben nicht fromm genug? Sollte seine Rechtgläubigkeit gerade im Zusammenhang mit dem Landkauf von Anathoth er-

5 Duhm, a.a.O. 267.

6 Duhm, a.a.O. 267f.

7 Duhm, a.a.O. 267.

8 Rudolph, Jeremia 207. Mit ihm scheiden u.a. auch Volz, Jeremia 303, und Bright, Jeremiah 294, die V. 17aβb-23 als sekundär aus. Thiel, Redaktion 31f, weist den ganzen Abschnitt V. 16-44 D zu, vor allem wegen der V. 42-44: "Der Sprachbefund erweist die Verse als von D verfaßt" (32; vgl. dazu auch Weippert, Prosareden z.St.). Auf die Kontroverse zwischen Rudolph, Weippert und Thiel kann hier nicht ausführlich eingegangen werden. Nur soviel sei bemerkt: Gegen Thiel halten wir es für unwahrscheinlich, daß der Abschnitt V. 16-44 aus einem Guß ist; zu gut schließt V. 24 an V. 17aα an (gegen Schreiner, Jeremia II 192, der V. 16-25 als "dtr... Nachinterpretation" betrachtet). Seine These könnte höchstens mit der Modifikation zutreffen, daß V. 17aβb-23 eine zweite, spätere deuteronomistische Ergänzung des Kapitels bildet. – Weiser, Jeremia 296f, beläßt das Gebet, nicht eben überzeugend, Jeremia; Hauptgrund: "Der liturgische Stil und der traditionsgebundene Vorstellungs= und Gedankengehalt läßt sich im Munde Jeremias so erklären, daß er im Augenblick einer Glaubensunsicherheit sich an die hymnische Überlieferung hält ... Die Verwandtschaft mit dem Gebet Neh. 9 und anderen Parallelen geht in diesem Fall auf eine gemeinsame im Kult gepflegte Überlieferung zurück" (297).

wiesen werden? Die Einzelexegese ergibt auf Umwegen wichtige Anhaltspunkte für die Beantwortung dieser Fragen.

Jer 32,17ff bestätigt die Binsenwahrheit, daß deuteronomistisch nicht gleich deuteronomistisch ist. Das wird schon in V. 17 deutlich. Kein anderes Gebet aus diesem Bereich setzt direkt mit der Prädizierung des Schöpfers ein; sie beginnen mit der Anrede Jahwes als einzigen oder unvergleichlichen Gottes voraus[9]. Als nicht typisch deuteronomistisch darf die Schöpfungsaussage gelten, da sie eine deuteronomistische Näherbestimmung[10] enthält, die außer im Buche Jeremia nicht auf die Schöpfung Anwendung findet: *bkḥk hgdwl wbzr^ck hnṭwjh*. Sie taucht in dieser Verwendung nur noch Jer 27,5f auf:

> Ich bin es, der die Erde gemacht hat, die Menschen und die Tiere auf der Erde durch meine große Kraft und meinen ausgereckten Arm, und ich gebe sie dem, der mir gefällt. Und nun habe ich alle diese Länder in die Hand meines Knechtes Nebukadnezar, des Königs von Babel, gegeben. Auch die Tiere des Feldes habe ich ihm gegeben, daß sie ihm dienen...

Der Verweis auf Jahwe als Schöpfer, den Jeremia den ausländischen Gesandten gegenüber verwendet, besagt: Als Schöpfer der Welt ist Jahwe auch Herr der Weltgeschichte. Als Schöpfungswerke führt Jahwe nur an, was er Nebukadnezar in die Hände gibt; deshalb fehlt unter ihnen der Himmel. Jer 27,5 weist also eine stark funktionale Ausrichtung auf. Es ist möglich, wenn auch nicht erwiesen, daß sich der Verfasser von Jeremias Gebet an diesen Vers anlehnt[11] und ihn seinem Kontext anpaßt, d.h. die Schöpfungsobjekte austauscht. Unter den frappierenden Berührungen zwischen den beiden Stellen fällt besonders die adverbielle Näherbestimmung ins Gewicht. Weippert behauptet allerdings, die beiden Stellen unterschieden sich in einem zentralen Punkt:

"Von der Souveränität Jahwes, die die jeremianischen Aussagen von Jahwe als dem Weltschöpfer begründen, ist nichts mehr zu spüren, und die Erwähnung von Jahwes Schöpfertätigkeit in V. 17 stellt deshalb nicht viel mehr als ein Dekorationselement dar, das für die folgende Argumentation unerheblich ist und auf das ebensogut ersatzlos verzichtet werden könnte"[12].

9 Vgl. IReg 8,23; IIReg 19,15.

10 Dtn 9,29; IIReg 17,36; der Ausdruck wird hier im Zusammenhang mit dem Exodusgeschehen verwendet.

11 So Weippert, Schöpfer 67, Anm. 8.

12 Weippert, a.a.O. 72f.

– allerdings um den Preis eines schlechten Gebetsanfanges!: In seiner jetzigen Gestalt braucht es als Einleitung eine Prädizierung Jahwes. Die von seinem Verfasser gewählte unterstreicht u.E. das, was ihr nach Weippert abgeht: Gottes Souveränität. Dieser Aspekt schwingt an vielen Stellen mit, die Jahwe als Schöpfer von Himmel und Erde preisen (auch da, wo *ᵓrṣ* und *šmjm* sonst nebeneinanderstehen)[13]. Die adverbielle Näherbestimmung "durch deine große Kraft und durch deinen ausgereckten Arm" verstärkt ihn zusätzlich. Den entscheidenden Hinweis auf die Richtigkeit dieser Interpretation enthält V. 17b: *ᵓl ˉjplᵓ mmk klˉdbr.* Genau dies hat Jeremia in der Urfassung des Gebetes implizit bestritten, weshalb ihm Jahwe die Frage entgegenhielt (V. 27): Siehe, ich bin der Herr, der Gott alles Fleisches; sollte für mich etwas unmöglich sein (*hmmnj jplᵓ klˉdbr*)? V. 17 macht aus Jeremia also einen frommen, Gott nicht widersprechenden Propheten, dessen Hinweis auf die Belagerungsdämme nicht mehr als Zweifel interpretiert werden darf.

Die zwei Aussagen über Gottes vergeltendes Handeln in V. 18f widersprechen sich auf den ersten Blick: Rechnet V. 18 damit, daß Gott die Schuld der Väter an ihren Kindern heimzahlt, schließt dies V. 19 aus, soll doch jedem nach seinem Wandel und der Frucht seiner Taten vergolten werden. Dieser Satz nimmt Jer 17,10 auf und orientiert sich an der Theologie des Buches Jeremia: Daß Jahwes Augen über den Wegen der Menschen offenstehen (Jer 16,17), er Herz und Nieren prüft (Jer 17,10), bildet die Voraussetzung für eine gerechte Vergeltung. Den Widerspruch zwischen V. 18 und 19 literarkritisch zu beseitigen besteht kein Anlaß. Der Verfasser knüpft die aus Ex 20,6 übernommene und an den Anfang gestellte Gnadenzusage an keine Bedingungen und läßt sich die Schuld der Väter (wenigstens explizit) nicht bis ins dritte und vierte Glied auswirken. Gemäßigter Deuteronomismus, ist man versucht zu sagen. Vielleicht nimmt V. 18 die V. 42ff auf, liefert dazu eine nicht ganz passende Begründung, eine Art Kommentar zur Aussage: Wie ich über dieses Volk all dies große Unheil gebracht habe, so bringe ich über sie nun all das Heil, das ich ihnen verheiße ... Der Gegensatz zwischen V. 18 und 19 ist schon aus diesem Grunde kein schreiender. Zudem müssen die Alten, was für uns ein Widerspruch ist, nicht unbedingt als solchen empfunden haben[14]. Es kommt hinzu, daß sich V. 18 auf Gottes Handeln in der Geschichte bezieht, während V. 19 seinen Umgang mit dem einzelnen Menschen im Auge hat. Wie kein anderer Satz in diesem Gebet erübrigt sich

13 Vgl. aus dem hier untersuchten Textmaterial etwa IChr 29,11.

14 Ähnlich Rudolph, Jeremia 213.

V. 19b vom Kontext des Kapitels her. Ihm kommt also besonders starkes Gewicht zu. Wollte der Verfasser vielleicht zum Ausdruck bringen, daß für das Individuum andere Gesetze gelten als in der Geschichte?

Einige Bemerkungen zu den Gottesprädikationen in den V. 18b.19. Die Reihung, die sich u.a. mit Dtn 10,17 (vgl. Neh 9,32) berührt, ohne Zitat zu sein, enthält mit *gdl h^{c}ṣh wrb h^{c}ljljh* ein Element, das nicht nur im deuteronomisch-deuteronomistischen Bereich, sondern im ganzen Alten Testament keine genaue Entsprechung aufweist. Rat und Tat fallen im Alten Testament manchmal fast zusammen; immer besteht zwischen ihnen eine enge Beziehung[15]. Im vorliegenden Zusammenhang besagt diese Prädizierung Gottes etwa: Was er plant, setzt er auch in die Tat um. Sie variiert ein Hauptthema des Gebetes, Gottes Souveränität und Macht.

Die Darstellung der Heilsgeschichte setzt in V. 20 bei den ägyptischen Plagen ein. Er ist so allgemein gehalten, daß er gleichzeitig als Zusammenfassung der drei anschließenden Verse dient. Oder sollten sich die beiden Interpretationen ausschließen? Die Aussage, wonach sich Jahwe durch sein Handeln einen Namen gemacht habe, ist weniger für den deuteronomisch-deuteronomistischen Bereich (allgemein) als für Gebete charakteristisch (Dan 9,15; Neh 9,10; vgl. weiter Ex 9,16; Jes 63,12.14). Wie wenig das Siegel "deuteronomistisch" allein dem Gebet gerecht wird, machen die enge sprachliche Berührung von V. 20a mit Ps 78,43 und der Hinweis darauf deutlich, daß Gott auch an der ganzen Menschheit (*wb^{ᵓ}dm*) handelt[16].

Durch und durch deuteronomistisch sind dann wieder die V. 21f(23). Teile oder ausgeführte Fassungen dieser Geschichtstheologie enthalten viele alttestamentliche Texte, aber keiner so vollständig und kompakt wie Jer 32,21-23; es ist, als wollte der Verfasser alles sagen. Die Verse enthalten ein Element, das uns überflüssig vorkommt, nämlich die Qualifizierung des Exodusgeschehens, von ihrer Länge her ein Ungetüm: *b^{ᵓ}twt wbmwptjm wbjd ḥzqh wb^{ᵓ}zrw^{c} nṭwjh wbmwr^{ᵓ} gdwl*. Die engsten Parallelen zu dieser Reihung finden sich Dtn 4,34; 7,19; 26,8. Dem

15 Vgl. etwa Jes 30,1 (*l^{c}śwt ^{c}ṣh*) und die etwas überzogene Aussage von Pedersen, Israel 1-2, 129: "counsel and action are identical".

16 Auf diese Aussage gehen die Kommentatoren kaum ein (vgl. immerhin die von uns eingangs zitierte boshafte Bemerkung Duhms) – begreiflicherweise: Bei ihrer Auslegung muß man raten. Unseres Erachtens erfaßt Volz, Jeremia 304, ihre Bedeutung am besten: "Die spätere fromme Gemeinde unterscheidet Israel (das Gottesvolk) und die Menschenwelt (*^{ᵓ}dm*); die zwei Teile sind nicht dualistisch getrennt, sondern im Gegenteil zur Einheit in Gottes Walten verbunden; aber die Teilung verrät doch ein Bewußtsein der frommen Gemeinde, das Jer noch nicht anerkannt hätte" (tr.).

Verfasser des Gebetes liegt offensichtlich viel daran, diese gewichtigen Stellen zu "zitieren"; er nimmt sogar in Kauf, daß V. 21b auch Wendungen wiederholt, die in den vorangehenden Versen stehen. Oder kopiert er diese Texte, weil sie Jahwes Macht so eindrücklich unterstreichen?

In der Urfassung des Gebetes erwiderte Jeremia auf Jahwes Aufforderung, in Anathoth einen Acker zu kaufen, nur, die Babylonier stünden vor der Stadt. In den Augen des Redaktors vergaß er, den Grund für diese Kalamität zu nennen: Israels unentschuldbaren Abfall von Gott. In V. 23, zu dem V. 20-22 den fast unverzichtbaren Vorspann bilden, läßt er ihn dies nachholen. Inhaltlich hätte der Verfasser von Jeremias stoßseufzerartigem Gebet wohl nichts gegen diese Ergänzungen einzuwenden gehabt. Daß Jahwe nichts unmöglich ist und Jerusalem wegen Israels Sünden vor dem Fall stand: Dies stand sicher auch für ihn fest. Das Interesse des "Deuteronomisten" geht also dahin, Jeremia *ausdrücklich* sagen zu lassen, was sich von selbst verstand. Es ist, als hielte er sich ans Motto: Quod non est in actis, non est in factis.

Überhaupt ist ihm daran gelegen, keine Mißverständnisse aufkommen zu lassen. Ohne ausgeführtes Gebet könnte Jeremia à la limite in den Verdacht geraten, Jahwes Macht in Zweifel zu ziehen und seiner Verheißung zu mißtrauen. Allein diese Möglichkeit veranlaßt einen Späteren, eine Korrektur vorzunehmen, die massiv ausfällt: Jeremia macht wichtige Aussagen Jahwes zu seinen eigenen, nimmt sie vorweg und verstärkt sie gar. An Jeremias Rechtgläubigkeit kann tatsächlich kein Zweifel bestehen und deshalb auch nicht daran, daß der Verfasser des Gebetes auf sie Wert legt. Der Prophet aus Anathoth gibt allerdings gegen Duhm nicht allgemeine Katechismuswahrheiten zum besten, sondern begründet die beiden folgenden Sätze: Gott ist nichts unmöglich (V. 17–19); all dies Unglück ist seiner Vergehen wegen über Israel gekommen (V. 20-23). Er greift bei ihrer Begründung denkbar weit aus. Ihm daraus einen Vorwurf zu machen wäre dumm, und dies um so mehr, als er nicht einfach Satz an Satz reiht, sondern eine Aussage logisch aus der andern ableitet. Nicht die geringste Qualität des Gebets liegt darin, daß es trotz seines starken Bezugs auf Jer 32 sehr allgemein gehalten ist und nach Vornahme einiger Änderungen leicht in andern Zusammenhängen Verwendung finden könnte.

Neben der Notwendigkeit zur Korrektur scheint den Interpolatoren von V. 17ff auch die *Möglichkeit* dazu veranlaßt zu haben, in Jer 32 ein ausführliches Gebet einzufügen[17].

---

17 Das trifft auch auf das Lied der Hanna und den Psalm Hiskias zu.

Das Gebet Jeremias trägt ein Janusgesicht. Es enthält typisch deuteronomistische Wendungen en masse, reiht eine an die andere (stärker noch als IISam 7; IReg 8) und darf deshalb als *das* deuteronomistische Gebet gelten. Zugleich bildet es eine ganz eigene Ausgestaltung des deuteronomistischen Gedankenguts, in das auch typisch jeremianische Formulierungen eingeflossen sind. Jeremia spricht in ihm also nicht als der, sondern als *ein* deuteronomistischer Dogmatiker mit eigenem, unverwechselbarem Profil. Für das Gebet Jer 32,16ff drängt sich das Siegel DtrJ auf[18].

18 Möglicherweise muß es sogar mit einem Index versehen werden!

B. GESCHICHTE

Das Alte Testament erzählt in erster Linie die Geschichte Jahwes mit seinem Volk. Heils- und Unheilsgeschichte bilden den zentralen Inhalt von Tora und vorderen Propheten.

Die Schriftpropheten reden von Gottes zukünftigem Gerichts- und Heilshandeln. An den Rändern des Alten Testaments schließlich rückt die Apokalyptik in den Blick. Einige Psalmen fassen Heils- und Unheilsgeschichte zusammen und interpretieren sie dadurch. Und in bisweilen überraschender Weise wird auch die prophetische und apokalyptische Botschaft durch Psalmen, hymnische Einsprengsel und Doxologien ausgelegt und so weitergeführt. Wir behandeln in diesem Teil drei besonders interessante Texte, welche die drei genannten Bereiche abdecken (In Teil C kommen weitere zur Sprache). Eine gewisse Willkür in der Auswahl ließ sich nicht vermeiden.

1. Ps 136: Traditionelle Heilsgeschichte?

(1) Danket dem Herrn, denn er ist freundlich.
Ja, seine Gnade währet ewig!
(2) Danket dem Gott der Götter!
Ja, seine Gnade währet ewig!
(3) Danket dem Herren der Herren!
Ja, seine Gnade währet ewig!
(4) ihm, der allein große Wunder tut[1],
Ja, seine Gnade währet ewig!
(5) der die Himmel mit Weisheit geschaffen,
Ja, seine Gnade währet ewig!
(6) der die Erde auf die Wasser gegründet,
Ja, seine Gnade währet ewig!
(7) der die großen Lichter gemacht,
Ja, seine Gnade währet ewig!
(8) die Sonne zur Herrschaft am Tage,
Ja, seine Gnade währet ewig!
(9) den Mond und die Sterne[1] zur Herrschaft[2] bei Nacht,
Ja, seine Gnade währet ewig!

---

1 Der Text von Ps 136 ist seht gut erhalten. Einige Ausleger kürzen in den V. 4.9 und 15 und erhalten so einen metrisch völlig einheitlichen Psalm mit je drei Betonungen (im ersten Stichos). *gdlwt* fehlt in 11QPs^{a} (Sanders, Scroll 62), LXX^{2017}, Sa, L^{p}. Von recht vielen Kommentatoren wird jedoch nicht nur dieses Wort, sondern (wahlweise) auch *nplʾwt* oder *lbdw* zur Streichung vorgeschlagen. Zwei Hinweise: Dahood, Psalms III 266, betrachtet *nplʾwt* und *gdlwt* als "doublets or variant readings". Jacquet, Psaumes*** 571, scheidet *lbdw* aus; er erklärt es als Anpassung an Ps 72,18. – In V. 9 streichen viele Ausleger *wkwkbjm*; es bilde "an interpolation incorporating a terse marginal note based on Gen 1:16"; in diesem Verse komme nur dem Mond die Herrschaft zu, zudem vermisse man Artikel und Nota accusativi, die bei *šmš* und *jrḥ* nicht fehlten (Allen, Psalms 101-150, 230). Jacquet, a.a.O. 572, dagegen streicht *lmmšlwt,* das eine Dublette des gleichen Wortes in V. 8 bilde (vgl. auch Anm. 2). – In V. 15 will Schmidt, Psalmen 240, *wḥjlw* streichen (nur mit dem Hinweis auf den überfüllten Vers); den Ausdruck hat der Verfasser wohl Ex 15,4 entnommen (vgl. Gunkel, Psalmen 577) wie *nʿr* Ex 14,27. Jacquet, a.a.O. 572, dagegen meint, *btwkw* in V. 14 habe die Einfügung von *bjm-swp* veranlaßt. Diese Uneinigkeit der Ausleger mahnt zur Vorsicht – wie auch die textkritische Regel, Korrekturen metri causa sparsam vorzunehmen.

2 Gerne liest man statt des masoretischen Textes mit mehreren hebräischen Handschriften und Übersetzungen *lmmšlt*. Dahood, a.a.O. 266, hält an ihm wegen des vorangehenden Plurals (Mond und Sterne) fest (11QPs^{a} bietet V. 8 und 9 *lmmšlwt;* Sanders, ebd.).

(10) der Ägypten schlug an seinen Erstgeborenen,

Ja, seine Gnade währet ewig!

(11) und Israel von dannen herausführte,

Ja, seine Gnade währet ewig!

(12) mit starker Hand und ausgerecktem Arm,

Ja seine Gnade währet ewig!

(13) der das Schilfmeer in Stücke zerteilte,

Ja, seine Gnade währet ewig!

(14) und Israel mitten hindurchziehen ließ,

Ja, seine Gnade währet ewig!

(15) und den Pharao samt seinem Heere ins Schilfmeer[1] abschüttelte,

Ja, seine Gnade währet ewig!

(16) der sein Volk durch die Wüste führte,

Ja, seine Gnade währet ewig!

(17) der große Könige schlug,

Ja, seine Gnade währet ewig!

(18) und gewaltige Könige tötete,

Ja seine Gnade währet ewig!

(19) Sihon, den König der Amoriter,

Ja, seine Gnade währet ewig!

(20) und Og, den König von Basan[3],

Ja, seine Gnade währet ewig!

(21) und ihr Land zu eigen gab,

Ja, seine Gnade währet ewig!

(22) zu eigen Israel, seinem Knechte;

Ja, seine Gnade währet ewig!

(23) der in unsrer Niedrigkeit unser gedachte,

Ja, seine Gnade währet ewig!

(24) und uns losriß von unsern Bedrängern,

Ja, seine Gnade währet ewig!

(25) der Speise gibt allem Fleisch,

Ja, seine Gnade währet ewig!

(26) Danket dem Herren des Himmels!

Ja, seine Gnade währet ewig!

---

3 Jacquet, Psaumes*** 572, rechnet mit Textverlust, da kein Wort von der Eroberung Kanaans verlaute; den ausgefallenen Stichos findet er in Ps 135,11. Gunkel, Psalmen 575, streicht in diesem Vers *wlkl mmlkwt kn^{c}n* mit folgender einleuchtender Begründung: "die Worte fehlen [Ps] 136_{17ff} und sind hier wohl eingesetzt, weil man in 12 das eigentliche Kanaan vermißte" (tr.) – theologisch gesprochen zu Recht (mehr dazu weiter unten).

Vom Ablauf der Heilsgeschichte hat jeder Bibelleser ein einigermaßen festes Bild, und dies trotz der vielen Widersprüche und Wiederholungen im Hexateuch. Vergleicht er es mit der in Geschichtspsalmen gebotenen, wird er vorerst einmal verwirrt: Ihm wichtige Ereignisse vermißt er, andere erhalten ein Gewicht, das ihnen im Hexateuch nicht zukommt. Verwirrung oder Verwunderung ist natürlich fehl am Platz: Jede Nacherzählung enthält Interpretation; bei der Zusammenfassung von sechs Büchern in einem Psalm muß sie besonders deutlich ausfallen, die theologischen Auswahlkriterien, aufgrund derer sie erfolgt, also gut zu erkennen sein.

Eine Auslegung der hexateuchischen Heilsgeschichte soll hier vorgestellt werden, Ps 136[4]. Bietet er eine Darstellung der Heilsgeschichte mit altorientalischem, näherhin kanaanäischem Kolorit und antikanaanäischer Stoßrichtung? Diese Vermutung drängt sich beim Lesen der Sekundärliteratur auf. Die Ausdrücke "Gott der Götter" und "Herr der Herren", vielleicht aus Dtn 10,17 übernommen, setzen die Existenz eines Pantheons voraus, entstammen polytheistischem Denken[5]. Fanden sie in Israel Verwendung, als der Abfall zu andern Göttern ein Problem bildete, waren es ein Stück weit Kampftitel. Nach Besiegung des Polytheismus konnten sie in nachexilischer Zeit die Einzigkeit Gottes in besonders eindrücklicher Weise zum Ausdruck bringen. Daß die fremden Götter zur Zeit der Abfassung von Ps 136 tatsächlich keine Gefahr mehr bildeten, machen V. 8f klar: Sonne und Mond werden bei ihrem Namen genannt und nicht mehr wie in Gen 1 verschleiernd als große und kleine Leuchte bezeichnet. Sie konnten nicht mehr auf Šamaš und Sîn gedeutet werden.

Es gibt alttestamentliche Texte, welche das Auszugsgeschehen mit mythischen Farben zeichnen. Ps 136 gehört nicht dazu[6] – die V. 11f tragen deuteronomistisches Sprachgewand. Großer Beliebtheit erfreute sich eine Zeitlang allerdings die mythische Deutung von V. 13, den man mit einer Passage aus Schachar und Schalim[7] in Verbindung brachte[8]: *lgzr*

4 Ps 105 und 135 werden in anderem Zusammenhang behandelt; die Exegese des überaus schwer zu verstehenden Ps 68 empfiehlt sich hier nicht.

5 Vgl. Tallqvist, Götterepitheta 12; 42.

6 Vgl. dazu Norin, Meer 108ff (Auszug ohne Mythos: 138ff).

7 KTU 1,23.58-61.

8 Dussaud, Découvertes 84f. Aus der "Verwandtschaft" der beiden Texte zieht er einen der für die Frühzeit der Ugaritologie so bezeichnenden kühnen Schlüsse: "il en résulte que, bien avant le récit du passage de la mer Rouge par les Israélites, le folklore ou les mythes du sud de la Palestine connaissaient une légende où le dieu El était représenté comme ayant fait surgir, d'entre les flots, le grand isthme désertique, qui sépare la mer Rouge de la Méditerranée. Il paraît, dès lors, vraisemblable que cette légende est le prototype du récit concernant le passage de la mer Rouge par les Israélites et aussi celui de la traversée du Jourdain à sec, qui en est la réplique" (ebd.).

jmˉswp lgzrjm // *agzrym. bn. ym.* Enthielte *agzrym* die Wurzel *gzr* = verteilen, wäre die Übereinstimmung zwischen den beiden Passagen in der Tat frappant. Aber sogar Dahood verzichtet auf die Auswertung dieses Wortes, da seine Bedeutung "uncertain"[9] sei.

Das mythologisch gefärbte Thema "Kampf Gottes gegen die Fremdvölker" macht Stolz[10] an folgenden Stellen aus: Jes 17,12ff; 5,26ff; Jer 6,22ff = 50,41ff; 5,15ff; 4,13; Ps 48,5f; 2,1ff; 110,1ff; 68,13ff; 46,7.9f; 76,2-7; Hab 1,6ff; Ps 99,1; 136,17f. Aus dieser ohnehin heterogenen Zusammenstellung fällt Ps 136,17f vollends heraus: Die beiden Verse handeln als einzige von der kanonischen Heilsgeschichte.

Nichts hat die Ausleger so stark zur "interpretatio canaanitica" angeregt wie V. 25: *ntn lḥm lklˉbśr.* Bezeichnend sind Vosbergs Äußerungen:

"Die Prädikation könnte auch für Baal gelten, denn ihr Bezug zur Fruchtbarkeit des Bodens liegt auf der Hand. Gerade hier, im Erleben der sprossenden und Frucht bringenden Pflanze lag das Einfallstor des Synkretismus: Jahwe lenkt die Geschichte, aber Baal ernährt uns – dann ist Baal natürlich wichtiger. Aber: Der die Geschichte lenkende Gott ernährt. Für andere Gottheiten ist kein Raum"[11].

Diese Position genoß eine Zeitlang fast kanonische Geltung, ist aber nicht zu halten: Nirgends sprechen die ugaritischen Texte von Baal als Geber des Brotes. Die in V. 25 scheinbar enthaltene Polemik muß der Exeget aus verschiedenen Quellen erschließen. Nun sollte aber Polemik, auch in raffinierter Form, noch als solche zu erkennen sein. Das ist sie hier nicht. Doch nicht allein deshalb empfiehlt sich Zurückhaltung bei der Annahme polemischer Elemente. Wenn sie auch nicht zu den zentralen Themen im Alten Testament gehört: Die Aussage, daß Jahwe die ganze Kreatur ernährt und erhält, fehlt in ihr nicht[12]. Vor allem die späte Stelle Ps 147,9 (*nwtn lbhmh lḥmh*) berührt sich eng mit Ps 136,25. Gerade im Hinblick auf Gen 1 ist die Behauptung verlockend, Ps 136,25 leite zu den Schöpfungsaussagen des Anfangs zurück[13]. Dafür enthalten die V. (4)5-9 jedoch keinen Anhaltspunkt: Weder die Schöpfung der Tiere noch des Menschen findet in ihnen Erwähnung. Nur wer von ihrem Inhalt absieht, kann behaupten, zwischen Anfang und Ende von Ps 136 bestehe eine kunstvolle Entsprechung.

---

9 Dahood, Psalms III 266.

10 Stolz, Strukturen 86-94. Sein Vorschlag hat in den Kommentaren wenig Echo gefunden.

11 Vosberg, Studien 106.

12 Ein Verweis auf die einschlägigen Stellen muß hier genügen: Gen 1,27ff; Dtn 8,7ff; 11,10ff; (Ez 16,13); Ps 81,17; 104,14f.27f; 145,15; 147,8f.14.

13 So u.a. Allen, Psalms 101-150, 234.

Das Problem, vor das V. 25 stellt, ist mit dieser Feststellung allerdings noch nicht gelöst; es lautet ganz einfach: Welche Funktion kommt ihm an dieser Stelle des Psalmes zu?

Der Psalm beginnt mit der Aufforderung, den einzigen Gott zu preisen, und sie schließt mit dem Hinweis auf ihn (V. 26). *ᵓl hšmjm* bezeichnet Stolz als alten Titel und verweist in diesem Zusammenhang auf die Belege aus Ugarit[14]. Als einen theologisch nicht allzu bedeutsamen religionspolitischen Titel aus persischer Zeit, der wenigstens das Wesen Ahura Mazdas gut bezeichne (wenn nicht gar für ihn Verwendung fand), hat Andrews den Ausdruck verstanden, nachdem man ihn lange als Kampfbezeichnung gegen Baᶜal Šamayim aufgefaßt hatte – oder aber, was doch recht unwahrscheinlich ist, als genuin israelitische Bezeichnung Gottes[15]. In den Grundzügen scheint uns Andrews These dem alttestamentlichen Tatbestand am gerechtesten zu werden. Sie erlaubt keine polemische Interpretation des Titels; Andrews meint sogar, er stelle eine gewisse Gemeinsamkeit zwischen dem Glauben von Israeliten und Persern heraus[16].

Nicht einmal die Hälfte der ins Feld geführten altorientalischen/ugaritischen Parallelen hat der Überprüfung standgehalten: V. 2f und 26. Jeder polemische Unterton geht ihnen ab; Polemik erübrigte sich in der nachexilischen Zeit, als er abgefaßt wurde.

Die religionsgeschichtliche Diskussion um Ps 136 hat unseres Erachtens maßgeblich dazu beigetragen, daß seine Ausrichtung/Orientierung am Hexateuch nicht genügend untersucht wurde. Dies soll hier geschehen.

Bis V. 22 folgt Ps 136 dem Aufriß der Bücher Genesis – Josua.

“Was die Herabführung der Geschichte über die Landnahme hinaus anlangt, so ist sie bar aller konkreten Daten, bewegt sich in so allgemeinen Andeutungen, daß man die Not deutlich sieht, in die der Dichter geraten ist, nachdem ihn das herkömmliche Schema verlassen hat”. Er wisse “gerade über das ihm zeitlich viel Näherliegende nichts Konkretes zu sagen”[17].

Dies trifft kaum zu. Zwar wissen wir nicht, auf welche historische Epoche sich V. 23f beziehen; die Vorschläge decken die Zeit vom Auszug bis

14 Stolz, Strukturen 138f.; 164 Anm. 59.

15 Andrews, Yahweh.

16 Andrews, a.a.O. 54: “The use of the title has a second implication, that post-exilic Jews recognized a genuine awareness of the true God among the Gentiles”.

17 von Rad, Problem 17f.

zu den Makkabäern ab[18]. Die Annahme, der Verfasser von Ps 136 habe in V. 23f kein bestimmtes Ereignis oder keine klar abgegrenzte Epoche vor Augen gehabt, scheint reichlich gewagt. Freilich liegen die beiden Verse auf einer andern Ebene als das, was vorangeht. Eine Paraphrase soll dies deutlich machen: Der eine Gott, der Himmel und Erde geschaffen, sein Volk aus Ägypten herausgeführt und ihm das Land gegeben hat, der gleiche Gott, der ihm auf diesem Wege (gegen alle Feinde) beigestanden ist, hat nun auch *uns* in unserer Not geholfen (man beachte den Wechsel in der Person). Die in V. 23f geschilderten Ereignisse bilden nicht Teil der klassischen Heilsgeschichte und besitzen nicht deren Dignität. Die V. 1-22.25f bilden eine weitausholende Begründung für V. 23f, eine Begründung freilich, die nicht viel mehr besagt als: "Wie nicht anders zu erwarten war, hat Gott uns von unsern Bedrängern losgerissen". Wie in Neh 9 eine verhaltene Bitte mit einer langen "Dogmatik" begründet wird, so in Ps 136 ein kurzer Dank.

Die beiden Texte weisen weitere Gemeinsamkeiten auf, so als wichtigste den gleichen Aufbau, so deutlich anderswo nicht nachzuweisen: Einzigkeit Gottes – Schöpfung – Heilsgeschichte. Das Judentum besitzt keine Normaltheologie, -dogmatik. Müßte es eine entwickeln, sie könnte dem Aufbau dieser beiden Texte nachempfunden sein. Die Behauptung von der Einzigkeit Gottes bildet zweifelsohne den wichtigsten aus dem Alten Testament erwachsenen Glaubenssatz. Das Handeln Gottes an seinem Volke gehört schon rein quantitativ zu den zentralen Gegenständen des Tanachs, und als die Tora quasi kanonisches Ansehen erlangte, steigerte das auch die Bedeutung der Schöpfungsgeschichte, die an ihrem Anfang steht.

Ps 136 hat die Aufmerksamkeit der Exegeten in ungleich stärkerem Maße auf sich gezogen als Neh 9. Am Psalm haben sie die Frage durch-

---

18 Auf gekünstelte Weise bezieht Allen, Psalms 101-150, 234, den Vers auf den Exodus: "The last strophe (vv 23-26) swiftly rewinds the poetic reel. The Exodus is reviewed, now as God's faithful deliverance not merely of a generation dead and gone but of ‚us' (cf. Amos 2:10)". Warum bringt dies der Verfasser nicht deutlicher zum Ausdruck – so deutlich wie das Deuteronomium, dem dieser Gedanke lieb ist? – An Nöte aus der Richterzeit denkt Kraus, Psalmen 1081, an solche aus der Makkabäerzeit Briggs, Psalms II 483. – Nach Gunkel, Psalmen 577, ist "nicht an eine bestimmte Erlösung zu denken". – Ich halte es für wahrscheinlich, daß es um Nöte aus der Zeit geht, als der Psalm abgefaßt wurde (also frühestens die Perserzeit). Ch. Macholz, Heidelberg, hat mir interessante Überlegungen zu diesen Versen vorgetragen, um die ich ihn nicht betrügen möchte. Er wird sie demnächst publizieren.

gespielt, wie Gottes Handeln in Schöpfung und Geschichte zusammenhängen[19]. Viele Resultate hat diese Debatte nicht erbracht; sie wird stark von Scheingefechten und von der Angst vor einfachen Aussagen bestimmt. Beachtung verdient in diesem Zusammenhang Kühleweins Bemerkung, in Ps 136 würden im Unterschied zu andern Psalmen "Jahwes Schöpfungstat und seine Geschichtstaten gleichsam in eine durchlaufende Linie gestellt"[20]. Der Satz stimmt, läßt man das Wörtchen "gleichsam" weg. Es bringt die reservatio mentalis des Autors zum Ausdruck, der weiß, daß es sich nicht ganz so einfach verhält. Vielleicht liegen die Dinge aber tatsächlich so einfach. Kühleweins verräterisches Wörtchen ist bezeichnend für die weitverbreitete Neigung, im Verhältnis zwischen Schöpfung und Heilsgeschichte im Alten Testament ein Problem zu sehen. G. von Rad hat die These populär gemacht, daß der Schöpfungsglaube im Alten Testament keine Selbständigkeit besitze, vielmehr durchgängig dem "Heils- und Erwählungsglauben" untergeordnet sei und innerhalb seiner dienende Funktion besitze[21]. Einen anderen Akzent legt er bei der Auslegung von Ps 136: "Neu ist hier, daß diese Vergegenwärtigung der Heilsgeschichte nicht bei der Väter- oder Ägyptenzeit, sondern schon bei der Schöpfung einsetzt"[22]. Schmid, der eine Gegenposition zu G. von Rad entworfen hat, wirft diesem vor, eine unberechtigte "Alternative von Protologie und Soteriologie" ins Alte Testament hineinzutragen. Er fährt fort: "Die Schöpfungstheologie hat im Alten Orient wie im Alten Testament von Anfang an durchaus <soteriologischen> Charakter, insofern sie sich durchweg um die Frage nach der heilen Welt müht"[23]. Dieser Behauptung könnte, was Ps 136 betrifft, grundsätzlich auch G. von Rad zustimmen; er würde nur die Akzente etwas anders setzen. So sehr G. von Rad und Schmid den alttestamentlichen Schöpfungsglauben auch unterschiedlich beurteilen, in der (teilweisen rekonstruierten) Auslegung von Ps 136 stehen sie sich recht nahe[24].

---

19 Da sie sich für Neh 9 nicht wesentlich anders stellt, gilt das hier Aufgeführte auch für diesen Text.

20 Kühlewein, Geschichte 76.

21 von Rad, Schöpfungsglaube passim (Zitat 136).

22 von Rad, Problem 17.

23 Schmid, Schöpfung 17 Anm. 21.

24 Wert auf juristische Klarheit legt Alonso-Schökel, Psalmus 136. Die Frage nach dem Zusammenhang zwischen Schöpfungs- und Heilshandeln Gottes (opera et actiones, 132) beantwortet er in drei Sätzen wie folgt: "Unitas formaliter enuntiatur identica responsione" (*kj l*^{c}*wlm ḥsdw*), "quae ad sphaeram <historiae> pertinet" (134). "Misericordia est sensus religiosus factorum, unificans: plura facta diversa unum sensum habent; misericordia est sensus historiae, natura est pars

Es wurde bereits gesagt: Der Verfasser sah in der Abfolge von schöpfungs- und heilsgeschichtlichen Aussagen wohl kein Problem. Er hatte den Pentateuch (Hexateuch) als autoritatives Dokument vor sich, und an ihm orientierte er sich. Ganz befriedigt diese Antwort allerdings nicht, besonders von V. 4 her: *l*^{c}*śh npl*$^{\supset}$*wt gdlwt lbdw*. Parallelstellen erlauben keine sichere Entscheidung darüber, ob dieser Satz, der interpretiert, sich auf die Schöpfungsaussagen allein oder den ganzen Psalm bezieht. Gerade wegen seines auslegenden, allgemeinen Charakters (vgl. Ps 72,18)[25] halten wir die zweite Möglichkeit für etwas wahrscheinlicher. Daß *npl*$^{\supset}$*wt* häufiger auf Gottes Geschichts- als Schöpfungshandeln bezogen wird[26], weist möglicherweise in die gleiche Richtung. Wichtige Gegenargumente bilden 1) *lbdw*, das sich in bezug auf V. 10ff erübrigt (es kommt recht häufig in mythischen Zusammenhängen vor[27], 2) daß unter den mit Ps 136,6 verwandten Stellen sich allein Hi 9,10 eindeutig auf Jahwes Schöpfungshandeln bezieht.

Es wurde schon darauf hingewiesen: Der Verfasser von Ps 136 orientiert sich am Pentateuch (Hexateuch), dessen Aufbau er recht genau folgt. Norin spricht ihm die Kenntnis der Priesterschrift ab und setzt den Psalm unter anderem aufgrund der deuteronomistischen Elemente im 7./6. Jh. an[28]. Diese Position zu widerlegen fällt eigenartigerweise schwer. Da aber V. 8f in Gen 1,16 eine präzise Entsprechung aufweisen, muß zwischen den beiden Stellen ein Abhängigkeitsverhältnis bestehen. Es liegt näher, Ps 136,5-9 als interpretierenden Auszug aus Gen 1 zu verstehen[29], als in diesem Psalme eine der Vorlagen für den priesterschriftli-

---

historiae" (134). "Responsio unitatem fortiter enuntiat: natura et historia iunguntur categoria<historica>, misericordia Dei agentis et sese revelantis. Etiam vita cotidiana [V. 25] hanc categoriam ingreditur" (135). Alonso-Schökel ist zuzustimmen – mit einer gewichtigen Einschränkung: *ḥsd* bildet, wie noch zu zeigen, keine bloß historische Kategorie, und die Schöpfung darf deshalb auch nicht einfach als Teil der Geschichte bezeichnet werden.

25 Dieser Vers gehört zur Schlußdoxologie des zweiten Psalmbuches. Er dürfte in ihr einen denkbar weiten Bedeutungsumfang aufweisen.

26 Vgl. dazu Albertz, Art. *pl*$^{\supset}$ 416f.

27 Petersen, Mythos 245 und 76 (mit bloßem Verweis auf Jes 44,24bβ; Hi 9,8a). – Nach Auffret, Note 2, dient V. 4 als Einleitung zu Schöpfung und Heilsgeschichte, spezieller zu V. 4-9 und noch spezieller zu V. 4-6. Diese Lösung ist zu kompliziert, um überzeugen zu können.

28 Norin, Meer 146f.

29 Dem widerspricht Schmidt, Schöpfungsgeschichte 39f, mit folgendem Argument: "Bei einer Abhängigkeit hätte der Verfasser von Ps 136 in V 5-9 nicht nur willkürlich aus dem Nacheinander der Schöpfungswerke in Gen 1 das fünfte Werk herausgegriffen, sondern auch noch aus den Aussagen von Gen 1$_{14-18}$

chen Schöpfungsbericht zu erblicken. Könnten wir ein oder "das" Kriterium nennen, nach dem diese Auswahl erfolgt ist: Unsere Position wäre wesentlicher gesicherter. Nur eine detaillierte Auslegung des ganzen Psalmes, der wir uns nun zuwenden, kann ein solches zutage fördern, wenn überhaupt.

btbwnh hat Gott den Himmel gemacht. Diese Näherbestimmung, im gleichen Zusammenhang noch Jer 10,12 (= 51,15) und Prov 3,19 belegt und vielleicht von dort übernommen, qualifiziert direkt Gott, indirekt sein Schöpfungswerk: als gut. Dies entspricht Hymnenstil. Zu tiefsinnige Überlegungen sollte man mit diesem Wort allerdings nicht verbinden: Es verdankt sich auch dem metrischen Korsett des Psalmes, das für den ersten Stichos jedes Verses mindestens drei Hebungen verlangt. Mit dem Kraft, vielleicht sogar Gewalt beinhaltenden Verb *rq*^{c}[30] wird Gott wie in Jes 42,5 und 44,24 als Erschaffer der Erde gepriesen (^{c}*l¯hmjm* fehlt an diesen beiden Stellen; Ps 136,6 erklärt es sich gut von Gen 1 her). Die V. 7-9 enthalten eine Paraphrase des fünften Schöpfungswerkes; die abweichende Terminologie berechtigt zu keinem andern Schluß. In Gen 1,16 empfindet Schmidt "die beiden großen Leuchtkörper" als Anhängsel; ein bestimmtes literarkritisches Urteil fällt er jedoch nicht[31]. Der Verfasser von Ps 136 hat dieses nachhinkende Element an *jrḥ* angehängt; nun kommt neben diesem auch den Sternen die Aufgabe zu, über die Nacht zu herrschen. Der Versuchung, sie metrischer und inhaltlicher Gründe wegen aus dem Verse auszuscheiden, sollte man nicht nachgeben.

Ps 136 redet nicht von dem, was auf der Erde wächst, sie, das Meer und die Luft an Lebewesen bevölkert. Die *grundlegenden* Schöpfungstaten und -ordnungen aber nennt er vollständig (Daß er die subtile Unterscheidung zwischen den Werken des ersten und vierten Schöpfungstages nicht mitmacht, braucht uns nicht zu stören). Damit ist ein Kriterium namhaft gemacht, nach dem der Verfasser von Ps 136 die Auswahl aus dem Pentateuch (Hexateuch) vollzog: Er hielt sich generell ans Grundsätzliche.

Die Geschichtspsalmen sind vor allem unter traditionsgeschichtlichem Gesichtspunkt, das heißt von der Frage her angegangen worden: Welche

---

beliebig einen Teil ausgewählt" (40). Ps 136,6 biete eine andere Schöpfungsvorstellung als die in Gen 1 enthaltene (vgl. auch noch 110f).

30 Vgl. vor allem IISam 22,43.

31 Schmidt, Schöpfungsgeschichte 110.

Traditionen gehören zusammen und sind gemeinsam weitergegeben worden? Eine Antwort darauf lautet, das Thema von der Vertreibung der Völker komme nur zusammen mit dem von der Hineinführung ins Land vor; Herausführungs- und Schilfmeertradition seien erst sekundär (möglicherweise aber schon früher) miteinander verbunden worden[32]. Die traditionsgeschichtliche Methode muß bei Ps 136 versagen: Er verarbeitet und kombiniert nicht Traditionen, sondern exzerpiert einen Text, legt ihn aus.

Die Plagen nehmen in den Darstellungen von Ps 78 und 105 einen zentralen Platz ein, während Ps 135 und 136 nur von der Tötung der ägyptischen Erstgeburt berichten. Sie könnten die Verfasser der beiden Psalmen stellvertretend für die andern herausgegriffen haben, weil es die auffälligste und wichtigste ist[33] oder weil sie für die Verlesung an der Passafeier oder an einem Erntefest bestimmt waren[34]. Nach Ps 136,10 schlug Gott die *Ägypter* (an ihren Erstgeborenen); an den andern Stellen bildet immer "Erstgeborene" das Objekt. Interessiert den Verfasser die Handlung als solche etwa weniger als die Tatsache, daß Gott damit die *Ägypter* bestrafte? Für diese Vermutung spricht die ungleiche Darstellung von Exodus- und Schilfmeergeschehen: dort traditionell deuteronomistisch, hier anschaulich und originell. Auf V. 13 wurde schon hingewiesen: Nur in V. 15 und seiner Vorlage, Ex 14,27, findet das Verb *n^{c}r* "abschütteln" für die Darstellung des Schilfmeergeschehens Verwendung[35]. Ps 136,15 spricht im Unterschied zu seiner Vorlage (Ex 14,27: Ägypten) vom Pharao und seinem Heer. Haben wir möglicherweise auch überzeichnet: Der Schluß, in V. 13-15 spreche der Verfasser des Psalmes als Ausleger besonders deutlich, lege er einen inhaltlichen Schwerpunkt, läßt sich kaum umgehen.

V. 16 entfaltet das Thema "Führung in der Wüste" in deuteronomistischer Weise[36]. V. 17-20(21) sind an der Darstellung des Hexateuchs

---

32 Vgl. dazu Kühlewein, Geschichte 143ff, besonders 151ff.

33 Vgl. dazu Jacquet, Psaumes*** 574: "C'est à titre de <signe> principal, qui fit céder le Pharaon". "Mais, tous les autres Prodiges se trouvent implicitement désignés dans la formule de 12a, empruntée à Ex. 6,1".

34 Zur ersten Möglichkeit vgl. Fensham, Neh 9, 48f, der auch die Diskussion referiert. – Weil nach Schmidt, Psalmen 240 "das eigentliche Ziel des Hymnus" in V. 25 (der Speise gibt...) liegt, meint er, man habe den Psalm "an einem Fest, das mit der Ernte zu tun hat, gesungen".

35 Vgl. dazu noch Duhm, Psalmen[2] 450f.

36 Vgl. Dtn 8,2.15; 29,4.

orientiert. Wahrscheinlich formuliert der Psalmist in diesen Versen in Anlehnung an Jos 12 (Num 21)[37]. Sie folgen dem Aufbau des Kapitels recht genau: Es spricht zuerst allgemein von den geschlagenen Königen und nennt bei ihrer Aufzählung an erster Stelle Sihon und Og (V. 2-6); nur auf sie geht es wie Ps 136 ausführlicher ein. Vielleicht hält sich der Verfasser des Psalmes deshalb an Jos 12, weil dieses Kapitel gewissermaßen das Thema "Vertreibung der Feinde" entfaltet und gleichzeitig von der Eroberung des Landes spricht (Jos 12,1; Ps 136,22).

Die Landnahme bildet das letzte klassische Thema des "heilsgeschichtlichen Credos". Der Verfasser von Ps 136 entfaltet es mit Hilfe des im deuteronomischen Bereich aufgekommenen Begriffes von der *nḥlh*[38] Israels, das V. 22 – warum? – "Knecht" Gottes heißt (Diese Bezeichnung findet für Israel-Jakob erst von Deuterojesaja an Verwendung)[39]. Die V. 21f stimmen von zwei Kleinigkeiten abgesehen (*lnḥlh* statt *nḥlh* und *ᶜbdw* statt *ᶜmw*) wörtlich mit Ps 135,12 überein; mit andern Texten bestehen keine engen Berührungen, was angesichts der bisher nachgewiesenen bei einem so klassischen Thema erstaunt[40].

Wir könnten jetzt zur theologischen Auswertung übergehen, gäbe es nicht ein literarkritisches Problem. Zwei formale Beobachtungen nähren den Verdacht, Ps 136 könnte überarbeitet worden sein: Die meisten Verse weisen drei Hebungen auf, einige mehr. Diese "Inkonsequenz" mit textkritischen Operationen[41] zu beseitigen liegt nahe. Vor allem aber springt der Wechsel zwischen verschiedenen Verbalformen ins Auge: Ne-

37 Vgl. Kraus, Psalmen 1081.

38 Vgl. dazu Wanke, Art. *nḥlh* 57.

39 Vgl. dazu Westermann, Art. *ᶜbd* 193. – Bei der Spärlichkeit der Belege (Jes 41,8f; 44,1.2; 45,4; Jer 30,10; Ps 136,22; vgl. Jes 44,21; 48,28), gerade außerhalb von Deuterojesaja, zählt jede Stelle, und man kann keinesfalls von floskelhaftem Gebrauch sprechen.

40 Ps 135,10-12 und 136,17-22 sind literarisch voneinander abhängig. Die bloße Annahme, sie stünden im gleichen traditionsgeschichtlichem Strome, könnte die starken wörtlichen Übereinstimmungen nicht erklären. Da Ps 135 weitgehend auf einer Zusammenstellung älterer Bibelstellen beruht (vgl. unsere Auslegung des Psalmes), betrachtet man im allgemeinen Ps 136 als den älteren Text, der Ps 135,10-12 zugrundeliege (Duhm, Psalmen[2] 450; Gunkel, Psalmen 574; Jacquet, Psaumes*** 570; Allen, Psalms 101-150, 224). Nicht ausgesprochene Konsequenz dieser Lösung: Der Verfasser von Ps 135 hat seine Vorlage in V. 10 verkompliziert und in V. 11 erweitert (oder liegt in *wlkl mmlkwt knᶜn* eine Glosse vor?). – Nicht a limine ausschließen sollte man die Möglichkeit, daß Ps 136 eine vereinfachte Fassung von Ps 135,10-12 enthält.

41 S. Anm. 1.

ben den mit *l* eingeleiteten Partizipien (V. 4.5.6.7.10.13.16.17.[25 ohne *l*])[42] findet man drei Imperfekta consecutiva (V. 11.18.24) und ebensoviele Waw-Perfekta (V. 14.15.21). Unter anderem auf Grund dieser beiden Kriterien haben Briggs und Spieckermann eine Urfassung des Psalmes zu rekonstruieren versucht. Spieckermann scheidet die V. 4.8f.11f.14f.18-20.23f als sekundär aus[43] und erhält dadurch einen formal fast glatten Text – allerdings keinen so glatten wie Briggs[44]: Zum Grundbestand rechnet dieser nur zwölf Verse, die zwei inhaltlich klar voneinander abgehobene Strophen ergeben: V. 2-7; 10.13.16f.21.25. In drei (zwei) Phasen gewann der Psalm dann seine jetzige Gestalt: Zuerst wurde sein heilsgeschichtlicher Teil erweitert (V. 8-22), es entstand ein "alphabetisches" Lied, das heißt eines mit 22 Versen, dem in der makkabäischen Notzeit die V. 23f eingefügt wurden und das gleichzeitig (oder noch später) eine Einleitung und einen Schluß erhielt. Was die theologisch ausschlaggebenden Aussagen betrifft, weicht Spieckermann nur in einem Punkt von Briggs ab: Er schlägt den einzigen interpretierenden Vers (V. 4) der Redaktion zu[45].

Wo liegen die Unterschiede zwischen der Urfassung des Psalmes und seiner Jetztgestalt? Der Verfasser der "Urfassung" muß Gen 1 nicht gekannt haben. Er hat sich auch nicht unbedingt am Pentateuch orientiert: Dürfte denn eine so wichtige Tradition wie die der Herausführung aus Ägypten fehlen? Im Unterschied zur Letztgestalt enthält der rekonstruierte Hymnus, sieht man von V. 25 ab, keinen Bezug auf die Gegenwart. Die "Dogmatik" ist zwecklos, "nur" Gotteslob. Die Existenz dieses Hymnus vorausgesetzt hat ihn ein Redaktor in pentateuchischem Sinne erweitert[46]; er bezeugte auf *indirekte* Weise, welche Autorität die "Tora" genoß. Gleichzeitig hätte er ihn aber auch aktualisiert (V. 23f).

Ein Vergleich der eng miteinander verwandten Texte Ps 136 und Neh 9 erlaubt es, das theologische "Profil" des Psalmes recht genau zu erheben.

---

42 Eine einfache, recht überzeugende Erklärung für das Fehlen von *l* gibt Delitzsch, Psalmen 776: "In v. 23 ist die Fortwirkung des *hwdw l* erloschen" (tr.).

43 Spieckermann, Heilsgegenwart 162 Anm. 10.

44 Briggs, Psalms 481f.

45 Sowohl Briggs wie Spieckermann nehmen in ihrer Rekonstruktion zwei formale Unausgeglichenheiten in Kauf: *wntn* in V. 21 (ein Argument für die Priorität von Ps 135?) und *ntn* in V. 25. Beweiskraft kommt dem Nebeneinander von finiten und nichtfiniten Verbformen keinesfalls zu. Den Ergänzer störte es nicht; es ein und demselben Manne zuzuschreiben, ist also nicht unmöglich.

46 Diese Aussage gilt nicht für die V. 4.23f.

Er bietet eine Theologie von aneinandergereihten *bruta facta*, über deren Bedeutung außer in V. 4 und im Kehrreim nichts verlautet. Neh 9 bringt diese Fakten mittels Leitwörtern und theologischen Begriffen in eine innere Verbindung, so daß ein geschlossenes Ganzes entsteht. Beides fehlt in Ps 136 fast ganz[47], was der Frage nach seinem verbindenden Element und dem Prinzip, nach dem aus dem Pentateuch ausgewählt worden ist, gesteigerte Bedeutung verleiht. Das Erzväterschweigen des Psalmes, angesichts des Einsatzes bei der Schöpfung und der Verwandtschaft mit Neh 9 erstaunlich, enthält einen wertvollen Ansatzpunkt: Abraham, Isaak und Jakob hat Gott nichts "Handfestes" gegeben. Sie haben nur eine provisorische Landnahme vollzogen; von Bedeutung wurden sie in erster Linie als Verheißungsempfänger, Abraham zudem als Glaubensvorbild. Der Verfasser von Ps 136 kommt darauf nicht zu sprechen, vielleicht eben deshalb, weil ihn nur Handfestes, bruta facta interessieren, das, was Gott (für Israel) getan hat. In der Tat: Der heilsgeschichtliche Abschnitt berichtet nur davon und, was nicht mehr zu erstaunen braucht, besonders ausführlich, detailliert von kriegerischen Ereignissen ([10].13. 15.17-20)[48]. Zu den handfesten Gaben Gottes gehört auch das Brot; V. 25 schließt von daher fast nahtlos an den heilsgeschichtlichen Teil an. Wie gut sich V. 23f hier einfügen, braucht nicht betont zu werden.

Von dieser Ausrichtung des Psalmes her erklärt sich wohl auch sein Sinaischweigen. Vom Gesetz zu reden brauchte sein Verfasser im Unterschied zu dem von Neh 9 auch deshalb nicht, weil der Ungehorsam der Israeliten, die Verletzung der Tora unerwähnt bleiben[49].

Vielleicht enthält Ps 136 noch einen zweiten inhaltlichen Schwerpunkt. Der Psalmist hat diejenigen Schöpfungswerke in seinen Hymnus aufgenommen, die am eindrücklichsten sind und in denen Gottes Macht

---

47 Als interpretierende, sich nicht nur von der Nacherzählung und den "Quellen" her aufdrängende theologische Begriffe wird man *nhlh* in V. 21f sowie *nplᵓwt* (vielleicht auch *lbdw* in V. 4)nennen dürfen, als Leitwort eventuell *gdwl* (V. 4. 7.17 [fehlt in Ps 135,10]).

48 Zwei aufschlußreiche Details: Im Unterschied zum parallelen Passus Ps 135,10f berichten V. 17-20 nur von besiegten *Königen*, nicht aber geschlagenen Völkern und Königreichen. Die konkreten und anschaulichen Aspekte dominieren. – Der gleiche, schon angesprochene, Unterschied besteht auch zwischen Ex 14,27 und Ps 136,15.

49 Vgl. weiter de Vaux, Histoire 388: "les Ps., LXXVIII, CV, CXXXV, CXXXVI chantent les œuvres de salut de Dieu, ils n'ont pas à mentionner l'imposition de la loi, qui appartient à un autre domaine" (vgl. a.a.O. 379ff auch de Vaux's schöne Diskussion des "Sinaischweigens", die nicht die verdiente Beachtung gefunden hat).

(vgl. V. 2) am sichtbarsten Ausdruck findet. Auf sein machtvolles Handeln fällt in Ps 136 ein denkbar starker Nachdruck. Und dieser Skopus hat wohl auch die Auswahl der Inhalte mitbestimmt. Er bildet vereinfacht ausgedrückt eine inhaltliche Richtschnur, nach welcher der formale Kanon des Pentateuchs (Hexateuchs) zusammengefaßt wird.

Exkurs: kj ̄ṭwb kj l^{c}wlm ḥsdw

Die bisherigen Ausführungen bedürfen der Korrektur, da wir wie die meisten Kommentatoren diesen Satz (V. 1) und den Kehrvers des Psalmes (*kj l^{c}wlm ḥsdw*) nicht berücksichtigt haben.

Ps 136 fand wahrscheinlich im Kult Verwendung. Die Gemeinde antwortete mit dem Respons *kj l^{c}wlm ḥsdw* auf seinen Vortrag durch einen Vorsänger oder Chor[50]. Welches ist die Bedeutung dieses Responses, und wie muß der ganze Satz ausgelegt werden? Gunkel übersetzt ihn wie folgt: "denn er ist gütig, denn ewig währt seine Gnade"[51]. Gibt er mit der Wiedergabe von *ḥsd* durch "Gnade" dem Satz nicht ein Gewicht, das ihm abgeht, legt er ihn nicht zu allgemein aus? Nein. Unsere These läuft im Gegenteil darauf hinaus, daß man ihn gar nicht zu allgemein auslegen kann. Diese Behauptung steht in Widerspruch zur Interpretation, die Koch vorgelegt hat, zu einer Zeit, als alttestamentliche Exegese und Theologie im Banne der Heilsgeschichte standen und nach heutigem Kenntnisstand zu viel von ihr her erklärten.

Wir holen etwas aus. Der Satz *kj ̄ṭwb kj l^{c}wlm ḥsdw* (oder seine zweite Hälfte) kommt in jungen, sicher erst nachexilischen Texten vor[52] und dürfte in der Liturgie dieser Zeit "eine besonders hervorgehobene Rolle"[53] gespielt haben (eine Verwendung im Gottesdienst des ersten Tempels kann aber nicht a limine ausgeschlossen werden). Er dient als Interpretament von Jahwes heilvollem Handeln in Vergangenheit und Gegenwart, am Volk und, etwas weniger ausgeprägt, auch an Einzelnen. Von letzterer Verwendung gehen wir aus. "Danket dem Herrn, denn er ist freundlich und seine Gnade währet ewiglich"! Diese Aufforderung ergeht in Ps 107 der Reihe nach an Wüstenreisende, Kranke und Seefahrer, die in ihrer Not zu Gott schrieen und von ihm gerettet wurden. Je-

---

50 So u.a. Gunkel, Psalmen 577.

51 Gunkel, a.a.O. 576f.

52 Belege: Jer 33,11; Ps 100,5; 106,1; 107,1; 118,1.29; 136,1; Esr 3,11; IChr 16,34; IIChr 5,13; 7,3. Nur *kj l^{c}wlm ḥsdw:* Ps 118,2-4; 136,2-26; [138,8;] IChr 16,41; IIChr 7,6; 20,21.

53 Zobel, Art. *ḥsd* 64 (er formuliert restriktiver: "erst").

de Strophe wiederholt diese Aufforderung von V. 1 in inhaltlich leicht abgeänderter Form (V. 8.15.21.31): *jwdw ljhwh ḥsdw wnplᵓwtjw lbnj ᵓdm.* Jahwes Handeln an einzelnen Gruppen, nicht am Volke wird hier als *ḥsd* (*nplᵓwt*) bezeichnet. Später ist der Psalm auf die aus dem Exil Zurückgekehrten bezogen worden; und innerhalb des Hymnus auf die Wohltaten Jahwes an seinem Volke (V. 33ff) lädt der Abschlußvers (V. 43) dazu ein, auf die *ḥsdj jhwh* zu merken[54]. Gott handelt also am Volke wie Einzelnen gnädig. (Ähnlich liegen die Dinge an Ps 118). Ps 138,7f bezieht sich der Kehrvers ganz deutlich auf Gottes Handeln an einem bedrängten Einzelnen.

Eine andere Sicht vertritt Koch. Er interpretiert Ps 107 wie folgt[55]: Die Aufforderung in V. 1 trügen ein Chor (Priester?) und die Gemeinde vor. Die Dankopferfeier, Sitz im Leben von Ps 107, habe nicht nur Danklieder der Geretteten umfaßt:

"eingeleitet wurden die Feiern allem Anschein nach mit einem Hymnus, in den die gesamte Gemeinde einstimmte, auch diejenigen, welche gar keine Dankopfer darbrachten, sondern nur am Opfermahl teilnehmen wollten (vgl. Ps. 66). Der Hymnus im ausgezeichneten Sinn war an dieser Stelle das ‚Lobet Jahwä, denn er ist gut, weil seine Huld immerdar währt'. Wenn die kultische Handlung gerade mit diesem Preislied eingeleitet wurde, so hatte es seinen guten Grund. Denn die Huld, die hier gerühmt wird, ist... jene Zuwendung Gottes im Bundesverhältnis, welche das Volksganze umfaßt. Indem die Gemeinde zu Anfang eines Dankopfers davon singt, läßt sie erkennen, daß die Errettung des einzelnen, die man feiern wird, nur ein Einzelfall jener göttlichen Geschichtslenkung ist, die ganz Israel gilt"[56].

Da sich Koch Gluecks Bestimmung von *ḥsd* als "Bundestreue" anschließt[57], kann er zu dieser engen Auslegung kommen und abgrenzend noch festhalten: "Es geht also nicht, wo im Hebräischen von göttlichem *ḥäsäd* geredet wird, um bloße Gnade [!], noch weniger um eine allgemeine Güte, sondern um die Treue, die den Bund mit Israel allen Hindernissen zum Trotz aufrechtzuerhalten gewillt ist"[58]. Genau die Bedeutung,

---

54 Mit dem späten Zusatz V. 2f wird "die ursprüngliche Dankfestliturgie (1.4-32) auf die Situation der aus dem Exil Befreiten" bezogen (Kraus, Psalmen 911).

55 Koch, Güte 534-536.

56 Koch, a.a.O. 535f.

57 Koch a.a.O. 538.

58 Koch a.a.O. 539.

die Koch für *ḥsd* so vehement zurückweist, besitzt der Begriff[59], und eng damit verwandt ist *ṭwb*[60]. Daß der hier untersuchte Satz überwiegend im Zusammenhang mit Gottes Handeln am Volke Anwendung findet, erklärt sich einfach: Das Alte Testament berichtet darüber wesentlich mehr als über seinen Umgang mit dem Einzelnen. Die beiden Bereiche besitzen eine relative Eigenständigkeit. Gerade weil *ḥsd* ein recht allgemeiner Begriff ist, kann er dazu dienen, sie miteinander in Verbindung zu bringen. Ps 107 bietet dafür ein ausgezeichnetes Beispiel.

Unsere These, *kj¯ṭwb kj lᶜwlm ḥsdw* weise eine sehr allgemeine Bedeutung auf, gewinnt von einer formgeschichtlichen Beobachtung her zusätzliches Gewicht: Westermann hat nachgewiesen, daß im Hymnus an den Aufruf zum Lob ein thematischer Satz anschließt, in dem noch vor dem (manchmal fehlenden) Hauptteil Gottes Größe in allgemeinen Ausdrücken gepriesen wird[61]. Der hier untersuchte Respons nimmt in Ps 136 (107) die Stelle eben dieses thematischen Satzes ein. Auch Koch kommt nicht darum herum, seine Allgemeinheit zuzugeben; er sei "eine ausgezeichnete Zusammenfassung dessen, was der Israelit dem Rückblick auf seine und seines Volkes Vergangenheit entnimmt und worauf er vertraut für alle Zukunft. Es ist der Glaube Israels, der hier in einer prägnanten Formel zur Sprache kommt, die in solcher Eindringlichkeit und Kürze zugleich im Alten Testament wohl kein Gegenstück hat"[62].

Der Satz *kj¯ṭwb kj lᶜwlm ḥsdw* kommt nie allein vor. Immer interpretiert er Geschehen: vergangenes, gegenwärtiges und sogar zukünftiges. Das braucht nicht zu erstaunen: Ein so allgemeiner, mit keinem konkreten Inhalt gefüllter Satz ist als Interpretament von Handlungen Gottes unverzichtbar, ohne diese freilich fast leer. Stünde er allein, man brächte ihn fast automatisch mit bestimmten Taten Gottes in Verbindung (vgl. unsere Auslegung von Ps 117).

Fehlte in Ps 136 *kj lᶜwlm ḥsdw*, enthielte dieser außer einigen interpretierenden Elementen nichts als eine Aneinanderreihung von bruta facta aus dem Hexateuch. Der Kehrvers verleiht ihm inhaltliche Ge-

---

59 Vgl. dazu Stoebe, Art. *ḥsd*.

60 Seine Bedeutung bestimmt auch Koch, a.a.O. 540, richtig: "„Jahwä ist gut' heißt...: er ist schlechthin die Quelle alles menschlichen Heils und Wohlergehens".

61 Westermann, Loben 88.

62 Koch, a.a.O. 540. – Zu einem ähnlichen Resultat kommt auf anderem Wege Alonso-Schökel, Psalmus 136, 134 (vgl. dazu unsere Ausführungen zum Verhältnis von Schöpfung und Heilsgeschichte in Ps 136).

schlossenheit: In allem, was Gott getan hat und noch tut, zeigt sich sein immerwährender *ḥsd*; er hält die bruta facta zusammen. Gottes Handeln in Schöpfung und Geschichte liegt nicht auf zwei verschiedenen Ebenen. Es ist je der Ausfluß von Gottes *ḥsd*, dieser das Prinzip, das alle seine Handlungen bestimmt. Der liturgische Respons (*kj¯ṭwb*) *kj l*[c]*wlm ḥsdw* besitzt also eine eminent systematische Bedeutung, ist unverzichtbar. Ohne ihn verdiente Ps 136 als Auslegung des Hexateuchs unser Interesse, nicht aber darüber hinaus. Überraschend erweist er sich als ebenso systematischer Text wie Neh 9. Innerhalb des Alten Testaments fassen am deutlichsten diese beiden Kapitel den Hexateuch zusammen. Sowohl das Gebet wie der Psalm begnügen sich nicht mit einer einfachen Nacherzählung, sondern kleiden diese in ein systematisches Gewand.

2. Was hymnische Einsprengsel vermögen

a) Am 4,13; 5,8(f); 9,5f: Israel vor der Wahl zwischen Heil und Gericht

> "die Nebeneinanderstellung von Allwissenheit und Allmacht mutet einen an, wie die Aufzählung der Eigenschaften Gottes in christlichen Katechismen und älteren Dogmatiken"[1],

bemerkt Marti zu Am 4,13. Mit diesem Satz, der die Aussage des Verses recht gut erfaßt, gibt er zu erkennen, wie wenig er von dieser Ergänzung hält. Eine spätere Generation hat die Doxologien im Amosbuch aufgegriffen; die formgeschichtliche Methode schien sich an ihnen besonders erfolgversprechend anwenden zu lassen. Heute findet teilweise eine Rückkehr zur redaktionsgeschichtlichen Fragestellung statt, freilich unter anderem Vorzeichen als bei Marti: Zur Diskussion steht, wie die Amosdoxologien die Botschaft des ersten Schriftpropheten interpretieren. Diese Frage interessiert hier vor allem. Um sie beantworten zu können, legen wir die fünf Verse kurz aus.

Am 4,13
Denn siehe,
der die Berge[2] gebildet und den Wind geschaffen,
der dem Menschen kundtut, was sein Sinnen ist,
der die Morgenröte zum Dunkel macht,
der über die Höhen der Erde schreitet –
Herr, Gott der Heerscharen[3] ist sein Name.

Die erste Prädikation Gottes weist zwar einige Berührungen mit Deuterojesaja auf[4], steht inhaltlich aber singulär da. Nirgends sonst im Alten Testament ist in so konziser Weise von der Schöpfung der Berge die Rede. Das trifft auch für die Erschaffung der *rwḥ* zu. Der Satz dürfte, besonders da die beiden Schöpfungswerke nicht eng zusammenhängen, die Macht

---

1 Marti, Dodekapropheton 185.

2 *hrjm* ist keine Verlesung von *rᶜm*, wie die LXX (βροντήν) vermuten läßt. Diese Leseart harmonisiert die Aussage des Textes (*rᶜm*//*rwḥ*).

3 Liegt in Am 4,13; 5,8; 9,5f ein Hymnus mit drei gleich gebauten Strophen vor (vgl. unten Anm. 25f), dürfte *ʾlhj-ṣbʾwt* der Einheitlichkeit in ihrem Aufbau wegen zu streichen sein. Seine Existenz ist jedoch nicht erwiesen.

4 Nur noch bei Deuterojesaja stehen *brʾ* und *jṣr* parallel zueinander (Jes 43,1.7; 45,7.18).

und Überlegenheit Gottes zum Ausdruck bringen[5] – wie auch die dritte Prädizierung: Jahwe hat die erschreckende Möglichkeit und Macht, die Morgenröte zur Dunkelheit zu machen[6].

Zu *wdrk* ᶜ*l*¯*bmtj* ᵓ*rṣ*: Diese und verwandte Wendungen tauchen im Alten Testament recht häufig auf, vor allem in redaktionell zentralen Texten[7]. Ihre genaue Bedeutung zu bestimmen fällt schwer, ihre allgemeine dürfte feststehen. Der Satz bedeutet "herrschen, seine Macht zeigen"[8]. Er paßt inhaltlich ausgezeichnet zum Duktus des Verses, der nur von der Macht und Überlegenheit Gottes spricht, sieht man vom zweiten Satz ab (mehr zu ihm weiter unten).

Am 5,8f

Der das Siebengestirn und den Orion gemacht,
der das Dunkel zum Morgen wandelt
und den Tag verfinstert zur Nacht,
der den Wassern des Meeres ruft
und sie ausgießt über die Erde –
Herr ist sein Name!
Er läßt plötzlich Verderben auf die Bollwerke kommen,
und Verwüstung kommt über die festen Städte[9].

Unter anderem anhand von religionsgeschichtlichen Parallelen aus dem babylonischen Bereich und dem Talmud versucht Koch zu beweisen, daß Am 5,8 von *einer* Erscheinung handle: Der *ksjl* sei mit aussergewöhn-

---

5 Anders Rudolph, Amos 182: "Die Zusammenfügung von Gegensätzen [die festen, nicht zu übersehenden Berge; der bewegliche, unsichtbare Wind] drückt... die Totalität aus..., somit bezeichnen die beiden ersten Partizipialsätze Jahwe als den Schöpfer des Alls".

6 Vgl. dazu Koch, Rolle 513: "Daß aus Morgen sofort Dunkel wird, ist außergewöhnlich, zumal ᶜ*jph* ein todbringendes Übel ist" (tr.).

7 Belege neben Am 4,13: Dtn 32,13; 33,29; Jes 58,14; Mi 1,3; Hab 3,19. – Verwandte Ausdrücke: IISam 22,34 (=Ps 18,34); Jes 14,14; 63,3; Hab 3,15; Hi 9,8; 22,14; Thr 1,15.

8 Vgl. dazu u.a. Crenshaw, *wdrk*; Koch, Rolle 509ff. Gekünstelt wirkt seine Auslegung in Am 4,13. Er bringt *hrjm* und *bmh* miteinander in Verbindung und bemerkt dazu (513): "Die Berge des Kulturlandes sind vom Schöpfer so geformt, daß sie als > Segensbuckel < bei göttlichem Niedertreten Feuchtigkeit hervortreten lassen und hervorrufen. Das ständige negative Verhalten des Volkes aber – so ist zu ergänzen – hat die positive Verwendung der Berge unmöglich gemacht. Das göttliche Niedertreten der Hügel bleibt dennoch nicht ohne Wirkung. Aber es löst nicht Segen, sondern eine Flut des Verderbens aus".

9 Die Übersetzung des Verses bereitet Schwierigkeiten. Wir verzichten auf Konjekturen und vokalisieren nur ᶜ*ozI* statt ᶜ*az*. Die von Koch, a.a.O. 523 Anm. 74, vorgeschlagene Emendation ᶜ*(j)r* kommt inhaltlich aufs gleiche heraus.

lichen Lichtererscheinungen verbunden; die Pleiaden seien für die Sintflut verantwortlich, und diese ginge in Babylon mit der "Verdunkelung des Himmels und [dem] Aufflammen von Fackeln" einher[10]. Kochs verführerische These überzeugt nicht ganz; zu disparat sind die herangezogenen Vergleichstexte, zu stark unterscheiden sich ihre Aussagen von Am 5,8. Freilich weist auch dieser Vers eine einheitliche Thematik auf: Es ist wiederum die der Allmacht und Überlegenheit Jahwes. Als Schöpfer des Siebengestirns und des Orion dürfte er Marduk beerbt haben: Die Plejaden gelten als seine Helfer, und der Orion ist sein Stern[11]. Jahwe nimmt Marduks Platz ein – als Kämpfer, wenn der babylonische Gott noch eine Bedrohung für Israel bildete, als Sieger, wenn Babylon die Herrschaft über den Nahen Osten bereits abgegeben hat. Die beiden anschließenden Prädizierungen sprechen davon, wie Gott die Tageszeiten miteinander vertauscht und den Tag zur Nacht macht. Von einem renversement (im menschlichen Bereich) wissen recht viele vor allem jüngere Texte; sie stellen die Macht und Souveränität Gottes heraus[12]. Immer wieder taucht des gleiche Thema auf.

Schwierigkeiten bereitet die Auslegung der letzten Prädikation von V. 8. Sie stimmt mit Am 9,6b überein und ist dort wohl aus Am 5,8 übernommen[13]. Die Frage, ob mit dem *jm* der irdische oder himmlische Ozean gemeint sei, und ob die Wasser, die Gott ausgießt, wohltuend oder zerstörerisch wirken, läßt sich kaum entscheiden (vgl. die Kommentare) und hängt unter anderem davon ab, ob die Sterne für die zerstörerische Sintflut verantwortlich sind oder auf den lebenspendenden Wechsel der Jahreszeiten hinweisen.

---

10 Koch, a.a.O. 517ff (Zitat 519). – Eine traditionellere Deutung vertritt im Anschluß an Dalman u.a. Rudolph, Amos 200, der die beiden Gestirne mit dem "Wechsel der Jahreszeiten" in Verbindung bringt: "Der Frühaufgang der Plejaden im Mai leitet den Sommer ein, ihr Frühuntergang im November den Winter, während der Orion bzw. der Sirius die eigentliche Sommerhitze (>die Hundstage<) kennzeichnet".

11 So mit Berg, Hymnenfragmente 295.

12 Vgl. dazu unsere Auslegung des Hannaliedes.

13 Wolff, Amos 255; Rudolph, Amos 247. Dafür spricht unter anderem, daß der vorangehende Vers ebenfalls Anleihen im Amosbuch macht (Am 8,8). – Vorsichtiger äußert sich Koch, Rolle 527. Er erwägt auch die Möglichkeit, daß die zweite Amosdoxologie durch V. 8b wie Am 4,13 und 5,8 eine "chiastische Abrundung [erhält]: Die Erde, zuerst durch Berührung mit den göttlichen Händen ins Beben gebracht, wird schließlich mit den Wassermassen einer Sintflut bedeckt".

In V. 9 liegt wohl ein Nachtrag vor[14]; er schließt an die Unterschrift *jhwh šmw* an. Sein Verfasser hat, und damit ist eine indirekte Antwort auf die eben aufgeworfene Frage gegeben, aus V. 8 eine Unheilsdrohung herausgehört; er führt sie aus dem kosmologischen in den geschichtlichen Bereich über.

Am 9,5f
Der Herr, der Gott der Heerscharen,
der die Erde anrührt, daß sie wogt
und all ihre Bewohner trauern,
daß sie allenthalben sich hebt wie der Nil
und sich senkt wie der Strom Ägyptens;
der im Himmel seine(n) Söller[15] gebaut
und sein Gewölbe[16] auf die Erde gegründet,
der den Wassern des Meeres ruft
und sie ausgießt über die Erde –
Herr ist sein Name!

Aller Wahrscheinlichkeit nach hat der Verfasser dieses Abschnitts die Glieder zwei, drei und vier (leicht verändert) aus Am 8,8 übernommen[17]

---

14 So u.a. Wolff, ebd.; auf die Gründe für diesen Nachtrag geht er nicht ein. – Vor über hundert Jahren hat Hoffmann, Versuche 111, den Text von Am 5,9 originell so korrigiert, daß er vom Inhalt her ausgezeichnet zum vorangehenden Vers paßt. Er entdeckt in ihm drei Sternbilder: "Jahwe, der da aufgehen läßt den Taurus *šr* nach der Capella *ᶜz* und den Taurus nach dem Vindemiator *mbṣr* untergehen läßt" (tr.). Diese Vermutung ist schön, "freilich unbeweisbar" (Zitat Hoffmann). – Rudolph, a.a.O. 201, erkennt das Problem, vor das der Vers stellt, vermag es aber nicht zu lösen: Es "bleibt nur die Annahme übrig, daß V. 9 aus einem anderen Zusammenhang (6,14?) versprengt ist, ohne daß wir diesen Umstand weiter aufhellen können".

15 Es ist *ᶜljtw* oder *ᶜljwtjw* zu lesen (Dittographie; so fragend HAL II 580; Foresti, Brani 175 Anm. 24, und viele Kommentatoren). Am masoretischen Text hält Koch, Rolle 526, fest. Er meint, der Ausdruck bezeichne eine Art Himmelsleiter (wie *slm* in Gen 28,12). Begründung: "Das Aufsteigen Jahwäs bei einer Theofanie wird öfter mit der Wurzel *ᶜlh* ausgedrückt... Der Aufstieg ist natürlich zugleich die Gelegenheit zum Herabsteigen vom Himmel auf die Erde"(tr.). Foresti, ebd., bemerkt zu diesem Vorschlag zu Recht: "tale suggerimento è tematicamente del tutto estraneo al contesto e senza appoggio testuale nello stico 9,6aβ" (vgl. Anm. 16).

16 Diese Übersetzung ist aus dem Zusammenhang erschlossen und paßt nicht mit der Bedeutung überein, die das Nomen sonst besitzt. Von dieser geht Koch, a.a.O. 527 aus. Er deutet *ᵓgdh* (unter Anführung religionsgeschichtlichen Vergleichsmaterials) alternativ als "Band" oder als "Gegenstand..., der zusammengebunden wird, um zum Auf- und Abstieg zu dienen, nämlich... eine Leiter, deren Sprossen im Altertum nicht mit Nägeln, sondern mit Stricken befestigt werden". Für diesen Vorschlag gilt sinngemäß die Kritik, die Foresti an Kochs Erklärung von *mᶜlwtw* anbringt (s. Anm. 15).

17 So u.a. Crenshaw, Affirmation 134f.

und durch die Voranstellung von *hnwg^{c} b$^{\supset}$rṣ wtmwg* zu einer Theophanieschilderung umgestaltet. In jüngeren hymnischen Texten werden "die Theophanieschilderungen dazu verwendet, Jahwes Allmacht zu preisen"[18]. Am 9,5(f) weist also die gleiche Thematik auf wie die beiden ersten Doxologien (Die aus Am 8,8 übernommenen Elemente enthalten sie so noch nicht!). Sie dürfte auch den dunklen V. 6(a) bestimmen[19]. Man beachte, daß der Vers nebeneinander Himmel, Erde und Meer nennt: Gottes Einflußbereich (und Macht) kennt also keine Grenzen[20]. Dies bringt auch V. 5 zum Ausdruck: Theophanieschilderungen berichten selten davon, daß Gottes Kommen und Eingreifen Auswirkungen nicht nur auf die Natur, sondern auch die Menschen hat[21]. Am 9,5 gehört zu diesen Ausnahmen. Es entsteht fast der Eindruck, als sei dem Verfasser des Verses (des Abschnittes) keine Darstellung von Gottes Handeln umfassend genug. Beinahe maßlos preist er seine Größe und (furchterregende) Macht. Eben dieser Gottespreis bildet den gemeinsamen Nenner der inhaltlich so unterschiedlichen Aussagen der drei untersuchten Abschnitte.

Die Doxologien des Amosbuches schließen je mit *jhwh* (*$^{\supset}$lhj-ṣb$^{\supset}$wt*) *šmw* ab, und es liegt nahe, in dieser Formel den Schlüssel zu ihrem Verständnis zu suchen. Zur Bestimmung ihrer Bedeutung müssen auch die Belege außerhalb des Amosbuches[22] herangezogen werden. Darüber, in welchen Gattungen sie ursprünglich beheimatet und mit welchen Inhalten sie von Hause aus verbunden ist, gehen die Meinungen stark auseinander[23]. Für uns ist ein Punkt wichtig: Die Formel besitzt häufig – in unterschiedlicher Ausprägung – polemische Bedeutung. Crüsemann etwa bezeichnet sie indirekt als "Reklamationsformel": Sie gehöre von Hause aus in den partizipialen Hymnus, der sich inhaltlich durch gemeinaltorientalisches Glaubensgut auszeichne. Zu den Amosdoxologien bemerkt er:

---

18 So mit Jeremias, Theophanie 161.

19 Was genau er besagt, läßt sich wegen der mit *m^{c}lwtw* und *w$^{\supset}$gdtw* verbundenen Probleme nicht sagen.

20 Vgl. dazu gleich unsere Ausführungen zu dem der Doxologie vorangehenden Abschnitt.

21 Vgl. etwa noch Jes 33,3; Jer 10,10; Hab 3,7.12.

22 Ex 15,3; Jes 47,4; 48,2; 51,15; 54,5; Jer 10,16 = 51,19; 31,35; 32,18; 33,2; 46, 18; 48,15; 50,34; 51,57. – Variationen: Jes 42,8; Jer 16,21; Hos 12,6; Ps 83,19; vgl. weiter Jes 44,6 (IQJes[a]).

23 Die komplizierte und verästelte Diskussion darüber kann hier nicht geführt werden; vgl. dazu Crenshaw, YHWH; ders., Affirmation 75ff; Berg, Hymnenfragmente 135ff.

"Alle diese Aussagen, die das typische, immer und überall geltende göttliche Handeln beschreiben, werden duch die Unterschrift *jhwh šmw* für Jahwe, den Gott Israels, reklamiert"[24].

Die Formel braucht freilich in Zeiten, da Israel religiös von seinen Nachbarn nicht bedrängt wurde, nicht mehr unbedingt als polemische Aussage empfunden worden zu sein.

Möglicherweise bildeten die hymnischen Einsprengsel im Buche Amos ursprünglich einen Hymnus, vielleicht mit mehreren, durch *jhwh šmw* abgeschlossenen Strophen[25]. In diese Richtung weisen unter anderem die Berührungen der drei Abschnitte mit Hi 9[26] und die eher schwachen Bezüge der Verse auf ihren Kontext. Freilich: Es gibt einige davon, und sie machen deutlich, wie sorgfältig die Hymnenfragmente (der Hymnus) ausgewählt worden sind. Ihnen gehen wir im folgenden nach.

hpk gehört zu den zentralen theologischen Vokabeln des Büchleins Amos[27]. Sie taucht unter anderem Am 5,7 auf – und im gleich anschliessenden Vers, der zweiten Amosdoxologie. Zufall? Wohl kaum[28]. Nach Am 9,1ff können die Israeliten vor Gott weder in die Unterwelt, noch auf den Gipfel des Karmel oder auf den Grund des Meeres flüchten; überall wird Jahwe sie aufspüren. Die anschließende Doxologie nimmt diese Thematik auf. Wolff kommentiert zu Recht:

"Auch die zweite Periode der Strophe wird für die Alten Beziehungen zum voraufgehenden Jahwewort gehabt haben. Wie sollte der, der sein Obergemach im Himmel erbaut hat, nicht die in den Himmel Entflohenen erreichen (vgl. 2b)?"[29].

---

24 Crüsemann, Studien 104 (tr.).

25 Mit dieser Möglichkeit rechnet u.a. Horst, Doxologien 156ff (vgl. auch Anm. 26); dagegen Rudolph, Amos 183: "Wenn bewiesen werden kann, daß die drei Hymnen an ihrer jetzigen Stelle ihre bestimmte Funktion haben, besteht kein Grund und keine Nötigung, ihre ursprüngliche Zusammengehörigkeit anzunehmen". Dieses Argument griffe dann nicht, wenn diese Annahme zuträfe, die drei Doxologien die gleiche Funktion aber auch an anderer Stelle haben könnten.

26 Vgl. vor allem Hi 9,5-10 mit Am 4,13; 5,8: "Bemerkenswert ist, daß die Übereinstimmung besonders die Nahtstelle zwischen Am 413 und 58 umgreift! Das läßt sich kaum anders erklären, als daß beide Amosstellen aus einem einzigen zusammenhängenden Hymnus genommen sind" (Koch, Rolle 521).

27 Belege: Am 4,11(2x); 5,7.8; 6,12; 8,10.

28 So mit vielen andern Story, Amos 72, der allerdings damit rechnet, daß die Doxologien von Amos selbst stammen oder von ihm übernommen worden sind.

29 Wolff, Amos 393; vgl. a.a.O. 283 zur Perikope Am 5,1ff: "Die Anbetung des großen kosmischen Umgestalters... muß, auf Jahwe bezogen, für Israel geeignet gewesen sein, sein geschichtliches Zerstören (nun etwa des Bethel-Heiligtums) wie sein künftiges Verschonen (vgl. V. 6) in der Exhomologese zu preisen". Koch,

Nur die erste Doxologie berührt sich kaum mit der Thematik des voraufgehenden Abschnitts. Oder sollte etwa das Schreiten Jahwes über die Höhen mit der Zerstörung des Heiligtums von Bethel in Verbindung zu bringen sein[30]?

Selbst wenn diese Beziehungen im Vokabular nicht bestünden, wäre klar: Wer immer diese Texte ins Amosbuch eingefügt hat, wollte mit ihnen die vorangehenden Prophetenworte deuten (In die gleiche Richtung weisen die Entlehnungen der dritten Doxologie aus Am 8,8)[31].

Welcher Art ist diese Deutung, Auslegung? Ist sie rein redaktionell oder geht sie mit einem gottesdienstlichen Akt einher? Die stärkste Verbreitung und Anerkennung haben die Erklärungen gefunden, welche die Amosdoxologien mit der sakralen Rechtspflege in Verbindung bringen. Ihr gewichtigster Vertreter, Horst, geht von Jos 7,19 aus, wo der in einem sakralen Gerichtsverfahren für schuldig befundene Achan aufgefordert wird, eine Doxologie auszusprechen und eine Confessio abzulegen. Die Doxologie fehlt. Es hätte sich dabei "um allgemeine, rein formelhafte Wendungen gehandelt..., die mitzuteilen man nicht für nötig hält"[32]. Ähnlich interpretiert Horst die Doxologien im Amosbuch:

"Wie Akan durch das Gottesurteil unmittelbar unter die Augen des richtenden Gottes gestellt wurde..., so soll auch Israel treten *lqrᵓt-ᵓlhjk*. Das Volk hatte aus dem Munde des Propheten seine in der Vergangenheit liegenden Sünden vernommen, 4,6-11 – im liturgischen Gebrauch der späteren Zeit sprach es wohl die Prophetenworte als eigenes Sündenbekenntnis aus –; das ursprünglich nach 4,12a gebrachte Strafurteil Gottes, das den Tod des alten Volkstums zum Inhalt gehabt haben muß, galt es nun anzuerkennen. Dazu hatte es seine Doxologie auf die Macht der Gottheit zu sprechen. Gleichzeitig wurde damit zum Ausdruck gebracht, daß dies Prozeßverfahren der Gottheit als erledigt zu betrachten ist. Die

---

Rolle 522f, ergänzt: Am 5,7 spricht davon, wie Recht in Wermut verkehrt und die Gerechtigkeit zu Boden geworfen wird. Im babylonischen Bereich haben die Gestirne "mit den gesellschaftlichen Verhältnissen unter den Menschen" zu tun (523); der Pfeilstern ist "Richter des Alls", "der Wahrhaftigkeit und Gerechtigkeit in Obhut nimmt" (SAHG 276; zitiert noch Koch, ebd.). Mit noch mehr Berührungen der Doxologien mit ihrem Kontext rechnet Story, a.a.O. passim. – Stammten diese von Amos selbst oder wären sie für den Einsatz in sein Buch verfaßt worden, berührten sie sich mit seinen Worten noch enger. Koch, a.a.O. 527, bemerkt in diesem Zusammenhang zu Recht: Auch Am 9,5f ist "nicht erst für den Einschub ins Amosbuch formuliert worden. Für das Beben der Erde würde sonst nicht *mwg* stehen, sondern *rᶜš* wie v. 1 oder *rgz* wie 88!" (tr.).

30 So Wolff, a.a.O. 264.

31 Vielleicht standen sie ursprünglich am Rande des alten Manuskripts; so u.a. Duhm, Anmerkungen 7.

32 Horst, Doxologien 162.

rückschauende Gemeinde bejahte damit die Gültigkeit der Exilkatastrophe als Erweis der strafenden Richtermacht Gottes"[33].

Das bedeutet: "Die Doxologien im Amosbuch geben also den düsteren Drohungen des Propheten einen lichtvollen Ausgang"[34]. Die Schwachstelle dieser These liegt darin, daß sich für eine liturgische Verwendung der Doxologien im Amosbuch außer Am 4,12b keine Anhaltspunkte geltend machen lassen und das Sündenbekenntnis fehlt. Abwegig ist Horsts These, deren Modifikationen von G. von Rad[35], Crenshaw[36] und Wolff[37] hier nicht zu diskutiert werden brauchen, trotzdem nicht, auch ihre Annahme, die Doxologien hätten in einer kultischen Begehung Verwendung gefunden[38]. Besondere Beachtung verdient ein Vorschlag Morgensterns:

"It may well be that, just as in the later Synagogue, after the readings from both the Law and the Prophets a blessing was and is pronounced, thanking the Deity for the gift of these inspired and inspiring writings, so also in the early Synagogue, after the reading of a section from the Prophets, a verse, or even several verses, from some then current psalm, extolling the greatness, power, majesty and beneficence of the Deity, was read or recited in order to mark the conclusion of that particular reading"[39].

Ähnlich Koch:

"Der Gebrauch geprägter poetischer Stücke legt liturgische Verwendung nahe, sei es im Kreis der Profetenanhänger und Profetenschule, sei es bei Zusammenkünften ähnlich der späteren Synagoge"[40].

Inhaltlich geht er jedoch einen anderen Weg als Morgenstern: Den drei

---

33 Horst, a.a.O. 165f (tr.).

34 Horst, a.a.O. 166, bei der Auslegung von Am 9,1-6. – Ähnlich bereits Harper, Amos 113, zu den drei Doxologien: Sie sollen "relieve the gloom of the prophetic picture".

35 von Rad, Gerichtsdoxologie.

36 Crenshaw, Affirmation 142f.

37 Wolff, Amos, zu den Stellen.

38 Man bringt sie mit einem Rechtsstreit (Rîb), dem Neujahrsfestritual und einer Bundesfeier in Zusammenhang; Referat und Diskussion dieser Vorschläge bei Berg, Hymnenfragmente 231ff.

39 Morgenstern, Amos 345. Sein Vorschlag überzeugt mehr als die in Anm. 38 genannten. – Gespannt darf man auch auf die Begründung der von Jeremias, Amos 128, aufgestellten These sein: "Ich selbst bin der Überzeugung, ... daß die Doxologien und die mit ihnen zusammenhängende Bußliturgie in Am 4,6-12 den Fall Jerusalems voraussetzen".

40 Koch, Rolle 536.

hymnischen Fragmenten komme im Rahmen der Komposition zusammen mit Am 1,2 eine zentrale Stellung zu; sie aktualisierten die Eschatologie des Propheten:

"Sie eröffnen eine zweite Dimension der Wirklichkeit und deuten an, daß hinter den politischen, militärischen und kultischen Bewegungen der menschlichen Geschichte in einem überirdischen Bereich Jahwäs Heerscharen am Werk sind, von ihm selbst gesteuert, um den Untergang Israels heraufzuführen, durch feindliche Heere ebenso wie durch die unheimlichen Mächte des Himmels, des Meeres, des Feuers, des Schwerts... Das von ihm [Amos] vordergründig angesagte Unheil hatte 722/21 seine Erfüllung gefunden und war damit inaktuell geworden. Wer die Ankündigung einer Unheilszeit über Israel oder der Menschheit überhaupt als drohende Gefahr für spätere Zeiten festhalten will, wie es offenbar die Kompositoren unternehmen, muß Eschatologie zum Gefälle der Geschichte stärker noch in Beziehung setzen als Amos es tat, also die ontologischen Hintergründe der Geschichte erheben, was damals nur im Rahmen mythologischer Vorstellungen möglich war"[41].

Diese Position spitzt Foresti, der die Amosdoxologien zeitlich zwischen Deuterojesaja/Hiob und der apokalyptischen Literatur ansetzt[42], noch zu: Es handle sich bei ihnen um "annunci innici della punizione che piomberà sulla terra e i suoi abitanti"[43]; "il criterio compositivo dei singoli frammenti innici rivela che il loro redattore ha voluto andare al di là di semplici composizioni dossologiche. L'elemento innico è solo strumentale per degli annunci di teofanie punitive"[44].

Solo? Von diesem Wörtchen hängt die Interpretation der Amosdoxologien ab! An einigen Stellen sprechen sie deutlich von Jahwes strafendem, furchterregendem Eingreifen. Als solches hat auch der Interpolator von Am 5,9 den vorangehenden Vers verstanden. Für Kochs und Forestis Vorschlag spricht weiter, daß alle drei Doxologien an "Unheilsweissagungen" anschließen. Und doch beschleicht einen besonders angesichts Forestis These leichtes Unbehagen. Er veranschlagt ein Element zu wenig stark, das Hi 9 sicherlich dominiert und das wir als zentral für die drei hymnischen Abschnitte bei Amos herausgestellt haben: Gottes Allmacht, seine Freiheit so zu handeln, wie er will, und das heißt auch: zum Heil oder zum Gericht.

Allerdings darf man auch nicht ins gegenteilige Extrem verfallen und mit Horst annehmen, die Doxologien brächten nur zum Ausdruck, daß

41 Koch, a.a.O. 536f.

42 Foresti, Brani 184.

43 Foresti, a.a.O. 183.

44 Foresti, a.a.O. 183f.

Israels Schuld vergeben sei. Der bedrohliche Unterton ist aus ihnen nicht wegzuhören. In diesem Zusammenhang verdient ein Vorschlag Bergs[45] Beachtung, den dieser im Anschluß an Harvey entwickelt hat: Am 4,1-12a enthalte einen "rîb à condamnation", aus dem durch V. 12b ein "rîb à avertissement" werde. Er mache das Angebot, dem Gericht zu entrinnen. Ähnlich erklärt er Am 5,1-8, während er für die dritte Doxologie einen gottesdienstlichen Sitz im Leben verneint[46]. Dieser Vorschlag ist eng mit der Deutung von *hkwn lqrᵓt-ᵓlhjk jśrᵓl* verbunden. Dieser Satz ist offen und allgemein gehalten, schließt also die Möglichkeit ein, daß diese Begegnung nicht zum Gericht an Israel führen muß[47]. Für diese Deutung spricht weiter, daß die drei Amosdoxologien sowohl Elemente enthalten, die im Sinne eines strafenden Eingreifens Gottes verstanden werden müssen, als auch solche, die seine Allmacht preisen. Im Zentrum der Diskussion um den historischen Amos steht die Frage, ob er Israel das unausweichliche Gericht ansagen mußte oder zur Umkehr bewegen wollte. Sie taucht bei der Behandlung der Amosdoxologien in veränderter Gestalt wieder auf.

Gut abgesichert ist diese Deutung nicht, kann es auch nicht sein, da die drei Doxologien recht locker mit ihrem Kontext verbunden sind. Wir gehen im folgenden jedoch von ihr aus und fragen nach ihren systematischen Implikationen.

Die Gerichtsankündigung steht im Zentrum der Botschaft des Amos und bestimmt diese so stark wie die kaum eines andern Propheten. Sie weist einen inhaltlichen Schwerpunkt auf: Israel wird in die Verbannung geführt werden. Spätere Generationen, vielleicht auch schon Amos selbst[48], haben diese Botschaft ergänzt, indem sie Israel Heil nach dem Gericht ansagten: Die zerfallene Hütte Davids wird wieder aufgebaut und das Volk von Gott wieder in sein Land eingepflanzt und aus ihm nicht mehr ausgerissen werden (vgl. Am 9,11ff). Wie kein anderes Prophetenbuch spricht das des Amos von einzelnen kontingenten Eingriffen Jahwes in die Geschichte. Verlor es nicht, nachdem Gerichts-(und Heils)ansagen großenteils eingetroffen waren, jede Bedeutung? Überscharf formuliert: Wurde es nicht zu einem rein historischen Dokument und für

---

45 Berg, Hymnenfragmente 241ff. Die übrigen Elemente seiner These übernehmen wir nicht.

46 Berg, a.a.O. 261ff.

47 Von Voraussetzungen her, die wir nicht unbedingt teilen, kommt Coote, Amos 55f, zum gleichen Urteil: "Yahweh can appear against his people as well as for them. Which one he will do depends on their response" (Zitat 56).

48 Man denke etwa an die ausführliche Diskussion um *ᵓwlj* in Am 5,15!

den Glauben Israels deshalb belanglos, unerheblich[49]? Die drei Amosdoxologien geben darauf versteckt, aber doch bestimmt die Antwort "Nein". Der mächtige Gott Jahwe ist weiter am Werk. Er wird weiter eingreifen, zum Verderben oder Heil Israels. Die Amosdoxologien machen aus einmaligen Eingriffen Gottes in die Geschichte *Beispiele* des göttlichen Wirkens, Beispiele allerdings, ohne die nicht von einem fortwährenden Handeln Gottes geredet werden könnte[50]. Damit wurde – überspitzt formuliert – aus einer an ihre Zeit gebundene eine zeitlose Botschaft, die jederzeit wieder aktualisiert werden konnte; und so behielt das Büchlein Amos seine Gültigkeit und fortwährende Aktualität.

Die eben vorgetragene These erhält unseres Erachtens eine wesentliche Stütze durch den Satz aus Am 4,13, der bisher nicht in die Auslegung einbezogen wurde: *wmgjd l*ᵓ*dm mh*¯*śḥw*. Leider ist nicht klar, ob sich das Suffix von *śḥw* auf Jahwe oder die Menschen bezieht, ob es um Gottes oder der Menschen Sinnen geht[51]. Für die zweite Möglichkeit spricht, daß die Wurzel *śjḥ* im Alten Testament sonst nie ein Tun Gottes bezeichnet. Trotzdem verdient die erste Möglichkeit den Vorzug. Sie ergibt im Zusammenhang der Doxologie einen guten Sinn: Gott tut den Menschen kund, was er tun werde, was sein Sinnen sei. Bezieht man das Suffix auf den Menschen, so steht der Satz beziehungslos, als Fremdkörper im Zusammenhang. Zu den ältesten Vertretern der zweiten Möglichkeit gehören die Masoreten: Sie lesen śeḥô (diese Vokalisierung findet sich nur hier), "um das göttliche Sinnen künstlich vom menschlichen *śjḥ* abzuheben"[52]. Trifft unsere Deutung zu, enthält der Satz versteckt

---

49 Anders formuliert: "Nicht eine formalistische Neigung zur Teilung und Unterteilung hat die Einschübe verursacht, sondern ein brennendes Interesse des Überliefererkreises an der Aktualisierung amosischer Eschatologie" (Koch, Rolle 536).

50 Den Stichwortverbindungen der Doxologien mit den ihnen vorangehenden Abschnitten kommt in diesem Zusammenhang zentrale Bedeutung zu: Sie machen deutlich, daß Gottes vergangenes und zukünftiges Handeln in enger Beziehung zueinander stehen.

51 Für die erste Möglichkeit sprechen sich u.a. Amsler, Amos 201; Wolff, Amos 264, aus, für die zweite – unter Hinweis auf Jer 11,20 – Marti, Dodekapropheton 186. – Die Diskussion referiert ausführlich Berg, Hymnenfragmente 275ff. Seine Lösung ist zu kompliziert, um überzeugen zu können: "der dem Menschen kundtut (kundgetan hat), was (=Jahwes Taten in Schöpfung und Geschichte) ‚Gegenstand' seines (=des Menschen) Sinnens ist" (287).

52 Koch, Rolle 514 Anm. 35, mit einem Fragezeichen (tr.). Man vgl. Esr 6,14, wo nebeneinander vom ṭaᶜam Gottes und dem ṭeᶜem des Kyros die Rede ist. In Am 6,8 ist wohl ursprüngliches *mtᶜb* zu *mt*ᵓ*b* abgeändert worden; damit sollte deutlich gemacht werden, daß göttliches "zum Abscheu machen, schänden" nicht das gleiche bedeutet wie menschliches (vgl. HAL IV 1542; Lit.!).

die Aussage: "Wer Ohren hat zu hören, der höre", der merke, daß Gott mächtig ist und strafend oder heilvoll in Israels Geschichte eingreifen wird – je nach dem Verhalten des Volkes. Der Satz demokratisiert die Aussage von Am 3,7, wonach Gott kein Ding tue, er habe denn seinen Ratschluß seinen Knechten, den Propheten, enthüllt, und paßt von daher gut in das Büchlein Amos[53]. Der weisheitlich gefärbte Satz Am 4,13 enthält also die Leseanleitung für die mythologischen Aussagen der Doxologien, wenigstens der ersten. Sie dürfte nicht ohne ihn in das Amosbüchlein eingefügt worden sein, und nur innerhalb des übernommenen mythologischen Materials bildete er eine Ergänzung.

Die Doxologien enthalten in sich keinen Hinweis darauf, wann sie in das Amosbüchlein aufgenommen worden sind. Die Berührungen mit bestimmten Psalmen, Hiob und Deuterojesaja[54] weisen in die exilisch-nachexilische Epoche. Eine redaktionsgeschichtliche Beobachtung führt in den gleichen Zeitraum: Die erste und dritte Doxologie schließen deutlich Teilsammlungen ab[55] – für die zweite trifft das nicht zu[56] –, setzen also schon ein längeres Wachstum des Büchleins voraus. Eben diese redaktionelle Zentralstellung von Am 4,13 und 9,5f erhöht die Wahrscheinlichkeit, daß die Amosdoxologien eine liturgische Funktion besaßen.

---

53 Wolff, Amos 264, spricht von einer Parallele in der Sache.

54 Vgl. dazu vor allem Foresti, Brani 175ff.

55 Auf die im einzelnen voneinander abweichenden Konzeptionen kann hier nicht eingegangen werden; vgl. dazu vor allem Koch, Rolle passim, besonders 528f; Jeremias, Amos passim, vor allem 128f. Sowohl Koch wie Jeremias ordnen im Anschluß an Wolff Am 1,2 den Amosdoxologien zu.

56 Gegen Koch, a.a.O. 524f. Jeremias, a.a.O. 130, erkennt in Am 5,1-17 im Anschluß an de Waard und Tromp eine "kunstvolle Ringkomposition"; in ihrem Zentrum, "auf das alle Gedanken hinführen und von dem aus sie gedeutet werden wollen, steht die Doxologie... Nun ist natürlich nicht mit letzter Sicherheit auszuschließen, daß auch schon vor der Einführung der Doxologie eine aus den Gliedern A-B-C gebildete Ringkomposition bestand. Wahrscheinlichkeit kommt dieser Annahme aber nicht zu, da die Ringkomposition eben ihres Zentrums beraubt wäre".

b) Dan 2,20-23; 3,31-33; 4,31f(34); 6,26-28: Die verallgemeinernde, bekennende Antwort

An Literatur zum Buche Daniel fehlt es nicht. Seine Apokalyptik, die Traditionskomplexe "Menschensohn", die "Heiligen des Höchsten", "Die vier Weltreiche", um nur die wichtigsten zu nennen, haben viel Tinte fließen lassen. Dagegen sind die poetischen Passagen Dan 2,20-23; 3,31-33; 4,31f; 6,26-28 lange Zeit weitgehend unbeachtet gelieben[1]. Eine wichtige Rolle haben sie nur im Zusammenhang mit der Frage gespielt, ob die Apokalyptik in der Prophetie oder der Weisheit wurzle[2]. Vielleicht hat dies dazu beigetragen, daß sie erst vor kurzem näher untersucht wurden[3]. Im folgenden soll vor allem untersucht werden, welche Funktion diese vier Abschnitte innerhalb der Geschichten, in denen sie stehen, und in bezug auf den ersten Teil des Danielbuches Dan 1-6(7) besitzen. Wir gehen dabei von der Letztgestalt des Textes aus (und treten nicht auf die komplizierten literarkritischen Verhältnisse in Dan 2 und die noch kompliziertere Frage ein, in welchem Verhältnis Dan 7 zu Dan 1-6 steht).

---

1 An kleineren Arbeiten sind zu nennen: Schlögl, Dan 2,20-23; Towner, Passages; Di Lella, Structure.

2 von Rad bestimmt als Mutterboden der Apokalyptik die Weisheit. Auf dem Hintergrund dieser Theorie ist das folgende Zitat zu verstehen (Theologie II 331f): "Nach alledem wird, wenn wir jetzt zu Daniel übergehen, niemand eine Weissagung erwarten, die wie die der Propheten von bestimmten Erwählungstraditionen ausgeht. Tatsächlich scheinen Väter- oder Exodus- oder Zionstradition der Vorstellungswelt Daniels völlig fremd zu sein. Die Hymnentexte, die gelegentlich in die Textzusammenhänge eingestreut sind... unterscheiden sich merkwürdig von den älteren Hymnen, deren Hauptthemen bekanntlich Jahwes Wundertaten bei der Schöpfung und bei der Heilsgeschichte waren. Hier aber ist der religiöse Horizont der Beter auffallend entgeschichtlicht: Es wird die Größe seiner Macht gepriesen, die Könige ein- und absetzen, die retten und befreien kann; auch seine Weisheit wird gepriesen, die Menschen erleuchten kann, und die Unzerstörbarkeit seines Reiches". – Auf die gleichen Texte greift von der Osten-Sacken zurück, um zu beweisen, daß die Wurzeln der Apokalyptik in der Prophetie, vor allem bei Deuterojesaja, liegen (Apokalyptik 24): "Die Prädikate, die diesem Gott beigelegt werden, sind bereits als Charakteristika Jahwes bei Dtjes aufgezeigt worden. Er ist es, der Zeiten und Stunden wechseln läßt (Dan 2,21) und sich so als Schöpfer der Welt erweist. Mit der Ein- und Absetzung von Königen dokumentiert er seine Herrschaft über die Geschichte, wie er es bei dem Exilspropheten durch die Vernichtung der Fürsten (Jes 40,23) und die Erweckung seines Gesalbten, des Kyros, getan hatte (Jes 41,2 u.ö.). Macht Jahwe bei Dtjes Unbekanntes – Neues und Verborgenes (Jes 48,6) – bekannt, so enthüllt er bei Dan Geheimnisse (Dan 2,21), womit beide Male die kommende Geschichte gemeint ist".

3 Kratz, Translatio.

Dan 2,19-23

(19) Und Daniel pries den Gott des Himmels, (20) hob an und sprach: Der Name Gottes sei gepriesen von Ewigkeit zu Ewigkeit! denn Weisheit und Macht, sie sind sein. (21) Er ist's, der wechseln läßt Zeiten und Stunden, er setzt Könige ab und setzt Könige ein. Er gibt den Weisen die Weisheit und den Verständigen den Verstand. (22) Er ist's, der das Tiefste und Geheimste enthüllt; er weiß, was in der Finsternis ist, und das Licht[4] wohnt bei ihm. (23) Ich danke dir, Gott meiner Väter, und lobpreise dich, daß du mir Weisheit und Kraft gegeben hast.

Dieser Hymnus bezieht sich eng auf das zugehörige Kapitel. Nebukadnezar träumt von vier Reichen, die sich ablösen; V. 21a spricht davon, daß Gott die Zeiten ändert, Könige ab- und einsetzt. Daniels Behauptung, er habe den Traum nicht wegen einer ihm eigenen Weisheit deuten können (V. 30), veranschaulicht eigentümlich gebrochen die Aussage von V. 21b. 22a. Allerdings wiederholt der Hymnus nicht einfach, was im Rest des Kapitels steht. Er verallgemeinert die Aussagen des Traumes und nimmt ihnen sogar ihre Eindeutigkeit: Daniel ist nur ein Weiser unter anderen. Und weist der Traum auf einen determinierten Geschichtsablauf mit vier Reichen, denen ein unzerstörbares folgt, so weiß Dan 2,21 nur von einem Wechsel der Zeiten und einer Abfolge von Königen; sie können sich bis in alle Ewigkeit erstrecken. Das Verhältnis zwischen Hymnus und Erzählung ist alles andere als eindeutig, und es stellt sich die Frage: "Beweist" der Hymnus nur die Richtigkeit des im Traume vorausgesagten Geschichtsverlaufes oder relativiert er dessen deterministische Sicht, so daß sich enttäuschte Naherwartung an ihn statt an den Traum halten konnte?

Jahwe gehört alles, und er gibt alles. Alles, was die Menschen haben, verdanken sie Gott. Dies bildet ein zentrales Theologumenon der aramäischen Teile im Buche Daniel. Jahwe hat und/oder gibt *gbwrh, hdr, ḥkmh, ḥsn, jqr, mlkw, rbw, šlṭn*[5]. Am schönsten kommt diese Korrespondenz in den V. 20 und 23 zum Ausdruck:

4 Zur Form des Nomens vgl. Bauer-Leander, Grammatik des Biblisch-Aramäischen 188.

5 Belege (mit Einschluß derjenigen des apokalyptischen Kapitels 7; von *mlkw* wird nur eine Auswahl geboten): 2,20.23 (*gbwrh*); 4,27.33; 5,18 (*hdr*); 2,20.21.23. 30; 5,11(2x).14 (*ḥkmh*); 2,37; 4,27 (*ḥsn*); 2,6.37; 4,27.33; 5,18.20; 7,14 (*jqr*); 2,37; 3,33(2x); 4,14.22.23.28.29.31; 5,18.20.21.26.28; 7,14(2x).18.22.23(2x). 24. 27(4x) (*mlkw*); 4,19.33; 5,18.19; 7,27 (*rbw*); 3,33; 4,19.31(2x); 6,27(2x); 7,6. 12.14(3x).26.27(2x) (*slṭn*).

ḥkmtᵓ wgbwrtᵓ dj lh-hj (V. 20)
ḥkmtᵓ wgbwrtᵓ jhbt lj (V. 23).

Anders als an den übrigen Stellen bezieht sich die Korrespondenz hier nicht direkt auf den (theo)politischen Bereich. Bis vor kurzem haben diese Entsprechungen wenig Beachtung gefunden. Ihre Wiederentdeckung verdanken wir Koch, der ihren politischen Aspekt wie folgt interpretiert:

"Solche und andere semantische Entsprechungen erwecken den Eindruck von zwei konzentrischen Kreisen. Der irdische, weltweit gedachte und monarchisch verfaßte Staat ist in einen göttlichen, ewigen monarchischen Staat einbegriffen"[6].

Daß diese Stellen theopolitisch ausgewertet worden sind, braucht nicht zu erstaunen. Man hat von ihnen her die Monarchie theologisch legitimiert – und behauptet, göttliches und irdisches Reich unterschieden sich radikal voneinander[7].

Das eben angesprochene Korrespondenzverhältnis erlaubt es, Dan 2, 37 auf Gott umzuschreiben: *mlkwtᵓ ḥsnᵓ wtqpᵓ wjqrᵓ dj lk...* Die Verwandtschaft dieses Satzes mit der Doxologie des Herrengebetes springt in die Augen. Von seiner Struktur her bildet er und nicht IChr 29,11f ihre engste alttestamentliche Vorlage[8].

Dan 2,20-23 macht überraschende Anleihen bei andern Büchern des Alten Testaments, "mais il se présente comme une composition originale"[9]. Diese Behauptung Lacocques trifft zu; sie wird im folgenden ausführlich begründet[10].

Bei ihm ist Weisheit und Stärke (*ᶜmw ḥkmh wgbwrh*), heißt es Hi 12, 13 von Gott. Zusammen mit den folgenden Versen bildet dieser Satz die engste Parallele zu Dan 2,20-23. Die Prädikation ist nicht typisch für alttestamentliche Doxologien, die vielmehr "Gottes Macht und Maje-

---

6 Koch, Daniel 200.

7 Vgl. dazu Koch, a.a.O. 200f.

8 Die Doxologie lautete im Aramäischen wohl wie folgt: *ᵓrj djlk mlkwtᵓ wgbwrtᵓ wjqrᵓ lᶜlmjn* (de Moor, Prayer 416). Von ihrer Bedeutung her stehen die beiden Ausdrücke *ḥsnᵓ* und *tqpᵓ gbwrtᵓ* nahe und könnten den Platz dieses Nomens einnehmen. Das heißt: Es schließen in der Doxologie des Herrengebetes und in Dan 2,37 die drei (gleichen) Nomen in der gleichen Reihenfolge (anders IChr 29,11!) unmittelbar aneinander an. – Wolf, Daniel, hat versucht, das "Vater unser" als eine Art Zusammenfassung des Buches Daniel zu interpretieren. Den von uns aufgewiesenen Zusammenhang sieht er nicht, weist vielmehr auf Dan 2,44 hin (409).

9 Lacocque, Daniel 45; vgl. weiter Plöger, Daniel 50, und Porteous, Daniel 31.

10 Neben den im Haupttext genannten Berührungen vgl. zu V. 20a noch Ps 41,14; Neh 9,5; man beachte, daß an die Stelle Jahwes (Ps 41,14) sein Name tritt.

stät verherrlichen"[11]. Fohrer nimmt u.a. deshalb an, in Hi 12,12-25 liege "eine spätere Einfügung" vor, die "weiterhin an Ps 107 und Jes 44,24-28" erinnere und ihrerseits "wieder das Danklied Dan 2,20-23 beeinflußt" habe[12]. *ḥkmh* und noch stärker *gbwrh* sind vornehmlich königliche Eigenschaften, die nach Jes 11,2 zu den Attributen des Messias gehören[13]. Ob hier der traditionsgeschichtliche Hintergrund von Dan 2, 20 (und Hi 9,4; 12,13) zu suchen ist, der Vers Gott also als weisen und mächtigen König darstellt? Der folgende Vers, der von seiner Machtausübung handelt, stützt diese Vermutung. V. 21a (*whwᵓ mhšnᵓ ᶜdnjᵓ wzmnjᵓ*) bezieht sich nicht auf Gottes Handeln in der Schöpfung[14]; als theologische Begriffe finden *ᶜdn* und *zmn* nur im Zusammenhang mit der Geschichte Verwendung[15]. Der Satz besagt ganz einfach, daß Gott die Geschichte nach seinem Belieben regiert und den Wechsel der Perioden steuert; *mhᶜdh mlkjn wmhqjm mlkjn* polemisiert versteckt vielleicht gegen babylonische Astrologie und griechischen Schicksalsglauben[16]; Gott und nicht die Sterne oder ein dunkles Schicksal steht hinter dem Wechsel der Zeiten.

Den Satz *jhb ḥkmtᵓ lḥkjmjn wmndᶜᵓ ljdᶜj bjnh* hat Porteous am besten verstanden:

"Dieser Gott kann und will seine Weisheit denen enthüllen, die zu Recht Weise genannt werden, weil sie ihr Wissen aus der Abhängigkeit von der einzigen wirklichen Quelle der Weisheit beziehen"[17].

Das heißt: nicht den babylonischen Weisen, die sich diese Weisheit selbst anmaßen. Der Satz führt mit anderem Akzent V. 20 weiter: (Auch) die Weisheit gehört Gott allein.

Zu V. 22a: *glᵓ*, theologisches Leitwort von Dan 2[18], hat außer im Hymnus immer *rz* als Objekt. Daß es hier *ᶜmjqtᵓ wmstrtᵓ* lautet, wider-

---

11 Horst, Hiob 192.

12 Fohrer, Hiob 245.

13 Vgl. dazu die erschöpfenden Ausführungen von Wildberger, Jesaja 1-12, 448f.

14 Gegen von der Osten-Sacken, der Apokalyptik 24 und Anm. 33 unter Hinweis auf Gen 1,14 und Ps 104,19 diese Möglichkeit erwägt.

15 Belege: Dan 2,16.21; 3,7.8; 4,33; 6,11.14; 7,12.22.25 (*zmn*); Dan 2,8.9.21; 3,5.15; 4,13.20.22.29; 7,12.25(2x) (*ᶜdn*).

16 Lacocque, Daniel 45.

17 Porteous, Daniel 31.

18 Belege außerhalb des Hymnus – sie beschränken sich auf dieses eine Kapitel –: V. 19.28.29.30.47(2x).

rät einer ausschließlich kontextbezogenen Auslegung der Aussage. Das Tiefe und Verborgene ist tief und verborgen allein für die Menschen, Gott kann es enthüllen. Dies ist wiederum keine für den Hymnus typische Aussage. Eine enge Parallele zu diesem Halbvers enthält allein Hi 12,22(!):

> Er deckt Verborgenes auf aus dem Dunkel (*mglh ᶜmqwt mnj-ḥšk*), und die Finsternis bringt er ans Licht (*wjṣᵓ lᵓwr ṣlmwt*).

Zur Aufhellung von Dan 2,22 trägt diese Stelle allerdings nicht bei, da sie inhaltlich isoliert dasteht. Vom Vokabular her berührt sie sich auch mit den letzten beiden Sätzen von V. 22: *jdᶜ mh bḥšwkᵓ wnhjrᵓ ᶜmh šrᵓ*. Im Unterschied zum vorangehenden Halbvers und Hi 12,22 redet dieser schwerverständliche Satz nicht von einem Handeln Gottes. Bei seiner Auslegung zeigen sich die Kommentatoren erfinderisch, wohl aus verständlicher (und nicht zugegebener) Ratlosigkeit heraus[19]. Dan 2,22b dürfte eine ausgreifende Begründung des vorangehenden Halbverses enthalten: Tiefes und Verborgenes kann Gott enthüllen, weil das Licht bei ihm wohnt und er also weiß, was in der Dunkelheit ist. Noch einfacher ausgedrückt: Gott enthüllt Verborgenes (V. 22a), er kann es (V. 22b)[20].

Dan 2 ist auch ohne den kleinen Hymnus gut verständlich; er läßt sich problemlos aus dem Kapitel herausoperieren, was Mowinckel getan hat: Er rechnet das Stück zusammen mit LXX 3,26-45; 3,52-59(!) zu den "additions to the book of Daniel"[21]. Angenommen dies träfe zu: Welches Interesse leitete den Interpolatoren? Wollte er dem Determinismus des Vierreicheschemas die Spitze brechen oder diesem im Gegenteil noch mehr Nachdruck verleihen, indem er ihn "theoretisch" untermauerte? Die beiden Fragen stellen sich – vielleicht weniger scharf – auch, wenn die V. 20-23 keinen sekundären Einschub bilden. Welche Bedeutung der kurze, formgeschichtlich ohne enge Parallele dastehende Hymnus hat, bleibt, vorläufig wenigstens, offen.

---

19 Zur Erklärung der Aussage werden unter anderem (!) folgende Bibelstellen herangezogen (vgl. dazu die Kommentare): Ex 24,17; Jes 10,17; 60,19; Ez 1,27; Hab 3,4; Ps 36,10; 104,2; 139,12; Joh 3,21; 8,12; 12,36; Eph 5,8; IThes 5,5; IJoh 1,7; 2,9f.

20 Ähnlich Hartman-Di Lella, Daniel 140.

21 Mowinckel, Psalms and Wisdom 217; vgl. Lacocque, Daniel 46: Der Übergang von V. 13 zu 24 "se fait en effet sans difficulté". Er fährt dann aber fort: "L'unité de langue et de style avec le corps du chapitre indique cependant qu'il s'agit d'une intervention plus tardive du même rédacteur du IIe siècle".

Dan 3,31-33

(31) Der König Nebukadnezar an alle Völker, Nationen und Zungen, die auf der ganzen Erde wohnen: Heil euch in Fülle! (32) Es hat mir gefallen, die Zeichen und Wunder kundzutun, die der höchste Gott an mir getan hat. (33) Wie sind seine Zeichen so groß und seine Wunder so gewaltig! Sein Reich ist ein ewiges Reich, und seine Herrschaft währt von Geschlecht zu Geschlecht.

Der Talmud ist über diese wenigen Sätze der Bewunderung voll[22], Grund genug, sie genauer zu exegesieren, als dies bisher geschah. *ᵓtjᵓ wtmhjᵓ* bildet die Übersetzung des hebräischen Doppelausdruckes *ᵓwtt wmwptjm*[23]. Er ist im deuteronomistischen Schrifttum und darüber hinaus stehender Ausdruck für die Exodusereignisse, die bis in die Gegenwart und darüber hinaus fortwirken[24]. Auf andere Heilstaten ist er nicht übertragen worden[25]. Dan 3,32f verwendet den Ausdruck in zwei neuen Bedeutungen: für Gottes gesamtes Handeln und für das, was er an Nebukadnezar getan hat[26]. Seine Übertragung in eine andere Sprache hat diese Bedeutungserweiterung sicher erleichtert. Gerade wegen seiner Wichtigkeit dürfte ihn der Verfasser von Dan 3,31-33 übernommen haben: Er will Nebukadnezars Worten Nachdruck verleihen, d.h. Gottes Handeln groß erscheinen lassen – wie auch V. 33a: *ᵓtwhj kmh rbrbjn wtmhwhj kmh tqjpjn*. Dieser Satz hat, wie *rbrbjn* deutlich macht, Gottes Handeln insgesamt im Blick; er geht über die unmittelbaren Bedürfnisse der Ge-

22 "R. Jiṣḥaq sagte: Mag siedendes Gold in den Mund dieses Frevlers gegossen werden; wenn nicht ein Engel gekommen wäre und ihm auf den Mund geschlagen hätte, so würde er alle Lieder und Lobgesänge, die Daniel im Buche der Psalmen gedichtet hat, beschämt haben" (San 92b; Goldschmidt, Talmud 9,41).

23 Näheres dazu bei Childs, Formulae; vgl. ferner Stolz, Art. *ᵓwt* 94.

24 Vgl. dazu Kratz, Translatio 168: "Als Bezwinger von Nationen wird Jhwh als König demgemäß auch in der Geschichte Israels wahrgenommen und in der Klage des einzelnen angerufen. Eine feine, wahrscheinlich jedoch eher fremde Anspielung auf dieses Vorstellungselement könnte sich in Dan 3,32f; 6,28 hinter der Wendung *ᵓtjn wtmhjn*, hebr. *ᵓwtwt wmwptjm,* verbergen, die im dtn-dtr Sprachgebrauch das Exodusgeschehen zusammenfaßt und auch innerhalb der Psalmenüberlieferung eine entsprechende Verwendung findet..." (tr.).

25 Hingegen zweimal auf prophetische Zeichenhandlungen: Jes 8,18; 20,3 (Singular).

26 Ähnlich Towner, Passages 320f Anm. 15: "The ‚signs and wonders' are not simply an allusion to the mighty deeds of God in history; rather, the sense here also recalls the attribution of ‚wisdom and might' in 2,21, and even the celebration of God's absolute power and freedom in the prayer of 4,32".

schichte, die er interpretiert[27], deutlich hinaus. Von ihnen geht V. 33 allerdings aus: (Verlust und) Wiedererlangung seines Königtums versteht Nebukadnezar als Zeichen und Wunder, die Gott an ihm gewirkt hat – Dan 3,31-33 gehört zu Kapitel 4[28] – und interpretiert die dort geschilderten Ereignisse. Das für viele der behandelten Texte typische Nebeneinander von Situationsbezug und Lehre fehlt auch hier nicht. "Die durch seine Thaten beurkundete Macht Gottes ist so groß, daß die Herrschaft ihm nie entrissen werden kann"[29]. Dem ist nicht viel beizufügen – außer der Bemerkung, daß V. 33b den inhaltlichen Kehrvers von Dan 2ff bildet, gewissermaßen sein Motto.

Dan 4,31f

(31) Am Ende jener Tage [d.h. der sieben Zeiten] aber erhob ich, Nebukadnezar, meine Augen zum Himmel, und mein Verstand kam mir wieder. Da dankte ich dem Höchsten und lobte und pries den ewig Lebenden: Seine Herrschaft ist eine ewige Herrschaft, und sein Königtum währt von Geschlecht zu Geschlecht. (32) Alle Erdenbewohner sind wie nichts[30] geachtet, nach seinem Belieben verfährt er mit dem Himmelsheer und den Erdenbewohnern, und niemand ist, der seiner Hand wehren und zu ihm sagen dürfte: Was tust du da?

Was zu Dan 3,33 ausgeführt wurde, gilt mutatis mutandis auch für V. 31[31]. Nicht zufällig verwendet Nebukadnezar in seiner Anrede nebeneinander die beiden Epitheta "Höchster" und "ewig Lebender". Implizit nehmen sie die Aussagen von V. 31b voraus. Wie sorgfältig der Verfasser in diesem kurzen Stück doch formuliert! Man wird deshalb auch in V. 32 jedes Wort auf die Goldwaage legen dürfen. Sein erster Teil weist in Jes 40,17 eine interessante Entsprechung auf:

Alle Völker sind vor ihm nichts, für nichtig und wesenlos von ihm geachtet.

---

27 Wie auch andere Stücke des Danielbuches; vgl. dazu Kratz, Translatio 159.

28 So mit Lacocque, Daniel 62 (mit Bezug auf Theodotion).

29 Hitzig, Daniel 60.

30 Plöger, Daniel 72: "Zu erwägen ist eine Veränderung in *kmh* >als was sind sie zu achten?< "(tr.). Inhaltlich kommt es aufs gleiche heraus, ob man *klh* oder *kmh* liest.

31 Vgl. dazu weiter Kratz, Translatio 159, der auch auf die Berührungen des Abschnittes mit andern Stücken aufmerksam macht.

"wenn es um... den Lauf der Weltgeschichte geht"[32], präzisiert Elliger. Wahrscheinlich hat der Verfasser von Dan 4 diese Stelle vor Augen gehabt. Er hat sie aber umformuliert und durch zwei angefügte Sätze so interpretiert, daß Elligers Kommentar auf sie nicht zutrifft. Im Unterschied zu Jes 40,17 spricht Dan 4,32 nicht von "allen Völkern", sondern von "allen Bewohnern der Erde"[33]. Das erklärt sich einfach: Wie kann der Unterschied zwischen den Völkern noch von Bedeutung sein, wenn selbst der zwischen Himmel und Erde verschwindet, Gott mit dem Himmelsheer ebenso nach Belieben verfahren kann wie mit den Erdenbewohnern? Die Trennwand zwischen Himmel und Erde reißt auch Jes 24,21 ein, ein eschatologischer Text, der Dan 4 zeitlich nahesteht[34]:

> An jenem Tage, da wird der Herr heimsuchen das Heer der Höhe in der Höhe und die Könige der Erde auf der Erde.

In Dan 4 weist der Hymnus eine leichte eschatologische Färbung auf, die zugehörige Geschichte nicht; in Dan 2 verhält es sich umgekehrt. Sollte das Zufall sein?

In seiner Antwort an Bildad klagt Hiob (Hi 9,12): "Rafft er dahin, wer will ihm wehren? Wer will zu ihm sagen: Was tust du (*mh-tʿśh*)?". Und Jes 45,9 heißt es: "Wehe dem, der mit seinem Schöpfer hadert, er, eine Scherbe unter irdischen Scherben! Spricht auch der Ton zum Töpfer: Was schaffst du da (*mh-tʿśh*)?". Die gleiche Frage stellt Dan 4,32 (*mh ʿbdt*). Die drei Stellen berühren sich so stark, daß man kaum um die Annahme herumkommt, der Verfasser des Stückes habe bei Hiob oder Deuterojesaja (wie schon in V. 32a) Anleihen gemacht.

V. 32 kombiniert vorliegende (selten belegte!) Aussagen miteinander und schafft dadurch etwas Neues. Die Sätze kreisen um ein Thema: Gottes unendliche Erhabenheit und Macht, die Nebukadnezar auf eindrückliche Weise erlebt hat (Der Situationsbezug des vorangehenden Verses ist nicht so stark).

Noch einmal setzt der ausländische Potentat zum Lobpreis Gottes an:

---

32 Elliger, Deuterojesaja 55.

33 Möglicherweise bildet *wdʾrj ʾrʿʾ* in Dan 4,32 einen späteren – für die Ausleger allerdings verbindlichen – Zusatz (so u.a. BHK und Plöger, Daniel 72), am ehesten als Angleichung an Jes 24,21 zu erklären. Die beiden Worte verdeutlichen nur, was im Text selber angelegt ist. Dieser enthält implizit nämlich auch folgende Aussage: Das Heer des Himmels ist wie nichts geachtet, nach seinem Belieben verfährt er mit allen Erdenbewohnern.

34 Plöger, ebd.

Dan 4,34

All sein Tun ist Wahrheit, und sein Walten ist gerecht, und die da hochmütig wandeln, die vermag er zu demütigen (*kl-mʿbdwhj qšṭ wʾrḥth djn wdj mhlkjn bgwh jkjl lhšplh*).

Das Ceterum censeo zu Beginn: Der letzte Satz bezieht sich auf Nebukadnezar, der hochmütig gewesen und dafür gezüchtigt worden ist (vgl. auch noch Dan 4,14). Die vorangehenden Sätze interpretieren auch die Geschichte von Dan 4[35] und reden zugleich in allgemeiner, nicht situationsbezogener Weise von Gottes Handeln, wie allein *kl* deutlich zeigt. Ebenso allgemeine Definitionen von Gottes Handeln enthalten die beiden jungen Stellen Dtn 32,4 und Ps 145,17. Die inhaltlichen Berührungen zwischen den drei Versen[36] wiegen um so schwerer, als sie sich in der Formulierung etwas voneinander unterscheiden. Orientierte sich der Verfasser von Dan 4 an diesen beiden Versen? Daß wir vergleichbare Fragen schon mehrmals stellen konnten, spricht dafür. In diesem Falle wäre aber zu betonen, wie frei, souverän er mit seinen "Quellen" umgeht. Beachtung verdient weiter, daß sich diese zentrale Gottesdefinition aus spätalttestamentlicher Zeit hier im Munde eines heidnischen Königs findet.

Dan 6,26-28

(26) Darauf schrieb der König Darius an alle Völker, Nationen und Zungen, die auf der ganzen Erde wohnen: Heil euch in Fülle! (27) Hiermit erlasse ich den Befehl, daß man im ganzen Gebiet meines Reiches vor dem Gott Daniels erzittere und sich fürchte. Denn er ist der lebendige Gott, und er bleibt in Ewigkeit; sein Reich ist unzerstörbar, und seine Herrschaft nimmt kein Ende. (28) Er errettet und befreit, er tut Zeichen und Wunder am Himmel und auf Erden, er, der Daniel aus der Gewalt der Löwen errettet hat!

Stärker noch als die vorangehenden Stücke, mit denen er enge Berührungen aufweist, liest sich dieser Text als Kommentar zum Kapitel, in dem er steht[37]. Die Berührungen im Vokabular machen dies deutlich: Die Beamten nähern sich dem König Darius mit dem Wunsch: *lʿlmjn*

35 Vgl. dazu auch Kratz, Translatio 159.

36 Die drei Verse berühren sich vom Vokabular her wie folgt miteinander: *kl; pʿl, mʿśh, mʿbd; drk, ʾrḥ; ṣdjq, tmjm, qšṭ.*

37 Und zu vorangehenden Stücken; vgl. dazu Kratz, Translatio 159.

ḥjj (V. 7), den auch Daniel ausspricht (V. 22). Der Hymnus preist den *ʾlhʾ ḥjʾ*. Die Beamten des Darius verlangen von diesem, *lqjmh qjm*, der nach dem unwiderruflichen Gesetz der Meder und Perser nicht aufgehoben werden dürfe (V. 8f). Der Hymnus hält fest: *wqjm lʿlmjn*. Zweimal bringt Darius seine Hoffnung zum Ausdruck, Daniel möge gerettet werden (V. 17.21 *šzjb*). Der Hymnus spricht von Gott als *mšjzb wmṣl* (V. 28). Einzig der Satz *wʿbd ʾtjn wtmhjn bšmjʾ wbʾrʿʾ*[38] weist in der Geschichte keine lexikalische Entsprechung auf. Die Annahme, der Hymnus enthalte *nur* eine Deutung der vorangehenden Geschichte, verbietet sich trotz dieser beeindruckenden Übereinstimmung. Die Rettung Daniels aus der Gewalt der Löwen ist nur ein, wenn auch wichtiges Exempel dafür, wie Gott immer wieder rettet.

Nicht allein die einzelnen Geschichten im ersten Teil des Danielbuches interpretieren die kurzen hymnischen Einsprengsel, sondern die gesamte Sammlung Dan 1-6*[39]. Sie formulieren in besonders prägnanter, zugespitzter Weise ihre theologische Zentralbotschaft: Gottes Herrschaft, sein Königtum kennt keine Grenzen, es erstreckt sich über alle Reiche der Erde, betrifft jeden einzelnen Menschen und ist in der Zeit unbeschränkt. Mit dieser zentralen Aussage hängen einige weitere Sätze zusammen, obwohl sie sich nicht direkt aus ihr ableiten: Gott herrscht nach freiem Ermessen über die Menschen und überträgt Macht und Weisheit, wem er will. Freilich verfährt er nicht wie ein Despot; vielmehr ist sein ganzes Handeln gerecht. Es ist klar, daß diese Konzeption nur auf dem Hintergrund des israelitischen Monotheismus denkbar ist. Darauf hat mit Nachdruck Koch aufmerksam gemacht, nach dem im Danielbuch der erste universalgeschichtliche Entwurf überhaupt vorliegt:

"Der monotheistische Zug der israelitischen Religion erlaubte es, von dem Gedanken der Einheit und umfassenden Allmacht seines Gottes her die Einheit der Geschichte der Menschheit zu konzipieren"[40].

(Auf die besondere Ausprägung dieses Monotheismus wird gleich noch zurückzukommen sein).

Zwei Aspekte überraschen im Zusammenhang mit dem Konzept von der *mlkw* Gottes: 1. Sie wird auch Fremdherrschern übertragen. 2. Für

38 Eine Bemerkung am Rande: Wo sich die Ausdrücke "Himmel" und "Erde" nebeneinander finden, geht es häufig um die Überlegenheit Gottes; drei Beispiele aus unterschiedlichen Bereichen: Dtn 4,39; Ps 135,6; Koh 5,1.

39 Zu den Einleitungsfragen s. jetzt Kratz, Translatio 11ff.

40 Koch, Geschichtsdenken 308.

das Königtum Gottes und der irdischen Herrscher wird die gleiche Begrifflichkeit verwendet (Ansatzweise haben wir diesen zweiten Tatbestand weiter oben ausgewertet)[41]. Die beiden Aspekte hängen eng miteinander zusammen, sind Bestandteile eines Konzepts, das stark von der persischen Reichsidee bestimmt ist, wie Kratz in seiner brillianten Untersuchung nachgewiesen hat[42]. Dan 1-6* stehen "ganz und gar im Zeichen der >Theokratie< , und zwar in dem Sinne, daß Herrschaft und Reich Gottes die zentrale Kategorie darstellen, unter der der Sammler/Verfasser der Danielerzählungen seine Zeit und die ihn umgebende Welt der mittleren Perserzeit begreift. Im Zeichen der Theokratie nimmt er im irdischen Weltreich die Manifestation des göttlichen Reiches wahr, als dessen Sachwalter heidnische Großkönige in der Sukzession von Weltreichen fungieren"[43]. Diese Könige werden dabei zu Verehrern Jahwes[44], was allerdings nur möglich ist, weil er nicht diesen exklusiv israelitischen, sondern "neutralere" Namen trägt[45]. Von eben diesem Gottesbild ausgehend charakterisiert Kratz das Theokratiekonzept von Dan 1-6* zusammenfassend wie folgt:

"Was ist das für ein Gott, der sich ausschließlich des wahren Israel aus der Verbannung annimmt und es unter fremder Herrschaft Heil erfahren läßt? Der Gott nach dem theokratischen Modell ist ein Gott der Realitäten. Wo sein Volk leben kann, dort ist auch er präsent. Reinem Prinzip zum Trotz begnügt er sich mit dem politischen Kompromiß, dem Ausgleich zwischen jüdischen und fremdstaatlichen Interessen im Rahmen des heidnischen Weltreiches, damit sein Volk das Nötigste hat, was es zum Leben und Sterben braucht. Aufgrund seiner Genügsamkeit gewinnt dieser Gott an Weite und majestätischer Souveränität sondergleichen. Gott läßt den Kompromiß nicht nur zu, sondern er initiiert ihn als der, der das Reich vergibt und die Weltherrscher zum Segen ihres Reiches und darin wiederum zum Segen seines Volkes ein- und absetzt"[46].

Inhaltlich bildet die Theokratie das Zentrum des ersten Teiles des Danielbuches. Trotzdem haben wir das vorliegende Kapitel unter die Über-

41 Vgl. dazu die Zusammenstellung in Anm. 5!

42 Kratz, Translatio 197ff.

43 Kratz, a.a.O. 281.

44 Kratz, a.a.O. 215.

45 Er ist *ʾlh ʾlhjn* (2,47); *ʾlh rb* (2,45); *ʾlh šmjʾ* (2,18.19.37.44); *ʾlhʾ ʿljʾ* (3,26.32; 5,18.21); *mlk šmjʾ* (4,34); *mrʾ mlkjn* (2,47); *mrʾ šmjʾ* (5,23), wird als *ʿljʾ* (4,14.21.22.29.31) und *ḥj ʿlmʾ* (4,31) bezeichnet. "Daß es sich um den jüdischen Gott handelt, geht aus der Bezeichnung als *ʾlh ʾbhtj* (2,23) sowie den auf Daniel und seine Kameraden bezogenen Suffixen (2,47; 3,17.28f; 6,6.11.12.24.27) klar hervor" (Kratz, a.a.O. 161 Anm. 1 [tr.]. – Zum hier angesprochenen Tatbestand vgl. auch Kratzs Ausführungen 215f).

46 Kratz, a.a.O. 282.

schrift “Die verallgemeinernde, *bekennende* Antwort” gestellt. Dies geschah deshalb, weil die spezifische Funktion der hymnischen Einsprengsel darin besteht zu zeigen, daß die Theokratie erst da zu ihrem Ziel gelangt ist, wo sie von den Menschen als solche anerkannt und bekannt wird[47]. So genügsam, realistisch und kompromißbereit Gott auch ist: Auf dieses Bekenntnis verzichtet er nicht. Hier drängt sich ein kurzer Vergleich mit IISam 7,18ff auf: Theologisch wichtig ist dieses Gebet nicht nur seiner Inhalte wegen, sondern auch, weil es die dankende Antwort des Königs David auf Gottes Zusage enthält. Eine vergleichbare Funktion erfüllen die hymnischen Partien in Dan 1-6: Sie bringen die dankbare Antwort auf Gottes heilvolle Herrschaft zum Ausdruck. Dieser Antwort kommt beträchtliches Gewicht zu, bildet sie doch jeweils den Höhepunkt der Erzählungen, in der sie steht[48].

Am Anfang dieses Abschnittes stand unter anderem die Frage, ob die Apokalyptik in der Weisheit oder in der Prophetie wurzle. Mit Apokalyptik im strengen Sinne des Wortes haben die zur Beantwortung dieser Frage herangezogenen hymnischen Einsprengsel wenig zu tun[49]. Eine schwache, aber beachtenswerte Verbindung mit dem zweiten, apokalyptischen Teil des Danielbuches besteht allerdings. In Dan 7,14 heißt es vom Menschensohn: *šlṭnh šlṭn ᶜlm dj¯lᵓ jᶜdh wmlkwth dj¯lᵓ ttḥbl*; diese Stelle erinnert an Dan 3,33; 4,31; 6,27. Koch meint, es liege “nahe, das dem Menschensohn zukommende Reich mit dem während dieser Weltzeit verborgenen Reich Jahwäs in eins zu setzen, das sich dann aber zukünftig in der Sichtbarkeit durchsetzen würde”[50]. Statt “in eins” sagt man besser: “in engere Verbindung”. Und schlagen die hymnischen Einsprengsel im ersten Teil des Danielbuches auch eine schmale Brücke zu seinem apokalyptischen zweiten Teil – ihre zentrale Funktion besteht darin, daß sie einzelne Begebenheiten in einen größeren Zusammenhang stellen, verallgemeinernde Lehren aus ihnen ableiten und gleichzeitig deutlich machen: Gottes Herrschaft erreicht ihr Ziel erst da, wo sie der Mensch bekennend anerkennt.

---

47 Vgl. dazu auch Koch, Geschichtsdenken 308 Anm. 41.

48 Darauf weist – mit etwas anderem Akzent – Koch, Daniel 81 hin: “Zur Gattung Apokalypse gehört anscheinend, daß an bedeutungsvollen Stellen hymnische Partien in gehobener Sprache eingeschoben werden. So geschieht es in Offb, 4. Esr, 2. Bar. Der Gebrauch von poetischen Partien innerhalb prosaischer Erzählungen oder Schilderungen, um einen Höhepunkt herauszuheben, entspricht gemeinsemitischem Brauch”.

49 Solche enthält der erste Teil des Danielbuches nur in Dan 2,28.31-45.

50 Koch, Apokalyptik 27.

C. PSALMEN AUSSERHALB DES PSALTERS

“Das Auftreten von Psalmen außerhalb des Psalters in anderen Textzusammenhängen, wie es sich an verschiedenen Stellen des Alten Testaments beobachten läßt, erlaubt einige interessante Einblicke in die Prinzipien, welche die Endverfasser oder -redaktoren der alttestamentlichen Schriften bei ihrer Redaktionstätigkeit geleitet haben”[1].

Mit diesem Satz greift Reventlow durchaus nicht zu hoch – im Gegenteil: Bei der Untersuchung dieser Texte entdeckt man zwar unterschiedliche, aber immer höchst kunstvolle, oft rabbinisch anmutende Theologie und stößt zugleich – so deutlich wie sonst kaum noch im Alten Testament – auf Anfänge der Kanonisierung; diese steht tatsächlich mit bestimmten Texten in Verbindung. Doch nehmen wir die Resultate nicht vorweg und wenden uns ihrer Auslegung zu!

1 Reventlow, Gebet 287.

1. Interpretation

a) ISam 2,1-10; IISam 22; IISam 23,1-7: Die nachdeuteronomistische Auslegung der Samuelbücher

Der Blick auf die nächste Überschrift (Die Vorbilder) erstaunt, scheinen doch Dtn 32f; Jdc 5 und Ex 15 mit den drei Samueltexten nur die poetische Form zu teilen. In Tat und Wahrheit berühren sich die sieben Kapitel inhaltlich in vielen Punkten. Wichtiger noch: Redaktionsgeschichtlich geurteilt gehören sie zu den spätesten Texten innerhalb des deuteronomistischen Geschichtswerkes, respektive im Buche Exodus; ISam 2; IISam 22f darf man als nachdeuteronomistisch bezeichnen. Die drei Kapitel enthalten die weisheitliche Interpretation der beiden Samuelbücher, die durch ihre Orientierung an Dtn 32f, zwei Mosepredigten, an Bedeutung gewinnt. Diese Andeutungen und Thesen sollen im folgenden – auf oftmals verschlungenen Pfaden und mit Umwegen – begründet werden.

α) ISam 2,1-10: Das Hannalied

(1) Und Hanna betete und sprach:
Mein Herz ist fröhlich in dem Herrn!
hoch ragt mein Horn durch den Herrn[1].
Weit tut sich auf mein Mund wider meine Feinde;
denn ich freue mich über deine Hilfe.
(2) Niemand ist heilig wie der Herr,
denn außer dir ist keiner[2],
und es ist kein Fels wie unser Gott!

1 Mit vielen Mss und der LXX zieht Wellhausen, Text 42, *bᵓlhj* der masoretischen Lesart vor – "der Abwechslung wegen" (ähnlich McCarter, ISamuel 68). Diese Begründung ist zu schwach.

2 Die LXX und das schlecht erhaltene 4QSam[a] weichen von der masoretischen Fassung ab (zu Problemen und Lösungsvorschlägen vgl. vor allem McCarter, a.a.O 68f, und Tournay, Cantique 556f). *kj ᵓjn bltk* wird (außer mit textkritischen Argumenten) auch gerne mit der Begründung gestrichen, man erwarte wie im Rest des Psalmes in V. 2 nur zwei Stichoi (so u.a. Stoebe, Samuelis 101; vgl. Tournay, a.a.O. 557) und er enthalte "eine über den Kontext hinausgehende Gottesanschauung", d.h. eine streng monotheistische Aussage (Stoebe, ebd.). – Es scheint uns unmöglich zu sein, einen "ursprünglichen" Text zu rekonstruieren; wir gehen bei der Auslegung vom masoretischen Text aus.

(3) Machet nicht der Worte viel[3]: "Hoch hinaus, hoch hinaus"[4].
Vermessenes entfahre nicht[5] eurem Mund!
Denn der Herr ist ein Gott des Wissens,
und von ihm werden die Taten gewogen/
und schändliche Taten bestehen nicht[6].
(4) Der Bogen der Helden wird zerbrochen[7],
Wankende aber gürten sich mit Kraft.
(5) Satte müssen sich um Brot verdingen,
doch Hungrige hören für immer auf[8].
Die Unfruchtbare gebiert sieben,
dieweil die Kinderreiche dahinwelkt.
(6) Der Herr tötet und macht lebendig,
er stößt in die Grube und führt herauf.
(7) Der Herr macht arm und macht reich,
er erniedrigt und erhöht.
(8) Er richtet den Dürftigen auf aus dem Staube,
aus dem Kot erhebt er den Armen,
daß er sie setze neben die Fürsten
und ihnen den Ehrenthron gebe;
denn des Herrn sind die Säulen der Erde,
und er hat den Erdkreis darauf gestellt.

---

3 Zur asyndetischen Zuordnung der beiden Verben vgl. Gesenius-Kautzsch, Grammatik § 120g S. 404.

4 Wellhausen, Text 43, erblickt im *h* von *gbhh* einen Richtungsanzeiger. Budde, Samuel 15, meint, in diesem Falle wäre der direkten Rede wegen nicht *tdbrw*, sondern *tʾmrw* zu erwarten. Dieser Einwand besteht nicht ganz zu Recht (vgl. Schmidt, Art. *dbr* 105-107, besonders 106 unten).

5 Die Wirkung von *ʾl* erstreckt sich auch auf den zweiten Stichos des Verbes (Gesenius-Kautzsch, a.a.O. § 152z S. 506); anders etwa Stoebe, Samuelis 100: "nur Vermessenes geht ja aus eurem Munde".

6 Übersetzungen der ZB, respektive von Stoebe, Samuelis 101 (zur Begründung s. 101f). Zu Einzelheiten der komplizierten grammatikalischen Probleme vgl. auch noch Tournay, Cantique 559f. – Da die zwei vorgeschlagenen Übersetzungen inhaltlich auf der gleichen Vorstellung beruhen, verzichten wir hier auf ihre Diskussion.

7 Die Lesart von 4QSam[a] (*ḥth*) ist als lectio facilior zu beurteilen (Tournay, a.a.O. 560). Manchmal richtet sich das Prädikat "im Genus und Numerus nicht nach dem Nomen regens, sondern nach dem Genetiv, sofern derselbe den Hauptbegriff in der Subjektkette darstellt" (Gesenius-Kautzsch, Grammatik § 146a S. 489).

8 Gegen MT ist *ʿd* wohl zu *ḥdlw* zu ziehen. Der Satz bedeutet: Die *rʿbjm* werden nie mehr hungern (so mit Tournay, a.a.O. 561). Zur textkritischen Diskussion der Stelle vgl. die reichhaltigen Ausführungen von Stoebe, Samuelis 102.

(9) Die Füße seiner Frommen[9] behütet er,
aber die Gottlosen werden zunichte im Dunkel;
denn nicht ist stark der Mensch aus eigener Kraft.
(10) Die mit dem Herrn[10] rechten, werden vernichtet,
der Höchste[11] im Himmel donnert;
der Herr richtet die Enden der Erde.
Er gebe seinem König Stärke
und erhöhe das Horn seines Gesalbten!

Formal wie inhaltlich außerordentlich reichhaltig entzieht sich dieser Text gängigen Einordnungen. Die Auslegungen der Kommentatoren weichen denn auch stark voneinander ab. Drei Beispiele: Willis, ein Vertreter der Cross-Freedman-Schule, betrachtet die zehn Verse als ein Lied, das ein oder mehrere Stämme nach einem Sieg über Feinde, möglicherweise die Philister, im Heiligtum von Silo angestimmt hätten; dort sei Hanna auf es gestoßen und habe es zu dem ihren gemacht[12]. Bressan, ein konservativer Italiener, meint, ein Redaktor habe – quasi in der Funktion eines Ghostwriters – die Gedanken von Samuels Mutter zu einem kunstvollen Gebilde verarbeitet[13]. Mit der Lage seiner präsumtiven Verfasserin stimme das Hannalied nur schlecht überein, behauptet ein Großteil seiner Ausleger[14] und setzt es in später, nicht selten nachexilischer Zeit an [15].

Nicht Einzelheiten stehen also zur Diskussion, sondern miteinander unvereinbare Konzeptionen, die um eine weitere, in vielen Punkten vorbereitete, ergänzt werden sollen: ISam 2,1-10, ein spätnachexilisches

9 Wegen des parallelen *wrš^{c}jm* ist wohl der Plural zu lesen (vgl. Q^{e}re). Freilich läßt sich auch ein Argument für den Singular ins Feld führen: Das Hannalied spricht in V. 10 fast unverhüllt von David; warum sollte nicht schon V. 9 einen versteckten Hinweis auf ihn enthalten (vgl. noch IISam 22,26 und Stoebe, Samuelis 105)?

10 Casus pendens (Gesenius-Kautzsch, Grammatik § 143b S. 479).

11 Entweder handelt es sich bei *^{c}lw* um eine eigene Gottesbezeichnung (so etwa Bressan, Cantico 511; McCarter, ISamuel 73, schlägt vom Ugaritischen her die Lesung *^{c}lj* "the Exalted One" vor), oder es liegt eine Verschreibung von *^{c}lj(w)n* vor (Nowack, Richter-Samuelis 11; Budde, Samuel 16, spricht von einer Abkürzung). – Es ist auch möglich "d'accepter le qeré normal..., au sens de ‚contre chacun d'entre eux' " (Barthélemy, CTAT 1, 145).

12 Willis, Song 150-152.

13 Bressan, Cantico 83-89.

14 So etwa Nowack, Richter-Samuelis 9.

15 Diesen Ansatz vertritt mit eingehender und sorgfältiger Prüfung u.a. Tournay, Cantique.

Kunstprodukt, ist – unter Aufnahme vorhandener älterer Elemente – eigens für den Einsatz nach ISam 1 verfaßt worden. Das Lied, das in Hannas Mund nicht unpassend wirkt, enthält eine prophetische und weisheitliche Deutung des in den Samuelbüchern berichteten Geschehens; aus ihr sollen die Leser für sich selber Konsequenzen ableiten. Einige Aussagen in diesen zehn Versen weisen allerdings keinen direkten oder engen Bezug zu I/IISam auf; in den meisten Fällen handelt es sich dabei um Theologumena, die in spätnachexilischer Zeit (und in vielen der hier behandelten Texte) eine wichtige Rolle spielen.

Zum Charakter von ISam 2,1-10 als Kunstprodukt[16]: Der Text ist u. a. als "Königspsalm"[17], "Song of Victory or Triumph"[18] oder "Hymnus"[19] bezeichnet worden. Diese Einordnungen treffen alle mehr oder weniger zu und sind deshalb beliebig. Wir verzichten daher auf ihre ausführliche Diskussion und weisen nur auf einige wichtige Einzelpunkte hin.

Einige Ausleger des Psalmes betrachten V. 2aβ.9b.10b als sekundäre Einschübe[20]. Auch ohne sie ist ISam 2,1-10 kein gewöhnlicher Psalm, der sich eindeutig einer bestimmten Gattung zuordnen ließe. Die "Umkehr der Verhältnisse" bildet das bestimmende Thema im Hannalied. Zu ihm gibt es Parallelen im Alten Testament, aber keine von dieser Ausführlichkeit. Zwar ist das Hannalied eine Art Patchwork, aber ein sehr regelmäßiges. Einzelne Verse sind durch Stichworte kunstvoll miteinander verbunden: *rwm* + *qrn*: V. 1.10 (*rwm* auch noch V. 7.8); *gbr*: V. 4.9; *ḥtt*: V. 4.10[21]. Die enge Berührung von V. 1 und 10 könnte redaktionell bedingt sein. Gegen diese Möglichkeit spricht allerdings der starke Bezug von ISam 2 und IISam 22(f) auf die Geschichte des Königtums. Warum sollten sie erst sekundär messianisch interpretiert worden sein? Liegen in ISam 2,10; IISam 22,51 aber tatsächlich sekundäre Elemente vor, so dürften sie ihren Weg in die beiden Psalmen *vor* ihrer Einfügung ins deuteronomistische Geschichtswerk gefunden haben. Dies gilt wohl auch für V. 2aβ. (vgl. Anm. 2).

---

16 Als solches betrachtet das Lied u.a. auch Stoebe, Samuelis 106: "sekundäre Komposition unter Verwendung verschiedener älterer Motive".

17 Vgl. McCarter, ISamuel 73: "the original context of the song... [is] an occasion of royal thanksgiving, quite possibly the birth of an heir to the throne".

18 Willis, Song 142.

19 Gunkel-Begrich, Einleitung 32.

20 Zu V. 2aβ und 9b vgl. etwa Stoebe, Samuelis 101f, zu V. 10b Veijola, Dynastie 120f.

21 Nach Meynet, Analyse 58-61, weist das Hannalied insgesamt eine "construction concentrique" auf (58); seine Ausführungen sind nicht überzeugend.

ISam 2,1-10 paßt nicht nur wegen V. 5b*a* gut in den Mund der Hanna[22]. Wer das Gegenteil behauptet, verbietet Hanna, ihre Erfahrung zu verallgemeinern und zur Lehrerin zu werden. Nirgends wird Peninna Feindin Hannas genannt – und doch ist sie es; im Munde von Samuels Mutter bildet V. 2 deshalb keinen Fremdkörper. Stolz weist darauf hin, das ISam 1 "stark am kultischen Vorgang des Klage- und Dankgeschehens orientiert [ist]"[23]. Ihn führt ISam 2 weiter: Wie Hanna um einen Knaben gebetet hat (ISam 1,11; *htpll*: 1,10.12.26.27), so dankt sie nun für ihn (*htpll*: 2,1).

Wichtiger dürfte ein zweiter Punkt sein: Das Hannalied enthält eine prophetische, aber stark verhüllte Deutung der in I/IISam erzählten Geschichte. Das hat schon der Targumist richtig gesehen, der schreibt, Hanna hätte im Geist der Prophetie (*brwḥ nbwᵓh*, V. 1) gebetet. In seiner ausführlichen Paraphrase des Psalmes bezieht er dessen Aussagen auf Israels Geschichte, V. 4 beispielsweise auf das Reich Griechenlands, die Hasmonäer. Diese Auslegung macht deutlich, daß es sich nicht aufdrängt, das Hannalied auf die in den beiden Samuelbüchern dargestellten Ereignisse zu beziehen. Miscall bringt dieser Art von Auslegung gegenüber denn auch einen Vorbehalt an:

"many of Hannah's statements in the Song have the flavor of platitudes with no predictable relevance to the context. There is no proportion, direct or inverse. For example, ‚The bows of the mighty are shattered, while the feeble... are girded with armor.' The mighty are defeated in 1 Samuel, but they include the Israelites, the Philistines, the Ammonites, and even Saul and Jonathan; the relation is not specific"[24].

Er geht noch weiter:

"The grandiose panorama of the Song of Hanna and its uncertain and tenuous relation to 1 Samuel draw attention once more to the absence of an overview or introduction that would have a substantial relation to the context. The song as a whole is a lure; it offers much but produces little"[25].

22 Zwar ist Hanna nicht Mutter von sieben Söhnen (vgl. ISam 2,21), aber auf Zahlen kommt es dem Interpolatoren des Hannaliedes nicht an. Er will zwar einen Bezug zur Situation der Hanna schaffen, aber nur einen allgemeinen; ebenso wichtig ist sie ihm als Verkünderin allgemeingültiger Lehren (die aus den Samuelbüchern erhoben werden können).

23 Stolz, Samuel 29.

24 Miscall, 1Samuel 15.

25 Miscall, a.a.O. 16.

In der Tat: Enge direkte Beziehungen zu den Geschichten der Samuelbücher weist das Hannalied nur wenige auf (aber sie sind vorhanden). Von den Themen her gesehen berührt es sich aber eng mit ihnen: An beiden Orten geht es um den Messias, den Gegensatz zwischen Frommen und Gottlosen sowie um kriegerische Auseinandersetzungen. Das soll im folgenden für die beiden letzten Themen aufgewiesen werden (auf den Messias kommen wir bei der Behandlung von IISam 22 zurück).

Zum Thema "Krieg": Die Samuelbücher berichten unbefangen von militärischen Erfolgen Sauls, Jonathans und Davids. Freilich gibt es auch viele Stellen, an denen Siege Jahwe zugeschrieben werden; letztlich bewirkt er alles, das Heer und seine Anführer bleiben mehr oder weniger passiv. Besonderes Interesse verdient in diesem Zusammenhang ISam 17. David prahlt mit den Heldentaten, die er als Hirtenjunge vollbracht habe, und der Erzähler der Geschichte schildert mit sichtlichem Vergnügen, wie dieser dank militärischer Klugheit den Philister besiegt habe. Freilich läßt er den zukünftigen König auch korrekt bemerken, daß er seine Rettung und seinen Sieg über Goliath Jahwe verdanke (V. 37; 45-47). Diese fromme Haltung legt neben David auch Jonathan an den Tag, der vor einer Schlacht gegen die Philister bemerkt, es sei dem Herrn ein leichtes, zu helfen, es sei durch viel oder durch wenig (ISam 14,6). In V. 9 verallgemeinert das Hannalied diese Aussagen und spitzt sie zugleich zu: *kj-lᵓ bkḥ jgbr-ᵓjš*. Zu dieser weisheitlichen Sentenz gibt es im Alten Testament viele inhaltliche Parallelen[26], von ihrer Formulierung und ihrer Allgemeinheit her steht sie allerdings allein da. Dies nährt den Verdacht, der Verfasser des Hannaliedes habe an dieser Stelle *gbr* verwendet, weil es IISam 1,23 von Saul und Jonathan heißt: *mᵓrjwt gbrw* (Das Verb[27] findet in den Samuelbüchern nur noch IISam 11,23 Verwendung). Als prophetische Aussage besagte der Satz also: Wer sich wie Saul auf seine eigene Kraft und nicht Jahwe verläßt, wird scheitern (Den Satz auf Jonathan zu beziehen fällt schwer). Stärker als alle Geschichten in den Samuelbüchern betont ISam 2,9b also, daß der Mensch alles Gott verdankt, von sich aus nichts vermag; der Satz schließt jeden Synergismus aus, der noch die Goliathgeschichte stark bestimmt.

In die gleiche Richtung wie V. 9 weist V. 2: Hanna darf den Mund gegen ihre Feinde weit auftun, weil sie sich der Hilfe Jahwes erfreut. In den Samuelbüchern geht es zentral um die Frage, wer Israel vor seinen

---

26 Vgl. etwa Jes 31,1; Prov 21,31.

27 Belege: Gen 7,18.19.20.24; 49,26; Ex 17,11: ISam 2,9; IISam 1,23; 11,23; Jes 42, 13, Jer 9,2; Sach 10,6.12; Ps 12,5; 65,4; 103,11; 117,2; Hi 15,25; 21,7; 36,9; Koh 10,10; Thr 1,16; Dan 9,27; IChr 5,2.

Feinden, den Philistern an erster Stelle, retten kann[28], die Wurzel *jšᶜ* spielt dabei eine wichtige Rolle. Nicht Saul (und seine Söhne), aber Samuel und David, lautet eine Antwort (Bsp: ISam 23,5), eine zweite: Jahwe durch sie (Bsp: IISam 3,18[29]), die dritte schließlich, Jahwe allein (Bsp: ISam 11,13). Das Hannalied setzt auch hier einen eindeutigen Akzent, indem es die Hilfe allein Jahwe zuschreibt.

Wie ist V. 4a (*qšt gbrjm ḥtjm*) auf die Samuelbücher zu beziehen? Die Vermutung ist nicht abwegig, die beiden Nomina fänden deshalb im Hannalied Verwendung, weil sie in den Samuelbüchern etwas gehäuft vorkommen[30]. In erster Linie denkt man an IISam 1,17ff, Davids Klage um Saul und Jonathan. Nicht nur trägt sie die Überschrift *qšt*. David rühmt Jonathan auch dafür, daß seine *qšt* nicht zurückwich, wie das Schwert Sauls nicht leer zurückkam (V. 22). In diesem Klagelied konzentrieren sich weiter die Belege von *gbwr* (in positiver Bedeutung) wie nirgends sonst im Alten Testament. Hat ISam 2 das Klagelied Davids im Blick, bringt es an diesem allerdings eine massive Korrektur an: Der in ihm beklagte Untergang der Helden wird im Hannalied neutral zur Kenntnis genommen, ja positiv bewertet. Ein Vergleich zwischen den beiden Texten fällt freilich schwer: Wegen der Allgemeinheit des Verses ist nicht klar, wer mit den Helden in ISam 2,4 gemeint ist[31]. Soviel steht immerhin fest: Wie die beiden Verse, die das gleiche Thema zum Gegenstand haben, betont er, daß alles auf Gottes Wirken zurückgeht – auch militärische Erfolge.

Zum Thema "Fromme und Gottlose". In V. 9 heißt es: *rglj ḥsjdw jšmr wršᶜjm bḥšk jdmw*. Diese beiden Sätze wirken im Hannalied auf den ersten Blick wie ein Fremdkörper. Ps 1 könnte mit diesem Verse abschließen, der in Prov 2,8 eine enge Parallele aufweist: *wdrk ḥsjdw jšmr* (vgl. etwa noch Ps 97,10). Diese Hinweise machen es klar: V. 9 enthält eine weisheitliche Sentenz aus der Spätzeit. Es fällt schwer, sie nicht

28 Dies kann hier nicht bis ins Einzelne belegt werden – und braucht es auch nicht: Berges, Verwerfung passim, hat diese Arbeit bereits geleistet.

29 Gegen viele Mss, Übersetzungen und Kommentatoren ist wohl an M (*hwšjᶜ*) festzuhalten und nicht *ᵓwšjᶜ* zu lesen (vgl. dazu Barthélemy, CTAT 1 234f; "l'auteur emploie l'infinitif absolu à la place de la première personne de l'imparfait pour ajouter au futur une valeur de ferme résolution" (235).

30 Belege von *qšt*: ISam 2,4; 18,4, 31,3; IISam 1,18.22; 22,35. – Belege von *gbwr*: ISam 2,4; 9,1; 14,52; 16,18; 17,51; IISam 1,19.21.22.25.27; 10,7; 16,6; 17,8. 10; 20,7; 22,26; 23,8.9(2x).16.17.22.

31 Zur Vorsicht zwingt auch die Beobachtung, daß der Ausdruck *gbwr* viele Protagonisten der in den Samuelbüchern berichteten Ereignisse schmückt: Saul und Jonathan, Goliath, aber auch David und seine Soldaten.

auf das Verhalten Davids Saul gegenüber[32] zu beziehen: Das erste Samuelbuch wird nicht müde zu betonen, daß David sich dem ersten König Israels gegenüber immer gerecht verhalten habe[33]. Ihn hat Gott behütet, während Saul umgekommen ist. Die Richtigkeit der Sentenz von ISam 2,9a erweist sich auch am Ergehen anderer Gestalten aus den beiden Samuelbüchern, so etwa an Samuel, den Söhnen Elis und Davids, um nur die wichtigsten zu nennen[34].

Zwei zentrale Themen von I/IISam interpretiert Hanna in ihrem Lied mit stark theozentrischer, gesetzestheologischer Ausrichtung. Sie gibt uns damit eine Leseanleitung für das, was folgt.

Mit dem Nachweis so allgemeiner Berührungen braucht man sich nicht zu begnügen. Das Hannalied enthält – für den, der sie kennt! – unüberhörbare Hinweise auf bestimmte Texte, Ereignisse aus den Samuelbüchern. In V. 3 findet sich der ungewöhnliche Satz. *ᵓl-trbw tdbrw gbhh gbhh*. Eingebildetheit, Hochmut: Dafür verwendet der Hebräer gerne die Wurzel *gbh*[35] – erstaunlicherweise kaum offen im Zusammenhang mit hochfahrenden Reden[36]. Die Vermutung, dem Verfasser des Hannaliedes hätte gerade an dieser Vokabel gelegen[37], ist deshalb nicht leicht von der Hand zu weisen. In der Tat: Wir finden *gbh* nur selten in den Samuelbüchern, immer in theologisch bedeutsamem Zusammenhang: Saul überragte alles Volk (*gbh mkl-hᶜm*) (ISam 9,2; ähnlich 10,23) – und wurde von Gott doch verworfen. Als Samuel sich Eliab als Nachfolger Sauls ersah, beschied ihn Jahwe (ISam 16,7):

> Schaue nicht auf sein Ansehen und seinen hohen Wuchs (*gbh qwmtw*); denn ich habe ihn verworfen. Denn Gott sieht nicht auf das, worauf der Mensch sieht.

Goliath war sechs Ellen und eine Spanne hoch (*gbhw*, ISam 17,4), und doch besiegte ihn David mit Gottes Hilfe. Menschliche Größe garantiert weder den Sieg noch das Königtum. Wenn Menschen deshalb sprechen: "Hoch hinaus, hoch hinaus", handeln sie vermessen und werden von

---

32 S. Anm. 9!

33 Die entscheidende Aussage findet sich in ISam 24,18. Saul gesteht David: *ṣdjq ᵓth mmnj*.

34 Vgl. dazu Berges, Verwerfung passim.

35 Vgl. dazu Stähli, Art. *gbh* 396f; Hentschke, Art. *gbh* 894f.

36 Vgl. neben Sir 4,29 (*gbhn*: großsprecherisch) noch Zeph 3,11.

37 So andeutungsweise schon Stoebe, Samuelis 104: "zur Exemplifizierung könnte auf I Sam 16,7 verwiesen werden".

Gott zur Rechenschaft gezogen. Daß sich die Verwendung von *gbh* kaum dem Zufall verdankt, macht der Vergleich mit Ps 75 deutlich, der sich eng mit dem Hannalied berührt: In ihm fehlt diese Wurzel[38]. Wem diese Auslegung von ISam 2,3 zu spezifisch, vokabelbezogen ist, kann die Warnung auf die frechen Reden Peninnas (ISam 1), der Elisöhne (ISam 2), das prahlerische Auftreten Goliaths (ISam 17) oder Absalomos (vgl. etwa IISam 15) beziehen.

r^{c}m gehört zum Vokabular von Theophanieschilderungen. In den erzählenden Teilen des Alten Testaments findet der Terminus sich allerdings nur ISam 7,10:

> An jenem Tage nun, während Samuel das Brandopfer darbrachte, ... donnerte (*wjr^{c}m*) der Herr gewaltig wider die Philister und verwirrte sie, daß sie Israel unterlagen.

Es dürfte kein Zufall sein, daß es im Zusammenhang mit Gottes universalem Gericht heißt: *^{c}lw bšmjm jr^{c}m* (ISam 2,10), auch nicht, daß der Satz in der dramatischen, von einer Theophanie begleiteten Rettung Davids praktisch gleichlautend wieder auftaucht (IISam 22,14). Der Hinweis auf ISam 7,10 erklärt am besten, warum das Hannalied unter den vielen Theophanieelementen gerade dieses enthält, das aus dem Psalme Davids übernommen sein dürfte. Durch die lexikalische Übereinstimmung zwischen diesen drei Stellen werden Gottes Gericht an der ganzen Welt, an den Philistern und Davids Feinden ein Stück weit auf die gleiche Stufe gestellt; letztlich geht es immer um das gleiche Gericht und immer um das Gericht an Jahwes Feinden.

Stoebe interpretiert auch V. 8 von den Samuelbüchern her; zum Ausdruck *wks^{ɔ} kbwd* bemerkt er: "Hier liegt es nahe, an den Thron Davids zu denken"[39]. Wer diese Interpretation vertritt, muß aus David einen *dl* und *^{ɔ}bjwn* machen, was er nach der Überlieferung der Samuelbücher nicht ist, auch wenn er sich – konventionell – als niedriger Herkunft bezeichnet (ISam 18,18). Der Verfasser hat in David keinen Armenmessias gesehen, wie V. 10 deutlich macht. Stoebes Auslegung könnte allerdings zutreffen, wenn es jenem weniger auf den Inhalt des Verses denn auf die – Assoziationen freisetzenden – Stichworte (oder beides zusammen) ankam. In diesem Falle hätten wir es freilich mit einer eigenwilligen Interpretation der Samuelbücher zu tun – von ihrer prophetischen

38 Nicht hingegen das seltene *^{c}tq* (V. 6; sonst neben ISam 2,3 nur noch Ps 31,19; 94,4).

39 Stoebe, Samuelis 105.

Ausrichtung her zu erklären? Wir haben es wohl: Ps 113,7f berührt sich so eng mit ISam 2,8a, daß man um die Annahme literarischer Abhängigkeit nicht herumkommt. Der Satz *wksᵓ kbwd jnḥlm* fehlt im Psalme bezeichnenderweise. Hängt das Hannalied von ihm ab, bildet der Satz eine auf David zu beziehende Ergänzung. Sollte ISam 2 das Vorbild sein, hätte ihn der Verfasser von Ps 113 (er wird nicht David zugeschrieben!) als nicht zum Rest des Psalmes passend gestrichen.

In einem letzten Punkt nimmt das Hannalied deutlich auf die Ereignisse der frühen Monarchie Bezug: Dafür, daß Jahwe erniedrigt und erhöht, finden sich in beiden Samuelbüchern viele Beispiele.

Fazit: Das Hannalied kann über weitere Strecken als prophetisch-weisheitliche Interpretation der beiden Samuelbücher verstanden werden. Gleichzeitig enthält es eine Reihe von Theologumena (und Kombinationen davon!), die sich auch in den andern Texten finden, die in diesem und im nächsten Abschnitt behandelt werden. ISam 2 bildet gleichsam ihr Kondensat. Dies soll in den nächsten Abschnitten gezeigt werden.

Nachdem Hanna Jahwe für geschehene Hilfe gedankt hat, formuliert sie ein beeindruckendes monotheistisches Bekenntnis (V. 2)[40]. Vielleicht bildet sein zweiter Stichos eine sekundäre, streng monotheistische Interpretation der beiden Unvergleichlichkeitsaussagen[41] – darauf weist unter anderem der Wechsel in der Person –; er berührt sich recht eng mit Jes 44,8. Einzigkeit und Unvergleichlichkeit Gottes betonen auch Dtn 32,39 und IISam 22,32 – mit Formulierungen, die Deuterojesaja nahestehen[42]. Diese Koinzidenz spricht dafür, daß diese Texte in ihrer jetzigen Gestalt jung sind. Hingegen schließen die Unvergleichlichkeitsaussagen von Ex 15,11 (und Dtn 33,26) eine Frühdatierung der beiden Kapitel nicht a limine aus.

Seinen literarischen Niederschlag hat der Monotheismus vor allem im Deuteronomium und noch stärker bei Deuterojesaja gefunden. Die bisherigen Untersuchungen haben deutlich gemacht, daß daneben die späten Gebete und redaktionell verwendete Psalmen als drittes Korpus zu nennen sind. Lehnen sich die Psalmen bei der Formulierung von Jahwes Einzigkeit vereinfacht ausgedrückt an Deuterojesaja an (Poesie!), bedienen sich die Gebete deuteronomistischer Terminologie (Prosa!).

---

40 Zu den text- und literarkritischen Fragen vgl. Anm. 2 und die dort genannte Literatur.

41 So u.a. Stoebe, Samuelis 101.

42 Deuterojesaja verwendet, wo er die Einzigkeit Jahwes herausstellt, gerne den Ausdruck *ᵓl* (Jes 40,18; 43,10.12; 45,14(15).21.22; 46,9); vgl. dazu auch Schmidt, Art. *ᵓl* 147-149.

Eine Stelle blieb bis jetzt unbehandelt – sie leitet zugleich zum Thema der göttlichen Hilfe über, das in der untersuchten Textgruppe ebenfalls einen zentralen Platz einnimmt – Dtn 33,26f:

> Es gibt keinen gleich dem Gotte Jeschuruns[43],
> der am Himmel einherfährt dir zu Hilfe (*b^{c}zrk*)
> und in seiner Hoheit auf den Wolken..
> Er vertrieb den Feind vor dir
> und sprach: Vertilge!

Jahwes Unvergleichlichkeit zeigt sich darin, daß er (dem Volk) zu Hilfe kommt. Das Thema "Hilfe" steht auch im Zentrum von V. 29, mit dem das Kapitel schließt:

> Heil dir, Israel, wer ist dir gleich,
> du Volk, dem der Herr Sieg verleiht (*^{c}m nwš^{c} bjhwh*), ...
> Deine Feinde müssen dir schmeicheln,
> du aber trittst auf ihre Höhen.

Der Vers entfaltet in Anlehnung an V. 26 das Thema der Unvergleichlichkeit des Volkes. Sie besteht nicht in irgendwelchen Verdiensten Israels, sondern darin, daß Gott ihm hilft (Der Abschnitt weiß allerdings auch von einem Mitwirken des Volkes).

Das gleiche Thema handelt wortreich und originell Dtn 32 ab. V. 12 heißt es programmatisch:

> Der Herr allein leitete es, kein fremder Gott war mit ihm.

Jahwe hätte die ungetreuen Israeliten fast vernichtet, wäre da nicht die Befürchtung gewesen (V. 27):

> ihre Dränger möchten es falsch auslegen
> und sagen: Unsre Hand war mächtig,
> nicht der Herr hat dies alles getan.

Jahwe wird gar spöttisch (V. 37f):

> Wo sind ihre Götter,
> der Fels, der ihre Zuflucht war...
> Sie mögen sich aufmachen und euch helfen (*wj^{c}zrkm*) ...

Der Gegensatz lautet hier nicht wie in Dtn 33 "Jahwes Hilfe oder die eigene", sondern "Jahwes oder der Götter Hilfe".

Im Psalme Davids (IISam 22) dominiert das Thema "Hilfe" sehr stark; mehr dazu bei der Auslegung des Kapitels.

---

43 Man punktiere *k^{e}ᵓel*; vgl. dazu etwa König, Deuteronomium 233.

Am Ende des kurzen, jeden Exegeten zur Verzweiflung treibenden Prophetenbüchleins stehend nimmt Hab 3 einen redaktionsgeschichtlich zentralen Platz ein. Deshalb und weil es sich eng mit ihnen berührt, könnte es in die Gruppe der hier behandelten Texte aufgenommen werden. Im Zentrum des Kapitels steht die Bitte an Jahwe, er möge sich kundtun und im Zorne des Erbarmens eingedenk sein (V. 2). Daran schließt eine Theophanieschilderung an, in die Aussagen über Jahwes Eingreifen gegen Kuschan und Midian (V. 7), die Völker (V. 12) und das den Beter bedrängende Volk (V. 16) eingebaut sind. Positiv (V. 13):

> Du ziehst aus, deinem Volke zu Hilfe, deinem Gesalbten zu Hilfe (*jṣᵓt ljšᶜ ᶜmk ljšᶜ*[44] *ᵓt¯mšjḥk*).

Das Thema "Hilfe" bestimmt das Schilfmeerlied durch und durch; in V. 2 fällt das entscheidende Stichwort *wjhj¯lj ljšwᶜh*.

Unter den hier behandelten Texten spielt es in IISam 23 keine und im Deboralied eine untergeordnete Rolle.

Zu den bemerkenswertesten Charakteristika und wichtigsten Gemeinsamkeiten unserer Textgruppe gehören die Theophanieschilderungen; sie fehlen nur Ex 15; Dtn 32 und IISam 23. Sie enthält die bekanntesten und wichtigsten vier Beispiele dieser Gattung – auch die beiden ausführlichsten (IISam 22; Hab 3). Die Minitheophanie von ISam 2,10 wirkt schon deshalb im Hannalied nicht fehl am Platz.

Was sollen die Theophanieschilderungen in Dtn 33,2, Jdc 5,4f; ISam 2,10; IISam 22,8-16; Hab 3? Diese Frage zwingt zum Ausholen. Jeremias hat die These aufgestellt, die "Theophanieschilderungen [hätten] ihren ursprünglichen ‚Sitz im Leben' in den Siegesfeiern Israels gehabt"[45], und stützt sich dabei in erster Linie auf Jdc 5 ab. Diese These überzeugt nicht, ist aber wegen des spärlichen Quellenmaterials auch kaum zu widerlegen. Wir diskutieren aber weder sie noch Gegenthesen und fragen auch nicht nach dem ersten "Sitz im Leben" der Theophanieschilderungen, sondern nach ihrem letzten "Sitz in der Literatur". An vielen Stellen ist es der Buchanfang: Ez 1,4ff; Mi 1,3f; Nah 1,3bff und – dies die aufschlußreichste Stelle – Am 1,2:

> Und er sprach: Der Herr brüllt vom Zion her, und von Jerusalem aus läßt er seine Stimme ertönen. Da trauern die Auen der Hirten, und der Gipfel des Karmel verdorrt[46].

---

44 Die vorgeschlagenen Emendationen *lhwšjᶜ*, *ljšwᶜt* (vgl. BHK), respektive *ljšᶜ ᶜm l(h)wšjᶜ ᵓt¯ᶜm* (vgl. BHS) ändern den Sinn des Verses nicht oder nur geringfügig.

45 Jeremias, Theophanie 142.

46 Wolff, Amos 151, schreibt den Vers "einer judäischen Redaktion zu..., die Je-

Es springt geradezu in die Augen: Theophanieschilderungen nehmen in redaktionsgeschichtlich wichtigen Texten und in der Redaktion von Prophetenbüchern einen wichtigen Platz ein (Hab 3 steht nicht zufällig am Ende dieses Büchleins!). *Redaktion* ist also ein Schlüssel zu ihrem Verständnis.

Warum erfreuen sich Theophanieschilderungen in redaktionellem Zusammenhang solcher Beliebtheit? Auf diese Frage geben ihre einzelnen Aussagen (insbesondere die des zweiten Gliedes) keine befriedigende Antwort, zu reichhaltig sind sie. Sie muß in ihren konstitutiven Elementen gesucht werden. Es sind dies die "Lebendigkeit, Dynamik, ja Leidenschaft Jahwes"[47] (erstes Glied) und "das Wissen um die Gewalt und unwiderstehliche Macht Jahwes"[48] (zweites Glied). Diesem Aspekt kommt im vorliegenden Zusammenhang besondere Bedeutung zu. Er unterstreicht: Gott hat die Macht, das zu bewirken, was er dann tut. Mit andern Worten: Die Theophanieschilderungen haben legitimierende Funktion und verleihen dem, was Gott verkündigt und macht, Nachdruck. Es ist deshalb "gewiß nicht zufällig, daß es sich nahezu überall dort, wo Texte der Gattung der Theophanieschilderungen aufgenommen werden, um ein Kommen Jahwes zu Großtaten handelt. Er naht zur Vernichtung ganzer Völker, zum Gericht an seinem Volk oder zu entscheidenden Rettungstaten für Israel"[49]. Wir dürfen deshalb mit Jeremias gegen Jeremias[50] schließen: Die Errettung des König David galt den Verfassern von IISam 22 und Ps 144 auch als eine der Großtaten Gottes.

Legitimierende Funktion besitzt die Theophanie auch anderswo. Die beiden Gottesreden im Hiobbuch werden wie folgt eingeleitet (Hi 38,1; 40,6): Da antwortete der Herr dem Hiob *mn (h)sᶜrh* und sprach. Dieser Ausdruck, nur ein "Requisit" aus dem zweiten Teil der Theophanieschilderung, verleiht Jahwes Reden Nachdruck und Gewicht.

Was die Theophanieschilderung in Ex 19 betrifft, stehen sich zwei Konzeptionen gegenüber. Für Perlitt steht fest, "daß das Ineinander von

rusalem noch nicht so kritisch gegenüberstand wie 24f.". Er berührt sich vom Vokabular her eng mit dem des Amosbuches: *šᵓg* (Am 3,4.8); *ntn qwlw* (Am 3,4); *rᵓš hkrml* (Am 9,3). Diese Berührungen, von Wolff als potentielles Argument für die Echtheit des Verses genannt, verdanken sich unseres Erachtens einem Späteren, der das Amosbuch mit Terminologie aus diesem interpretieren will. Der Vers dürfte deshalb (gegen Wolff) einen der jüngsten Bestandteile des Büchleins bilden. – Der Verfasser von Am 1,2 arbeitet ähnlich wie die des Hannaliedes, des Psalmes und der letzten Worte Davids und von Jes 12.

47 Jeremias, Theophanie 164.

48 Jeremias, a.a.O. 163.

49 Jeremias, a.a.O. 164.

50 Jeremias, ebd.

Sinai und Theophanie am Anfang der ‚Sinai'-Überlieferung steht und gegenüber allen anderen Stoffen von Ex 19ff. ursprünglich ist"[51]. Levin dagegen meint:

"Eine Sinai-Theophanie ohne Gesetz käme auf den bloßen Theaterdonner bei leerer Szene hinaus. Man ließe Jahwe sich umständlich räuspern – und nähme ihm dann das Wort, das zu empfangen Mose eigens auf den Berg gestiegen ist. Die Theophanie gehört also von vornherein zwischen xix 3a und xx 1"[52].

In einem Punkte sind sich die beiden jedoch einig: Die Theophanie legitimiert die Gesetze (die Gesetzesmitteilung). Nach Levin war das von Anfang an der Fall (Er hätte auch vom respektgebietenden Räuspern Jahwes sprechen können), nach Perlitt erst sekundär: "Gesetz und Recht ... entstammen der Gotteserscheinung nicht, sondern werden durch deren legitimierende Kraft angezogen"[53].

Innerhalb der jungen Texte Dtn 33; ISam 2 und IISam 22 bilden die Theophanieschilderungen traditionsgeschichtlich geurteilt möglicherweise altes Gut. Könnte nicht ihre Altertümlichkeit ein Stück weit erklären, warum sie legitimierende Kraft besitzen?

Theophanieschilderungen mit "Theologisierung" in Zusammenhang zu bringen, mutet vielleicht gezwungen an. Für diese stehen Abstraktion und Allgemeinheit, für jene äußerste Anschaulichkeit. Nur: Les extrêmes se touchent – und der allgemeine dogmatische locus von Gottes Allmacht läßt sich bildlich ebenso gut, wenn nicht besser, ausdrücken als durch abstrakte, allgemeine Formulierungen.

Den meisten Platz nimmt im Hannalied der "renversement des conditions humaines"[54] ein (V. 4-8). Der Abschnitt weist viele Berührungen mit andern Texten auf. Von ihnen unterscheidet er sich durch seine Ausführlichkeit, die ihm einen lehrhaften Anstrich verleiht; man ist geneigt, von einem locus "de conditionum revolutione" zu sprechen. Diesen lehrhaften Charakter nicht zu unterschätzen lehrt ein Vergleich mit altorientalischen Texten: Enthalten sie auch viele Parallelen zu den einzelnen Aussagen, fehlt in ihnen doch die entscheidende Gegenüberstellung von "positivem" und "negativem" Handeln Gottes; genauer: Sie betonen das

51 Perlitt, Bundestheologie 234. Es handelt sich bei diesem Satz um ein *überlieferungsgeschichtliches* Urteil.

52 Levin, Dekalog 185.

53 Perlitt, Bundestheologie 235.

54 Tournay, Cantique 560.

positive[55]. Welches ist die Bedeutung der Verse? Die klassische katholische Auslegung hat das Lied eschatologisch interpretiert. Unter anderem von den V. 4-8 her schreibt der Übersetzer der Jerusalemer Bibel: "Es handelt sich um ein messianisches Lied, das die Hoffnung der ,Armen' ... ausspricht und am Schluß auf den Messiaskönig hinweist"[56]. Wäre dem so, es handelte sich um eine brutale, inhumane Hoffnung, die den Untergang der ehedem Bevorzugten zur Folge hat (V. 4-7) – oder doch nicht (V. 8)? Allein diese Ungereimtheit läßt es geraten erscheinen, nach andern Erklärungen Ausschau zu halten. Den entscheidenden Hinweis liefern zwei Parallelstellen. Als der König von Syrien den Herrscher auf Israels Thron brieflich bittet, er möge seinen Feldhauptmann Naeman heilen, ruft der zornig aus (IIReg 5,7):

> Bin ich denn ein Gott, der töten und lebendig machen kann, daß dieser mir entbietet, ich solle einen Menschen von seinem Aussatz befreien?

Einen ähnlichen Zusammenhang stellt Dtn 32,39 her. Nur Gott besitzt also die Macht, zu töten und lebendig zu machen. Spricht ISam 2,4-8 also ausführlich und in Bildern von Gottes Macht? Ohne diese Annahme ist schwer zu erklären, warum die gewählten Beispiele so unterschiedlichen Bereichen entstammen, mal konkreter, mal allgemeiner sind, einmal nur bestimmte Gruppen von Israeliten im Auge haben, dann wieder für alle gelten.

Wer nur die V. 4(5)-7a liest, kann sich des Eindruckes fast nicht erwehren, Jahwe führe sich wie ein Despot auf. Dieser Interpretation steht möglicherweise V. 7b (*mšpjl* ᵓ*p*¯*mrwmm*) entgegen. Wir verstehen ihn so, daß Gott die Übeltäter erniedrigt und die Gerechten erhöht. Für diese Auslegung spricht das verwandte Ps 75,8: sondern Gott ist Richter, *zh jšpjl wzh jrjm*. Was für V. 7b gilt, dürfte auch für die übrigen Aussagen des Abschnitts zutreffen; schlagende Beweise lassen sich allerdings keine beibringen. Sie zeigen nicht einen ungerechten, despotischen Gott am Werk, sondern einen gerechten Richter. Gegen diese Interpretation spricht freilich das Los der Kinderreichen und der Satten: Warum sollen sie bestraft werden? Daß es sich in V. 4 um ungerechte Helden handelt, deren Bogen zerbricht, steht nirgends geschrieben; dies macht erst die

---

55 Den Grund dafür bestimmt Crüsemann, Studien 152, richtig wie folgt: "Daß im Lob der babylonischen Psalmen nur das positive Tun hervorgehoben wird, dürfte an der Funktion liegen, die diese Stücke im Ganzen der Gebete haben; sie dienen ja als Einleitung zu einer Bitte oder Beschwörung. Hier wäre es ganz unangebracht, auch das Negative... des göttlichen Wirkens zu erwähnen".

56 Anmerkung zu ISam 2,1-10.

Fortsetzung des Liedes deutlich (vgl. auch Ps 37,14f, der von den Gottlosen zu berichten weiß: Und ihre Bogen werden zerbrochen[57]).

Nur das Hannalied stellt das Schicksal von Satten und Hungrigen, Unfruchtbaren und Kinderreichen einander gegenüber. Warum gerade diese beiden Gegenüberstellungen? Wohl auch deshalb, weil ihnen exemplarische Bedeutung zukommt, sie besonders anschaulich sind. Die in den V. 6f entfalteten Gegensatzpaare weisen neben den bereits genannten Parallelen zwar recht viele Berührungen im Alten Testament auf, aber keine enge Entsprechung mehr, ein weiterer Hinweis darauf, welch zentrale Bedeutung dem renversement im Hannalied zukommt. Das zeigt sich auch dort, wo sich die Stellen scheinbar eng miteinander berühren. Aus dem Nebeneinander von Töten und Lebendigmachen in ISam 2,6 wird in Dtn 32,39 ein Nacheinander von Zerschlagen und Heilen. Dtn 32,39bβ (*mḥṣtj wᵓnj ᵓrpᵓ*) konkretisiert, interpretiert den Lehrsatz des vorangehenden Satzes (*ᵓnj ᵓmjt wᵓḥjh*), legt seine Bedeutung eindeutig fest (Zwar möglich, aber eher unwahrscheinlich ist, daß auch die Aussagen von ISam 2,6f im Sinne eines Nacheinanders zu interpretieren sind). Wiederum erweist sich das Hannalied als der dogmatischere Text.

ISam 2,1-10 ist nicht der einzige alttestamentliche Text, der das Thema "renversement des conditions humaines" so nachdrücklich hervorhebt. Neben Ez 17,24; 21,31 ist vor allem das Büchlein Esther zu nennen: "The whole of the book... can readily be seen as one grand reversal"[58]. Alle wichtigen Texte, die den Topos entfalten, stammen frühestens aus exilischer Zeit, ein weiterer Hinweis auf eine relativ späte, nachexilische Abfassung des Hannaliedes.

Überraschend wirkt auf den ersten Blick V. 8b – die LXX läßt ihn weg –: *kj ljhwh mṣqj ᵓrṣ wjšt ᶜljhm tbl.* Doch machen Ps 75,3f und vor allem Ps 96,10 deutlich, daß der Hinweis auf die Stabilität der Schöpfung und Jahwes Gericht (im weitesten Sinne verstanden) zusammengehören. Da nun V. 4-10a grob gesprochen unter dieses Thema fallen, wirken diese beiden Sätze nicht störend, auch wenn man sie eher in V. 10 suchte.

Von einer formalen Beobachtung her gewinnen sie noch eine weitere Bedeutung. Drei *kj*-Sätze im Hannalied (V. 3b.8b.9b) enthalten je eine allgemeine theologische Aussage, zwei weisheitliche und eine schöpfungstheologische. Sie bilden zusammen mit dem vierten *kj*-Satz in V. 2 (Jahwe solus Deus) das theologische Gerüst oder Fundament für den Rest des Psalmes.

57 Vom Inhalt her berührt sich IISam 22,28, von der Formulierung her V. 40 aus dem gleichen Kapitel leicht mit ISam 2,4.

58 Clines, Ezra-Esther 269.

Die chokmatische Gegenüberstellung von Frommen und Gottlosen befremdet vom inhaltlichen Gefälle der Samuelbücher her nicht (Man denke nur an David und Saul), und Vergleichstexte lassen sie geradezu als selbstverständlich erscheinen[59].

Das Deboralied schließt mit folgender, von einigen als sekundär eingestuften Sentenz (Jdc 5,31)[60]:

> So müssen umkommen, Herr, all deine Feinde.
> Die ihn aber lieben, sind wie die Sonne,
> wenn sie aufgeht in ihrer Pracht.

Der erste Stichos paßt gut als abschließendes Interpretament zum Lied, der zweite führt einen Gedanken ein, der ihm fremd ist. Der Vers trägt "den Charakter des Bekenntnisses"[61], man könnte auch sagen der Lehre. Er spricht verallgemeinernd von allen Feinden, nicht bloß den Kanaanäern, die damals von einer Stämmekoalition von Israeliten besiegt worden sind. Unter der Hand werden aus Israels Feinden die Jahwes. Weil der mutmaßliche Redaktor geschickt gearbeitet hat, übersieht man fast, daß die beiden Stichoi des Verses nicht ganz zueinander passen, respektive der erste eine doppelte Bedeutung besitzt: Mit den Feinden sind vom ganzen Lied her die Kanaanäer, von V. 31a*β* her (auch) die gottlosen Israeliten gemeint. Der Vers macht im ersten Satz aus den politischen Feinden die Jahwes, um sie im daran anschließenden indirekt in religiöse Widersacher Gottes zu verwandeln. Um diese Interpretation kommt nur herum, wer damit rechnet, mit den Gott Liebenden seien alle Israeliten gemeint – eine gewagte Annahme! Wie geschickt doch ein Siegeslied in den Hafen der Gesetzestheologie gelotst wird!

Am stärksten fällt die "Gesetzestheologie" in Hab 3,13 auf:

> Du ziehst aus, deinem Volke zu Hilfe, deinem Gesalbten zu Hilfe. Du schmetterst das Dach weg vom Hause des Gottlosen (*ršᶜ*) ...

Darf man diesen Vers so interpretieren, daß Jahwe seinem Volke zu Hilfe kommt, aber nur den Gerechten in ihm? Wie auch immer: Die Abfolge der beiden Sätze erstaunt. Das Volk und der Gesalbte befinden sich in Not, Jahwe eilt ihnen zur Hilfe – und der Verfasser des Kapitels redet, was angesichts dieser Situation wie Luxus anmutet, vom Ergehen der Gottlosen (Der Fromme bleibt unerwähnt).

---

59 Zum Psalme Davids und seinen letzten Worten s. unten.

60 Vgl. dazu unsere Auslegung des Kapitels.

61 Müller, Aufbau 457.

Die fünf Texte, in denen das Thema "Gerechte/Fromme – Gottlose" auftaucht, entfalten dieses auf unterschiedliche Weise; die Stellen hängen literarisch nicht voneinander ab. Dieser Gegenüberstellung kommt um so mehr Gewicht zu, als vom Grundthema der einzelnen Kapitel her keine Ausführungen zu ihr zu erwarten wären.

"Jahwe, aller Welt Schöpfer, ist auch aller Welt Richter"[62]. Mit dieser Auslegung von V. 9f beantwortet Hertzberg auf elegante Weise die Frage, warum der Hannapsalm Jahwe als universalen Richter prädiziert. Eine andere Verbindung stellt Stoebe her: "V. 10 gehört als Ganzes in den Bereich der Königspsalmen (zu *ᵓpsj ᵓrṣ* vgl. Ps 2,8; 72,8)"[63]. Beide Auslegungen enthalten eine particula veri: Schöpfung und weltweites Gericht gehören etwa auch nach Ps 75 eng zusammen. Sollte sich ISam 2 tatsächlich an den Königspsalmen orientieren – eine Abweichung von ihnen wäre bemerkenswert: Nicht der König vernichtet die Feinde, sondern Jahwe. Hier macht sich ein letztes Mal das "solus Deus" geltend. Von einem universalen Gericht Jahwes weiß keiner der hier behandelten Texte (vgl. immerhin Ps 75). Hier tritt das spezifische Profil des Kapitels besonders deutlich hervor.

Jahwe trägt in ISam 2,2 den Namen *ṣwr*, und so heißt er häufig auch in andern der hier untersuchten Texte: Dtn 32,4.15.18.30.31 (zwei Belege; einer steht für eine fremde Gottheit wie auch V. 37); IISam 22,3. 32.47 (= Ps 18,3.32.47); 23,3. Diesen zwölf (fünfzehn) Belegen von *ṣwr* als Gottesbezeichnung stehen nur wenig mehr im Rest des Alten Testaments gegenüber[64]. Dies wie die Tatsache,daß sich *ṣwr* recht häufig in späten Texten (möglicherweise in einer redaktionellen Ergänzung: Ps 19,15!) findet, spricht dagegen, in diesem Wort ein gewöhnliches Epitheton Jahwes zu erblicken. Häufig taucht es in Lehrsätzen auf, ISam 2,2; IISam 22,32 und Jes 44,8 im Zusammenhang mit Jahwes Einzigkeit (vgl. Dtn 32,31). Warum sich *ṣwr* in unserer Textgruppe so großer Beliebtheit erfreut, weiß niemand[65]. Etwa deshalb, weil es so gut zu einem zentralen Aspekt der Texte, in denen es steht, paßt, nämlich Gottes Hilfe[66]? Wie auch immer: Diese Gottesbezeichnung bildet eine *spe-*

62 Hertzberg, Samuelbücher[1] 19.

63 Stoebe, Samuelis 105 (tr.).

64 Jes 17,10; 26,4; 30,29; 44,8; Hab 1,12; Ps 19,15; 28,1; 31,3; 62,3.8; 71,3; 73, 26; 78,35; 89,27; 92,16; 94,22; 95,1; 144,1 (von Ps 18 abhängig); vgl. dazu van der Woude, Art. *ṣwr* 542f.

65 Auch nicht Eichhorn, Gott, der die ausführlichste Arbeit zum Thema verfaßt hat.

66 Vgl. dazu van der Woude, Art. *ṣwr* 542: "Vorwiegend in Hymnen, individuel-

zifische und deshalb besonders wertvolle Berührung zwischen den untersuchten Texten. Mehr als andere macht sie deutlich, daß ihre Zusammenstellung nicht willkürlich ist.

An einer letzten Beobachtung sei nachgewiesen, welch zentrale Bedeutung dem Hannalied innerhalb des Alten Testaments zukommt. ISam 2,8a berührt sich fast verbatim mit Ps 113,7f. Beide Psalmen berichten weiter davon, wie die *ᶜqrh* zu Kindern kommt. Was die Priorität betrifft, streiten sich die Gelehrten. Verläßliche philologische Anhaltspunkte gibt es nicht. Freedman[67] betrachtet unter anderem auf Grund der ausschließlichen Verwendung des Gottesnamens Jahwe in Ps 113 diesen als älter. Hurvitz meint, die beiden Partizipien *hmgbjhj* und *hmšpjlj* in V. 5f seien nicht Archaismen, sondern Neologismen, "pseudoclassicisms indicative of a relatively late linguistic phase in the historical development of BH"[68]. Auch die andern Argumente, die für eine oder andere Lösung ins Feld geführt werden, überzeugen nicht. Noch stärker als mit Ps 113 ist das Hannalied mit Ps 75 verwandt, mit dem es einen Großteil des Vokabulars und der Themen teilt (Wörtliche Übereinstimmungen hingegen gibt es nicht): *špṭ; ᵓrṣ (tbl); ᶜmwd; ršᶜ; hrjm qrn; ᶜtq; špl//rwm; (ṣwr);* (universales) Gericht; Festigkeit der Erde; Warnung an die Gottlosen, vermessen gegen Jahwe zu reden. Anders als mit literarischer Abhängigkeit lassen sich diese Berührungen nicht erklären. Welchem Text die Priorität zukommt, ist schwer zu entscheiden. Eines machen diese vielen Berührungen und Abhängigkeiten des Hannaliedes mit und von andern Texten allerdings deutlich: Es handelt sich bei ihm um einen theologischen Grundsatztext von nicht zu unterschätzender Bedeutung. Er bildet trotz seiner relativen Kürze das Zentrum einer umfangreichen Gruppe von Texten, mit denen er je verschiedene Aussagen teilt[69].

Im Hannalied einen einigermaßen logischen Aufbau zu erkennen, fällt schwer. Der Eindruck, in ihm füge sich ein Versatzstück an das andere, ist stärker; unsere Auslegung hat in die gleiche Richtung gewirkt. Er besteht zu Unrecht. Der Psalm setzt dem Kontext gut angepaßt mit dem Dank Hannas ein, die den Mund gegen die Feinde (Peninna) weit aufmachen kann – dank der Hilfe Jahwes. Assoziativ knüpft daran V. 2 an. An eben dieser Hilfe erkennt Hanna, daß es keinen Gott wie und außer Jah-

---

len Dank-, Vertrauens- und Klageliedern ist der feststehende, unerschütterliche Fels in übertragener Bedeutung stereotypes Bild für die Hilfe Gottes".

67 Freedmann, Psalm 113, 69*.

68 Hurvitz, Originals 121.

69 Vgl. auch noch Hi 40,7-16; der Abschnitt berührt sich vom Vokabular her eng mit dem Hannalied (Tournay, Cantique 568).

we gibt. V. 3(a) zieht man meist zu V. 1 und versteht ihn als an die Feinde gerichtete Mahnung. Wir halten es nicht für ausgeschlossen, daß mit diesem Vers ein neuer Abschnitt einsetzt und Hanna sich an ihre Zuhörer wendet. Oder hat der Verfasser des Psalmes absichtlich so formuliert, daß beide Auslegungen möglich sind? Begründet wird die Warnung vor hochfahrenden Reden mit der Allwissenheit Gottes; er nimmt alles wahr. Assoziativ und zugleich folgerichtig schließen die V. 4-7(8) an: Gottes Allmacht lautet in ihnen das Thema. Jahwe wird in den V. 4f noch nicht als Verursacher des renversement genannt (vgl. V. 6f); ein stärkeres passivum divinum kann man sich allerdings nicht vorstellen. Spätestens V. 8 macht klar, daß der Akzent bei Jahwes Allmacht auf der Erhöhung des Niedrigen, auf seinem helfenden Handeln liegt – und V. 9 schließt ein weiteres Mißverständnis aus: Als allmächtiger Gott handelt Jahwe nicht willkürlich, sondern bewahrt die Frommen und bestraft die Gottlosen, die sich auf ihre eigene Kraft verlassen und deshalb nicht bestehen. Damit ist ein passender Anschluß für V. 10 geschaffen, der von Jahwes Gericht an seinen Feinden handelt. Von Hannas *ᵓwjbjm* ist das Lied ausgegangen, mit Jahwes Widersachern schließt es ab. Eine Identifizierung der beiden ist nicht auszuschließen, wird aber im Unterschied zu Jdc 5 nicht explizit vollzogen.

Weist das Lied der Hanna auch eine beeindruckende formale Geschlossenheit auf[70], lassen sich in ihm doch verschiedene Traditionsströme und Inhalte voneinander trennen. Neben klassischen Psalmmotiven findet sich Schöpfungs- und Königstheologie, ja sogar Gesetzestheologie im weitesten Sinne des Wortes. Den theologischen Stempel drücken dem Text jedoch weisheitliche Aussagen auf: "Auf der Suche nach der ‹ geistigen Heimat › des Psalms wird man... fast von selbst in den Bereich der Weisheit gewiesen"[71], hält Bartelmus zu Recht fest, und seinem Urteil ließen

70 Sie ist allerdings nicht so stark, wie Meynet (s. Anm. 21) und Bartelmus, Tempus, meinen. Dieser glaubt, ISam 2 sei in seinen beiden Teilen je nach dem "Dreizeitenschema Vergangenheit-Gegenwart-Zukunft" (25) (qatal / qotel, Nominalsatz / yiqtol) aufgebaut. Der Verfasser des Textes nutze "die drei für den Menschen wahrnehmbaren Dimensionen der Zeit als Basiselemente der Beschreibung der Universalität und Singularität des Gottes Israels" (15). Diese beiden Elemente hängen nicht ausschließlich vom einige Male durchbrochenen Dreizeitenschema ab, dessen Bedeutung Bartelmus überschätzt. Die Verwendung der drei Zeitstufen drängt sich in ISam 2 schon deshalb auf, weil Hanna in der Gegenwart redet, auf ein vergangenes Ereignis zurückblickt und zukünftiges Geschehen deuten will. Diese Interpretation entbindet auch davon, für jede Abweichung des von Bartelmus postulierten Dreizeitenschemas eine komplizierte Erklärung zu finden.

71 Bartelmus, a.a.O. 34.

sich viele gleichlautende anfügen. Weisheit bedeutet Verallgemeinerung. Einem Redaktoren/Theologen, der Geschichte interpretieren, sie auf ihre Grundprinzipien zurückführen will, kommen weisheitliche Sentenzen und Erklärungsmodelle entgegen.

Nun fällt auf, daß die Samuelbücher deutlich mehr chokmatische Sentenzen, Interpretamente als die andern Teile des deuteronomistischen Geschichtswerkes enthalten; vgl. neben Einzelsätzen[72] und weisheitlichem Vokabular noch die letzten Worte Davids. Warum? Eine Vermutung sei gewagt: Die in I/IISam erzählten Geschichten mit ihren komplizierten Verwicklungen im zwischenmenschlichen Bereich sind transparenter auf weisheitliche Interpretation hin denn die politischen Geschehnisse, welche die Königsbücher schildern[73]. Durch ihre weisheitliche Deutung gewinnen die Ereignisse der frühen Königszeit paradigmatische Bedeutung für die kommenden Perioden der Geschichte Israels und für das Leben eines jeden Individuums. Mit diesen Andeutungen zur weisheitlichen Interpretation der Samuelbücher haben wir einen Tatbestand stärker ausgeleuchtet als erlaubt, ihm deutlichere Konturen verliehen, als er besitzt. In Tat und Wahrheit ist sie eher eine feine, leise Oberstimme als ein deutlich zu vernehmender Ostinato.

β) IISam 22: Der Psalm Davids

Ein redaktioneller Text ganz andern Zuschnitts als das Hannalied gehört er mit diesem doch eng zusammen, ist wie dieses ein formgeschichtliches Kunstprodukt und wahrscheinlich für den Einsatz an seinem jetzigen Platz (aus vorliegenden Elementen) "komponiert". Noch stärker als das Hannalied spielt der Psalm auf in den Samuelbüchern berichtete Ereignisse an; im Unterschied zu jenem sind sie in ihm deutlich als solche zu erkennen. IISam 22 enthält in versteckter und offener Form viel Lehre, bildet den redaktionellen Abschluß der Zeit Davids. Diese Thesen werden im folgenden begründet.

Noch immer behaupten Ausleger dieses Psalmes, er sei einheitlich und höchstens oberflächlich überarbeitet worden; sie bezeichnen ihn etwa als "Royal Song of Thanksgiving"[74]. Er ist tatsächlich – in höherem Sin-

---

72 Man beachte u.a. folgende Stellen: ISam 15,22f.29; 16,7; 17,47; 24,14; 26,23; IISam 22,26f.31.

73 Das Problem müßte allerdings auch redaktionsgeschichtlich angegangen werden, d.h. von der Beobachtung her, daß die Materialien in den einzelnen Büchern des deuteronomistischen Geschichtswerkes stark voneinander abweichende Bearbeitungen erfahren haben.

74 Cross-Freedman, Song (Aufsatztitel).

ne – einheitlich, aber sein Verfasser hat ihn aus übernommenem und stark überarbeitetem sowie eigenem Material komponiert. Die V. 2-20 enthalten ein individuelles Danklied; die in es eingeschobene Theophanieschilderung (V. 8-16) mag von Anfang an zu ihm gehört haben oder aber eine sekundäre Ergänzung bilden[75]. In den V. 32/33-50 liegt ein "Sieges- und Danklied des Königs"[76] vor. Theologisch unterscheiden sich die beiden Texte stark voneinander: Die V. 2ff schildern David als gefährdeten, dem Tode nahen Frommen, der in seiner Not zu Jahwe schreit, von diesem erhört und gerettet wird. In den V. 32/33ff erscheint David als König, der, von Jahwe mit Kraft gegürtet, seine Feinde selber vernichtet, wie Staub der Erde zermalmt (V. 43). Synergismus von Gott und König zeichnet diesen Teil des Psalmes aus. Ob er älter ist als der erste[77]? Keinesfalls dürfte man die beiden Teile Platz tauschen lassen. Dem individuellen Danklied kommt aus theologischen Gründen die Priorität zu – und es gehört deshalb an den Anfang von IISam 22: Hilfe (und Stärke) kommen allein von Jahwe, ihm verdankt David alles. Jedem Leser des Psalmes ist von daher klar, daß in den V. 32/33ff der Nachdruck auf Gottes Beistand und Hilfe, nicht Davids Erfolgen ruht. Der Synergismus wird nicht aufgehoben, aber doch abgeschwächt, das "Deus et David" vom "Solus Deus" überstrahlt. Die Samuelbücher schreiben, wie schon ausgeführt, militärische Erfolge 1) einem der Heerführer, 2) Jahwe allein oder 3) ihrem vereinten Wirken zu. Die theologisch entscheidenden Texte machen allerdings unmißverständlich klar: Alle Hilfe, jeden Sieg verdanken Israel und sein König Jahwe. IISam 22 reproduziert das Nebeneinander dieser drei Konzeptionen getreulich und legt den Nachdruck ebenfalls auf den "solus Deus".

Die Zusammensetzung von IISam 22 aus zwei ursprünglich selbständigen Psalmen ist nur die auffälligste Besonderheit dieses Kapitels. V. 32 enthält die für unsere Textgruppe zentrale Aussage von Jahwes Einzigkeit. Ihn als Anfang des Königdankliedes zu verstehen, fällt schwer, und als Abschluß von V. 26ff drängt er sich nicht auf. Wahrscheinlich wollte

75 Zu dieser zweiten Möglichkeit vgl. etwa Jeremias, Theophanie 128f.

76 Hoßfeld, Wandel 186.

77 So bestimmt Hoßfeld, ebd., nach dem der "Kern- oder Grundtext der ältesten Stufe" in den V. 2.33-50 vorliegt: "Er stellt das Dank- und Siegeslied eines Königs dar. Eine Identifizierung des Königs und damit eine direkte historische Anbindung sind nicht möglich. Die Würdigung der Argumente... ergibt aber zumindest die Einordnung in vorexilische Zeit und innerhalb dieser die Möglichkeit eines relativ hohen Alters". – Was die absolute Datierung von IISam 22 in seiner Jetztgestalt (und von ISam 2,1-10; IISam 23,1-7) betrifft, so machen die Erörterungen in diesem Kapitel hinreichend klar, daß sie in die (spät)nachexilische Zeit gehören.

ihn der Redaktor aus inhaltlichen Gründen im Kapitel haben und fügte ihn dort ein, wo er am besten paßt (oder am wenigsten stört).

Daß IISam 22 kein gewöhnlicher Psalm ist, macht schon die lange Liste von Jahweprädikationen in V. 2f deutlich; sie hat Duhm zu folgendem Kommentar veranlaßt:

"Daß der Verf. ein langes Gedicht abfassen will, verrät er schon hier durch die Wortfülle, die alle Ausdrücke und Bilder für den Begriff Schutz zusammenhäuft, die sich sonst in Gedichten finden mögen"[78].

Für diese Wortfülle gibt es noch mehr Gründe. Einer sei jetzt schon genannt: In IISam 22,49 ist mit dem *ʾjš ḥmsjm* aller Wahrscheinlichkeit nach Saul gemeint (mehr dazu weiter unten). Der im Zusammenhang von V. 2f überraschende, ja befremdende Satz *mšʿj mḥms tšʿnj*, der in Ps 18 zusammen mit dem vorangehenden *wmnwsj* fehlt, dürfte eine versteckte Anspielung darauf enthalten[79].

Als die jüngsten Teile von IISam 22 gelten den meisten Exegeten die Abschnitte V. 21ff und 26ff[80]. Auf die V. 21ff, in denen sich David seiner Rechtschaffenheit rühmt, ist etwas ausführlicher einzugehen, da sich mit ihnen die wichtigste redaktionsgeschichtliche These neueren Datums verbindet. Zusammen mit V. 1 und 51 weist Veijola diesen Abschnitt DtrN zu; dieser hätte den Psalm in seiner jetzigen Gestalt ins deuteronomistische Geschichtswerk eingefügt[81]. Besteht diese These – von V. 21-25 her geurteilt – zu Recht? Veijola behauptet, der Abschnitt enthalte "Ausdrücke dtr Provenienz in großer Dichte"[82]. Dies trifft nicht zu. *šmr* und *drkj jhwh* taugen als Beweis nicht, da zu allgemein. Zur seltenen Wendung *šmr drk(j) jhwh* liegt in Jdc 2,22 zwar eine wichtige dtr Parallele vor; der gleiche Ausdruck findet sich aber auch in Gen 18,19; Mal 2,9; Ps 37,34; Hi 23,11; Prov 8,32. Für den dtr Bereich charakteristischer wäre zudem die Verbindung *hlk bdrkj jhwh*. Den Ausdruck *swr mn* findet man in dtr Texten zwar häufig; die engsten Entsprechungen zu V. 23b weisen jedoch Mal 3,7; Ps 119,102; Dan 9,5 auf. Zur Verbindung *mšpṭw... wḥqtjw*: Die beiden Nomina stehen auch außerhalb des deuteronomistischen Bereichs parallel zueinander; was ihre Reihenfolge und die Pluralform *ḥqt* betrifft, berührt sich IISam 22,23 enger mit an-

---

78 Duhm, Psalmen² 68.

79 Von daher verliert die ausführliche Diskussion um das Plus von IISam 22,3 (vgl. etwa Schmuttermayr, Psalm 18, 37-40) ihre Berechtigung ein Stück weit.

80 So etwa Hoßfeld, Wandel passim, vor allem 186f.

81 Veijola, Dynastie 120ff.

82 Veijola, a.a.O. 122.

dern Bereichen[83]. Der Abschnitt enthält zudem, worüber Veijola hinwegsieht, eine Reihe nichtdeuteronomistischer Formulierungen und Sätze – so *br* (kein Beleg in dtr Texten) und den Satz *wʾštmrh mʿwnj*, der im Alten Testament keine enge Parallele aufweist. Auch die Ausdrücke *ršʿ* und *tmjm* können nicht als typisch deuteronomistisch gelten, letzterer trotz Dtn 18,13.

IISam 22,21-25 traditionsgeschichtlich einzuordnen fällt schwer (und erforderte eine ausführliche Untersuchung, die hier nicht geleistet werden kann). Von den aufgewiesenen Parallelen her dürfte nur sicher sein, daß der Abschnitt in die nachexilische Zeit gehört.

Der Abschnitt V. 26ff bildet inhaltlich gesehen ein mixtum compositum. Die V. 26f verallgemeinern die Aussagen des vorangehenden Abschnitts – auch nach der negativen Seite hin. In V. 28 schließt eine überraschende, von der Formulierung her an ISam 2,4ff erinnernde Konkretisierung an, nun in direkter Anrede an Jahwe:

> Dem gedrückten Volke hilfst du,
> doch hohe Augen zwingst da nieder (tx. corr.).

Das in den V. 29f anschließende "Vertrauensbekenntnis" versteht Stolz als "Folge dieser Erfahrungen"[84], vielleicht zu Recht. Freilich wirkt der Übergang zwischen V. 28 und 29 recht abrupt, so daß auch eine andere Deutung möglich erscheint: Dem Verfasser lag noch etwas am Herzen, was er irgendwo unterbringen wollte und wofür er keinen geeigneteren Platz fand.

V. 31 leitet wieder zu weisheitlichen Aussagen zurück; zu seinem ersten Teil vgl. man Dtn 32,4, der zweite weist in Prov 30,5 eine fast wörtliche Parallele auf. Mit diesem Vers zeugt der Psalmist für die Richtigkeit der Lehre in V. 26ff – er enthält selbst Lehre. Zugleich bringt er ein Element ein, das die Aussage von V. 26f vertieft und vergeistlicht. Es genügt nicht, fromm, redlich und rein zu sein; man muß auf Gott vertrauen (V. 31 allein auf V. 26ff zu beziehen, geht allerdings nicht an: Er enthält auch ein überschießendes Element, reine Lehre).

Streng geurteilt enthalten die V. 21-31 nur einen Gedanken – mit Formulierungen aus dem Abschnitt selber ausgedrückt: Gott zeigt sich den Frommen gegenüber fromm, David zuerst, und hilft ihnen. Warum dann der beträchtliche Aufwand, welchen der Psalmist in diesem Ab-

---

83 Vor allem mit dem Heiligkeitsgesetz und Ezechiel. Im dtn-dtr Bereich finden sich *mšptjm* und *ḥq(w)t* nebeneinander (im gleichen Vers) an folgenden Stellen: Dtn 8,11; 11,1; 30,16; IReg 2,3; 6,12; 11,33; IIReg 17,34. Vgl. dazu die Auflistungen bei Liedke, Gestalt 13-16.

84 Stolz, Samuel 291.

schnitt entfaltet? Eine erste Antwort – weil ihm das Thema am Herzen liegt – ruft wieder der Frage: Warum? Vielleicht deshalb, weil es in den Samuelbüchern auch eine zentrale Rolle spielt. IISam 22,21ff greifen zum Teil wörtlich auf Formulierungen zurück, die sich in den Samuelbüchern finden (mehr dazu weiter unten); die Frage nach Davids Reinheit und Gerechtigkeit bestimmt beide Samuelbücher in so starkem Maße, daß sich Hinweise erübrigen.

Die These steht schon im Raum, mit den letzten Bemerkungen ist sie unüberhörbar geworden: IISam 22 enthält einen Kommentar zu den Samuelbüchern, interpretiert die Zeit von Samuel bis und mit David[85]. Dies betrifft in erster Linie die beiden bereits genannten zentralen Themenkomplexe. In der Psalmüberschrift bringt dies der Redaktor für den ersten (Gottes Hilfe) deutlich zum Ausdruck (V. 1):

> David dichtete dem Herrn zu Ehren dieses Lied zu der Zeit/an dem Tage (*bjwm*)[86], als ihn der Herr aus der Hand aller seiner Feinde und aus der Hand Sauls errettet hatte.

Diese Optik der Überschrift, die alle Feinde Davids nennt und zugleich Saul speziell herausstellt, teilt auch der Psalm:

> entriß mich meinem starken Feinde (*mᵓjbj ᶜz*), meinen Hassern (*mśnᵓj*) (V. 18).
>
> der du mich errettest vor meinen Feinden (*mᵓjbj*) und über meine Widersacher (*wmqmj*) mich erhebst, mich befreist von dem Mann der Gewalttat (*mᵓjš ḥmsjm*) (V. 49).

Mit dem starken Feinde, dem Manne der Gewalttat dürfte Saul gemeint sein. Diese These zu beweisen fällt allerdings schwer. Ins Gewicht fällt, daß Psalmen selten direkt nebeneinander von einem/mehreren Feinden sprechen[87]. Trifft diese Interpretation von V. 18.49 zu, haben die beiden übernommenen Psalmen an je einer Stelle eine redaktionelle, auf David bezogene Bearbeitung erfahren.

---

85 Diese These hat Hertzberg schon 1956 ausgesprochen: Der Psalm "liefert den theologischen Kommentar zur Davidsgeschichte" (Samuelbücher[1] 319).

86 Zu diesem Allerweltswort vgl. die zutreffende Bemerkung von Hertzberg, ebd.: "in 21,15-22 wird zum letzten Mal von kriegerischer Betätigung Davids gesprochen, und es war ausdrücklich gesagt worden, daß seine Männer sein weiteres aktives Mitmachen in feierlicher Form ablehnen. Dieser Abschluß seines persönlichen Einsatzes war zudem mit besonderer Gefahr für ihn selbst verbunden gewesen. Darum paßt der Psalm genau hierher".

87 Vgl. etwa Ps 13,5 (139,19).

Vesco hat in verdienstvoller Weise fast alle möglichen Berührungen zwischen Psalm und Samuelbüchern zusammengestellt[88]. Sie hier einzeln aufzuführen erübrigt sich. Wir fassen seine Ausführungen zusammen, weisen auf einige besonders wichtige Belege hin und versuchen bei unklaren Fällen zu beurteilen, ob sie sich dem Zufall verdanken oder nicht.

David bezeichnet Jahwe in V. 2f unter anderem als *slᶜ*, *mṣwdh* (II) und *ṣwr*. Alle drei Wörter bezeichnen in den Samuelbüchern auch die Stätten, an denen David auf der Flucht vor Saul Zuflucht findet oder sich aufhält[89]. *mḥsh*, das sowohl den Zufluchtsort bezeichnet wie metaphorisch auf Jahwe Anwendung findet, fehlt im Psalmeingang – vielleicht deshalb, weil der Ausdruck in den Samuelbüchern nicht vorkommt[90]. Eine zu spitzfindige Argumentation? Wohl kaum, wie sich beim Epitheton *mnws* zeigt. Es findet sich im Psalter außer in V. 3 (In Ps 18 fehlt es!) nur noch in Ps 59,17; 142,5, in zwei Psalmen also, die David nach ihren Überschriften sang, als Saul Leute sandte und sie das Haus bewachten, um ihn zu töten (Ps 59,1; vgl. ISam 19,12), respektive als er in der Höhle war (Ps 142,1; vgl. ISam 22). David, der vor Saul geflüchtet ist ISam 19,18), gilt als der exemplarische Flüchtling; in den Psalmen darf nur er Gott *mnws* nennen. In Ps 59 und 142 ist der Ausdruck für die sekundären Überschriften (mit)verantwortlich; der Verfasser von IISam 22 hat umgekehrt die Gottesbezeichnung der Überschrift und damit dem Hauptteil des Psalmes angepaßt. Immer deutlicher zeigt sich: In ihrer jetzigen Gestalt hat die Anrede in V. 2f nie ohne Bezug auf die beiden Samuelbücher existiert.

Weniger direkte, fast wörtliche Berührungen zwischen Psalm Davids und Samuelbüchern gibt es zum Thema "Befreiung von den Feinden" – Hinweis darauf, daß sich der Redaktor des Kapitels eines bereits vorliegenden Psalmes bedient. Neben den bereits nachgewiesenen verdient vor allem die redaktionelle Überschrift Beachtung, die sich eng mit IISam 12,7 berührt.

Sodann lesen wir in V. 5:

> Mich hatten die Wogen des Todes umfangen,
> die Bäche des Verderbens (*nḥlj bljᶜl*) erschreckten mich.

---

88 Vesco, Psaume 18. Nur auf das Plus von IISam 22,3 geht er nicht ein; er stützt sich, was seinem Ansatz nicht ganz entspricht, auf den Text von Ps 18.

89 *slᵓ*: ISam 23,25; *mṣwdh*: ISam 24,23; *ṣwr*: ISam 24,3 (Bestandteil eines n.l.).

90 Für diese Vermutung spricht auch die Tatsache, daß Gott in den Psalmen häufig als *mḥsh* bezeichnet wird: Ps 46,2; 61,4; 62,8.9; 71,7; 73,28; 91,2.9; 94,22; 142,6 (vgl. weiter Jes 25,4; Jer 17,17; Joel 4,16; Prov 14,26).

Ein aufmerksamer Leser der Samuelbücher denkt beim Wort $blj^{c}l$ – es kommt in ihnen gehäuft vor[91] – möglicherweise an die $blj^{c}l$, die David gefährlich wurden: an Nabal (ISam 25,17.25), an die Männer, welche der zurückgebliebenen Wachmannschaft keinen Anteil an der Beute geben wollten (ISam 30,22), an den Aufruhr stiftenden Seba (IISam 20,1). IISam 23 stellt David und die $blj^{c}l$ einander als Repräsentanten der Guten und der Schlechten gegenüber. $blj^{c}l$ gehört nicht zur typischen Psalmensprache (vgl. nur noch Ps 41,9; 101,3), was unserer Vermutung, das Wort sei mit Bedacht gewählt worden, zusätzliches Gewicht verleiht.

In ISam 26,24 sagt David zu Saul:

> Und siehe, wie heute dein Leben mir wert gewesen ist, so möge mein Leben dem Herrn wert sein, und er möge mich aus aller Not erretten (*wjṣlnj mkl-ṣrh*).

Die Bedeutung dieser Stelle kann man schwerlich überschätzen. Andeutungsweise meldet sich in diesem Satz der Psalmbeter David zu Wort (vgl. auch IISam 4,9). Die Tradition, welche David viele Klagepsalmen und Danklieder zuweist – u.a. IISam 22 – könnte sich auf diese beiden Stellen berufen: In ihnen erscheint er als bittender und dankender Mensch. Von andern Königen, Hiskia ausgenommen, verlautet in dieser Richtung nicht viel, und daß sie nicht als Psalmdichter gelten, überrascht auch deshalb nicht[92]. Wenn David also in seiner Not (*bṣr lj*) zu Jahwe schreit (IISam 22,7) und dieser ihn errettet (passim; *nṣl*: V. 1.18.49), so entspricht das dem Bild, das die Samuelbücher von ihm vermitteln.

Die V. 21ff zeichnen David als gerechten Mann, dem Jahwe seine Gerechtigkeit lohnt; sie wiederholen, was die beiden Samuelbücher, oft mit vergleichbaren Formulierungen, zu betonen nicht müde werden, vor allem im Zusammenhang mit seinem Verhalten gegenüber Saul.

Vielleicht bezieht sich der ungewöhnliche Satz V. 24b – $w^{\supset}\check{s}tmrh$ $m^{c}wnj$ – auf die Weigerung Davids, sich am Gesalbten Jahwes zu vergreifen; er hütete sich davor, diesen ^{c}wn zu begehen.

So gerecht, wie er in V. 21-25 erscheint, ist David nicht gewesen; man denke nur an seinen Ehebruch mit Bathseba. Der Psalm zeichnet ein idealisiertes Bild des Königs oder interpretiert Davids Verhalten in IISam

---

91 ISam 1,16; 2,12; 10,27; 25,17.25; 30,22; IISam 16,7; 20,1; 22,5(= Ps 18,5); 23,6; diesen elf Belegen stehen im ganzen übrigen Alten Testament sechszehn gegenüber.

92 Salomo werden im MT nur Ps 72 und 127 zugeschrieben, also keine Klage- und Danklieder – zu Recht: Das erste Buch der Könige zeichnet ihn nicht so stark als demütigen und frommen König wie die Samuelbücher David.

11 so, daß er sich durch sein Schuldbekenntnis letztlich doch als gerecht erwiesen hat.

Die V. 26f verallgemeinern die Aussagen des vorangehenden Abschnitts und wiederholen damit eine Lehre, die sich formal ähnlich, d.h. mit der Wiederholung der gleichen Wurzel, auch ISam 2,30 und 15,23 findet, die von der Verwerfung der Eliden und Sauls handeln:

> Sondern wer mich ehrt (*mkbdj*), den ehre ich (*ᵓkbd*);
> wer mich verachtet, der wird zuschanden.
>
> Weil du das Wort des Herrn verworfen (*mᵓst*), hat
> er dich verworfen (*wjmᵓsk*) als König.

Von diesen beiden Sätzen her gelesen besagt IISam 22,26f: An Saul (und den Eliden) als negativem und David als positivem Beispiel kann jeder Israelit erkennen, wie Gott mit den Menschen umgeht, nämlich genau so wie sie mit ihm. Anzunehmen, IISam 22,26f hätte nicht ISam 2,30; 15,23 im Blick, fällt schwer – zu auffällig ist die Übereinstimmung in der Formulierung.

ISam 30 enthält den ausführlichsten und theologisch gewichtigsten Bericht einer Schlacht Davids. Es braucht deshalb nicht zu erstaunen, daß der zweite Psalm in IISam 22, das ganze Kapitel überhaupt, die meisten Berührungen mit jenem Schlachtenkapitel aufweist[93].

IISam 22 bildet einen Kleinkommentar zu den beiden Samuelbüchern, ihre theologische Interpretation, die oft auf einzelne Ereignisse aus der frühen Königszeit Bezug nimmt. Diese Interpretation setzt deutliche Akzente: Sie macht Gott größer – von ihm allein, dem einzigen Gott, kommt Hilfe – und David gerechter, vor allem aber frömmer: Er wird zum demütigen, dankbaren Beter. Gleichzeitig wird er zum Vorbild und Trost aller Frommen:

> "Il ne faut jamais désespérer puisque David, entouré d'ennemis, a été délivré de tous par Yahvé. Sa délivrance revêt désormais une portée exemplaire. Qui reprend le psaume à son compte peut bénéficier d'une délivrance semblable"[94].

Ps 18, sicher jünger als IISam 22[95], hat mittels geringfügiger Änderungen gegenüber dem Vorbild diese spirituelle Dimension noch verstärkt.

---

93 Vgl. dazu Vesco, Psaume 18, 43-45.

94 Vesco, a.a.O. 17.

95 Einige Gründe sind implizit bereits im Haupttext gegeben. Ein weiterer sei hier noch angeführt: Die Überschrift von V. 1 endet mit der Näherbestimmung: "am Tage/zu der Zeit, als ihn der Herr aus der Hand aller seiner Feinde und aus der Hand Sauls errettet hatte". Childs, Titles 140, bemerkt dazu treffend: "The function of this addition is to specify in more detail the historical setting of the

David wird in V. 1 ^{c}*bd jhwh* genannt (in einem Psalmeingang sonst nur noch Ps 36,1). Dieser Titel "entend marquer la relation étroite et privilégiée qui lie le monarque à Yahvé"[96]; er stellt David aber auch als demütigen Mann dar (vgl. etwa die Belege in seinem Gebet IISam 7), und auf diesem Aspekt scheint hier der Nachdruck zu liegen. Der erste Satz, den David spricht – ^{ɔ}*rḥmk jhwh ḥzqj* –, fehlt in IISam 22. Er ist in zweifacher Hinsicht bemerkenswert: Nur hier wird Jahwe *ḥzqj* genannt (Es handelt sich zugleich um den einzigen Beleg des Nomens). Vor allem nähert sich David Jahwe nirgends sonst mit einem so intimen Bekenntnis – dem intimsten, das es gibt: Ich liebe dich. Dies eine Wort gibt dem ganzen Psalm einen andern Sinn. Zusammen mit andern Abänderungen des Psalmeingangs schwächt es den Bezug des Psalmes auf die in I/IISam berichteten Geschichten ein Stück weit ab.

Wer hat IISam 22 in das deuteronomistische Geschichtswerk eingefügt? Die präziseste Antwort auf diese Frage lautet, wie ausgeführt, DtrN. Auf einen Deuteronomisten weist die Psalmüberschrift, die sich eng mit der des Moseliedes berührt: *wjdbr mšh / dwd... ^{ɔ}t-dbrj hšjrh hz^{ɔ}t* (Dtn 31,30; IISam 22,1). Nach Veijola hat DtrN wie IISam 22 auch Dtn 32 in das deuteronomistische Geschichtswerk eingefügt[97]. Dieser Vorschlag überzeugt schon deshalb nicht, weil das wohl stark überarbeitete Moselied keine eindeutigen Spuren dieses Deuteronomisten aufweist. *šjrh* ist auch kein typisch deuteronomistischer Ausdruck. Die Belege in Dtn 31f (Dtn 31,19(2x).21.22.30;32,44) beziehen sich alle auf das Moselied; weitere enthält das Deuteronomium nicht. Zudem fällt auf, daß als *šjrh* noch andere Texte bezeichnet werden, die Redaktoren in einen Erzählzusammenhang eingefügt haben. Es handelt sich um das Brunnen-

---

poem, which one could not discern from the narrative which preceded. But the addition also serves to modify the impression of a necessary temporal sequence. The setting which the author supplies stems from a need to offer a summation of David's life, and indicates a perspective different from simple, ongoing narrative". Ein solcher "need" war in bezug auf Ps 18 nicht gegeben. David wird durch die Überschrift in V. 1 (wie auch IISam 22,1-23,7, das Dtn 32f parallel steht) Mose an die Seite gestellt. In Ps 18 drängte sich eine Parallelisierung von David und Mose nicht auf. Sollte Ps 18 also älter sein als IISam 22, so dürfte zumindest seine Überschrift aus diesem Kapitel übernommen (und abgeändert worden) sein – eine recht gewagte Annahme. – Die oft aufgestellte Behauptung, der Text von Ps 18 weise ein altertümlicheres Sprachgewand auf als IISam 22, respektive stehe einer (postulierten!) Urgestalt des Psalmes näher (vgl. etwa Schmuttermayr, Psalm 18; Kraus, Psalmen 284; dagegen Cross-Freedman, Song; vgl. McCarter, IISamuel 463f), bedarf erneuter Überprüfung.

96 Vesco, Psaume 18, 27.

97 Veijola, Dynastie 123.

und, im vorliegenden Zusammenhang besonders wichtig, das Schilfmeerlied (Num 21,17; Ex 15,1)[98]. Zu eng sind allerdings die Berührungen zwischen Dtn 31,30 und IISam 22,1, als daß sie sich dem Zufall verdankten. Nun stehen Psalm und letzte Worte Davids in auffallender Parallele zu Lied und Segen Mose[99]. David tritt an die Seite des Mose[100], gilt als ebenso wichtig wie dieser – von Anfang an, wenn die vier Kapitel zur gleichen Zeit ins deuteronomistische Geschichtswerk eingefügt worden sind, sekundär, falls ein Redaktor ihn als im Vergleich zum Religionsstifter zu unbedeutend empfand und deshalb IISam 22f nachtrug. In diesem Falle hätte er die Parallelität von Mose und David noch zusätzlich unterstrichen, indem er die Überschrift von IISam 22 in Anlehnung an die des Moseliedes gestaltete. Und sollte der Verfasser von Dtn 31,30 ein Deuteronomist sein, so bedeutet das nicht unbedingt, daß es auch der von IISam 22,1 ist. Warum sollte nicht ein Nichtdeuteronomist eine deuteronomistische Überleitung übernehmen, wenn sie seinen Absichten entgegenkommt?

Das Hannalied und der Psalm Davids verstecken nicht, welche Bedeutung sie diesem König, dem Gesalbten (und seinen Nachfolgern) zumessen. Sie schließen beide mit einem diesbezüglichen Vers:

> Er gebe seinem König Stärke
> und erhöhe das Horn seines Gesalbten (ISam 2,10b).
> der seinem König großes Heil verleiht[101]
> und seinem Gesalbten Huld erweist,
> David und seinem Haus ewiglich (IISam 22,51).

Vielleicht haben ISam 2,10b und IISam 22,51 den gleichen Verfasser (oder dann besteht zwischen ihnen ein ähnliches Verhältnis wie zwischen Dtn 31,30 und IISam 22,1). Die beiden Verse stehen je am Ende des Psalmes und verwenden nebeneinander die Ausdrücke *mlk* und *mšjḥ*. Beide sind kunstvoll auf den Kontext bezogen. Hanna bittet um Kraft für

98 Restliche Belege: Jes 5,1; 23,15; Am 8,3 (corr.?); Ps 42,9.

99 Vgl. dazu etwa Budde, Samuel 315: "Der Zusammenschluß [von IISam 23,1-7] mit Cap. 22 aber ist, wie Smith erkannt hat, durch Dtn 32 und 33 bedingt: wie Mose, der erste geistliche Vater Israels, so soll auch der zweite, König David, mit einem Lied und einem Testament seine Laufbahn beschließen".

100 Dies macht neben der Überschrift auch V. 17 (= Ps 18,17) deutlich. Es ist, wie Vesco, Psaume 18, 36, festhält, unmöglich, in *jmšnj* nicht eine Anspielung auf den Namen Mose zu erblicken. Ex 2,10 erklärt diesen volksetymologisch vom gleichen Verb her: *mšjthw*. Es ist außer an diesen drei Stellen im Alten Testament nicht mehr belegt.

101 Das K^{e}tib (*mgdjl*) verdient den Vorzug vor dem Q^{e}re.

den König, mit dem nach dem Ablauf der Geschichte nicht der verworfene Saul, sondern nur David gemeint sein kann. Gleich am Anfang der Samuelbücher wird also deutlich gemacht, worum es in ihnen geht: um den König (David)[102]. Ob *wjrm qrn mšjḥw* eine bewußte Anspielung auf die Salbung Davids enthält, läßt sich nicht entscheiden. Der Vers spielt auf ein weiteres zentrales Thema der beiden Samuelbücher an: Um das Volk (vor seinen Feinden) retten zu können – dies ist eine seiner wichtigsten Aufgaben –, bedarf der Gesalbte der Kraft, die ihm Gott verleiht. IISam 22,51 nimmt dieses Thema auf: Gott verleiht dem König immer wieder (Partitip!) Heil. Zugleich setzt der Vers eigene Akzente, indem er auf die Nathanverheißung zurückgreift, sie interpretiert: In dieser sichert Jahwe David zu, er würde ihm die Huld (*ḥsd*) nicht entziehen, selbst wenn er sich verginge; immer (^{c}d-^{c}wlm) würde – darin besteht dieser *ḥsd* – einer seiner Nachkommen auf dem Königsthron sitzen (IISam 7,15f). IISam 22,51b nimmt die Begrifflichkeit der Nathanverheißung auf, entfaltet damit aber einen neuen Inhalt: Der *ḥsd* Jahwes kommt jedem König auf dem Throne Davids zu – er besteht nicht mehr in der Erhaltung der Dynastie (Die Nathanverheißung wird nicht zitiert!); seine Bedeutung ist zugleich umfassender und verschwommener. Konnte diese etwas diffuse Zukunftserwartung in nachexilischer Zeit nicht überzeugend wirken?

Die Abtrennung der Königs- von den Samuelbüchern gilt oft als künstlich[103]. Auch die Abtrennung nach vorne stellt vor Fragen: Gehören die Anhänge in Jdc 17-21 nicht eher zur Vorgeschichte des Königtums als zur ausgehenden Richterzeit[104]? IISam 22; 23,1-7, die zusammen mit dem Hannalied zu den redaktionell jüngsten Texten größeren Umfangs in den Samuelbüchern gehören, rechtfertigen die jetzigen Bucheinteilungen[105]. ISam 2,10 besagt: Mit der Geburt Samuels setzt ein neuer Abschnitt in der Geschichte des Gottesvolkes ein: das Königtum

102 Wohl am deutlichsten hat das Childs, Introduction 273, gesehen: "The focus on God's chosen king, his anointed one, David, appears right at the outset, and reveals the stance from which the whole narrative is being viewed".

103 Vgl. dazu etwa Kaiser, Einleitung 142: "Die vorliegende unorganische Abtrennung der Samuelbücher von den Königsbüchern...".

104 Vgl. den viermaligen Refrain "Zu jener Zeit gab es noch keinen König in Israel" (Jdc 17,6; 18,1; 19,1; 21,25), dem an der ersten und letzten Stelle noch angefügt wird: "ein jeder tat, was ihn recht dünkte".

105 "Ein Anhaltspunkt für relativ hohes Alter der grundlegenden Einteilung in Bücher wäre gegeben, wenn, wie meist angenommen, gewisse Kapitel am Ende einzelner Bücher als später hinzugefügte Nachträge erweislich wären: Ri 17-21 und 2 Sam 21-24" (Smend, Entstehung 110). Gegen Smend (ebd.) gehen wir davon aus, daß dies zumindest für IISam 21-24 zutrifft (vgl. auch Anm. 134).

Davids (Theologisch gesprochen ist Saul hier schon verworfen). IISam 22,51 macht klar: Nach David beginnt eine neue Epoche, die seiner Nachfolger (nicht die seines Nachfolgers Salomos). Damit ist über sie ein deutliches Werturteil gesprochen. Die besondere Dignität und Bedeutung des Königtums von David kommt im deuteronomistischen Geschichtswerk auf vielfältige Art und Weise zum Ausdruck (zuvörderst im großen Umfang der einschlägigen Überlieferungen). ISam 2 (V. 10) und IISam 22 (V. 51) treiben die Hochachtung für David jedoch auf die Spitze: Wo sonst findet sich im deuteronomistischen Geschichtswerk ein so gewichtiger prophetischer Hinweis auf David? Wo sonst erscheint er zugleich als strahlender und siegreicher König, dem Gott hilft, als bedeutender Dogmatiker und demütiger Beter, der zum Vorbild jedes Israeliten werden will? Wo sonst redet er so ausführlich von seinem Glauben? Kein anderer König ist der Rahmung durch gleich drei poetische Texte für würdig befunden worden. All diese rhetorischen Fragen und Bemerkungen machen deutlich, welchen theologischen Stellenwert die beiden Kapitel einnehmen – zusammen mit IISam 23,1-7.

γ) IISam 23,1-7: Die letzten Worte Davids

Die Interpretation dieses Textes hat sich grob gesprochen auf drei Linien vollzogen: Eine Gruppe von Auslegern behauptete die davidische Verfasserschaft des Textes[106]. Zu einem ähnlichen Resultat kam von einer andern Richtung her die Baltimorer Schule: Epigraphische und philologische Gründe lassen ihre Vertreter mit einem hohen Alter des Textes rechnen[107]. Daneben machte sich schon früh und in letzter Zeit verstärkt die Tendenz bemerkbar, die letzten Worte Davids in exilischer oder nachexilischer Zeit anzusetzen. Redaktionsgeschichtlich behauptet die Spätdatierung das Feld allerdings konkurrenzlos: Auch Frühdatierer bestreiten nicht, daß der Text seinen Weg ins deuteronomistische Geschichtswerk erst spät gefunden habe.

Drei verschiedene Gattungsbezeichnungen sind für die letzten Worte Davids vorgeschlagen worden: prophetisches Orakel[108]; Maschal mit

106 So u.a. Procksch, Worte. – In jüngerer Zeit vertritt Kruse, Covenant 148 Anm. 19, die davidische Verfasserschaft – mit einer etwas krausen Begründung: " The decisive reason for me to hold the Davidic authenticity of the passage is that it is very vague, obscure and shallow (symptoms of senility). Any later writer would have given it more lucidity and depth" (Anm. 19).

107 Vgl. etwa Richardson, Words; McCarter, IISamuel 485f (eher zurückhaltend).

108 So u.a. Tournay, Paroles 481 (vgl. Mowinckel, Worte 43).

prophetischer Einleitung[109]; Testament[110]. Bei der Gattungsbestimmung wird man den Text nicht losgelöst vom Kontext betrachten dürfen – möglichweise hat er seinen ersten Sitz im Leben im deuteronomistischen Geschichtswerk – und deshalb den Vorschlag "Testament" nicht mit der Begründung zurückweisen dürfen, er beruhe einzig auf der Überschrift: Diese bildet integralen Bestandteil des Textes. Die drei Vorschläge enthalten je eine particula veri, weshalb sich auch bezüglich IISam 23,1-7 die Vermutung aufdrängt, er gehöre zu den Kunstprodukten.

(1) Dies sind die letzten Worte Davids:
Es spricht David, der Sohn Isais,
es spricht der Mann, der hoch gestellt ward[111],
der Gesalbte des Gottes Jakobs,
der Liebling/(Sänger)[112] der Lieder Israels:
(2) Der Geist des Herrn redet in mir,
und sein Wort ist auf meiner Zunge.
(3) Gesprochen hat der Gott Israels,
zu mir geredet der Fels Jakobs.

Im Unterschied zu andern Texten nehmen Überschrift und Einleitung gegenüber dem Hauptteil viel Platz ein – und enthalten zudem viel Theologie[113].

wᵓlh dbrj dwd hᵓḥrnjm: Mit dieser Überschrift bedeutet der Verfasser von IISam 23,1-7 dem Leser, es folge nun ein besonders wichtiger Text (IReg 2,1 enthält keine vergleichbare Aussage!). Dieser implizite Anspruch wird gleich eingelöst, aber anders, als es die Überschrift erwarten läßt: nämlich durch eine Theologie *über* David. Die Einleitung stellt ihn vor, sagt in gleich drei, so knappen wie gewichtigen, Prädikationen,

---

109 Mowinckel, a.a.O. 48: "Das Gedicht ist somit... nach Inhalt und Stil eine künstliche Mischung von Prophetenwort und Maschal, stilistisch überwiegend Maschal (abgesehen von der Einleitung)".

110 Del Olmo Lete, Oracle 433, im Blick auf V. 1, den er einem "final redactor" zuschreibt.

111 Es spricht nichts dafür, vom masoretischen Text abzugehen und mit 4QSam[a] *hqjm ᵓl* (vgl. LXX) zu lesen; zur grammatikalischen Erklärung von *hqm ᶜl* vgl. Tournay, Paroles 484f.

112 *nᶜm* bedeutet "lieblich" und hat im Syropalästinischen die Bedeutung "angenehm singen" angenommen. Tournay, Paroles 486, nimmt an, dieser Übergang sei in diesem Text schon vollzogen; er übersetzt mit "chantre".

113 Aber keinen Hinweis auf einen späteren König (Hiskia oder Josia), der die David gegebenen Verheißungen wieder in besonderer Weise auf sich bezog (gegen Mowinckel, Worte 58).

wer er ist. Der Sohn Isais[114] ist hochgestellt (*hgbr hqm* ^{c}*l*). Wie man diese Aussage auch übersetzt, feststeht, daß Jahwe in ihr logisches Subjekt ist. Die Prädizierung, im Alten Testament ohne enge Parallele, fällt durch ihre Allgemeinheit auf. Diese entspricht der Bedeutung, welche David in IISam 23,1-7 besitzt.

"Klassischer" sind der zweite und dritte Titel Davids, wobei Beachtung verdient, daß über die Namen des Patriarchen Jakob und Israel – in diesem Zusammenhang eher ungewöhnlich – das Gottesvolk en passant in den Blick kommt. Der Verfasser des Textes gibt gewissermaßen die Stichworte, die der Leser mit Inhalt auffüllen kann. *wn*^{c}*jm zmrwt jśr*$^{\supset}$*l* bedeutet, daß David Gegenstand der Gesänge Israels bildete oder diese selbst verfaßt hat, also Psalmdichter war. Schlagende Argumente für die eine oder andere Interpretation gibt es nicht. Sollte die zweite zutreffen, gliche der hier gezeichnete David stark dem des Psalters und der Chronikbücher.

Die Einleitung der letzten Worte Davids entspricht bis in Einzelheiten hinein der von Num 24,3.15 (*n*$^{\supset}$*m bl*^{c}*m bnw b*^{c}*r wn*$^{\supset}$*m hgbr štm h*^{c}*jn*; vgl. auch Prov 30,1). Die Übereinstimmung für die zeitliche Ansetzung der letzten Worte Davids auszuwerten[115] geht nicht an: Im Unterschied zu *wn*$^{\supset}$*m hgbr hqm* ^{c}*l* paßt nämlich *štm h*^{c}*jn* ausgezeichnet zu dieser Einleitung. IISam 23,1 imitiert Num 24,3.15 und verleiht so den letzten Worten Davids einen "altertümelnd[en]"[116] Ton und damit Nachdruck.

V. 2(3a) zeichnet David als Propheten – genauer: als Empfänger von göttlichem Geist und Wort (V. 3b redet nicht der König, sondern Jahwe). Zum originellen Satz von V. 2a (*rwḥ jhwh dbr-bj*) meint Procksch:

> "*rwḥ* [*jhwh*] als Prinzip der Inspiration ist eine Vorstellung mehr des volkstümlichen (1.Sam 106. 1.Reg. 2221ff. Hos. 97) als des klassischen (Mi. 68) Prophetentums, was auf ihre Altertümlichkeit hinweist"[117].

Er übersieht, daß der Geist in der älteren Prophetie mehr oder weniger überfallmäßig wirkt und den Betroffenen zum Handeln, Sprechen ver-

---

114 David wird im Alten Testament auch sonst noch recht häufig als *bn-jšj* bezeichnet (ISam 20,27.30.31; 22,7.8.9.13; 25,10; IISam 20,1; IReg 12,16; Ps 72,10; IChr 10,14; 12,19; 29,26; IIChr 10,16; 11,18). Die Bezeichnung kam dem Verfasser von IISam 23,1-7 entgegen; sie erlaubte ihm, eine enge Parallele zu Num 24,3.15 (*bnw*) zu schaffen.

115 Gegen (u.a.) McCarter, IISamuel 485f, der IISam 23,1-7 "tentatively" (486) in die frühe Königszeit (David) ansetzt.

116 Stolz, Samuel 293.

117 Procksch, Worte 116 (tr.).

anlaßt. Davon kann in IISam 23,3 nicht die Rede sein. Weiter: Der Geist Gottes spricht hier in/durch David; diese Aussage ist im Alten Testament singulär. Es fällt schwer, in V. 2 Geist und Wort scharf auseinanderzuhalten. Die dogmatische Formulierung dieses Satzes – die Kommentatoren drücken sich um seine Auslegung[118] – könnte wie folgt lauten: Der Geist trägt/bringt das Wort. Nur verhältnismäßig junge Stellen rücken Wort und Geist so eng aneinander, lassen sie ineinander verschwimmen, so etwa Prov 1,23 und das gewichtige Jes 59,21. Im Unterschied zu letzterer Stelle spricht IISam 23,2f nicht von dauerndem Geist- und Wortbesitz. Von ihm abgesehen stehen sich die beiden Stellen aber nahe. Eigenartig wirkt V. 3a: *ᵓmr ᵓlhj jśrᵓl lj dbr ṣwr jśrᵓl.* Er wiederholt mit etwas anderem Akzent V. 2: Gott hat tatsächlich gesprochen, und zwar zu David. Er wird hier als Prophet und privilegierter Empfänger des göttlichen Wortes vorgestellt und damit legitimiert, so als wäre dies noch nicht hinreichend geschehen. David ist allerdings kein Prophet in der klassischen Bedeutung des Wortes mehr. Dieser gibt das von Gott empfangene Wort einem bestimmten Adressatenkreis weiter, was hier nicht geschieht. Er besitzt die Dignität eines Propheten, übt aber nicht dessen Amt aus.

Auf so beschränktem Raum wie in IISam 23,1-3a wird David im Alten Testament sonst nicht mehr so reichhaltig mit Ehrentiteln bedacht. Er verliert hier wie Mose in einigen Schichten des Pentateuchs jedes menschliche Maß.

In V. 3bff beginnt der Hauptteil der letzten Worte Davids[119]:

(3) Wer gerecht herrscht über die Menschen,
wer herrscht in der Furcht[120] Gottes,
(4) der ist wie das Licht am Morgen,
wenn die Sonne aufgeht – ein Morgen ohne Wolken –,
die nach dem Regen Grün aus der Erde sprossen läßt.
(5) Ja[121], also steht mein Haus zu Gott!
Hat er mir doch einen ewigen Bund gegeben,
wohlgeordnet in allem und bewahrt;

---

118 Vgl. immerhin Procksch, ebd.: "Es ist der intensivste Ausdruck des Bewußtseins göttlicher Berufung".

119 Der Abschnitt stellt vor viele textkritische Probleme, auf die hier nicht ausführlich eingegangen werden kann; vgl. dazu neben den Kommentaren vor allem Carlson, David 254-256; Tournay, Paroles.

120 Akkusativ adverbialis; vgl. dazu Gesenius-Kautzsch, Grammatik § 118m-r S. 390-392.

121 Zu dieser Übersetzung von *kj¯lᵓ¯kn* vgl. Carlson, David 255f. Die Zürcher Bibel versetzt V. 5 an den Schluß des Abschnittes und kann deshalb die übliche Übersetzung des Ausdruckes beibehalten: "Nicht also" (vgl. etwa Ps 1,4).

denn alles läßt er mir zum Heil
und mir zum Gefallen sprossen.
(6) Aber die Nichtswürdigen, wie verwehte[122] Dornen
sind sie alle;
man nimmt sie nicht in die Hand,
(7) ja niemand berührt sie,
außer mit Eisen oder Speerschaft,
und im Feuer werden sie gänzlich verbrannt[123].

Dieser Abschnitt vergleicht das Ergehen des gerechten und gottesfürchtigen Herrschers dem der *blj^{c}l*, von deren Vergehen nichts verlautet – ihr Name sagt wohl genug. Budde bemerkt bei der Auslegung von V. 6: "Das Stück läuft völlig in das Geleise von Ps 1 ein"[124]. Tatsächlich: Die V. 3f.6f sind weisheitlich, wenden Ps 1 auf den gerechten Herrscher und die *blj^{c}l* an. Damit ist das Wichtigste zur zeitlichen Einordnung und zur Theologie dieser Verse gesagt.

Liest man den Abschnitt ohne V. 5, braucht man den *mwšl* nicht unbedingt mit David in eins zu setzen. Vom Gesamtduktus des Textes und V. 5 her drängt es sich jedoch auf, in diesem den vorbildlichen Herrscher David zu erblicken, ihn jedenfalls an erster Stelle. Wer sind dann die *blj^{c}l*, genauer: Welche Namen tragen sie? Sehe ich richtig, geht auf diese Frage nur Del Olmo Lete ausführlich ein:

"the destiny of the ‚unrighteous' ruler is set out in detail: far from being a fruitful plant, he is a ‚thorn' not allowed to strike roots, ‚rejected' (mūnād) instead of being ‚established' (cf. v.1:hūqam). The metaphor has, then, dynastic meaning and perhaps makes reference to Saul's ‚house' "[125].

Daß sich V. 6f auf Saul, seine Dynastie (und weitere Feinde Davids) beziehen, machen andere Beobachtungen wahrscheinlich: Gegen Dorngestrüpp geht man nicht mit Eisen und Speerschaft vor; das ist unverhältnismäßig, ja lächerlich. Das Bild ist nicht stimmig. Darauf legt der Verfasser der beiden Verse wenig Wert, um so mehr dagegen auf das verwendete Vokabular – Schlüsselbegriffe aus den Samuelbüchern. Die *blj^{c}l* wenden sich gegen David und Saul[126]. Dieser wird mit seinen Söhnen zusam-

---

122 Statt *mnd* lesen Procksch, Worte 113, u.a. *mdbr*, wofür die Textüberlieferung jedoch keinen Anhaltspunkt enthält. Der vorliegende Text ergibt einen guten Sinn.

123 *bšbt* ist wahrscheinlich als Dittographie zu streichen (s. V. 8).

124 Budde, Samuel 317.

125 Del Olmo Lete, Oracle 432f.

126 ISam 10,27; 25,17.25; 30,22; IISam 16,7; 20,1 (vgl. auch noch Anm. 91).

men verbrannt (*śrp*, ISam 31,12). Der Speer (*ḥnjt*)[127], wichtiges Attribut des ersten Königs, spielt in einigen Geschichten eine zentrale Rolle: Mit dieser Waffe versucht er David aus dem Wege zu räumen, und mit ihr hätte er ihn fast töten können. Doch dürfte der Verfasser von Davids letzten Worten vor allem eine Stelle im Auge gehabt haben: ISam 17,7, wo sich neben dem Ausdruck ^{c}*ṣ ḥnjt*[128] auch das Nomen *brzl*[129] findet. Der Bezug auf die Goliathgeschichte erscheint um so wahrscheinlicher, als in ISam 17,40 die gleiche Wendung steht wie in IISam 23,6: *lqḥ bjd*[130]. Hier mit einem Zufall zu rechnen geht nicht an, und damit nimmt die Wahrscheinlichkeit zu, daß es sich bei den andern Berührungen von IISam 23 mit den Samuelbüchern um konstruierte Anspielungen handelt. Mehr oder weniger deutlich, fast spielerisch machen sie auf eine Thematik aufmerksam. Die Bedeutung des übernommenen Vokabulars ändert allerdings: Nur hier wird Saul indirekt als *blj*^{c}*l* bezeichnet, nur hier seine Verbrennung versteckt als Strafe interpretiert[131]. Der Verfasser von IISam 23 gibt damit zu verstehen: Saul ist der wahre *blj*^{c}*l*.

V. 3 meint mit *mwšl b*$^{\supset}$*dm ṣdjq* unter anderem David. Gerecht ist dieser König gerade nach dem ersten Samuelbuch und im Unterschied zu Saul. Von daher gewinnt die Deutung von V. 6f auf den ersten König in Israels Geschichte zusätzlich an Gewicht. Die Verse beziehen sich allerdings nicht nur auf ihn – *klhm* in V. 6 will ernst genommen werden. Dem Satz eignet also etwas Schillerndes; er widersetzt sich einer eingleisigen Auslegung.

V. 5 spielt auf die Nathanverheißung an, allerdings verhalten: Davon, daß immer jemand auf dem Throne Davids sitzen werde, verlautet nichts. Vielleicht versteckt sich die Hoffnung auf Wiederherstellung der davidi-

---

127 Es seien hier sämtliche Belege des Nomens genannt, das in den Samuelbüchern überdurchschnittlich häufig belegt ist, in den Königsbüchern aber nur einen Beleg aufweist (IIReg 11,10): ISam 13,19.22; 17,7.45.47; 18,10.11; 19,9.10(2x); 20,33; 21,9; 22,6; 26,7.8.11.12.16.22; IISam 1,6; 2,23; 21,19; 23,7.18.21(3x).

128 (Das Q^{e}re *w*^{c}*ṣ* verdient gegenüber dem K^{e}tib *whṣ* den Vorzug). Der Ausdruck taucht außer an diesen zwei Stellen nur noch IISam 21,19 und IChr 20,5 auf, beide Male in Zusammenhang mit Goliath.

129 *brzl* ist in den Samuelbüchern außer an diesen beiden Stellen nur noch IISam 12,31 belegt.

130 Auf je zwei dieser Übereinstimmungen im Vokabular machen Tournay, Paroles 500f; Berges, Verwerfung 275, aufmerksam.

131 Ob die Verbrennung der Leichen Sauls und seiner Söhne in ISam 31,12 als unehrenhaft zu gelten hat oder nicht, ist umstritten; vgl. dazu etwa Stolz, Samuel 184; Berges, a.a.O. 257.

schen Monarchie im letzten Satz von V. 5: *kj¯kl¯jšᶜj wkl¯ḥpṣ kj¯lᵓ jṣmjḥ*. Jedenfalls enthält er ein (zu einem Testament passendes) eschatologisches Element, die Hoffnung auf eine gute Zukunft, auf Heil. Es kann nicht ausbleiben, hat Gott doch mit David einen ewigen Bund geschlossen, wohlgeordnet in allem und bewahrt (Man beachte die Häufung der Vokabel *kl* in diesem Text). IISam 7 spricht noch von keinem Bunde, sondern enthält die Zusage, daß immer ein Davidide auf dem Throne sitzen werde, auch wenn sie sich vergingen. IISam 23,5 verwandelt diese Zusage in eine konditionale *brjt*, muß es wegen ihrer Einbettung in einen Weisheitsspruch, nach dem nur ein gerechter Herrscher gedeiht (Die Möglichkeit, daß David und seine Nachkommen ihn brechen, kommt allerdings nicht in den Blick). Unseres Erachtens greift der Verfasser der letzten Worte Davids nicht explizit auf IISam 7 zurück, weil die Nathanverheißung nicht mehr gültig war: Es herrschte kein Davidide mehr als König über Israel. Der Abschnitt IISam 23,1-7 "rettet" die Zusage einer ewigen Dynastie, indem er sie in eine allgemeine Heilszusage verwandelt und nicht präzisiert, was unter dem ewigen Bunde zu verstehen sei (Man vgl. damit den wohl etwas älteren Ps 89, der Bundesbegriff und Nathanverheißung miteinander kombiniert)[132]. Allerdings: Wäre die davidische Dynastie in (spät)nachexilischer Zeit wie durch ein Wunder wieder erstanden, so hätte es keine Mühe bereitet, IISam 23,1-7 auf sie zu beziehen, nimmt der Verfasser des Stückes doch ein zentrales Stichwort aus der Nathanverheißung auf, nämlich *bjt*. Diese Unschärfe der letzten Worte Davids dürfte also beabsichtigt sein: Dank ihr können sie verschieden ausgelegt werde.

Einen weiterführenden, ja grundlegenden Beitrag zu ihrem Verständnis hat Sheppard vorgelegt. Nach ihm wird in diesem Text Davids Leben proverbialisiert:

"it evaluates fixed narrative literature in terms of the wisdom traditions. The minimal conclusion is that wisdom reminiscent of the biblical wisdom books now serves as one of the hermeneutical rubrics under which the books of Samuel have been interpreted redactionally... in the context of the earliest Scripture no unbridgeable gulf exists between the sacred historical narrative and the ideals of sacred wisdom. Wisdom in Scripture provides more than an anthropological point of view but a major theological evaluation of religious and moral reality. Therefore, the rea-

132 Gegen Perlitt, Bundestheologie 50f, der u.E. IISam 23 und Ps 89 etwas zu eng aneinanderrückt.

ders of Scripture are invited to see in David a model of the obedient life in the manner of the biblical wisdom tradition"[133].

Sheppard vermutet, die Redaktion von IISam 21-24, sicher die späteste größere innerhalb der Samuelbücher[134], sei "canon conscious":

"That is to say, the redactors may be conscious of giving the books a definitive shape which reflects their normative, religious interpretation in the context of other sacred books"[135].

Nicht "may be", sondern "are": Dies machen die Berührungen im Vokabular von ISam 2; IISam 22; 23,1-7 mit dem Rest der Samuelbücher unmißverständlich klar. Sie sind so zahlreich, frappierend und ausgefallen, daß sich der Schluß aufdrängt: Ihre Verfasser / Redaktoren wollten die Samuelbücher in spätnachexilischer Zeit abschließend auslegen und ihre Bedeutung für alle Zeiten festlegen. Sie stehen *über* diesen Büchern, bieten also "canon conscious rather than merely inner-biblical interpretation"[136]. ISam 2; IISam 22; 23,1-7 bilden die innere, theologische Voraussetzung für die formale Kanonisierung der Samuelbücher[137]. Anders gewendet: Die Kanonisierung beginnt hier mit Psalmen und Weisheit! Nicht Zufall dürfte es sein, daß das Psalterproömium, zu dem neben Ps 1 auch Ps 2 gehört, in etwa die gleiche Thematik abdeckt wie diese drei Texte.

---

133 Sheppard, Wisdom 158. – David ist nicht nur der vorbildliche König gewesen, wie gerade im redaktionell späten Komplex IISam 21-24 deutlich wird: Er stellt dem gerechten David (IISam 22; 23,1-7) den König gegenüber, der gelegentlich schuldig geworden und bestraft worden ist (IISam 21,1-14; 24,1-25): "By this means the tensions within the traditions were given a normative religious context which presents David as a model of the obedient life against the background of occasional failure and temporary punishment" (Sheppard, a.a.O. 157).

134 Daß es sich bei diesen vier Kapiteln um eine kunstvolle Komposition mit je zwei Erzählungen, Listen und Psalmen (chiastisch angeordnet) handelt, hat als erster Budde, Samuel 304, nachgewiesen; vgl. dazu weiter Carlson, David 194ff; Childs, Introduction 273-275; Brueggemann, Appendix.

135 Sheppard, Wisdom 155.

136 Sheppard, ebd.

137 Vielleicht auch der Königsbücher: Nach David gibt es nichts mehr Neues! Hier müßte noch weitergearbeitet werden.

b) Dtn 32; Dtn 33; Jdc 5; Ex 15: Die Vorbilder

α) Das Lied des Mose: Dtn 32

Dieser Text ist in jeder Beziehung dunkel und schwer verständlich. Schlagendstes Beispiel: Es ist nicht klar, ob V. 28 eine Aussage über die Feinde Israels oder das Gottesvolk selbst enthält[1].

Daß Dtn 32 seinen Platz im Deuteronomium spät gefunden hat, wird nicht in Abrede gestellt[2]. Umstritten ist die absolute Datierung: Die Vorschläge reichen von der vorstaatlichen bis in die makkabäische Zeit[3]. Zu einigen der ins Feld geführten Argumente: Das monotheistische Bekenntnis von V. 39 scheint vor Deuterojesaja nicht denkbar zu sein. Eißfeldt gesteht zwar zu, daß es absoluten Monotheismus erst von Deuterojesaja an gibt, meint dann aber:

> "gerade in den Jahrhunderten, in denen Israel sich im Kampf mit anderen Völkern seinen palästinischen Lebensraum gewinnen und sichern mußte, also in der Zeit der Landnahme und der ersten drei Könige, [sei] solche Religionspolemik sehr lebhaft gewesen"[4].

Der Vers paßte, anders ausgedrückt, also auch in eine frühe Zeit. In V. 8, der von der Zuteilung der Völker an die Götter handelt, erblicken die Frühdatierer ein altes mythologisches Element[5]; nach Meyer dagegen stand der in ihm und V. 9 enthaltenen Konzeption "die persische Universalmonarchie Pate"[6]. Den Ausdruck *lᵓ-ᶜm* (// *gwj nbl*, V. 21) hat man auf eine besondere Eigenschaft, ein Charakteristikum des Volkes, dem er gilt, bezogen – und hat es von daher identifiziert, nicht nur mit den Kanaanäern und Philistern, sondern mit allen Völkern, die Israel von seinem Eintritt ins Land bis zur Exilierung gefährlich geworden sind[7].

---

1 Vgl. dazu die Ausführungen von Mayes, Deuteronomy 389f.

2 Vgl. dazu u.a. Noth, Studien 40, und Veijola, Dynastie 123.

3 Eine Zusammenstellung von Datierungsvorschlägen, die häufig auf der Identifizierung des Feindes beruhen, findet sich bei Cassuto, Song 41.

4 Eißfeldt, Lied 19f (Zitat 20).

5 Vgl. etwa Albright, Remarks 343f.

6 Meyer, Bedeutung 204.

7 Zwei der in Zusammenhang mit dem *lᵓ-ᶜm* vorgebrachten Identifikation seien hier in Zitatform referiert. Eißfeldt, Lied 23: "Zu dem, was sie [die Philister] in ihrer neuen Umgebung als fremdartig und unheimlich erscheinen läßt, gehört vor allem ihre Unbeschnittenheit. ‚Die Unbeschnittenen' (*hᶜrljm*) wird geradezu als Name für sie gebraucht... Die Septuaginta-Übersetzung gibt das hebräische *ᶜrljm* ‚Unbeschnittene' durch ἀλλόφυλοι ‚Barbaren' wieder, und das ist ja etwa dasselbe wie ‚Nicht-Volk'" (tr.). – Cassuto, Song 43: "The parallelism between *lᵓ-ᶜm* and *lᵓ-ᵓl* (verse 21) shows us that the reference is apparently to

Von Einzelbeobachtungen her fällt es schwer, das Lied zu datieren. Sein stark weisheitlicher Charakter sowie die zahlreichen Berührungen des Textes mit dem prophetischen Schrifttum und dtr Denken weisen frühestens in die exilische Zeit[8]. Diese Datierung entbindet nun u.E. davon, den Ausdruck *l*^{ɔ}-^{c}*m* in V. 21 gekünstelt auf eine Charaktereigenschaft des gemeinten Volkes zu beziehen[9]:

> Sie haben mich eifersüchtig gemacht durch Nichtgötter (*bl*^{ɔ}-^{ɔ}*l*)..., ich aber mache sie eifersüchtig durch ein Unvolk (*bl*^{ɔ}-^{c}*m*).

Der Ausdruck "Nicht-Volk" korrespondiert *l*^{ɔ}-^{ɔ}*l*. Es liegt ein Wortspiel vor[10], meines Erachtens sogar ein eigenwilliger Midrasch zur Bundesformel, im speziellen zu Hos 1,9 (Denn ihr seid nicht mein Volk und ich bin nicht euer Gott; korrigierter Text).

Zum Inhalt von Dtn 32: Mose ruft Himmel und Erde dazu auf, seiner Lehre zu lauschen, und fordert, der er selber den Ruhm des Herrn verkünden will, die Angesprochenen dazu auf, Gott die Ehre zu geben (V. 1-3). Programmatisch stellt er in den nächsten drei Versen dem gerechten Jahwe das treulose Verhalten seiner Kinder gegenüber. Der Einleitung und dem geschichts"mythologischen" Vorspann folgt der Bericht darüber, wie Jahwe Israel in der Wüste fand – der Vergleich mit Hosea drängt sich auf – und dieses im eroberten Lande wohllebte. Der Abschnitt fällt durch das Eisodos-Schweigen auf; es fehlt auch ein Wort für "Land". Noch überraschender: Auch den Exodus übergeht der Verfasser, *qnh* (V. 6) auf ihn zu beziehen[11] fällt wegen der parallelen Ausdrücke ^{c}*śh* und *kwn* schwer. V. 15-18 entfalten – wie der programmatisch vorangestellte V. 5 – den religiösen Abfall Israels. Jahwe bestraft sein Volk dafür nicht, obwohl er es angedroht hat (V. 19-27). Seine Dränger könnten es falsch auslegen und sagen: "Unsere Hand war mächtig, nicht der Herr hat dies alles getan" (V. 27). Die V. 26f bilden den "turning point"[12] im Kapitel: Jahwe greift zugunsten Israels ein. Er wendet sich gegen seine Dränger und Hasser und nimmt Rache.

---

a people that, although ethnically homogeneous... has... no internal organization and lacks cohesion... So could the Canaanites be regarded". – Wer das Nichtvolk mit den Samaritanern identifiziert, kann auf Sir 50,25f hinweisen.

8 So mit Preuß, Deuteronomium 167 (Lit.!).

9 Daß er ein bestimmtes Volk bezeichnet, bleibt davon unberührt; Preuß, ebd., der das Moselied in die spät(exilische) Zeit ansetzt, denkt an die Babylonier.

10 So mit Labuschagne, Song 95.

11 Mayes, Deuteronomy 384.

12 Mayes, a.a.O. 389.

Die Dunkelheit des Textes, die seine Auslegung stark erschwert, könnte gewollt sein und mit seinem prophetisch-eschatologischen Charakter zusammenhängen. Mit der kurzen Behandlung dieses Themas setzen wir ein; ihr folgt die Untersuchung einiger weiterer loci.

Es ist bemerkenswert, daß von den Psalmen, welche die (Un)Heilsgeschichte einigermaßen vollständig entfalten, bis auf Dtn 32 keiner einen eschatologischen Ausblick enthält. Im Zusammenhang mit den V. 34-43 (nur) von Prophetie zu sprechen, genügt nicht. Sie sind von ihrem Inhalt her zu unspezifisch und zu wenig konkret, um als prophetisch gelten zu können; sie enthalten deutlich "eschatological overtones"[13]. Wie Luyten herausgearbeitet hat, kombiniert, transponiert und verstärkt das eschatologische Finale von V. 34-43 biblische und außerbiblische Motive[14]. Dies weist auf ein niedriges Alter der Verse hin wie auch die Schwurformel *ḥj ᵓnkj lᶜwlm* (V. 40) – theologische Weiterführung und dem Kontext angepaßte Interpretation von *ḥj ᵓnj*.

Dtn 32 enthält neben eschatologischen auch protologische Elemente (in nicht geringer Zahl). Sie haben beide Gottes Handeln in der Geschichte zum Gegenstand. Am meisten Beachtung hat das theologische Hapax legomenon von der urzeitlichen Erwählung Israels (V. 8f)[15] gefunden, angesichts derer Israels Rebellion besonders skandalös wirkt. Es bildet eine ausgezeichnete Einleitung zum geschichtlichen Teil des Moseliedes: Sein universaler Horizont bestimmt dieses ganz. Drei weitere Stellen unterstreichen die Wichtigkeit der Protologie in Dtn 32:

> Dankt ihr dem Herrn also,
> du törichtes, unweises Volk?
> Ist nicht er dein Vater, der dich erschaffen (*qnk*),
> nicht er es, der dich gemacht und bereitet (*ᶜśk wjknnk*) (V. 6).
> Und Jeschurun... ließ den Gott fahren, der es gemacht (*ᶜśhw*) (V. 15).
> Den Fels, der dich gezeugt (*jldk*), vergaßest du (*cj.*),
> und vergaßest des Gottes, der dich geboren (*mḥllk*) (V. 18).

Israels Abfall von Gott ist deshalb so schlimm, weil es sich gegen seinen eigenen Schöpfer richtet. Daß gleich fünf Begriffe für Jahwes Schöpfer-

---

13 So Luyten, Overtones; vollständiger Titel seines Aufsatzes: Primeval and Eschatological Overtones in the Song of Moses (Dt 32,1-43).

14 Zum Einzelnachweis s. Luyten, a.a.O. 344ff.

15 Erst im zwischentestamentarischen Schrifttum ist es breiter belegt; vgl. dazu Luyten, a.a.O. 343.

handeln verwendet werden, verleiht dem Theologumenon zusätzliches Gewicht. Freilich besitzt es nur dienende Funktion, stützt den Hauptgedankengang und wird nicht um seiner selbst willen entfaltet. Dienende, begründende Funktion heißt in diesem Zusammenhang keinesfalls "nebensächlich". Es kann diese ja nur haben, da bekannt und gewichtig.

Dtn 32 entfaltet die (Un)Heilsgeschichte nicht in klassischer Manier, sondern zeichnet ein expressionistisches Gemälde. Nur in einem Punkt folgt der Verfasser einem vertrauten Topos: Jahwe findet Israel in der Wüste und leitet es (Hier kann er einen "überflüssigen" Kommentar nicht unterlassen: Kein fremder Gott war mit ihm). Ins Land gelangt das Volk auf ungewohnte Weise: Jahwe läßt es einherfahren über die Höhen der Erde (V. 13). Kaum befindet es sich im Lande, fällt es von Jahwe ab (vgl. Neh 9!). Diesen Abfall stellt der Verfasser von Dtn 32 in grellen Farben und mit ungewohnten Formulierungen dar – und nicht so, daß er sich historisch festmachen ließe. Diese (Un)Heilgeschichte ist systematisch, worüber der Bilder- und Wortreichtum hinwegtäuscht: Inhaltlich auf ein (abstraktes) Minimum beschränkt, berichtet sie nur allgemein von Jahwes Wohltat und Israels Abfall. Der Abschnitt gibt keine Auskunft über die politische Verfassung des Volkes (außer indirekt in V. 32); er beschränkt sich auf das religiöse Element.

Etwas Übertreibung abgerechnet dürfte für das ganze Kapitel gelten: Dtn 32 ist ein systematischer, lehrhafter Text in bunter Verkleidung. Das Etikett "lehrhaft" verdient das Lied unter anderem einiger weisheitlicher Elemente wegen[16], die über das Kapitel zerstreut sind, und wegen der Gattung, der es zugerechnet werden kann. Einige Ausleger betrachten Dtn 32 als (erweiterten) Rib[17]. Anders Boston: Er meint, der für die Gattungsbestimmung entscheidende V. 1 (Anrufung von Himmel und Erde) sei eine "invocation of the teacher"[18]. In der Tat: Die V. 1f enthalten weisheitliches Vokabular, und in V. 2 tritt Mose mit dem Anspruch auf, Lehre zu verkünden. Daß Dtn 32 Elemente anderer Gattungen enthält, spricht nicht gegen seine Einordnung unter die Weisheitstexte. Die ersten beiden Verse sagen, wie der *ganze* Text zu verstehen ist: als Lehre nämlich (die möglicherweise einen Rib Jahwes mit seinem Volke schildert). Die Lehre ist also Rahmengattung des Kapitels.

Zu den einzelnen chokmatischen Elementen: V. 15 umschreibt Israels Abfall mit der weisheitlichen Vokabel *nbl* (pi.). In V. 6 wird Israel mit

16 Lehre tendiert stark auf Systematisierung!

17 So etwa Mayes, Deuteronomy 380.

18 Boston, Influence 200.

einer ungewöhnlichen Konstruktion als *ᶜm nbl wlᵓ ḥkm* charakterisiert. In V. 28f hat sich die Weisheitsterminologie ein Stelldichein gegeben:

> Denn sie sind ein Volk, dem es an Rat gebricht (*ᵓbd ᶜṣwt*),
> und keine Einsicht ist in ihnen (*wᵓjn bhm tbwnh*).
> Wären sie weise, würden sie dies verstehen (*lw ḥkmw jśkjlw zᵓt*),
> würden merken, welches ihr Ende sein wird (*jbjnw lᵓḥrjtm*).

Es ist nicht klar, ob mit dem hier angesprochenen Volk Israel oder sein Feind gemeint ist[19]. Das stört nicht allzusehr. V. 20 spricht von Israels *ᵓḥrjt*, und die Aussage von V. 28f gilt zumindest indirekt auch für es. Sie lautet: Damit ein Volk seine *ᵓḥrjt* erkennt, braucht es Weisheit, Einsicht. Eschatologie und Weisheit hängen hier direkt miteinander zusammen. Sagt traditionelle Weisheit: Wer sich klug verhält, dem geht es gut, gibt Dtn 32 zu bedenken: Seid weise, damit es euch gut ergehen wird.

Zum letzten wichtigen locus in Dtn 32; V. 4 enthält eine Gotteslehre in nuce:

> Er [ist][20] der Fels! Untadelig ist sein Tun (*hṣwr tmjm pᶜlw*),
> denn Recht sind alle seine Wege (*kj kl-drkjw mšpṭ*).
> Ein Gott der Treue, ohne Falsch (*ᵓl ᵓmwnh wᵓjn ᶜwl*),
> gerecht und redlich ist er (*ṣdjq wjšr hwᵓ*).

Dieser Vers bildet mit V. 5f zusammen einen nach vorne und hinten deutlich abgetrennten, selbständigen Abschnitt. Er stellt programmatisch dem gerechten, untadeligen Verhalten Gottes den Abfall des törichten, undankbaren Volkes gegenüber. Diese Gegenüberstellung, in den V. 7ff ausführlich in erzählender Form geboten, entfalten die V. 4-6 als Lehre. Man beachte, daß V. 4 gleich sechs Qualifizierungen von Gottes Verhalten enthält. Gott handelt gerecht – oder besser ausgedrückt: Er *ist* von seinem Wesen, seinem Charakter her gerecht; die Gerechtigkeit gehört zu seinen proprietates[21].

---

19 Vgl. Anm. 1.

20 Zur grammatikalischen Konstruktion vgl. Gesenius-Kautzsch, Grammatik § 126c S. 423: "Mit... Emphase steht der Artikel bisw. vor Substantiven, die als Subjekt eines zusammengesetzten Satzes... dienen"; *hṣwr* ist casus pendens.

21 Ähnlich Bertholet, Deuteronomium 96.

β) Der Mosesegen: Dtn 33

Dtn 33 enthält die Stämmesprüche, mit denen der Gottesmann Mose nach V. 1 die Israeliten vor seinem Tode gesegnet hat. Auf sie gehen wir nur insoweit ein, als sie für die Auslegung des Rahmens (V. 2-5; 26-29) von Belang sind. Das ganze Kapitel, insbesondere aber die Rahmung, hat unzählige, zum Teil grundverschiedene Deutungen erfahren, was gerade ob der Dunkelheit von V. 2-5 nicht zu erstaunen braucht.

Die drei wichtigsten Interpretationsmodelle seien kurz vorgestellt. Nach Cassuto[22] ist das Kapitel einheitlich und gehört, wie die in den Stämmesprüchen vorausgesetzte Lage zeige, in die Richterzeit. Es sei an einem von ganz Israel verehrten ephramitischen Heiligtum im Rahmen des Thronbesteigungsfestes Jahwes vorgetragen worden. Cassuto rekonstruiert folgenden Festverlauf: Jahwe kommt vom Sinai her, um in seiner Herrlichkeit vor den Gläubigen im Heiligtum zu erscheinen (V. 2). Sie verneigen sich vor der Bundeslade Jahwes, dessen Gesetz sie übernehmen (V. 3f) und den sie als König anerkennen[23]. Cassuto vermutet, der Anlaß habe am letzten Tag einer mehrtägigen Feier stattgefunden. Die Repräsentanten der Stämme (*rʾšj ʿm*) seien einzeln vor die Lade getreten und dort in Anbetung vor Jahwe verharrt, während die Priester den jeweiligen Segenswunsch ausgesprochen hätten. Die V. 26-29 enthielten die theologische Grundlage der auf Lebensumstände und Bedürfnisse der Stämme abgestimmten Wünsche.

In engem Anschluß an Seeligmann betrachtet Jeremias[24] Dtn 33,2-5(21b.)26-29 als alten, noch aus vorstaatlicher Zeit stammenden Psalm, "nach Ri 5 (und vielleicht Ex 15,21) der älteste Text im Alten Testament"[25], der erst sekundär mit den Stämmesprüchen verbunden worden sei: "Von staatlichen Lebensbedingungen ist nichts zu erkennen, die Auseinandersetzung mit den kanaanäischen Göttern geschieht noch hautnah, Jahwe hat noch keinen Wohnsitz im Land, und... die Exodustradition wird mit keinem Wort erwähnt: das sind alles Indizien für ho-

---

22 Cassuto, Deuteronomy xxxiii 47ff.

23 Cassutos Art der Begründung sei hier am Beispiel von V. 4 veranschaulicht: "Verse 4 is the continuation, containing the development of the thought expressed in the preceding verse. The precise signification of Torah... here will depend on the period to which we assign our text. But in any case, the Torah was at all times considered among the Israelites as something that originated, at least basically, with Moses" (a.a.O. 52).

24 Jeremias, Königtum 82ff.

25 Jeremias, a.a.O. 91.

hes Alter"[26]. Der Psalm werde, so Jeremias, von theologischen Themen aus dem Nordreich[27] beherrscht. "Jahwe der König" lautet das Thema des Psalmes. Er beginnt mit einer Schilderung des (statisch verfaßten) Königtum Jahwes über die Götter. Als König bezeichnet wird er allerdings erst, als er Israel bei der Landnahme erwählt und ihm seine Hilfe gegen die Feinde zukommen läßt. Das Volk tritt dabei in gewisser Weise an die Stelle der kanaanäischen Götter, die bis anhin "das Geschick des Landes bestimmen durften"[28]; diese müssen sich nun ducken. Zum König wird Jahwe recht eigentlich dadurch, daß ihn Israel dazu erklärt. Das geschieht bei einer – vielleicht regelmäßig stattfindenden – kultischen Begegnung der Stämme, respektive ihrer Repräsentanten (auf dem Tabor?)[29]. Jahwe erscheint zu ihr aus dem Süden; er wohnt noch nicht im Lande. In Dtn 33 liegt also eine "Erscheinungstheologie" vor und nicht (vgl. etwa Ps 47) eine "Wohntheologie".

Ein drittes Modell vertritt Steuernagel[30]. Er betrachtet die V. 2-5.26-29 als nachexilischen Psalm, in den die Stämmesprüche sekundär eingefügt wurden: Die Übergänge an den Nahtstellen seien holprig; zwischen den beiden Teilen des Kapitels beständen keine starken inhaltlichen Beziehungen.

Eben dies trifft nicht zu. Entweder ist der Psalm eigens zur Rahmung der Stämmesprüche verfaßt worden, oder dann ist ein älterer Psalm so überarbeitet worden, daß er diese Funktion wahrnehmen konnte. Die zahlreichen Berührungen zwischen Rahmen und Stämmesprüchen[31] anders zu erklären fällt schwer; sie seien hier eben aufgeführt. Die kultische Deutung von Dtn 33 nimmt ihren Ausgang bei V. 5b: *bhtʾsp rʾšj ʿm jḥd šbṭj jśrʾl*. Den Ausdruck *rʾšj ʿm* hat der Verfasser möglicher-

26 Jeremias, ebd.

27 Zum Einzelnachweis vgl. Jeremias, a.a.O. 91f.

28 Jeremias, a.a.O. 87.

29 Jeremias, a.a.O. 88ff.

30 Steuernagel, Deuteronomium 173.

31 Sie hat am deutlichsten Tournay, Psaume (209) herausgestellt und von ihnen her auf die Einheitlichkeit des Kapitels geschlossen. Es bildet nach ihm einen der ältesten israelitischen Hymnen. Verfaßt habe ihn, wie die besondere Stellung der Leviten (V. 8-11) und die ihnen zugewiesene Aufgabe (sie sind für den Unterricht im Jahweglauben und nicht den Psalmengesang zuständig) zeige, ein Levit aus Samaria, und zwar zwischen 780 und 750 (er teile Hoseas Pessimismus noch nicht). Das Lied, Modell einiger später verfaßter Psalmen, sei nicht kultisch, sondern paränetisch ausgerichtet. Ob Tournay diese These heute noch vertreten würde, scheint mir angesichts jüngerer Publikationen aus seiner Feder fraglich zu sein.

weise aus V. 21b übernommen, den Seeligmann und Jeremias auch zum Psalm rechnen[32]. Beide Halbverse enthalten auch den Ausdruck "Israel". – Von Benjamin, dem Liebling Jahwes, heißt es in V. 12: *jškn lbṭḥ* ^{c}*ljw*. V. 28 überträgt diese Aussage auf das ganze Volk: *wjškn jśr*^{ɔ}*l bṭḥ*. – Joseph ist gesegnet mit Bestem der uralten Berge (*hrrj*¯ *qdm*) und dem Köstlichsten der ewigen Hügel (*gb*^{c}*wt* ^{c}*wlm*) (V. 15). Der Verfasser des Rahmenstückes überträgt diese Termini auf Jahwe (V. 27): Eine Zuflucht ist der ewige Gott (^{ɔ}*lhj qdm*), und unten[33] walten ewige Arme (*zr*^{c}*t* ^{c}*wlm*). – V. 10 weist die Vermittlung von *mšpṭjm* und *twrh* den Leviten zu. Nach V. 4, der gerne verbessert oder zur sekundären Ergänzung erklärt wird[34], kommt diese Aufgabe Mose zu: *twrh ṣwh*¯*lnw mšh*. – In V. 7 wird Jahwe gebeten, er möge Juda gegen seine Dränger helfen (^{c}*zr*). Thema (und Wurzel) nimmt der zweite Psalmteil auf. Jahwe fährt am Himmel zur Hilfe Israel (*b*^{c}*zrk*) einher (V. 26). Seine Unvergleichlichkeit besteht darin, ein Volk zu sein, dem von Jahwe geholfen wird (^{c}*m nwš*^{c} *bjhwh*) (V. 29). – Der zweite Psalmteil verkündet bestimmt das "soli Deo gloria", auch da, wo Israel gepriesen wird (V. 28). Er korrigiert damit indirekt die Selbstsicherheit einiger Stämme; kraß kommt sie im Spruch über Dan (V. 22) zum Ausdruck. – Die Berührungen zwischen Stämmesprüchen und Rahmenteil bildeten ein schlagendes Argument für die literarische Einheitlichkeit des Kapitels, korrigierte und interpretierte der Psalm nicht teilweise die Aussagen der Stämmesprüche. Es bleibt dabei: Der Psalm in seiner jetzigen Gestalt (!) ist als Rahmen für die Stämmesprüche verfaßt worden. V. 5b schafft den Übergang; ohne ihn hingen sie in der Luft (vgl. Gen 49,1). Möglicherweise könnte sich auch Jeremias diesem Urteil anschließen, gelten seine oben zusammengefaßten Ausführungen doch "nur für die vermutete Urform des Psalms. In seiner gegenwärtigen Gestalt ist er zweifellos ein um viele Jahrhunderte jüngerer Text"[35]. V. 4 gilt ihm – sicher zu Recht – als späterer Einschub, und die V. 3a und 27a weisen nach ihm nicht mehr den ursprünglichen Wortlaut des Psalmes auf. Dieser Liste möchten wir

---

32 Seeligmann, Psalm 76; inhaltlich begründet er dies 84f wie folgt: "neither is it easily comprehensible why God alone of all the tribes, would earn such ethico-religious praise"; vgl. auch Jeremias, Königtum 90. – Weisman, Link, rechnet auch V. 19a zum Rahmen.

33 Zu dem mit *mtḥt* verbundenen textkritischen (und interpretatorischen) Problem s. Jeremias, a.a.O. 84 Anm. 15.

34 Tournay, Psaume 211, "rettet" den Vers für den Grundbestand des Mosesegens, indem er *mšh* als Glosse ausscheidet. Nach Jeremias, a.a.O. 92, bildet der Vers den jüngsten Bestandteil des Mosesegens.

35 Jeremias, ebd.

noch V. 2 anfügen. Nur in dieser Theophanieschilderung erscheint Jahwe (neben anderen Orten) auch vom Sinai her: Mose gilt als der Verfasser von Dtn 33, und Mose und Sinai gehören zusammen. Das heißt: Entweder hat der Verfasser des Rahmenpsalmes den Sinai sekundär in die von ihm übernommene Theophanieschilderung eingeführt oder aber eine solche übernommen, in der sich dieser Ortsname schon fand[36].

Die bisherigen Ausführungen seien zusammengefaßt und thetisch weitergeführt: Der Rahmenpsalm Dtn 33,2-5.26-29 ist in nachexilischer Zeit – möglicherweise unter Aufnahme alten Materials – zusammengestellt worden; vielleicht will er den beliebten und altehrwürdigen Stämmesprüchen im Deuteronomium eine literarische Heimat geben, die ihnen bis anhin abging[37]. Durch den Rahmenpsalm erfahren sie eine theologische Uminterpretierung: Nicht mehr die Stämme werden gepriesen und stehen im Zentrum des Interesses, sondern Jahwe: Kein Gott ist wie er (V. 26), und wenn es kein Volk gibt wie Israel, so deshalb, weil ihm der Herr Sieg verleiht (V. 29).

Diese letzte Aussage allein erlaubt es nicht, Dtn 33 in nachexilischer Zeit anzusetzen. In sie weist recht eindeutig V. 4(f). Die theologischen Themen und Motive, die hier entfaltet oder gerade nur durch ein Wort angetippt werden, spielen in dieser Zeit alle eine gewichtige Rolle: Königtum Gottes, Gesetz, Mose, Versammlung Jakobs (=Gemeinde)[38]. Und mögen sie auch sehr alt sein, so dürften die V. 27f doch den damals lebenden Israeliten aus dem Herzen gesprochen haben:

> Eine Zuflucht ist der ewige Gott...
> Er vertrieb den Feind vor dir
> und sprach: Vertilge!

---

36 Eine andere Möglichkeit erwog Jeremias, Theophanie 64, ohne auf das damit verbundene literarkritische Problem einzugehen: "Da im weiteren Verlauf des Psalms vom Gesetz (V. 4) die Rede ist, ist es wohl möglich, daß V. 2 im jetzigen Zusammenhang auf den Bundesschluß am Sinai oder in Sichem (Jos. 24) anspielt"; vgl. aber auch a.a.O. 173 und oben Anm. 34.

37 Durch ihre Zuschreibung an Mose gewannen sie (wieder?) an Bedeutung, und der (theologisch) ohnehin nicht arme Gottesmann selber wurde durch sie noch reicher.

38 Vom Vokabular her erweist sich zumindest V. 4 als jung *mwršh* findet sich außer in ihm noch Ex 6,8; Ez 11,15; 25,4.10; 33,24; 36,2.3.5, *qhlh* Neh 5,7; Sir 7,7; (42,11). – Weniger eindeutig liegen die Verhältnisse, was *jśrwn* betrifft: Dtn 33, 5.26 könnten zwei alte Belege des Nomens enthalten. Daneben kommt es allerdings nur noch in jüngeren Texten vor (Dtn 32,15; Jes 44,2; Sir 37,25).

So wohnte Israel in Sicherheit,
für sich allein lagerte[39] Jakob,
in einem Lande voll Korn und Wein,
und sein Himmel träufelte Tau.

Könnte nicht in diesen Versen ein politisch eher unambitioniertes Israel in nachexilischer Zeit das als Realität beschrieben gefunden haben, wonach es strebte: Ruhe und Sicherheit[40]?

Redaktionsgeschichtlich gehören die Kapitel Dtn 32f zu den jüngeren Bestandteilen des Deuteronomiums[41]; die Frage, wann und in welcher Reihenfolge sie in es Aufnahme gefunden haben, kann hier auf sich beruhen. Die beiden Texte tragen maßgeblich dazu bei, die Zeit des Mose von der folgenden Epoche abzuheben (vgl. damit auch IISam 22f). Versteckt stellt Mose Israel noch einmal vor die Alternative von Fluch (Dtn 32) und Segen (Dtn 33)[42]. Vor ihr wird Israel in seiner Geschichte immer stehen. Anders ausgedrückt: Vor seinem Tode hält Mose noch einmal fest, worauf es immer ankommt.

γ) Das Deboralied: Jdc 5

Das Deboralied muß nach Dtn 33 behandelt werden. Wie der Mosesegen ist Jdc 5 literarisch nicht einheitlich[43]. Ein älterer Schlachtbericht ist durch die V. 2-5.9-11.31a (vielleicht auch noch V. 13.23) theologisch interpretiert worden[44].

Diese Überarbeitungsschicht besteht auf den ersten Blick aus disparaten Elementen: der (Selbst)Aufforderung zum Gottespreis (V. 2f.9), der Schilderung von Jahwes Kommen (V. 4f), dem Hinweis auf seine Heilstaten (V. 11) und auf das Gottesvolk (V. 13), dem unterschiedlichen Schicksal von Jahwes Feinden und denen, die ihn lieben (V. 31a). Der gemeinsame Nenner dieser Elemente ist klein: er besteht in einem Namen: Jahwe; Müller spricht zu Recht von einer "jahwistischen Überar-

39 Mit Cassuto, Deuteronomy xxxiii 67, und Jeremias, Königtum 84 Anm. 16, lesen wir ^{c}n statt ^{c}jn.

40 Vgl. dazu auch unsere Ausführungen zum Schilfmeerlied (Anm. 64).

41 So mit vielen anderen Kaiser, Einleitung 125.

42 So u.a. Preuß, Deuteronomium 169, der zu Recht fortfährt: "So ist auch nicht ständig nur der Zusatzcharakter des Kapitels [33] zu betonen. Es hat im Kontext dann doch seinen wichtigen und richtigen Ort".

43 Gegen (u.a.) Globe, Structure.

44 Müller, Aufbau, rechnet nur die V. 2-5.9-11.31a zum Psalm, Soggin, Bemerkungen 635, zusätzlich V. 13 und "vielleicht noch V. 23, der aber einen unklaren Einschub bildet"; V. 12 dient nach ihm "vielleicht als Bindeglied" zur Schicht V. 6-8.14-22.24-30.

beitung"[45]. Sie bezieht "das im Epos berichtete Geschehen energisch auf Jahwe, den Gott der Amphiktyonie >Israel< " und läßt "so aus dem Epos einen Psalm entstehen"[46]. Am deutlichsten komme diese Tendenz in den V. 4f zum Ausdruck:

"Sachlich gehört die Epiphanie Jahwes, da sie doch die Wende der Schlacht heraufführt, in die Mitte des Berichts. Diese Stelle aber war in v. 20 schon durch den Hinweis auf das Eingreifen der Sterne besetzt. Der Versuch einer Nachinterpretation konnte also nur so unternommen werden, daß die Epiphanie programmatisch an den Anfang rückte"[47].

Daß die "Epiphanie" Jahwes am Anfang des Abschnitts programmatischen Charakter besitzt, läßt sich kaum bestreiten. Ob sie nur das Eingreifen der Sterne konkurrenziert, steht dahin[48]. Im weitesten Sinne gehört auch sie zum Gotteslob, das, wie Müller[49] selber feststellt, neben die Heldenverehrung tritt.

V. 11 enthält ein reflexives Element, verweist auf die Heilstaten/Siege (*ṣdqt*) Jahwes, die in der Vergangenheit liegen. Der Sieg, von dem Jdc 5 berichtet, rückt damit in eine Reihe mit den andern Großtaten, die Jahwe für Israel vollbracht hat, und erhält ein nicht sehr verbreitetes, wichtiges theologisches Etikett, eben *ṣdqh*[50].

Exemplarische Bedeutung wird dem Sieg der Stämmekoalition in V. 31a zugelegt:

> So müssen umkommen, Herr, all deine Feinde!
> Die ihn aber lieben, sind wie die Sonne, wenn sie aufgeht in ihrer Pracht.

Hier geben Debora und Barak eine Lehre für die Zukunft. Aus den Feinden Israels werden die des Herrn. *ᵓhbjw* schillert in seiner Bedeutung: Bezieht man den Vers nur auf das Deboralied, steht der Ausdruck für Israel; nimmt man seine didaktische Abzweckung ernst und löst ihn aus seinem Kontext, kann er auch nur diejenigen aus dem Gottesvolk bezeichnen, die ihn lieben.

---

45 Müller, a.a.O. 455.

46 Müller, a.a.O. 453.

47 Müller, a.a.O. 454.

48 Wäre in diesem Falle nicht auch damit zu rechnen, daß eine Korrektur in unmittelbarem Anschluß an V. 20 erfolgte?

49 Müller, a.a.O. 458.

50 Vgl. dazu Crüsemann, Gerechtigkeit.

Wir haben bis jetzt mit der These gearbeitet, daß ein altes Siegeslied überarbeitet worden sei; dabei sind die theologischen Zentralausagen des Kapitels deutlich hervorgetreten. Sie änderten nicht wesentlich, wenn Jdc 5 ein einheitlicher (alter oder junger) Text wäre. Für die Frage, welches seine Funktion im Richterbuch und insbesondere im Verhältnis zum Parallelbericht in Jdc 4 sei, ist das Alter des Textes unerheblich. Der Grundbestand von Jdc 5 dürfte älter als der Prosabericht in Jdc 4 sein[51], redaktionell aber ist Jdc 5 (in seiner Jetztgestalt) jünger als dieses Kapitel (5,31b schließt nahtlos an 4,24 an[52]; das Lied setzt zudem den Bericht voraus). Diese Doppelüberlieferung steigert die Bedeutung des berichteten Ereignisses (vgl. auch Ex 14f). Jdc 4 berichtet von der Schlacht der Stämmekoalition; Jdc 5 enthält den Dank für Gottes Eingreifen. Dadurch wird zum Ausdruck gebracht: Gott gebührt Dank für seine Hilfe, sein Eingreifen (vgl. Ex 14f; IISam 7; 22).

Ackroyd bemerkt im Zusammenhang mit Jdc 5, es sei "a common feature of popular poetry to select the significant point in an event rather than to explain the whole course of the action"[53], präziser: "The... poem gives no detailed account of the battle, but impressions of the circumstances and of the events which – in the development of the tradition – had come to appear significant"[54]. Es unterscheidet sich darin stark von Jdc 4, das den Ablauf der Ereignisse festhält. Es kommt in diesem Lied also nicht so sehr darauf an, was Israel und Jahwe getan haben; was zählt ist, daß sie gehandelt haben. Dadurch wie durch ihre kosmische Dimension rückt die Schlacht in die Nähe eines mythischen Geschehens. Ihrer Kontingenz ein Stück weit beraubt, wird sie zum Exempel dafür, wie es Israel und vor allem Gottes Feinden und denen, die ihn lieben, immer ergehen wird (V. 31a).

---

51 Dafür bildet u.E. der schlechte Zustand, in dem der Text überliefert ist, das beste Argument!

52 Etwas anders Soggin, Juges 57: "Les éléments chronologiques, eux, se trouvent à la fin du chapitre 5, signe que les rédacteurs ont voulu réunir les deux compositions".

53 Ackroyd, Composition 160.

54 Ackroyd, a.a.O. 161.

δ) Das Schilfmeerlied: Ex 15

Einer der ältesten Texte aus dem Alten Testament – nachexilisch; literarisch einheitlich – aus mehreren Schichten bestehend: Mit diesen Stichworten sei angedeutet, in welcher Bandbreite sich die Auslegung des Schilfmeerliedes bewegt[55]. Die Fragen nach Alter und Einheitlichkeit des Textes haben allerdings nur wenig Einfluß auf unsere systematischen Erwägungen – es sind dies ähnliche wie bei Jdc 5; ihnen vor allem gilt unser Interesse.

“auch hier ist die Geschichte nicht frei nacherzählt, sondern nach dem vorgegebenen Schema mit nur wenig Freiheiten wiedergegeben: das Schilfmeerwunder, der Wüstenzug und die Landnahme”[56]. Das trifft nicht zu. Im Zentrum des Kapitels stehen vielmehr der Ausgangspunkt des heilsgeschichtlichen Schemas, die Rettung am Schilfmeer, und das Ziel, “zu dem der Dichter offensichtlich gar nicht schnell genug hinkommen kann: nicht sosehr (obwohl natürlich impliziert) ins Land als vielmehr gleich zum Tempel(berg), der nach dem überschwenglichen Lob von V. 17 alles ist, Lebensraum des Volkes und Wohnstatt Jahwes, wo er als König herrscht und immerfort herrschen möge (V. 18)”[57]. Die “Vorlage” zu Ex 15 liegt im Baalsmythos vor[58]. Mit seiner Hilfe “zeichnet Ex 15 Israels gesamte Geschichte in nur zwei Akten, die ebenso wie Sieg und Weltherrschaft Baals untrennbar zusammengehören: die Rettung Israels aus Lebensgefahr und die Zuführung Israels zu Gott an seinem Heiligtum auf dem Zion. Neues kann die Geschichte seitdem eigentlich nicht mehr bringen; Israel ist in Gottes Nähe für alle Zeiten geschützt”[59]. Diese Interpretationen Spieckermanns und Jeremias' weisen in die gleiche Richtung; die Zitate schließen fast nahtlos aneinander an. Ihnen kann ein drittes aus der Feder Zengers angefügt werden; es führt gleichzeitig zur Frage der Datierung über, die wir kurz streifen. Das Schilfmeerlied versucht nach Zenger, “den tiefen Bruch, den die Geschichte Israels durch die Katastrophe von 586 erfahren hat, mythisch zu bewältigen. Das linearätiologische Modell der vorexilischen Geschichtstheologie, wonach die Geschichte Israels als eine Kontinuität des Heilshandelns Jahwes an seinem Volk verstanden wurde, war nun zer-

---

55 Vgl. dazu die Übersichten bei Zenger, Tradition 456ff; Spieckermann, Heilsgegenwart 112f Anm. 53.

56 von Rad, Problem 18.

57 Spieckermann, Heilsgegenwart 108.

58 Vgl. dazu Spieckermann, a.a.O. 108ff; Jeremias, Königtum 99ff.

59 Jeremias, a.a.O. 100.

brochen"[60]. Ex 15 ist einer unter mehreren Versuchen "des exilischen bzw. nachexilischen Israel, seine im Bruch der geschichtlichen Kontinuität verlorene Identität wieder zu gewinnen – freilich auf Kosten der Geschichte. Die hier als gründendes Urzeitgeschehen besungene Erringung der Königsherrschaft Jahwes ist das archetypische Modell des Handelns Jahwes, an dem sich das kleine Israel... festhält und dessen Wirkmacht es im abschließenden Jahwe-Königs-Ruf beschwört"[61]. Wesentlich früher, nämlich im Zeitraum nach Salomo und vor Jesaja, setzt Spieckermann die Grundschicht von Ex 15 an[62]. Beide Datierungen machen Sinn: Die mythisch geprägte Geschichtsschau des Schilfmeerliedes paßt in eine (relativ) prosperierende, ungefährdete Zeit ebenso wie in eine Epoche, die nach Sicherheit und Orientierung sucht. Was die erste dankbar feiert, beschwört die zweite: Gottes Präsenz auf dem Tempelberg. Von Volk und Land redete die erste nur am Rande oder implizit, da so selbstverständlich "wie Zion und Jerusalem, so daß ihre explizite Erwähnung weitgehend entbehrlich ist"[63]. Die nachexilische Epoche gewährte – so möchten wir Zengers Ausführungen im Anschluß an Spieckermanns literarkritische Analyse weiterspinnen – nur dem Thema des Volkes etwas und dem fremder Völker sehr viel mehr Platz[64], vom Land spricht auch sie nicht direkt; der Schock über die Katastrophe des Exils

---

60 Zenger, Tradition 473f. – Das ursprüngliche Schilfmeerlied, die V. 1b.5-7.11f umfassend, ist nach Zenger älter; es "könnte man sich gut in der Zeit der assyrischen Bedrohung vorstellen, wo ‚Roß und Reiter' ja erstmals große strategische Bedeutung erhalten und zum großen Thema der jesajanischen Prophetie werden" (a.a.O. 472).

61 Zenger, a.a.O. 474.

62 Spieckermann, Heilsgegenwart 113; V. 11b.14-16 sind nach ihm spätere Ergänzung (105ff).

63 Spieckermann, a.a.O. 114; das Jerusalem- und Zionschweigen erklärt er 113 überzeugend wie folgt: "Schließlich kommt der Hymnus ohne Nennung von Namen, also auch ohne Zion und Jerusalem, deshalb so gut aus, weil er wahrscheinlich an der Stelle komponiert und vorgetragen wurde, der er galt, dem Jerusalemer Tempel(berg)". Mit dem Heiligtum ist also gegen Cross-Freedman, Miriam 64f, nicht die Götterwohnung gemeint, und damit fällt auch ein Hauptargument für eine Frühdatierung des Schilfmeerliedes weg ("all the evidence points to a premonarchic date for the Song of the Sea, in the late twelfth or early eleventh century B.C."; Cross, Myth 124).

64 Die von Spieckermann, a.a.O. 96ff rekonstruierte Grundfassung erwähnt das Volk (*ᶜm*) nur einmal in V. 13; in V. 16, den er zur Überarbeitungsschicht rechnet, findet sich das Nomen noch zweimal. – In V. 14f werden u.a. die drei Völker der Philister, Edomiter und Moabiter erwähnt, die zusammen nur noch in Ps 60,10 = 108,10 belegt sind. Beide Psalmen datiert Spieckermann in die exilische Zeit. Von ihnen her interpretiert er die Völkeraufzählung in V. 14f (V.

wog für bestimmte Kreise so stark, daß sie nicht mehr (oder nicht in erster Linie) von einer politischen Restauration träumten, sondern ihr ganzes Interesse auf den religiösen Bereich, auf die ungestörte Verehrung Gottes im Tempel konzentrierten.

Wer der Spieckermannschen Datierung von Ex 15 den Vorzug gibt, braucht auf die Zengersche nicht zu verzichten, da der Text redaktionsgeschichtlich gesehen wahrscheinlich jung ist[65], in nachexilischer Zeit wohl deshalb an Ex 14 angehängt wurde, weil er sich wieder als aktuell erwies, d.h. bestimmte Kreise mehr Nachdruck auf die beständige heilvolle Gegenwart Jahwes im Tempel und seine Königsherrschaft (Ex 15) legten als auf einzelne kontingente Eingriffe Gottes[66].

Fragt man nach dem gemeinsamen Nenner von Ex 15; Dtn 32f und Jdc 5, drängen sich folgende drei Stichworte auf: Interpretation, Verallgemeinerung, Lehre. Ex 15 und Jdc 5, zwei redaktionsgeschichtlich junge Texte, interpretieren ein kontingentes Geschehen als Kampf kosmischen Ausmaßes Jahwes gegen seine Feinde. Dtn 32 enthält zeitlose Lehre, so eine "Definition" Gottes. Die (Un)Heilsgeschichte wird zwar anders als in Ex 15, aber doch wie dort als kosmisches Drama interpretiert und auf zentrale Aussagen reduziert, also verallgemeinert. Die Stämmesprüche von Dtn 33 werden durch den Rahmenpsalm korrigiert und ergänzt sowie durch die Aussage interpretiert: Jahwe allein ist groß, und die Größe des Volkes besteht eben darin, daß Gott ihm hilft. Dem Ensemble Dtn 32f kommt redaktionsgeschichtlich noch mehr Bedeutung zu als Ex 15 und Jdc 5: Mit ihm wird eine wichtige Periode von Israels Geschichte abgeschlossen, die mit dem Namen Moses verbundene; er spricht noch einmal autoritativ[67].

15b betrachtet er als "Nachtrag im Nachtrag", der von Jos 2,9(24) her zu erklären sei [105 Anm. 27]): "Es handelt sich um eine der zahlreichen Artikulationen von Judas Rachegelüsten gegenüber den Völkern, unter denen es kurz vor seiner Exilierung zu leiden gehabt hat oder die die Vernichtung des Südreiches mit unverhohlener Genugtuung begleitet haben" (105). Man beachte, wie diese Revanchegelüste in Ex 15 ausgedrückt werden: Die genannten Völker zittern vor Jahwe; Israel braucht nicht gegen sie in die Schlacht zu ziehen, es kann also in Ruhe leben (vgl. unsere Auslegung von Dtn 33).

65 Eißfeldt, Einleitung 280.

66 "Der Jahwist erzählt in Ex 14 die Exodustat als kontingentes geschichtliches und damit auch einmaliges Rettungshandeln Jahwes an einem bestimmten Feind..., natürlich mit der kerygmatischen Intention, daß so, wie Jahwe Israel damals... aus der Hand der Ägypter gerettet hat, er Israel auch zukünftig durch seine kontingente Tat aus Feindesnot retten wird" (Spieckermann, a.a.O. 114f).

67 S. Anm. 37.

Interpretation, Verallgemeinerung, Lehre: Noch besser als die vier hier behandelten Texte charakterisieren diese drei Begriffe das Hannalied, den Psalm Davids sowie seine letzten Worte. Von ihrem Inhalt her sind sie deutlich stärker auf den Kontext zugeschnitten, den sie interpretieren und für den sie geschaffen worden sind. Im Zusammenhang mit dieser Auslegung darf man vom Beginn der Kanonisierung sprechen. Vorstufen dieses Prozesses liegen unter anderem in der Einfügung von Ex 15; Dtn 32f und Jdc 5 in ihre jeweiligen Erzählzusammenhänge vor. Der Vorgang der Kanonisierung des Alten Testamentes, ein komplizierter und langwieriger Prozeß, liegt weitgehend im Dunkeln. Im Falle der sieben hier behandelten Texte läßt er sich ein Stück weit aufhellen und nachzeichnen. Er ist, wie nicht anders zu erwarten, eng mit Interpretation, Verallgemeinerung und Lehre verbunden.

2. Zusammenfassung

a) Jes 12: Die Zusammenfassung des Jesajabuches

(1) Und an jenem Tage wirst du sprechen:
Ich danke dir, o Herr, du hast mir gezürnt,
so wende sich dein Zorn, daß du mich tröstest /
da hat dein Zorn sich gewendet, und du hast mich getröstet[1].
(2) Siehe, Gott ist mein Heil / Siehe, der Gott meines Heils[2]!
Ich bin getrost und fürchte mich nicht.
Denn meine Stärke und mein Loblied[3] ist Jah[4],
und er wurde mir zum Heil.
(3) Und ihr werdet mit Freuden Wasser schöpfen
aus den Quellen des Heils.
(4) Und ihr werdet sprechen an jenem Tage:
"Danket dem Herrn, ruft an seinen Namen,
tut kund unter den Völkern seine Taten,
verkündet, daß sein Name erhaben ist!

---

1 Übersetzungen von Wildberger, Jesaja 1-12, 477, respektive ZB. Wildberger hält am Jussiv *jšb* (und am Imperfekt *wtnḥmnj*) fest und will dem Vers "seine nonkonformistische Kühnheit nicht nehmen". Er weist darauf hin, daß sich in Dankliedern gelegentlich auch Bitten finden. (vgl. Gunkel-Begrich, Einleitung 275). Folgt man LXX, V, S, wäre mit einer leichten Verschreibung zu rechnen, also *wšb* oder *wjšb* zu lesen. Diesen Übersetzungen folgen viele Kommentatoren. Erwogen wird auch die Möglichkeit, daß der Jussiv hier etwa die Bedeutung eines Imperfekts besitzt (Gesenius-Kautzsch, Grammatik § 109k, 335f; vgl. Delitzsch, Jesaja 176, nach dem "diese modale Form, gefolgt von *wtnḥmnj*, mitvergangenheitliche oder imperfektische Bed. hat" [tr.]). Auf elegante Art und Weise löst Kaiser, Jesajas[5] 254 Anm. 1, das textkritische Problem: "die prekativen Formen von M wird man... als Folge sekundärer Textänderung durch eine spätere Generation beurteilen müssen, die immer noch auf das Heil wartete".

2 Grammatikalisch sind beide Übersetzungen möglich. Die zweite wird bevorzugen, wer in diesem Satz eine Anspielung auf Jes 40,9 erblickt; vgl. dazu Rendtorff, Komposition 146, Anm. 22.

3 Auf den Streit über die Bedeutung von *zmrh* kann hier nicht eingegangen werden; wir halten an der traditionellen Übersetzung fest. Aus der umfangreichen Literatur sei hingewiesen auf: Loewenstamm, Lord; Parker, Exodus xv; HAL I 263; Barth, Art. *zmr* 607. Das Suffix der 1.sg.cm. wurde dem folgenden *jh* assimiliert (Sandhi-Schreibung).

4 Jah ist nicht zu streichen; es findet sich auch Ex 15,2; Ps 118,14. Das anschließende *jhwh* bildet wohl eine Dittographie zu *wjhj* (Wildberger, Jesaja 1-12, 478).

(5) Lobsinget dem Herrn; denn Großes hat er getan,
kundgetan[5] sei das in aller Welt.
(6) Jauchze und juble, Bewohnerin Zions!
Denn groß ist in deiner Mitte der Heilige Israels"!

"une doxologie tout à fait impersonnelle... un type de prière passe-partout... Un certain universalisme... Mais il reste tout verbal... A toutes les expressions employées par le poète on trouverait de multiples parallèles dans les pièces les plus tardives du Psautier"[6].

Ein inhaltlich minderwertiger Text: So könnte man Steinmanns Ausführungen zu Jes 12 interpretieren. Auch die Diskussion um die Form des Psalmes stimmt ihm gegenüber mißtrauisch. Einige Kommentatoren unterteilen ihn wegen des scheinbaren Neueinsatzes in V. 4a*a* (*w* ᵓ*mrtm bjwm hhw*ᵓ) – er geht mit einem Wechsel in der Person einher – in zwei Psalmen[7]. Dem kann entgegengehalten werden, daß V. 4a*a* anders als V. 1a*a* keine "außerhalb des Versmaßes" stehende Einführung bildet, sondern zum Psalm gehört[8]; zudem steht schon V. 3 in der 2.pl.mc., weshalb Gunkel-Begrich V. 3-6 zu einer Einheit zusammenziehen[9].

In V. 1f liegt das Danklied eines Einzelnen vor[10]. V. 3 entzieht sich formgeschichtlicher Einordnung weitgehend. Wildberger schreibt: Er "ist eine Verheißung, wie man sie als Antwort auf ein Volksklagelied erwartet"[11] – und gibt mit dieser Bemerkung seine verständliche Ratlosigkeit zu. Die Obergattung der V. 4-6 bildet nach Crüsemann der imperativische Hymnus[12]; V. 4 enthalte Elemente der Heroldsinstruktion[13],

5 Das Q^{e}re *mwd*^{c}*t* verdient gegenüber dem K^{e}tib den Vorzug, da "das pt.pu. von *jd*^{c} die Spezialbedeutung ‚Bekannter, Vertrauter' angenommen hat" (Wildberger, ebd,tr.).

6 Steinmann, Prophète 343.

7 Mit zwei Psalmen rechnen Dillmann, Jesaia 124; Gray, Isaiah 228; Duhm, Jesaia 84 (es ist "möglich, daß zwei verschiedene Hände den Epilog zusammengesetzt haben"); Marti, Jesaja 116; Procksch, Jesaia I, spricht 160 von einem "Liederpaar" und 161 von einer "zweite[n] Strophe".

8 Wildberger, Jesaja 1-12, 479; vgl. auch Crüsemann, Studien 55.

9 Gunkel-Begrich, Einleitung 315 (und Anm. 1); nach ihnen gehören die vier Verse mit einigen andern Psalmen zusammen zu den Dankliedern Israels.

10 Vgl. dazu Crüsemann, Studien 227f.

11 Wildberger, Jesaja 1-12, 478.

12 Crüsemann, Studien 55f.

13 Crüsemann, a.a.O. 56 (vgl. 50-55).

der "Heilszuspruch" von V. 6 sei ursprünglich "im Bereich des Sexual- und Fruchtbarkeitskultes [beheimatet gewesen]"[14]. Es fiele nicht schwer, in eine viele Seiten füllende Diskussion um diese beliebig ausgewählten und vermehrbaren Behauptungen einzutreten. Das Resultat, zu dem man früher oder später gelangte, macht sie überflüssig: "In Jes 12 sind... offenbar keine wirklich im Kult lebendigen Lieder zusammengestellt worden, sondern der Verfasser hat kultisches Formmaterial zur Formulierung seiner Verheißung benutzt"[15]. Wie andere der hier untersuchten Texte erweist sich Jes 12 als ausgesprochenes Kunstprodukt[16]. Sein Verfasser scherte sich nicht um formale Konventionen, schuf sich vielmehr eigene – und damit zugleich einen Text, der, wie die folgenden Ausführungen zeigen, Steinmanns Urteil nicht verdient.

Wie sein Aufbau deutlich macht, ist Jes 12 ein "einheitlicher" Text:

– Aufforderung zum Dank – "Rückblick" auf das Gericht – Konstatierung des "Heils"	Jahwes Handeln an den Israeliten
– Kundgabe der Heilstaten Jahwes an die Völker – Kundgabe der Größe Jahwes auf der ganzen Welt – Jubel wegen der (beständigen) Gegenwart Jahwes	Israels Dank dafür

14 Crüsemann, a.a.O. 65 (vgl. 55-65).

15 Crüsemann, a.a.O. 55, Anm. 2. Dem braucht seine Behauptung, in V. 1f sei die Grundform des Dankliedes des Einzelnen besser erhalten als in "zersungenen" Psalmen (227), nicht a priori zu widersprechen. Sie verdient deshalb kein Vertrauen, weil das ganze Kapitel Jes 12 (auch die V. 1f) eine Auslegung und Zusammenfassung des ganzen Jesajabuches bilden.

16 In diesem Zusammenhang muß kurz auf Alonso-Schökels Arbeit "De duabus methodis pericopam explicandi" eingegangen werden. Den Unterschied zwischen "critica litteraria" und "analysis artistica" erklärt er anhand einer Auslegung von Jes 12. Letztere verfolgt im Unterschied zur Literarkritik folgende Ziele: "unitates clausas atque perfectas quaerit, earum constructionem investigat, eamque explicat per internam quamdam legem seu vim quae totum configurat" (155); "intra pericopam harmoniam quaerit", (155); "quaestionem originis parum curat, nisi ut aliquid praevium; factum litterarium, prout iacet, contemplatur et explicare conatur" (156). Bei ihrer Anwendung erweist sich die analysis artistica als Mischung von Form- und (versteckter) Redaktionsgeschichte sowie Stiluntersuchungen. Solch unterschiedliche Methoden unter einen Hut zu bringen ist gewagt. Alonso-Schökel hat sich ein ungeeignetes Objekt ausgelesen, um den Unterschied zwischen den beiden Methoden vorzuführen. Die critica litteraria kann auf Jes 12 nicht angewandt werden, da dieser Psalm als Kunstprodukt immer einheitlich war (daß er Zitate aus andern Teilen des Alten Testaments enthält, ändert daran nichts).

Beide Teile weisen eine stringente Gedankenabfolge auf, kreisen je um ein Stichwort (Jahwes Heilshandeln, seine Größe) und schließen gut aneinander an.

Allein diese formalen Besonderheiten machen deutlich: Jes 12 ist ein theologisch zentraler Text. Die Exegeten haben ihn erst in jüngster Zeit (wieder)entdeckt – unter dem Vorzeichen der Frage, wie das Buch Jesaja entstanden sei und was es inhaltlich zusammenhalte. Wichtige Elemente zu ihrer Beantwortung lagen schon vor, wurden aber wegen der Vorherrschaft literarkritischer Fragestellungen kaum ausgewertet. Es sind dies:

– Jes 12 enthält wörtliche und sinngemäße Zitate aus andern Teilen des Alten Testaments.

– Das Kapitel markiert einen der redaktionsgeschichtlich wichtigsten Einschnitte im Jesajabuch: Es bilde, so Marti, "einen guten Abschluß zu der Eschatologie von $10_5 - 11_{16}$".

  "Aufs beste aber schließen diese Lieder zugleich die Sammlung Cap. 1-12 ab; Jerusalem, von dessen Unglück in Cap. 1 ausgegangen war, wird hochgeehrt dastehen am Ende der Tage... [Die Verse] werden am ehesten ein Produkt desjenigen sein, der die Sammlung Cap. 1-12 veranstaltet und angeordnet hat"[17].

– Noch im letzten Jahrhundert schrieb Delitzsch (nicht im Zusammenhang mit Jes 12) die folgenden Sätze:

  "Ich habe an sich nie etwas Anstößiges in der Annahme gefunden, daß das B. Jesaia, wie es vorliegt, Weissagungsreden Jesaia's und anderer jüngerer Propheten enthalte, welche mit seinen Weissagungsreden vermischt und planvoll zu einem Ganzen verbunden sind – die Zusammenfassung, dachte ich, wäre doch kein Spiel des Zufalls, kein Machwerk der Willkür"[18].

  Vergleichbare Sätze kann man heute wieder lesen, und wer sie formuliert, braucht im Unterschied zu früher keinen Spott zu befürchten. Immer mehr setzt sich folgende Erkenntnis durch: Nicht nur die drei Teile des Buches Jesaja, sondern auch seine Einzeltexte hängen eng miteinander zusammen, korrigieren und interpretieren einander. Besondere Bedeutung kommt dabei Stichwortverbindungen zu[19].

Diese Beobachtungen sollen hier weiterverfolgt, vervollständigt und systematisch ausgewertet werden. Damit unsere Ausführungen nicht frei in der Luft schweben, sei das Resultat vorweggenommen: Jesaja 12 bil-

---

17 Marti, Jesaja 117.

18 Delitzsch, Jesaja 729 (aus der Einleitung zur 4. Auflage).

19 Auf ihre Bedeutung – allerdings nur für Jes 40ff – hat schon Mowinckel, Komposition, aufmerksam gemacht (vgl. auch Anm. 20).

det einen der jüngsten Texte im Jesajabuch und, wie der Titel verrät, zugleich seine Zusammenfassung.

Schon in der Einleitung redet der Psalmist gut "jesajanisch", d.h. im Sinn und Geist des ganzen Jesajabuches. Unter den großen Prophetenbüchern enthält keines so viele Belege des Ausdrucks *bjwm hhw*ᵓ wie Jes 1-39[20]. Er leitet sowohl Unheils- wie Heilsweissagungen ein – in Jes 12,1 einen Vers, der von beidem, der Wende vom Zorn Jahwes zum Trost handelt.

Diese Wende kann Antwort auf die Frage geben, warum Jesaja zum Propheten par excellence werden konnte. Ackroyd geht sie von der Struktur der Kapitel Jes 1-12 her an: Durch die (späte) Überschrift in 1,1 werde der Leser in die Zeit zurückgewiesen, da Jesaja auftrat:

"It is the Isaiah of that historic period who stands behind the message. The presence in these chapters of much that is dark, directed to the theme of judgement and depicting the prophet as himself directly involved in the description of his people as made unable to respond, provides a verifying basis most clear to us in our recognition of the enormous impact on the life and thought of the community of the disaster of the sixth century B.C. But in ii 1, stressing the Isaianic authority of the message of promise of ii 2-5, and in the colophon, with its emphasis on the salvation of God, echoing the prophet's name, and linked to the variety of hopeful words which intersperse the chapters, there is drawn out most clearly the significance of this prophet, the messenger of doom, now fulfilled, as he is also presented as messenger of salvation"[21].

Die zentrale These in Ackroyds Ausführungen überzeugt. Ob Jes 12 allerdings ins 6. Jahrhundert gehört, wie er zwischen den Zeilen andeutet(?), ist fraglich. Das Problem, wie Gericht und Heil zusammenhängen, brannte den Israeliten, die in dieser Epoche lebten, besonders stark unter den Nägeln. Mit ihm mußten sich aber auch ihre Nachkommen herumschlagen, die in dürftiger Zeit lebten. Den Männern, auf die das Jesajabuch in seiner jetzigen Gestalt zurückgeht, stellte es sich als theologisches, immer gültiges. Das Nacheinander von Proto- und Deuterojesaja, das sich an vielen Stellen in Jes 1-39 im Kleinen spiegelt[22], gibt darauf unausgespro-

---

20 Belege im Jesajabuch: Jes 2,11.17.20; 3,7.18; 4,1.2; 5,30; 7,18.20.21.23; 10,20.27; 11,10.11; 12,1.4; 17,4.7.9; 19,16.18.19.21.23.24; 20,6; 22,8.12.20.25; 23,15; 24,21; 25,9; 26,1; 27,1.2.12.13; 28,5; 29,18; 30,23; 31,7; 52,6. – Zur Bedeutung von Stichworten bemerkt Rendtorff, Komposition 143f, im Anschluß an Melugin treffend: "Die bewußte Wiederaufnahme eines bestimmten Wortes oder einer bestimmten Formulierung kann ein >Signal< dafür sein, daß zwischen den entsprechenden Texten eine Beziehung besteht, auf die der Leser aufmerksam gemacht werden soll".

21 Ackroyd, Isaiah I-XII 45.

22 Vgl. dazu Clements, Unity 121.

chen folgende Antwort: Auf Gericht folgt Heil. Nicht anders lautet sie in Jes 12. Fehlte der verhaltene Hinweis aufs Gericht, Jes 12 könnte nicht als Zusammenfassung des ganzen Jesajabuches gelten, in dessen erstem Teil die Gerichtsbotschaft einen zentralen Platz einnimmt. Ein Weiteres kommt hinzu. Der Hinweis auf Gottes Zorn in Jes 12,1 stört. Das Danklied knüpft deutlich an das vorangehende Kapitel, besonders Jes 11,11-16, an: Es soll an jenem Tage gesungen werden, da Jahwe die Zerstreuten Judas von den vier Säumen der Erde sammelt. Fast ist es, als sagte der Psalmist in V. 1: Nicht zu schnell, rekapitulieren wir: Erst auf das Gericht folgt das Heil, die Rückkehr der Zerstreuten.

Auf interessante Weise veranschaulichen die drei Psalmen in Mi 7,8-20 diesen Vers (und das ganze Kapitel Jes 12). Ihr Inhalt läßt sich wie folgt zusammenfassen: "Schuldbekenntnis, Annahme der Strafe, Bitte um Rettung und neue Führung sowie Lobpreis der Barmherzigkeit und Treue Gottes"[23]. Wolff nimmt an, die Gemeinde habe mit diesen Psalmen oder Teilen daraus in einer gottesdienstlichen Feier auf die Verlesung alter Unheilsprophetie und neuer Weissagungen geantwortet[24]. Er verabsolutiert diese reizvolle, aber kaum beweisbare These nicht, entdeckt im Abschnitt also keine "in sich geschlossene Liturgie"[25]. In unserem Zusammenhang ist folgende Feststellung wichtiger: "Jene Redaktoren, die die verschiedensten Prophetenworte sammelten, ergänzten und tradierten, stellten wahrscheinlich auch die abschließenden Psalmen zusammen"[26]. Jes 12 (insbesondere V. 1f) weist enge inhaltliche Berührungen mit diesen drei Psalmen auf[27]. Die Abfolge der Aussagen ist in den beiden Texten gleich. Daß Jes 12 kein explizites Sündenbekenntnis enthält, verdeckt ihre strukturelle Verwandtschaft.

Eine Frage drängt sich auf: Bildet Jes 12 etwa die liturgische Antwort der Gemeinde auf die Verlesung von Jes 1ff? Eher nicht. Das Kapitel ist weniger anschaulich, theologischer, reflektierter, dogmatischer als die Psalmen in Mi 7,8-20. Es bereitet keine Schwierigkeiten, sich die Gemeinde als ihre Sprecherin vorzustellen; bei Jes 12 fällt das schwer. Diese leichthin geäußerte Vermutung soll nicht darüber hinwegtäuschen, daß die aufgeworfene Frage nach einer eingehenden Untersuchung ruft.

---

23 Wolff, Micha 194.

24 Wolff, a.a.O. 189f.194f.

25 Wolff, a.a.O. 195.

26 Wolff, a.a.O. 194f.

27 Vgl. vor allem Mi 7,18f und daraus die Stichworte ᵓ*pw; jšwb jrḥmnj*.

Halten wir als – überraschendes – Zwischenresultat fest: Psalmen geben eine der wichtigsten Antworten darauf, wie Gericht und Heil zusammenhängen. Mi 7,8-20 verbindet diese Abfolge nicht allein mit einer bestimmten geschichtlichen Situation, sondern macht sie zu einer immer gültigen – wie auch das Jesajabuch[28].

Zurück zu V. 1:

> Bei alledem hat sich sein Zorn nicht gewandt, und noch ist seine Hand ausgereckt (*bkl-zᵓt lᵓ-šb ᵓpw wᶜwd jdw nṭwjh*).

heißt es Jes 5,25; 9,11.16.20; 10,4[29]. Die ersten vier Stellen sind vielleicht der Refrain in einem Gedicht, das Gottes Zorngericht über das Nordreich zum Gegenstand hat[30]. So eingängig ist er, daß er seinen Weg auch in Jes 10,4b gefunden hat. Der Redaktor, der ihn hier einfügte, hat " 4a wohl ebenfalls als Beschreibung eines wirklich geschehenen Gerichtsaktes aufgefaßt"[31]. Der *ᵓp* (*jhwh*) bildet also ein wichtiges Stichwort innerhalb von Jes 1-39(12) und bezeichnet gleichzeitig ein zentrales Thema dieser Kapitel: Jahwe schreitet gegen sein Volk ein, bestraft es. Für immer? Diese Frage mußte der Kehrreim von Jes 5; 9; 10 noch verstärken. Kein Wunder, daß der Verfasser von Jes 12,1 an seine Formulierung anknüpft (*šwb ᵓp*), seine Aussage aber (verhalten) ins Gegenteil verkehrt: Jahwes Zorn hat sich gewandt, er tröstet.

Jahwe tröstet: So lautet eine zentrale Aussage von Jes 40-66. Dieses Korpus enthält viele Belege der Wurzel *nḥm*, einige von ihnen stehen an redaktionsgeschichtlich entscheidenden Stellen, in Schlüsselkapiteln: Neben den Ruf "Tröstet, tröstet mein Volk" (Jes 40,1), der als Motto über der Sammlung steht, sind Stellen wie Jes 51,12 und 66,13 (3x) zu stel-

---

28 Vgl. dazu Childs, Introduction 327: "Historically First Isaiah spoke mainly of judgment to pre-exilic Israel. Conversely Second Isaiah's message was predominantly one of forgiveness. But in their canonical context these historical distinctions have been frequently blurred in order to testify to a theology which was directed to subsequent generations of Israelites. Sinful Israel would always be the object of divine terror; repentant Israel would receive his promises of forgiveness. To assure this theological understanding, the redaction of the book as a whole also assigned promise to First Isaiah and judgment to Second (and Third) Isaiah".

29 Zu diesem Ausdruck s. Wildberger, Jesaja 1-12, 207ff; Brown, Refrain.

30 So Wildberger, ebd.: das "Fragment" Jes 5,25 hält er im Anschluß an Budde und Duhm für die Fortsetzung von Jes 9,20 (208); anders Brown, a.a.O.

31 Wildberger, a.a.O. 200f.

len[32]. Das Thema "Trost" verbindet, wie besonders deutlich Rendtorff herausgestellt hat[33], die drei Teile des Buches Jesaja miteinander.

Mit ihm hängt das der Hilfe, des Heils (*jš*^{c}) eng zusammen. Die Wurzel bildet in Deuterojesajas Botschaft einen Schlüsselbegriff für Jahwes Heilshandeln. In so vielen Zusammenhängen taucht es auf, daß sich des Platzes wegen sogar ihre Auflistung verbietet. Bei Protojesaja konzentrieren sich die Belege in den Kapiteln 37f und in den eschatologischen Hymnen. Selbst bei konservativer Auslegung ließen sich nur wenige Belege der Wurzel dem historischen Jesaja zuweisen[34]. In Jes 12 wird der (historische) Unheilsprophet Jesaja zum beredten Künder von Gottes *jšw*^{c}*h*. Der Verfasser des Kapitels spielt mit dem Nomen: Gott ist immer Heil (*hnh* ʾ*l jšw*^{c}*tj*), obwohl er es zu einem bestimmten Zeitpunkt geworden ist (*wjhj-lj ljšw*^{c}*h*); Israel wird *mm*^{c}*jnj hjšw*^{c}*h* wie aus etwas Vorliegendem schöpfen. Gottes Heil umspannt Vergangenheit, Gegenwart und Zukunft.

Die gehäufte und kunstvolle Verwendung des Nomens fällt auf. Procksch dürfte mit seiner Vermutung, es "werde mit dem dreimaligen *jšw*^{c}*h* (v. 2f.) auf Jesaias Namen (*jš*^{c}*jhw*) angespielt, sein Buch als *m*^{c}*jn hjšw*^{c}*h* gewertet"[35], recht haben – wie auch Ackroyd mit der rhetorischen Frage, "whether the large-scale use of the root in the book of Isaiah, outside the genuine Isaianic material... may not owe something at least to the actual name of the prophet"[36]. Er selber habe noch nicht über die Bedeutung seines Namens nachgedacht:

"But for certain stages of the Isaiah tradition, may we not see here an element in the process by which this one prophet of the eighth century acquired a status which owed something to theological reflection, and thus contributed, alongside other elements, to the eventual primacy of position which he occupied? If there is validity in these contentions, there is strong inference that xii provides an interpretative comment on what precedes, drawing out in a final poetic statement the broadest significance of the prophet's person and message"[37].

---

32 Weitere Belege von *nḥm* (Pi. und Pu.) im Jesajabuch: Jes 22,4; 49,13; 51,3.19; 52,9; 54,11; 61,2.

33 Rendtorff, Komposition 157.

34 Vgl. Ackroyd, Isaiah I-XII 38f.

35 Procksch, Jesaia I 161 (tr.).

36 Ackroyd, Isaiah I-XII 39.

37 Ackroyd, a.a.O. 39f.

Nach dem Verfasser von Jes 12 ist Jesaja, vereinfacht ausgedrückt, Heilsprophet[38]. Sein Buch zu lesen bedeutet, aus den Quellen des Heils zu schöpfen. Diese Auslegung von V. 3 bedarf, da gewagt und an Konsequenzen reich, bestmöglicher Absicherung. Werden ihm andere Interpretationen gerechter? Nach ISam 7,6 schöpfen (*šʾb*) die auf Befehl Samuels in Mizpa zusammengekommenen Israeliten Wasser, gießen es vor dem Herrn aus und fasten (vgl. IISam 23,16). Wildberger meint, das Bild von Jes 12,3 könnte hier "seinen realen Hintergrund"[39] haben. Mehr sicher nicht, denn Freude und nicht Buße bestimmt Jes 12,3. Bei der Auslegung dieses Verses führen die Ausleger meist nur nähere oder entferntere Parallelen an. Ex 17,6; Num 20,11 berichten davon, wie Israel in der Wüste auf wunderbare Weise mit Wasser getränkt wurde. Da Jes 11,11ff den neuen Exodus besingt, ist es nicht abwegig, in Jes 12,3 eine Anspielung darauf zu entdecken[40]. Das Wort *mjm* gehört zum theologischen Vokabular Deuterojesajas – auch im Zusammenhang mit dem neuen Exodus[41]. Besondere Beachtung verdient Jes 55,1; Auf, ihr Dürstenden alle, kommet zum Wasser! Das Kapitel enthält, ohne daß das Wort fiele, die Aufforderung, am Heil teilzunehmen; Heil und Wasser gehören zusammen. Nach Jer 2,13; 17,13 ist Jahwe *mqwr mjm ḥjjm*; Ps 36,10 formuliert ein Psalmist leicht anders: *kj-ᶜmk mqwr ḥjjm.* Etwas weiter weg von Jes stehen Ps 65,10; 87,7; 110,7. Das Resultat änderte sich nicht, führten wir die Stellenaufzählung weiter: Wasser/Quelle steht als Metapher für Leben, Heil. Zum Verständnis von Jes 12,3 tragen die meisten dieser Stellen allerdings nur indirekt bei: Gott selber bildet nach ihnen (wie Jes 12,2) das Heil, die Quelle des Lebens, bei ihm befindet sie sich. Hier jedoch besitzt der Ausdruck *mᶜjnj hjšwᶜh* eine fast technische Bedeutung: Diese Quellen sind etwas Vorliegendes, Verfügbares, woraus man (immer wieder) schöpfen kann, eben das Buch Jesaja: In Jes 12 kündigt sich seine Kanonisierung an.

Daß der Verfasser von Jes 12 mit dem Namen des Propheten spielt, ist um so wahrscheinlicher, als er sich auch sonst als Virtuose der Anspielun-

---

38 Das ist auch die Meinung der Rabbinen. Der Talmud ordnet die prophetischen Bücher in der Reihenfolge ... Könige, Jeremia, Ezechiel, Jesaja ...; Begründung: "[Das Buch] der Könige schließt mit Zerstörung, Jirmeja enthält nur Zerstörung, Jeḥezqel beginnt mit Zerstörung und schließt mit Trostverheißung, und Ješaja enthält nur Trostverheißungen; wir schließen daher Zerstörung an Zerstörung und Trostverheißung an Trostverheißung" (BB 14b; Goldschmidt, Talmud 8,55).

39 Wildberger, Jesaja 1-12, 482.

40 Das tut u.a. Dillmann, Jesaia 125.

41 Einige wichtige Belege: Jes 41,17f; 43,20; 44,3f; 48,21; 49,10; vgl. 58,11.

gen erweist. Das schönste Beispiel dafür liegt in V. 2a vor: *ʾbṭḥ wlʾ ʾpḥd*. Wer denkt bei diesem Satz nicht an die gleich prägnanten Wortspiele mit Assonanz in Jes 5,7 (*wjqw lmšpṭ whnh mśpḥ lṣdqh whnh ṣʿqh*) und Jes 7,9 (*ʾm lʾ tʾmjnw kj lʾ tʾmnw*)? (Vielleicht "verzichtet" der Verfasser von Jes 12 wegen des schönen, typisch jesajanischen Wortspieles auf die sinnverwandte Vokabel *jrʾ* und verwendet statt dessen *pḥd*). Mit Jes 7,9 berührt sich Jes 12,2 auch inhaltlich eng: *hʾmjn* und *bṭḥ* stehen einander von der Bedeutung her nahe[42]; beide Verben werden zudem absolut, ohne Objekt verwendet. *bṭḥ* bildet zwar nicht gerade einen theologischen Schlüsselbegriff des Jesajabuches, auch nicht von der Anzahl der erheblichen Belege her[43]. Jes 30,15 allein macht dieses Manko allerdings beinahe wett:

> Denn so sprach Gott, der Herr, der Heilige Israels: In Umkehr und Ruhe liegt euer Heil; in Stillehalten und Vertrauen (*wbbṭḥh*) besteht eure Stärke. Doch ihr habt nicht gewollt.

Mit diesem Wort, "in eine konkrete Situation" hineingesprochen, ist Jesaja "eine Formulierung gelungen, die als zeitlose Beschreibung echter Glaubenshaltung gelten kann und als solche auch gewirkt hat"[44]. Jes 30,15, das zweifelsohne zu den Schlüsselstellen im Jesajabuch gehört, besagt vereinfacht ausgedrückt: Israel ist gescheitert, weil es Gott nicht vertraut, ihm nicht geglaubt hat. Zum Vertrauen auf Gott, respektive seinen Namen, fordern zwei wichtige Stellen aus der Jesajaapokalypse und Deuterojesaja auf: Jes 26,4; 50,10. An jenem Tage (Jes 12,1) braucht es diese Aufforderung nicht mehr, Israel scheitert auch nicht mehr an ihr: Es vertraut Gott, glaubt ihm. Es ist eher unwahrscheinlich, daß der Verfasser von Jes 12 direkt auf die genannten Stellen anspielt. Daß er ein zentrales jesajanisches Thema aufnimmt – zudem eines, das die Verkündigung des historischen Jesaja stark bestimmt –, dürfte nicht zu bestreiten sein.

In V. 2b zitiert der Psalmist das Schilfmeerlied (Ex 15,2; vgl. Ps 118, 14). Wildberger meint, er begründe "seine Zuversicht im Grunde nicht durch seine eigene Gotteserfahrung, sondern durch die Wiederholung des

---

42 Vgl. dazu Wildberger, Glauben.

43 Vgl. außer den im Text genannten Stellen etwa noch Jes 36,7.15 (In diesem und dem folgenden Kapitel bildet *bṭḥ* ein Leitwort. Sie kreisen um die Frage: Wem lohnt es sich zu vertrauen, Jahwe, Ägypten oder nicht besser Assur? Belege: Jes 36,4(2x).5.6(2x).7.9.15; 37,10); 59,4.

44 Wildberger, Jesaja 28-39, 1188.

Zeugnisses der Väter, den Rückgriff auf das überlieferte Wort"[45]; immerhin gesteht er ihm zu, "*wjhj lj ljšw*^{c}*h* [scheine] persönliches Erleben zu bezeugen"[46]. Wildberger wird dem Vers und dem Verfasser von Jes 12 nicht gerecht. Dieser zitiert Ex 15,2 freiwillig und gezwungenermaßen zugleich. Freiwillig: Der Vers enthält die zentrale Vokabel *jšw*^{c}*h*. Gezwungenermaßen: Der vorangehende Abschnitt, Jes 11,11-16, entwirft ein imposantes eschatologisches Gemälde, in dessen beiden letzten Versen der neue Exodus zur Sprache kommt. Es ist fast zu erwarten, daß bei ihm ein ähnliches Danklied angestimmt wird wie beim ersten Exodus, um so mehr, als sie miteinander in Beziehung gebracht werden. Eine vergleichbare Redaktion hat in den beiden Fällen dafür gesorgt, daß auf die Rettung der Israeliten (Ex 14; Jes 11,11-16) ihr Dank folgt (Ex 15; Jes 12). Von ihrer theologischen Grundstruktur her stimmen die beiden Komplexe sicher nicht zufällig miteinander überein. Mit dieser Aussage wenden wir uns gegen Vermeylen, der im Anschluß an Schulz[47] behauptet, zwischen Jes 12 und den Fremdvölkerorakeln bestehe ein enger Zusammenhang: "le chapitre XII exprime le sens positif pour Israël des chapitres suivants"[48]. Wäre dem so, müßte es nicht deutlicher zum Ausdruck kommen?

Gotteslob und -gegenwart stehen im Zentrum der V. 4-6. Der einleitende Satz in V. 4 (*w*$^{\supset}$*mrtm bjwm hhw*$^{\supset}$) verstärkt die eschatologische Ausrichtung des Liedes noch einmal, ruft sie gewissermaßen in Erinnerung. Dem Verfasser von Jes 12 liegt sie offensichtlich am Herzen. Sonst würde er die Israeliten in ihrem Gesang nicht unterbrechen und diesen Kommentar anbringen. Zugleich macht der Vers deutlich, wie bescheiden und hochgespannt zugleich die mit jenem Tage verbundenen Vorstellungen und Hoffnungen sind: Das Gottesvolk wird an ihm den gleichen Lobgesang anstimmen, mit dem es Jahwe schon immer gedankt hat (Ps 105,1); es wird die Schriften studieren (V. 4) und sich der Gegenwart Jahwes in seiner Mitte erfreuen (V. 6). Nicht zufällig zitiert der Verfasser unter vielen vergleichbaren Psalmstellen gerade Ps 105,1: Der Vers enthält jesajanische Theologie[49]. Daß die Völker von dem hö-

---

45 Wildberger, Jesaja 1-12, 482.

46 Wildberger, ebd. (tr.).

47 Schulz, Nahum 118.

48 Vermeylen, Prophète 280f (Zitat 281). – Unwahrscheinlich ist auch seine Annahme, Jes 11,11-16 sei jünger als Jes 12.

49 Ob unter Jahwes ^{c}*ljlt* sein Geschichtswirken in der Vergangenheit fällt oder "ähnlich wie bei Deuterojesaja, Jahwes neues Handeln, die Wiederherstellung Israels", ist kaum entscheidbar; Wildberger, Jesaja 1-12, 484, stellt die beiden Möglichkei-

ren sollen, was Jahwe an seinem Volk gewirkt hat, ist ein unter anderem bei Deuterojesaja beliebter Gedanke[50.51].

Gott ist erhaben (*gʾh/śgb*)[52]; menschliche Hoffart und Überheblichkeit (*gʾh/rwm*)[53] können vor ihm nicht bestehen. Diese beiden Sätze zu wiederholen wird der historische Jesaja nicht müde; sie entfaltet auch das nach ihm benannte Buch. Ein Beispiel: Jes 2,6(12)-22 schildert einen *jwm ljhwh*. Nicht sosehr einzelner, konkreter Vergehen wegen muß Jahwe gegen Israel vorgehen; der "Hochmut des Menschen schlechthin"[54] zwingt ihn dazu. Positiv gewendet: "Nicht das Gericht über Israel ist das eigentliche Ziel des Handelns Jahwes, sondern der Erweis der Hoheit Gottes"[55]. Der Abschnitt wimmelt nur so von einschlägigem Vokabular und Aussagen: *wjšḥ ʾdm wjšpl- ʾjš* (V. 9); *mhdr gʾ(w)nw* (V. 10.19.21; diesem Ausdruck eignet eine "nuance superlative"[56]: *ʿjnj gbhwt ʾdm špl wšḥ rwm ʾnšjm wnśgb jhwh lbdw bjwm hhwʾ* (V. 11); *kj jwm ljhwh ṣbʾwt ʿl kl-gʾh wrm wʿl kl-nśʾ wšpl* (V. 12); *wšḥ gbhwt hʾdm wšpl rwm ʾnšjm wnśgb jhwh lbdw bjwm hhwʾ* (V. 17). Jes 2 und 12 berichten – und das verleiht diesen Berührungen im Vokabular zusätzliches Gewicht – von einem eschatologischen Geschehen *bjwm hhwʾ*.

Wie stark jesajanische Diktion die V. 4f bestimmt, macht eine letzte Beobachtung deutlich: Als proprietas Dei findet *śgb* außer Jes 2,11.17; 12,4; 33,5 nur noch Ps 148,13 Verwendung. Hat der Verfasser von Jes 12, wie einige Kommentatoren annehmen, hier abgeschrieben[57] oder, vor-

---

ten zur Diskussion. – Zu eng, konkret ist die Auslegung von Roth, Art. *ʿll* 155: "Gemeint ist offenbar die im Buch Jes beschriebene wundersame Errettung der Stadt vor der drohenden Überwältigung durch Aramäer, Efraimiten und Assyrer... im syro-efraimit. Krieg 701".

50 Vgl. dazu unsere Auslegung von Ps 117 und Martin-Achard, Israël 13ff.

51 Eine Negativanzeige darf im Zusammenhang mit V. 4 nicht unterbleiben: Das Jesajabuch enthält zwar die Wendung *qrʾ bšm*... (Jes 40,26; 44,5; 48,1), nicht jedoch *qrʾ bšm jhwh/ʾlhjm*.

52 *gʾh*: Jes 2,10.19.21; 24,14; 26,10; *śgb*: Jes 2,11.17; 33,5.

53 *gʾh* (inklusive *gʾwh*): Jes 2,12; 9,8; 13,3.11.19; 14,11; 16,6(3 oder 4x); 23,9; 28,1.3; *rwm*: Jes 2,11.12.13. 14.17; 10,12.33; 14,13; 24,21; 26,5; 37,23.24 (Die Belege – es sind nur die wichtigen aufgeführt – können und brauchen hier nicht differenziert betrachtet werden).

54 Wildberger, Jesaja 1-12, 107.

55 Wildberger, ebd.

56 Joüon, Grammaire 438.

57 So u.a. Kaiser, Jesaja[5] 255 Anm. 12 mit der Einschränkung: "hat dabei aber vielleicht auch an Jes 2,11.17 gedacht".

sichtiger ausgedrückt, etwa diese Stelle im Ohr gehabt? Da das Kapitel zwei weitere Zitate enthält, kann diese Vermutung durchaus zutreffen. Hier drängt sich eine grundsätzliche Bemerkung auf. Unter anderem der Form wegen nahm der Verfasser von Jes 12 Anleihen bei Psalmen vor; dabei wählte er "jesajanische" Stellen aus, die inhaltlich paßten – und verfaßte, was ob dieses Anforderungsprofils erstaunt, einen formal wie inhaltlich überzeugenden Psalm.

Noch einmal zurück zum Inhalt der beiden Verse. Obwohl durch und durch jesajanisch formuliert, setzen sie auch eigene Akzente: Von der menschlichen Hybris schweigen sie. Außer Jes 12,5 bildet *gᵓwt* (oder eine andere Ableitung der Wurzel) nirgends grammatikalisches Objekt von Jahwes Handeln (er ist sonst erhaben). Der Parallelismus mit V. 4a erfordert diese eher ungewöhnliche Formulierung. Vielleicht ist der Satz auch Ex 15,1.21 nachempfunden.

Daß in Jes 12,6 die Bewohnerin Zions zum Jubel aufgefordert wird, das Kapitel also mit einem Satz über das Ergehen Jerusalems schließt, erstaunt nicht.

"If the book is read as a unit there is an overmastering theme which may be said effectively to unite the whole. This is the theme of Yahweh's interest in and devotion to the city of Jerusalem... the interest in the fate of the historical Jerusalem and the eschatological hopes bound up with the notion of Jerusalem which the book of Isaiah develops can be seen to be the factor which provides the theological cohesion of this work and gives it its unitary stamp"[58].

Unterschiebt Dumbrell den Redaktoren, denen wir das Buch Jesaja in seiner jetzigen Gestalt verdanken, nicht zu einfaches Denken? Sie vermochten – Jes 12 bildet dafür den eindrücklichsten Beleg – ungewöhnlich komplizierte Gedankengebäude zu entwickeln; sie dachten nicht eindimensional. Daß die Jerusalem-Zion-Thematik die drei Teile des Jesajabuches eng miteinander verbindet, soll mit dieser Anfrage freilich nicht bestritten werden.

Da die Jerusalem-/Zionstheologie im Jesajabuch schon oft dargestellt worden ist, beschränken wir uns auf einige zentrale Aspekte. Die Kapitel Jes 1-12 enthalten nebeneinander Gerichtsworte gegen und Heilszusagen für die Gottesstadt in großer Dichte; letztere dominieren, sollen es auch, wie die redaktionelle Anordnung der einzelnen Stücke zeigt[59].

---

58 Dumbrell, Purpose 112.

59 Vgl. dazu Ackroyd, Isaiah I-XII passim.

"In den folgenden Kapiteln wird das Thema Zion/Jerusalem nirgends ausführlicher entfaltet; aber es ist sozusagen ständig gegenwärtig. Denn einerseits wird vielfach, auch ohne ausdrückliche Erwähnung, Jerusalem als Schauplatz vorausgesetzt; andererseits tauchen immer wieder, manchmal ganz unvermittelt, Aussagen über den Zion bzw. Jerusalem auf"[60].

Zionstheologie gewissermaßen en passant – für die Bedeutung, die ihr zukommt, ebenso aufschlußreich wie die großen Jerusalemperikopen. Eine Stelle verdient besondere Beachtung, Jes 35,8-10:

> und dort wird eine Straße sein..., und "Heiliger Weg" wird man sie nennen. Kein Unreiner wird sie betreten..., und die Befreiten des Herrn werden heimkehren und nach Zion kommen mit Jauchzen, ewige Freude über ihrem Haupte...

Der Exodus hat als Ziel nicht einfach die erneute Landnahme, sondern den Gottesberg (vgl. Ex 15). Exodus und Zion gehören im Jesajabuch auch sonst eng zusammen, u.a. Jes 51,9-11; 52,7-12; 62,10-12; im redaktionellen Schlüsselkapitel Jes 40 – und eben 11,11-16; 12! In einem weiteren zentralen Punkt erweist sich Jes (11)12 also als typisch für die Theologie des Jesajabuches.

Einige Bemerkungen zur Zionsthematik in Jes 40ff: Jes 40,1f nennt kurz nacheinander das Volk (V. 1) und Jerusalem (V. 2; vgl. weiter V. 9-11). Die Kapitel Jes 49,14ff-55 hat Melugin im Anschluß an Heßler und Westermann als Zion-Jerusalem-Teil bezeichnet[61]. Mit zwei Kapiteln, in denen die Thematik im Zentrum steht, schließt das Buch. Gesamtjesajanisch ausgerichtet steht Jes 12 Deuterojesaja näher als dem Propheten des 8. Jhs.: Zion bezeichnet das Volk[62], die Gemeinschaft der in Jerusalem Versammelten; deshalb auch die Anrede *jwšbt ṣjwn*, die Wildberger von der "Kultgemeinde Jahwes in Jerusalem"[63] sprechen läßt.

In V. 6 greift der Verfasser wichtige Theologumena aus der Jerusalemer Kulttradition auf, allerdings stark abgewandelt. Groß ist Jahwe inmitten der Zionsgemeinde. Wo das Adjektiv *gdwl* Gott sonst beigelegt

---

60 Rendtorff, Komposition 150.

61 Melugin, Formation 78ff. Zu Jes 40-55 bemerkt er: "It is surely not accidental that the first part of the collection addresses the people as Jacob-Israel while the latter half is dominated by Zion-Jerusalem" (81). Der Prolog (Jes 40), ja schon seine beiden ersten Verse, nehmen diese Struktur vorweg. Diese Korrespondenz könnte sich allerdings auch dem Zufall verdanken.

62 Vgl. dazu von Rad, Theologie II 303.

63 Wildberger, Jesaja 1-12, 485.

wird – es geschieht "vor allem in den hymnischen Texten der Zionstradition"[64] –, enthält es häufig eine Näherbestimmung. Eine solche fehlt hier – wie auch sonst im Zusammenhang mit dem Zion (Ps 48,2; 99,2): An jenem Tage wird Gott alles in allem sein, eben groß. Die Theologie wird chiffrehaft.

Wie in den vorangehenden Versen kommt es auch hier auf jedes Wort an. Weil Jahwe groß *bqrbk* ist, soll Zion jubeln. Mit diesem Wort greift der Verfasser ein weiteres Theologumenon aus der Zionstheologie auf[65]. Seine klassische Ausgangsgestalt liegt in Ps 46,6 vor:

> Gott ist in ihrer [d.h. Jerusalems] Mitte (*bqrbh*); so wankt sie nimmer.
> Gott hilft ihr, wenn der Morgen anbricht.

Nur wenn Israel und seine Stützen Recht üben (und sich auf Gott verlassen), ist dieses Vertrauen gerechtfertigt. Dies hämmern die Propheten ihren Landsleuten immer wieder ein; Mi 3,11 fällt in diesem Zusammenhang auch das Stichwort *bqrb*.

Der letzte Abschnitt des Zephanjabüchleins enthält nicht nur den Ausdruck *bqrb*, sondern eine Zionstheologie, die der von Jes 12,6 nahesteht:

> Juble, Tochter Zion, jauchze, Israel! Freue dich und frohlocke von ganzem Herzen, Tochter Jerusalem! Der Herr hat deine Widersacher (tx. corr.) hinweggenommen... Der König Israels, der Herr ist in deiner Mitte (*bqrbk*), du brauchst kein Unglück mehr zu befürchten. An jenem Tage wird man zu Jerusalem sagen: Fürchte dich nicht, Zion! Laß deine Hände nicht sinken! Der Herr, dein Gott, ist in deiner Mitte (*bqrbk*), ein Held, der Sieg schafft (Zeph 3,14-17, vgl. V. 5).

"Jahwe in deiner Mitte": Das bedeutet für das in Jes 12 angeredete Jerusalem also (Sieg), Sicherheit und Freude. Jes 12,6: eine Zusammenfassung des obigen Abschnitts – Zeph 3,14ff: eine Veranschaulichung dieses Verses: So könnte eine Verhältnisbestimmung zwischen den beiden Texten lauten, wären sie zur gleichen Zeit abgefaßt.

---

64 Jenni, Art. *gdwl* 406.

65 Belege: Mi 3,11; Zeph 3,5.15.17; Ps 46,6. Jahwe führt Israel und verteidigt es gegen seine Feinde: Dies sind die beiden Themenkomplexe, in denen das Theologumenon *bqrb*... – es ruft einer eingehenderen Untersuchung – gehäuft vorkommt. Wir nennen weitere theologisch erhebliche Belege: Ex (3,20; 10,1); 17,7; (23,21); 33,3.5; 34,9; Num 11,20.21; (14,11); 14,14; Dtn 1,42; 6,15; 7,21; 23,15; 31,17; Jos 3,5.10; (24,5.23); 1Sam 4,3; (Jes 29,23); Jer 14,9; Hos 11,9; Joel 2,27; Am 5,17.

Eine weitere Korrespondenz zwischen Jes 11,11ff; 12 und Zeph 3 macht deutlich, wie eng verwandt die beiden redaktionsgeschichtlich zentralen Komplexe sind: Zeph 3,19f stellt die Sammlung der zersprengten Israeliten in Aussicht. Hier endet der neue Exodus nicht auf dem Zion; der eschatologische Freudentag auf dem Gottesberg wird durch die Heimkehr der Zersprengten abgeschlossen; die Perspektive ist also umgekehrt. Wie großer Beliebtheit erfreut sich doch die Zuordnung von Exodus und Zion – in unterschiedlichen Formen[66].

qdwš jśrᵓl ist die jesajanische Gottesbezeichnung par excellence[67]. Im ersten Jesaja geht es um die erbrachte oder verweigerte Verehrung des Heiligen Israels, in den Kapiteln Jes 40ff begegnet der Ausdruck "nur in der heilvollen Anrede und Zusage, hingegen niemals in Disputationsworten oder Gerichtsreden, in denen sie ein Element der Anklage oder Polemik enthalten könnte"[68]. Seine Bedeutung in diesem Korpus erhellt auch daraus, daß er mit vielen andern Gottesepitheta zusammensteht[69]. Tritojesaja weist nur zwei Belege auf: Jes 60,9 = 55,5 und 60,14 (vgl. Jes 12,6). Der Schluß liegt nahe: Wollte der Verfasser von Jes 12 ein Gottesepitheton verwenden, durfte es nur *qdwš jśrᵓl* sein.

Unter den zentralen, die drei Teile des Jesajabuches zusammenhaltenden Begriffen und Theologumena[70] fehlen einige in Jes 12. Fällt damit unsere Hauptthese dahin?

ṣdq(h), in Jes 1-39 die vom Menschen geforderte Gerechtigkeit, bildet bei Deuterojesaja einen zentralen terminus technicus für Jahwes Heilshandeln. Tritojesaja schließlich überträgt "Aussagen, die bei Deuterojesaja über Jhwh gemacht werden, auf Zion...: *ṣdqh, jšwᶜh* und *kbwd*

---

66 Dem Versuch, den Vergleich zwischen Jes 11f und Zeph 3 systematisch weiterzuführen, steht die kontroverse Beurteilung literarkritischer Fragen im letzten Kapitel entgegen. Im Grundsätzlichen folge ich Horst, Zephanja 197: "Die Zusammenstellung der in 31-20 vorliegenden verschiedenartigen Droh- und Heilssprüche darf wohl der Bearbeitung zugeschrieben werden; möglicherweise war ein liturgisches Schema Vorbild". Welchen Umfang weisen die einzelnen Abschnitte auf? Gehen sie auf den Propheten zurück oder nicht? Einigkeit herrscht darüber, daß die V. 18aβ-20 Zephanja abgesprochen werden müssen; sie reden vom Exil. In noch einem Punkte stimmen viele miteinander überein: V. 20 bildet einen noch jüngeren, verdeutlichenden Nachtrag (Rudolph, Zephanja 299; Keller, Sophonie 216). Alle übrigen Punkte sind strittig.

67 Zusammenstellung und Diskussion der Belege bei Wildberger, Jesaja 1-12, 23-25.

68 Rendtorff, Komposition 154.

69 Rendtorff, ebd.

70 Sie werden von Rendtorff, a.a.O. passim, als erstem so vollständig aufgeführt und diskutiert. Melugin, Formation 178, nennt ein weiteres: Zeichen; in Jes 12 gibt es ein verstecktes: den Namen des Propheten.

werden in der Heilszeit auch Zion auszeichnen"[71]. Weiter kombiniert er in programmatischer Weise Proto- und Deuterojesaja (Jes 56,1)[72]:

> So spricht der Herr: Wahret das Recht und übet Gerechtigkeit (*ṣdqh*); denn bald wird mein Heil (*jšw*^{c}*tj*) kommen und meine Gerechtigkeit (*wṣdqtj*) sich offenbaren.

Nach den bisherigen Ausführungen müßte *ṣdq(h)* in Jes 12 die gleiche Bedeutung aufweisen wie bei Deuterojesaja: Heil. Dafür verwendet sein Verfasser das sachlich gleichbedeutende *jšw*^{c}*h* – er will ja mit dem Namen des Propheten spielen! Der Verzicht auf *ṣdqh* fiel ihm also nicht schwer.

Auch *kbwd jhwh*, ein weiteres Jesajawort, fehlt Jes 12. Von der Bedeutung her steht ihm *gdwl* nahe (Ps 96,3f; Ps 145,3.5; vgl. weiter Ps 86,9f).

Die Sündenthematik wird in allen drei Teilen des Jesajabuches entfaltet – jeweils ganz unterschiedlich. Sie spielt, worauf Melugin nachdrücklich hingewiesen hat, in den Anfangskapiteln des ersten und zweiten Jesaja (Jes 1,4; 40,2) eine zentrale Rolle und verbindet so die beiden Kapitel; man kommt nicht um die Annahme herum, die Redaktion habe zwischen den beiden Aussagen eine Verbindung herstellen wollen[73]. Jes 12 spricht nicht von Israels ^{c}*wn* und verwendet auch kein anderes Wort für Sünde. Die Thematik jedoch bestimmt es stark: Mit der Bitte, Jahwes Zorn möge sich legen, gesteht Israel indirekt seine Schuld ein[74]. Daß sie Jahwe an jenem Tage vergeben wird (wenn sie nicht schon vergeben ist), macht der Inhalt des Liedes deutlich. Der Übergang von der Sünde über die Bestrafung zum Trost (zur Vergebung), im Jesajabuch unter anderem durch eine komplizierte Redaktion bewerkstelligt, schafft der Verfasser von Jes 12 in einem Satz: Redaktionsgeschichte und Theologie konzentriert.

Ziehen wir eine Zwischenbilanz: Jes 12 enthält fast alle Elemente, welche die drei Teile des Jesajabuches miteinander verbinden – der beste und zugleich einzige Beweis dafür, daß das Kapitel zu den spätesten Tei-

---

71 Rendtorff, a.a.O. 156 (tr.).

72 Vgl. dazu Rendtorff, Jesaja 56,1 passim.

73 Vgl. dazu Melugin, Formation 177f.

74 Diesen Aspekt hebt stärker als andere Kaiser, Jesaja[3] 134, hervor – indem er Jes 12 in die Nähe der Doxologien rückt; er fällt in ders., Jesaja[5] 256, weg.

len innerhalb des Jesajabuches gehört[75]. Rechtfertigt dieses vergleichsweise einfache Resultat den hier betriebenen Aufwand? Wir meinen ja. Daß Jes 12 innerhalb des Jesajabuches zentrale Bedeutung zukommt, hätte sich zwar kürzer sagen lassen. Nur: Das Maß an Schriftgelehrsamkeit seines Verfassers, sein zäher Wille, das Jesajabuch in seiner eigenen Sprache zusammenzufassen, wären bei kürzerer Behandlung der sechs Verse nicht zutage getreten, und wir hätten statt eines genialen Systematikers einen begabten Kompilatoren entdeckt.

Auf der Ebene der Redaktion gibt es im Jesajabuch keinen systematischeren Text als Jes 12. Er überblickt gewissermaßen das ganze Jesajabuch von hoher Warte aus, ist stärker Interpretation und Zusammenfassung als Fortschreibung und Redaktion. Ein Vergleich des Kapitels mit Jes 35 macht deutlich, worin sich der Psalm von andern "redaktionellen" Texten abhebt. Mit diesem Kapitel, früher etwa Deuterojesaja zugewiesen[76], sind nach Steck Jes *1-39 und *40-62 miteinander zum Jesajabuch verbunden worden:

"Jes 35 steht genau an der Nahtstelle zwischen dem Schluß der Ausspruchkomplexe des Ersten Jesaja (Jes *1-34) und dem Beginn der Ausspruchkomplexe des Zweiten Jesaja (Jes *40-62) und stellt den Übergang her, indem er Wortlaut, Stil und Abfolge vor allem der unmittelbaren Nachbarkontexte Jes 32-34 und Jes 40,1-11 in seiner Gestaltung von Jes 35 aufgreift und zu einer neuen Perspektive zusammendenkt, unter der beide, in der Formulierung nicht mehr antastbare Bestandteile dieses großjesajanischen Buches nun als sachlich einheitliche, prophetische Erhellung der Vergangenheit, der Gegenwart und der Zukunft des Gottesvolkes aufgenommen werden können"[77].

Eine Jes 35 vergleichbare Redaktion weist Steck weiter in Jes 11,11-16; 27,(12)13; 62,10-12 nach[78]. Sie seien mit andern Texten zusammen in die Zeit der Diadochenkämpfe anzusetzen und versuchten in wirrer La-

75 Darauf weisen insbesondere auch die Berührungen des Kapitels mit den eschatologischen Lobliedern aus Jes 24-27. Man beachte die große Anzahl von Parallelen, die zwischen den fünf Kapiteln bestehen. – Wie oben ausgeführt, entzieht sich Jes 12 einfacher formgeschichtlicher Einordnung. Von seiner Einleitung (*wʾmrt bjwm hhwʾ*) und seinem Skopus her darf man es als eschatologisches Loblied bezeichnen – wie Jes 25,9f, das eine praktisch gleichtlautende Einleitung aufweist: *wʾmr bjwm hhwʾ* (Bei den V. 10b-12 dürfte es sich um einen Nachtrag handeln; vgl. dazu Wildberger, Jesaja 13-27, 900). Die beiden Lieder berühren sich in bezug auf Thematik und Vokabular recht stark; *hnh ʾl jšwʿtj – hnh ʾlhjnw zh qwjnw lw wjwšjʿnw / bjšwʿtw; śmḥ; ṣjwn – bhr hzh.*

76 Die Vertreter dieser These nennt Vermeylen, Prophète 440, Anm. 1; vgl. weiter Wildberger, Jesaja 28-39, 1357-1359.

77 Steck, Heimkehr 101.

78 Vgl. dazu Steck, a.a.O. 59ff.

ge Klärung für Israel zu bringen. Sie entwickelten folgende Konzeption[79]: Das Gericht Jahwes an Israel ist erfüllt und gehört der Vergangenheit an; "nur an den Folgen hat es von seiten der Völkerwelt noch zu leiden und an der Verzögerung der Vollverwirklichung des Heils"[80]. Jahwe ist, wie von Deuterojesaja geweissagt, auf den Zion zurückgekehrt. Er wird die ganze Völkerwelt vernichten, die Diaspora (aus Ägypten und Mesopotamien) wird zurückkehren und auf dem Zion als heiliges Volk sicher leben[81]. Es fehlt hier der Platz, Stecks These einer eingehenden Würdigung zu unterziehen. Wir halten sie für grundsätzlich richtig und gehen beim folgenden Vergleich von ihr aus.

Während die durch Jes 35 repräsentierte Redaktionsschicht ein zeitgeschichtliches Anliegen aufweist, fehlt ein solches in Jes 12 oder läßt sich zumindest nicht nachweisen. Obwohl in Jes 12 die im Buche Jesaja enthaltene Geschichte in äußerster Verdichtung Revue passiert, steht dieser Text doch an ihrem Ende, blickt auf sie zurück; auf dieses Ende führt Jes 35 erst hin. Noch plakativer ausgedrückt: Jes 35 steht innerhalb, Jes 12 außerhalb der Geschichte. Diese unterschiedliche Perspektive schlägt sich auch in der Darstellung nieder: Hier von hoher Warte aus allgemeinste theologische Aussagen und keine Details, schon gar nicht Realien, dort (kontexbedingt) eine detailreiche, fast liebevolle Darstellung des neuen Exodus und der daran anschließenden Ereignisse.

In vielen Punkten stehen sich Jes 12 und 35 nahe und unterscheiden sich zugleich grundsätzlich voneinander. Die Verfasser beider Texte sind begnadete Exegeten vorliegender Schrift, freilich aus unterschiedlicher Warte und mit verschieden großem Spielraum. Wenig Freiheit besaß der in Jes 35 wirkende Redaktor, der Proto- und Deutero(Trito)Jesaja zu einem Buch zusammenfaßte und bei dieser Verknüpfung unter anderem die Aussagen von Jes 33f und 40 in Zusammenhang bringen und ausgleichen mußte, so gut das eben ging. Seine Leistung liegt darin, diese Verbindung angestrebt und handwerklich überzeugend hergestellt zu haben. Mit handwerklichen Problemen hatte sich der Verfasser von Jes 12 kaum herumzuschlagen. Das Jesajabuch lag praktisch vollständig vor, die theologisch wichtigen Fäden zwischen den einzelnen Teilen waren gespannt, diese redaktionell aufeinander abgestimmt[82]. Was bedurfte es da noch

79 Steck, a.a.O. 102.

80 Steck, ebd.

81 Steck, a.a.O. 102f.

82 Steck, a.a.O. rechnet Jes 12 zur jüngsten Redaktionsschicht im Jesajabuch (nach 302/1 anzusetzen). Jünger wären nur "letzte Einzelzusätze wie z.B. (18,7?); 19, 18-25; 25,6f. 8" (80); vgl. dazu auch ders., Abschluß passim (zur Redaktionsgeschichte des ganzen Jesajabuches).

eines Textes wie Jes 12? Wollte sein Verfasser den neuen Exodus wie sonst oft am Zion enden lassen? Sicher, nur hätte er dieses Stück zusätzlichen Weges leicht in einem redaktionellen Vers am Ende von Kapitel 11 zurücklegen können. Sollte Jes 12 also ein Luxusprodukt, eine Art "opus superrogationis" bilden? In bestimmter Hinsicht ja. Sein Verfasser leistet sich den Luxus, die Botschaft des ganzen Jesajabuches zusammenzufassen. Er geht davon aus, daß sie einheitlich und widerspruchsfrei ist und einen inhaltlichen Schwerpunkt aufweist: Jahwe, der inmitten der Zionsgemeinde weilt, bedeutet für Israel (immerwährendes) Heil. Zwar schaltet er die Gerichtsbotschaft nicht aus, greift sie vom Kontext her geurteilt gar ohne Not auf; aber letztlich bildet das Gericht doch nur die dunkle Folie, von der sich das Heil um so heller abhebt. Es wirkt beinahe paradox, wie entschieden der Verfasser von Jes 12 auf das Gericht aufmerksam macht, um dann noch entschiedener auf die allein entscheidende *jšw*^{c}*h* hinzuweisen. Der Prophet Jesaja hat Israel Heil angesagt, und Israel kann dieses beständig aus seinem Buche schöpfen.

Da der Psalm das ganze Jesajabuch zusammenfaßt, interpretiert und dieses nach seinem Verfasser einheitlich ist, könnte er theoretisch gesehen auch anderswo stehen. Warum hat er ihn gerade hier eingefügt, ja für den Einsatz nach Jes 11 konzipiert? Vor diesem Kapitel dürfte der Psalm nicht stehen, da erst mit Jes 11 (neuer Exodus) alle Themen entfaltet sind, die Jes 12 aufgreift. In keinem der andern Buchteile stehen diese Themen in einem so ausgewogenen Verhältnis zueinander; vor allem bestimmt keinen die klassische Gerichtsbotschaft so stark wie den ersten. Die Kapitel Jes 1-12 bilden für sich genommen ein kleines, vollständiges Jesajabuch, nicht zuletzt dank des systematischen Abschlußkapitels, für das man keinen passenderen Platz findet – gerade nicht bei Deuterojesaja: Die Kapitel Jes 40ff sind redaktionell unter anderem bereits durch eschatologische Loblieder gegliedert[83]. Indem er Jes 1-11 mit einem Loblied abschließt, arbeitet der Verfasser von Jes 12 also auch wieder jesajanisch.

83 Vgl. dazu Westermann, Sprache 157ff. Über die redaktionelle Funktion dieser Loblieder herrscht allerdings keine Einigkeit; vgl. dazu Melugin, Formation 81f.

b) IChr 16,8-36: Die Festkantate Davids

(8) Danket dem Herrn, ruft seinen Namen an,
tut kund unter den Völkern seine Taten!
(9) Singet ihm, spielet ihm,
redet von all seinen Wundern!
(10) Rühmet euch seines heiligen Namens,
es freue sich innig, wer den Herrn sucht!
(11) Fraget nach dem Herrn und seiner Macht,
suchet sein Angesicht allezeit!
(12) Gedenket der Wunder, die er getan,
seiner Zeichen und Urteilssprüche,
(13) Same Israels, seines Knechtes,
ihr Söhne Jakobs, seine Erwählten!
(14) Er, der Herr, ist unser Gott,
über alle Lande ergehen seine Gerichte.
(15) Gedenket auf ewig seines Bundes,
auf tausend Geschlechter des Wortes, das er gegeben,
(16) [des Bundes,] den er mit Abraham schloß,
und des Eides, den er Isaak geschworen.
(17) Er stellte ihn auf für Jakob als Recht;
für Israel als ewigen Bund;
(18) er sprach: "Dir will ich das Land Kanaan geben
als euer zugemessenes Eigentum".
(19) Als ihr noch zu zählen waret,
nur wenige und Fremdlinge in ihm,
(20) *wanderten sie von Volk zu Volk,*
von einem Königreiche zum andern.
(21) Er ließ sie von niemand bedrücken
und wies Könige um ihretwillen zurecht:
(22) "Tastet meine Gesalbten nicht an,
und tut meinen Propheten kein Leid!"
(23) Singet dem Herrn, alle Lande;
verkündet Tag für Tag sein Heil!
(24) *Erzählet unter den Völkern von seiner Hoheit,*
bei allen Völkern von seinen Wundern!
(25) Denn groß ist der Herr und hoch zu preisen,
furchtbar ist er über alle Götter.
(26) *Denn alle Götter der Völker sind Nichtse,*
aber der Herr hat die Himmel geschaffen.
(27) Hoheit und Pracht sind vor seinem Antlitz,

Macht und Freude an seinem Ort.
(28) *Bringet dar dem Herrn, ihr Geschlechter der Völker,*
bringet dar dem Herrn Ehre und Stärke!
(29) Bringet dar dem Herrn die Ehre seines Namens,
bringet Gaben und kommt vor sein Angesicht!
Fallt nieder vor dem Herrn in heiligem Schmuck[1],
(30f) erzittert vor ihm, alle Lande!
man sage unter den Völkern: Der Herr ward König[2].
Fest steht der Erdkreis und wankt nicht.
Des freue sich der Himmel, frohlocke die Erde.
(32) Es donnere das Meer und was es erfüllet;
es juble das Feld und was darauf steht!
(33) Dann werden jauchzen die Bäume des Waldes
vor dem Herrn, wenn er kommt, die Erde zu richten!
(34) Danket dem Herrn, denn er ist freundlich,
und seine Gnade währet ewiglich.
(35) Und sprechet: Hilf uns, du Gott unsrer Hilfe,
sammle und errette uns aus der Gewalt der Völker,
damit wir deinem heiligen Namen danken
und uns rühmen, daß wir dich preisen dürfen.
(36) Gelobt sei der Herr, der Gott Israels,
von Ewigkeit zu Ewigkeit!

“dieser Gesang ist eine ziemlich äußerlich verfertigte Zusammenstellung aus älteren Psalmen”[3]. So vernichtend urteilt heute kein Ausleger mehr; selbst den Ausdruck “Festkantate [Davids]”[4] würde man wohl als zu despektierlich zurückweisen. Der so apostrophierte – oder stiefmütter-

1 Nicht gut begründet scheint uns die Übersetzung “in heiliger Majestät” zu sein (Caquot, Splendoribus; vgl. weiter Cross, Notes). Eine (aufwendige) Diskussion der beiden Übersetzungen drängt sich im vorliegenden Zusammenhang nicht auf.

2 V. 31b gehört hinter V. 30a (vgl. Ps 96,9f): “die Worte [V. 31b] wurden offenbar beim Abschreiben übersehen, am Rande beigeschrieben und gerieten dann an falscher Stelle in den Text, wobei der Anfang von 31b an den von 31a angeglichen wurde” (Rudolph, Chronikbücher 124).

3 Gunkel, Psalmen 422. Ein wenig schmeichelhaftes Urteil fällt er auch über die übernommenen Hymnen: “Aber der Psalm nimmt... Stücke aus älteren Dichtungen auf und darf jedenfalls als Kunstwerk nicht allzuhoch eingeschätzt werden” (421 zu Ps 96); “Das Gedicht ist sicherlich kein großes Kunstwerk” (458 zu Ps 105).

4 Wellhausen, Prolegomena 170.

lich behandelte[5] – Psalm, von Asaph und seinen Brüdern im Anschluß an die Überführung der Lade nach Jerusalem gesungen, erfreut sich in letzter Zeit wachsender Beachtung. Daß er ein Patchwork aus Ps 105,1-15; 96; 106,1.47f[6] bildet, gilt nicht mehr als Beweis mangelnder Qualität.

Die Zusammenstellung der drei Stücke geht sicher auf den Chronisten oder einen späteren Redaktoren zurück[7]; der Psalm ist von Anfang an für den Einsatz an seiner jetzigen Stelle bestimmt. Ackroyd bestreitet dies: "the Chronicler... here includes a psalm, no doubt well-known to himself and his readers, which may be paralleled in the Psalter, as other psalm-passages may be paralleled"[8]. Verhielte es sich so: Man könnte nicht genug darüber staunen, wie gut der Hymnus in die Chronikbücher und an seinen jetzigen Platz paßt. Selbst die Behauptung, sie seien um IChr 16 herum komponiert, erschiene nicht vermessen.

In diesem Abschnitt soll gezeigt werden, wie nahtlos sich der Psalm IChr 16,8ff in die Theologie der Chronikbücher einfügt, die er zugleich zusammenfaßt und interpretiert.

Am Anfang steht ein Vergleich von IChr 16,8-36 mit seinen Vorlagen; damit schließen einige Kommentatoren ihre Auslegung des Psalmes ab. Als gegenüber seiner Vorlage "sekundär" erweist sich IChr 16 vom Sprachlichen her: Das Kapitel weist in der Regel jüngere Formen auf[9].

---

5 Bezeichnend für diese Einstellung ist Rudolph, Chronikbücher, der Gunkels Urteil zwar als "ungerecht" (127) bezeichnet, es dann aber bei einer allgemeinen Auslegung beläßt und diese mit einem Satz abschließt, den zu widerlegen ein Ziel dieses Abschnitts ist: "Die Einzelexegese ist Sache der Psalmenkommentare" (128).

6 Gegen Gese, Entstehung 62: "Es ist... zu fragen, ob Ps 106 in IChr 16,34-36 wirklich zitiert wird. Den verbreiteten Kurzhymnus IChr 16,34 kann man nicht als Zitat von Ps 106 erweisen, und die so allgemeine, abschließende liturgische Bitte IChr 16,35 findet sich zwar auch am Ende von Ps 106, man könnte aber ihren Ort dort aus ebenderselben liturgischen Praxis erklären, die uns in IChr 16 vorgeführt wird... Irgendetwas zur eigentlichen Substanz von Ps 106 Gehöriges wird in IChr 16 ja nicht zitiert". Wie verhält es sich mit der Bitte um Rettung (Ps 106,47; IChr 16,35)?

7 Nur aus praktischen Gründen sprechen wir im folgenden immer vom Chronisten (in der Bedeutung: Verfasser der Chronikbücher).

8 Ackroyd, Chronicles – Nehemiah 64. – Butler, Passage 142 Anm. 1, weist Geses und Ackroyds Behauptungen zurück, u.a. "in light of the practice of the Chronicler of relying so heavily upon other literary sources".

9 V. 12: *pjhw* (Vorlage *pjw*); vgl. Willi, Chronik 85: "Was die Pronomina suffixa anlangt, gewinnt man den Eindruck, daß die Chronik die längere, deutlichere Form bevorzugt". – Die V. 24 und 33 enthalten je eine Nota accusativi, die in den Vorlagen fehlt (spätere Entwicklung in der Poesie). Die Beispiele sind aller-

An zwei Stellen hat der Verfasser von IChr 16 die Vorlagen an die (fiktive) historische Situation unter David angepaßt. Daß der Hinweis auf das Heiligtum (*wtpʾrt bmqdšw*) verschwinden mußte, versteht sich von selbst. Die Abweichung von der Vorlage fällt allerdings gering aus: *wḥdwh bmqmw*[10]; *mqwm* bezeichnet den Ort, an dem der Tempel stehen wird. Bildlich ausgedrückt: *mqwm* ist ein über das Heiligtum geworfener Schleier, allerdings ein dünner, fast durchsichtiger. Auch an den Tempel denkt man in V. 29b; daß der Chronist *lḥṣrwtjw* durch *lpnjw* ersetzt, ändert daran nur wenig.

Ps 106,47 lautet: *wqbṣnw mn-hgwjm*, IChr 16,35 *wqbṣnw whṣjlnw mn-hgwjm*. Der Verfasser von IChr 16 retouchiert auf elegante Art und Weise den Hinweis auf das Exil weg (allerdings nicht ganz, s. dazu weiter unten). Die Bitte "Errette uns aus den Völkern" paßt gut in die historische Situation unter David, wie sie die Chronikbücher zeichnen[11]: Die Auseinandersetzungen mit den Nachbarvölkern sind noch nicht überstanden; von ihnen handeln IChr 18ff.

Nur von der in IChr 16 beschriebenen kultischen Feier teilt das Alte Testament mit, welche Psalmen in ihrem Rahmen gesungen wurden. Der Chronist legt weiter großen Wert darauf, daß nach der Überführung der Lade tatsächlich gesungen wurde. Ps 106,47 enthält die Bitte um göttliche Hilfe (*hwšjʿnw*); IChr 16,35 wird das Volk aufgefordert, sie auszu-

---

dings nicht beweiskräftig, da in V. 18 der Fall umgekehrt liegt. – In den V. 30 und 33 verwendet der Chronist *mlpnj* statt *mpnj*, respektive *lpnj* wie in den Vorlagen. Zur ersten Ersetzung vgl. Willi, a.a.O. 88: "In *lpnj* wurde das Substantiv nicht mehr gespürt, vielmehr der ganze Ausdruck als eine Präposition aufgefaßt und dementsprechend hergestellt z.B. ... *mlpnj* statt *mpnj*" (tr.). – V. 33 liest *ʿṣj hjʿr*, die Vorlage *kl-ʿṣj-jʿr*; vielleicht darf sie des fehlenden Artikels wegen als älter gelten. – Unerheblich ist der Unterschied zwischen *wbnbjʾj* (IChr 16,22) und *wlnbjʾj* (Ps 105,15); liegt Angleichung an *bmšjḥj* vor? – V. 21: Ist *lʾjš* ein Aramaismus (die Vorlage hat *ʾdm*)? – V. 32: Die Vorlage (*śdj*) weist gegenüber IChr 16 (*hśdh*) die ältere Form auf. – Im gleichen Vers ist *jʿlz* durch *jʿlṣ* ersetzt worden (vgl. auch das Nebeneinander *zʿq* und *ṣʿq*, *zʿr* und *ṣʿr* und Gesenius-Kautzsch, Grammatik § 19a S. 71). – Wegen Ps 98,9 könnte *kj bʾ kj bʾ* in Ps 96,13 Dittographie sein, IChr 16,33 also die richtige Lesart bieten; vgl. immerhin Rudolph, Chronikbücher 124: "Ps 9613 wiederholt *kj bʾ*, rhythmisch besser" (tr.).

10 Zur Ersetzung von *tpʾrt* durch *ḥdwh* vgl. die erschöpfenden Ausführungen von Williamson, Israel 47f; er kommt zu folgendem Schluß: "It may be, therefore, that he [the Chronicler]... found *ḥdwh* in the particular Vorlage that he was using as an Aramaism that had come in under the general influence of the period... there can be no case made out for its appearance as a stylistically tendentious change" (48).

11 Vgl. dazu Michaeli, Chroniques – Néhémie 93 Anm. 6: "A l'époque de David, cette phrase ne pouvait s'appliquer qu'à l'unité du peuple et à sa victoire sur ses ennemis".

sprechen (*wʾmrw hwšj^{c}nw*). Auch die Schlußverse der beiden Kapitel unterscheiden sich in charakteristischer Weise voneinander, müssen es: Und alles Volk spreche (*wʾmr*, Ps 106,48), sprach (*wjʾmrw*, IChr 16, 36). Dem Chronisten liegt an dieser Vollzugsmeldung[12].

An noch zwei Stellen hat der Chronist durch eine geringfügige Textänderung den Bezug des Psalmes auf die Gemeinde verstärkt: Aus *zkr l^{c}wlm brjtw* (Ps 105,8) macht er *zkrw* (IChr 16,15), und im Satz *bhjwtm*... (Ps 105,12) ändert er das Suffix am Infinitiv: *bhjwtkm* (V. 19). Diese Form darf nicht mit der Vorlage, Ms, LXX und V zu *bhjwtm* korrigiert werden. Der Chronist hat seine Vorlage hier bewußt abgeändert: Er identifiziert die gegenwärtige Generation mit der der Väter. (In V. 20f verwendet er wieder Formen der 3.m.pl. Diese Inkonsequenz wog für ihn kaum besonders schwer). Auf der Beteiligung des Volkes am Kult, seinem Einbezug in ihn ruht in diesem Kapitel ein denkbar starker Nachdruck.

Wie sorgfältig und überlegt der Chronist mit seinen Vorlagen umgeht, zeigt sich bei seiner Überarbeitung der beiden ersten Verse von Ps 96:

> Singet dem Herrn ein neues Lied,
> singet dem Herrn, alle Lande!
> Singet dem Herrn, lobpreiset seinen Namen,
> verkündet Tag für Tag sein Heil!

Der Chronist hat jeweils den zweiten Halbvers übernommen, konnte kaum anders: Mitten im Psalm zum Singen eines neuen Liedes aufzufordern ging kaum an[13]; und der Chronist legte offensichtlich Wert auf ein klassisches Exemplar der Gattung, das gut in einen Gottesdienst paßt. Um eine gerade Anzahl von Hemistichoi zu erhalten, mußte er in V. 2 einen ausscheiden. Er behielt den bei, der gegenüber V. 1b etwas Neues und Wichtiges bringt (*jšw^{c}tw*).

Eine geschickt verfertigte und in den Zusammenhang eingefügte Kompilation: Mit dieser Interpretation der bis jetzt zusammengetragenen Beobachtungen sollte IChr 16 zumindest vom Ruch befreit sein, eine äußerlich verfertigte Zusammenstellung aus älteren Psalmen zu bilden. Wer

---

12 Entsprechend lautet die Fortsetzung in den beiden Kapiteln je anders. Ps 106 liest *ʾmn hllw-jh* (Amen! Hallelujah!), IChr 16 *ʾmn whll ljhwh*. Diese Form erklärt sich am besten als Infinitivus absolutus, der die finite Verbform ersetzt (Und das ganze Volk... pries den Herrn); vgl. LXX: *ᾔνεσαν* und Gesenius-Kautzsch, Grammatik § 113z S. 359f. – Man beachte den Aramaismus in *ljhwh*.

13 Diese Einladung ergeht am Anfang eines Psalmes; vgl. Jes 42,10; Ps 33,3; 96,1; 98,1; 149,1. – Ps 40,4 und 144,9 enthalten keine Aufforderung an die Gemeinde, Jahwe ein neues Lied zu singen.

sich daran macht, das Kapitel auch positiv zu rehabilitieren, erlebt unerwartete Überraschungen. Der Chronist vermittelt seinen Zeitgenossen zwischen den Zeilen eine religiös-politische Botschaft – so stark zwischen den Zeilen, daß sie sich uns nur über einen Vergleich von IChr 16 mit den Vorlagen erschließt.

Aus Ps 96 und 105 übernimmt der Chronist sieben Sätze, in denen von fremden Völkern die Rede ist[14], zwei aber läßt er weg: *jdjn ᶜmjm bmjšrjm; jšpṭ⁻tbl bṣdq wᶜmjm b ᵓmwntw* (Ps 96,10.13). Er behält diejenigen Aussagen bei, in denen den Völkern vor Augen geführt wird, welch großartigen Taten der den Göttern überlegene Jahwe an Israel vollbracht hat, und in denen sie aufgefordert werden, seine Größe und Majestät anzuerkennen. Er scheidet die beiden Sätze aus, die im Sinne eines heilvollen Handelns Jahwes an den Völkern interpretiert werden können – nicht einmal müssen[15]. Von andern Beobachtungen her hat Butler die Erklärung für diesen überraschenden Sachverhalt geliefert. Aus Ps 105 übernimmt der Chronist nur den ersten Teil, in dem Israel noch ein kleines, bedrohtes, von einem Königreich zum andern wanderndes Volk ist:

"By simply omitting the remainder of Ps. cv, the editor has transformed the meaning of the old material to speak to a new generation, few in number, wandering between world powers, but armed with God's eternal covenant and his warning to the nations not to harm his designated leaders"[16].

Daß Ps 96 direkt an Ps 105,1-15 anschließt, ist nach Butler kein Zufall. Das mit den politischen und religiösen Ansprüchen der Heiden konfrontierte Israel des zweiten Tempels fordert diese dazu auf, Jahwe zu preisen, was wohl eher heißt, sich ihm zu unterwerfen als Proselyten zu werden. Mit Ps 96 darf der Chronist seinen Psalm noch nicht abbrechen:

"He appears aware that the preceding selection represents a complete Thanksgiving which requires no continuation. His intention, however, requires continuation. For him and his contemporaries the time for

---

14 Sie sind in der Übersetzung kursiv gesetzt.

15 Man vgl. etwa die mit diesen Sätzen eng verwandten Stellen Ps 9,9; 98,9, die eindeutig von einem Strafgericht Gottes an den Völkern sprechen. Befürchtete der Verfasser von IChr 16 etwa, die drei adverbiellen Näherbestimmungen *bmjšrjm, bṣdq* und *b ᵓmwntw* könnten im Sinne eines heilvollen Handelns Jahwes mißverstanden werden? Über Mutmaßungen ist kaum hinauszukommen. Der Chronist hat die beiden Sätze kaum aus ästhetischen Gründen ausgeschieden; gegen Rudolph, Chronikbücher 124: "Ps 9610b, eine Variante von 9613b, fehlt in Chr mit Recht". Warum ist denn auch Ps 96,13b in IChr 16,33 weggelassen?

16 Butler, Passage 144.

thanksgiving has not yet come. Deliverance from the nations is their first priority"[17].

Der Chronist bringt im Psalm von IChr 16 also zwei schwer miteinander vereinbare Anliegen unter einen Hut: ein religiöses und ein politisches. Letzteres tarnt er – notgedrungen und vielleicht gerade deshalb so brillant: Er schreibt nichts Neues, sondern stellt eine unverdächtige kultische Liturgie zusammen[18]. Der Psalm spricht nie von einem einzelnen, zu identifizierenden Volke. Die fremden Landesherren hätten den Chronisten schon deshalb kaum der politischen Agitation überführen können. Da IChr 16 an zentraler Stelle innerhalb der Chronikbücher steht (ein regelmässiger Kult wird eingerichtet), erhält die untergründige politische Botschaft des Kapitels noch mehr Gewicht. In Weiterführung von Butlers These sei noch auf zwei Einzelpunkte aufmerksam gemacht. *wqbṣnw mn¯hgwjm* mußte der Chronist wegen der allzu deutlichen Anspielung aufs Exil umschreiben. Die neue Formulierung in IChr 16, *wqbṣnw whṣjlnw mn¯hgwjm*, wirkt schwammig, trifft aber die geschichtliche Lage zur Zeit, als der Chronist schrieb, gut: Obwohl Israel als Volk/Gemeinde im eigenen Lande leben kann, wird es von (einer) großen Nation(en) bedrängt oder beherrscht und befinden sich viele Volksglieder zerstreut in aller Herren Länder[19]. Der Chronist bittet in IChr 16,35 also um die Rückkehr der Diasporajuden (vgl. Anm. 46) und – dies dürfte ihm wichtiger gewesen sein – um die Befreiung des in der Heimat lebenden Volkes von seinen Bedrückern. Erinnern wir uns: Der Vers entspricht auch recht genau der politischen Situation unter David, wie sie der Chronist in seinem Geschichtswerk darstellt.

Zum zweiten Punkt: IChr 16,35 enthält einen dringenden Schrei um Hilfe. Von daher braucht nicht zu erstaunen, daß der Chronist Gott nicht wie in der Vorlage als *jhwh ᵓlhjnw* bezeichnet, sondern als *ᵓlhj jšᶜnw*[20].

So wichtig die politische Botschaft von IChr 16 ist: Als religiöses und theologisches Dokument besitzt das Kapitel womöglich noch größere Bedeutung. Es bildet, wie im folgenden gezeigt werden soll, eine ausge-

---

17 Butler, a.a.O. 145.

18 Butler, ebd.

19 So allgemein formuliert trifft diese Charakterisierung praktisch für alle Perioden zu, in welche die Chronikbücher angesetzt werden.

20 Rudolphs Erklärung dieser Abänderung "auf die Anrede hat das Verbum eingewirkt" (Chronikbücher 126) greift zu kurz. – Man beachte auch, daß der Chronist Salomo das Tempelweihgebet mit einem Zitat aus Ps 132 abschließen läßt (IIChr 6,41 = Ps 132,8f), in dem er *ṣdq* durch *tšwᶜh* ersetzt: Deine Priester... sollen sich kleiden in Heil.

zeichnete Zusammenfassung der Theologie der Chronikbücher, vorsichtiger ausgedrückt: wichtiger Aspekte daraus.

Gotteslob und -preis nehmen in den Chronikbüchern einen zentralen Platz ein. Es sei nur auf den levitischen Tempelgesang und das Gebet Davids (IChr 29,13) verwiesen. IChr 16,8-36 wimmelt es geradezu von Aufforderungen, Jahwe zu danken, ihm zu singen und ihn zu rühmen. Kein kanonischer Psalm enthält mehr Imperative. Sie haben Anlaß zu einer interessanten These gegeben. Slomovic hat überzeugend nachgewiesen, wie einzelne Psalmen sprachlicher und inhaltlicher Anklänge wegen in einem "midrashic process"[21] mit bestimmten historischen Situationen (etwa aus dem Leben Davids) in Verbindung gebracht wurden. Für IChr 16,8ff und IIChr 6,41f treffe, so Slomovic, das Gegenteil zu: "Psalms were embodied because of the existing >titles<, i.e. specific expressions in the text stimulated the choice of the Psalms which are, at the same time, thematically appropriate to the event described"[22]. Trifft diese These zu? IChr 16,4 wird von David berichtet:

> Und er bestellte eine Anzahl Leviten zum Dienst vor der Lade des Herrn und trug ihnen auf, dem Herrn, dem Gott Israels, Preis, Dank und Lob darzubringen (*wlhzkjr wlhwdwt wlhll ljhwh...*, vgl. V. 7).

Es dürfte in der Tat kein Zufall sein, daß diese drei Verben im Kompositpsalm wieder auftauchen (*zkr* freilich in anderer Bedeutung). Vielleicht hängt das auch damit zusammen, daß Gotteslob und -dank in den Chronikbüchern allgemein einen wichtigen Platz einnehmen – wie das Singen (*šjr*), wozu der Psalm, nicht jedoch V. 4 auffordert[23]. Man könnte Slomovic auch entgegenhalten, daß der Chronist V. 4 im Hinblick auf den Psalm so formulierte, wie er es tat[24].

---

21 Slomovic, Formation 378; 380 spricht er zusammenfassend von einem "connective midrash" (vgl. auch Hill, Patchwork passim).

22 Slomovic, a.a.O. 378.

23 Belegstellen: *jdh*: IChr 16,4.7.8.34.35.41; 23,30; 25,3; 29,13; IIChr 5,13; 6,24. 26; 7,3.6; 20,21; 30,22; 31,2. – *hll*: IChr 16,4.10.25.36; 23,5.30; 25,3; 29,13; IIChr 5,13; 7,6; 8,14; 20,19.21; 23,12.13; 29,30; 30,21; 31,2. – *šjr* (Verb und Nomen): IChr 6,16.17.18; 9,33; 13,8; 15,16.19.27; 16,9.23.42; 25,6.7; IIChr 5,12.13; 7,6; 9,11; 23,13.18; 29,27.28; 34,12; 35,15.25. – Die Wurzel *zkr* wird in den Chronikbüchern an keiner Stelle mehr so verwendet wie in IChr 16,4 (auch V. 12.15 nicht). Mehrfachbelege in einem Verse sind nicht als solche ausgewiesen. – Zum Gotteslob in IChr 16 vgl. auch Hausmann, Gottesdienst.

24 Aus seinen Ausführungen geht nicht eindeutig hervor, ob er den Psalm als späteren Einschub betrachtet oder nicht.

Zu einem verwandten Thema, dem der gottesdienstliche Freude. Zu ihr fordert V. 10 auf: *jśmḥ lb mbqšj jhwh* (vgl. V. 31). Sie nimmt in den Chronikbüchern einen wichtigen Platz ein[25].

Ps 96 fügt der Chronist in erster Linie deshalb in seinen Psalm ein, weil in ihm Jahwes Überlegenheit über die Völker und die ganze Welt besonders deutlich zum Ausdruck kommt. Daß aus den V. 23-33 trotz starker Eingriffe in die Vorlage Anspielungen auf den Tempel(kult) herauszuhören sind, stört ihn nicht, will er David doch in eine enge Verbindung mit seiner Einrichtung bringen.

Das Wortfeld, mit dem in Ps 96 Jahwes Erhabenheit und Größe umschrieben werden, berührt sich eng mit dem von IChr 29,11.12a (vgl. IIChr 20,6)[26]. Der aus Ps 106,1 übernommene Satz "Danket dem Herrn, denn er ist freundlich, und seine Gnade währet ewiglich" (IChr 16,34), respektive seine zweite Hälfte, bildet ein zentrales Element der chronistischen Gotteslehre und taucht bevorzugt in theologischen Schlüsselkapiteln auf. Gleich dreimal hat ihn der Chronist ins Tempelweihgebet eingefügt (IIChr 5,13; 7,3.6); einmal findet er sich im Bericht vom Krieg gegen die Ostvölker (IIChr 20,21)[27]. In IChr 16,41 schließlich wird der zweite Teil des Satzes zu einem Terminus technicus, was seine Bedeutung von einer andern Seite her unterstreicht.

Stärker noch als die Gotteslehre stimmt das Geschichtsbild von IChr 16 mit dem der Chronikbücher überein. Die V. 8ff (= Ps 105,1-15) bie-

25 Sie konzentrieren sich im Sondergut des Chronisten: IChr 12,41; 15,16.25; 16, 10.31; 29,9.17.22; IIChr 6,41; 7,10; 15,15; 20,27; 23,13.18.21; 24,10; 29,30. 36; 30,21.23.25.26. (Mehrfachbelege in einem Verse sind nicht als solche vermerkt). Nur IChr 15,25; IIChr 7,10; 23,13.21 weisen im deuteronomistischen Geschichtswerk eine Entsprechung auf. Der Topos der gottesdienstlichen Freude darf allerdings nicht als typisch chronistisch bezeichnet werden, gehört er doch konstitutiv zur Kultgesetzgebung im Deuteronomium, was hier nicht im einzelnen nachgewiesen werden muß. – Besondere Beachtung verdient IIChr 6,41: und deine Treuen werden sich des Guten freuen (*jśmḥw bṭwb*). Die Vorlage (Ps 132,9) hat *jrnnw*. – Vgl. weiter *ḥdwh* (IChr 16,27) und dazu Anm. 10.

26 Weitere gewichtige Stellen in den Chronikbüchern, an denen die einschlägigen Vokabeln in vergleichbarer Bedeutung verwendet werden: IChr 17,24; IIChr 2,4; 6,32 (*gdl*); (IChr 13,8); IIChr 6,41; 30,21 (*ᶜz*); IIChr 5,14; 7,1.2.3 (*kbwd*); IChr 29,11 (*hwd*); zu *hdr* gibt es keine Parallelen.

27 In diesem Zusammenhang sei noch auf eine wichtige Stelle aus dem Sondergut des Chronisten verwiesen. Als ein Teil des Volkes das Passa in vorschriftswidriger Weise feiert, betet Hiskia für es mit folgenden Worten: Der Herr, der gütig ist (*jhwh hṭwb*), wolle... vergeben (IIChr 30,18). Es handelt sich um die einzige alttestamentliche Stelle, an der *ṭwb* als Epitheton direkt beim Jahwenamen steht. – Vgl. dazu auch unsere Auslegung von Ps 136 und Stoebe, Art. *ṭwb* 661: "Die Ausrichtung des Begriffes ṭōb an Gott hat zuletzt zur Folge, daß Gott selbst ṭōb genannt wird, und zwar in jüngeren Texten und vor allem in der Psalmensprache".

ten eine kurze, theologisch stark gedeutete Darstellung der Patriarchenzeit. Die Fortsetzung des Psalmes, die von Ägyptenaufenthalt, Auszug und Eisodos berichtet, läßt der Chronist weg – sicher nicht aus Platzgründen–: Er hält sich einfach an sein (relatives) Exodus- und Landnahmeschweigen[28]. Japhet erklärt es am überzeugendsten. Vor allem auf Grund einer Untersuchung von IChr 2-9 kommt sie zu folgendem Resultat:

"There is a direct line from Israel the patriarch to Israel the people, and the line is one of natural growth and multiplication, taking place in the natural environment of the land of Israel. 1 Chronicles 2-9 is all that is needed in way of introduction to the historical description starting with David. The chapters set up the historical and geographical scene: the people of Israel in the land of Israel, as a continuous and uninterrupted reality from Jacob/Israel on"[29].

Die gleiche Konzeption enthielte auch IChr 16. Der Chronist läßt die Leviten zur Zeit Davids einen Psalm singen, in dem an die den Patriarchen gegebene Landverheißung ein Hymnus anschließt: Verkündet Tag für Tag sein Heil (V. 23).

"Read as one continuous psalm, its message is unequivocal: the covenant with the patriarchs is consummated in their time. There is no break, not even any ‚history,' between Jacob and salvation!"[30].

Sollte Japhets Interpretation zutreffen – für sie läßt sich auch IIChr 20,7(f) ins Feld führen (s. Anm. 36) –, die Übereinstimmung zwischen dem Psalm und den Chronikbüchern wäre noch größer, als sie es ohnehin ist.

Im Unterschied zu Exodus und Landnahme spielen die Erzväter in den Chronikbüchern eine recht wichtige Rolle. Der Chronist hatte Glück, daß der einzige "Erzväterpsalm" seiner Theologie nicht zuwiderläuft. Isaaks Name findet sich in Listen und in der Vätergottformel[31]. Mehr Bedeutung kommt Abraham zu[32], von dem es IChr 1,27 betont heißt: *ᵓbrm hwᵓ ᵓbrhm*. Dem Leser soll der "Sohn des Therah vor dem Vater der vielen Völker verschwinden"[33]. Vielleicht bezieht sich der Chronist in diesem Satz nicht nur auf Gen 17,5, sondern assoziiert das ganze Ka-

---

28 Vgl. dazu auch die Thesen von Noth, Studien 175; Freedman, Purpose 441; Brunet, Théologie 391; North, Theology 378; Kegler, Zurücktreten.

29 Japhet, Conquest 218.

30 Japhet, ebd.

31 IChr 1,28.34; 29,18; IIChr 30,6.

32 IChr 1,27.28.32.34; 29,18; IIChr 20,7; 30,6.

33 Willi, Chronik 163.

pitel mit Bundesschluß und Landverheißung. Aus Gen 17 nimmt Ps 105 nämlich nur das Thema der zahlreichen Nachkommenschaft nicht auf (versteckt ist es allerdings in *bhjwt(k)m mtj mspr* enthalten).

Erzvater par excellence ist in den Paraleipomena (Jakob)Israel[34], "probably because he was in an immediate sense the father of the children of Israel"[35]. Er heißt nur IChr 16,13.17 Jakob, was auf den ersten Blick dafür sprechen könnte, im Psalm von IChr 16 eine sekundäre Einfügung in die Chronikbücher zu erblicken. Gegen dieses Argument kann allerdings ins Feld geführt werden, daß der Chronist den Namen Jakob beibehalten hat, um nicht je in den beiden Parallelstichoi von V. 13 und 17 Israel verwenden zu müssen. Wieviel dem Chronisten an Israel liegt, zeigt V. 13: Er ersetzt die Vorlage *zr*^{c} *ᵓbrhm* (Ps 105,6) durch *zr*^{c} *jśrᵓl*, obwohl er selbst jenen Ausdruck in IIChr 20,7 verwendet[36]. Die Bedeutung, die der Chronist Israel zumißt, kommt schon in der Gestaltung der Genealogie IChr 1,1-2,2 zum Ausdruck: "the line... is not one of natural descent, but rather... of election"[37]. Entgegen der Reihenfolge im Buche Genesis nennt der Chronist zuerst die Söhne Esaus und dann die Israels, da die Linie des letzteren weitergeführt wird. Trotz der Bedeu-

---

34 IChr 1,34; 2,1; 5,1.3; 6,23; 7,29; 29,10.18; IIChr 30,6.

35 Williamson, Israel 62.

36 Grund: Gen 12,7 sagt Gott Abram zu: *lzr*^{c}*k ᵓtn ᵓt*¯*hᵓrṣ*. In diesem Vers liegt die erste Landverheißung vor. Da der Chronist Wert darauf legt, daß die Israeliten das Land seit immer, also seit Abrahams Zeiten, besitzen, bezieht er sich in IIChr 20,7 auf diesen Vers und verwendet den Ausdruck *zr*^{c} *ᵓbrhm*. In Ps 105, 8-11 (= IChr 16,15-18) ergeht die Landverheißung an alle Erzväter gleichzeitig, diese bilden gleichsam ein Kollektiv. Deshalb kann der Chronist in IChr 16,13 in Abänderung der Vorlage seinen Lieblingspatriarchen einführen. Dies dürfte ihm um so leichter gefallen sein, als es in diesem Vers nicht um die Landverheißung geht. Wer diese Erklärung als zu gekünstelt zurückweist, muß dieses Urteil auf unsere Auslegung von IChr 16,8-36 insgesamt übertragen.

37 Williamson, Israel 63. – Ein weiterer Punkt, an dem die Bedeutung Israels (Jakobs) deutlich wird: IIChr 1,9 entspricht IReg 3,8. Das dtr Geschichtswerk greift eine für Ismael gebrauchte Formulierung auf (Gen 16,10), der Chronist ersetzt sie durch eine, die sich mit Gen 28,14 (Zusage an Jakob) berührt (Williamson, a.a.O. 63f). – Warum Israel in den Chronikbüchern einen hervorgehobenen Platz einnimmt, macht Oeming aufgrund einer Untersuchung von IChr 1-9 deutlich – es kann nur das Resultat referiert werden –: In dieser "Vorhalle" drückt sich "ein enormes Selbstbewußtsein der Jerusalemer Tempelgemeinde, besonders ihres Kultpersonals [aus]. Im Streit vor allem mit den Samaritanern, aber auch mit frühapokalyptischen Gruppen beansprucht diese ‚Partei' den Titel ‚Israel' exklusiv für sich: Wir – und nur wir –, die wir von diesen Stammvätern herkommen, die wir uns fest zu Jerusalem, zu David, zum Tempel und seinen Institutionen halten, die wir dieses Land bewohnen, die wir diese Geschichte mit Gott und seinen Verheißungen haben, wir allein beanspruchen den Titel ‚Israel' mit Recht, denn wir sind ‚das wahre Israel'!" (Israel 218).

tung, welche die Erzväter im chronistischen Werk besitzen, braucht nicht zu erstaunen, daß von ihnen keine Geschichten erzählt werden. Sie interessieren nicht als Personen, sondern als Verheißungsträger.

Auch als Träger einer Bundesverheißung. Zwar berichten die bundestheologisch reichen Chronikbücher[38] nur in IChr 16 von einer *brjt* Jahwes mit den Patriarchen. Aber im Zusammenhang mit dem Bundesschluß unter Josia wird auf sie hingewiesen (IIChr 34,32):

> und so handelten die Bewohner von Jerusalem entsprechend dem Bunde Gottes, des Gottes ihrer Väter.

Der Chronist weicht hier von seiner Vorlage ab und betont, daß der Bund ganz Israel betrifft[39]; deshalb erwähnt er die Erzväter. Die grundsätzliche Bedeutung der neuen *brjt* ruft in ihm die Erinnerung an die Grundlegung der Beziehung zwischen Gott und den Vätern wach. Sie ist ihm so wichtig, daß ihn der Bund mit den Patriarchen nicht stören konnte, selbst wenn er den Ausdruck *brjt* in diesem Zusammenhang nicht selbst verwendet hätte.

V. 22 (*ᵓl-tgᶜw bmšjḥj wbnbjᵓj ᵓl-trᶜw*) enthält wahrscheinlich einen entscheidenden Schlüssel für die Auslegung von IChr 16. In welches Schloß er paßt, hat allerdings noch niemand herausgefunden; auch die folgenden Bemerkungen sind mit Gewißheit nicht das Ei des Kolumbus. Gen 20,7 trägt Abraham den Titel "Prophet", wohl weil er Fürbitte einlegt[40]. Auf die in diesem Kapitel erzählte Geschichte (und ihre Parallelen in Gen 12; 26) bezieht sich IChr 16,21f[41], wenn nicht ausschließlich, so doch in erster Linie. Nur hier und in der Vorlage (Ps 105,15) heißen die Patriarchen "Gesalbte". Den Titel *mšjḥ*, der den Davididen beigelegt wird, überträgt Deuterojesaja in kühner Weise auf Cyrus. Eine gewagte Umdeutung nimmt auch der Verfasser von Ps 105 vor: Er verwendet ihn wohl, um "die Besonderheit der Väter hervorzuheben"[42]. Vom Platz her, der den Patriarchen in den Chronikbüchern zukommt, braucht ihre Bezeichnung als Gesalbte und Propheten nicht zu befremden; die Titel sind nicht zu hochgegriffen. Hochgegriffen sind sie aber durchaus, besonders wenn man sie im Lichte dessen liest, was die Chronik über den Gesalbten und die Propheten berichtet. Sie enthält zwar deutlich weni-

38 Zur Bundestheologie des Chronisten vgl. Myers, Kerygma 262f; Japhet, Ideology 96ff.

39 Myers, IIChronicles 208.

40 So mit vielen andern Westermann, Genesis 12-36, 396.

41 Vgl. dazu Kraus, Psalmen 894.

42 Seybold, Art. *mšḥ* 56.

ger Belege von *mšjḥ* als das deuteronomistische Geschichtswerk; sie übergeht die Berichte, in denen er vorkommt. Eine Stelle macht dieses Manko allerdings mehr als wett. Das Tempelweihgebet schließt der Chronist mit einem stark überarbeiteten Ausschnitt aus Ps 132 (V. 8-10.16) ab (IIChr 6,41f). Der entscheidende Satz daraus lautet:

Herr Gott, weise deine(n)[43] Gesalbten nicht ab.

Der mögliche Einwand, dem Chronisten sei es nicht in erster Linie auf den Messiastitel angekommen, wiegt leicht: Den Satz, in dem er steht, ändert er im Unterschied zu den andern kaum/nicht ab; er paßt ihm also gut ins Konzept. Den Versen IIChr 6,41f kommt wegen ihrer Stellung am Ende des Tempelweihgebets und ihrer poetischen Diktion besondere Bedeutung zu. In so feierlicher Weise wie IIChr 6,42 verwenden auch die redaktionell späten Texte ISam 2; IISam 22f die Messiasprädikation. Nachdeuteronomistische und chronistische Theologie reichen sich hier die Hand.

"in der Chronik: welche Fülle des Prophetentums!"[44] – auch im Vergleich mit dem deuteronomistischen Geschichtswerk. Dieser berechtigte Ausruf braucht im vorliegenden Zusammenhang nicht näher begründet zu werden. Auch das spezifisch chronistische Prophetenbild interessiert hier nicht[45]. Es genügt der Hinweis darauf, daß sie in hohem Ansehen stehen und verschiedene Aufgaben wahrnehmen.

Messias und Prophet: Durch diese Titel erhalten die Patriarchen noch mehr Gewicht, als sie ohnehin schon besitzen. Sie geraten durch sie in das Scheinwerferlicht der chronistischen Königs- und Prophetentheologie. Der Chronist hatte dagegen nichts einzuwenden. Jedenfalls übernahm

---

43 Viele hebräische Handschriften und Versionen, u.a. LXX und V, lesen mit Ps 132,10 den Singular. (Auch Mandelkern, Concordantiae, führt die Stelle unter den Singular- und nicht mit Ps 105,15; IChr 16,22 den Pluralbelegen auf). Der Kontext, in dem der Vers im Tempelweihgebet steht, läßt ihn auch hier erwarten. Salomo bittet Jahwe darum, er möge ihm die gleichen Gnadenerweise zukommen lassen wie David (gegen Michaeli, Chroniques-Néhémie 157 Anm. 1, der meint, mit dem Gesalbten sei David gemeint). Es ist jedoch nicht auszuschliessen, daß Salomo sie nicht für sich, sondern auch für seine Nachfolger auf dem Throne Davids erbittet, also am masoretischen Text festgehalten werden kann. Aus einem andern Grund bleibt Myers, IIChronicles 35, bei M: "The ‚anointed ones' refers to kings and priests". Eine Beurteilung dieses Vorschlages erforderte eine eingehende Untersuchung.

44 Willi, Chronik 216.

45 Zu seiner inhaltlichen Füllung im Unterschied zum "klassischen", deuteronomistischen und jeremianischen Prophetenbild vgl. die instruktiven Ausführungen von Seeligmann, Auffassung passim, vor allem 270-279; vgl. weiter Micheel, Prophetenüberlieferungen.

er V. 22, obwohl er nach V. 21 hätte abbrechen können. Eine kleine Unsicherheit in der Auslegung bleibt: Mit V. 22 endet der geschichtliche Abriß des Psalmes. Seine beiden Sätze können deshalb – auch die Grammatik erlaubt es – vom vorangehenden Vers abgetrennt und als in die Zukunft gerichtete Warnung verstanden werden: Vergreift euch nicht an Königen und Propheten[46].

Ps 105 enthält einen theologischen Schlüsselbegriff der beiden Chronikbücher: *drš*[47]. Einige Beispiele für die vielfältige Verwendung dieser Vokabel: Propheten, Priester und Schreiber befragen Jahwe über das, was zu tun ist (IIChr 18,7; 34,21). Josia beginnt im 8. Jahre seiner Regierung den Gott seines Ahnherrn David zu suchen (IIChr 34,3). Jahwe läßt Amazja durch einen Propheten fragen, warum er sich an die Götter der von Seir wende, die ihr Volk doch nicht vor den Judäern gerettet haben (IIChr 25,15). David ermuntert das Volk dazu, alle Gebote des Herrn zu erforschen, der selber alle Herzen erforscht. Er fährt an Salomo gewandt fort: "Wirst du ihn suchen, so wird er sich von dir finden lassen" (IChr 28,8f). Die Aufforderung von IChr 16,11 (= Ps 105,4) *dršw jhwh w^{c}zw* paßt gut in die Paraleipomena. Ein aufmerksamer Leser wird sie vor allem mit zwei Stellen aus den vorangehenden Kapiteln in Verbindung bringen. IChr 13,3 beschließen David und die Führer des Volkes, die Lade zu holen, nach der man in den Tagen Sauls nicht gefragt habe. Und IChr 15,13 wendet sich der König mit folgenden vorwurfsvollen Worten an die Priester:

> Weil ihr das erstemal nicht dagewesen seid, hat der
> Herr, unser Gott, uns einen Verlust erleiden lassen,
> da wir nicht nach ihr fragten, wie es sich gebührte.

Ob der Chronist die Psalmstelle auch noch von IIChr 6,41 (*qwmh jhwh... ᵓth wᵓrwn ^{c}zk*) her interpretiert?

Wir fassen in einem Satz zusammen: IChr 16 paßt von seiner Theologie her ausgezeichnet in die beiden Chronikbücher. Gehört es zu seinem Grundbestand? Nach einem Teil der Ausleger führt in IChr (13)15f

46 Vgl. in diesem Zusammenhang die Ausführungen von Galling, Chronik-Nehemia 52: "Daß im Zitat in 13 vom ‚Samen Israels' statt vom ‚Samen Abrahams' die Rede ist, wird sich daher erklären, daß das Psalmzitat vor der Erwähnung Josefs abgebrochen wird, und daher der göttliche Befehl an die Völker, die Gesalbten und die Propheten Gottes nicht anzutasten, über den ‚historischen' Ort hinaus für das derzeitige Israel als Gottesgemeinde Schutz und Trost bilden soll, wie auch 20 im Gesamtgefüge auf die derzeitige Diaspora zielt".

47 Näheres dazu bei Wagner, Art. *drš* 320-322.

hauptsächlich der Chronist die Feder, und sie rechnen nur mit wenigen späteren Retouchen; er hätte auch den Psalm eingefügt[48]. Andere belassen ihm nur die (abgemagerte) Geschichte; alles andere, so auch der Psalm, sei spätere Überarbeitung[49]. Unsere Beobachtungen sprechen eher dafür, ihn dem Chronisten zu belassen. Wäre er tatsächlich später eingefügt worden, man müßte darüber staunen, wie stark dieser präsumtive Ergänzer mit dem Chronisten übereinstimmt; er führte nur zu Ende, was dieser begonnen hat, und verliehe David und den Leviten noch mehr Gewicht, als sie ohnehin in den Paraleipomena schon besitzen.

Im folgenden soll kurz auf die theologische Bedeutung von IChr 16 in der Jetztgestalt der beiden Chronikbücher eingegangen werden. Dabei spielen literarkritische und redaktionsgeschichtliche Fragen keine Rolle. Worin liegt diese Bedeutung? Der Chronist tut alles, um Davids Anteil am Tempelbau möglichst groß erscheinen zu lassen. Trotzdem verbleibt Salomo der Ruhm des Bauherrn und die bedeutendste theologische Grundsatzerklärung eines Königs: das Tempelweihgebet. IChr 29 und IChr 16 werten den Theologen David auf[50].

Die Kapitel IChr 1-15 sind voll von Theologie. Allerdings erscheint sie vor allem in versteckter Form und muß den Texten oft erst entlockt werden; IChr 16 ist der erste längere, offen theologische Text in den Paraleipomena, wodurch er zusätzlich an Bedeutung gewinnt. Das Kapitel enthält viele dem Chronisten liebe Theologumena. Etwas Übertreibung abgerechnet gilt also: Was für Israels Glauben in chronistischer Sicht zentral ist, hat David beim ersten kultpolitischen Akt durch die Leviten verkünden lassen. Daß der richtige Glauben Israels sich im Verlaufe der Ge-

---

48 Unter Berufung auf Welten, Geschichte, meint Butler, Passage 146, der Chronist wiederhole wie sonst öfters eine Aussage nach der Einfügung eigenen in übernommenes Material: "The Chronicler has interrupted the context to name explicitly the singers (5a). He then repeats vs. 4 in vs. 7, inserts the psalm creation, and then takes up the thought of 4 and 7 again in 37". Wenigstens was IChr 16 betrifft, darf er sich nicht unbedingt auf Welten stützen (vgl. ders., Lade 173), der seinerseits auf Rudolph und Willi verweist (s. Anm. 49).

49 Willi, Chronik 196, sieht den Chronisten in IChr 15,1-3.11a.12-15.25-27aαb. 28aαb-29; 16,1-3.39-40.43 am Werk, den Rest weist er verschiedenen Händen zu. Ähnlich schon Galling, Chronik - Nehemia 47ff: "Die Levitenliste des Chron**... ist im Anschluß an das in 41 vorkommende Stichwort ‚denn ewig währt seine Gnade' für einen Späteren Anlaß geworden, hier einen großen Psalm einzufügen" (51). Er nimmt Slomovics These in anderer Ausgestaltung voraus.

50 Die – so vielleicht falsch gestellte – Frage, wer denn nun in den Chronikbüchern größer sei, ob David oder Salomo, kann hier nicht aufgenommen werden. Nur eine Abgrenzung soll markiert werden: Ich bin der Ansicht, Mosis (Untersuchungen passim) werte David als Mann des Übergangs und der Vorbereitung gegenüber dem Vollender Salomo etwas zu stark ab.

schichte nicht geändert hat, davon gehen die meisten alttestamentlichen Autoren selbstverständlich und deshalb stillschweigend aus. Nicht anders verhält es sich mit dem von IChr 16; so deutlich wie in diesem Kapitel kommt diese Überzeugung allerdings selten zum Ausdruck.

Schon in der Grundschicht der Paraleipomena kommt dem Kult ein gewichtiger Platz zu. Im Anschluß an die Überführung der Lade nach Jerusalem bringen die Israeliten vor Gott Brand- und Heilsopfer dar, und David regelt die kultischen Obliegenheiten von Priestern und Leviten. Der Psalm bringt ein zusätzliches Element ein: den erstmaligen Vollzug eines regelmäßig begangenen Kultes[51].

Stark liegt dem Chronisten an seiner Glaubwürdigkeit. Hätte er selber einen Psalm verfaßt, er paßte noch besser zu seiner Theologie, wäre dieser stromlinienförmig angepaßt. Darauf scheint er aber weniger Gewicht gelegt zu haben als auf den "Nachweis", daß David den levitischen Psalmengesang eingesetzt hat. Diese Behauptung konnte glaubwürdig wirken, weil die Ps 96; 105 und 106 zu seiner Zeit wohl im Gottesdienst Verwendung fanden. Obwohl sie alle nachexilisch sind – Ps 96 setzt Deuterojesaja, Ps 105 wahrscheinlich, Ps 106 sicher den abgeschlossenen Pentateuch voraus –, konnten sich der Chronist und seine Leser im Glauben wiegen, sie gingen auf die Zeit Davids zurück. Zwischen ihrer Abfassung und der Niederschrift der Chronikbücher sind leicht mehr als hundert oder noch mehr Jahre verstrichen, eine genügend lange Zeitspanne, um ihre Herkunft zu vergessen. Wie einige Mischpsalmen vor allem auf jüngere Bestandteile des Psalters zurückgreifen[52], so hier der Chronist. Sie kamen ihm, was nicht zu erstaunen braucht, theologisch stärker entgegen als ältere, vorexilische Psalmen.

Mit diesen Bemerkungen ist der Übergang zu einer der schwierigsten Fragen gegeben, vor die IChr 16 stellt: Welches "Schriftverständnis" besaß der Verfasser dieses Kapitels? Mit welcher Haltung trat er seinen Vorlagen gegenüber? Kanonisches Ansehen besaßen die drei Psalmen noch nicht; sonst hätte ihr Wortlaut nicht abgeändert werden dürfen[53]. Allerdings kündigt sich dieser Prozeß deutlich an. Paßt der Chronist die Psalmen auch dezidiert an die Bedürfnisse seines Werkes und seiner Zeit an, so respektiert er ihren Wortlaut doch so weit als möglich und fast noch stärker den Inhalt (die inhaltlich belanglosen Abänderungen sind deutlich in der Mehrzahl). Auch wo er den Sinn des vorgefundenen (und übernommenen!) Textes ändert, behält er diesen weitgehend bei und be-

---

51 *brʾš* (V. 7).

52 Vgl. dazu unten die Auslegung von Ps 146.

53 Vgl. Smend, Entstehung 20.

schränkt sich auf "mikrochirurgische" Eingriffe. Das spektakulärste Beispiel dafür bildet die Einfügung von *whṣjlnw* in V. 35, die ganz im Sinn des vorangehenden *hwšj*^{c}*nw* geschieht. Die Achtung der Vorlagen hatte für den Chronisten einen wichtigen Vorteil: Er konnte guten Gewissens der Meinung sein, die Aussagen des Textes nur verdeutlicht, ihren Sinn schärfer herausgestellt zu haben[54]. Dabei entdeckte er seine prophetische Dimension. Ihm ging auf, daß der Psalm wie in Davids auch in seine eigene Zeit hineinspricht, zwischen den beiden Epochen also eine geheimnisvolle Gleichzeitigkeit und Übereinstimmung besteht, die zu grossen Hoffnungen berechtigten: Wie David nach der Einrichtung des Tempelkultes all seine Feinde besiegte, würde sich auch sein Israel aus der Fremdherrschaft lösen.

Die Chronik bewegt sich dem deuteronomistischen Geschichtswerk gegenüber in "Abhängigkeit und Freiheit, Gebundenheit und Kühnheit"[55]. Diese schwammig wirkende, in Wirklichkeit präzise Verhältnisbestimmung trifft mutatis mutandis auch für den Umgang des Chronisten mit Ps 96; 105 und 106 zu. Den Vergleich weiterzuführen und zu verfeinern scheint auf den ersten Blick reizvoll zu sein. Das Unternehmen dürfte aber wenig Sinn machen, da man nicht ein umfangreiches Geschichtswerk mit drei (vier: Ps 132) Kapiteln aus dem Psalter vergleichen kann.

Wo der Chronist von seiner Vorlage abweicht, leichtere Ergänzungen vornimmt, hält er sich, wie Willi[56] gezeigt hat, oft an andere Texte aus der Schrift. Liegt die Einfügung des Kompositpsalmes auf der gleichen Ebene? Oder verbietet sich ein Vergleich wegen des unterschiedlichen Umfangs der Einfügungen? Es ist nicht Zufall, daß sich die Fragen zu häufen beginnen. Wem man den Kompositpsalm auch zuschreibt, er gehört zu den spätesten Teilen innerhalb des Alten Testaments; vergleichbare Texte, an die man sich bei der Auslegung halten könnte, fehlen.

Last but not least: Der Verfasser von IChr 16 mußte gerade Ps 105; 96; 106 übernehmen. Es gibt keine andern Psalmen, mit denen er sein Anliegen besser hätte ausdrücken können. Er durfte sie auch nicht anders als in der Reihenfolge Ps 105; 96; 106 anordnen. Die Gemeinde blickt, nachdem die Lade nach Jerusalem überführt ist, auf die bisherige Geschichte zurück (Ps 105), preist Jahwe (Ps 96) und bittet ihn, sie von ihren Feinden zu befreien (Ps 106). IChr 16 handelt von Vergangenheit, Gegenwart und Zukunft des Gottesvolkes.

---

54 Weniger Hemmungen hatte er, ganze Sätze oder Psalmteile wegzulassen – etwa deshalb, weil er nicht in ihren Wortlaut eingreifen mußte?

55 Willi, Chronik 54.

56 Willi, a.a.O. 111ff.

3. Korrektur: Das fromme Individuum in Jon 2,3-10 (Jes 38,10-20)

(3) Ich rief aus meiner Not zu dem Herrn,
und er erhörte mich.
Aus dem Schoß der Unterwelt schrie ich,
du hörtest meine Stimme.
(4) Du warfst mich in die Tiefe[1], mitten ins Meer,
und die Flut umschloß mich;
all deine Wogen und Wellen
gingen über mich hin.
(5) Ich sprach: Verstoßen bin ich,
hinweg aus deinen Augen.
Wie[2] werde ich je wieder schauen
deinen heiligen Tempel?
(6) Die Wasser gingen mir bis an die Kehle,
und die Tiefe umschloß mich.
Meertang umschlang mein Haupt
(7) an den Gründen der Berge.
Ich war hinabgefahren in die Erde,
ihre Riegel schlossen sich hinter mir auf ewig;
da zogst du mein Leben empor aus der Grube,
o Herr, mein Gott!
(8) Als meine Seele in mir verzagte,
gedachte ich des Herrn,
und mein Gebet drang zu dir
in deinen heiligen Tempel.

---

1 Da Jon 2 ein regelmäßiges Qina-Metrum aufweist, streichen viele Kommentatoren *mṣwlh* metri causa; anstelle vieler sei Wolff, Jona 102, genannt: "*mṣwlh* bezeichnet eindeutig die Meerestiefe... und wird so als Nachinterpretation zum mehrdeutigen > Herzen der Meere < verständlich, die zunächst am Rande einer Handschrift und darum ohne eine im Kontext unentbehrliche praep. notiert war" (tr.). Anders Landes, Kerygma 6, Anm. 13, der *blbb* als Glosse zu *mṣwlh* streicht. Zur Vorsicht mahnt Rudolph, Jona 346: "aber das Buch Thr zeigt, daß auch beim Qina-Metrum mit Unregelmäßigkeiten zu rechnen ist". Für welche Möglichkeit man sich auch entscheidet: Der Sinn von V. 3 wird davon nicht grundlegend berührt.

2 Am masoretischen Text (*ᵓk*) hält u.a. van der Woude, Bemerkungen 490, mit folgender Begründung fest: "Die vorgeschlagene[n] Änderung[en]... sind... auf eine allzu schematische Handhabung formgeschichtlicher Kriterien zurückzuführen, gemäß denen man im Danklied zunächst den schlimmen Zustand der Not (4-5; 6-7a) und erst danach die Rettung (7b-8) beschrieben finden möchte. In

(9) Die an nichtige Götzen sich halten,
verlassen ihre Zuflucht.
(10) Ich aber will mit lautem Danken
dir Opfer bringen;
was ich gelobt habe, will ich erfüllen!
Die Hilfe steht bei dem Herrn.

Welcher Gattung gehört das Büchlein Jona an[3]? Welches ist das "leitende Interesse des Erzählers"[4]? Von diesen (eng zusammengehörigen) Fragen aus versuchen die Exegeten den Schleier zu lüften, der immer noch über den vier Kapiteln dieser Prophetenschrift liegt. Darf der Jonapsalm zu ihrer Beantwortung herangezogen werden? Die Antwort lautete früher eher Nein, da der Psalm als redaktioneller Einschub galt. Heute mehren sich die Stimmen, welche ihn zum Grundbestand des Büchleins rechnen und ihn in die Diskussion einbeziehen, wenn sie den Skopus der vier Kapitel bestimmen. Um die Auslegung des Psalmes nicht zum vornherein mit dieser Diskussion zu belasten, legen wir ihn vorerst und soweit wie möglich unabhängig von seinem Kontext aus.

Die schon mehrfach verwendete Qualifizierung "Kunstprodukt" trifft auch für Jon 2 zu. Scheidet man in V. 4 *mṣwlh* als Glosse aus, so enthält das Gebet lauter Fünfer (im Qina-Metrum). Diese und weitere Beobachtungen bestätigen das Urteil Wolffs: "Die Rhythmik des Psalms ist ungewöhnlich kunstvoll"[5]. Aufgrund sprachlicher, formaler und inhaltlicher

---

Wirklichkeit aber ist der Psalm Jonas so gegliedert, daß in drei Strophen beide Themata bezeugt sind". Mit Wolff, a.a.O. 101f, lesen wir im Anschluß an Theodotion (πως) ᵓ*jk*: "Die Verlesung von ursprünglichem ᵓ*jk* in ᵓ*k* kann auf Grund der Ähnlichkeit von V. 5a mit Ps 31,23a und dessen Fortsetzung mit adversativem ᵓ*kn* in V. 23b erfolgt sein" (102tr.).

3 Wolff, a.a.O. 58, nennt als vertretene Möglichkeiten Prophetenbiographie, Legende, Midrasch und Satire. Er selber reiht das Büchlein unter die Novellen ein (60). Diese Aufzählung beansprucht nicht Vollständigkeit.

4 Wolff, a.a.O. 64. Wir führen einige (wohl zu) einseitige Bestimmungen dieses leitenden Interesses an. Die wohl verbreitetste vertritt Rudolph, Jona 368: "Der Streitpunkt – und damit das einzige Thema des Büchleins – ist die Frage, ob die Liebe und Barmherzigkeit Gottes nicht nur dem auserwählten Volke, sondern auch den Heiden gilt, und deren energische Bejahung ist der Zweck der Erzählung". – Ebenso bestimmt, aber ganz anders Clements, Purpose 28: "The theme of Jonah is the possibility of man's repentance, and its purpose is to show that where this occurs among men then it elicits a related change of purpose on the part of God". – Ein letztes Beispiel: "Nous estimons qu'avant de rédiger une nouvelle à la pointe didactique, l'auteur a voulu raconter l'histoire d'un homme appelé à prêcher la Parole de Dieu" (Keller, Jonas 331).

5 Wolff, a.a.O. 105.

Erwägungen kommt Cross zum Schluß, die V. 3-7 und 8-10 seien nicht von der gleichen Hand verfaßt: Die V. 3-7 enthielten "archaic material"[6]; "Vv 8-10 appear to be a stock cultic ending of later date welded on to the older traditional verses"[7]. Cross übersieht, daß der Verfasser von Jon 2 viele, unterschiedlich alte Psalmmaterialien übernimmt und durch leichte Änderungen dem Kontext anpaßt (Formulierungen aus seiner eigenen Feder fehlen allerdings nicht ganz). Den Psalm als (teilweise) archaisierend zu bezeichnen, geht an – die Bezeichnung "archaisch" würde, auch seinem ersten Teil, nicht gerecht.

Gattungsgeschichtliche Erwägungen erhärten die Beurteilung von Jon 2 als eines Kunstproduktes. Crüsemann rechnet den Psalm zu den Dankliedern des Einzelnen[8]. Sie zeichnen sich unter anderem durch den Wechsel zwischen Du- und Er-Stil aus: Der Beter wendet sich abwechselnd an Gott und an die Gemeinde. In Jon 2 treten allgemeine Aussagen im Er-Stil (V. 3a.8a.10b) zurück. Opfer, Toda und Erfüllung der Gelübde werden in die Zukunft verwiesen und spiritualisiert. Daraus leitet Crüsemann folgenden Schluß ab: "Hier liegt ein Dankpsalm vor, der im Gegensatz zu den meisten seiner Art als Gebet eines isolierten Einzelnen zu seinem Gott überhaupt möglich ist, da er nicht ein Forum von Hörern voraussetzt"[9]. Anders ausgedrückt: Der Psalm fällt aus der Gattung heraus, bildet eine Größe sui generis, eben ein Kunstprodukt[10]. Sein Verfasser schreibt angenehm, legt auf gefällige Formulierungen wohl auch Wert. Ein Beispiel: Er verwendet keines der Nomina, mit denen er die Not des Propheten bildlich umschreibt, zweimal: Die elf Ausdrücke *šʾwl, ʾrṣ, brjḥ, šḥt, (mṣwlh), jmjm, nhr, mšbr, gl, mjm, thwm* tauchen je nur einmal auf.

Wo sich formale Besonderheiten häufen, gibt es häufig auch inhaltliche. Die auffälligste findet sich in V. 9: *mšmrjm hblj-šwʾ ḥsdm jʿzbw.* Man hat angenommen, Jona wende sich mit diesem Satz vorwurfsvoll an Heiden, die Niniviten oder die Matrosen aus Kap. 1[11]. Wahrscheinlicher richtet sich der Satz aber an Israeliten, die so dumm sind, anstelle

6 Cross, Prosody 159.

7 Cross, a.a.O. 167.

8 Crüsemann, Studien 247-249.

9 Crüsemann, a.a.O. 249.

10 Der auffällige Wechsel zwischen Du- und Er-Stil in Jon 2 hängt zumindest ein Stück weit damit zusammen, daß der Verfasser des Kapitels "zitiert".

11 Vgl. dazu etwa Magonet, Form 52; Ackerman, Satire 225.

Jahwes, der ihre Hilfe ist[12], fremde Götter, "Haltlos-Nichtiges"[13] zu verehren. Der klagende und dankende Prophet verwandelt sich urplötzlich in einen Lehrer, der allgemein und nicht mehr situationsbezogen redet. Rudolph glättet den abrupten Übergang durch Psychologisieren: "Wer das erlebt hat, was er [Jona] erlebt hat, der kann es einfach nicht verstehen, daß es Menschen gibt, die Götzen... verehren"[14]. Vielen Betern ist das Gleiche wie Jona widerfahren – und sie beginnen doch nicht zu dozieren. Dies tun unter anderem die Verfasser von Hannalied, Davidpsalm und letzten Worten Davids. Nicht eine besonders beschaffene Psyche bewirkt den Übergang zum Dozieren; es bildet ein Charakteristikum redaktionell eingesetzter Psalmen[15].

Noch einmal überrascht der Prophet. Gott will er unter lautem Dank Opfer darbringen und erfüllen, was er gelobt hat. Damit könnte der Psalm schließen, wäre nicht noch eine halbe Zeile frei. Jona füllt sie – wieder unerwartet – mit einem Lehrsatz, wie er kürzer nicht sein könnte: *jšw*^{c}*th*[16] *ljhwh*. "Wahre Hilfe gibt's nur bei Jahwe!"[17]: "Es ist schwerlich Zufall, daß im Unterschied zu Ps 3,9 [*ljhwh hjšw*^{c}*h*] der Jahwename den Schluß bildet"[18] – und noch weniger Zufall, daß der Satz, der vom Gefälle des Psalmes besser an V. 9 anschlösse, am Schluß des Psalmes steht: Er soll auffallen, das letzte Wort haben[19]. Er gehört, wie wir zu betonen nicht müde wurden, zu den zentralen "dogmatischen" Aussagen der von uns untersuchten Texte. Inhaltlich fügt er sich gut in den Psalm ein – von der allgemeinen (unpersönlichen) Formulierung her freilich weniger (vgl. allerdings Anm. 19). Von ihr her bildet er stärker

---

12 *hsd* bezieht sich nicht auf das "menschliche Verhalten gegen die Gottheit" (so richtig Rudolph, Jona 347. Eben diese Deutung vertritt u.a. Keller, Jonas (Komm.) 279: "Ceux qui s'attachent à de vaines idoles: qu'ils renoncent à leur dévotion" (vgl. Anm. 6).

13 Übersetzung von Wolff, Jona 101. "Entsprechend Ps 31,7 sind die wertlosen Abgötter gemeint; Dtn 32,21 steht *hbljm* parallel zu *l*$^{ɔ-ɔ}$*l* (>Nicht-Gott<)" (102 tr.).

14 Rudolph, Jona 354.

15 Zum lehrenden Propheten in Jon 2,9 vgl. noch Wolff, Jona 113. Er zeigt sich (m.E. zu Unrecht) kaum erstaunt darüber, daß Jona unvermittelt zum Lehrer wird.

16 Zur Form des Nomens vgl. Bauer-Leander, Historische Grammatik 528.

17 Rudolph, Jona 354.

18 Rudolph, a.a.O. 354 Anm. 25.

19 Vielleicht auch deshalb, weil er gleich auf spektakuläre Weise bestätigt wird: Und der Herr gebot dem Fisch, und er spie Jona aufs Trockene. (V.11)?

Interpretament des *ganzen* Jonabüchleins. Mit den zwei Worten *jšw*^{c}*th ljhwh* "bezeugt der Psalmist lapidar, wie er das von ihm vorgefundene Jonabuch verstanden hat: Auf Jahwes Rettungswillen ist unbedingt Verlaß, sogar für einen widerspenstigen Jona"[20].

In V. 5 fragt der Prophet klagend, wie er je wieder den heiligen Tempel Jahwes sehen werde. Wer suchte den Propheten da im Bauche eines Fisches? Auch sein "Dank" (V. 8) läßt uns ihn nicht an so ungewöhnlichem Orte vermuten. Sollte der Psalm von Haus aus ein Kultlied sein? Der zur Stützung dieser These ins Feld geführte V. 10[21] besitzt nicht unbedingt Beweiskraft: Er könnte sich auf Opfer und Gelübde der Matrosen beziehen (Jon 1,16); der Prophet will ihrem Beispiel folgen[22]. V. 5 entspricht eher gewöhnlicher Tempelfrömmigkeit, in der die Sehnsucht nach dem Hause Gottes einen wichtigen Topos bildet (Ps 5,8; 27,4; vgl. auch Ps 23,6). Die einschlägigen Stellen zeichnet allerdings ein spiritualisiertes Verständnis des Tempels aus – das heißt auch ein gewisser Abstand von ihm. Die gleiche spiritualisierende Tendenz weist V. 10 auf: Aller Nachdruck liegt auf der *twdh*; möglicherweise ist "an blutige Opfer überhaupt nicht mehr gedacht"[23].

Kein gewöhnlicher Psalm: Diesen an auffallenden Elementen von Jon 2 gewonnenen Eindruck bestätigt auch der Rest des Gebets, der auf den ersten Blick "durchschnittliche" Psalmentheologie zu enthalten scheint.

Jon 2 gehört nicht zu den Psalmen, in denen der Beter seine Not in herzerschütternder Weise herausschreit, wie das etwa in Ps 22,1 geschieht: Mein Gott, mein Gott, warum hast du mich verlassen? Jon 2 mit Ps 22 zu vergleichen ist nicht ganz abwegig. Der Verfasser jenes Kapitels arbeitet mit Bildern und Ausdrücken, die äußerste Not signalisieren. Jona befindet sich in der Scheol, bedrängt von den Chaoswassern – und redet in wohlgesetzten Worten, in regelmäßigem Qina-Metrum. In höchster Not besteht seine größte Not darin, von Jahwe getrennt zu sein, seinen heiligen Palast nicht mehr zu sehen. *wt*^{c}*l mšḥt ḥjj* ist der einzige Satz, in dem Jona seine Rettung konkret ausdrückt, so, wie man es von einem Manne in Todesnot erwartet. Wichtiger ist dem Psalmisten: Gott rettet,

---

20 Wolff, Jona 114.

21 "Es handelt sich, wie V. 10 klar ergibt, um ein Dankgebet anläßlich eines Gelübdeopfers im Tempel zu Jerusalem" (Rudolph, Jona 351f).

22 So mit Cohn, Buch 93.

23 Crüsemann, Studien 248; er nimmt an, "im jetzigen Psalm [liege] schon ein recht weitgehender Spiritualisierungsprozeß vor" (vgl. dazu weiter Hermisson, Sprache 34).

indem er hört (*wj*^{c}*nnj, šm*^{c}*t qwlj, wtbw*ᵓ ᵓ*ljk tpltj* ᵓ*l-hjkl qdšk*)[24]. Auch hier macht sich also ein spiritualisierender Einschlag geltend; er fällt deshalb auf, weil die zur Schilderung der Not verwendeten Bilder außer in V. 8[25] so konkret und anschaulich sind.

V. 3 faßt den einlinigen Gedankengang von V. 3-8 zusammen: Jahwe erhört den Beter, der in seiner Not zu ihm schreit[26]. Mit V. 7 ist der Höhepunkt erreicht: Gott hat Jonas Leben aus der Grube heraufgeführt. Der Psalm könnte direkt mit V. 9(10) weitergehen, enthält doch V. 8, der sich sprachlich am engsten mit IIChr 30,27 berührt (vgl. Ps 88,3), nicht viel Neues. Betrachtet man Jonas Psalm von seinem Kontext gelöst, hämmert er einen Satz ein: Wer in seiner (Todes)Not zu Jahwe schreit, dem hilft er. Noch einfacher ausgedrückt: Gott hilft dem frommen Beter auch in der größten Not.

Der relativ einfache Inhalt des Psalmes steht in keinem vernünftigem Verhältnis zur Mühe, die sich sein Autor bei der Abfassung gemacht hat – oder ruft gerade der einfache Inhalt nach einer kunstvollen Form? Einen Blick in die Werkstatt des Psalmisten können wir deshalb werfen, weil er stark mit übernommenem Material arbeitet. V. 3a[27] hat er aus Ps 120,1 übernommen; er stellt aber *qr*ᵓ*tj*, ein Leitwort des Büchleins[28], betont an den Anfang und liest *mṣrh* statt *bṣrth* (wohl Angleichung an *mm*^{c}*j hdgh*, V. 2). Gleich sorgfältig und noch stärker Jonas Situation angepaßt ist der zweite Versteil. Mit dem Wort *mbṭn* spielt der Psalmist möglicherweise auf den Aufenthalt des Propheten im Bauche des Fisches an. Zwei (nicht allzu starke) Argumente lassen sich für diese Vermutung ins Feld führen: Zu V. 3b gibt es keine Parallele im Psalter; der Ausdruck *bṭn š*ᵓ*wl* ist nur hier belegt. Fehlte V. 3b, wüßte man erst in V. 7 sicher, daß sich Jona in den Fängen des Todes befand. Das Stichwort *š*ᵓ*wl* sagt dem Leser, wie er die Bedrohung durch die Wasser zu verstehen hat. Wie Jona wurde auch David von Tod und Wasser bedroht und daraus errettet (IISam 22,5f.17). Jon 2 enthält zwar keine wörtliche Entlehnung aus diesem Psalme, steht aber dem Kapitel von seinem Vorstellungsfeld her

---

24 Diese "Einseitigkeit" erstaunt angesichts des reichhaltigen Rettungsvokabulars, welches das Alte Testament aufweist.

25 "^{c}*tp hitp.* beschreibt das subjektive Empfinden der durchlittenen Nöte" (Wolff, Jona 112 tr.).

26 Man beachte, daß der Psalminhalt in V. 3 gleich zweimal proleptisch zusammengefaßt wird!

27 Die Ausführungen zu diesem Vers im Anschluß an Wolff, Jona 109.

28 Weitere Belege des Verbes: Jon 1,2.6.14; 3,2.4.5.8.

nahe[29]; die Annahme, der Verfasser von Jon 2 habe sich an IISam 22 orientiert oder den Text zumindest in seinem Hinterkopf gehabt, dürfte nicht abwegig sein, um so mehr als es für jeden Beter nahelag, dem frommen König David nachzueifern.

In V. 4a übernimmt der Verfasser geläufige Psalmenmotive; der zweite Halbvers entspricht wörtlich Ps 42,8b. Im Unterschied zu den andern übernommenen Sätzen paßt er von Metrum und Inhalt her nahtlos in den Psalm. Daß er dem Verfasser von Jon 2 präsent war, kann Zufall sein oder – dies die wahrscheinlichere Möglichkeit – phänomenale Bibelkenntnis verraten[30].

Im Jonapsalm geht es fast ausschließlich um das Verhältnis zwischen Jahwe und dem Propheten, der in Gott den Urheber seines Leidens sieht (V. 4: *wtšljknj*), das darin besteht, von Gott getrennt zu sein (V. 5). Den Psalm kann man deshalb auch in Sündennot beten. In V. 5a erweist sich der Psalmist ein weiteres Mal als guter Bibelkenner und Handwerker. Der Halbvers entspricht fast wörtlich Ps 31,23. Durch Weglassen des (sachlich unpassenden) *bḥpzj* gewinnt der Verfasser den Fünfer, den er des Rhythmuses wegen braucht. Die V. 6f enthalten keine Zitate, aber geläufige Psalmenmotive. Zu ihnen gehört das nur hier belegte Bild *hᵓrṣ brḥjh bᶜdj lᶜwlm* nicht. In ihm zeigt der Psalmist, daß er selbständig und schön zu formulieren versteht. Ihn nur als ausgezeichneten Bibelkenner und begabten Verseschmied hinzustellen, geht nicht auf. Auf den ganzen Psalm gesehen dürfte allerdings das mir mündlich vorgetragene Urteil Tournays über den Verfasser von Jon 2 zutreffen: "Ce n'est pas un poète, c'est un versificateur". In V. 8 "greift der Dichter wieder nachweisbar auf vertraute Wendungen zurück"[31], a) auf Ps 142,4 (143,4); vielleicht hat er *rwḥ* durch *npš* ersetzt, weil dieser Ausdruck in vergleichbarem Zusammenhang auch Jon 4,3.8 verwendet wird.

Der Jonapsalm hat nie unabhängig vom Büchlein existiert[32]. Dies ist aus den bisherigen Ausführungen schon an einigen Stellen deutlich her-

---

29 Vgl. dazu Cross, Prosody 160: "The imagery in the Psalm of Jonah is also paralleled in biblical poetry... most closely in 2 Sam 22:5-7".

30 Gegen Rudolph, Jona 346: "Da dies das einzige wörtliche Zitat im ganzen Lied ist, liegt die Annahme einer Glosse nahe..., hervorgerufen durch die Ähnlichkeit von V. 5 mit Ps 42,5; 43,5f"; so fragend schon Keller, Jonas (Komm.) 278, Anm.2.

31 Wolff, Jona 112.

32 Gegen Schmidt, De Deo 57: "Die Anklänge an Jonas Situation und die abschließende Aussage des Psalms veranlaßten den Redaktor, das überlieferte Danklied als Vertrauenslied zu benutzen"; ähnlich schon Rudolph, Jona 348, unter Hinweis auf V. 3b.4.6.

vorgegangen. Zur Diskussion kann nur stehen, ob er einen sekundären Einschub bildet oder nicht. Ein einfaches Argument spricht dagegen, den Verfasser der Erzählung mit dem des Psalmes zu identifizieren:

"Dieser Dichter stellt einen verwandelten Jona vor. Er reagiert ganz anders als der Jona aus Kap. 1 und vor allem als der aus Kap. 4. Er hat sich die Erzählung zu Herzen genommen und wird so auch zu einem Lehrer der Gemeinde (2,9.10b), der der Jona der Erzählung ganz und gar nicht ist"[33].

Die Frage, was Jona während der drei Tage und Nächte im Bauche des Fisches gemacht habe, führte "mit einer gewissen Notwendigkeit zu dem späteren Einschub in 22-10"[34]. Er drängte sich also theologisch wie "erzählpsychologisch" auf und will dem widerspenstigen Propheten der Erzählung einen etwas frommeren Mann gegenüberstellen. Dabei versuchte der Interpolator, seinen Psalm so gut wie möglich mit der Erzählung in Einklang zu bringen.

Intellektuelle Redlichkeit gebietet es, auch auf Gegenpositionen einzugehen. Rudolph meint, Jon 2 vermöge das in den drei übrigen Kapiteln vom Propheten gezeichnete Bild nicht zu korrigieren: Jona bekunde keine Reue, bete nicht um völlige Befreiung und gelobe auch keinen Gehorsam[35]. Diese Behauptungen treffen nur teilweise zu. V. 10 enthält (indirekt) ein Gelübde zukünftigen Gehorsams, V. 3 versteckt ein Schuld(ein)geständnis. Die Auslegung eines Psalmes entscheidet über seine ursprüngliche Bedeutung nicht, Beachtung verdient sie allemal: "Es ist bezeichnend, daß Josephus den Inhalt des (von ihm nicht wiedergegebenen) Gebets als Bitte um Vergebung angibt"[36]. Daß der Psalm Jonas Lage nur teilweise entspricht, braucht nicht zu erstaunen: Sein Verfasser hat nicht nur sie im Blick, sondern jeden frommen Beter, der sich in seiner Not an Gott wendet.

---

33 Wolff, Jona 107 (In den folgenden Ausführungen wird gegen Weimar, Jonapsalm, davon ausgegangen, daß der Psalm nicht sekundär überarbeitet, d.h. erweitert worden ist). Die andern von Wolff vorgebrachten Argumente sind nicht unbedingt stichhaltig; vgl. dazu Golka, Jona 65-67.

34 Schmidt, De Deo 123.

35 Rudolph, Jona 348.

36 Rudolph, a.a.O. 348, Anm. 2 (Ant IX 10,2). Vgl. Sure 21,88f aus dem Koran: "Erinnere dich auch des Dhulnun [=Jona], wie er sich in Grimm entfernte und glaubte, daß wir nun keine Macht mehr über ihn hätten. Und er flehte aus der Finsternis: ‚Es gibt außer dir keinen Gott; Lob und Preis sei dir! Wahrlich, ich war ein Sünder.' Wir erhörten ihn..." (Ullmann-Winter, Koran 265).

Mit einer pfiffigen Argumentation versucht Magonet nachzuweisen, daß Jon 2 von Anfang an zum Prophetenbüchlein gehörte[37]: Die Erzählung enthalte zwei fromme Aussagen, die aber leicht ironisch verwendet würden (Jon 1,9; 4,2). Ironische Elemente erwartet und findet Magonet auch im Psalm. Das Gebet beziehe sich nur auf Jonas ungemütliche Lage im Bauche des Fisches, nicht aber auf die Ereignisse der Kap. 1f:

“precisely because no mention is made of the mission he failed to fulfil, the reader can see throughout the inadequacy of his confession, the spitefulness of the ‚lying vanities' remark as it must apply to Nineveh, (‚I know they will repent now, but they cannot keep it up for long!'), and the careful assumption that the arrival of his prayer at ‚Thy holy temple' and the offering of a sacrifice is the end of the whole matter. So Jonah, to his own satisfaction, has reconciled himself to God”[38].

Der Verfasser des Büchleins sei mit dem Propheten nicht ganz zufrieden gewesen: Auf Gottes Befehl hin lasse er ihn nach seinen letzten Worten (*jšwᶜth ljhwh*) vom Fisch ausspucken. Genug der Ironie, ist man versucht zu sagen[39]. Magonet preßt die Bedeutung bestimmter Stellen (am deutlichsten von V. 9), V. 3 legt er zu eng aus. Fast überscharf wertet

37 In seinem Beweisgang spielen die sprachlichen Beziehungen (u.a. key words) zwischen dem Psalm und den restlichen drei Kapiteln eine zentrale Rolle (Magonet, Form 39ff; vgl. Cohn, Buch 92ff). Unseres Erachtens erklären sie sich zwanglos damit, daß der Psalm Jon 2 für den Einsatz an seiner jetzigen Stelle verfaßt wurde.

38 Magonet, a.a.O. 52f. – Magonets Argumentation hat Golka, Jona, aufgenommen und ausgebaut. Auch im Psalm spreche der Egozentriker Jona, was sich etwa darin ausdrücke, daß er seinen Psalm mit “Ich” beginne (*qrᵓtj*), während die fast gleichlautende Quelle Ps 120,1 Jahwe an den Anfang stelle (*ᵓl-jhwh*) (68; ein mögliches Gegenargument dazu bei Wolff, Jona 109). Der Gipfel der Ironie ist nach Golka in V. 9 erreicht: “Sind es wirklich >die Verehrer nichtiger Götzen<, die den >verlassen, der ihnen treu ist<, also YHWH? Was wir vor uns haben, ist ein Prophet, der >YHWH, den Gott des Himmels, der das Meer und das Festland gemacht hat<, verehrt (Jona 1,9), aber eben ein Prophet, der von eben diesem Gott wegläuft. Dies kontrastiert der Erzähler mit einem Bild von Verehrern >nichtiger Götzen<, die zur YHWHfurcht gekommen sind, Opfer darbringen und Gelübde ablegen (V. 16)”. – Vgl. auch noch Kaiser, Wirklichkeit 98: “Sieht man den Psalm wenigstens versuchsweise einmal als ursprünglich an, wäre er entweder im Sinne der charakterlichen Kontrastierung Jonas gedacht, um den doppelten Widerspruch zwischen Todeswunsch und Lebenssehnsucht..., zwischen Mitleidlosigkeit und Selbstmitleid herauszustellen, oder, weniger wahrscheinlich, als Ausdruck eines ironisierten Nomismus zu werten, der pflichtschuldigst seinen Dank erstattet, wo es ihm gar nicht um das Danken geht”.

39 Nicht ganz: Die Existenz nicht nur ironischer, sondern geradezu satirischer Elemente in Jon 2 behauptet Ackerman, Satire – nicht gerade auf überzeugende Weise.

er jedes Wort aus. Abwegig ist seine (und Golkas) Deutung allerdings nicht. Und so sind die folgenden Ausführungen, die von der uns stärker überzeugenden Position Wolffs (u.a.) ausgehen, mit der Hypothek belastet, daß es auch ganz anders sein könnte.

Jon 2 macht aus dem widerspenstigen Propheten einen frommen Beter, der für jedermann zum Vorbild werden kann. Er soll das nach dem Willen des Psalmisten auch: Darum läßt er ihn unerwartet und unmotiviert für kurze Zeit in die Rolle eines Lehrers schlüpfen. Offen dogmatische Elemente treten im Unterschied zu vergleichbaren Texten (ISam 2; IISam 22f) allerdings zurück. Ein verstecktes bestimmt den Psalm dafür um so stärker: Wer in Not zu Gott betet, den erhört er.

In Jon 2 wird das *fromme Individuum* zum zentralen Gegenstand der Dogmatik, so stark wie unter den redaktionell in den Kontext eingefügten Psalmen nur noch in Jes 38,10-20 (vgl. auch Jeremia in Jer 32). Auf ihn muß hier noch kurz eingegangen werden. Während der Belagerung Jerusalems durch Sanherib wird König Hiskia todkrank; Gott läßt ihm durch den Propheten Jesaja ausrichten, er werde sterben. Da betet Hiskia zu Jahwe (V. 3):

> Ach Herr, gedenke doch, daß ich mit Treue und ungeteiltem Herzen vor dir gewandelt bin und getan habe, was dir wohlgefällt.

Auf dieses Gebet Hiskias hin fügt Jahwe seiner Lebenszeit fünfzehn weitere Jahre hinzu. Diesem Bericht hat ein Redaktor auf etwas holprige Weise den Psalm des Hiskia angehängt. Jes 38,10-20, wie der Psalm Jonas "eine bemerkenswert eigenständige Dichtung"[40] – wenn auch in ganz anderer Weise –, können wir hier nicht auslegen[41]. Es sei nur auf einige Punkte hingewiesen, in denen sich der Hiskia- mit dem Jonapsalm berührt, respektive von ihm abweicht:

– Der Psalm Hiskias gehört wohl in die spätnachexilische Zeit[42] – Marti geht bis ins 2./1. Jh.[43] hinab – und ist auch ziemlich spät ins Jesajabuch eingefügt worden. Zeitlich steht er Jon 2 also nahe.

---

40 Wildberger, Jesaja 28-39, 1467.

41 Grundlegend und in wichtigen Punkten noch nicht überholt ist Begrich, Psalm.

42 Als Gewährsmann sei der eher konservative Wildberger, Jesaja 28-39, 1458 zitiert: "Über das vage Urteil >nachexilisch< ist kaum hinauszukommen, wobei allerdings eher an die spätnachexilische Zeit zu denken ist".

43 Marti, Jesaja 261.

– Während das Gebet Hiskia in deuteronomistischer Begrifflichkeit als selbstgerecht-frommen (observanten) König zeichnet, erscheint er im Psalm (stärker denn Jona) als demütig-frommer Mann[44], der weiß, daß er ein armer Sünder ist und der Vergebung Gottes bedarf (V. 17)[45]. Jes 38 wie Jon 2 korrigierten also Redaktoren. Im Falle von Jes 38 läßt sich das nicht bestreiten, da der Psalm im Parallelbericht der Königsbücher fehlt und dort kaum, wie theoretisch möglich, ausgefallen ist.
– In Jes 38 wie Jon 2 ist thematisch die Todesnähe bestimmend. Hiskia und Jona wenden sich in ihrer (von Gott verursachten) Not wiederum an Gott, können nichts anderes tun.
– Stärker als Jona ist Hiskia in eine Gemeinschaft eingebunden. Zwar redet der Prophet von den Gelübden, die er einlösen will, der in diesem Zusammenhang erwartete Hinweis auf die Gemeinde (vgl. etwa Ps 116,18) fehlt jedoch. Hiskia berichtet davon, wie der Vater seinen Söhnen Jahwes Treue kundtut (V. 19), und seinen Psalm schließt er in V. 20 mit der Aufforderung: *wngnwtj nngn kl¯jmj ḥjjnw ᶜl¯bjt jhwh*[46]. Im Unterschied zu Jon 2 taucht hier ein "wir" auf. Jona könnte im Tempel problemlos für sich beten, einen Privatgottesdienst abhalten, Hiskia weniger gut.
– Der Verfasser des Jonapsalmes sah sich vor eine schwierigere Aufgabe gestellt als der Interpolator von Jes 38,10-20. Dieser konnte Hiskia jeden Psalm in den Mund legen, den ein Kranker und wieder Genesener beten konnte. Als Vorgaben hatte er nur Krankheit und Genesung des Königs zu berücksichtigen und mußte aus dem gesetzeskonformen einen demütigen und seiner Schuld bewußten Beter machen. Der Dichter von Jon 2 dagegen mußte die knifflige Aufgabe lösen, den aufmüpfigen in einen frommen Propheten zu verwandeln, und durfte dabei nicht ganz vergessen, von welch ungewohntem Orte aus dieser zu Gott schrie. Dabei versuchte er, wie jeder andere Psalmist zu schreiben und schuf etwas ganz Neues, jedenfalls keinen gewöhnlichen Klage-/Dankpsalm, wie er in Jes 38,10-20 vorliegt.

44 Diesen Punkt hebt Wildberger, Jesaja 28-39, 1468, besonders stark hervor.

45 "Daß an dieser Stelle Sündenvergebung fast unerwartet zur Sprache kommt, nachdem innerhalb der Klage das Problem menschlicher Schuld nicht präsent war, beweist, wie eingewurzelt, dogmatisch verfestigt, die Meinung war, Krankheit und Tod seien durch Sünde verursacht" (Wildberger, a.a.O. 1465).

46 Einen Beweis für die kultische Verankerung von Jes 38,10-20 bildet dieser Satz allerdings nicht; vgl. unsere Bemerkungen zu Jon 2,5.8.

Die Unterschiede zwischen den beiden bilderreichen Psalmen verleihen der Übereinstimmung im Grundsätzlichen stärkeres Gewicht. Der Aufenthalt Jonas im Fisch und die Krankheit Hiskias boten je eine ideale Gelegenheit, eine bestimmte Art von Frömmigkeit als dogmatischen Topos festzumachen, d.h. zu zeigen, wie sich ein frommer Mann in (äußerster) Not zu verhalten hat, nämlich zu Gott zu schreien, der ihn erhören wird.

D. PSALMEN

Der Psalm ist in spätalttestamentlicher Zeit zugleich das bevorzugte Genus vielfältiger theologischer Thematik wie äußerster theologischer Verdichtung. Das soll im letzten Teil dieser Arbeit anhand der Auslegung ausgewählter "junger" Psalmen nachgewiesen werden. Mit dem einleitenden Satz haben wir zugleich sein Resultat formuliert – formal; die hier vorgelegten Auslegungen bilden nichts anderes als seine materiale Entfaltung.

Apologie ist in exegeticis häufig ein schlechter Berater. Und doch lassen wir uns im folgenden darauf ein. Einige der untersuchten Psalmen stehen nicht gerade in hohem Ansehen, gelten zum Teil sogar als minderwertig. Dieses Urteil ist nicht in jedem Falle berechtigt. Wo nötig, soll es korrigiert werden.

In den Theologien des Alten Testaments nehmen Psalmen meist keinen zentralen Platz ein, wenn sie nicht gar an den Rand gedrängt werden oder einen überraschend anmutenden Platz zugewiesen erhalten. Warum? Gerade die von uns behandelten Psalmen fristen in den Theologien zum Teil ein Mauerblümchendasein, obwohl einige von ihnen in ihrem Zentrum stehen oder gar ihren Ausgangspunkt bilden könnten. Womit hängt dies alles zusammen?

Diese Fragen lassen sich im Rahmen der vorliegenden Arbeit nicht umfassend und schon gar nicht abschließend beantworten. Wir gehen auf zwei zentrale Aspekte ein: auf Gunkels folgenreiche Vorliebe für bestimmte Psalmen und die Kategorie "Antwort", mittels derer G. von Rad den Psalmen einen Platz in seiner Theologie verschafft.

1. Die Psalmen in der alttestamentlichen Theologie

a) Gunkel und die Folgen: Einige unvermeidliche Gemeinplätze

"Das gattungsgeschichtliche Verständnis der Psalmen ist heute nahezu ohne Alternative. Es nimmt seinen Ausgang bei Hermann Gunkel ..."[1].

Diese harmlos tönenden Sätze enthalten mehr Sprengstoff, als man vermutet: Gunkel hat die formgeschichtliche Methode in der Psalmenauslegung heimisch gemacht[2] und dadurch die theologische Auswertung des Psalters stark beeinflußt, vor allem gebremst.

Mit vielen Arbeiten, die auf seinen grundlegenden Erkenntnissen aufbauen, hat (und hätte) Gunkel sich nicht befreunden können, so etwa mit der von Mowinckel am nachhaltigsten vertretenen These, die meisten Psalmen seien im Kulte beheimatet[3]. Aber auch hier war der Anstoß, den er gab, entscheidend. Zwar wird er von heutigen Alttestamentlern, vor allem seiner ästhetisierenden Art wegen, nicht besonders geschätzt. In der Literatur schlägt sich diese Haltung jedoch erst in letzter Zeit (wieder) nieder. Gunkel herrscht heute noch, auch da, wo sein Name nicht fällt oder er gar bekämpft wird.

Der heute kaum mehr bekannte Löhr schrieb in seinen Psalmenstudien von 1922:

"Ich kann... bei aller Anerkennung des Fortschrittes, den uns die Gattungsforschung gebracht hat, doch nicht in ihr den Schlüssel sehen, der unfehlbar alle Türen zum Verständnis der atlichen Psalmendichtung auftut. Es muß m.E. schon dabei bleiben, daß man jeden einzelnen Psalm als das Resultat einer bald mehr bald weniger hoch zu bewertenden individuellen Geistesarbeit ansieht"[4].

Westermanns Aufsatz "Anthropologische und theologische Aspekte des Gebets in den Psalmen" kommentiert Neumann mit folgenden Worten: "Die Arbeit gehört... zu den wenigen, denen es gelingt, auf knappem Raum theologische Fragen der Psalmen insgesamt zu entfalten"[5]. Neumanns Urteil gilt nach dem Erscheinen von Krausens "Theologie der Psalmen" unverändert, da dieses Buch im wesentlichen eine nach Stich-

---

1 Neumann, Psalmenforschung 2.

2 Zu Vorläufern Gunkels und ihrer Bedeutung vgl. Klatt, Gunkel 229ff; Crüsemann, Studien 15ff.

3 Vgl. dazu vor allem Mowinckel, Psalms I 1ff.

4 Löhr, Psalmenstudien 4.

5 Neumann, Psalmenforschung 18.

worten geordnete Neuausgabe seines Kommentars ist[6]. Die Aussagen von Löhr und Neumann haben auf den ersten Blick nichts miteinander zu tun – und noch weniger mit dem Thema dieses Kapitels. Und doch bezeichnen sie die Folgen, welche Gunkels und Mowinckels Psalmenauslegungen hatten, recht genau. Fasziniert von der formgeschichtlichen Methode, die neue Entdeckungen versprach, haben die Alttestamentler lange bevorzugt mit ihr gearbeitet und darüber die inhaltlichen, theologischen Aspekte der Einzelpsalmen vernachlässigt. Die Schuld kommt also noch stärker als Gunkel seinen Nachfolgern zu, welche die überfällige formgeschichtliche Methode nicht relativiert, sondern zum Teil gar verabsolutiert haben. Sie bildet allerdings nicht den einzigen Grund für die Vernachlässigung der Psalmen in der alttestamentlichen Theologie. Die in der Forschung nach dem zweiten Weltkrieg zu beobachtende Konzentration auf die heilsgeschichtliche Thematik hat in die gleiche Richtung gewirkt.

Gunkel hat die Psalmenforschung in einem weiteren Punkt stark geprägt. Wir holen etwas aus: Von ihrem ersten Sitz im Leben, dem Kult, lösen sich die Psalmen nach ihm schon in vorexilischer Zeit:

> "An die Stelle des alten Kultusliedes tritt das ‚geistliche' Lied. Am deutlichsten beobachten wir diese Umbildung bei den Klageliedern des Einzelnen. Hier ist alles Kultische so fortgefallen, daß es überhaupt nirgends mehr deutlich erhalten ist"[7].

Diese Lieder spricht jetzt "nicht mehr der Büßer im Tempel, sondern der Kranke auf seinem Schmerzenslager oder sonst der Leidende im Kämmerlein. Hier also ist zwar nicht ohne weiteres der poetische, aber doch der religiöse Höhepunkt des Psalters; hier vor allem redet die reine, wahre Religion"[8].

"die geistige Bewegung, die in diesen Psalmen hervortritt, [ist] mit den Propheten verwandt"[9] – dem Höhepunkt innerhalb der israelitischen Religionsgeschichte. Auf ihn folgt der Abfall, dessen Ablauf darzustellen sich erübrigt. Zwei Zitate sprechen für sich: "Je länger die geistliche

6 Der Untertitel von Spieckermanns Arbeit "Heilsgegenwart" lautet ähnlich wie der Haupttitel von Krausens Werk, nämlich "Eine Theologie der Psalmen". Das Wörtlein "Eine" läßt allerdings aufhorchen – und in der Tat: Spieckermann will nicht "die religiösen und theologischen Strukturen des Psalters in seiner Letztgestalt vollständig... erfassen"; es geht ihm vielmehr um den anspruchsvollen Versuch, "den theologischen Kern des Psalters ausfindig zu machen und Anlaß und Art der Angliederung anderer alttestamentlicher Traditionen herauszuarbeiten"(7).

7 Gunkel, Psalmen (Aufsatz) 46.

8 Gunkel, ebd.

9 Gunkel, a.a.O. 47.

Lyrik im Judentum bestanden hat, je mehr ist sie von Reflexion erfüllt worden"[10]. Und:

"Das letzte Bild, das uns die Psalmendichtung dann kurz vor ihrem Aussterben bietet, ist folgendes: große originelle Schöpfungen entstehen nicht mehr, die Gedichte bewegen sich immer mehr in den ausgefahrenen Gleisen, die Gattungen gehen immer mehr ineinander über, die Reflexion durchdringt alles. So geht es langsam zu Ende"[11].

Der Einzelne gegen die Gemeinde, Frömmigkeit gegen Theologie und Reflexion: Die Wertung könnte nicht deutlicher ausfallen. In der Kommentierung der Psalmen überwindet Gunkel seine Abneigung gegen das Lehrmäßige manchmal und liefert Auslegungen, die man ihm nach der Lektüre seines programmatischen Aufsatzes nicht zutraute, so etwa bei Ps 119 (vgl. dazu unsere Auslegung des Psalmes). Aufs Ganze gesehen gilt jedoch, daß er (wie auch Duhm) die jüngeren, von Reflexion geprägten Psalmen stark negativ beurteilt. Dieses Urteil wirkte bis in die jüngere Zeit nach: Eben diese Psalmen haben, von Ausnahmen abgesehen, in der Forschung eher wenig Beachtung gefunden. Einige unter ihnen werden wir zu rehabilitieren versuchen.

Ein dritter Punkt. Gunkel hat recht nachdrücklich auf die Psalmen in den ersten beiden Kanonteilen hingewiesen. So schreibt er etwa 1911:

"Den Verfassern der geschichtlichen Bücher des Alten Testamentes war die erfreuliche Wirkung wohlbekannt, die der Fluß schöner Verse macht, wenn er die nüchterne Prosa unterbricht. Daher haben sie es geliebt, an Stellen, die ihnen passend erschienen, den Helden ihrer Erzählungen Lieder in den Mund zu legen"[12].

Diese Psalmen (Ex 15; ISam 2; Jes 38; Jon 2; Tob 12; Jdt 16; Lk 1 u.a.m.) sind, obwohl nicht "echt", "für die Erforscher der Psalmen ein köstlicher Schatz, sind sie doch diesen aufs nächste verwandt und könnten ebensogut im Psalter stehen"[13]. Mit dieser Beurteilung liegt Gunkel falsch: Wie gezeigt, handelt es sich bei einigen der aufgeführten Texte nicht um gewöhnliche Psalmen, die so auch im Psalter stehen könnten; und üben sie auch eine erfreuliche Wirkung auf den Leser aus, so sind sie doch nicht allein deswegen in die Erzählungen eingefügt worden. Hier hat sich Gunkel von seinem ästhetischen Sinn in die Irre führen lassen. Ästhetische Gesichtspunkte bestimmen seine Auslegungen überhaupt stark. Man lese etwa nur einige Sätze aus dem Kommentar zu Ps 29:

---

10 Gunkel, a.a.O. 53.

11 Gunkel, a.a.O. 54.

12 Gunkel, a.a.O. 21.

13 Gunkel, ebd.

"Ein urgewaltiger Hymnus auf Jahve als den furchtbaren und erhabenen Donnergott... Von diesem erhaben=jauchzenden Eingang hebt sich das folgende Mittelstück des Psalms 3-9c... herrlich ab... Eine feierliche Eintönigkeit geht durch dies ganze Stück... Und immer gewaltiger schwillt das Lied an"[14]. Ähnliche Passagen ließen sich in großer Zahl anführen. Es erübrigt sich fast darauf hinzuweisen, daß solche begeisterten Urteile stärker alten als nachexilischen Psalmen gelten.

Auch diese Urteile Gunkels wirken nach, freilich weniger stark als seine Abneigung gegen Reflexion sowie der Nachdruck, den er auf die formgeschichtliche Einordnung der Psalmen legt. Die formgeschichtliche Methode wird niemand aufgeben wollen, schon deshalb nicht, weil sie für die theologische Auswertung der Psalmen indirekt reichen Gewinn abwirft. Zwei Beobachtungen mahnen jedoch zur Vorsicht: Die alttestamentlichen Psalmen, im Vergleich zu ihren altorientalischen Parallelen ohnehin Spätlinge, sind von Anfang an stärker von der Reflexion geprägt als diese, zudem so stark "zersagt" und "zerschrieben", daß formgeschichtliche Analyse ihnen nur teilweise gerecht wird. Die zweite Beobachtung weist in die gleiche Richtung: Kaum zwei alttestamentliche Psalmen sind genau gleich aufgebaut. Wirkte sich der Formzwang so stark aus wie manchmal behauptet, müßte es sich anders verhalten. Für den Kommentatoren bedeutet dies: Er muß jeden Psalm (auch) als Text mit eigenem theologischen Profil auslegen, wie Löhr es verlangt hat. Dies geschieht in letzter Zeit zunehmend – wie auch zunehmend die systematische Qualität junger Psalmen erkannt wird, von denen einige wahre theologische Meisterwerke sind, auch solche, die Gunkel als minderwertig abqualifiziert. Eine Auswahl davon werden wir weiter unten behandeln und – es sei ein Resultat vorweggenommen – dabei entdecken, daß sich auf einige von ihnen eine Theologie des Alten Testaments aufbauen ließe.

14 Gunkel, Psalmen (Kommentar) 122f.

b) Die Psalmen in den Theologien G. von Rads, Zimmerlis und Westermanns[1]

Diese drei Theologien bestimmen im deutschsprachigen Raum und darüber hinaus zusammen mit dem Krausschen Kommentar das Psalmenverständnis des Durchschnittstheologen und gehören zu den besten Vertretern ihrer Gattung aus neuerer Zeit; sie sind also in doppelter Hinsicht repräsentativ, und deshalb gehen wir im folgenden von ihnen aus.

Schon ein flüchtiger Blick auf die Werke der drei Alttestamentler zeigt, daß sie den Psalmen in ihren theologischen Entwürfen einen ähnlichen Platz zuweisen. Daß Zimmerli sich eng an G. von Rad anschließt, erstaunt kaum[2] – schon mehr, wie stark auch Westermann in den Fußstapfen des Altmeisters steht, von dem er sich theologisch recht stark unterscheidet. Als Erklärung dafür reicht der Hinweis darauf, daß die drei in der Psalmenexegese keine Außenseiterpositionen vertreten, nicht aus. Ihre Übereinstimmung hat vor allem allgemeintheologische Gründe, die mit dem Stichwort "Antwort" und den beiden Namen Barth und Bonhoeffer vorläufig nur angedeutet seien. G. von Rad, Zimmerli und Westermann widmen dem Psalter (neben zerstreuten Einzelbemerkungen) je ein ganzes Kapitel, das unter der Überschrift "Antwort"[3] steht.

Wie ordnen sie es in das Gesamte ihrer Theologie ein? Die kanonische Heilsgeschichte von Abraham bis Josua und die "Bestätigung Davids und seines Thrones" bilden nach G. von Rad in den alttestamentlichen Geschichtswerken "das theologisch Grundlegende", "die für Israel schlechthin konstituierenden Setzungen Jahwes" (366).

"Auf diese Heilstaten hin ist Israel nicht stumm geblieben;... es hat... Jahwe ganz persönlich angeredet, es hat ihn gepriesen, es hat ihn gefragt und ihm auch alle seine Leiden geklagt, denn Jahwe hat sich sein Volk nicht als stummes Objekt seines Geschichtswillens, sondern zum Gespräch erwählt. Diese *Antwort Israels*, die wir zu einem großen Teil dem

---

1 Aus diesen Werken wird nur unter Angabe der Seitenzahlen zitiert, und zwar sowohl im Hauptteil wie in den Anmerkungen (Die Zahlen bei G. von Rad beziehen sich auf den ersten Band seiner Theologie).

2 Er steht G. von Rad theologisch nahe (vgl. Zimmerli 8); sein Grundriß ist zudem ein Lehrbuch, für das er nicht unbedingt Originalität beansprucht.

3 Am stärksten bestimmt bei Westermann der Ausdruck "Antwort" die Darstellung (vgl. dazu unten). Wenn er ihr auch am meisten Beachtung schenkt, so setzt er doch besonders G. von Rads Verdienst in dieser Sache zu stark herab, wenn er schreibt: "Daß die Antwort des Menschen zu dem gehört, was das AT von Gott sagt, ist auch in der Theologie G. v. Rads... und W. Zimmerli[s]... berücksichtigt" (21 Anm. 12).

Psalter entnehmen, ist theologisch ein Gegenstand für sich. Sie zeigt uns, wie diese Taten auf Israel gewirkt haben... Sie zeigt uns aber auch, wie Israel in diesem Verkehr mit Jahwe sich selber offenbar wurde und in welchem Bild es sich sah, wenn es redend vor Jahwe trat. Wenn irgendwo, dann ist zu hoffen, daß hier die Grundzüge einer theologischen Anthropologie deutlich werden" (366f; Hervorhebung v. Vf.).

G. von Rad zeichnet den Übergang von Jahwes Heilshandeln an Israel zur Anthropologie etwas schwammig; darin liegt die Hauptschwäche seiner Konzeption.

Alttestamentliche Theologie kommt nach Zimmerli "von dem >Sich-selber-Sagen< Jahwes in seiner Geschichte her" (123). Er weist auf, daß

"at. Glaube seinen Gott nicht in einem jenseitigen An-Sich, sondern in seinem Zugehen auf Israel und die Welt kennt und das AT sich in seinen Aussagen über Gott als Buch der Anrede versteht. Dann aber wird es so sein, daß auch in der >Rückrede<, die Gott vom Angeredeten erwartet, wie in einem Spiegel der Redende erkennbar wird" (123).

Die Übereinstimmung Zimmerlis mit G. von Rad erstreckt sich über das Inhaltliche hinaus auch auf die Darstellung: Er hat sich beim Schreiben dieses Abschnittes nicht von den eingängigen, fast verführerischen Sätzen G. von Rads gelöst.

Obwohl er um einen originellen und stark systematischen Aufbau seiner Theologie bemüht ist, weicht Westermann im zur Diskussion stehenden Punkt nicht toto coelo von Zimmerli und von G. von Rad ab. Eine alttestamentliche Theologie hat nach ihm "zusammenzufassen und zusammenzusehen, was das Alte Testament als ganzes, in allen seinen Teilen von Gott sagt" (5). Ihre Struktur entspricht nicht bis in alle Einzelheiten hinein, aber überraschend stark der des dreigliedrigen Kanons: "Zur Bibel des Alten Testaments gehört... außer der Geschichte, die erzählt wird, das in diese Geschichte hinein ergehende Gotteswort und die Antwort im Rufen zu Gott" (6). Westermann macht sich G. von Rads Satz "Das Alte Testament erzählt eine Geschichte" zu eigen und setzt dementsprechend Gottes rettendes und segnendes Handeln an den Anfang (und in die Mitte) seiner Theologie[4]. Gleichzeitig weist er betont auf den

---

4 Allerdings unterschreibt er folgenden Satz G. von Rads nicht: "Die legitimste Form theologischen Redens vom Alten Testament ist... immer noch die Nacherzählung" (134f). Er hält dagegen: "Das wäre möglich, wenn das ganze Alte Testament in einer vom ersten bis zum letzten Kapitel fortlaufenden Geschichte bestünde. Das ist aber nicht der Fall" (5).

dritten Punkt hin, "Die Antwort des Menschen" (21) – nicht Israels![5]:

"Versteht man die Geschichte, die das Alte Testament erzählt, als ein Wechselgeschehen, dann wird die Antwort des Menschen zu einem der drei Hauptbestandteile des Alten Testaments und gehört zu allem, was im Alten Testament von Gott gesagt wird, von der Schöpfung an bis zur Apokalyptik. Bei allem, was Gott sagt und was Gott tut, ist zu fragen, wie der Mensch darauf reagiert, weil alles Handeln und alles Reden Gottes auf ein Reagieren des Menschen zielt" (21)[6].

Programme versprechen auch in der Theologie oft mehr, als ihre Verfasser bei der Durchführung einlösen. Wie steht es damit in den drei hier behandelten Theologien?

Nicht ganze sieben Seiten widmet Zimmerli in § 17 seines Grundrisses "...Lobpreis und Hilfeschrei" (129-136). Der Paragraph enthält wenige grundsätzliche Ausführungen zu den Psalmen, die sich nicht auch anderswo hätten unterbringen lassen. Auf einige sei kurz hingewiesen. "Das Rühmen Gottes macht auf Erden offenbar, wer dieser Gott ist" (129). Wie wichtig dieser erste Satz aus § 17 ist, macht seine negative Umformung deutlich: Ohne Lobpreis (die Psalmen) wüßte Israel nicht, wer Jahwe ist. Leider fällt die Explikation des zitierten Satzes änigmatisch aus.

Die Frage nach dem theologischen Spezifikum des Psalters kann man auch von der Frage her angehen, welche Inhalte für ihn typisch sind. Es gibt in ihm wohl kaum einen Bereich und kaum ein Thema, das nicht auch außerhalb seiner auftauchte. Recht viele haben in ihm aber ihre Heimat, ihren wichtigsten literarischen Sitz im Leben, so etwa der "klagende Mensch" und die "Gloria Dei". Zimmerli nennt einige weitere: die in einen weiten Horizont hineingestellten Aussagen über Schöpfung und Königtum Jahwes; "die Zuversicht, in Jahwe auch den Geber des Landes mit seiner Segnung zu sehen", "verrät hier im Bereich des Lobpreises den Ort ...[ihrer] primären Lebendigkeit" (135). Und er fährt fort:

---

5 Diese Formulierung hätte G. von Rad nicht verwenden können. Westermann berücksichtigt mit ihr, daß viele Psalmen allgemein menschliche Erfahrungen (und nicht solche des Volkes) festhalten (vgl. etwa seine Ausführungen 23f).

6 Westermann orientiert sich im Unterschied zu G. von Rad am "vielfältigen Handeln Gottes" (20) und nicht an der Heilsgeschichte allein. Allerdings legt er ihn etwas zu eng aus, wenn er schreibt: "G. v. Rad beschränkt die Antwort Israels in seiner Theologie auf den Lobpreis Israels; das entspricht einer einseitigen Auffassung von Heilsgeschichte" (22). G. von Rad handelt unter dieser Überschrift etwa auch die Klagepsalmen ab; es muß Westermann allerdings zugestanden werden, daß der Bezug zwischen ihnen und der Antwort Israels nicht deutlich hervortritt.

"Nicht in der gedanklichen Spekulation über Jahwe hat das Jahwevolk diese Einsichten formuliert, sondern im Lobpreis seines Gottes hat es den Namen seines Gottes in all das Rühmen der Götter, das ihm in seiner Umwelt entgegentrat, bekennend hineingerufen" (135).

Mit dieser Aussage steht Zimmerli wiederum nahe bei G. von Rad, der noch zugespitzter formuliert hat, bestimmte Erkenntnisse liessen sich angemessen nur in poetischer Gestalt ausdrücken[7].

Ein letzter Punkt: "Jahwes Hilfe auch an dem Einzelnen [ist] erst da zu ihrem Ziel gelangt, wo sie zur Rühmung Jahwes in der Gemeinde geführt hat" (134). Dieser Satz, auch bei G. von Rad zu finden, bildet Zimmerlis theologisch zentralste Aussage zu den Dankliedern des Einzelnen.

Man hat verschiedentlich behauptet, der Begriff "Antwort" spiele in G. von Rads Theologie die Rolle "eines Ausweichquartiers für Bereiche [Psalmen und Weisheit], die sich dem geschichtlichen Ansatz des Verfassers entziehen"[8]. Dieser Vorwurf ist zumindest teilweise berechtigt. Freilich springt zuerst etwas anderes in die Augen. Auch in Teil IID (Bd. 1) seiner Theologie setzt er mit der Behandlung geschichtlicher Texte ein, mit denen Israel Jahwes Taten im Gottesdienst gepriesen hat[9]. Nur beiläufig und kurz geht er dann auf die den Hymnen nahestehenden Danklieder des Einzelnen ein. Auch in ihnen lägen "Bekenntnisse zu Jahwe in reinster Form" vor (370). Sie "nehmen auf ein aktuelles Geschehen Bezug, nämlich auf eine Errettung, die im persönlichen Leben erfahren wurde... Demgemäß gehört auch zum Danklied immer in irgendeiner Form eine Erzählung von Geschehenem" (370). Auch: Dieses Wörtchen macht deutlich, wie G. von Rad alles, sogar die Errettung eines einzelnen Israeliten, von der Heilsgeschichte her interpretiert. Wie wenig er mit dem Individuum als Gegenstand der Theologie anfangen kann, zeigt die Fortsetzung seiner Ausführungen (zu Ps 66,13ff)[10]. Daß der Beter sein Bekenntnis vor allen Gottesfürchtigen ausspricht, interpretiert er wie folgt:

---

7 von Rad, Weisheit 71: "Es gab für Israel Erkenntnisse, die waren – seltsam für unsere Ohren! – überhaupt nur in der Form des Hymnus aussprechbar".

8 Diesem Zitat von Reventlow, Hauptprobleme 62, ließen sich viele vergleichbare an die Seite stellen.

9 Ex 15; Jdc 5; Ps 136 und andere Geschichtspsalmen (368). Nicht ganz klar ist uns, warum von Rad im Anschluß daran den Doxologien so viel Beachtung schenkt.

10 Daß G. von Rad unter den Dankliedern gerade dieses auswählt, dürfte auch mit seinen heilsgeschichtlichen Aussagen zusammenhängen.

"Es ist, als sei das Errettungserlebnis dem Einzelnen überhaupt nur widerfahren, daß er es der Gemeinde weitergibt, als gehörte es nicht ihm, sondern der Gemeinde" (370f).

G. von Rad interpretiert richtig, überzeichnet aber.

Im Abschnitt "Die Anfechtungen Israels" geht er nur beiläufig auf die Klage(Dank)psalmen ein – offensichtlich, weil sie heilsgeschichtlich unergiebig sind. Hingegen weist er auf Ps 88,11 hin (Wirst du an den Toten Wunder tun?) und kommentiert: "die Toten stehen außerhalb des Geschichtshandelns Jahwes" (401). Nicht nur auf die Psalmen beziehen sich die folgenden beiden Sätze:

"Man muß es sich klar machen, daß mit der Verselbständigung des Individuums vor Jahwe und mit seiner Frage nach seinem persönlichen Anteil an Jahwes Heil eines der letzten, aber vielleicht schwersten Probleme aufgebrochen war, das der Jahweglaube zu bewältigen hatte... Die Vorstellungen des älteren Jahweglaubens von den Heilsgütern (Land, Ruhe vor den Feinden, Segen der Erde, Vermehrung der Nachkommenschaft usw.) ließen sich doch nicht automatisch auf den Einzelnen übertragen" (408).

Auf die Lösung dieses Problems, die das Alte Testament nach G. von Rad enthält, ist hier nicht einzugehen; es dürfte sich auch nicht in der von ihm behaupteten Schärfe gestellt haben.

Ein letzter Punkt: Die Toten können Jahwe nicht mehr loben.

"Jahwe handelt... gegen seinen eigenen Vorteil, wenn er einen Bekenner seiner Ehre dem Tode überläßt. Damit sind wir auf einen der eigenartigsten Sätze der alttestamentlichen Anthropologie gestoßen: *Loben ist die dem Menschen eigentümlichste Form des Existierens.* Loben und nicht mehr Loben stehen einander gegenüber wie Leben und Tod" (381, Hervorhebung v.Vf.).

Leicht abgeändert (und ohne Bezug auf den Tod) trifft der hervorgehobene Satz auch für viele der in Teil I und II unserer Arbeit untersuchten Texte zu: Loben und Danken ist die dem Menschen, Israel angemessene Form des Existierens.

Die Kategorie "Antwort" bestimmt Westermanns Theologie durch und durch[11]. Auch im abschließenden Teil VI ("Das Alte Testament und Christus") ist ihm ein – etwas gezwungen, konstruiert anmutendes – Kapitel gewidmet: "III. Christus und die Antwort des Gottesvolkes" (199-203). Er durfte darauf nicht verzichten, da "alles Handeln und alles Re-

11 Vgl. das Inhaltsverzeichnis von Teil V: "A. Die Antwort im Reden. – B. Die Antwort im Handeln. – C. Die Antwort des Nachdenkens oder der Reflexion".

den Gottes auf ein Reagieren des Menschen zielt" (21). Insbesondere gilt jedoch:

"Die Psalmen sind der stärkste und deutlichste Ausdruck des dialogischen Gottesverhältnisses im Alten Testament; der Mensch vor Gott ist der antwortende Mensch. Darin ist die erstaunliche Lebendigkeit des Psalters begründet" (179).

(Vielleicht darf man hinzufügen: möglicherweise sogar seine Existenz als Buch). Was bei G. von Rad ein Ausweichsquartier war, hat Westermann zu einer Nobelunterkunft umgestaltet.

Stärker als Zimmerli und G. von Rad arbeitet Westermann theologische Spezifika des Psalters heraus. In die formgeschichtliche Diskussion hat er die theologisch folgenreiche Unterscheidung zwischen berichtendem und beschreibendem Lob eingeführt. Die beiden "Arten des Lobpsalms" unterscheiden sich voneinander darin, "daß die eine unmittelbare Reaktion auf eine bestimmte, einmalige Erfahrung der Rettung ist, die andere ein mehr distanziertes gottesdienstliches Loblied, das Gott lobt in allem, was er ist und was er tut" (139f) – unter anderem mit nominalen Aussagen[12]. Ein verbreitetes, vor allem mündlich weitergegebenes Vorurteil besagt, das Alte Testament rede vom Handeln und nicht vom Sein Gottes, deshalb seien für es verbale und nicht nominale Aussagen bezeichnend. Eine ausführliche Untersuchung dürfte ergeben, daß die Bedeutung nominaler und damit allgemeiner Aussagen in später Zeit zunimmt.

Westermann weist im beschreibenden Lobpsalm, der sich auch im Buche Hiob und bei Deuterojesaja findet, viele systematisierende Elemente nach. Zu ihnen gehört etwa die explikative, nicht additive Weise der Gottesprädikation:

"Eine Eigenart des beschreibenden Gotteslobes in Israel gegenüber den ägyptischen und babylonischen Götterhymnen liegt darin, daß es nicht lobende Prädikate Gottes aufreiht, sondern sich auf eine Grundaussage konzentriert, die in vielen Psalmen die Mitte des Gotteslobes bildet" (144).

In diesem Zusammenhang kann ein Punkt kaum überschätzt werden:

"Aus dem Gotteslob erfahren wir, daß Gottes Gottsein in die Polarität von Majestät und Güte gefaßt wird; wir erfahren, daß Gott in seiner Majestät sich in den beiden Bereichen der Natur und der Geschichte erweist, was ein enges Zusammengehören dieser beiden Bereiche voraussetzt" (146).

---

12 "Der Übergang vom berichtenden zum beschreibenden Gotteslob, kenntlich am Übergang zu nominalen Aussagen" (143).

Daß sich diese Strukturen außer im Psalter auch bei Hiob (und Deuterojesaja) nachweisen lassen, zeigt, "wie sehr das Gotteslob als Antwort in Israel *theologisch-systematisch* bestimmt ist" (146; Hervorhebung v.Vf.). Wie das vorletzte Zitat deutlich macht, gibt es Antwort auf zentrale Fragen alttestamentlicher Theologie; von daher kommt dem Psalter in ihr also zentrale Bedeutung zu.

Im Unterschied zu G. von Rad und Zimmerli geht Westermann explizit auf die "Antwort des Nachdenkens oder der Reflexion" ein: "Das an Gott gerichtete Wort geht in Nachdenken, in Reflexion über" (180), oft im Übergang von der Klage zum Gotteslob. Den Psalmen, die er anführt (Ps 34; 39; 40,5; 49; 90; 119; 139), ließen sich noch weitere beigesellen: Reflexion bestimmt den Psalter in noch stärkerem Maße, als Westermann ausführen kann. Leise Kritik meldet sich an einem andern Punkt: Den großen Geschichtswerken räumt er in diesem Kapitel nicht nur erheblich mehr Platz ein als den Psalmen – jene erhalten auch eine höhere Auszeichnung: "Theologie" und nicht "Andacht". So wertet auch Westermann den Psalter letztlich ab, er, der seine Bedeutung für die Theologie des Alten Testaments deutlicher herausgestellt hat als G. von Rad und Zimmerli.

G. von Rad hat das entscheidende Stichwort für die Einordnung der Psalmen in die alttestamentliche Theologie geliefert. Westermann hat sie mit seiner Hilfe am stärksten und überzeugendsten ausgewertet und, dies ein besonders wichtiges Teilergebnis, den systematischen Charakter des alttestamentlichen Gotteslobes herausgestellt. Dies sind die beiden zentralen Ergebnisse dieses Abschnittes – neben der Beobachtung, daß die Psalmen auch in den Theologien der drei relativ wenig Platz einnehmen.

Mit einer Frage können wir zum nächsten Abschnitt überleiten: Wird die Kategorie "Antwort" dem alttestamentlichen Tatbestand gerecht?

c) Antwort

G. von Rad hat dem Ausdruck "Antwort" in der alttestamentlichen Theologie recht eigentlich zu Popularität verholfen. Was seine inhaltliche Füllung betrifft, hat er sich allerdings nicht durchsetzen können. Westermann etwa weist dem Begriff eine denkbar weite Bedeutung zu. Er bestimmt ihn vom Akt des Antwortens und nicht vom Inhalt der Antwort her. Anders Zimmerli: Wir haben im letzten Abschnitt unterschlagen, daß er den Ausdruck "Antwort" vermeidet, wo er die Psalmen behandelt; in ihrem Zusammenhang gebraucht er nur den Terminus "Rückrede"[1],

1 Zimmerli, Theologie 123.

der nicht besonders schön ist. Warum?

Unter die “Rückrede” auf Jahwes Anrede fallen 1) der Gehorsam auf seine formulierten wie nichtformulierten Gebote, 2) “Lobpreis und Hilfeschrei” sowie 3) die Bewältigung des Alltags “in dankbar-gehorsamem Gebrauch der... [dem Menschen] als Jahwes Kreatur vom Schöpfer verliehenen Gaben”[2]. Nur im Zusammenhang mit 1) verwendet Zimmerli den Ausdruck Antwort, respektive die Verbindung “Die Antwort des Gehorsams”[3]. Dies tun auch viele andere Exegeten, bewußt oder unbewußt. In seiner Kommentierung von Hos 2,18-25 schreibt Wolff etwa:

“Jahwes neue Bundestaten stiften insofern wirkliche Verbundenheit, als sie *Israels Antwort* wecken... Israel lebt in der Ruhe zubereiteter Geborgenheit (20b). Seine Sache ist das Echo dankbaren Bekennens: Die Frau Israel ‚erkennt‘ (22b) die Gaben des neuen Ehebundes; sie bekennt sich zu Jahwe: ‚mein Mann‘ (18), ‚mein Gott‘ (25)... Für Hosea gehört zur Vollendung des Heilstages wirkliche Zwiesprache zwischen Israel und seinem Gott”[4].

Zitate dieser Währung ließen sich viele anfügen. Die Verwendung von “Antwort” als ethischer Kategorie legt sich besonders da nahe, wo betont wird, daß Gott Israel/den Menschen etwas gibt, bevor er etwas verlangt. Wo geschieht das nicht?

Es braucht deshalb nicht zu erstaunen, daß L’Hour “Antwort” zum Zentralbegriff seiner Untersuchung “Die Ethik der Bundestradition im Alten Testament” macht. “Jahwe ruft, Israel antwortet”[5], lautet eine der ersten Überschriften in seiner Untersuchung. Er führt in diesem einleitenden Abschnitt aus, daß die “Sittlichkeit Israels” im Bund(esverhälnis) “zwischen Gott und Mensch” wurzelt, in dem jener “Initiator und Lenker” ist: “Was Israel ist und was Israel tun soll, ergibt sich unmittelbar aus dem, was Gott für Israel ist und was er für Israel tut”[6]. Aus der Erwählung Israels und den Verheißungen Gottes allein lassen sich keine Verpflichtungen ableiten. “Erst durch die Tatsache, daß die bestehende Situation, nämlich die vorgegebene Abhängigkeit Israels von seinem Retter-Gott, in die Rechtssprache übertragen wird, wird Israel in seinem sitt-

2 Zimmerli, ebd.

3 Zimmerli, ebd.

4 Wolff, Hosea 68 (Hervorhebung von Wolff selber).

5 L’Hour, Ethik 15.

6 L’Hour, ebd.

lichen Verhalten angesprochen"[7]. Anders ausgedrückt: "Die Schaffung der Rechtsbeziehung des Bundes verpflichtet Israel auf ein Ethos der Antwort"[8]. L'Hour kann geradezu schreiben: "Das Ethos des Bundes ist ein Ethos der Antwort"; das heißt: Israel muß sich Gott unterwerfen, es ist gehalten, "Jahwes Herrschaft anzuerkennen"[9]. Seine Freiheit wird dadurch, wie L'Hour unter anderem anhand von Jos 24 zeigt, nicht beeinträchtigt: "Israels Antwort ist frei"[10], es kann zwischen Leben und Tod, Segen und Fluch wählen. Ein letzter Punkt: Die Antwort Israels vollzieht sich nicht ausschließlich auf sittlichem Gebiet: "Es ist... völlig natürlich, daß das Bekenntnis zur Suzeränität Jahwes seinen sichtbaren und öffentlichen Ausdruck innerhalb eines Kultes finden mußte. Der Kult wird sogar eine der gewöhnlichen Ausdrucksformen der Antwort Israels an seinen Herrn"[11]. Wir belassen es bei diesen Bemerkungen und weisen nur noch darauf hin, daß L'Hour die Bundesethik als "Ethik des Dialoges"[12] bezeichnet. Diese Bezeichnung legt sich nahe, wo Israels (immer neue) Antwort auf Gottes (immer neues) Handeln einen so zentralen Platz einnimmt.

L'Hour verwendet den Ausdruck "Antwort", ohne anzugeben, von woher er ihn übernommen hat. Das braucht nicht zu erstaunen: Wo Begriffe zur gängigen Münze werden, fragt man nicht mehr nach ihrer Herkunft. Eben dies soll hier geschehen.

Im Zusammenhang mit dem Gebot der Gottesliebe schreibt Karl Barth: "wir wenden uns zu der zweiten Frage: nach *unserem* Lieben, das als *Antwort* auf die Liebe Gottes zu uns zu verstehen sein möchte" (KD I/2 418; Hervorhebung von Barth). Eine solche Formulierung könnte man als zufällig bezeichnen, tauchte die Vokabel in seiner Kirchlichen Dogmatik nicht immer wieder auf. "Antwort" und das damit verwandte "Verantwortung" gehören zu den zentralen Begriffen in seiner Ethik (im weitesten Sinne verstanden). Dies soll anhand einiger Zitate aufgewiesen werden.

"So ist das menschliche Sein als Antwort, genauer gesagt: das Sein im Akt des Antwortens auf Gottes Wort, ein Sein, das in der Geschöpf-

---

7 L'Hour, a.a.O. 22.

8 L'Hour, a.a.O. 32.

9 L'Hour, ebd.

10 L'Hour, a.a.O. 47.

11 L'Hour, a.a.O. 24f.

12 L'Hour, a.a.O. 40.

sphäre und selber als geschöpfliches Sein jene Zuwendung und Rückkehr zu Gott hin vollzieht: zu eben dem Gott hin, von dem es, durch dessen Wort begründet, her ist. Es ist als Aufgerufensein durch Gottes Wort wie die Aufnahme dieser Gabe so auch die Durchführung dieser Aufgabe: Antwort zu sein, Vollzug dieser Zuwendung und Rückkehr zu Gott. Insofern ist es eben Verantwortung. Der Mensch ist und er ist Mensch, indem er diese Verantwortung ablegt, indem er sich selbst zur Antwort auf das Wort Gottes hergibt, sich selbst als dessen Beantwortung verhält, gestaltet, darstellt. Er ist und er ist Mensch, indem er diese Tat tut" (KD III/2 209).

Ein Aspekt dieser Antwort sei hervorgehoben: "Menschliches Sein... gibt Antwort, indem es das Wort Gottes als Wort hört, indem es sich das in ihm Gesagte gesagt sein läßt" (KD III/2 210). Welche Bedeutung der Antwort zukommt, weil sie dem Worte Gottes korrespondiert, braucht nicht eigens betont zu werden (vgl. weiter KD II/2 713).

Antwort und Verantwortung sind, so Barth, nicht allgemeinethische Kategorien:

"Der Begriff der Verantwortlichkeit kann, streng und eigentlich verstanden, nur ein Begriff der christlichen Ethik sein. Nur sie kennt ja ein wirkliches und eigentliches Gegenüber des Menschen. Nur sie schließt die Möglichkeit ganz aus, daß der Mensch im letzten Grunde vielleicht doch allein und also gar nicht in der Lage sein könnte, wirkliche und eigentliche Antwort zu geben" (KD II/2 714).

In seiner Tauflehre kommt der Begriff Antwort noch einmal zu zentraler Bedeutung[13].

Wir verzichten hier auf eine Barthexegese, da es nur um den Nachweis ging, welche Prominenz bei ihm der Ausdruck "Antwort" genießt. Sehe ich recht spielt er bei keinem andern protestantischen Systematiker von Gewicht eine so zentrale Rolle. Ich halte es nicht für ausgeschlossen, daß G. von Rad ihn von Barth übernommen hat. Direkten Anhaltspunkt für diese Vermutung habe ich allerdings keinen gefunden. Nur: Könnte G. von Rad nicht unbewußt von Barth beeinflußt sein[14]?

"Nun gibt es in der Heiligen Schrift ein Buch, das sich von allen anderen Büchern der Bibel dadurch unterscheidet, daß es nur Gebete enthält. Das sind die Psalmen. Es ist zunächst etwas sehr Verwunderliches, daß es in der Bibel ein Gebetbuch gibt. Die Heilige Schrift ist doch Got-

---

13 Vgl. dazu das Begriffsregister unter "Antwort des Menschen auf Gottes Wort" in KD IV/4 242.

14 Im Unterschied zu G. von Rad weiß Zimmerli um die Herkunft des Ausdrucks. Er führt in Theologie 129 den Aufsatz von Chr. Barth (Die Antwort Israels) auf, in dem dieser auf seine Verwendung bei K. Barth eingeht.

tes Wort an uns. Gebete aber sind Menschenworte. Wie kommen sie daher in die Bibel? Wir dürfen uns nicht irremachen lassen: die Bibel ist Gottes Wort, auch in den Psalmen. So sind also die Gebete zu Gott – Gottes eigenes Wort? Das scheint uns schwer verständlich. Wir begreifen es nur, wenn wir daran denken, daß wir das rechte Beten allein von Jesus Christus lernen können, daß es also das Wort des Sohnes Gottes, der mit uns Menschen lebt, an Gott den Vater ist, der in der Ewigkeit lebt". In Christi "Munde wird das Menschenwort zum Gotteswort, und wenn wir sein Gebet mitbeten, wird wiederum das Gotteswort zum Menschenwort"[15].

Auf den ersten Blick haben diese Ausführungen Bonhoeffers mit dem hier behandelten Thema nichts zu tun. Und doch gibt es einen gemeinsamen Nenner zwischen G. von Rad und Bonhoeffer: Beide unterscheiden zwischen dem, was Gott tut/sagt, und dem, was der Mensch sagt (auch wenn Bonhoeffer den Unterschied zwischen Gottes- und Menschenwort wieder ein Stück weit aufhebt). Beide weisen innerhalb des Alten Testaments dem Psalter einen speziellen Platz zu. Der gemeinsame Nenner ist zwar klein – mathematisch ausgedrückt: der kleinste gemeinsame Nenner –, aber doch vorhanden.

Taugt die Kategorie "Antwort" zur Umschreibung dessen, was den Psalter vom Rest des Alten Testaments unterscheidet? Die Antwort auf diese Frage muß zuerst in diesem selbst gesucht werden. Sie fällt negativ aus: Wo die Wurzel *ᶜnh* I in theologischem Zusammenhang verwendet wird, umschreibt sie die "Bereitschaftserklärung des Volkes", näherhin seine "gemeinsame, verbindliche Entscheidung und Selbstverpflichtung auf ein konkretes, von Gott her gebotenes Tun"[16] – und das heißt nur den Gehorsam und nicht den Ungehorsam. Vom alttestamentlichen Sprachgebrauch her geurteilt verwenden L'Hour und Zimmerli den Begriff also prinzipiell richtig, nicht jedoch G. von Rad.

Fast scheint es, als würde auf den Begriff "Antwort" im Zusammenhang mit den Psalmen besser verzichtet. Und doch möchten wir ihn beibehalten, ihm aber einen etwas anderen Inhalt geben als G. von Rad, auch wenn wir ihn teilweise auf die gleichen Texte beziehen wie er. Ex 15; ISam 2; IISam 22f; Jes 12, die Amosdoxologien und die hymnischen Einsprengsel im Buche Daniel enthalten die (einmalige) Antwort von Menschen/Israel auf ein einmaliges, bestimmtes Handeln Gottes – eine Antwort, welche dieses Handeln theologisch interpretiert und in größere Zusammenhänge stellt und damit notwendigerweise theologischer,

15 Bonhoeffer, Gebetbuch 545f.

16 Barth, Antwort 56.

systematischer als die Berichte von diesem Handeln selbst ist.

Stark vereinfacht darf man Theologie als Nachdenken des göttlichen Wortes bezeichnen. Sie ist ein durchaus menschliches Unterfangen, eine unangemessene und immer zu korrigierende menschliche Antwort auf Gottes Handeln und Reden, wie es in der Heiligen Schrift bezeugt ist. Die oben aufgeführten Texte enthalten ebenfalls eine menschliche Antwort auf Gottes Handeln und Reden, eine Antwort allerdings, die von Gott als angemessen angenommen worden ist – mit Bonhoeffer gesprochen: menschliches Wort, das als göttliches beglaubigt wird. Was die Theologie und die genannten alttestamentlichen Texte miteinander verbindet, ist also der *Abstand* zu Gottes Handeln und Reden und ihr stark reflektierender, interpretierender Charakter.

Einigen der oben aufgeführten alttestamentlichen Texte kommt im Zusammenhang mit dem Prozeß der Kanonisierung eine zentrale Rolle zu. Wie Theologie bedeutet Kanonisierung Abstand, und dieser Abstand wird eben dadurch hergestellt, daß Menschen (Israel) reden. Die Kanonisierung ist die Voraussetzung für die Theologie und vollzieht sich ähnlich wie diese, nämlich als Antwort auf Gottes Handeln und Reden. Eine Theologie des Alten Testaments, die ihren Ausgangspunkt bei diesen Texten nähme, führte also auf einer andern Ebene nur fort, was im Alten Testament angebahnt ist, stünde diesem also nahe.

“Antwort” bildet also durchaus eine zentrale Kategorie der alttestamentlichen Theologie.

2. Zusammenfassung

a) Einleitung

Viele Psalmen zeichnen sich durch einen ungewohnten Reichtum an Inhalten und Formen aus. Nun gehört zu einer Gattung nach der klassisch gewordenen Definition Gunkels ein "gemeinsame[r] Schatz von Gedanken und Stimmungen"[1]. Wo dieser zu groß ist, liegen, wenigstens in der Interpretation der klassischen formgeschichtlichen Schule, Auflösungserscheinungen vor; es entstehen Mischgattungen. Mit ihnen hat sich ihr Begründer Gunkel intensiver auseinandergesetzt als viele seiner Nachfolger als Psalmenausleger; wer etwa in der Einleitung des Krausschen Kommentars nach einschlägigen Ausführungen sucht, wird enttäuscht. Abgehandelt werden sie heute eher in Einzeluntersuchungen und unter dem Stichwort "Anthologie"[2]. Als Grund für die Entstehung von Mischgattungen ist nach Gunkel

> "neben dem Eindringen der Reflexion vor allem die Lösung der Gattungen von ihrer ursprünglichen konkreten Situation zu nennen, mit anderen Worten die Wendung von der kultgebundenen zur kultfreien, geistlichen Dichtung... Sobald aber die Lösung der Gattung vom Boden des Kultus vollzogen ist, kann zwar die Macht des geprägten Stiles im Verein mit der lebendigen Vergegenwärtigung der Feier, von der sie ausgegangen ist, noch eine Zeit lang die Einheit der Gattung erhalten. Allmählich aber wird sie verfallen und sich damit Formen und Stoffen öffnen, deren Einmischung in der Zeit des strengen Stiles unmöglich gewesen wäre. Die Verbindung verschiedener Bestandteile verschiedener Gattungen bestimmt in diesem Falle nicht mehr ein fester, konkreter Anlaß, sondern Assoziationen, die den einzelnen Psalmendichter leiten"[3].

Bedenken an Gunkels Modell melden sich vor allem dort, wo er die Geschichte dieses Auflösungsprozesses genau meint nachzeichnen zu können. Auch sind bestimmte "Zersetzungserscheinungen", für die er noch den assoziativ denkenden Psalmdichter verantwortlich machte, vielleicht auch Redaktoren zuzuschreiben[4].

---

1 Gunkel-Begrich, Einleitung 22.

2 Vgl. dazu unsere Auslegung von Ps 119.

3 Gunkel-Begrich, Einleitung 398.

4 Die Psalmen werden in jüngerer Zeit wieder vermehrt auf ihre literarische (Un-) Einheitlichkeit hin untersucht, so etwa von Seybold, Wallfahrtspsalmen, und Spieckermann, Heilsgegenwart. Was fehlt, ist eine Untersuchung aller 150 Einzelpsalmen von der literarkritischen und redaktionsgeschichtlichen Fragestellung her. Ihr theologisches Interesse dürfte außer Frage stehen!

Neben Gunkel hat sich auch sein Antipode in der Psalmenauslegung, Mowinckel, ausführlich zum hier verhandelten Phänomen geäußert – unter den Stichworten "mixed style" und "learned psalmography". Zu ersterem:

"This mixed style is not in itself any evidence of a later origin and a lack of sensitiveness to the laws of art, a poetical decline, or even an absence of any conscious plan on the part of the poet". "On the contrary, rather, the unmixed species of composition are a product of literary and cultic development"[5].

Die Mischung verschiedener Elemente erklärt Mowinckel unter anderem psychologisch und durch den Hinweis darauf, daß sich relativ komplizierte kultische Akte in einem entsprechend komplizierten Aufbau der zugehörigen Texte niederschlagen. Allerdings:

"It cannot be denied that in the youngest psalmography we sometimes come across a mixing of the formative elements, which must be characterized as a disintegration of the old species of style, a failing of sensibility as to the original connexion between the cultic situation and the true purpose of the psalm on the one hand, and as to form and leitmotivs on the other. The effects of this disintegration is precisely that elements of form and thought from a species of style originally alien to the cultic situation and kind of psalm in question will be mixed up with it and sometimes get the upper hand"[6].

Keine neue Stilschöpfung, sondern oft nur fehlendes liturgisches Gespür, Mangel an Geschmack: So lautet Mowinckels Kommentar. Mit diesen Ausführungen rettet er sicher mehr Psalmen für den Kult, als dort tatsächlich beheimatet waren. Zu einer richtiggehenden Auflösung der Formen kommt es nach ihm erst in nachalttestamentlicher Zeit, besonders ausgeprägt sei sie in den Psalmen Salomos[7].

Große Verdienste hat sich Mowinckel um die Beschreibung der "Learned psalmography"[8] erworben; der treffende Begriff allein verdient Beachtung[9]. Holen wir etwas aus. Zwischen den einzelnen Klassen der israelitischen Intelligenz sollte nach Mowinckel nicht scharf unterschieden werden. Das Tempelpersonal umfaßte unter anderem Schreiber, die eng mit Sängern und Dichtern verbunden waren. Da diesen Schreibern

5 Mowinckel, Psalms II 74.

6 Mowinckel, a.a.O. 77.

7 Vgl. dazu Mowinckel, a.a.O. 118-120.

8 Vgl. dazu Mowinckel, a.a.O. 104ff.

9 Vgl. zum damit verwandten Begriff der "Unterweisung" die von andern Beobachtungen ausgehenden kurzen Bemerkungen von Stolz, Psalmen 26ff.

bei der Tradition überkommener Werke, unter anderem von Psalmen, eine entscheidende Rolle zukam, konnte es nicht ausbleiben, daß viele unter ihnen formal wie inhaltlich weisheitliche Prägung verraten. Der Einfluß dieser Schreiberklasse wuchs im gleichen Maße, wie Gesetz und Schrift an Bedeutung gewannen. Besonderen Nachdruck legt Mowinckel darauf, daß auch "learned psalmography" Gebet bleibt:

"And in proportion as the law and the scriptures became the standard and source of religious life in Judaism, piety was to a certain degree detached from the temple cultus, and found a great part of its nourishment in the synagogue and in the lecture-room (the school) of the learned men. And like the prophets of old, the learned rabbis were considered to be men of prayer"[10].

Zum Entstehen dieser nichtkultischen Psalmographie trugen auch bekannte (Jeremia, Deuterojesaja) und anonyme Propheten bei. Gerade die jüngsten unter ihnen, mehr Sammler als Propheten in der klassischen Bedeutung des Ausdrucks, "not infrequently burst out into the jubilant hymn to be sung by the saved, when the great 'turning of destiny' has taken place; or they sing it already on their own"[11] . So entstand unter den gelehrten und inspirierten Sammlern der heiligen Überlieferungen eine vom Kult gelöste Psalmographie:

"they started to think it a pious work, acceptable to God, to compose a psalm, especially if a person had been delivered from disaster or danger, and perhaps also to recite it among the circle of disciples; then the latter, too, would learn at the same time something of this pious art ('wisdom')"[12].

Kein Wunder, daß diese Männer vielen biblischen Gestalten Psalmen in den Mund legten: Hanna und dem König Hiskia, dem Propheten Jona, Esra, Esther, Daniel, Manasse, Tobit und Judith. Die Verfasser dieser Kunstpsalmen versuchten sich an den klassischen Vorbildern zu orientieren. Nur:

"As people no longer composed for a definite cultic occasion, the preservation of the specific types of composition was no longer safeguarded by their 'place in life', as it used to be, and the different modes and motives become mixed. We may therefore speak of a disintegration of the style"[13].

---

10 Mowinckel, Psalms II 108.

11 Mowinckel, a.a.O. 109.

12 Mowinckel, ebd.

13 Mowinckel, a.a.O. 111.

Mowinckels Ausführungen zur "learned psalmography" sind bis heute grundsätzlich nicht überholt; sein Urteil "disintegration of the style" teilen wir in vielen Fällen allerdings nicht (vgl. dazu die Auslegung der einschlägigen Psalmen) und glauben auch, daß er wie Gunkel diesen "Auflösungsprozeß" etwas zu genau kennt.

Im Unterschied zu Gunkel rechnet Mowinckel nur mit einer kleinen Zahl außerkultischer Psalmen, nämlich: Ps 1; 19B; 34; 37; 49; 78; 105; 106; 111; 112; 127[14]. Diese Liste würde man heute stark erweitern.

b) Auslegung ausgewählter Psalmen

α) Psalm 33

Der Psalm enthält zweiundzwanzig (ausnahmslos zweistichige) "Verse", weshalb er seit Bickell als "alphabetisierendes Lied"[1] bezeichnet wird. Die Zahl 22 dürfte – gerade bei einem formal und inhaltlich so reichhaltigen Spätprodukt – tatsächlich nicht zufällig sein. Sie zwingt den Exegeten zu einem Werturteil. Entweder bereitete es dem Verfasser des Psalmes keine Schwierigkeiten, das, was er sagen wollte, auf zweiundzwanzig Verse zu verteilen. Schriftstellerte er hingegen nur mittelmäßig oder gar schlecht, mußte er (nachträglich) an irgendeiner Stelle des Psalmes einen Vers einfügen oder weglassen, jedenfalls unglückliche Verrenkungen vornehmen, um die Zahl zweiundzwanzig zu erreichen. Welche Möglichkeit mehr Wahrscheinlichkeit für sich hat, kann erst am Schluß dieses Abschnittes gesagt werden. Der erste Eindruck stimmt eher mißtrauisch: Die Randspalten der Jerusalemer Bibel wimmeln nur so von Parallelstellen zu den einzelnen Versen, und auf noch mehr weist Deißler[2] hin, der den anthologischen Charakter des Psalmes herausgearbeitet hat. Neben den drei fast wörtlichen Übereinstimmungen mit andern Psalmen[3] fällt die Übernahme im Alten Testament wichtiger Texte und Themen auf: Die V. 6-9 paraphrasieren den priesterschriftlichen Schöpfungsbericht und legen ihn aus. Daß ein mächtiges Heer und Rosse nur eine trügerische Hilfe sind (V. 17), ist ein beliebter alttestamentlicher Topos[4]. Wenn der Psalmist von Recht und Gerechtigkeit, Gnade und Treue spricht (V. 4f), greift er Themen auf, die im Psalter besonders stark verankert

---

14 Mowinckel, ebd.

1 Bickell, Carmina 21.

2 Deißler, Charakter passim.

3 V. 5: Ps 119,64; V. 12: Ps 144,15; V. 20: Ps 115,9-11.

4 Vgl. etwa Hos 1,7; Ps 20,8; 147,10; Prov 21,31.

sind. Die Hauptprobleme, vor die Ps 33 stellt, sind nach diesen einleitenden Bemerkungen klar: Welchen Aufbau weist er auf, wie hängen seine einzelnen Teile miteinander zusammen – wenn sie das denn tun –? Enthält der Psalm überhaupt einen inhaltlichen Schwerpunkt?

Während Gunkel meint, "daß die Anordnung der Gedanken nicht besonders straff ist"[5], kann Kraus bestimmt schreiben: "Thematisch ist der Hauptteil des Lobliedes klar gegliedert"[6]. Die Wahrheit dürfte in der Mitte liegen. Einige Verse und Abschnitte sind miteinander durch Stichworte, das heißt assoziativ verbunden, an andern Stellen liegt deutlich ein Neueinsatz vor. Die V. 4-9 etwa kann man unter der Überschrift "Wort Gottes"[7] zusammenfassen. Die V. 6-9 entfalten allerdings ein eigenes Thema: das der Schöpfung (Der Anschluß an die beiden vorangehenden Verse ist durch das Stichwort *dbr* gegeben). Die V. 4f enthalten eine Aufzählung der wichtigsten Proprietates Jahwes (am ehesten mit dem schon oft bemühten Dtn 32,4 zu vergleichen): Sein *Wort* ist wahrhaftig, und sein *Handeln* voller Treue. Er liebt *Gerechtigkeit* und *Recht*, und die Erde ist seiner *Gnade* voll. Die Vermutung, der Psalmdichter bemühe sich um Vollständigkeit, wolle möglichst allgemein und umfassend reden, läßt sich nicht zur Gewißheit erheben, hat jedoch in der Verwendung der beiden Wortpaare einen starken Anhalt.

In den V. 6-9[8] bietet der Psalmist eine Paraphrase und Auslegung von Gen 1 zugleich. Die beiden Akzente, die er setzt, scheinen sich auf den ersten Blick zu widersprechen. In V. 7 führt er ein mythologisches Element ein, das Gen 1 fehlt:

> Er faßt wie im Schlauche die Wasser des Meeres,
> er legt in Kammern die Urfluten.

V. 9 dagegen streicht im Verbund mit V. 6 heraus, daß Jahwe durch sein *Wort* schafft[9]:

> Denn er, er sprach, und es geschah (*kj hwᵓ ᵓmr wjhj*);

---

5 Gunkel, Psalmen 139.

6 Kraus, Psalmen 409. – Den systematischsten Aufbau macht Jacquet, Psaumes* 694f in Ps 33 aus (auch dank Umstellung von Versen).

7 Schmidt, Psalmen 62.

8 Die grundlegende Arbeit zur "Schöpfung durch das Wort" bildet immer noch Koch, Wort.

9 Im Anschluß an Gen 1,3.6; vgl. weiter Ps 148,5; Jdt 16,14. Unter diesen Stellen wirkt Ps 33,9 durch die Wiederholung am wuchtigsten.

er gebot, und es stand da (*hwʾ-ṣwh wjᶜmd*).

Diese Worttheologie und der Rest des Abschnittes, unter anderem die mythologischen Elemente in V. 7, passen entgegen dem ersten Eindruck gut zusammen. Wenn Kraus im Anschluß an Gunkel festhält:

“Die Bilder, von mythischen Begriffen durchsetzt, veranschaulichen die souveräne Art und Weise, in der Jahwe die chaotischen Urmächte (*thwmwt*) überwindet”[10],

hat er ihre Funktion, ihre zentrale theologische Aussage richtig erfaßt. Die Souveränität Jahwes bildet den heimlichen Skopus des ganzen Abschnittes, insbesondere von V. 9: Er gebot, und es stand da. Mythologisches, Bildhaftes und Abstraktes finden sich Seite an Seite; les extrêmes se touchent. Vom Skopus des Abschnittes her braucht es nicht zu verwundern, daß die ganze Erde und alle Bewohner des Erdkreises dazu aufgefordert werden, vor Jahwe zu erschauern (V. 8): Vor einem so mächtigen Gott muß man sich fürchten.

Der folgende Abschnitt umfaßt die V. 10-12:

> Der Herr vereitelt den Ratschlag der Nationen (*ᶜṣt-gwjm*)
> und macht zunichte die Pläne der Völker (*mḥšbwt ᶜmjm*).
> Der Ratschluß des Herrn (*ᶜṣt jhwh*) bleibt ewig bestehen,
> seines Herzens Gedanken (*mḥšbwt lbw*) für und für.
> Heil dem Volke (*hgwj*), dessen Gott der Herr ist,
> der Nation (*hᶜm*), die er sich zu eigen erwählt hat.

Die Verse führen ein neues Thema ein und schließen zugleich gut an den vorangehenden Abschnitt an: Dort ging es um das souveräne Wirken in der Schöpfung, hier bildet sein überlegenes Handeln in der Geschichte das Thema. V. 9 und 11 berühren sich von der Formulierung her: *hwʾ-ṣwh wjᶜmd* – *ᶜṣt jhwh lᶜwlm tᶜmd*. Diese – wenn auch lockere Berührung verdankt sich nicht dem Zufall: Zu stark arbeitet der Psalmverfasser auch sonst mit Stichwortverbindungen und Assoziationen. In den V. 10-12 geht er darin besonders weit. So verwendet er zum Beispiel in V. 12 nebeneinander die beiden Nomen *gwj* und *ᶜm*, um eine exakte Parallele zu V. 10 herzustellen; die inhaltlich damit eng verwandte Stelle Ps 144,15, möglicherweise Vorlage jenes Verses, bietet zweimal *ᶜm*.

---

10 Kraus, Psalmen 411 (tr.).

Einige Bemerkungen zum Inhalt der Verse, die inhaltliche Berührungen mit dem Deuteronomium, Deuterojesaja und der Weisheitstheologie aufweisen[11]: Die V. 10f kombinieren die Vorstellung vom Eingreifen Gottes gegen die Völker mit dem beliebten weisheitlichen Topos, wonach sich die ^{c}*ṣt jhwh* gegen alle menschlichen Pläne durchsetzt und die Oberhand behält. Was die Völker an Bösem im Schilde führen, vernehmen wir nicht. Es wird vorausgesetzt, daß sie solches tun. Der Leser wird also indirekt aufgefordert, zu assoziieren, sich in Erinnerung zu rufen, was andere "Bibelstellen" über sie berichten. Der Psalmist bietet die Völker, hier eine fast mythische Größe, auf, damit er Gottes Überlegenheit noch einmal deutlich machen kann – wie auch das Glück, nicht eines der Völker, sondern Volk Jahwes zu sein, das er sich zum Eigentum erwählt hat. Die V. 10-12 enthalten eine einseitige Zusammenfassung und Deutung von Jahwes Geschichtshandeln – in weisheitlichem Gewand. Im Alten Testament ist die (Heils)Geschichte so deutlich kaum mehr in die Weisheit eingeholt worden.

Zum nächsten Abschnitt (V. 13-15):

> Vom Himmel herab schaut der Herr,
> sieht alle die Menschenkinder.
> Von der Stätte, da er thront, blickt er
> auf alle, die auf Erden wohnen,
> er, der aller Herzen gebildet,
> der achthat auf all ihre Werke.

Die Zäsur zwischen V. 12 und 13 ist die stärkste im ganzen Psalm. Ein neues Thema wird eingeführt, das des menschlichen Handelns (und der göttlichen Antwort darauf); das vorangehende, Jahwes Souveränität, schwingt allerdings immer noch mit. Worauf die Verse zielen, ist nicht ganz deutlich. Mit Hilfe von Parallelstellen kann man eher erraten als genau bestimmen, was sie aussagen. Gott kontrolliert von seinem erhabenen Wohnsitz aus das Handeln der Menschen, er kennt es. Daß er jedem nach seinem Wandel vergilt, schimmert zwischen den Zeilen durch, wird aber nicht ausdrücklich gesagt[12].

Klar ist dagegen die Aussage der V. 16-19: Wer sich selber retten will, auf ein großes Heer, Rosse und die eigene Stärke baut, täuscht sich: Hilfe kommt allein vom Herrn; ihn gilt es zu fürchten; sein Auge ruht auf

---

11 Zentrale Stellen in Auswahl: Dtn 7,6; Jes 40,8; 46,10; Prov 19,21.

12 Vielleicht spielen die V. 13f implizit auf das göttliche Gericht an (vgl. etwa Jer 16,17; Ps 11,4; 14,2; Prov 15,3). Explizit findet es aber weder in diesen noch in den folgenden Versen Erwähnung.

denen, die seiner Gnade harren, alles von ihm erwarten[13]. Die theologische Aussage, die hinter dem Topos von V. 16f steckt, entspricht dem, was der Psalmist sagen will, so gut, daß er ihn fast übernehmen muß – und wohl auch gerne übernimmt, ist er doch verbreitet, anschaulich und eingängig.

Die V. 4-19 bilden eher einen Traktat zu verschiedenen theologischen Themen als einen Psalm. Zu einem solchen machen ihn die sechs Eingangs- und Schlußverse (V. 1-3.20-22), in denen die Gläubigen angesprochen werden und sich direkt an Jahwe wenden. Wie andere alttestamentliche "Dogmatiker" legt auch der Verfasser von Ps 33 Wert darauf, seine Dichtung als "gewöhnlichen" Psalm hinzustellen. Anders gewendet: Er ist der Überzeugung, einen solchen Psalm verfaßt zu haben, obwohl er einen theologischen Traktat in seine Feder fließen ließ. In ihm handelt er der Reihe nach alle wesentlichen Themen alttestamentlicher Theologie ab: Wesen Gottes – Schöpfung – (Heils)Geschichte – Anthropologie (vgl. Neh 9). Die Schwierigkeiten, die es bereitet, der Anthropologie in der alttestamentlichen Theologie den ihr angemessenen Platz zuzuweisen, kommt indirekt schon in Ps 33 zum Ausdruck: Während es seinem Verfasser gelingt, die ersten drei Bereiche durch Leitworte und Assoziationen mehr oder weniger eng miteinander zu verbinden, stehen die V. 13-19 nicht in enger Beziehung zu dem, was vorangeht. G. von Rad ist oft vorgeworfen worden, er habe die Psalmen (und die Weisheitstexte) nicht organisch in seine Theologie eingebaut. Ps 33 macht deutlich, wie schwer das schon den Verfassern alttestamentlicher Texte fallen konnte.

Neben der Tatsache, daß der Verfasser von Ps 33 eine alttestamentliche "Theologie" in nuce verfaßt, verdient auch Beachtung, wie er das tut. Jeden der vier Bereiche handelt er exemplarisch ab – durch die Aufnahme klassischer Texte und theologischer Schlüsselbegriffe. Verarbeitet hat der Verfasser von Ps 33 das übernommene Material ebenso originell, theologisch pfiffig wie der von Neh 9. Die alttestamentlichen Autoren wollten keine systematische Theologie schreiben. Deshalb soll dem Psalmisten auch kein Strick daraus gedreht werden, daß er die einzelnen Themenbereiche nicht noch enger miteinander verbunden und ihren inneren Zusammenhang nicht noch deutlicher herausgestellt hat. Oder wurden Leitworte und versteckte Anspielungen etwa als dafür ge-

---

13 Vgl. dazu Deißler, Charakter 230f. Zu Unrecht führt er Ex 15,1.21 als Parallele an; an den beiden Stellen kommt je ein anderes Thema zur Sprache. Die Lehre von V. 16f ist die des Hannaliedes.

nügend betrachtet? Daß wir im Zusammenhang mit Ps 33 diese beiden Begriffe verwenden können, macht auch deutlich: Ps 33 enthält ein spielerisches Element[14].

Eine fast überflüssige Bemerkung zum Abschluß: Es hat dem Verfasser von Ps 33 kaum Mühe bereitet, auf zweiundzwanzig "Zeilen" zu kommen; er hat seine Meisterschaft an schwierigeren Problemen unter Beweis gestellt.

β) Der Doppelpsalm 111/112

Zwei Erscheinungen finden in der neueren Exegese starke Beachtung: die redaktionelle Überarbeitung der Psalmen und ihre redaktionelle Verknüpfung miteinander. Hier ist eine zweite gelehrte Psalmentheologie zu entdecken, die wir aus Platzgründen nur am Beispiel von Ps 111/112 darstellen.

Ps 111 ist inhaltlich reichhaltig, Ps 112 dagegen entfaltet nur ein Thema: Tun und Ergehen des Gottesfürchtigen, dem im V. 10 der *rš*ᶜ gegenübergestellt wird[15]. Wir tragen zuerst einige allgemeine Bemerkungen zusammen. Ps 111 rekapituliert ein Stück weit die kanonische Heilsgeschichte, allerdings nicht in deren klassischer Terminologie. Wie stark der Psalm heilsgeschichtlich ausgerichtet ist, macht die *ṭ*-Zeile (V. 5a) deutlich: Als erstes Wort erwartet man am ehesten *ṭwb*[16] – und findet einen versteckten Hinweis auf das Manna: *ṭrp ntn ljr*ᵓ*jw*[17]. Den zweiten inhaltlichen Schwerpunkt bildet in Ps 111 das Gesetz; ihm kommt allerdings nicht gleichviel Bedeutung zu wie der Geschichte. Der Psalm enthält massiert theologische Begriffe und Aussagen; kaum ein anderer längerer Text des Alten Testaments weist ein dichteres theologisches Vokabular auf. Allein deshalb zu meinen, er sei bedeutend, verbietet

---

14 Ein anderer Ausdruck dafür wäre "Reflexion".

15 Da in dieser Arbeit zwei "Gesetzespsalmen" behandelt werden, treten wir auf den *rš*ᶜ nicht näher ein.

16 Das Adjektiv *ṭwb* bildet das am meisten verwendete erste Wort in den *ṭ*- Zeilen/Strophen von Akrosticha: Ps 37,16; 112,5; 119,65.68.71.72; 145,9; Thr 3,25. 26.27; 4,9.

17 Der Satz ist wohl schon deshalb auf die Speisung des Volkes in der Wüste zu beziehen, weil V. 6 deutlich von der Landgabe spricht. Allerdings nicht nur darauf: Diese Speisung dürfte sich bis in die Gegenwart erstrecken; *ljr*ᵓ*jw* verunmöglicht eine rein vergangenheitliche Auslegung des Verses.

sich ebenso wie ihn seiner Form wegen von vornherein abzuwerten[18].

Hier sei noch kurz auf zwei interessante Einzelheiten hingewiesen, die sich nicht anderswo unterbringen lassen:

– Der Verfasser von Ps 111 kann sich aus formalen Gründen (Metrum, Akrostichon) nicht eng an bereits vorliegende Psalmen oder andere alttestamentliche Texte anlehnen. Deshalb verdienen die wörtlichen oder fast wörtlichen Zitate besondere Beachtung[19]; sie erweisen den Psalmisten als Ausleger und Weiterführer der Tradition.
– Besitzt *ṣwh* in V. 9 nicht eine vom normalen Wortgebrauch abweichende Bedeutung[20], meint *brjt* einmal den Israel geschenkten (V. 5), einmal den ihm auferlegten Bund (V. 9: *ṣwh-lᶜwlm brjtw*).

Die bisher zusammengetragenen Beobachtungen erlauben das Urteil: ein beachtenswerter Psalm. Er ist mehr als das, ja geradezu aufregend, liest man ihn mit Ps 112 zusammen. Ps 111,10 beginnt mit einem Zentralsatz später chokmatischer Theologie: *rᵓšjt ḥkmh jrᵓt jhwh*; wer danach tut, dessen Ruhm bleibt ewig bestehen, heißt es daran anschließend. Ps 112 bildet nichts anderes als eine Entfaltung des letzten Satzes von Ps 111 (was deutlich zeigt, welche Bedeutung ihm zukommt). Ps 112,1 lehnt sich, um das deutlich zu machen, stark an ihn an: *ᵓšrj-ᵓjš jrᵓ ᵓt-jhwh*. Zimmerli spricht also zu Recht von “Zwillingspsalmen”[21]. Der Verfasser von Ps 112 braucht nicht mit dem von Ps 111 identisch zu sein[22]. Daß der Verfasser von Ps 112 Ps 111 vor Augen gehabt hat, leidet dagegen keinen Zweifel. Zwischen den beiden Psalmen bestehen so enge und auffällige Berührungen, daß andere Interpretationen zum vornherein ausscheiden. “Besonders erregend ist, daß ...Prädikationen, die in Ps 111 von Jahwe gemacht wurden, in äußerster Kühnheit auf den Gottesfürchtigen übernommen werden”[23]. *(w)ṣdqtw ᶜmdt lᶜd* (Ps 111,3; 112,3.9);

18 Bei seiner Bewertung spielt die Frage nach dem inneren Zusammenhang der einzelnen Verse eine wichtige Rolle. Gunkel, Psalmen 488, meint: “Einen wirklichen Zusammenhang hat er nicht zu bilden vermocht, sondern die Sätze, wie man Perlen auf eine Schnur reiht, einfach nebeneinandergestellt”. Die entgegengesetzte These vertritt Schmidt, Psalmen 205.

19 Zu V. 4 vgl. etwa Ps 103,8; zu V. 5 vgl. Ps 105,8; zu V. 10 vgl. etwa Prov 9,10.

20 Vgl. etwa Ps 42,9, wo *ṣwh* Pi. “verheißen” bedeutet.

21 Zimmerli, Aufsatztitel.

22 Zu den verschiedenen in der Forschung vertretenen Positionen vgl. Zimmerli, a.a.O. 264ff.

23 Zimmerli, Zwillingspsalmen 266.

ḥnwn wrḥwm jhwh (Ps 111,4) – *ḥnwn wrḥwm wṣdjq*[24] (Ps 112,4). Das zweite Beispiel ist deshalb so interessant, weil der Verfasser von Ps 112 nicht einmal versucht hat, die Aussage syntaktisch sauber mit dem Kontext zu verbinden. Seine Kühnheit ist einigen Übersetzern, welche die erste Gegenüberstellung nicht beanstandeten, aufgestoßen. So ergänzt etwa der Kodex Alexandrinus den Vers durch κύριος ὁ θεός[25]. Wäre der Verfasser von Ps 112 nur ein begnadeter Spieler ohne großen theologischen Interessen, brauchte uns die Übereinstimmung der Prädikationen nicht zu beschäftigen. Bis zum Beweis dieser Möglichkeit ist jedoch vom Gegenteil auszugehen. Die Frage, warum der Psalm den Gottesfürchtigen so eng mit Jahwe parallelisiert, werfen die Kommentatoren kaum auf. Sie tun gut daran: Über spekulative Antworten ist kaum hinauszukommen. Dem Psalmisten zu unterstellen, er "vergöttliche" den Frommen, geht nicht an: Zu deutlich wird gesagt, daß er an den Geboten des Herrn seine Lust habe und auf ihn vertraue. Mit folgender Konzeption muß man bei ihm freilich rechnen: Göttliche Wirklichkeit und göttliches Handeln spiegeln sich im menschlichen Bereich, beim Frommen wider. Zwischen Gott und Mensch besteht eine Analogie, die näher zu charakterisieren unmöglich ist und die wohl auch der Verfasser von Ps 112 nicht präziser bestimmen konnte (oder wollte).

Ps 111 und 112 schließen je mit einer Gegenaussage ab[26]. Ps 111 entfaltet im Hauptteil "Jahwes bekennend zu rühmendes Tun"[27] und spricht im letzten Vers vom ewigen Ruhm dessen, der in der Jahwefurcht lebt. Um den Gottesfürchtigen und Gottlosen kreisen Hauptteil und Gegenaussage in Ps 112. Diese Gegenüberstellung überrascht nicht, um so mehr die von Ps 111. Der Hörer wird (indirekt) dazu aufgefordert, die Konsequenzen aus Jahwes Tun zu ziehen:

"In dem... Weisheitssatz von der Gottesfurcht als der Weisheit Anfang wird festgehalten, daß in der Furcht Jahwes die wahre Weisheit des Menschen, der von dem in V. 2-9 geschehenen Rühmen Jahwes herkommt, liegen wird"[28].

---

24 Falls man *w* mit einigen Handschriften streicht, gelten für Jahwe und den Frommen die gleichen Prädikationen – nicht die geringsten!

25 Man vgl. weiter folgende wichtige Übereinstimmungen im Vokabular: *jšr* (Ps 111,1; 112,2.4); Wohlgefallen (*ḥpṣ*) an Gottes Taten, Geboten (Ps 111,2; 112,1); *zkr* (Ps 111,4.5; 112,6); *mšpṭ* (Ps 111,7; 112,5); *smwk* (Ps 111,8; 112,8); *ᶜwlm* (Ps 111,5; 112,6).

26 Darauf weist am deutlichsten Zimmerli, Zwillingspsalmen 266, hin.

27 Zimmerli, a.a.O. 267.

28 Zimmerli, a.a.O. 266.

Zimmerli bestimmt das Verhältnis zwischen den V. 2-9 und 10 zu Recht nicht genauer; es wird nicht auf den Begriff gebracht. In ihrer Gegenüberstellung erstaunt die Kühnheit, mit der Heilsgeschichte und Anthropologie/Gesetzeslehre zueinander in Beziehung gesetzt werden – sehe ich recht, so eng wie sonst nirgends. Die angemessene Antwort des (einzelnen) Menschen auf Gottes Handeln am Volk besteht darin, daß er Gott fürchtet. Daß die Geschichte Jahwes mit seinem Volke recht allgemein dargestellt wird, hat diese Verbindung unzweifelhaft erleichtert, war vielleicht sogar Voraussetzung für ihr Zustandekommen. In Ps 33 stehen Heilsgeschichte und Anthropologie (allerdings an andern Gegenständen entfaltet) fast beziehungslos nebeneinander. Hier besteht zwischen ihnen ein Zusammenhang. Ps 111,10 und 112 gehören zur Antwort des Menschen (nicht Israels). Sie enthalten also eine Leseanleitung für die Schrift, genau wie Ps 1, mit dem sich der Doppelpsalm Ps 111f auch sonst eng berührt: Beide stellen sie Tun und Ergehen der Frommen dem Schicksal der Gottlosen gegenüber, wobei diesen in beiden Fällen weniger Aufmerksamkeit zuteil wird als den Gottesfürchtigen. Wer zu ihnen gehört, entscheidet sich an der Einstellung zum Gesetz (Ps 1; 111f), respektive zum Handeln Gottes (Ps 111).

Mit den bisherigen Ausführungen ist, wenn überhaupt, nur das Vordergründige, Offensichtliche an Ps 111f erfaßt. Ihr kunstvoller Aufbau läßt sich nicht anders erklären, als daß ihr Verfasser überall enge Zusammenhänge, (geheimnisvolle) Beziehungen sah. Theologie besteht für ihn auch darin, diesen nachzugehen, sie aufzuspüren. Er ist ein Systematiker, dessen Theologie allerdings auch fast mystische Züge trägt.

γ) Psalm 135

Dieser Psalm entlockt Duhm nicht einmal einen Wutausbruch oder eine ätzende Kritik[29] – und wie gut eignete er sich dazu. Neben seiner Gleichgültigkeit wirkt die Inbrunst, mit der Jacquet und Maillot-Lelièvre diesen Hymnus und die ihm anschließenden Psalmen verteidigen, beinahe rührend. Sie machen auf einen Aspekt der "learned psalmography" aufmerksam, der noch nicht die gebührende Beachtung gefunden hat. Ihre Ausführungen seien deshalb ausführlich referiert: Mit Ps 135 setze eine Sammlung ein, welcher die äußeren Kennzeichen einer solchen abgingen[30]. Die zu ihr gehörenden Psalmen wiesen zwei Charakteristika auf: "d'abord, celle de reprendre les thèmes et les formulations des Ps. des

29 Duhm, Psalmen[2] 449f, beschränkt sich in seiner Auslegung neben textkritischen Anmerkungen mehr oder weniger auf die Nennung von Parallelen.

30 Jacquet, Psaumes *** 556.

premiers Livres, avec lesquels ils ont beaucoup d'affinités; celle, ensuite, de condenser, de décanter le contenu de ces Ps."[31]. Mit Ausnahme von Ps 137 und 139 gehe ihnen die Originalität ab; "mais en revanche, [ils] offrent des sujets précédemment traités, tant pour le fond que pour la forme, des transcriptions simplifiées, allégées, souvent clarifiées et élucidées, qui satisfont davantage l'usager"[32].

"Ces Ps... attestent, en effet, qu'aux lendemains de la Restauration il était, tout d'abord, devenu assez difficile <de composer des Psaumes entièrement nouveaux >, tant les thèmes anciens avaient marqué l'âme israélite; ensuite qu'il existait des fragments ou des schémas psalmiques <déjà reconnus comme Ecriture >, et donc à caractère normatif; et enfin qu'il y avait entre les Liturgies du premier et du deuxième Temple, <une extraordinaire continuité dans la pensée israélite >, le tout témoignant d'un respect profond pour la Tradition yahviste"[33].

Die Theorie der drei frankophonen Exegeten hat sich – dies sei vorausgeschickt – bei der Untersuchung einiger Psalmen bewährt. Die an ihrem Modell vorzunehmenden Modifikationen beträfen vor allem Einzelheiten. Untersucht müßte etwa werden, ob tatsächlich Exil und Restauration den wichtigsten Einschnitt in der Psalmendichtung markieren; vielleicht ist er noch später anzusetzen.

Wenn auf einen Psalm die Bezeichnung "Mosaik" zutrifft, dann auf Ps 135[34]. Er weist eine imponierende Zahl von Berührungen mit Psalmen und andern alttestamentlichen Texten auf; sie decken das ganze Spektrum zwischen Zitat und Anspielung ab[35]. Rezipiert werden in erster Linie jüngere Texte, die ihrerseits teilweise ältere Texte verarbeiten. Noch weiter fortgeschritten ist die Textverarbeitung und -mischung im Psalter nicht: Ps 135 markiert das alttestamentliche(!) Ende dieser

---

31 Jacquet, ebd.

32 Jacquet, a.a.O. 556f.

33 Jacquet, a.a.O. 557; die Zitate im Zitat aus Maillot-Lelièvre, Psaumes 199.

34 Vgl. Jacquet, ebd.: "Au total, un poème composite, comme on en trouve peu dans la Bible".

35 V. 1: Ps 113,1 (mit Umkehrung der beiden Glieder); V. 2: Ps 134,1; V. 3: vgl. Ps 136,1; V. 4: Dtn 7,6 (Ex 19,5); V. 6: Ps 115,3; V. 7: Jer 10,13; 51,16 (starke Übereinstimmung); V. 10-12: Ps 136,17-22 (geringfügige Abweichungen); 111,6; V. 13: Ex 3,15; Ps 102,13; V. 14: Dtn 32,36 (identisch); V. 15-18: Ps 115,4-8 (nebensächliche Abweichungen); V. 19f: Ps 115, 9-13; 118,2-4 (Die Verwandtschaft beschränkt sich mehr oder weniger auf die aufgerufenen Gruppen, wobei die Leviten nur in Ps 135 genannt werden). – Die meisten *Inhalte* teilt Ps 135 mit Jer 10,1-16 (vgl. Jer 51,15-19); vgl. Jacquet ebd.: "La ligne directrice suivie est celle de Jér. 10,1-16". In der Auswertung dieser Beobachtung geht Jacquet allerdings zu weit.

Entwicklung. Die Vielzahl der Abhängigkeiten macht deutlich, wie weit der Prozeß der Verschriftung alttestamentlichen Gutes fortgeschritten ist. Die Auswahl der übernommenen Bibelstellen erlaubt den Rückschluß auf die Themen, welche sich in später Zeit großer Beliebtheit erfreuen. Es sind drei: Gottes Allmacht, Einzigkeit und Überlegenheit über andere Götter werden gepriesen. Im Zusammenhang mit der Heilsgeschichte fallen zentrale theologische Vokabeln und werden die zentralen Ereignisse genannt: Vernichtung der Erstgeburt in Ägypten; Zeichen und Wunder (Schilfmeerereignisse; Exodus); Besiegung der mächtigen Nationen und der Könige Sihon und Og; Besitznahme des Landes. Dazu treten allgemeinere Aussagen wie etwa der Satz: *kj¯ṭwb jhwh.* (In einem Falle zumindest scheint der Psalmist seine Vorlage schlecht ausgelesen zu haben; zudem zitiert er sie ausführlich: V. 15ff [= Ps 115,4ff]. Zu dieser Götzenpolemik bemerkt G. von Rad: "die Behandlung der Sache... ist rational bis an die Grenze des Langweiligen"[36]. Das Alte Testament kennt tatsächlich bessere und das heißt auch schärfere Götzenpolemik, aber keiner der einschlägigen Texte hätte sich so gut in den Hymnus einbauen lassen wie Ps 115,4-8: Andere streng poetische Texte, die das Thema gleich ausführlich behandelten, gibt es nämlich nicht).

"Dieses Gedicht ist ein Hymnus von einer außerordentlich klaren und für diese Dichtungsart bezeichnenden Gliederung"[37]. Dieses zuerst befremdende Urteil erweist sich bei näherem Hinsehen als richtig, wenn auch anders als erwartet. Ps 135 beginnt und schließt mit einer hymnischen Aufforderung (V. 1-4; 19-21). Die V. 5-12 weisen folgenden Aufbau auf: Erhabenheit Jahwes über die Götter – seine Allmacht – sein Wirken in der Natur und an Israel. Die V. 13f schließen hier gut an: V. 13 enthält eine Art Doxologie, und V. 14 handelt von Jahwes (gegenwärtigem) Wirken am Volk. Die Götzenpolemik (V. 15-18) wirkt auf den ersten Blick wie eine Faust aufs Auge und scheint dem Psalm rein mechanisch angefügt worden zu sein, so als hätte der Verfasser auch zu diesem Thema etwas sagen wollen. Eines Besseren belehrt ein Blick auf Ps 115,2-5 (die schlecht ausgelesene Vorlage!):

> Warum sollen die Heiden sagen:
> Wo ist denn ihr Gott?
> Ist doch unser Gott im Himmel;
> *alles, was er will, vollbringt er* (vgl. Ps 135,6).
> Ihre Götzen sind Silber und Gold,

---

36 von Rad, Weisheit 231.

37 Schmidt, Psalmen 238. Für die Einzelheiten sei auf seine Ausführungen ebd. verwiesen.

ein Machwerk von Menschenhänden.
Sie haben einen Mund und können nicht reden...

Daß in diesem Abschnitt jeder Satz gut an den vorangehenden anschließt, wird niemand bestreiten. Der Verfasser von Ps 135 orientiert sich am Aufbau dieses Abschnittes, ja des ganzen Psalmes 115, aus dem er nicht allein die Götzenpolemik übernimmt. Er führt in den V. 7-14 nur aus, was im kursiv gesetzten Satz steht – sie bilden seine "Exegese" – und schließt daran wie in Ps 115 die Götzenpolemik an. Betrachtet man den Hymnus als Auslegung von Ps 115 – er ist allerdings mehr als das –, so wird eines sehr deutlich: Seinem Verfasser ist wichtig, daß Gott gleichermaßen als Schöpfer[38] wie in der Geschichte wirkt: Ps 115,3 (*kl ʾšr ḥpṣ ʿśh*) hätte ihm doch wohl erlaubt, nur auf einen Aspekt von Jahwes Handeln einzugehen. Es kommt ihm also stark auf die Vollständigkeit an.

Zu den bedeutendsten und schönsten Psalmen aus Israels Spätzeit gehört Ps 135 mit Sicherheit nicht, eher schon Ps 33. Ps 135 enthält eine spätnachexilische Durchschnittsdogmatik, Ps 33 das originelle Pendant dazu. Sein Verfasser greift sichtbarer in die übernommenen Vorlagen ein als der von Ps 135, der an ihnen nur unscheinbare Abänderungen vornimmt. Die beiden Psalmen verbindet aber deutlich mehr, als sie trennt.

δ) Psalm 144

Weder David noch sonst ein Autor hätten einen so schlechten Psalm verfassen können, der aus fünf völlig unzusammenhängenden Teilen bestehe, meint Eerdmans; er betrachtet diese erbärmliche Kompilation als Schreibübung von Schülern aus frühnachexilischer Zeit[39]. So kritisch wie er urteilen andere Kommentatoren nicht. Auch betrachten sie ihn als einheitlich oder aus höchstens drei ursprünglich nicht zusammengehörigen Psalmen bestehend[40]; recht häufig werden nur die V. 12-15 als sekundär abgetrennt[41]. In Baumann hat der Psalm (V. 1-11!) einen überzeugten Fürsprech gefunden:

---

38 Beachtung verdient die Vollständigkeit in V. 6: *Alles*, was er will, vollbringt der Herr im *Himmel* und auf *Erden*, im *Meer* und in allen Tiefen. Die Anlehnung an Gen 1 ist offensichtlich. Inhaltlich vollständig entfaltet wird dieser Satz im folgenden Abschnitt allerdings nicht.

39 Eerdmans, Book 598f.

40 Duhm, Psalmen^{2} 470f betrachtet V. 1-8 und 9-11 als zwei liturgische Stücke; das erste sei ein "Bruchstück" (470). 471 bemerkt er das gleiche zu V. 12-15. Ähnlich Schmidt, Psalmen 250, der in den V. 1-8; 9f; 12-15 drei Teile einer Liturgie erblickt.

41 So u.a. von Gunkel, Psalmen 604.

"Das Lied ist keine einfache Nachahmung des 18. Psalms... Es arbeitet zwar mit überkommenem Stoff, den es vornehmlich, aber keineswegs ausschließlich, dem 18. Psalm entnimmt, aber ist dabei auf straffste Zusammenfassung und zugleich auf Wechsel und scharfe Abgrenzung der Motive, ja auf eine Gegenüberstellung bedacht, wie sie nur in einer Komposition möglich ist. Aus dem Danklied eines Königs ist der Notruf... eines Königs geworden. Statt der mit sorglichem Pinsel prachtvoll ausgeführten Gemälde der Nothilfe und des Siegeslaufes bietet es knappe, abgetrennte Kennzeichnungen der Not in ihrer letzten Tiefe, des göttlichen Aufbruchs, der Errettung, des künftigen Dankes, der Umstände und der Vorgänge, auf die es klagend oder hoffend oder gelobend blickt"[42].

Unseres Erachtens hat die Besonderheiten des Psalmes kein anderer Kommentator besser erfaßt als Baumann. Wir brauchen nur seine Thesen auszuführen und leicht zu modifizieren.

Ps 144,1-11 bildet eine *systematisierende Exegese von Ps 18* (= IISam 22) *mit nicht deutlich zu bestimmender praktischer Abzweckung*[43]. Wir holen aus. Ps 18 trennt noch erkennbar zwischen individuellen und "politischen" Feinden Davids (Die enge Beziehung zwischen Dank- und Königslied steht hier nicht zur Diskussion). In Ps 144 verschmelzen sie miteinander, und damit verliert auch die Bedrohung, der sich der Beter ausgesetzt sieht, ihr scharfes Profil. Zu Anfang dominiert der politisch-kriegerische Aspekt allerdings: In die Reihe der Gottesprädikationen aus Ps 18, die er weitgehend übernimmt, fügt der Verfasser von Ps 144 folgenden, im Anschluß an Ps 18,35 formulierten Satz ein und setzt damit einen "kriegerischen" Akzent (V. 1):

> der meine Hände den Kampf lehrt
> und meine Fäuste den Krieg.

Verstärkt wird er durch den Ausdruck, mit dem diese Reihe abschließt: *hrwdd* ^{c}*mj tḥtj* (V. 2; er ist – leicht abgeändert – wiederum aus dem zweiten Teil von Ps 18 übernommen: Ps 18,48). Nach diesem kriegerischen Aufgesang wartet man gespannt auf das Auftreten der Feinde. Sie erscheinen, freilich ohne Schwert (V. 7f):

> Recke deine Hände aus der Höhe,
> befreie mich, reiße mich aus großen Wassern,
> aus der Hand der Söhne des fremden Landes,
> deren Mund Lüge redet
> und deren Rechte Meineid schwört.

---

42 Baumann, Struktur-Untersuchungen 148f.

43 Duhm, Psalmen^2 471, erwägt, er könnte für ein Königsopfer adaptiert worden sein.

Von den *bnj¯nkr* wird Ps 18,45f gesagt, sie müßten dem König schmeicheln und vor ihm hinsinken. Auch hier werden sie dem König gefährlich, aber erstaunlicherweise nicht auf militärischem Gebiet. Im allgemeinen nimmt man an, V. 8 weise "auf irgendeinen politischen Vertragsbruch"[44] gegenüber dem König hin. Hupfeld vermutet, der Vers könnte eine (falsche) Auslegung von Ps 18,45 (*jkḥšw¯lj*) enthalten[45]. Diese Annahme hat einiges für sich. Der Verfasser von Ps 144 legt seiner Komposition zwar Ps 18A zugrunde, füllt sie aber stark mit Materialien aus Ps 18B. Zu den schon genannten Beispielen kommt noch der Psalmeingang (*brwk jhwh ṣwrj*), eine fast wörtliche Entlehnung aus Ps 18,47 (*ḥj¯jhwh wbrwk ṣwrj*). Es ist, als habe sich der Psalmist verpflichtet gefühlt, auf dieses Material zurückzugreifen, das er dann seinen Bedürfnissen entsprechend abändert. Besonders aufschlußreich ist ein Vergleich zwischen Ps 18,51 und 144,10:

> der du deinem König großes Heil verleihst
> und deinem Gesalbten Huld erweisest,
> David und seinem Hause ewiglich.
>
> der du den Königen Sieg gibst
> und deinen Knecht David befreist,

Der Verfasser von Ps 144 biegt die Aussage des übernommenen Verses leicht so um, daß sie in den Gesamtduktus des Psalmes paßt. Er betont: Auf die Befreiung durch Gott kommt es an[46]. Ist einem Manne, der so arbeitet, nicht auch die ihm von Hupfeld unterschobene Auslegung zuzutrauen? Soviel ist jedenfalls schon deutlich geworden – wir formulieren überspitzt –: Verpflichtend war für ihn stärker das Vokabular von Ps 18B als die damit verbundenen Inhalte.

Ein außenpolitischer Psalm: Diese Annahme gilt es nach dem eben Ausgeführten zu modifizieren: Verlieren die Söhne der Fremde ihr klares Profil, steht *jmjn šqr* nicht mehr unbedingt für einen politischen Vertragsbruch[47]. Wäre vom Psalm nur V. 8 erhalten, man betrachtete ihn

---

44 Klopfenstein, Lüge 39.

45 Hupfeld, Psalmen IV 428.

46 Man beachte in diesem Zusammenhang auch das nur hier in der Bedeutung "befreien" verwendete Verb *pṣh* (V. 7.10f).

47 Vgl. dazu auch Kraus, Psalmen 1124: "... So wäre es also möglich, einige Erklärungen zur ursprünglichen Situation zu suchen. Doch wird man nicht aus dem Auge verlieren dürfen den Aspekt späterer Nachdichtung, in dem die alten Texte und Stoffe in ein Gebets- und Danklied eingeholt sind, das den älteren >Sitz im Leben< nicht mehr präsent weiß".

eher als Fragment eines Klagepsalmes denn eines Königsliedes, bezöge ihn also auf das Vergehen eines Einzelnen gegen seinen Nächsten. Paßt nicht auch die Bitte, welche an die (im Imperativ formulierte) Theophanieschilderung anschließt – "Recke deine Hände aus der Höhe, befreie mich, reiße mich aus großen Wassern" (V. 7) – ebensogut in einen gewöhnlichen Klagepsalm wie in den Mund eines Königs?

Der Verfasser von Ps 144 hat aus dem Danklied von Ps 18 einen Bittpsalm gemacht und kann deshalb keine Sätze aus Teil B zitieren, welche den König als erfolgreichen Krieger zeichnen (obwohl er gut gerüstet ist, V. 1). Er betont, daß David auf Jahwes Hilfe angewiesen ist. Vom Nachdruck her, welcher auf dieser Aussage liegt, passen die V. 3f gut in den Psalm:

> Herr, was ist der Mensch, daß du dich seiner annimmst
> (*wtd*^{c}*hw*),
> das Menschenkind, daß du seiner achtest
> (*wtḥšbnw*)?
> Der Mensch gleicht dem Hauche (*lhbl*),
> seine Tage sind wie ein flüchtiger Schatten.

V. 4 nimmt einen verbreiteten anthropologischen Topos auf[48], V. 3 zitiert Ps 8,5, dessen Aussage er wohl zuspitzt – oder läßt sich die Ersetzung von *zkr*/*pqd* durch *jd*^{c}/*ḥšb* anders erklären? Man darf auch sagen, daß Ps 144,3f die Anthropologie von Ps 8 insgesamt radikalisiert: Angesichts der Vergänglichkeit (Nichtigkeit) des Menschen muß noch mehr erstaunen, daß Gott sich seiner annimmt[49].

Bilden die V. 12-15 einen ursprünglichen Bestandteil von Ps 144 oder nicht[50]? Wie auch immer: Den Versen kommt eine Korrekturfunktion zu; sie setzen dem bittenden, demütigen König das prosperierende und triumphierende Volk gegenüber. Die V. 12-14 entfalten eine Thematik, die dem Psalter mehr oder weniger fremd ist. Ihre theologische Interpretation erhalten sie von V. 15 her:

> Wohl dem Volke, dem es also geht!
> wohl dem Volke, dessen Gott der Herr ist!

Verzichtet werden kann auf diese Sätze nicht: Sie legitimieren den letz-

---

48 Man vgl. etwa Ps 39,6f; 62,10; Hi 7,7.16; 14,2.

49 Eine Bemerkung nebenbei: Die *christliche* Lehre vom Menschen wird sich stärker an Ps 144,3f als an Ps 8 orientieren.

50 Die Frage braucht uns hier nicht zu beschäftigen, da wir den Psalm in seiner Jetztgestalt interpretieren; vgl. zu ihr die in diesem Abschnitt angegebene Literatur.

ten Psalmteil theologisch. Ohne sie könnten die V. 12-14 in einem Weisheitstexte, aber kaum im Psalter stehen.

Die V. 1-11 erwecken den Eindruck, bestimmte (konkrete) Verhältnisse im Auge zu haben. Dabei können aber die Söhne der Fremde, die lügen und Meineide schwören, auch eine Chiffre für Feinde im allgemeinen sein. Könnten nicht die V. 12-14 chiffrehaft den Segen veranschaulichen, mit dem Jahwe Israel bedacht hat? So interpretiert unterschieden sich die beiden Teile des Psalmes nicht stark voneinander.

Der Gegensatz "konkrete Inhalte – hochtheologische Aussagen" bildet wohl das wichtigste Charakteristikum dieses Psalmes. Zu letzteren gehören folgende Sätze: Der Mensch ist vergänglich. Er bedarf der Hilfe Gottes, muß darum bitten. Jahwe hilft, er ist der Gott Israels. Die V. 1-11 bilden ganz eindeutig ein Königslied, aber ein künstliches, nachgemachtes – einen Psalm *über* David. Sein Verfasser korrigiert, modifiziert das Königsbild von Ps 18, unter anderem mit diesem selbst. Noch stärker als dieser macht er David zu einem frommen und ganz von Gottes Hilfe abhängigen König; in V. 3f nennt er dafür den anthropologischen Grund. Zugleich spricht er betont von der kriegerischen Ausstattung, die Jahwe David verliehen hat und von diesem nicht eingesetzt werden kann, jedenfalls nicht eingesetzt wird.

Welch eigen- und einzigartiger Psalm! Bei ihm fällt es schwerer als bei den bisher behandelten Texten, sich in den Kopf seines Verfassers zu versetzen. Was wollte er? Wie genau stand er seiner literarischen Vorlage gegenüber? Betrachtete er seinen Psalm als Gebet, das sich jeder Israelit zu eigen machen konnte? Fragen über Fragen, die sich wohl auch mittels einer wesentlich feineren Auslegung nicht beantworten lassen; Ps 144 ist und bleibt – wenigstens für mich – dunkel!

ε) Psalm 146[51]

Dieser Psalm, mit dem das Schlußhallel des Psalters eröffnet wird[52], gehört zu den formal wie inhaltlich reichhaltigsten Psalmen des Alten Testaments. Bei seiner Behandlung könnte noch und noch auf bereits behandelte Kapitel hingewiesen werden, was bei seiner relativen Kürze erstaunt. Fast gewinnt man den Eindruck, er bilde eine Zusammenfassung der jungen Psalmtheologie, ein Kondensat von Kondensaten. Seiner Qualität tut das keinen Abbruch. Die Exegeten erkennen sie im allgemeinen an. Beachtung verdienen etwa die vorsichtigen Bemerkungen, mit denen

---

51 Auf die Armenproblematik, die den Psalm stark bestimmt, kann hier nicht eingegangen werden; vgl. dazu Lohfink, Lobgesänge (zu Ps 146 speziell 108ff).

52 Näheres zur Stellung von Ps 146 in seinem Kontext bei Kselman, Psalm 146.

Gunkel den Psalm gegen mögliche Kritik in Schutz nimmt:

"Ein solches Gedicht... wird demjenigen, der schon viele Psalmen kennt, wenig eigenartig erscheinen... Große religiöse Gedanken behalten ihre Erhabenheit, auch wenn sie tausendmal wiederholt werden"[53].

Ps 146 berührt sich recht eng mit dem Hannalied[54]. Zu Recht stellt Crüsemann die "ausgesprochen didaktische Abzweckung"[55] der beiden Psalmen heraus, die unter anderem in der Gegenüberstellung von Frommen (*ḥsjdjm, ṣdjqjm*) und Gottlosen (*ršᶜjm*) zum Ausdruck kommt. Weitere Übereinstimmungen: In beiden Psalmen bildet die Hilfe Gottes einen zentralen Topos, beide verwenden den Ausdruck *ndjbjm*, wenn auch in unterschiedlicher Bedeutung. Allerdings weisen ISam 2 und Ps 146 nicht nur einen andern Anfang und Schluß auf, sondern entfalten auch ein anderes Thema[56].

Die Rahmenverse führen auf die beiden andern zentralen Parallelen (auf verwandte Aussagen sind wir schon öfters gestoßen):

Hallelujah! Lobe den Herrn, meine Seele!
Ich will den Herrn loben, solange ich lebe,
will meinem Gott singen, solange ich bin (V. 1f).

Der Herr wird herrschen in Ewigkeit,
dein Gott, o Zion, von Geschlecht zu Geschlecht
(V. 10).

V. 2 stimmt fast wörtlich mit Ps 104,33 überein (*ᵓhllh* statt *ᵓšjrh*). Strukturell berührt sich Ps 146 stark mit einem andern Hymnus: Ex 15. Beide Psalmen setzen mit einer Selbstaufforderung des Sängers zum Gotteslob ein und schließen mit einer Aussage über Gottes Herrschaft.

Für die Auslegung des Psalmes legt sich stärker noch als sonst ein versweises Vorgehen nahe. Nach der Aufforderung zum Gotteslob setzt der Hauptteil in V. 3f unvermittelt mit der Warnung ein, sich auf Fürsten und Menschen zu verlassen, die nicht helfen können. Ungewöhnlich ist diese Mahnung nicht, weder inhaltlich noch formal[57]; sie wird das erst durch die zweite Begründung: Der Mensch ist sterblich, und am Tage seines Todes vergehen alle seine Pläne. Noch grundsätzlicher, radikaler

53 Gunkel, Psalmen 613.

54 Vgl. dazu Crüsemann, Studien 299 Anm. 4.

55 Crüsemann, a.a.O. 299.

56 Vgl. dazu Crüsemann, a.a.O. 299 Anm. 4.

57 Man vgl. inhaltlich neben Ps 60,13 (=108,13) vor allem Ps 118,8f, eine Stelle, die sich vom Vokabular her eng mit Ps 146,3 berührt (*bṭḥ, ᵓdm, ndjbjm*), formal Jer 7,4; 9,3; Mi 7,5; Ps 62,11.

könnte die Mahnung von V. 3 nicht begründet werden; theologisch hat der Psalmist das Thema ausgereizt[58]. Neben Ps 144 enthält auch Ps 146 (vgl. weiter Ps 89) einen interessanten Beleg dafür, wie stark die Todesverfallenheit des Menschen die spätalttestamentliche Zeit beschäftigte: In keinem der drei Psalmen ist der Hinweis auf sie unverzichtbar, in allen überrascht er.

Auf überraschende und gelungene Weise bewerkstelligt der Psalmist in V. 5 den Übergang von der Anthropologie zu Protologie und Soteriologie – mit einem Weisheitsspruch und dem Stichwort Hilfe:

> Wohl[59] dem, dessen Hilfe[60] der Gott Jakobs,
> dessen Hoffnung der Herr, sein Gott ist.

Dieser Satz bildet den inhaltlichen Mittelpunkt des Psalmes. Er wird in den V. 6-9 in einer langen Gottesprädikation expliziert[61]:

> [der Gott], der Himmel und Erde gemacht hat,
> das Meer und alles, was in ihnen ist,
> der ewiglich Treue hält (*hšmr ᵓmt lᶜwlm*),
> der Recht schafft den Unterdrückten,
> der den Hungernden Brot gibt.
> Der Herr erlöst die Gefangenen,
> der Herr öffnet den Blinden die Augen,
> der Herr richtet die Gebeugten auf,
> der Herr liebt die Gerechten.
> Der Herr behütet die Fremdlinge,
> Waise und Witwe hilft er auf,
> doch den Weg der Gottlosen krümmt er.

Die Schöpfungsaussagen von V. 6, eine weitere systematisierte und vereinfachte Zusammenfassung von Gen 1, gehören, wie das Partizip *ᶜśh* zeigt, "als prädikative Apposition an den Jahwenamen"[62] in V. 5. In V. 6b steht (das einzige Mal!) der Artikel beim Partizip. Reindl leitet unter anderem daraus die Vermutung ab, "dieser Satz [habe] die Funktion einer allgemeinen Einleitung"[63]. Sein allgemeiner Inhalt (man beachte

---

58 Eine ähnlich radikale Formulierung enthält noch Jes 2,22.

59 Nur nebenbei sei darauf hingewiesen, daß *ᵓšrj* in einigen der untersuchten Texte ein zentrales Stichwort bildet.

60 Das *b* in *bᶜzrw* dürfte nicht als Dittographie gestrichen werden; es ist ein *b* essentiae (Joüon, Grammaire 404).

61 Zu ihrer grammatikalischen Struktur sei auf Reindl, Gotteslob 129-131, verwiesen, dessen Thesen wir allerdings nicht alle teilen.

62 Reindl, a.a.O. 129.

63 Reindl, a.a.O. 130.

besonders das "ewiglich") stützt diese Annahme. Das heißt: Die in V. 7-9 aufgezählten Handlungen Jahwes bilden den Ausfluß seiner *ᵓmt*: Weil er zuverlässig ist, schafft er den Bedrückten Recht...

Gunkel hat Ps 146 wie folgt charakterisiert: Er "ist zum großen Teil eine Zusammenstellung aus gebräuchlichen Hymnen=Motiven und zugleich eine Musterkarte der grundlegenden hymnischen Formen"[64]. Beide Aussagen treffen zu, aber die erste bedarf einer gewichtigen Ergänzung: Keine der Prädikationen von V. 6b-9 ist wörtlich einem andern Text entnommen[65]. Daß die (gewählte) Begrifflichkeit des Psalmes, besonders der V. 6b-9, sich stark von der vergleichbarer Stellen unterscheidet, dürfte nicht nur mit dem Formzwang zusammenhängen, dem sich der Psalmist unterworfen hat. Er schreibt ganz einfach gut. Nebenbei bemerkt: Die Zusammenstellung der hymnischen Motive in Ps 146 ist, was Gottes Handeln an den personae miserae betrifft, repräsentativ, ja man gewinnt den Eindruck, der Verfasser des Psalmes habe es in diesem Bereich auf (relative) Vollständigkeit abgesehen – wie sich dies für einen stark theologisch bestimmten Psalm gehört[66].

Die beiden Sätze über Gerechte und Gottlose, die man in dieser Aufzählung nicht sucht, bilden eine *indirekte* Auslegung von V. 5, vor allem dessen zweiten Teiles: Wer seine Hoffnung auf den Herrn setzt, also gerecht handelt, den liebt er; wer sein Heil anderswo sucht, ist ein Frevler, den Jahwe in die Irre führt. Diese Beobachtung legt zwingend folgenden Schluß nahe: Sollte V. 9b auf einen späteren Ergänzer zurückgehen[67], hat dieser die Aussage des Psalmes nicht stark umgebogen oder gar verfälscht. Scheidet man V. 9b als sekundär aus, umschreibt der Psalm Jahwes Handeln nur positiv. Verschiebt man V. 8b hinter V. 9a[68], stehen die Aussagen über Jahwes Eingreifen zugunsten der personae miserae zusammen. Sollten beide Sätze Ergänzungen eines Redaktoren sein, ist ebenfalls mit einer Vertauschung der Glieder zu rechnen, denn überzeugende Gründe dafür, daß er sie gerade an ihrem jetzigen Ort eingefügt ha-

64 Gunkel, Psalmen 612.

65 Die Berührungen zusammengestellt haben Reindl, Gotteslob 124, und Lohfink, Lobgesänge 112-114.

66 Gegen diese Vermutung könnte ins Feld geführt werden, in Ps 146 finde sich keiner der klassischen Termini für die Armen (*ᵓbjwn, dl, ᶜnj*). Gegenargumente: Der Verfasser von Ps 146 wollte nicht überlang werden. Zudem enthält der Psalm zwei Begriffe, mit denen Arme gemeint sein können: *ᶜšwqjm* (V. 7) und *kpwpjm* (V. 8).

67 Damit (und mit weiteren sekundären Erweiterungen) rechnet Briggs, Psalms II 530.

68 So u.a. Duhm, Psalmen² 476 (im Anschluß an Bickell).

ben sollte, gibt es nicht. (Eine Frage, die sich schon bei der Behandlung des Hannaliedes stellte, kann hier nur aufgeworfen, aber nicht behandelt werden: Sind die Gerechten mit den Bedrückten identisch? Oder besagt der Psalm vielmehr: Jahwe kümmert sich um die Gebeugten und liebt (belohnt) die Gerechten, die nicht unbedingt zur Gruppe der personae miserae gehören)?

Zum letzten Vers: Gottesherrschaft und Zion gehören terminologisch nach einigen sicher nachexilischen Stellen eng zusammen. Neben Jes 24, 23 und Ps 149,2 verdienen vor allem Jes 52,7 und Mi 4,7 Beachtung. Beide Verse bringen die (eschatologische) Herrschaft Jahwes mit dem Zion in Verbindung – dem Ort, der sowohl Jes 52,7 wie Ps 146,10 stärker Bezeichnung der *Gemeinschaft* (der auf dem Zion Versammelten) denn des Berges ist. Allerdings sollte diese interessante Parallele nicht zu stark ausgeschlachtet werden, so etwa, als spreche V. 10 streng vom eschatologischen Handeln Gottes. Dem widerrät die Tatsache, daß die Königsherrschaft Gottes schon im Alten Testament "als Symbol, nicht als genau definierter Begriff"[69] verwendet wird; das heißt auch: Er ist an Inhalten reich. Camponovos Beobachtung erschwert die Auslegung von Ps 146,10 beträchtlich. Gunkel meint, der Vers fasse "alles Vorhergehende 7ff in einem Wort zusammen"[70] – Camponovo zitiert diesen Kommentar und fährt fort: "Der Schlußsatz hat auch die Funktion, Assoziationen an andere Beschreibungen seiner Herrschaft zu wecken"[71] – d.h. etwa an die in Jes 52,7 und Mi 4,7 gegebenen. Ruft man sich jetzt noch in Erinnerung, daß sich der Psalmist in V. 10 möglicherweise an den Schluß des Schilfmeerliedes anlehnen wollte, ist die Verwirrung komplett, d.h. die Auslegungen fast unbegrenzt an Zahl. Fest steht nur: Der Psalm schließt so volltönend ab, wie er begonnen hat. Wie stark die Psalmdichter in spätalttestamentlicher Zeit mit Assoziationen arbeiten, wurde schon verschiedentlich aufgewiesen. Ps 146 zeigt, daß bisweilen auch der Psalmleser assoziieren muß.

Wie einige der in diesem Kapitel behandelten Psalmen zeichnet sich auch Ps 146 durch inhaltliche Vollständigkeit aus: Schöpfung, Anthropologie und Ethik werden in ihm behandelt. Und auch das Geschichtshandeln Jahwes, das man in ihm auf den ersten Blick vermißt, fehlt nicht ganz: Der Ausdruck "Gott Jakobs" (V. 5) setzt diesbezügliche Assoziationen frei.

---

69 Camponovo, Königtum 437.

70 Gunkel, Psalmen 613; der Satz ist nach ihm "ein starker Trumpf".

71 Camponovo, Königtum 97f (korr.).

3. Verdichtung

a) Ps 130: Von des Menschen Elend, Erlösung und Dankbarkeit

(1) Ein Wallfahrtslied
Aus der Tiefe[1] rufe ich, Herr, zu dir,
(2) Herr, höre auf meine Stimme!
Laß deine Ohren merken auf mein lautes Flehen!
(3) Wenn du die Sünden anrechnest, Jah,
Herr, wer kann bestehen?
(4) Doch bei dir ist die Vergebung,
auf daß man dich fürchte[2].
(5) Ich hoffe, o Herr, es hofft meine Seele,
und auf sein Wort harre ich.
(6) Meine Seele [harrt] auf den Herrn,
mehr als die Wächter auf den Morgen, die Wächter auf den Morgen[3].
(7) Harre, Israel, auf den Herrn!
Denn bei dem Herrn ist die Gnade,
bei ihm ist reichlich Erlösung.
(8) Ja, er wird Israel erlösen
von all seinen Sünden.

---

1 In Verkennung des Charakters von Ps 130 schlägt Airoldi, Note 175, folgende Emendation vor: *mmʿmqj̄jm*; vgl. dazu unsere Auslegung des Psalmes.

2 LXX und Theodotion setzen *twrtk* statt *twrʾ* (vgl. Symmachus) voraus. Es liegt ein Lesefehler vor, der zwar einen guten, aber nicht in den Gesamtduktus des Psalmes passenden Sinn ergibt. Vielleicht weicht LXX vom mas. Text ab, weil *jrʾ* nur hier in einer finiten Nifalform erscheint. – An den Haaren herbeigezogen ist die Lesung von Haupt, Psalm 99: *tjrʾ* (Übersetzung 100: "Religion".)

3 Die Wiederholung von *šmrjm lbqr* und das eher ungewohnte Bild erklären die vielen Emendationen (vgl. dazu die Kommentare). Es liegt kein Grund vor, die beiden Worte als Dittographie zu streichen (gegen Porúbčan, Psalm CXXX 5-6, 323). Begeistert verteidigt Volz, Verständnis 294, die Wiederholung der beiden Wörter: "[Sie] ist wundervoll fein und bringt das gespannte Harren noch einmal zum schönsten Ausdruck". Die LXX liest: *ἀπὸ φυλακῆς πρωίας μέχρι νυκτός· ἀπὸ φυλακῆς πρωίας ἐλπισάτω* Ισραηλ *ἐπὶ τὸν κύριον*. Sie gibt *(m)šmrjm lbqr* falsch wieder. Auch geht es nicht an, die Wiederholung zu V. 7 zu ziehen.

Augustin hat diesen Bußpsalm, der in der Liturgie der katholischen Kirche eine wichtige Rolle spielt[4], während seiner letzten Krankheit auf die Wände seines Zimmers geschrieben, um seine Worte zu den eigenen machen zu können. Luther zählt ihn zu den fünf Psalmen des Paulus. Diese (leicht zu vermehrenden) Ausführungen zur Wirkungsgeschichte von Ps 130[5] enthalten einen ersten Hinweis auf seinen theologischen Rang. In ihm verbinden sich, wie gleich zu zeigen, Dogmatik und innige Frömmigkeit auf glückliche Weise.

Einige formgeschichtliche Bemerkungen führen nur scheinbar vom Thema weg. Schmidt, der den Psalm zu den "Klage- oder Bittliedern des einzelnen"[6] rechnet, hat schön herausgearbeitet, wie diese Gattung in Ps 130 stark aufgelöst wird[7]: Die Einleitung (V. 1f) entspricht noch der eines Klageliedes mit seiner "Ich-Du-Beziehung". In V. 3f wird aus diesem "Ich" entgegen den Gattungsregeln ein "Man", in V. 5(b)f aus dem "Du" Gottes ein "Er". Diese formalen Besonderheiten mindern den Wert des Psalmes in keiner Weise. Man spricht hier also besser nicht von Auflösungs- oder Aufweichungstendenzen, da diese Wörter einen negativen Beigeschmack aufweisen. Der Psalm ist eine Größe sui generis, die sich formgeschichtlicher Einordnung weitgehend entzieht. Seine inhaltliche Einheitlichkeit macht das Fehlen einer formalen mehr als wett. Besser ausgedrückt: Seine inhaltliche Allgemeinheit zwingt den Verfasser fast, vom menschlichen Ich zum Man, vom Du Gottes zum Er überzugehen. Der Inhalt diktiert die Form.

In V. 1f bittet der Psalmist Jahwe, er möge eingreifen, d.h. hören, aufmerken[8]. Konkreter wird er erst in V. 3, wo er – allerdings nicht explizit! – um die Befreiung von (seinen) Sünden bittet. Seine Not und vielleicht auch seinen Gemütszustand faßt er in einem Wort zusammen:

---

4 "Die Kirche ... verwendet ihn im Blick auf die im Fegefeuer büßenden Verstorbenen vor allem im Officium defunctorum u. in der Visitatio sepulcri" (Deißler, Art. De profundis 241).

5 Vgl. dazu Miller, Psalm 130, 176f.

6 Schmidt, Gott 241. Gunkel, Psalmen 561, bezeichnet ihn als "Bußlied"; Kraus, Psalmen 1047, rechnet ihn zu den "Gebetslieder[n] eines Einzelnen" und betont, das Sündenbekenntnis herrsche vor (1048).

7 Vgl. dazu Schmidt, a.a.O. 241f.

8 Diese Bitten berühren sich sprachlich eng mit II Chr 6,40; 7,15, enger als mit der Parallelstelle IReg 8,52. Dies – wie etwa auch die Verwendung des Nomens *slịḥh* in V. 4 (sonst nur noch Dan 9,9; Neh 9,17) – erlaubt es, den Psalm in später, eher nachexilischer als exilischer Zeit anzusetzen (vgl. dazu auch die Kommentare).

mm^cmqjm. An allen andern Stellen, wo es vorkommt, steht es im Status constructus vor *mjm* oder *jm*[9]. In Ps 130,1 geht dem Wort jede Anschaulichkeit ab[10]; einige Exegeten bekunden allerdings keine Mühe, sie wieder in es hineinzulesen[11]. Sie verfälschen damit die Aussage des Textex. Die eigentliche und einzige Not des Beters besteht in seiner (des Menschen) radikalen Sündhaftigkeit, die keine allzu bildliche Darstellung erträgt. Gunkels Vermutung "Der fromme Beter ist in schwerer Not, wohl in todesgefährlicher Krankheit, und erkennt in seinem Leiden Gottes Strafe für seine Sünde"[12] hat im Text keinen Anhalt. Daß die Unanschaulichkeit von V. 1 keine prinzipielle ist, macht das eindrückliche Bild vom Wächter deutlich, der sehnsüchtig den Anbruch des Tages erwartet. Es ist doppelsinnig: Dem Morgen sieht auch der Beter gespannt entgegen, da er die Zeit ist, da Gott eingreift und hilft[13].

Warum redet der Verfasser von Ps 130 einmal fast abstrakt, das andere Mal bildhaft? Wer dieser schwer zu beantwortenden Frage nachgeht, stößt auf einen interessanten Tatbestand: An den theologisch zentralen Stellen faßt sich der Psalmist kurz – es findet sich kein Wort zuviel. In die Breite geht er nur, wo es um seine Gefühle geht. Die theologischen Aussagen haben unter diesem "Mißverhältnis" nicht zu leiden: Sie treten auch wegen ihrer Prägnanz stark hervor. Abgesehen davon sind sie auch deutlich in der Mehrzahl. Zusätzliches Gewicht verleihen ihnen die nur hier zu findenden theologisch nicht unerheblichen Verbindungen *šmr ^cwn*[14] und *pdh m^cwn*[15].

V. 3f setzen mit einem Satz ein, der alles deutlich macht: "Wenn du die Sünden anrechnest". Er dürfte es und macht es doch nicht, besagt dieser Nebensatz zwar nur implizit, aber deswegen nicht weniger klar. Er

---

9 Belege: Jes 51,10; Ez 27,34; Ps 69,3.15. An allen Stellen weist die Vokabel einen bedrohlichen Klang auf.

10 Vgl. dazu Hitzig, Psalmen 386.

11 "Die ‚Tiefen', genauer ‚Wassertiefen' Ps[tr.] 69,3.15, sind in der Sprache der Psalmisten ursprünglich die grausigen Wasser tief unter der Erde, die die Unterwelt umschließen" (Gunkel, Psalmen 561); vgl. weiter Anm. 1.

12 Gunkel, ebd.

13 Zur Vorstellung der Hilfe Gottes am (vor dem) Morgen vgl. Ziegler, Hilfe 281-288; Barth, Art. *bqr* 751-754; Janowski, Rettungsgewißheit 180ff.

14 Sie hält Sauer, Art. *šmr*, nicht für der Erwähnung wert.

15 Vgl. zu dieser Verbindung Stamm, Art. *pdh* 400: "Es ist das die einzige Stelle, wo *pdh* sich nicht auf eine Not, sondern auf die Sünde bezieht".

wird durch die rhetorische Frage *mj j^{c}md* negativ beantwortet. Zu ihr hat Schmidt das Nötige bemerkt: Ps 24,3 enthält eine ähnliche Frage (*mj¯jqwm*); sie wird mit der Nennung einiger Eingangsbedingungen beantwortet.

"Falls Ps. 130,3 diese Form aufnimmt, wird die Frage verallgemeinert und die Anwort radikalisiert: Entschieden wird nicht mehr über den Zugang ins Heiligtum, sondern grundsätzlich über das ‹ Bestehen › vor Gott ... Die Antwort ... nennt nicht mehr positiv die Bedingungen, die einen Zutritt ermöglichen, sondern lautet rundum negativ: ‹ Niemand ›"[16].

Bildet *mj j^{c}md* bewußte Nachahmung von *mj j^{c}lh ... wmj¯jqwm*, polemisiert der Verfasser von Ps 130 der Ps 24 zugrundeliegenden Konzeption. Wir hätten einen weiteren Beleg dafür, wie eng "Polemik" und Dogmatisierung zusammenhängen.

Damit das Besondere, Einmalige an Ps 130 noch klarer zutage tritt, seien zum Vergleich weitere Texte behandelt oder genannt, die um die radikale Sündhaftigkeit des Menschen wissen. Unter den mesopotamischen Texten bilden die DINGIR.ŠÀ.DIB.BA-Beschwörungen das eindrücklichste Beispiel:

> Who is there who has not sinned against his god?
> Who that has kept the commandment for ever?
> All of mankind who exist are sinful.
> I, your slave, have committed every sin.
> I stood at your service, but ... falsehood,
> I spoke lies, I pardoned my own sins,
> I spoke improper things, you know them all.
> I committed offence against the god who created me ...
> ... Though my iniquities be many, release my bond,
> Though my transgressions be seven, let your heart rest,
> Though my sins be many, show great kindness and cleanse [me][17].

Die ersten drei Sätze kommen von ihrer Radikalität her Ps 130,3 nahe (man beachte die rhetorischen Fragen!), die folgenden, vor allem die letzten drei, nehmen sie ihnen wieder: Thema ist nicht mehr die Sündhaftigkeit des Menschen, sondern seine vielen Sünden; um sie schert sich unser Psalmist nicht.

---

16 Schmidt, Gott 246.

17 Lambert, Incantations 281.283 (Texts J 132 – EJ 139; EJ 154-156).

Im Alten Testament konzentrieren sich Ps 130,3 vergleichbare Sätze nicht zufällig im sapentiellen Bereich[18]: "Die Weisheit bedenkt ja... allgemein das Wesen des Menschen"[19]: zerstreut tauchen sie auch anderswo auf[20]. Im Unterschied zu ihnen weist Ps 130 nicht nur isolierte Spitzensätze zur Thematik "Sünde und Vergebung" auf, sondern entfaltet dazu eine kohärente Lehre in Kurzform[21].

Die Kürze der Frage *mj j*^{c}*md* erleichtert die Kommentierung der Stelle nicht. Wo der Ausdruck ^{c}*md* in der Bedeutung "vor Gott bestehen" vorkommt, beinhaltet er eine stärkere oder schwächere eschatologische Ausrichtung[22]. Mal 3,2 ist das eindrücklichste Beispiel:

> Wer wird den Tag seines Kommens ertragen?
> und wer wird bestehen (*wmj h*^{c}*md*), wenn er erscheint?

Die Parallelstellen[23] allein erlauben den Schluß nicht, ^{c}*md* habe Ps 130,3 ein zukünftiges Gericht vor Augen (Im Tempel gebetet und von einer Absolution gefolgt könnte es sich auf die Gegenwart beziehen). Daß der Vers wenigstens eine eschatologische Färbung aufweist, machen andere Beobachtungen wahrscheinlich: In der nur hier belegten Verbindung *šmr* ^{c}*wnwt* könnte das Verb in die Zukunft weisen. Allerdings weist es auch Bedeutungen auf, die keine eschatologische Färbung besitzen: beachten, achtgeben auf[24].

Die V. 7f übertragen einen Teil der Aussagen von V. 1-6 recht genau auf Israel. In V. 8 enthält der Satz *whwʾ jpdh ʾt-jśrʾl mkl* ^{c}*wntjw* einen "verhalten endzeitlich orientierten Ausblick"[25]. Der Schluß ist nicht zwingend, aber legt sich doch nahe: Auch V. 3 weist in die Zukunft.

---

18 Hi 4,17; 14,4; 15,14; 25,4ff; Prov 20,9 u.a.m.

19 Schmidt, Gott 245.

20 Gen 6,5; 8,21; Jer 17,9; Ps 143,2 u.a.m.

21 Dies könnte ein Vergleich mit Ps 51 besonders deutlich machen. Dieser Psalm entfaltet unterschiedliche Aspekte der Thematik.

22 Vgl. dazu Amsler, Art. ^{c}*md* 331.

23 Neben Mal 3,2 noch Am 2,15; Nah 1,6; Ps 76,8; vgl. weiter Apk 6,17.

24 Es erstaunt deshalb nicht, daß die Übersetzungen des Ausdrucks stark voneinander abweichen; LXX: ἐὰν ἀνομίας παρατηρήσῃ; V: si iniquitates observabis; Einheitsübersetzung: Würdest du... unsere Sünden beachten; Traduction oecuménique de la Bible: Si tu retiens les fautes; Schmidt, Gott 244: Wenn du Sünden anrechnetest; Gunkel, Psalmen 560: Wenn du... Sünden behieltest; Hitzig, Psalmen 387: Wenn du Verschuldungen bewahrest.

25 Stamm, Art. *pdh* 401.

Auf die V. 3 geäußerte Bitte um Sündenvergebung antwortet V. 4 mit einer kurzen, allgemeinen Formulierung: *kj-*^{c}*mk hsljḥh*. Nur selten belegt ist das hier verwendete Nomen (s. Anm. 8), ungewöhnlich die Konstruktion mit ^{c}*m*. Der überraschenden Formulierung entspricht der ungewöhnliche Inhalt: V. 4a ist sehr grundsätzlich, der Satz enthält geradezu eine "Wesensbestimmung" Gottes:

"Es ist schon charakteristisch, daß Gottes Vergebung nicht mit einem Verbum angesagt, sondern durch ein Substantiv im Nominalsatz gleichsam <festgestellt>, als immerwährend verkündet wird; denn so wird nicht die Handlung betont, sondern ein Zustand bestätigt. Nachdem V. 3 aufzeigte, wie der Mensch ist, gibt V. 4 ein für allemal an, wie Gott ist. So wird das bleibende Verhältnis zwischen dem gnädigen Gott und dem Menschen als Sünder aufgedeckt"[26].

Es bleiben Frage offen: Wird jedermann der Vergebung Gottes teilhaftig? Gilt sie absolut oder ist sie an Bedingungen geknüpft? Auf sie geht der Verfasser des Psalmes nicht ein; ihm geht es ums Prinzip.

Unter der Dunkelheit von V. 4b (*lm*^{c}*n twr*^{ɔ}) haben vor Duhm[27] wohl schon die alten Übersetzer gestöhnt, die den Text korrigieren[28]. Sie aufzuhellen erweist sich als schwierig, schwieriger, als Becker glaubt. Er macht aus Jahwe einen kleinlichen Gott, wenn er schreibt: "Jahwe vergibt die Schuld, damit seine Verehrung bestehen bleibe, d.h. ... noch Menschen daseien, die ihn verehren"[29]. Mit folgender Paraphrase hoffen wir den Sinn des Verses nicht ganz zu verfehlen: Gott vergibt den Menschen, erwartet von ihnen aber, daß sie ihn (als Antwort darauf) aus Dankbarkeit fürchten, und kann auch damit rechnen, daß dies geschieht; *lm*^{c}*n* hätte hier also finale wie konsekutive Bedeutung[30].

In zwei Versen, mit so wenig Worten wie nötig, handelt Ps 130 des Menschen Elend, Erlösung und Dankbarkeit ab. Die V. 3f enthalten ei-

---

26 Schmidt, Gott 247.

27 Duhm, Psalmen[1] 277: "Am Schluß von v. 4 hat der MT *twr*^{ɔ}, was sonst nicht in der Bedeutung: du wirst gefürchtet, vorkommt; auch läßt sich der Satz: damit man dich fürchte, logisch nicht mit dem Hauptsatz: du vergiebst die Sünden, vereinigen" (tr.).

28 LXX: *ἕνεκεν τοῦ νόμου σου*; V (iuxta LXX): propter legem tuam; V (iuxta Hebr.): cum terribilis sis.

29 Becker, Gottesfurcht 171 (170f referiert er einige wichtige Auslegungen von *lm*^{c}*n twr*^{ɔ}).

30 Ähnlich Schmidt, Gott 247. – Zur Übersetzung vgl. weiter Brongers, *lm*^{c}*n* 89-92.

ne Kurzdogmatik der einschlägigen loci, die klar ist und doch dank der nur andeutenden Ausdrucksweise nicht plump wirkt.

Im Übergang von V. 4 zu V. 5 zeigen sich die theologische und gestalterische Meisterschaft des Verfassers von Ps 130 besonders schön. Er spricht von der menschlichen Antwort auf Gottes Vergebung (V. 4b), bevor er der Hoffnung auf sein vergebendes Wort Ausdruck zu geben wagt: zuerst Gott und dann der Mensch, erst das Grundsätzliche und dann der Beter mit seinem Anliegen.

V. 5a enthält durchschnittliche Psalmentheologie. Der zweite Satz (*qwth npšj*) hat den Beter im Blick, streicht das psychologische Element heraus, der erste (!) gibt an, auf wen sich seine Hoffnung richtet. Mit der Wiederholung des Verbes unterstreicht der Psalmist vielleicht seine Ungeduld. Wo das Verb *jḥl* in spezifisch theologischer Bedeutung verwendet wird, führt es als Objekt meist Jahwe mit sich[31] – *dbr* (und verwandte Ausdrücke) neben Ps 130,5 nur noch in Ps 119[32]. In beiden Psalmen bezeichnet er das heilschaffende Wort in sehr allgemeinem Sinn. Ps 119 und 130 sind also theologische Nachbarn. Die Hoffnung auf Jahwes lebenspendenden *dbr* bildet in beiden eine zentrale Aussage. Seybold glaubt, es handle sich bei ihm um den "im kultischen Sühneritual verankerte[n] Freispruch und Zuspruch, dessen liturgische Ausprägung nicht erhalten zu sein scheint"[33] – wir meinen: um seinen spiritualisierten Abkömmling; es ist nicht gesagt, daß der Psalm im Kult Verwendung fand[34].

In V. 6 nimmt sich der Beter Zeit. Er führt keinen neuen Gedanken ein, sondern wiederholt mit einem eindrücklichen Bild und breiter, was V. 5a zu lesen ist: *qwth npšj*.

Die V. 7f, wohl ganz oder teilweise spätere Ergänzung[35], schließen ausgezeichnet an V. 1-6 an. Beide Abschnitte behandeln die gleiche

---

31 Einige Beispiele: IIReg 6,33; Mi 7,7; Ps 42,6; Thr 3,24.

32 Vgl. dazu unsere Auslegung des Psalmes.

33 Seybold, Wallfahrtspsalmen 82; er verweist in diesem Zusammenhang auf die aḫulap-Formel.

34 Vgl. dazu Schmidt, Gott 242: "Die weitgehenden Erweichungen, die sich innerhalb dieses Formaufbaus zeigen, lassen sich wohl nur erklären, wenn sich der Psalm vom Kult gelöst hat".

35 Seybold, Wallfahrtspsalmen 93, rechnet Ps 130,7aβb.8 zu einer Überarbeitungsschicht, nicht jedoch V. 7aα (Israel, harre auf den Herrn!) – und auch nicht Ps 131,3 (Israel, harre auf den Herrn von nun an und allezeit!). Er erwägt jedoch auch die Möglichkeit, daß "die Schlußformel von Ps 131 nach Ps 130,7 als sekundär angesehen werden [kann]" (61). Wir halten es für wahrscheinlicher, daß der ganze V. 7 (mit V. 8 zusammen) eine spätere Erweiterung bildet.

Thematik; nur der Satz *lm^{c}n twr$^{\supset}$* weist im zweiten keine Entsprechung auf[36]. V. 1-6 und 7f verwenden gleiches Vokabular (*^{c}wn, jḥl*) und die ungewohnte Konstruktion *kj ^{c}mk/^{c}m-jhwh* + Nomen; in ihr "ersetzt" der Ergänzer *hsljḥh* durch *ḥsd* und *whrbh... pdwt,* wodurch das ohnehin nicht arme theologische Vokabular des Psalmes eine weitere Bereicherung erfährt. Auf ihre Bedeutung näher einzugehen erübrigt sich. Ihre Übersetzung mit "Vergebung", "Gnade" und "Erlösung" bildet die einzig nötige und zugleich beste Auslegung. Nur ein gewichtiger Unterschied besteht zwischen den beiden Teilen des Psalmes: Der erste redet von Jahwes Vergebung und Erlösung verhalten, der zweite bestimmt.

Wie ist die Verwandtschaft zwischen V. 1-6 und 7f theologisch auszuwerten? Nicht Korrektur, sondern Ergänzung des Hauptteils bilden die Schlußverse. Vor Gott steht Israel gleich da wie jeder Israelit: als der Vergebung für seine Sünden bedürftig. Israel nimmt, zugespitzt ausgedrückt, Züge eines Individuums an, und dieses verschwindet hinter dem Volk, verliert seine schon stark ins Allgemeine aufgehobene Individualität noch ein Stück mehr. Ps 130 verbindet Unheilsgeschichte und Anthropologie; "von allen seinen Sünden" spielt verhalten auf den Ungehorsam an, mit dem Israel Gott seine Wohltaten in der Geschichte gedankt hat. Diese Berührung darf weder zu stark ausgewertet noch als völlig belanglos abgetan werden.

Viele – nicht alle[37]! – theologischen Aussagen von Ps 130 weisen in andern Texten des Alten Testaments zum Teil enge Entsprechungen auf. Nicht allein sie verleihen ihm seine herausragende Bedeutung. Sie verdankt er auch formalen Qualitäten, deren nicht geringste darin besteht, daß er Lehre und Gebet, Dogmatik und Frömmigkeit miteinander verbindet. Außer Ps 117 formuliert kaum ein anderer Psalm die in ihm enthaltenen Lehrsätze in so komprimierter Form und so zugespitzt. Einmal mehr wird deutlich, wie gut sich die Kurzform Psalm zur Formulierung von Lehre eignet. In Ps 130 hat sie sich eine vollendete Form geschaffen.

Mit dieser Auslegung von Ps 130 ist implizit teilweise Widerspruch gegen Seybolds Interpretation der Wallfahrtspsalmen (Ps 120-134) angemeldet. Er erblickt in ihnen ein Brevier für Jerusalempilger[38]. Aus der Abfolge der Psalmen rekonstruiert er einen Festverlauf (Ps 120 etwa

---

36 Das Sündenbekenntnis ist in *^{c}wntjw* enthalten.

37 V. 8 steht im Alten Testament ohne Parallele da; vgl. Anm. 15.

38 Seybold, Wallfahrtspsalmen 13ff; 69ff.

wäre bei der Ankunft der Pilger, Ps 134 – nächtens? – vor ihrem Aufbruch nach Hause gesungen worden)[39]. "Diese Abfolge... orientiert sich zugleich thematisch an der Großperspektive der Heimkehr Israels aus dem Exil"[40]. Seybold meint weiter, dem Wallfahrtspsalter lägen "Laiengedichte"[41] zugrunde, die, als sie ihren Weg nach Jerusalem gefunden hatten, einer einheitlichen Bearbeitung unterzogen worden seien[42]. Ps 130 als "Volkskunst" zu bezeichnen geht nicht an. In was für Schwierigkeiten Seybold seine Volksliedthese hineinführt, zeigt folgende Bemerkung zu Ps 129:

"War der Verfasser seiner Textwelt nach ländlicher Herkunft, muß man sich wundern, mit wie viel Bedacht und mit wie fester Hand er seine Worte zu setzen wußte: ein Laiengedicht, ein schönes Stück bäuerlicher Kunst"[43].

Seybold müßte, da er der Herkunft dieses Psalmes aus dem Volk so viel Bedeutung zumißt, den Begriff der Volkskunst definieren. Er tut dies nicht und setzt sich damit dem berechtigten Einwand aus, diese setze (die geistige) Verwurzelung im Volke voraus, entstehe aber nicht in ihm.

Im Anschluß an unsere Auslegung von Ps 130 wagen wir auch den ersten Teil von Seybolds Thesen in Zweifel zu ziehen. Der Psalm ist recht stark spiritualisiert, so daß man sich seine Verwendung im Kult eher schwer vorstellen kann. In noch stärkerem Maße trifft dies übrigens für Ps 131 zu. Doch wie auch immer: Die systematische Qualität des Psalmes wird von dieser Diskussion nicht berührt.

b) Ps 119: Das Gesetz? – Der gesetzesverliebte Beter? – Der von Gottes gnädigem Worte lebende Mensch!

"Was der Autor bei der Abfassung dieser 176 Verse für einen Zweck im Auge gehabt hat, weiß ich nicht. Jedenfalls ist dieser ‚Psalm' das inhaltsloseste Produkt, das jemals Papier schwarz gemacht hat... Auch in schriftstellerischer Hinsicht wird es schwer sein, ein Schriftstück nachzuweisen,

---

39 Seybold, a.a.O. 69ff.

40 Seybold, a.a.O. 72.

41 Seybold, a.a.O. 53 (vgl. 41ff); Ps 132 hat "seine Wurzeln in den Ritualtexten des Jerusalemer Tempels" (44).

42 Vgl. dazu Seybold, a.a.O. 61ff.

43 Seybold, a.a.O. 49.

das es an Ungeschicklichkeit und Gedankenlosigkeit mit diesem Ps aufnehmen könnte"[1].

Eine Auslegung von Ps 119 ohne dieses Duhmzitat ist undenkbar. Seine scharfe, ja ätzende Kritik stößt heute auf Unverständnis. Kurz nach dem zweiten Weltkriege setzte die theologische Rehabilitierung von Ps 119 ein. Sie fiel in einigen Fällen so massiv auf, daß man auf Duhms Invektiven als ein heilsames, notwendiges Korrektiv nicht verzichten kann. Den entscheidenden Anstoß in diesem Prozeß gab Krausens Aufsatz "Freude an Gottes Gesetz", ein heute fast schon wieder vergessenes theologiegeschichtliches Dokument. Kraus rehabilitiert den Psalm, indem er ihm Gastrecht bei der angesehenen Bundestheologie gewährt. Blenden wir etwas zurück: 1940 gab Noth in bezug auf die nachexilischen Gesetzestexte, u.a. Ps 119, folgendes Urteil ab:

",Das Gesetz' wurde zu einer absoluten Größe von voraussetzungsloser, zeit- und geschichtsloser Gültigkeit, in sich selbst begründet, verbindlich einfach deswegen,... weil göttlicher Herkunft und Autorität"[2]. "Bezeichnend für die Lösung des Gesetzes von jeder geschichtlichen Voraussetzung ist auch die Trennung der Begriffe ,Bund' und ,Gesetz' voneinander, die von Hause aus sachlich auf das engste zusammengehört hatten"[3].

Kraus hält Noth entgegen, "daß der Bundesgedanke auch in nachexilischer Zeit die tragende Kraft gewesen ist, ohne die die thorah nicht verstanden werden kann"[4]. Ps 50 und Neh 8,1ff dienen ihm als Beleg dafür, daß in nachexilischer Zeit ein Bundesschluß gefeiert wurde. Das soll nicht a limine bestritten werden. Mehr als fraglich ist hingegen, ob Ps 119 innerhalb einer Bundesfeier oder im Zusammenhang mit der Vergegenwärtigung der *brjt* Verwendung fand. Nichts weist in diese Richtung. Warum fehlt denn in diesem vom theologischen Vokabular her so reichen Psalm der Ausdruck *brjt*? Über dieses Bundesschweigen geht Kraus etwas zu leichtfertig hinweg. Und etwas zu schnell konstruiert er Brücken zwischen einzelnen alttestamentlichen Stellen – dergestalt, daß Ps 119 schließlich in theologisch überraschende Nachbarschaft gerät. So glaubt er Ps 40,8f und 37,30f im Sinne von Jer 31,31-34 interpretieren zu dürfen (Bund und Tora stehen hier in einem engen Verhältnis zueinander): das "Ver-

1 Duhm, Psalmen[1] 268.

2 Noth, Gesetze 114.

3 Noth, a.a.O. 119.

4 Kraus, Freude 341.

hältnis des Menschen zur thorah" werde in ihnen "im Lichte von Jer. 31, 31-34 gesehen"[5]; d.h. die Beter haben Lust am Gesetze Jahwes. Von hier aus ist es nicht mehr weit zum Schluß:

"Die Freude an Gottes Gesetz ist ein Zeichen der eschatologischen Existenz... Der Lobpreis des Gesetzes ist... ein Signal, durch welches das Kommen des ‚neuen Menschen' angekündigt wird – jenes Menschen, der die thorah Gottes in seinem Herzen trägt... Wo ‚Lust am Gesetz Jahwes' herrscht, da hat die thorah das Herz des Menschen erobert, da ist der Gerechte mit seiner ganzen Existenz von der Wegweisung Gottes in Anspruch genommen worden. Es wird schwer halten, eine andere Erklärung für das Vorhandensein des chephäz im Leben des nachexilischen Frommen zu finden als die durch Jer. 31,31-34 gegebene"[6].

Mit anderen Worten: Der neue Mensch ist – entgegen dem Zitatanfang – nicht erst angekündigt, sondern bereits da: "Wenn der Beter des 119. Psalms die Worte spricht: ‚Ich habe meine Freude und meine Lust an deinen Geboten, die ich liebe' (Vers 47), dann ist dieser Beter ein Zeuge für die Erfüllung von Jer. 31,31-34"[7]. Von der Lust an den Geboten spricht Jer 31,31-34 nicht – jedenfalls nicht direkt; der Akzent liegt in diesen vier Versen vereinfacht ausgedrückt auf folgender Aussage: Gott befähigt die Israeliten zur Befolgung der Tora, indem er sie ihnen ins Herz legt. Ps 119 bildet kein Zeugnis dafür, daß die eschatologische Weissagung von Jer 31,31-34 in Erfüllung gegangen ist.

Ps 119 geht auch ohne die Krücken "Bundestheologie" und Jer 31,31-34 aufrecht. Krausens einflußreiche Auslegung verdeckt die Qualitäten von Ps 119, sein Profil eher, als daß sie sie offenlegt. Formale Eigenheiten des Psalmes geben erstaunlicherweise die besten Anhaltspunkte zu dessen Bestimmung. Der Verfasser von Ps 119 hat sich zwei seiner Dichtung nicht in jeder Hinsicht bekömmlichen Zwängen unterworfen: der akrostichischen Form und der Wiederholung von acht Ausdrücken für das Gesetz in allen Strophen.

Da alle akrostichischen Texte[8] in die Spätzeit des Alten Testaments ge-

---

5 Kraus, a.a.O. 347.

6 Kraus, a.a.O. 348.

7 Kraus, a.a.O. 349.

8 Über Herkunft und Funktion der akrostichischen Form herrscht keine Einigkeit. Auf einige der in der Forschung vertretenen Positionen sei in Form eines Zitates aus Crüsemann, Studien 297, verwiesen: "Ob sie dem Bereich des Zaubers oder der Weisheit entstammen, ob ihr Ausgangspunkt der Wunsch war, in heiligen Schriften Textverderbnis zu verhindern oder das Gedächtnis zu unterstützen, ob der Gedanke der Vollständigkeit im Hintergrund steht...". Einen knappen Überblick über die Forschungsgeschichte bietet Hanson, Acrostics 3ff.

hören und der Gegensatz zwischen "fromm" und "gottlos" in ihnen eine zentrale Rolle spielt, meint Hanson, die Form habe eine "social function", "a literary device providing a sense of order and structure in a period of social and political turmoil"[9]. Vielleicht gehört diese soziale Funktion eng mit einer andern zusammen, welche die akrostichische Form in Ps 119 besitzt: der, eine Ganzheit, Vollständigkeit zum Ausdruck zu bringen[10]. Auf sie haben schon die Väter hingewiesen (IIIHenoch 44,9):

",The whole of Israel has transgressed your Torah.' It does not say here ,against your Torah,' but simply ,your Torah,' because they transgressed it from ᵓAlep to Taw"[11].

Es gilt also: Alles, was zum Thema Gesetz zu sagen ist, ist gesagt, erschöpfend behandelt.

Das gleiche Bestreben um Vollständigkeit macht sich auch in der Verwendung der acht Gesetzestermini geltend: *twrh*, *ᶜdwt*, *pqwd**, *ḥq*, *mṣwh*, *mšpṭ*, *dbr*, *ᵓmrh*[12]. In Aufreihungen finden sich vereinzelt noch andere Ausdrücke[13]. Ps 119 enthält die wichtigsten Termini, und zwar vollständig. Die Quelle für die Reihungen von Ps 119 liegt in Ps 19[14.15]: Sechs (fünf) der Ausdrücke tauchen in beiden Psalmen auf. Ihre Abfolge in der ersten Strophe von Ps 119 entspricht genau der von Ps 19, sicher kein Zufall! In Ps 119 wird die Reihung von Ps 19 durch einen (den wichtigsten![16]) Gesetzesausdruck und einen allgemeinen Begriff für das göttliche Wort ergänzt: Durch die Einführung von *ḥq* wird die Reihe von Ps 19 komplettiert, *dbr* interpretiert sie. Der Verfasser von Ps 119 tritt indirekt mit dem Anspruch auf, etwas Umfassendes, ja alles zum gött-

---

9 Hanson, a.a.O. 433.

10 Jacquet, Psaumes*** 332.

11 Übersetzung von Charlesworth, Pseudepigrapha 296.

12 Gelegentlich wird auch erwogen, *drk* (und *ᵓrḥ*) in diese Liste aufzunehmen; vgl. dazu Robert, Sens 184. – Die acht Ausdrücke tauchen nicht in allen Strophen auf. Versuche, durch Eingriffe in den masoretischen Text eine absolute Regelmäßigkeit herzustellen, dürfen als gescheitert gelten. – Die Entdeckung der Achterreihe (wie ein Versuch, sie in allen Strophen nachzuweisen) geht auf Müller, Strophenbau 54ff, zurück.

13 *ᵓmr*: Ps 78,1; Hi 22,22; Prov 2,1; *brjt*: Lev 26,15; Jos 24,25; IIReg 17,15; 23,3; Ps 78,10; *mšmrt*: Dtn 11,1; IReg 2,3.

14 Müller, Strophenbau 59.

15 Zum textkritischen Problem von Ps 19,10 s. unsere Auslegung des Psalmes.

16 Wie die Tabelle bei Liedke, Gestalt 13-16, zeigt, bildet *ḥq* den wichtigsten Begriff in Aufreihungen von Gesetzestermini.

lichen Gesetz zu sagen. Aber will er nur das? Und kann er es überhaupt?

Er will nicht. Gunkel hat in seiner überraschend vorsichtigen, ja einfühlsamen Auslegung von Ps 119 auf einen entscheidenden Punkt hingewiesen: Obwohl ihm das "Klagelied des Einzelnen" den Stempel aufdrücke, weise er Elemente vieler anderer Gattungen auf, so von Hymnus, Danklied und Weisheitslehre[17]. Die formgeschichtliche Folgerung, die Gunkel aus dieser Beobachtung ableitet, ist zwar falsch – Ps 119 ist kein "Mischgedicht"[18], sondern eine Größe "sui generis"[19], das Produkt eines Schriftstellers, also keine Gattung mehr –, aber sie lenkt die Aufmerksamkeit auf einen häufig übersehenen Tatbestand: Ps 119 handelt nicht ausschließlich vom Gesetz, sondern entfaltet eine erstaunliche Fülle von Theologumena – in oft recht allgemeiner Weise. Der Psalmist will zwar nicht alles über Gott und Mensch sagen, aber doch vieles.

Der Psalmist kann nicht allein über die Tora reden. "Gesetz" ist ein Verhältnisbegriff, der mit Gott auf der einen, der Gemeinschaft auf der andern Seite in Verbindung gebracht werden kann. Reinen "Gesetzespsalm" gibt es nicht[20]. Die drei Psalmen, die man dieser Gattung zuordnet, entfalten je ein anderes Thema:

– Ps 19 spricht von den Qualitäten des Gesetzes und seinen Auswirkungen auf den Menschen. Wenn irgendwo, dann erscheint es in den V. 8-11 als absolute Größe.
– Wenn die Zürcher Bibel Ps 1 die Überschrift "Der Fromme und der Gottlose" voranstellt, hat sie den Skopus des Textes richtig erfaßt: Es geht im Psalterproömium in erster Linie um die unterschiedliche Einstellung der beiden (zweier Gruppen im Volke) zum Gesetz.
– Gegenstand von Ps 119 bildet die Torabeziehung eines einzelnen Frommen, der Gott in seiner Not um Hilfe bittet[21].

Der Einzelne und sein Gott. Hier meldet sich Widerspruch an: Was ist mit den Gegnern des Psalmisten? Ein erster Punkt: Wo der Psalmist von ihnen redet, weist er häufig darauf hin, daß sie von Gott entfernt sind

17 Gunkel, Psalmen 511f.

18 Gegen Gunkel, a.a.O. 512.

19 So mit van der Ploeg, Psaume 119, 85.

20 Vgl. dazu unsere Auslegung von Ps 19.

21 In diesem Zusammenhang verdient Beachtung, daß die Schlußstrophe eine Art Gebet bildet. Hängt das etwa mit formalen Zwängen zusammen? Das *t* lädt zu einer Gebetsstrophe geradezu ein. Gegenargument: Die *l*-Strophe beginnt der Verfasser mit Ausnahme von V. 92 mit *le*, obwohl sich ihm vom Inhalte des Psalmes her das Wort *lmd* aufdrängte.

und sich nicht an seine Gebote halten – oder aber, daß er sie befolgt, auch wenn sie ihn bedrängen[22]. Zwei Beispiele: Freche spotten meiner...; doch ich weiche nicht ab von deinem Gesetze (V. 51); Zornglut erfaßt mich wegen der Gottlosen, die dein Gesetz verlassen (V. 53). Die Feinde des Psalmisten werden direkt und indirekt als Toragegner dargestellt. Das mag ein Stück weit durch das Korsett der acht Gesetzesausdrücke bedingt sein; in es hat sich der Verfasser allerdings selber gezwängt. Die Aussagen über die Widersacher als biographische zu verstehen verbietet sich auch aus andern Gründen. Wer es tut, muß annehmen, er sei von Fürsten verfolgt worden (V. 161) und wolle sich die Freiheit nehmen, vor Königen über Jahwes Zeugnisse zu reden (V. 46). Das trifft kaum zu. Wahrscheinlich stilisiert sich der Beter hier als einfacher Mann, der trotz seiner Gefährdung das Wort ergreift, um die Tora zu verteidigen. Nur mit Zurückhaltung biographisch ausgewertet werden dürfen auch die Stellen, welche von den Aktivitäten seiner namenlosen Feinde berichten; es sind die gleichen, von denen wir in andern Psalmen des Einzelnen hören: Sie verfolgen, bedrängen, bedrücken und unterdrücken den Beter. Sie schmähen ihn, spotten und höhnen seiner. Sie tun ihm Gewalt an, legen Fallstricke, graben ihm Gruben und lauern ihm auf. Sie ratschlagen wider den Beter und erdenken Lügen gegen ihn. Ihre Stricke umfangen ihn, und beinahe hätten sie ihn aufgerieben im Lande (*km^{c}ṭ klwnj b$^{\supset}$rṣ*, V. 87). Nur diese letzte Aussage sprengt den Rahmen des Konventionellen ein bißchen. Da *klh* im Psalter selten vorkommt, aber ziemlich häufig im Buche Jeremia, nimmt Deißler[23] an, der Beter von Ps 119 stilisiere sich, wie auch sonst recht häufig, als leidender Prophet; seine Argumente sind nicht eben überzeugend. Von den Feinden in den Klagepsalmen unterscheiden sich diejenigen von Ps 119 nur in einem Punkte: Stärker als jene sind sie Feinde Gottes und vor allem seiner Tora. Erst der Beter von Ps 119 durchschaut also, wer und was die Feinde des Einzelnen sind: nämlich gottlose, dem Gesetze gegenüber feindlich eingestellte Menschen. Noch anders gewendet: In Ps 119 gewinnen diese Feinde ihr endgültiges theologisches Profil. Er könnte deshalb als Auslegungshilfe für andere Psalmen dienen, in denen Feinde des Einzelnen auftauchen.

Nur scheinbar sind wir mit diesen Ausführungen zu den Feinden des Psalmisten vom Thema abgekommen. Sie haben gezeigt, wie stark die

---

22 Dies trifft für V. 42.121.122 nicht zu.

23 Deißler, Psalm 119, 186f. Er schlägt mit andern zusammen vor, in V. 87 *m$^{\supset}$rṣ* zu lesen. Übernimmt man diese Korrektur, wirkt der Vers wieder konventioneller (vgl. Ps 21,11; 34,17; 109,15).

diesbezüglichen Aussagen theologisch geprägt sind.

Das braucht bei folgenden Sätzen nicht speziell betont zu werden. Ihr Inhalt steht in keiner direkten Beziehung zu den beiden Themen, welche den Psalm beherrschen, dem Liebesverhältnis des Beters zur Tora und seiner vertrauensvollen Bitte um Gottes gnädiges Eingreifen. Sie seien eben aufgeführt: Deine Hände haben mich gemacht und bereitet (V. 73); Du hast die Erde gegründet, und sie besteht (V. 90). – Ich bin ein Fremdling auf Erden (V. 19); Wie wenig Tage bleiben noch deinem Knechte (V. 84). – Aller Vollkommenheit sah ich ein Ende (V. 96). – Dein bin ich (V. 94). – Deine Gnade füllt, o Herr, die Erde (V. 64); Du bist gut und tust Gutes (V. 68); Dein Erbarmen ist groß, o Herr (V. 156). Den naheliegenden Einwand, einige dieser Sätze verdankten sich den Nöten des Verfassers mit der akrostichischen Form, darf man nicht leichtfertig abtun. Wer aber nicht gleichzeitig darauf hinweist, wie elegant und theologisch überzeugend der Verfasser diese Schwierigkeiten meistert, wird seiner Leistung nicht gerecht. Man beachte auch die inhaltliche Breite dieser hier nicht auszulegenden Sätze. Der Verfasser von Ps 119 ist nicht monoman. Von der inhaltlichen Vielgestaltigkeit des Psalmes vermittelt auch sein reichhaltiges Vokabular[24] ein gutes Bild; in ihm vermißt man nur typisch heilsgeschichtliche Ausdrücke oder ihre Verwendung in heilsgeschichtlichem Zusammenhang[25].

Über dem bisher Ausgeführten gilt es nicht zu vergessen, daß Ps 119 zwei deutliche Schwerpunkte aufweist: das Gesetz/Wort Gottes und sein gnädiges Eingreifen zugunsten des Beters.

Zum ersten Punkt: Ps 119 galt lange und gilt teilweise heute noch als Gesetzespsalm und ist doch stärker ein Psalm vom Worte Gottes. Schon die Statistik weist in diese Richtung. Zwar enthält Ps 119 fünfundzwanzig Belege von *twrh* gegenüber nur zweiundzwanzig von *dbr*. Aber dieser Ausdruck findet sich elfmal im ersten Vers einer Strophe, *twrh* dage-

---

24 *hʾmjn, ʾmwnh, ʾmt, ʾrḥ, ʾšrj, bḥr, bṭḥ, bjn, gʾl, gr, drk, drš, ḥjh, ḥkm, ḥlq, ḥnn, ḥsd, ṭwb, jdh, dʿt, jḥl, jsd, jrʾ, hwšjʿ, j/tšwʿh, jšr, kwl, kwn, mgn, nḥl* (V. 111; unsicher), *nḥm, nḥmh, str, ʿd, ʿzr, ʿwlm, ʿnh, ʿśh, pḥd, plʾ, nplʾwt, pnh, (pnj jhwh), pʿl, ṣdq(h), ṣdjq* (von Gott), *ṣwh, qdm, qnʾh, qṣ, qrwb* (von Gott, V. 151), *rʾš* (Anfang deines Wortes, V. 160), *rḥmjm (rbjm), śbr, śkl, šlwm (rb), šm jhwh, šmr, tmjd, tmjm*. – Auch vom Text losgelöst vermittelt diese Liste einen guten Eindruck vom inhaltlichen Reichtum des Psalmes.

25 Vgl. etwa V. 30 und 173. In ihnen wird der heilsgeschichtliche Ausdruck *bḥr* in theologischem Zusammenhang mit dem Menschen als Subjekt verwendet, was selten vorkommt; vgl. dazu Wildberger, Art. *bḥr*, 297-299.

gegen nur viermal (V. 1 deshalb, weil sich der Verfasser von Ps 119 an die Reihenfolge von Ps 19 hielt)[26]. van der Ploeg interpretiert diesen Tatbestand wie folgt:

"pour l'auteur du psaume, la tôrāh est avant tout dābār, la parole révélée de Dieu. C'est parce que la tôrāh est parole de Dieu qu'il faut l'observer"[27].

Mit dieser Auslegung ordnet van der Ploeg *twrh* dem göttlichen Wort unter; sie bildet Teil davon. *dbr* als den wichtigeren, übergeordneten Begriff zu betrachten[28], legt sich noch aus einem anderen Grunde nahe. In V. 89 heißt es: Auf ewig bleibt, o Herr, dein Wort, steht fest im Himmel. *dbr* ist hier eine hypostatische, ja personifizierte Größe[29] und erhält dadurch eine Dignität ohnegleichen, die der Begriff *twrh* nicht erreicht. In Ps 119 bildet V. 89 die zentralste, allgemeinste Aussage – mit einer wichtigen, noch kaum herausgestellten Funktion: Daß Gottes Wort in *Ewigkeit* bleibt, fest im *Himmel* steht, bildet die Voraussetzung dafür, daß *dbr* immer wieder ergehen kann.

Möglicherweise sind wir der Versuchung, der sich jeder Ausleger von Ps 119 ausgesetzt sieht, schon erlegen: der zur Überinterpretation. Folgender Hinweis darf deshalb nicht unterbleiben: Als einziges der acht Synonyma kommt *twrh* nur in der Einzahl, in denkbar weiter Bedeutung vor; von *dbr* gibt es einige Belege in der Bedeutung "Gebote, Vorschriften Jahwes"[30].

Von einer scheinbaren Nebensächlichkeit her kommt der grundsätzliche Unterschied zwischen *dbr* und *twrh* (sowie den übrigen Gesetzestermini[31]) besonders gut in den Blick: Wird der Beter auch nicht müde,

---

26 Vgl. dazu van der Ploeg, Psaume 119, 83.

27 van der Ploeg, a.a.O. 84; zu Bedeutung und Herkunft des *twrh*-Begriffs in Ps 119 vgl. weiter Levenson, Sources.

28 So schon Deißler, Psalm 119, 293: "Unser Psalm ist... nicht ein Gesetzespsalm, sondern ein Psalm vom Worte Jahwes". In der Auslegung dieses Satzes gehen wir allerdings andere Wege als Deißler (vgl. dazu seine Ausführungen 299).

29 Vgl. auch Deißler, a.a.O. 299.

30 V. 57.130.139; nach Schreiner, Leben 402, ist bei den *dbrjm* unter anderem an die zehn Gebote gedacht; er verweist in diesem Zusammenhang auf Ex 20,1; Dtn 5,22; 10,4.

31 Von ihnen kann im folgenden weitgehend abgesehen werden. Nur soviel sei bemerkt: *ḥq*, *ᶜdwt* und *pqwd** werden in streng nomistischer Bedeutung verwendet, die restlichen weisen ein breiteres Bedeutungsspektrum auf; vgl. dazu Deißler, Psalm 119, 294.

seine Freude und sein Ergötzen an der Tora, an den Gesetzen Jahwes auszudrücken – nur die *ḥq*-Zeilen bilden hier eine Ausnahme[32] –; in bezug auf den *dbr* sucht man entsprechende Aussagen vergeblich. Im Zentrum steht hier das Hoffen auf das Wort, die Bitte des Psalmisten, Gott möge ihn durch seinen *dbr* beleben; er muß nach einigen Stellen erst noch ergehen[33]. Eine zugegebenermaßen einseitige Gegenüberstellung von je zwei Beispielen macht dies deutlich:

> Ja, deine Vorschriften sind mein Ergötzen, sie sind meine Ratgeber (V. 24).
> Wie habe ich dein Gesetz so lieb! den ganzen Tag ist es mein Sinnen (V. 97).
> Meine Seele schmachtet nach deiner Hilfe; ich harre auf dein Wort (V. 81).
> Ich bin gar tief gebeugt; Herr, belebe mich nach deinem Worte (V. 107).

An der Tora, den Geboten kann man seine Lust haben, da sie vorliegen – nicht am *dbr*, da bei ihm der *Geschehenscharakter* stark hervorgehoben wird. Die Gegenüberstellung "ergehendes – ergangenes, vorliegendes Wort" ist gewiß zu plakativ, vereinfacht den Tatbestand, aber nicht unzuläßig. Das gleiche trifft für folgenden Satz zu: *dbr* ist stärker Evangelium, *twrh* stärker (nicht bedrückendes) Gesetz, das befolgt werden will, wie besonders die erste Strophe (V. 1-8) fast programmatisch festhält.

Als außerordentlich sperrig erweist sich Ps 119, versucht man herauszuarbeiten, was in ihm mit Wort und Gesetz Jahwes gemeint ist. Die Tora liegt, wie V. 18 deutlich zeigt, schriftlich vor. Was umfaßt sie? Deißler beantwortet diese Frage vorsichtig wie folgt: Es ist der mit "deuteronomisch-prophetisch-sapentielle[r]"[34] Brille interpretierte Pentateuch, in dem der priesterschriftlichen Tradition nur eine untergeordnete Rolle zukommt (wenn überhaupt)[35]. Aus einem andern Blickwinkel formuliert: "Die zentrale Achse seines Torahbegriffes ist die im Dtn, bei den Propheten und den Weisheitslehrern antreffbare Tradition des alten Si-

---

32 Vgl. immerhin V. 54 und 112.

33 Vgl. weiter etwa noch V. 25.37.74.114.147; Würthwein, Kultpolemik 156, spricht im Zusammenhang mit diesen und andern Stellen vom "erbetene[n] Heilswort", das im Kult ergehe.

34 Deißler, Psalm 119, 296.

35 Deißler, a.a.O. 294f. Aus den V. 10.11.21.38.67 hört er "eine bemerkenswerte Differenz", aus V. 108 und 169 "eine unüberhörbare Reserve gegenüber P" heraus.

naibundesgesetzes mit seinen wesentlichen Vorschriften und Verheißungen"[36]. Deißlers Beobachtungen kann man wie folgt weiterführen: *twrh* besitzt in Ps 119 denkbar allgemeine Bedeutung, so allgemeine wie sonst nur selten, nicht einmal im Deuteronomium.

Zu *dbr*. Deißler meint, der Ausdruck werde in Ps 119 gleich verwendet wie im deuteronomisch-deuteronomistischen Bereich, nämlich "bald prophetisch, bald legalistisch"[37]. Träfe dies so allgemein zu, man käme um den Schluß kaum herum, er bilde einen Spätausläufer der deuteronomistischen Bewegung, kommt den beiden Ausdrücken *dbr* und *ḥq*, mit denen der Verfasser von Ps 119 die Liste der Gesetzesbezeichnungen von Ps 19 ergänzt, in diesem Traditionsbereich doch zentrale Bedeutung zu. Deißler übersieht folgendes: Die engsten Parallelen zum *dbr*-Gebrauch in Ps 119 enthält der Psalter, nicht das Deuteronomium. Zwei Beispiele:

> *jšlḥ dbrw wjrpʾm* (Ps 107,20).
> Ich hoffe, o Herr, es hofft meine Seele,
> und auf sein Wort harre ich (Ps 130,5).

Vor allem die zweite Stelle (mit der recht allgemeinen und schwer einzugrenzenden Bedeutung von *dbr*) berührt sich eng mit Formulierungen und Geist von Ps 119. Der Vers könnte in Ps 119 stehen. Das Deuteronomium enthält keine Aussage mit *dbr*, die sich von ihrem Inhalt so problemlos in den Psalm einfügte.

Ps 130,5 bildet deshalb die beste Überleitung zum nächsten Abschnitt – "Das göttliche Wort als wesenhafte Gnade"[38]. Treffender hätte Deißler die Bedeutung von *dbr* in Ps 119 nicht umschreiben können. Folgendes Motto böge seinen Skopus nicht allzustark um: Daß Gottes Gnad und Barmherzigkeit groß und der Mensch auf sie und Gottes Hilfe angewiesen sei. Vorsichtig gerechnet fallen 43 von 176 Versen unter dieses Motto[39], was bei einem Gesetzespsalm erstaunt. Wie häufig und in wie unterschiedlicher Form wird in ihm doch um Gottes Hilfe, sein gnädiges Eingreifen (nicht nur in den *dbr*-Versen) gebeten[40]. Einige Beispiele:

---

36 Deißler, a.a.O. 296; zum Torabegriff von Ps 119 vgl. weiter Levenson, Sources.

37 Deißler, a.a.O. 295f.

38 Deißler, a.a.O. 303(-309). In diesem Abschnitt schließt er sich – ausgesprochen oder implizit – stark an Kraus an, mehr als gut ist, aber doch nicht so stark, daß er uns seine eigenen ausgezeichneten Beobachtungen unterschlüge.

39 V. 8.10.17.32.38.40.41.50.58.64.65.68.76.77.81.82.88.90.107.114.116.117. 122.123.124.132.135.144.145.146.147.149.153.154.156.159.166.169.170.173. 174.175.176.

40 Vgl. zu diesem Thema auch die Ausführungen von Schreiner, Leben 410ff.

Meine Seele schmachtet nach deiner Hilfe, ich harre auf dein Wort (V. 81); Ich bin gar tief gebeugt; Herr, belebe mich nach deinem Worte (V. 107); Führe meine Sache und erlöse mich; erhalte mein Leben nach deiner Verheißung (V. 154); Ich bin verirrt wie ein verlorenes Schaf; suche deinen Knecht, denn deine Gebote habe ich nicht vergessen (V. 176).

Oben wurde geschrieben, man dürfe die Feindaussagen des Psalmes nicht biographisch verstehen. Seine Bitten erhärten diese Behauptung. Nur am Rande geht der Verfasser von Ps 119 Gott um Befreiung aus Feindeshand an, obwohl sich ihm dafür mehr als eine Gelegenheit bot. Eine Ausnahme bilden folgende drei Sätze[41]: Die Frechen mögen zuschanden werden (V. 78); Wann wirst du über meine Verfolger Gericht halten? (V. 84); Erlöse mich von der Bedrückung der Menschen (V. 134). Weiter geht der Psalmist nicht. Undenkbar, daß er sich etwa zur Bitte von Ps 7,7 verstiege: Steh auf, o Herr, in deinem Zorne, erhebe dich wider den Grimm meiner Feinde. Wie die Schilderung der Not und die Darstellung der Feinde in Ps 119 trotz großen rhetorischen Aufwandes blaß wirkt, im Allgemeinen verbleibt, so auch seine Bitten: Der Psalmist drückt mit ihnen aus, wie sehr er auf Gottes Hilfe angewiesen ist und von seiner Gnade abhängt – als schwacher und hinfälliger, nicht sündiger Mensch. Er umschreibt damit in sehr grundsätzlicher Weise, allerdings nur ausschnittweise, die condition humaine vor Gott. Er bleibt nicht bei der Bitte, obwohl diese quantitativ überwiegt. Zu wiederholten Malen spricht der Beter in bestimmter und grundsätzlicher Weise von Jahwes Güte und Erbarmen (V. 64.68.156)[42]. Es verdient Beachtung, daß den allgemeinen Sätzen im ersten Stichos der Verse keine der Typen "Auf dein Wort hoffe ich"; "Belebe mich nach deinem Worte" folgen. Das heißt: Der Psalmist setzt allgemeine und auf ihn bezogene Aussagen über Gottes gnädiges Handeln in keine direkte Beziehung zueinander. Daß er sie stillschweigend miteinander verband, dürfte feststehen; offen bleibt nur wie eng.

Eine weitere Beobachtung macht deutlich, wie stark die Gnadentheologie Ps 119 bestimmt: Der Beter "fühlt sich in allem so abhängig von der göttlichen Gnade, daß er beständig um die gratia adjuvans fleht, um den Gotteswillen auch nur erkennen zu können"[43] – darum das dauern-

41 Vgl. weiter V. 86.121.122(126).

42 Schon deshalb kann der Gedanke der Werkgerechtigkeit kaum aufkommen (vgl. dazu auch Deißler, Psalm 119, 305f).

43 Deißler, a.a.O. 306.

de Flehen des Psalmisten, Gott möge ihn erleuchten und belehren[44]. Auch unter die Rubrik "gratia adiuvans" fällt die Bitte von V. 10: Laß mich nicht abirren *(tšgnj)* von deinen Geboten!

Wir können abbrechen. Ps 119 ist ein ausgesprochener Gnadenpsalm, freilich sehr eigenartiger Ausprägung: Von Jahwes Gnade und Erbarmen spricht der Psalmist nur an wenigen Stellen direkt und offen; er zieht verhüllte, indirekte Redeweisen vor: die Bitte um Hilfe, Erleuchtung und Belehrung. Gottes Gnade beansprucht er nicht über Gebühr: Er will als von Gott Geretteter und Begnadeter nur seine Gesetze erfüllen können.

Die in dieser Arbeit untersuchten Gebete und Psalmen greifen immer wieder auf ältere Bibeltexte zurück. In seiner meisterhaften Auslegung von Ps 119 untersucht Deißler diese Erscheinung grundsätzlich und geht auf Aspekte ein, die wir bisher noch nicht berührt haben. Seine Ausführungen seien deshalb kurz zusammengefaßt: In Israel baute die Wissensvermittlung wie im alten Orient auf dem Auswendiglernen von Texten auf. Gab man so Gebildeten ein Stichwort, so fielen ihnen sogleich eine ganze Reihe von Stellen zu diesem Thema ein. "Für das literarische Schaffen solcher Menschen ergibt es sich aber von selber, daß aus der Sprache und Gedankenwelt der in ihrem Gedächtnis lebenden Texte vieles in ihr Denken und Sprechen einfließt"[45]. "Dazu kommt dann bei Zurücktreten des schöpferischen Prophetentums der intentionale Anschluß an große Autoritäten der Vergangenheit"[46]. Diesen aufgenommenen Texten gegenüber sind zwei Haltungen möglich:

"Der eine wird in Ehrfurcht das Gotteswort möglichst unverändert in senem Innern lebendig werden lassen, der andere wird sich in großer geistiger Aktivität bemühen, seinen Sinn und seine Tiefe auszuschöpfen und auszumünzen. Dabei wird sich von selber eine Selektion *der* Texte einstellen, an die mit Vorliebe Meditation und Spekulation anknüpfen. So kann es zu einer Art ‚Anthologie', zu einer ‚Blütenlese' auf dem breit gewordenen Felde der göttlichen Offenbarung kommen. Sie geschieht naturgemäß intentional, muß aber im neuen Text keineswegs als Zitation auftreten, sondern kann einfach Themata, Leitmotive oder Anknüpfungspunkte abgeben. Für den Schriftkundigen genügt ein Stichwort, ein charakteristischer Gedanke oder eine Redefigur, um ihn auf die Richtung zu verweisen, in der ein ‚anthologisch' vorgehender Verfasser eines Textes denkt, spricht und schreibt"[47].

---

44 Vgl. dazu Deißler, a.a.O. 309ff.

45 Deißler, a.a.O. 22.

46 Deißler, ebd.

47 Deißler, a.a.O. 23 (Hervorhebung von Deißler).

Deißler beschreibt die Erscheinung zurecht unscharf, nicht schärfer als sie ist. An seiner Definition stört nur der (ihm vorgegebene) Ausdruck "anthologisch", der eine präzise, technische Bedeutung aufweist[48] und nicht zweckentfremdet werden sollte[49]. Besser wäre es, mit Robert von "attaches littéraires bibliques"[50] zu sprechen, deckt der Begriff doch jede Art von Bezugnahme auf vorliegende Texte ab, vom wörtlichen Zitat bis zur Übernahme einiger Begriffe. Die unterschiedlichen Weisen der Bezugnahme zu klassifizieren wäre schwierig und erforderte mehr Platz, als hier zur Verfügung steht[51]. Zudem stellen sich bei jedem Text andere Probleme und Fragen. Ps 119 bildet dafür ein besonders schönes Beispiel. Der Psalm enthält wenig Verse, die sich sehr eng mit andern Bibelstellen berühren[52]. Dies braucht nicht zu erstaunen, hat sich doch der Verfasser des Psalmes in ein so starres formales Korsett gezwängt, daß er nicht auch noch genau zitieren konnte. Dürfen wir deshalb weniger ausgeprägten Berührungen mit biblischen Texten mehr Gewicht zumessen, als wir das normalerweise tun? Die Frage kann hier nur gestellt, aber nicht beantwortet werden – wie auch die folgende, mit der wir diesen Abschnitt abschließen –: Trifft es tatsächlich zu, daß die Bezugnahme auf vorliegende Texte immer intentional geschieht?

Ps 119 mußte im Rahmen dieser Arbeit ausgelegt werden. Es fragt sich nur, wo er einzuordnen ist; der hier gewählte Platz ist nicht der einzig mögliche. In Ps 119 werden der Gottlose und noch ausgeprägter der leidende Beter zu theologischen Charakteren. Obwohl eine Person ohne Fleisch und Blut, nimmt man ihn stärker als Individuum wahr denn die Beter in gewissen Klagepsalmen und Dankliedern – ganz einfach deshalb, weil seine Umgebung eine noch unwirklichere Darstellung erfährt. Ps 119 zeichnet den Beter und damit jeden Menschen als schwaches, bedrängtes, hilfsbedürftiges, ganz von Gottes Gnade abhängiges Geschöpf, und zwar

---

48 "Sammlung ausgewählter Gedichte, Epigramme, Sprüche, Zitate und Prosastükke" (Brockhaus, Art. Anthologie 566).

49 Bis jetzt konnte ich nicht ausfindig machen, wer den Begriff "Anthologie" in die alttestamentliche Forschung eingeführt hat. Mit anderen zusammen verweist Deißler, Psalm 119, 23 Anm. 57, auf Robert, doch dieser schreibt in Attaches 348: "Depuis longtemps, on en a signalé l'existence dans Eccli., et à cette occasion, on a prononcé le mot de style anthologique". Robert belegt diese Aussage nicht genau.

50 Vgl. den Aufsatztitel: "Les attaches littéraires bibliques de Prov. I-IX.".

51 Vgl. dazu Deißler, Psalm 119, 277-281.

52 Besonders auffällig sind die Berührungen von V. 64 mit Ps 33,5 und von V. 132 mit Ps 5,12; 25,16; vgl. dazu Deißler, a.a.O. 270-277.

in Reingestalt. Das gleiche trifft mutatis mutandis auch für den Gottlosen zu. Folgerichtig bildet die Bitte um Gottes Gnade, um sein lebenspendendes Wort das eigentliche, heimliche Zentrum des Psalmes, um das alles kreist, auch die zurückhaltend formulierte Gewißheit, daß Gott gnädig ist. Wo bleibt hier das Gesetz? Es gehört einmal zu den lebenspendenden Gaben Gottes. Oder anders ausgedrückt: Die Tora ist Ausfluß der göttlichen Gnade, greifbar, zur Hand; sie zu meditieren und zu erfüllen bedeutet des Beters Glück. Zum andern will er sie erfüllen (aus Dankbarkeit), weil sich Jahwe ihm gnädig zugewandt hat. Was hier an einem Beispiel festgestellt wurde, trifft für den ganzen Psalm zu: Er enthält viele systematisierende Tendenzen, aber keine streng durchgeführte, bis zum Ende durchdachte Theologie. Der Verfasser von Ps 119 ist letztlich stärker noch als Theologe Mystiker (in der abgeflachten Bedeutung des Ausdrucks), der seine Freude am Spiel nicht verhehlen kann.

c) Ps 117: Der ewig gütige Gott

(1) Lobet den Herrn, alle Völker!
Preiset ihn, ihr Nationen alle[1]!
(2) Denn mächtig waltet über uns seine Gnade
und die Treue des Herrn bis in Ewigkeit.
Hallelujah!

Dieser Psalm erfreut sich in der Kirche nicht zuletzt seiner Kürze wegen großer Beliebtheit[2]. Nicht erst in der historisch-kritischen Auslegung begegnet man ihm aus dem gleichen Grunde mit Mißtrauen[3]: 32 hebräische Handschriften, die Bibeln von Soncino und Brixen sowie einige Tar-

1 Das Nomen *ᵓmh** ist außer an der vorliegenden Stelle nur noch Gen 25,16 und Num 25,15 belegt – im femininen Plural. Da *gwjm* (pl.) in einigen Fällen parallel zu *lᵓm* steht (Gen 25,23; Jes 34,1; 43,9; Ps 2,1; 44,3.15; 105,44; 149,7), wird recht häufig vorgeschlagen, *lᵓmjm* zu lesen (so etwa von Kraus, Psalmen 974). Diese Lesung hat einiges für sich. Freilich läßt sich kein durchschlagendes Argument gegen den masoretischen Text ins Feld führen. *hᵓmjm* könnte ein Aramaismus sein: Das Nomen *ᵓmh* findet im Aramäischen häufig Verwendung (mit maskulinem Plural). Diese Deutung erscheint um so wahrscheinlicher, als *šbḥ* pi. sicher Aramaismus ist (vgl. Dan 2,23; 4,31.34; 5,4.23). Das Verbum gehört nicht zum geläufigen Vokabular der Psalmensprache (im Vergleich mit verwandten Ausdrükken; Belege: Ps 63,4; 106,47 = lChr 16,35; Ps 145,4; 147,12; Koh 4,2; 8,15).

2 van der Ploeg, Psalmen 286.

3 Briggs, Psalms II 402, und Weiser, Psalmen 496, rechnen damit, daß Ps 117 einmal Teil eines umfangreicheren Psalmes bildete; sie ziehen ihn aber weder zu Ps 116 noch zu Ps 118. Schmidt, Psalmen 210f, erblickt in ihm den Abschluß von Ps 116; sie bilden zusammen eine "Gelübdedankfestliturgie" (210).

gumhandschriften verbinden ihn mit Ps 116 zu einem einzigen Psalm. Einige Manuskripte ziehen ihn zu Ps 118 (oder seinen ersten vier Versen), und eine Handschrift faßt sogar Ps 116; 117 und 118,1-4 zu einem Psalm zusammen[4]. Durch die Verbindung von Ps 117 mit Ps 116 oder/und Ps 118(V. 1-4) entstehen freilich keine schönen Gebilde: Der vom Inhalt her einheitliche Ps 116 erhielte mit Ps 117 ein Element, das nur schlecht zu ihm paßte. Als Einleitung zu Ps 118 wirkte Ps 117 wie eine überflüssige, nicht gerade schöne Doppelung seines Anfangs[5].

V. 1, der in der Auslegung immer mehr Beachtung gefunden hat als der inhaltlich gewichtigere V. 2, sollte man theologisch nicht zu sehr ausschlachten. Martin-Achard hat zu ihm (und verwandten Stellen) das Nötige gesagt; seine Interpretation hat sich mehr oder weniger durchgesetzt:

"[les nations] sont appelées le plus souvent à chanter les hauts faits de Yahvé en faveur d'Israël. Elles sont les témoins des bontés de Dieu envers son peuple; elles n'en bénéficient pas directement. Elles doivent se réjouir de ce qu'Israël est glorifié. Le plan de Yahvé concerne en premier lieu les Israélites; les païens contemplent, éblouis, les privilèges de ces derniers"[6].

Daß diese Sicht prinzipiell richtig ist, bestätigt besonders schön Ps 47,2-4:

Ihr Völker alle, klatscht in die Hände!
Jauchzet Gott zu mit jubelndem Schall!
Denn der Herr, der Höchste, ist furchtbar,
ein großer König über die ganze Welt.
Er zwang Völker unter uns,
Nationen unter unsre Füße.

Die Völker werden hier fast dazu aufgeboten, um ihrer eigenen Besiegung durch Israel zu applaudieren. Dieser Text markiert nun freilich einen Extrempunkt; ihm müssen Stellen wie Ps 67,4f zur Seite gestellt werden:

Es müssen dich preisen, o Gott, die Völker,
dich preisen die Völker alle!
Es müssen sich freuen und jauchzen die Nationen,
daß du die Völker gerecht richtest
und leitest die Nationen auf Erden.

Zwischen dem Aufruf zum Lobpreis und dem, was Jahwe tut, besteht

---

4 Diese Angaben nach van der Ploeg, Psalmen 286.

5 Vgl. zum Problem auch van der Ploeg, ebd.: "Er is geen reden om van de oude traditie af te wijken dat men met een afzonderlijke psalm te doen heeft. Dat hij koort is, is geen bezwaar".

6 Martin-Achard, Israël 52.

hier im Unterschied zu Ps 47,2-4 ein direkter Zusammenhang; wichtiger noch: V. 5 weiß von einem heilvollen Handeln Jahwes an den Völkern. Delitzsch hat Ps 117 im Sinne dieser beiden Verse ausgelegt:

"Aber gerade in seiner Kleinheit ist er eins der großartigsten Zeugnisse von der Macht, mit welcher mitten im A.T. der Weltberuf der Offenbarungsreligion an der volklichen Schranke rüttelt, vom Ap. Röm. 15,11 zum locus classicus für die gnadenratschlußmäßige Teilnahme der Heiden an dem verheißungsgemäßen Heile Israels gestempelt"[7].

Delitzschs Auslegung ist falsch, "bezieht sich doch in 2 das Suff. von *^{c}ljnw* unzweifelhaft auf die Juden, denen allein die Liebe und Treue Jahwes gilt"[8].

Die Aramaismen weisen Ps 117 eindeutig in die exilisch-nachexilische Zeit. Duhm steuert in reichlich kryptischer Form ein weiteres Argument für diese Datierung bei. In unmittelbarem Anschluß an den eben zitierten Satz schreibt er: "Diese Verbindung [von V. 1 und 2] nach Deuterojesaias Art zeigt, daß dessen Monotheismus den Juden zur zweiten Natur geworden ist"[9]. Leider führt er nicht aus, wo Deuterojesajas Monotheismus in Ps 117 greifbar wird – er dürfte seinem Verfasser selbstverständlicher Besitz gewesen sein. Die Verbindung ist allerdings deuterojesajanisch, wie besonders schön Jes 44,23 zeigt (vgl. weiter Jes 52,9f)[10]. An diesen beiden Stellen richtet sich die Aufforderung zum Preisen und Frohlocken im Unterschied zu Ps 117 allerdings nicht an die Völker, sondern an die Natur und die Trümmer Jerusalems.

Wie interpretiert V. 1 die Hauptaussage des Psalmes in V 2? Zwei Aspekte sind zu erkennen: Israel, das 586 zum Gespött der umliegenden Völker geworden ist (vgl. Ez 36,4), hält diesen nach der Rückkehr ins gelobte Land triumphierend vor, daß sich Gott seiner wieder angenommen habe[11]. Das Großaufgebot der Völker in V. 1 (man beachte das doppelte *kl*) verleiht den Aussagen von V. 2 Nachdruck; bildlich ausgedrückt: V. 1 ist der Scheinwerfer, der V. 2 in gleißendes Licht taucht.

Verdienen dies die beiden Sätze dieses Verses? Sie erwecken beim ersten Lesen den Eindruck, sie enthielten durchschnittliche Psalmentheologie, schlimmer noch: einen Allgemeinplatz. Dies trifft jedoch nicht zu. Ein erster Punkt: Der Aufruf zum Lobpreis wird im imperativischen Hym-

---

7 Delitzsch, Psalmen 748.

8 Duhm, Psalmen^{2} 411 (tr.).

9 Duhm, ebd.

10 Vgl. auch noch Jes 42,10ff.

11 Vgl. Deißler, Psalmen III 114.

nus mit den Wohltaten begründet, die Jahwe Israel erwiesen hat. Er warf Roß und Wagenkämpfer ins Meer (Ex 15,21). Er tröstet sein Volk, erlöst Jerusalem (Jes 52,9).

Ja, er hat nicht verachtet und verabscheut das Elend
des Elenden
und hat sein Antlitz nicht vor ihm verborgen,
und als er zu ihm schrie, hat er ihn erhört (Ps 22,25).

Im Unterschied zu diesen Texten[12] spricht Ps 117,2 nicht von einzelnen, konkreten Taten Jahwes, sondern von seinem Handeln generell. Inhaltlich und von seiner Allgemeinheit her kann ihm der Kehrvers *(kj-ṭwb) kj lᶜwlm ḥsdw* an die Seite gestellt werden. Dessen Aussagen entfalten aber die Psalmen, in denen er steht, mehr oder weniger stark[13]. In Ps 117 bleibt es bei der allgemeinen Aussage. Eine Art Kombination dieses Kehrverses und von Ps 117,2 enthält Ps 100,5:

Denn der Herr ist gütig, ewig währt seine Gnade
und seine Treue von Geschlecht zu Geschlecht.

Dieser Psalm weist eine ähnliche Struktur auf wie Ps 117 und hätte hier statt seiner behandelt werden können.

Ein zweiter Punkt: Die Bedeutung von Ps 117,2 erschließt sich einem nicht sogleich[14]. Ein Umweg läßt sich nicht vermeiden. Jahwe erweist einzelnen Menschen *ḥsd wᵓmt*[15]. So lobt etwa der auf Brautschau befindliche älteste Knecht Abrahams Gott dafür, daß er seinem Gebieter seine Gnade und Treue (*ḥsdw wᵓmtw*) nicht entzogen habe (Gen 24,27). An zwei Stellen nur findet der Ausdruck in Zusammenhang mit der Heilsgeschichte, Themen der "großen" Theologie Verwendung:

Du wirst Jakob Treue erweisen und Abraham Gnade,
wie du unsern Vätern geschworen hast in den Tagen
der Vorzeit (Mi 7,20).
Alle Pfade des Herrn sind Gnade und Treue denen, die
seinen Bund und seine Gesetze halten (Ps 25,10).

---

12 Vgl. etwa noch Dtn 32,43; (Jes 42,10ff); Jes 44,23; 48,20; 52,9; Jer 20,13; Ps 9,12f.

13 Vgl. dazu unsere Auslegung von Ps 136.

14 Eine Zusammenstellung verschiedener Auslegungen bietet van der Ploeg, Psalmen 286.

15 Eine nach grammatikalischen Gesichtspunkten geordnete Zusammenstellung der Belege bietet Kellenberger, *ḥäsäd* 19.

Für den Doppelausdruck *ḥsd w*ʾ*mt*[16] gilt also stärker als für den Satz *kj-ṭwb kj lᶜlm ḥsdw*: Er wird weder ursprünglich noch überwiegend im Bereich der Heilsgeschichte verwendet[17]. Ausnahmen bilden die eben aufgeführten Stellen und Ps 117,2. Es geht in diesem Vers um die Magnalia Dei: Zu was hat denn der Psalmist die Völker aufgeboten, wenn nicht dazu, daß sie Jahwes heilsvolles Handeln an Israel staunend zur Kenntnis nehmen? Kissane bezieht Ps 117,2 auf die Erwählung Israels und die Landnahme[18] und verkennt damit den Charakter des Psalmes. Dieser faßt Jahwes (heilsgeschichtliches) Handeln in denkbar allgemeiner Weise zusammen. Die Frage, was genau darunterfällt, hätte sein Verfasser möglicherweise mit "alles" beantwortet, um so mehr als Gottes Treue ja *lᶜwlm* gilt. Der Psalm bringt die Hoffnung, ja Gewißheit zum Ausdruck, Jahwe möge/werde dem Volke auch in Zukunft beistehen; er ist verhalten eschatologisch[19].

Die beiden Ausdrücke *ḥsd* und ʾ*mt* qualifizieren Jahwes Handeln mehr als daß sie es beschreiben. Paraphrasiert man Ps 117 von dieser Beobachtung ausgehend, tritt sein stark theologischer Charakter besonders deutlich hervor: In allem, was Jahwe an Israel gewirkt hat, wirkt und noch wirken wird, zeigen sich seine Güte und seine Treue. Die gleiche Aussage macht auch Ps 100,5 – allerdings kaum auf Gottes Handeln in der Geschichte beschränkt, wie aus dem Kontext hervorgeht.

Kurze Texte überinterpretiert man gerne. Sind wir dieser Gefahr erlegen? Kellenberger anwortete wohl mit "Ja", denn mit seiner Bemerkung zu *ḥsd w*ʾ*mt* "erstarrter, formelhafter Gebrauch"[20] wertet er indirekt den ganzen Psalm ab. Kellenberger zu widerlegen fällt schwer. Entkräftet wird sein implizites Urteil durch die Beobachtung, daß der Verfasser von Ps 117 originell formuliert, nicht einfach einen sprachlichen Gemeinplatz an den andern reiht: ʾ*mh* und *šbḥ* sind eher seltene Vokabeln. Im Unterschied zu seinen nominalen Ableitungen gehört das Verb *gbr* nicht zu den wichtigen Ausdrücken des theologischen Vokabulars; die spärlichen Belege tauchen zudem in unterschiedlichen Zusammenhängen

16 Die genaue Bedeutung von *ḥsd* und ʾ*mt* in Ps 117,2 spielt von unserer Fragestellung her keine wichtige Rolle; vgl. dazu Kellenberger, a.a.O. 151.

17 Über den Sitz im Leben der Wendung läßt sich nichts Sicheres sagen; vgl. dazu Kellenberger, a.a.O. 186.

18 Kissane, Psalms II 215, mit der Einschränkung "most probably".

19 Gegen Gunkel, Psalmen 504.

20 Kellenberger, *ḥäsäd* 151.

auf[21]. Zur vorliegenden Stelle gibt es außer Ps 103,11[22] keine enge Parallele. In Ps 117,2 braucht *gbr* nicht groß ausgelegt zu werden – die Übersetzung "mächtig walten" sagt alles.

Ein letzter Punkt: Ebenfalls nicht zu den alttestamentlichen Gemeinplätzen gehört die Aussage, wonach Jahwes *ᵓmt* ewig dauert, er sie ewig bewahrt. Neben der recht engen Parallele Ps 146,6 verdient vor allem Ps 40,11f Beachtung – die Verse bilden gleichzeitig die Überleitung zum nächsten Abschnitt:

> ich verhehlte nicht deine Gnade und Treue (*ḥsdk wᵓmtk*) vor der großen Gemeinde.
> Du, o Herr, wirst dein Erbarmen nicht vor mir verschließen;
> deine Gnade und Treue (*ḥsdk wᵓmtk)* werden mich allewegen behüten.

Der Beter formuliert hier für seine Person, was Ps 117 in bezug auf Israel aussagt: Gott hat ihm in der Vergangenheit seine Güte und Treue erwiesen und wird es auch in Zukunft tun. Ps 40 und 117 hängen wohl nicht voneinander ab. Um so mehr erstaunt, daß Jahwes Wirken in der Geschichte mit einem Ausdruck umschrieben wird, der typischer für sein Handeln an Einzelnen ist. Dadurch erhält Ps 117 etwas Schillerndes: Er braucht nicht exklusiv "heilsgeschichtlich" und auf das Volk interpretiert zu werden; seine Aussagen gelten auch für den einzelnen Frommen.

Allgemeiner und kürzer als in Ps 117 kann Gottes Handeln am Volk (wie an seinen Gliedern) kaum dargestellt und interpretiert werden. Er bildet gewissermaßen eine Zusammenfassung all dessen, was das Alte Testament von Jahwes heilvollem Wirken zu berichten weiß.

Eine nichttheologische Schlußbemerkung: Daß dieser junge Psalm im Kult Verwendung fand, wird häufig angenommen, aber kein ernstzunehmender Exeget behauptet zu wissen wo[23].

---

21 Für Einzelheiten sei verwiesen auf Kühlewein, Art. *gbr*; Kosmala, Art. *gbr*.

22 Denn so hoch der Himmel über der Erde ist, so groß ist (*gbr*) seine Gnade über denen, die ihn fürchten. Häufig liest man statt *gbr* (so auch LXX) *gbh* (Duhm, Psalmen[2] 369; Gunkel, Psalmen 445, u.a.m.). Es besteht, wie auch die verwandte Formulierung von Ps 117,2 deutlich macht, keine Veranlassung, vom masoretischen Text abzugehen.

23 Vgl. dazu auch Crüsemann, Studien 41: "Mag der Psalm – wogegen kaum etwas spricht – auch noch im Kult beheimatet sein, so ist doch die ursprüngliche kultische Funktion des Imperativs, nämlich wirklicher Aufruf anwesender Personen zum Lob, ihm nicht mehr eigen".

d) Ps 19: Der geheimnisvolle Psalm

(1) Ein Psalm Davids
(2) Die Himmel erzählen die Ehre Gottes,
und die Feste verkündigt das Werk seiner Hände.
(3) Ein Tag sagt es dem andern,
und eine Nacht tut es der andern kund –
(4) ohne Sprache, ohne Worte,
mit unhörbarer Stimme[1].
(5) Ihr Klingen[2] geht aus durch alle Lande,
ihr Reden bis zum Ende der Welt.
Dort hat er der Sonne ein Zelt gesetzt,
(6) und sie, wie ein Bräutigam geht sie hervor aus ihrer Kammer,
läuft freudig wie ein Held die Bahn.
(7) Sie geht auf an einem Ende des Himmels
und läuft um bis wieder an das Ende,
nichts bleibt vor ihrer Glut verborgen.
(8) Das Gesetz des Herrn ist vollkommen und erquickt die Seele;
das Zeugnis des Herrn ist verläßlich und macht Einfältige weise.
(9) Die Befehle des Herrn sind recht und erfreuen das Herz;
das Gebot des Herrn ist lauter und erleuchtet die Augen.

---

1 Zur Übersetzung von V. 4 s. die Auslegung.

2 Vom parallelen *mljhm* her erwartet man einen Begriff aus dem Wortfeld der Sprache. Unter anderem aus diesem Grunde lesen einige Kommentatoren *q(w)lm* statt *qwm* (so etwa Duhm, Psalmen[1] 60; Durlesser, Study 181); vgl. dazu Donner, Ugaritismen 327 Anm. 31 (im Anschluß an Duhm): "Es ist freilich nicht völlig ausgeschlossen, daß bereits die alten Versionen *qwm* vor sich hatten; sie faßten *qw* möglicherweise im Sinne des griechischen *τόνος* Seil, Saite, Klang und gelangten auf diese Weise zur sachgemäßen Wiedergabe des Parallelismus" (tr.). Andere Interpretationen, die von *qwI* (tr.) (Schnur) ausgehen, verzeichnet HAL III 1011: Maß, Gesetz, Richtschnur. – Weippert, Mitteilungen 97f, nimmt im Anschluß an Herkenne an, aus ursprünglichem *qrʾm* sei durch Wegfall des Aleph *qrm* und durch naheliegende Verwechslung von *r* mit *w* *qwm* geworden. *qr* erklärt er nach ugaritischem *qr* "Klang". – Tournay, Notules 272f, interpretiert *qw* als "ligne d'écriture" (272), näherhin als "écriture des cieux" (273) und weist in diesem Zusammenhang u.a. auf Hi 38,33 hin. Mit dieser Übersetzung verschwinden nach ihm auch die Interpretationsschwierigkeiten in V. 4f: "En contemplant le ciel étoilé, tout homme peut y lire facilement le silencieux, mais éloquent message, qui lui révèle la gloire et la toute-puissance du Créateur"(274). Tournay schließt sich Deißler, Psalmen I 78, an. – Kraus, Psalmen 298, leitet das Wort von *qw* III (KBL 830: "Schallwort") ab; zur Kritik s. Donner, ebd. – Ein Argument für die Beibehaltung von M kann Jer 31,39 bilden, wo *qw* wie Ps 19,4 mit *jṣʾ* konstruiert wird (so Tournay). – Lösen läßt sich dieses textkritische Problem kaum. Fest steht nur, daß der Ausdruck im Zusammenhang mit dem im V. 3-5 beschriebenen Logosgeschehen steht.

(10) Die Furcht/das Wort[3] des Herrn ist rein und bleibet ewig;
die Rechte des Herrn sind Wahrheit, sind allzumal gerecht.
(11) Sie sind köstlicher als Gold, ja viel feines Gold,
und süßer als Honig und Wabenseim.
(12) Auch dein Knecht hat ihre Warnung vernommen;
wer sie hält, dem wird reicher Lohn.
(13) Wer kann merken, wie oft er fehle?
Sprich mich ledig von verborgenen Fehlern.
(14) Auch vor den Übermütigen bewahre deinen Knecht,
daß sie nicht über mich herrschen;
dann bin ich unsträflich[4] und bleibe rein von großer Verschuldung.
(15) Laß dir wohlgefallen die Reden meines Mundes
und das Sinnen meines Herzens,
o Herr, mein Fels und mein Erlöser.

Ps 19 sei aus zwei Psalmen zusammengesetzt, die ursprünglich nichts miteinander zu tun hätten. Mit Variationen dieser Sätze haben viele Ausleger ihre Ausführungen zu Ps 19 eröffnet[5]. Der heutige Konsens geht in die entgegengesetzte Richtung: Ps 19 gilt als literarisch einheitlicher Weisheitspsalm. Tiefsten Grund für diesen Paradigmenwechsel dürfte ein verstärktes Interesse an der Theologie dieses Hymnus bilden – und die Entdeckung, daß er ein theologisches Meisterwerk ist.

Ps 19(A) gehört (zusammen mit Ps 114) zu den "Hymnen und hymnenartige[n] Psalmen", die "ganz andere, und zwar völlig singuläre Formen aufweisen"[6]. Er setzt statt mit einer "Aufforderung, Jahve zu prei-

---

3 Der masoretische Text (lectio difficilior, durch die Versionen gestützt) wird etwa wie folgt erklärt: "Die Furcht Jahwes, d.h. der Lebenswandel und die Gesinnung, die sein Gesetz vorschreibt... ist rein, das Gegenteil von dem profanen und unsaubern ‚Weg der Sünder' (11) und der Heiden, die die Reinheitsgesetze mißachten, den Sabbath übertreten, Schweinefleisch essen und wohl gar opfern (Jes 653f)" (Duhm, Psalmen[1] 62); "*jrᵓh* müßte hier nicht die subjektive Gottesfurcht, sondern ihren objektiven Inhalt die ‚Religion' (Ψ 3412 Prov 129 u.a.), bezeichnen" (Gunkel, Psalmen 80, tr.). – Gegen M spricht, daß der Aufbau des Abschnittes nach einem Gesetzesausdruck ruft. *ᵓmrt* konnte mit *jrᵓt* verwechselt werden. Die Aussagen von V. 10a passen zudem besser zu *ᵓmrt* als zu *jrᵓt*. Die Emendation nimmt u.a. Jacquet, Psaumes* 464, vor.

4 Zur Form s. Gesenius-Kautzsch, Grammatik § 67p S. 188; König, Lehrgebäude 1, 336f; Joüon, Grammaire 180: "Dans ce verbe on a partout le redoublement aramaïsant (sauf Ps 19,14, forme douteuse)".

5 Zuletzt Steck, Bemerkungen 318.

6 Crüsemann, Studien 306, Anm. 1. Dort weist er auch auf den besonderen Fall von Ps 68 hin. Zu ihnen und Ps 114 bemerkt Kraus, Psalmen 299: "Man wird

sen", "mit einer um so eindrucksvolleren Beschreibung des Lobsingens"[7] ein, bemerkt Gunkel und vereinnahmt ihn mittels dieser eigentümlichen Kompensationstheorie wieder für die "gewöhnlichen" Hymnen. Ps 19(A) ist auch inhaltlich einzigartig: In keinem andern alttestamentlichen Hymnus tritt der Mensch so stark zurück; er wird nicht angesprochen. Einzig aus V. 4f kann man ihn vielleicht als indirekten Adressaten heraushören.

Zur Einzelauslegung. In Ugarit ehrt (*kbd*) das Götterpantheon sein Haupt, El (*ᵓil*)[8], in V. 2 erzählen die Himmel den *kbwd*-*ᵓl*. Aufgrund dieser Berührung im Vokabular und des Themas des Psalmes wegen hat man angenommen, er leite sich "aus kanaanäischem Gedankengut" her und enthalte "vielleicht selbst noch einen Beleg dafür, daß die Ehrerweisung ursprünglich dem Gott El galt"[9]. Das mag zutreffen; allerdings kommt *ᵓl* auch in jüngeren Texten vor[10]; zu ihnen gehört Ps 19(A). Vor allem ist der Zusammenhang, in dem die beiden Vokabeln Verwendung finden, je ein anderer. Die Himmel bilden kaum einen entmythologisierten Hofstaat. Dies zeigt ein Vergleich mit den inhaltlich verwandten hymnischen Stellen Ps 97,6; 145,10. Sie enthalten wie Ps 19,2 die "Vorstellung, daß die Welt nicht stumm ist, daß sie eine Aussage hat"[11]. Es führt nichts an der Feststellung vorbei, daß in Ps 19,2 natürliche Theologie vorliegt. Ihre Eigenart hat Delitzsch richtig erfaßt: "Die Doxa, welche Gott als Abglanz der seinigen der Kreatur verliehen hat, wird von dieser widerge-

---

wohl den besonderen (archaischen) Traditionstyp der drei einzigartigen und isolierten Psalmen zu bedenken haben und die Frage nach den Ursprüngen stellen müssen". Die Berührungen zwischen diesen Psalmen fallen auf; sie enthalten einen Hinweis darauf, daß sie in die gleiche Zeit gehören könnten, wohl (gegen Kraus) in die (exilisch-)nachexilische.

7 Gunkel, Psalmen 74.

8 Vgl. dazu Schmidt, Königtum 20 (Anm. 23).

9 Schmidt, Glaube 162. In Königtum 21 erwähnt er Ps 19,2 vorsichtig nur in einer Klammer. – Von einer Proskynese des (depotenzierten) Pantheons vor Gott spricht Ps 29,1f.9. Der Psalmist verwendet außer in V. 3 ausschliesslich und massiert den Gottesnamen Jahwe. Es kann kein Zweifel daran bestehen, wem die Proskynese gilt.

10 U.E. richtig interpretiert diesen (noch näher zu untersuchenden Tatbestand Herrmann, Psalm 19, 77: "Wird die Vermutung, der kanaanäische Gottesname El sei in Ps 19,2 auf Jahwe angewendet worden, gewiß im Rechte sein, so ist der Eindruck hohen Alters von Ps 19 A dadurch entstanden, daß während des babylonischen Zeitalters mythologische Gegebenheiten unter den Juden repristiniert wurden, um das Handeln Jahwes als seit den ältesten Zeiten übermächtig und alles umspannend zu beschreiben". Gleich erklärte sich "die Anwendung mythologischer Bilder und Vergleiche" in Ps 19 (78 Anm. 27). – Als Parallelen führt Herrmann Jes 40,18; 42,5; 43,10.12; 45,14f.21.22; 46,9 an.

11 von Rad, Weisheit 211; man beachte, daß Ps 97 und 145 jüngere Texte sind.

strahlt und Gott gleichsam bekenntnisweise zurückgegeben"[12]. Eine kleine Ergänzung: Wo *m^c śj/h* (*jhwh*) in schöpfungstheologischem Zusammenhang auftaucht, betont es auch die Überlegenheit, Großartigkeit Gottes[13]. Diese Bedeutung weist der Ausdruck auch hier auf, als Parallelbegriff zu *kbwd*[14]. Die beiden Begriffe legen sich gegenseitig wie folgt aus[15]: Was herrlich ist, hat Gott gemacht; was Gott gemacht hat, ist herrlich. Der Himmel und die Feste legen davon Zeugnis ab. Fast erstaunt nimmt man zur Kenntnis, welch stark lehrhafte Prägung der Vers aufweist.

Ps 79,13 macht auf Israel bezogen eine ähnliche Aussage wie Ps 19,2[16]: *ldr wdr nspr thltk*. Die Bedeutungsfelder von *kbwd* und *thlh* überschneiden sich so stark, daß die beiden Sätze direkt miteinander verglichen werden können – mit einem überraschenden Resultat: Was der Himmel (und also die ganze Schöpfung) von sich aus tut, nämlich Gottes Ruhm verkünden, dazu muß Israel aufgefordert werden. Wenn es denn legitim ist, alttestamentliche Stellen sich gegenseitig auslegen zu lassen, so bedeutet dies: Die Schöpfung dient den Menschen als Vorbild, sie sollen sie sich zum Vorbild nehmen.

V. 2 berichtet mit Partizipien von einem Wortgeschehen, einem "weisheitlichen Lehrgeschehen"[17], V. 3-5a mit finiten Verbformen von seiner Weitergabe. Diese Unterschiede in Inhalt und Form machen deutlich, daß der Nachdruck auf V. 2 ruht: Er bildet das Motto der ersten Psalmhälfte, gibt sein Thema an[18].

Der Verfasser von Ps 19 bietet ein reichhaltiges Begriffsarsenal auf[19], um das Wortgeschehen zu beschreiben: Weitergegeben (*spr, ngd, nb^c*,

---

12 Delitzsch, Psalmen 207.

13 Vgl. etwa Ps 102,26; 104,24.31; 107,23f.

14 Das kommt in der Übersetzung von van der Ploeg, Psalm xix 193, gut zum Ausdruck: "The heavens tell the glory of God and the firmament proclaims: Work of his hands!".

15 Gese, Einheit 141, spricht von der "explizierende[n] Parallele" *m^c śh jdjw*.

16 So mit Deißler, Datierung 49.

17 Steck, Bemerkungen 324 (vgl. auch unten Anm. 19).

18 So mit Dohmen, Ps 19, 505.

19 Weitere Belege des Nomens *ᵓmr*: Hab 3,9; Ps 68,12; 77,9; Hi 22,28. Außer an der letzten Stelle (Hab 3,9 ist unklar) findet das Wort nur in streng theologischem Zusammenhang Verwendung. – Auch um einen theologisch bestimmten Ausdruck handelt es sich bei *d^c t*, was hier nicht im einzelnen nachgewiesen zu werden braucht. – Eindeutig weisheitlich geprägt ist *mlh*; es kommt außer IISam 23,2(!); Ps 139,4 und Prov 23,9 nur noch im Buche Hiob vor. – Zu den vier Verben *spr, ngd, nb^c* und *ḥwh* bemerkt Gese, Einheit 141: eine "sich steigern-

ḥwh) werden *ᵓmr, dᶜt, qw(qwl)* und *mljm*, und zwar ohne *ᵓmr, dbrjm* und *qwl*. Wo immer sich solche Häufungen verwandter Ausdrücke finden, soll etwas Umfassend(er)es zum Ausdruck gebracht werden[20]. Der theologisch gewichtigste Ausdruck ist *dᶜt*; er dürfte den andern zusätzliches Gewicht verleihen, sie eindeutig theologisch festlegen. Nicht irgendetwas wird übermittelt, sondern "Wissen".

Seine Weitergabe kennt weder zeitliche Beschränkungen (V. 3) noch räumliche Grenzen (V. 5). Die Tatsache, daß sie von Tag zu Tag und von Nacht zu Nacht erfolgt, sollte man – da vielleicht nur ein eindrückliches Stilmittel – nicht überinterpretieren[21]. Hätte der Psalmist V. 3 nicht auch wie folgt formulieren können:

jwm lljlh jbjᶜ ᵓmr wljlh ljwm jḥwh-dᶜt?

Wenn ja, brächte er nur die zeitliche Unbeschränktheit dieser Weitergabe zum Ausdruck.

Was für ein Wissen wird weitergegeben? Geht es um den V. 2 geschilderten Tatbestand, dann hat der Psalmist rätselhaft formulieren wollen (er dürfte sich kaum unklar ausgedrückt haben).

V. 4, der den guten Zusammenhang zwischen V. 3 und 5 unterbricht[22], bildet vielleicht einen sekundären Einschub. Die ungewöhnliche und leicht rätselhafte Aussage von V. 3 könnte einen prosaischeren Mann zur Ergänzung veranlaßt haben: "Davon ist aber nichts zu hören". Und wenn V. 4 zum Grundbestand gehörte? Beliebt ist die Erklärung, die beiden Negationen höben sich gegenseitig auf: "Ce n'est point un langage, ce

---

de Reihe". Tatsächlich: "Selten und nur in poetischen Texten" belegt ist *ḥwh* mit den Bedeutungen "verkünden", "unterweisen, lehren" (Preuß, Art. *ḥwh* 784); Belege: Hi (13,17); 15,17; 32,6.10.17; 36,2; Sir 16,25 (vgl. noch die unsichere nominale Ableitung in Hi 13,17; dazu Preuß, a.a.O. 785). Man beachte wiederum die weisheitliche Verankerung. – Sie ist beim häufiger belegten *nbᶜ* ebenfalls zu beobachten (Belege: Ps 59,8; 78,2; 94,4; 119,171; 145,7; Prov 1,23; 15,2.28; 18,4; Koh 10,1. – Steck weist im Zusammenhang mit dieser Terminologie auf den entscheidenden Punkt hin: "Die in V. 2-5a begegnenden Ausdrücke koinzidieren sämtlich im Vokabular weisheitlicher Lehrterminologie" (Bemerkungen 324).

20 Man vgl. in diesem Zusammenhang, was von Rad (Weisheit 26) zur Massierung weisheitlicher Begriffe in Prov 1,2-5 bemerkt.

21 Dies tut Meinhold, Überlegungen 122; er meint, "daß im Spezifischen des jeweiligen Schöpfungswerkes [d.h. Himmel und Feste, Tag und Nacht], in seiner Wesenhaftigkeit und Funktionstüchtigkeit, der Verkündigungsinhalt von der Herrlichkeit Gottes verankert ist". Meinhold kommentiert einen schwerverständlichen durch einen unverständlichen Satz.

22 So u.a. Fischer, Psalm 19, 19.

n'est point un discours, dont la voix ne puisse être entendue"[23]. Diese Erklärung ist grammatikalisch nicht haltbar[24]. Eine überzeugendere Auslegung des Verses hat Gese vorgelegt:

"Die weisheitliche Rätselform aufnehmend, beschreibt das dritte Distich den besonderen unakustischen Transzendenzcharakter des Logos-Geschehens (V. 4), während das vierte am Schluß gerade damit die Aussage verbindet, daß die gesamte Erde bis zu ihrem Ende von diesem geheimnisvollen Logos-Maß durchwaltet werde"[25].

Vielleicht wählt der Psalmist gerade deshalb eine rätselhafte Ausdrucksweise, weil er Gottes Inkognito wahren will. Anders formuliert: Un(be)greifbar bleibt Gott auch da, wo sein *kbwd* unübersehbar zu Tage tritt.

In den V. 5b-7 geht der Beter zu einem neuen Thema über: der Sonne und ihrem Lauf. Steck betrachtet V. 2-7 insgesamt als Sonnenhymnus[26]. Verklausuliert gesteht er allerdings zu, was andere Kommentatoren offen formulieren: In der Sonne und ihrem Lauf widerspiegelt sich Gottes Herrlichkeit in besonders schöner und sinnenfälliger Weise[27]. Sie veranschaulicht das in V. 2-5a Ausgeführte auf eindrückliche Weise. Sie ist ein *ḥtn* und wird einem *gbwr* verglichen. Ihr Lauf am Himmelszelt weckt Bewunderung, die Tatsache, daß vor ihrer Hitze nichts verborgen bleibt, vielleicht Scheu. Viel aus den Einzelheiten des Bildes herauszulesen verbietet sich: Es will als ganzes wirken; es kommt in erster Linie auf den überwältigenden Eindruck an, der vom Sonnenlauf ausgeht.

V. 6f enthalten unzweifelhaft mythologische Elemente: Der Lauf des *šmš* erinnert an das Auftreten von Šamas, dessen Epitheta qarrādu und qurādu in etwa die Entsprechung zu *gbwr* bilden[28]. Einem mythologischen Verständnis der Verse bricht allerdings schon V. 5b die Spitze[29]: *lšmš śm-ʾhl bhm.* Der Gedanke an eine – wie auch immer geartete –

23 Jacquet, Psaumes* 456; er kann sich bei dieser Übersetzung auf LXX und V berufen.

24 "Zwei Negationen in demselben Satze heben einander nicht auf..., sondern machen die Verneinung nur um so nachdrücklicher" (Gesenius-Kautzsch, Grammatik § 152y S. 505).

25 Gese, Einheit 141f; vgl. auch noch Meinhold, Überlegungen 122.

26 Steck, Bemerkungen.

27 Steck, a.a.O. 323: "Zielaussage des Textes ist nicht die Sonne, schon gar nicht als göttliches Wesen, sondern der Kabod Els". – Zum Verhältnis zwischen El und der Sonne s. Stähli, Elemente 20-22.

28 Vgl. dazu etwa Sarna, Psalm xix 171f.

29 Kraus, Psalmen 302f.

Göttlichkeit der Sonne kann nach diesem Satz nicht aufkommen, obwohl Jahwe in ihm nicht ausdrücklich genannt wird. (Sollte vor V. 5b ein Satz ausgefallen sein[30], wofür die Textüberlieferung keinen Anhalt bietet, dürfte El sein Subjekt gebildet haben).

Ihre traditionsgeschichtliche Heimat haben die V. 2-7 nicht in der Mythologie[31], sondern, wie das Vokabular deutlich macht, in einem weisheitlich bestimmten Milieu. (Diese Aussage gilt auch unter der Voraussetzung, daß diese Verse ursprünglich einen Psalm für sich bildeten). Mehr zu sagen verbietet sich schon deshalb, weil kein Weisheitstext sich inhaltlich eng mit Ps 19 berührt.

Ps 19B zerfällt in drei Teile: V. 8-11 haben die Tora, V. 12-14 den Beter und seine Sünde zum Gegenstand; dieser wendet sich in V. 15 mit einer Bitte direkt an Gott. Wenn ein alttestamentlicher Psalm die Bezeichnung "Gesetzespsalm" verdient, dann Ps 19,8-11. Schärfer formuliert: Er ist der einzige Gesetzespsalm im Alten Testament. Zwar berührt sich Ps 119 eng mit Ps 19,8-11 und übernimmt wichtige Aussagen daraus[32]. Aber seinen zentralen Skopus bildet nicht das Gesetz, sondern das lebenspendende göttliche Wort und die Einstellung des Beters zur Tora[33]. Im Unterschied zu Ps 119 und 1, der einander Handeln (Einstellung) und Ergehen von Frommen und Gottlosen gegenüberstellt, redet Ps 19,8-11 objektiv vom Gesetz, dem, was es ist und bewirkt. Anders ausgedrückt: Ps 1 und 119 formulieren aus der Perspektive des Menschen, Ps 19 aus der des Gesetzes[34].

In V. 8 geht der Verfasser von Ps 19 zum streng eingehaltenen Qinametrum, "vom Parallelismus membrorum zum Parallelismus versuum"[35] über, in dem die Aussagen der 3er- und 2er-Reihe jeweils das gleiche Thema entfalten. Der formal gleichmäßige Aufbau des Abschnitts unterstreicht seinen lehrhaften Charakter.

Die meisten Aussagen über das Gesetz weisen im Rest des Alten Testaments keine (nahe) Entsprechung auf[36]. Der Text machte nicht Schu-

30 Mit dieser Eventualität rechnet Duhm, Psalmen[1] 61.

31 Zur (umstrittenen) Verwandtschaft von KTU 1.3 III, 20-31 par. mit Ps 19,2-5 vgl. Jirku, Sprache 631; Donner, Ugaritismen 331; Spieckermann, Heilsgegenwart 64f.

32 Zu V. 10 vgl. Ps 119,89, zu V. 11 Ps 119,103.127 und zu V. 12 Ps 119,33.

33 Vgl. dazu unsere Auslegung des Psalmes.

34 Am deutlichsten hat auf diesen Tatbestand bisher Fischer, Einheit, hingewiesen.

35 Gese, Einheit 143.

36 Vgl. immerhin Anm. 32. – Ein Punkt verdient besondere Beachtung: Von den Gesetzesbezeichnungen abgesehen weist Ps 19,8-11 keine Berührungen mit der deuteronomisch-deuteronomistischen Gesetzestheologie auf.

le oder konnte es nicht (mehr), ist also einzigartig. Er enthält gewagte und überraschende Formulierungen, Worte, die sonst selten oder nie im Zusammenhang mit der Tora vorkommen. Drei der Ausdrücke, die zur Qualifizierung des Gesetzes dienen, tragen ein ausgesprochenes Janusgesicht, gehören sowohl zum kultischen wie zum weisheitlichen Vokabular: *tmjm, br* und *ṭhwr*.

Für jeden Begriff sei ein Beispiel aus beiden Bereichen angeführt. Lev 4,3 verlangt als Sündopfer einen *pr bn¯bqr tmjm; ṣdqt tmjm tjšr drkw* heißt es in Prov 11,5. – Und die Webebrust und die Hebekeule sollt ihr an reiner Stätte (*bmqwm ṭhwr*) essen, du und deine Söhne und Töchter mit dir, ist Lev 10,14 zu lesen. Nach Prov 15,26 sind dem Herrn böse Anschläge ein Greuel; *wṭhrjm ᵓmrj¯nᶜm.* – *hbrw* ruft der Prophet in Jes 52,11 denen zu, welche die Geräte des Herrn tragen. Ps 18,27 enthält einen weisheitlich geprägten Lehrsatz: *ᶜm¯nbr ttbrr wᶜm¯ᶜqš ttptl*[37]. Wer eine kultische Färbung der drei Begriffe in Ps 19 ganz abstreiten will, kann den Beweis für diese Behauptung scheinbar leicht erbringen. Wenn es von Jahwes *ᶜdwt* heißt, sie *mḥkjmt ptj*, und von den Rechten des Herrn, sie seien köstlicher als Gold, ja viel Feingold, so springt die weisheitliche Diktion dieser Sätze geradezu in die Augen. Warum also überhaupt mit kultischer Färbung dieser drei Termini rechnen? Eine Gegenfrage entkräftet dieses Argument ein Stück weit: Warum verwendet der Psalmist gerade diese drei Termini, insbesondere *ṭhwr*, das vornehmlich in kultischen Zusammenhängen gebraucht wird, und nicht das allgemeinere und näherliegende *ṭwb*? Es ist offensichtlich: Diese kultischen Vokabeln verleihen der Tora noch mehr Dignität.

Zu den andern Qualifizierungen des Gesetzes: *jšr* und *nᵓmn* ist Gott nach andern alttestamentlichen Zeugnissen selber[38], Ps 31,6 heißt er *ᵓl ᵓmt*. Es liegt nahe zu behaupten, Epitheta Jahwes seien auf die Tora übertragen worden. Diese Annahme setzte einen bewußten Akt auf seiten des Verfassers voraus, der nicht unbedingt gegeben ist. Er darf aber auch nicht zu schnell ausgeschlossen werden, besonders da die Ausdrücke nur selten bei Gesetzesbezeichnungen stehen (genau wie *tmm, brr* und

37 Der oben als jung und nicht deuteronomistisch eingestufte Abschnitt Ps 18,24-27 weist einen weiteren Beleg der Wurzel *brr* und gleich drei von *tmjm* auf. Da die beiden Abschnitte je ein anderes Thema behandeln und literarisch nicht voneinander abhängen, fallen diese Berührungen um so stärker ins Gewicht. Sie lassen zumindest die schwammige Aussage zu, daß Ps 18,24-27 und Ps 19 in einem verwandten geistigen Milieu beheimatet sind.

38 *jšr*: Dtn 32,4; Ps 25,8; 92,16; *nᵓmn*: Dtn 7,9; Jes 49,7.

ṭhr)[39]. Sollten tatsächlich Epitheta Jahwes auf das Gesetz übertragen worden sein, sie kommen *seiner* Tora zu; der Psalmist verwendet den Gottesnamen *jhwh* in den V. 8-10 sechs Mal; er hämmert ihn geradezu ein.

V. 10 heißt es von den *mšpṭj¯jhwh*, sie seien gerecht (*ṣdqw*). Schon vom Formalen her erstaunt diese Qualifizierung: Subjekt des Verbes bildet nicht wie bei allen andern Qal-Belegen eine Person, sondern eben die Rechte des Herrn. *ṣdq* ist hier kein Verhältnisbegriff, sondern bezeichnet eine Eigenschaft der Rechte des Herrn; er spricht von ihrem Wesen.

Zur genauen Bedeutung der sechs Prädizierungen ließe sich noch viel sagen. Im Zusammenhang mit unserer Fragestellung genügen folgende Bemerkungen: Zentrale Begriffe aus Kult und Weisheit sowie Proprietates Gottes, mit Ausnahme von *br* theologisch hochbefrachtet, dienen zur Charakterisierung des Gesetzes. Alles, was gut und teuer ist, findet auf es Anwendung. So sehr preist es der Psalmist, daß es Züge einer mythischen Größe annimmt.

Toratheologie im strengen Sinne des Wortes kann nur entstehen, wo der Bundesgedanke und damit die geschichtliche Vermittlung des Gesetzes ausgeblendet werden. In ersten Ansätzen geschieht dies in Deuteronomium und Heiligkeitsgesetz, am deutlichsten in Ps 19. Hauptinhalte dieser Theologie müssen die Eigenschaften der Tora sowie ihre Auswirkungen auf den Menschen sein, also das, was in Ps 19 vorliegt. Der in der Geschichte handelnde Gott tritt in ihr zurück, die Zukunft wird also ein Stück weit leer und offen. Da kommt der Aussage, das Wort des Herrn bleibe ewig (V. 10), gesteigerte Bedeutung zu.

Zwischen den Qualifizierungen des Gesetzes und dessen Auswirkungen auf den Menschen bestehen zum Teil direkte Beziehungen, die engste zwischen *brh* und *mʾjrt ʿjnjm* in V. 9b: *br* steht Cant 6,10 als Adjektiv bei *ḥmh*.

So stark stellt der Psalm die wohltuende Wirkung des Gesetzes heraus, daß man von seinem evangelischen Charakter sprechen darf: Es macht aus einem unerfahrenen, lernbedürftigen und -fähigen Jüngling[40] einen weisen Mann und verleiht dem Menschen geistigen und körperli-

39 Die Belege sind schnell genannt: *nʾmnjm kl¯pqwdjw* (Ps 111,7); *wjšr mšpṭjk* (Ps 119,137); *mšpṭjm jšrjm wtwrwt ʾmt* (Neh 9,13). Als *ʾmt* werden in Ps 119 qualifiziert *wtwrtk* (V. 142), *wkl¯mṣwtjk* (V. 151), *rʾš¯dbrk* (V. 160); vgl. noch *dbr¯ʾmt* (V. 43).

40 Zu *ptj* s. HAL III 929: "junger (unerfahrener; leicht verleitbarer, doch auch lernbedürftiger u. lernfähiger) einfältiger Mensch". Eine kurze Beschreibung dessen, was der *ptj* ist, findet sich bei Meinhold, Überlegungen 127f. Wichtige Stellen: Ps 119, 130; Prov (19,25); 21,11.

chen Schalom[41] (Ps 19 ist weniger vergeistigt als Ps 119). Die zweiten Stichoi von V. 8f verleihen der Gesetzestheologie von Ps 19 einen fröhlichen Zug.

Findet in V. 12-14 eine *μετάβασις εἰς ἄλλο γένος* statt? Vom Gestalterischen her jedenfalls nicht. Der Verfasser dieser Verse, sei er mit dem von V. 8-11 identisch oder nicht[42], bedient sich eines gepflegten Vokabulars und formuliert kunstvoll: Zweimal taucht das Wort *nqh* auf (V. 13.14), V. 12 spricht von *ʿqb rb*, V. 14 von *pšʿ rb*).

In V. 12 führt der Beter aus, er lasse sich durch die Gesetze belehren/verwarnen; d.h. wohl: Er befolgt sie oder sucht sie zu befolgen. Hier schlägt der Psalmist einen neuen Ton an. Aber welchen? V. 12 erlaubt zwei verschiedene, einander ausschließende Interpretationen. Stolz darauf, die Gebote zu erfüllen, ist sich der Beter eines großen Lohnes sicher[43]; hier spräche also ein Ahnherr der neutestamentlichen Pharisäer. Eine zurückhaltendere, weniger boshafte Interpretation wird dem Vers wohl gerechter: Der große Lohn könnte auch in der Gesetzesbefolgung selber liegen[44]. Es fällt auf, daß V. 12 (und 13a) im Unterschied zum Rest des Abschnitts unpersönlich, allgemein formuliert ist: *bšmrm ʿqb rb*. Der Beter sagt eben nicht: Mir wird reicher Lohn zuteil. Für eine vorsichtige Auslegung der beiden Sätze spricht weiter ihre Fortsetzung in V. 13. Der Beter weist auf die versehentlich begangenen und unbekannten[45] Sünden hin (Möglicherweise legen sich die beiden Ausdrücke gegenseitig aus). Die Klage über die unbewußten und unbekannten Sünden bildet in der altorientalischen und ägyptischen Literatur einen verbreiteten To-

---

41 Zu *śmḥ lb*: Im Zusammenhang mit dem Gesetz wird das Piel des Verbes sonst nicht verwendet (In Ps 119,74 bezieht sich *śmḥ qal* nicht auf das Gesetz). – *mʾjrt ʿjnjm*: Enge (sprachlich) Parallelen enthalten Ps 13,4; Prov 29,13; Esr 9,8; sachliche finden sich u.a. Num 6,25; Ps 18,29; 31,17; 67,2; 80,4.8.20; 118,27; 119, 130.135; Koh 8,1. – Belege von *hšjb npš*: Ps 35,17; Hi 33,30; Prov 25,13; Ruth 4,15; Thr 1,11.16.19.

42 Daß es sich in V. 12-15 um eine sekundäre Ergänzung handelt, nimmt Spieckermann, Heilsgegenwart 71, an.

43 In diese Richtung interpretiert Kraus, Psalmen 306.

44 So u.a. Jacquet, Psaumes* 478, in Anlehnung an Augustin.

45 Köhler, Theologie 169, meint, bei *nstrwt* handle es sich um "versteckte" Sünden; "man weiß sehr wohl, daß man sie tut, aber man will sie nicht an der Rede haben, ja, man will es nicht wissen, daß man sie begangen hat". Meinhold, Überlegungen 132, hält ihm zu Recht entgegen: "Aber die Frage >Wer kennt, wer versteht...? < und das parallel stehende Wort >Vergehen aus Unkenntnis < (V. 13) weisen in die andere Richtung".

pos[46]. Deshalb kommt V. 13 besondere Bedeutung nur vom Kontext her zu, in dem er steht. Der Psalmist/Redaktor bringt in V. 12-14 zum Ausdruck: Wer verantwortlich vom Gesetz reden will, muß auf die Sündhaftigkeit des Menschen eingehen; die Gesetzeslehre bedarf der Ergänzung durch die Anthropologie; das Gesetz macht eben nicht alles. Da *šgjᵓwt* nicht läßlichere Sünden sind als die andern – für sie gilt "lediglich das bevorzugte Angebot von Sühne"[47] – der Beter Jahwe um Hilfe angeht (*nqnj, ḥśk*) und darum weiß, auch im besten Falle nur von *pšᶜ rb* frei zu sein, darf man vermuten: Er weiß um die radikale Sündhaftigkeit und die Erlösungsbedürftigkeit[48] des Menschen. Eine kleine Unsicherheit bleibt allerdings: Warum sagt er dies nicht deutlicher?

Den letzten Vers des Psalms bezeichnet Kraus als Weiheformel (vgl. Ps 104,34; 119,108). "Solche Formeln wurden in alten Zeiten über der Darbringung des Opfers gesprochen, nun leiten sie das hymnische Lied aus"[49]. Man könnte Ps 19,15 als Wunsch verstehen, Gott möge das Gebet seines Verehrers erhören; dafür spricht u.a. der bevorzugt im kultischen Bereich verwendete Begriff *rṣwn*, in dem "das Moment der Anerkennung stark ausgeprägt [ist]"[50]. In dieser streng technischen Auslegung kann sich V. 15 nur auf V. 12-14 beziehen. Träfe sie zu: Der Mann, der in V. 15 die Feder führt, hätte nicht weit gedacht. Diese Lösung befriedigt nicht recht. *hgjwn* dürfte an der vorliegenden Stelle "Meditation" bedeuten[51]. Der Psalmist fragt Gott, ob er recht von ihm geredet habe. Bonhoeffer hat die Frage aufgeworfen, wie die Psalmen als Menschenwort zu Gotteswort werden konnten. In verhüllter Gestalt zwar und weniger scharf stellt sie schon Ps 19. V. 15 wirkt in ihm nicht wie eine Faust aufs Auge, da der ganze Psalm Lehre entfaltet. Daß diese Auslegung nicht ganz an den Haaren herbeigezogen ist, macht Ps 104, 31-35 deutlich:

Die Herrlichkeit des Herrn währe ewig,
der Herr freue sich seiner Werke!
der die Erde anblickt, und sie erbebt,
der die Berge anrührt, und sie rauchen.
Ich will dem Herrn singen mein Leben lang,

46 Zwei Beispiele aus dem babylonischen Bereich bei Gunkel, Psalmen 79.

47 Knierim, Art. *šgg* 872.

48 Noch etwas weiter geht Meinhold, Überlegungen 132: "Man könnte sagen, es wird in V. 13 die Bitte um Rechtfertigung laut".

49 Kraus, Psalmen 306.

50 Quell, Art. *ἀγαπάω κτλ.*21, Anm. 7.

51 Vgl. dazu Ringgren, Art. *hgh* 344f.

will meinem Gott spielen, solange ich bin.
Möge mein Dichten ihm wohlgefallen (*jᶜrb ᶜljw śjḥj*);
ich freue mich des Herrn.
Möchten die Sünder von der Erde verschwinden
und die Gottlosen nicht mehr sein!
Lobe den Herrn, meine Seele!
Hallelujah!

Der Abschnitt schließt auf den ersten Blick hart an den thematisch ziemlich einheitlichen Schöpfungspsalm an. Er reiht u.a. einige der für späte Psalmen (oder ihre Überarbeitung) typischen Elemente aneinander: ein formal wie inhaltlich an die Amosdoxologien gemahnendes hymnisches Element[52], den (implizit ausgedrückten) Gegensatz zwischen Frommen und Gottlosen (vgl. unsere Auslegung von ISam 2; 2Sam 22f) sowie die Bitte des Psalmisten, sein Dichten möge Gott wohlgefallen[53]. Der Abschnitt bildet keine dogmatisierende Korrektur alter Schöpfungstheologie: Der Psalm ist jung und weisheitlich geprägt, und man braucht in den V. 31-35 von daher nicht unbedingt einen redaktionellen Anhang zu erblicken. Der Verfasser von Ps 104 meditiert ausführlich die Wunder der Schöpfung und gibt am Schluß der Hoffnung Ausdruck, sein Nachdenken möge Gott gefallen; er wolle es fortsetzen. Andere Gründe sprechen allerdings dafür, daß in V. 31-35 eine oder mehrere sekundäre Ergänzungen vorliegen, die allerdings ausgezeichnet auf den Psalm bezogen wären[54]. Der Wunsch, die Gottlosen möchten *mn-hᵓrṣ* verschwinden, überrascht. Vielleicht enthält diese überflüssige und ungewöhnliche Ortsangabe[55] einen Hinweis darauf, in welcher Richtung zu suchen ist: Die Sünder und Gottlosen stören den wohlgeordneten göttlichen Kosmos und haben auf der Erde deshalb keinen Platz. Bedeutet dies, daß die Gottesfürchtigen seine Vollendung bilden? Das ist eine Frage, die wohl keine Antwort findet.

Nicht zufällig bedenken gerade die beiden jüngeren Psalmen 19 und 104 die Wohlgefälligkeit menschlichen Redens vor Gott[56]. Die sich in

52 Als solches bezeichnet Seybold, Psalm 104, 9, V. 32.

53 Zu V. 34 vgl. die Ausführungen von Seybold, a.a.O. 7-9.

54 Näheres dazu bei Seybold, a.a.O. passim.

55 An der einzigen Parallelstelle, die angeführt werden kann, Jer 24,10, wird *ᵓdmh* verwendet. Die Art, in der in V. 35 (vgl. V. 32) von der Redaktion ein Stichwort aus dem kommentierten Text aufgenommen wird (V. 5.9.13.14.24), erinnert an die Arbeitsweise der Verfasser von ISam 2 und vor allem derer von IISam 22f; Jes 12.

56 Die Verwandtschaft von Ps 19,15 mit Ps 104,34 stellt besonders Gese, Einheit 146 heraus.

spätalttestamentlicher Zeit abzeichnende Kanonisierung brachte die Frage mit sich, was als göttliches Wort zu gelten habe. Sie taucht in beiden Psalmen versteckt und auf einen Teilaspekt bezogen auf und erhält auch keine Antwort. Aber gestellt ist sie.

Mit der abschließenden Anrede Gottes als "mein Fels und mein Erlöser" überrascht der Verfasser von Ps 19 noch einmal. Ungewöhnlich ist ihre Stellung am Schluß des Psalmes und das Nebeneinander von *ṣwr* und *gʾl* [57]. Gese erwägt, "die Doppelheit der Epitheta auf die in Ps 19 vertretene Zusammenordnung von kosmischem und menschlichem Bereich zu beziehen"[58], hält es aber auch für möglich, daß "nur die in dieser Duplik liegende Vollständigkeitsaussage göttlicher Zuwendung zum Menschen beabsichtigt ist"[59]. Inhaltlich mehr sagen werden nur vermessene Kommentatoren.

Bilden die beiden (drei) Teile von Ps 19 eine ursprüngliche Einheit oder sind sie sekundär zusammengestellt worden? Auf diese Fragen hat man unzählige, grundsätzlich oder nur in Nuancen voneinander abweichende Antworten gegeben, was nur einen Schluß erlaubt: Es liegt ein verzwicktes Problem vor, dem mit einfachen Antworten nicht beizukommen ist. Eine Extremposition kann nur noch forschungsgeschichtliches Interesse beanspruchen: Ps 19B "ist... ein selbständiges Gedicht und hat weder in der Form noch im Inhalt das Geringste mit 19A zu thun"[60], schreibt Duhm in seinem Psalmenkommentar und versucht gar nicht erst zu erklären, warum die beiden Psalmen zu einem zusammengefügt worden sind.

Das will Kraus nicht und vertritt das "Korrekturmodell" – in besonders zugespitzter Form:

"Der Mensch erkennt Gott nicht aus den Werken der Schöpfung. Es dringt zwar eine gewaltige Kunde auf ihn ein – aber er versteht sie nicht... Der Kosmos feiert Gottes *kbwd*, aber er lehrt nicht seinen Willen. Darum ist Ps 19B als entscheidender Hinweis, gleichsam als Enthüllung des dechiffrierenden Kodewortes, hinzugefügt worden. In der *twrh* – da ist Gott vernehmbar, – dort erkennt man, wer Gott ist"[61].

Müßte dies nicht deutlicher zu bemerken sein? Oder hätte es der Ergänzer im Gegenteil darauf angelegt, seine Korrektur zu tarnen?

---

57 Zusammen sonst nur noch im jungen Ps 78 (V. 35).

58 Gese, Einheit 145, Anm. 20.

59 Gese, ebd.

60 Duhm, Psalmen[1] 61; ähnlich Gunkel, Psalmen 79.

61 Kraus, Psalmen 307(tr.).

Großer Beliebtheit erfreuen sich "Zuordnungsmodelle", bei Vertretern wie Bestreitern der Einheit des Psalmes. Berührungen im Vokabular – ob echt oder herbeigeredet – machen gegen Duhm deutlich, daß die beiden Psalmhälften zusammengehören (als literarkritisches Kriterium taugen sie freilich nicht). Am auffälligsten wirkt die Übereinstimmung zwischen V. 7 (Nichts bleibt vor ihrer Glut *verborgen*) und V. 13 (Sprich mich ledig von *verborgenen* Fehlern). Hier mit bewußt vollzogener Anknüpfung zu rechnen, ist zumindest nicht abwegig.

Bisweilen weist man, wenig überzeugend, auf Eigenschaften und Auswirkungen der Tora hin: Sie seien von der Sonne auf das Gesetz übertragen worden[62]. Oft wird eine weniger direkte Beziehung zwischen Sonne und Gesetz hergestellt, so etwa von Kimchi: "De même que le monde ne s'illumine et ne vit que par le soleil, de même l'âme ne s'épanouit et n'atteint à sa plénitude de vie... que par la Torah"[63]. Kimchi hält sich ans Greifbare, wie sicher auch viele der Leser, die sich über den Zusammenhang zwischen den beiden Psalmhälften Gedanken machen. Sollten die V. 1ff und 8ff von Hause aus nichts miteinander zu tun haben, kommt diese Möglichkeit sogar für die Ebene der Redaktion in Betracht. Gerade die Psalmisten lassen sich gerne von Assoziationen leiten.

Die religionsgeschichtliche Variante dieser Zuordnung hat mit viel Nachdruck Dürr vertreten. Er betrachtet den unter Josia (!)[64] anzusetzenden Psalm als einheitlich, weil "Sonne und Gerechtigkeit, Gesetz und Gesetzgebung... sich für den Altorientalen unmittelbar"[65] miteinander verbanden. Sonne und Gerechtigkeit/Recht: ja, aber nicht unbedingt Sonne und Tora. Diese Verbindung wäre neu; zudem fallen *ṣdq* und *twrh* nicht zusammen.

Neuere Exegese begnügt sich nicht mit einfachen, auf der Hand liegenden Lösungen. Sie sucht nach prinzipielleren Zusammenhängen und findet sie in großer Zahl:

– Gott "offenbart sich" in Natur und Tora[66].
– In beiden kommt Gottes Herrlichkeit zum Ausdruck[67].

---

62 So etwa Fishbane, Text 87; vgl. weiter Eaton, Notes 604f zu *ṭhwrh*.

63 Zitiert nach Jacquet, Psaumes* 461.

64 Dürr, Frage 48.

65 Dürr, a.a.O. 41.

66 Dieser Satz bildet in gewisser Weise den kleinsten gemeinsamen Nenner und kommt praktisch nirgends rein zum Ausdruck; vgl. Fishbane, Text 89.

67 "Deux gloires de Yahvé: le Firmament et la Loi" (Jacquet, Psaumes* 456; Überschrift zum Psalm). Eine Variante dieser Zuordnung vertritt van der Ploeg, Psalm xix 200: Er spricht von der "conscious juxtaposition of the perfection of crea-

Diese Zuordnungen um weitere zu vermehren fiele nicht schwer[68]. Viele von ihnen überzeugen ein Stück weit und haben deshalb auch etwas Beliebiges an sich.

Seit kurzem zeichnet sich in der Auslegung von Ps 19 eine angesichts der Forschungsgeschichte überraschende Tendenz ab: Er gilt einigen als formal wie inhaltlich einheitlicher junger Text. Eine gleichermaßen überzeugende wie faszinierende, in einzelnen Punkten überzeichnende Auslegung dieses Typs hat Gese vorgelegt[69]; wir beschränken uns im folgenden auf sie: Das Vokabular des Psalmes ist durch und durch weisheitlich. Seine beiden Hälften zerfallen, von V. 15 einmal abgesehen, je in zwei Abschnitte, deren zweiter dem ersten, allgemeinen, untergeordnet ist. Sie sind je durch ein Stichwort (*šmjm* V. 2.7) und die Wurzel *tmm* (V. 8.14) miteinander verbunden. *bhm* stellt je den Anschluß vom ersten zum zweiten Abschnitt her.

"Diese vier Teile... sind ein großartiges Beispiel für eine in der Ordnung der Komposition sich widerspiegelnde weisheitliche Erfassung und Erfahrung des göttlichen Logos in der Natur und in der Offenbarung an den Menschen, als Gottes kabôd und als Tora, von der Sonne bis hinab zum Beter... sich auswirkend, der angesichts dieses Zusammenhangs um so stärker das Herausfallen des Menschen aus seiner vom Schöpfer bestimmten Integrität empfindet"[70]. Den "Grundgedanke[n] der Komposition"[71] bildet "die Entsprechung der in der Schöpfung logoshaft wirkenden Schöpferherrlichkeit, des Schöpfungs-Logos, und der Offenbarungs-Tora, die, hier ganz weisheitlich beschrieben, von der weisheitlichen Erkenntnis nicht grundsätzlich geschieden werden kann"[72].

Dieser Grundgedanke lasse sich, so Gese, "in der Entwicklung von Hi 28 über Prov 8 zu Sir 24 verfolgen"[73]. Mit dieser Auslegung vereinnahmt er Ps 19 zu stark für die Weisheit und gleicht den Skopus der vier Texte einander zu stark an. Ps 19 ist zwar weisheitlich beeinflußt und geprägt, das entscheidende Nomen *ḥkmh* fehlt jedoch. Im Unterschied zu Sir 24

---

tion and of the law". Vgl. weiter Schmidt, Psalmen 33, der seine Aussagen religionsgeschichtlich einbettet.

68 Dohmen, Ps 19, 516, erblickt in den "Wirkungsaussagen" das wichtigste verbindende Element zwischen den beiden Psalmhälften. – Nicht zu überzeugen vermag der Vorschlag von Clines, Tree 12f: "the background of Ps. xixA is the creation narrative of Gen. i, that of xixB the fall narrative of Gen. ii-iii".

69 Gese, Einheit 2ff.

70 Gese, a.a.O. 7.

71 Gese, a.a.O. 8.

72 Gese, ebd.

73 Gese, ebd.

vollzieht er die Identifizierung von Tora und Weisheit nicht[74]. Die vier von Gese zusammengestellten Texte entfalten je ein anderes Thema. Gemeinsam ist ihnen nur ein schwacher (Ps 19) oder starker (Hi 28; Prov 8; Sir 24) Bezug auf die Weisheit und eine überraschende Gegenüberstellung oder Identifizierung[75]. Anders ausgedrückt: Ihre Verfasser treiben auf gleiche Weise Theologie, vertreten aber nicht die gleiche Theologie.

Wenn ein Text Anspruch darauf erheben kann, eine echte Parallele zu Ps 19 zu bilden, ist es Ps 147,15-20:

> der sein Wort (*ᵓmrtw*) zur Erde sendet,
> in Eile läuft sein Wort (*dbrw*) –,
> der Schnee spendet gleich Wollflocken...
> er sendet sein Wort (*dbrw*) – es zerschmelzt sie;
> er läßt seinen Wind wehen – da rieseln die Wasser.
> Er verkündet Jakob sein Wort/seine Worte (*dbrw*)[76],
> Israel seine Satzungen und Rechte (*ḥqjw wmšptjw*).
> Dergleichen hat er keinem Volke getan;
> und (seine) Rechte (*wmšptjm*) kennen sie nicht / hat
> er ihnen nicht kundgetan[77].

Diese Verse, im Unterschied zum Psalmanfang keine Zitatensammlung, entfalten eine subtile Theologie, der zu bestimmte und eindeutige Auslegungen nicht bekommen. Gese meint, in ihnen sei die Identifizierung von Tora und Schöpfungsordnung vollzogen, und zwar "durch den Logos-Begriff"[78]. Darf man so weit gehen? Der Abschnitt spricht nacheinander von Gottes machtvollem Wirken in der Natur und seiner gnädigen Gesetzesmitteilung an Israel. *In beiden Bereichen wirkt Gott* – durch sein Wort! Oder muß der Akzent anders gesetzt werden? Liegt er darauf,

---

74 Vgl. dazu Gese, a.a.O. 9.

75 Hi 28 handelt von der Unzugänglichkeit der "kosmologischen" Weisheit und schließt – übergangslos – mit folgender Mahnung (V. 28): Und er sprach zum Menschen: "Siehe, die Furcht des Herrn, das ist Weisheit, und Böses meiden, das ist Erkenntnis". – Prov 8,1ff enthält eine Einladung von Frau Weisheit, ihr zu folgen; diese Einladung ist gleichzeitig eine Lobrede auf die *ḥkmh*. V. 22ff entfalten das Thema: die Weisheit als erstes Schöpfungswerk Gottes und ihre Vorzeitigkeit. – Sir 24, ein Lob der Weisheit, die ihr Zelt auf Befehl Jahwes in Jakob aufgeschlagen hat (V. 8), identifiziert diese erstmalig mit der Tora (V. 23): "All dies gilt vom Bundesbuch des höchsten Gottes, vom Gesetz, das Mose uns anbefahl als Erbbesitz für die Gemeinde Jakobs".

76 Es ist wohl der Singular zu lesen: "Das Qerē ‚Seine Worte' im Plural dürfte von den im Parallelstichos erwähnten ‚Satzungen und Rechten' beeinflußt sein" (Seeligmann, Auffassung 225, Anm. 4).

77 Zu den textkritischen Fragen von V. 20, hier nicht von Belang, vgl. die Kommentare.

78 Gese, Einheit 9.

daß Gott alles *durch sein Wort* bewirkt? Vielleicht schließt das eine das andere nicht aus. Wie immer man die eben gestellten Fragen auch beantwortet, eines steht fest: Indem der Psalmist *dbr* als Leitwort verwendet, stellt er eine enge Verbindung (nicht Identifizierung) zwischen diesen beiden Bereichen her. *Einer* ist Gott – auch in der Art seines Handelns; Israel nimmt es in Natur und Geschichte wahr. Seeligmann erblickt in V. 19 die "assoziative Fortsetzung"[79] von V. 15-18 und vertritt damit nicht unbedingt eine These, die der von Gese völlig widerspricht, denn jede Assoziation ließ der Verfasser von Ps 147 sicher nicht durchgehen. Der Unterschied zwischen den beiden Interpretationen dürfte ein quantitativer sein: Gese veranschlagt den systematischen Gehalt des Hymnus höher als Seeligmann. Ob sein Verfasser eine stärkere Verbindung zwischen Natur und Gesetz herstellen wollte, entzieht sich unserer Kenntnis. Jedenfalls kommt sie in diesen Versen deutlicher zum Ausdruck als in Ps 19 – dank des Leitwortes *dbr*. Sie bilden von ihrer Struktur her die engste Parallele zu Ps 19. Stärker als dieser betont Ps 147 allerdings die kosmische Dimension des Wortes.

Ps 19 ist ein vieldeutiger Psalm; er lädt nicht nur zur exegetischen, sondern auch systematischen Interpretation ein. Eine solche hat Meinhold vorgelegt. Nach ihm enthalten V. 2-7 "Rede von Gott", V. 8-11 "Rede Gottes" und der Schluß "Rede zu Gott"; der ganze Psalm wäre "von Gott getane Rede"[80]. Einen Schönheitsfehler weist diese im Ganzen überzeugende Einteilung auf: Der zweite Teil redet *über* die Rede Gottes, besser gesagt: einen zentralen Teil davon. Daß in einer systematischen Auslegung des Hymnus seinen letzten drei, häufig abgewerteten Versen zentrale Bedeutung zukommt, versteht sich fast von selber:

"Die Rede von Gott und die Rede Gottes tendieren in diesem Psalm auf die Rede zu Gott hin. Das Zeugnis Gottes will das Gebet. Das Gebet gehört zum Gegenstand der Theologie in gleicher Weise wie das dem eigenen Gebet vorauslaufende göttliche Wort, das auf die Errettung des Menschen zielt. Die Schöpfung und die ihr eigene Äußerung sowie die Offenbarung Gottes in seinem Wort sind in Ps 19 auf die Erlösung des Menschen gerichtet"[81].

79 Seeligmann, Auffassung 255, Anm. 4.

80 Meinhold, Überlegungen 120-125; 125-131; 131-134; 134-136. Den letzten Abschnitt verstehe ich nicht.

81 Meinhold, a.a.O. 134; vgl. weiter Fishbane, Text 89: "The true subject of part 3 is, then, Redemption. The petition of the psalmist is addressed to God the Creator and Revealer of parts 1 and 2... What the psalmist gives to God are his words, his prayer, his praise of the creation and the teachings of the Torah. These words set the context of hope and elicit the confidence to conquer the despair

Wem diese Auslegung zu weit geht, *muß* V. 12-15 als wertlose, ja sinnstörende Erweiterung betrachten. Nach Meinhold bilden sie nicht nur als Antwort des Menschen, sondern auch inhaltlich die notwendige Fortsetzung des zweiten Teils; sie enthielten eine Anthropologie in nuce, die um das Thema der Erlösung kreist. Die Tora eröffnet "einen Weg zum Leben, aber nicht einen Heilsweg", ihr "eignet... keine vergebende Kraft". Vorsichtig bringt er bei der Auslegung von V. 13 den Begriff "Erbsünde" ins Spiel und meint, in ihm werde "die Bitte um Rechtfertigung laut"[82], der V. 14 die um Heiligung folge.

"Wenn man fragt, wodurch diese Erkenntnis dem Menschen im Psalm gekommen sein kann, findet man wohl nur eine Antwort. Das gute und lebenweckende, erhellende und erfreuende Wort der Rede Gottes hat zur Erkenntnis nicht der eigenen Gerechtigkeit, sondern der Sündhaftigkeit geführt"[83].

Meinhold kann aus Ps 19 deshalb einen Rechtfertigungstext machen, weil es den Aussagen von V. 12-14 an Eindeutigkeit mangelt. Er holt aus ihnen heraus, was sie nur hergeben. Daß V. 14 die Bitte um Heiligung enthalte, ist Überinterpretation. Trotz dieser Einschränkung ist Meinholds Interpretation Auslegungen vorzuziehen, die sich in V. 12-15 eine *μετάβασις εἰς ἄλλο γένος* vollziehen sehen.

Nach diesen langen Ausführungen kann neben dem Schreibenden auch die Leser Ratlosigkeit beschleichen. Welche Auslegung wird dem Text am gerechtesten? Nur einige der vorgeschlagenen Lösungen erweisen sich eindeutig als falsch. Da der Psalm als ganzer und in vielen Einzelheiten schillernd ist, abrupte Übergänge und schwer auszuwertende Beziehungen zwischen seinen einzelnen Teilen aufweist, können die andern alle das Richtige treffen oder zumindest eine particula veri enthalten. Der eigene Beitrag des Schreibenden besteht also in diesem Satz. Darüber hinaus lassen sich noch zwei allgemeine Resultate formulieren. Ps 19 handelt übergangslos zwei einander von Hause aus fremde Themen ab. Sie behalten ihre Selbständigkeit und werden gleichzeitig eng miteinander verbunden. Ob die beiden Psalmteile von Anfang an zusammengehörten oder nicht, spielt für die Auslegung dieses Hymnus in seiner jetzigen Gestalt eine untergeordnete Rolle:

---

of his present situation. Nature reveals God the Creator, the Torah reveals God's will, but the prayer of the lonely soul reveals man's presence and situation".

82 Meinhold, a.a.O. 132.

83 Meinhold, a.a.O. 133.

"the same author may have combined the two themes in a single poem. For if a compiler felt that two fragments dealing with two different subjects could be combined to form a single poem, there does not seem to be any valid reason why a poet could not compose a poem on these kindred subjects"[84].

Gese hat zu Recht auf den Rätselcharakter von Ps 19 hingewiesen. Seine Botschaft auferlegt dem Exegeten Zurückhaltung; sie besagt: Zwischen Himmel und Erde gibt es Dinge, die dem Menschen unzugänglich sind, Zusammenhänge, die er nur erahnt, aber nicht ganz versteht. Dies dürfte eine der zentralen Aussagen des Psalmes sein.

---

84 Kissane, Psalms 83.

ZUSAMMENFASSUNG UND AUSBLICK

Die systematischen Bedürfnisse Israels waren in seiner Spätzeit maßlos. Dieser nur leicht überzogene Satz bildet die angemessenste Zusammenfassung der vorliegenden Untersuchung – zusammen mit einem zweiten: Gebete, Doxologien und Psalmen sind die Gattungen, die diesen Bedürfnissen viel stärker und erfolgreicher entgegenkommen, als man im allgemeinen zuzugeben bereit ist. Es fällt schwer, den genauen zeitlichen Rahmen für diesen Vorgang abzustecken, und deshalb haben wir häufig auf den Versuch einer genauen Datierung der untersuchten Texte verzichtet. Immerhin steht fest, daß die Stücke, die redaktionell in größere Werke, etwa in das deuteronomistische Geschichtswerk (Dtn 32f; ISam 2; IISam 22f) und das Buch Jesaja (Jes 12) eingesetzt wurden, zu deren jüngsten Bestandteilen gehören. Deutlich ist weiter, daß das stark systematisch bestimmte Gebet in den Chronikbüchern am meisten Platz einnimmt, noch mehr als im darin auch nicht armen deuteronomistischen Geschichtswerk.

Um die Frage beantworten zu können, was die Vorliebe der späten Zeit für die genannten Gattungen erklärt, müssen wir etwas ausholen.

Das Alte Testament ist über weite Strecken ein Geschichtswerk, erzählt Geschichten; vom zukünftigen Handeln Gottes berichten die prophetischen Bücher. Anders ausgedrückt: Kontingenz ist ein bestimmendes Kennzeichen der Bücher des Alten Bundes. Als ihre Kanonisierung einsetzte – ein ebenso langwieriger wie komplizierter Prozeß –, stellte sich naturgemäß auch die Frage, welche Bedeutung den in ihnen erzählten Geschichten und (erfüllten) Prophezeiungen noch zukam. Verloren sie nicht, da in der Vergangenheit liegend, für den Glauben des Gottesvolkes und seiner Glieder jede Bedeutung? Redaktionell eingesetzte Psalmen antworten auf diese Frage zwar versteckt, aber bestimmt mit Nein. Jahwe wird auch fürderhin in Israels Geschichte eingreifen – zum Gericht oder zum Heil (Amosdoxologien; vgl. Jes 12); die im Amosbüchlein enthaltenen Weissagungen bilden nur, wenn auch wichtige, Beispiele für Gottes Handeln. Sie verlieren ihre Kontingenz also ein Stück weit und werden paradigmatisch. Das Hannalied und der Psalm Davids zeigen dem Leser der Samuelbücher, wie die darin genannten Ereignisse zu verstehen sind und welche Konsequenz er daraus für sein Verhalten zu ziehen hat: nämlich die, als Frommer seines Weges zu gehen und demütig zu Gott zu beten, wenn er in Not ist, denn er wird ihn daraus befreien. Mutatis mutandis (und wie in IISam 22 nur implizit) entfalten diesen in der Spätzeit des Alten Testaments fast zur Lehre gewordenen Satz auch die Gebete Hiskias, Jeremias und Jonas (Jes 38,9-20; Jer 32,16-25; Jon 2,3-

10), die innerhalb der drei Bücher wohl sekundäre Erweiterungen bilden.

Ein weiterer Punkt gehört mit dem eben genannten eng zusammen: Auf Gottes (heilvolles) Handeln hat Israel / der Mensch dankend zu antworten. Dieses Handeln ist erst zum Ziel gelangt, wo die Antwort erfolgt. In diesen beiden Sätzen dürfte forsch ausgedrückt eines der zentralen Dogmen, bescheidener formuliert ein wichtiges implizites Axiom des Alten Testaments der Spätzeit bestehen. Wann genau es sich herausgebildet hat, entzieht sich unserer Kenntnis. Fest steht nur, daß es in den jüngsten Teilen des Tanachs an Bedeutung gewinnt. Folgende Texte enthalten dieses Dogma / implizite Axiom: Ex 15 (14f); Jdc 5 (4f); IISam 7,18-29; 22; Jes 12; 38,9-20; die hymnischen Einsprengsel im Buche Daniel; (IChr 16); IChr 29. Einige unter ihnen haben diese Funktion erst erhalten, als sie in größere Werke eingefügt (Ex 15; Jdc 5; Jes 38,9-20) oder zu diesem Behufe geschaffen wurden (Jes 12; IISam 7,18-29?). Besondere Beachtung verdient der an letzter Stelle aufgeführte Text: Sollte das Gebet, mit dem David auf die Nathanverheißung antwortet, tatsächlich nachdeuteronomistisch, das heißt vorchronistisch sein, zeigte es besonders eindrücklich, welche Bedeutung der "Antwort" in spätalttestamentlicher Zeit zukommt. Diese Aufwertung der Antwort (wie übrigens auch des Gebetes) geht mit ihrer inhaltlichen Auffüllung und Dogmatisierung parallel.

In der Forschung wird etwa die These vertreten, mit den Psalmen, die sich am Ende von Prophetenbüchern finden, habe die Gemeinde auf deren Verlesung geantwortet (vgl. etwa Mi 7,8-20). Das hieße auch, daß der Prozeß ihrer Kanonisierung eingesetzt hat, respektive schon recht weit fortgeschritten ist. Sicherer läßt er sich bei einigen der von uns untersuchten Psalmen nachweisen: ISam 2; IISam 22f sowie Jes 12. Diese fassen die Bücher, in denen sie stehen, zusammen und interpretieren sie, und zwar mit dem unausgesprochenen, aber deutlich zu erkennenden Anspruch, ihre endgültige und verbindliche Auslegung zu enthalten. Daß diese Interpretation gerade durch Psalmen erfolgt, erklärt sich einfach: Soll der Abstand zwischen Auslegung und auszulegendem Text deutlich als solcher erkennbar sein, bedient sie sich am besten einer anderen Gattung (Daß dieser Abstand nach erfolgter Auslegung wieder undeutlich wird, steht auf einem anderen Blatt).
Interpretation, Verallgemeinerung, Zusammenfassung, Kanonisierung – dafür eignen sich Gebete, Psalmen und Doxologien in besonders ausgezeichneter Weise. Daß sie in spätalttestamentlicher Zeit an Bedeutung zunehmen, braucht nicht zu erstaunen, da die eben genannten vier Begriffe für vieles stehen, was dieser besonders am Herzen lag.

Freilich fällt nun auf, daß nicht alle alttestamentlichen Bücher im gleichen Maße durch die genannten Gattungen interpretiert worden sind. Besonders deutlich tritt dies im deuteronomistischen Geschichtswerk zutage, wo, abgesehen von Jdc 5, einem Vorläufer dieser Bewegung, nur die Samuel-, aber nicht die Königsbücher durch Psalmen interpretiert worden sind. Das dürfte damit zusammenhängen, daß David der König schlechthin ist, nach dem es nichts Neues mehr gibt. Durch ISam 2; IISam 22f soll seine Bedeutung nochmals gesteigert werden. Ähnliches dürfte für Mose zutreffen: A priori prädestinierte ihn nichts für die Verkündigung von Dtn 32f. Seine Hochschätzung trug ihm aber diese beiden Kapitel ein, die sein Ansehen nur noch weiter steigern konnten. Was auch ohne diese fünf Kapitel klar ist, machen diese noch einmal deutlich: Mose und David sind die beiden für den Glauben wichtigsten Personen des Alten Testaments.

Mit dem Prozeß der Kanonisierung hängt ferner die Ausbildung einer Schriftlehre eng zusammen: Daß sie in Gebeten erfolgt (Dan 9; Esr 9; Neh 1), zeigt wiederum schön, welches systematische Potential diesen eignet.

Das Loblied auf die poetischen Gattungen sei noch ein bißchen weitergeführt. 150 Exemplare der "Gattung" Psalm enthält das erste Buch der Ketubim. Das hängt nicht allein, möglichweise nicht einmal in erster Linie mit ihrer Verwendung im Gottesdienst zusammen; dazu ist die Zahl der Weisheitspsalmen doch etwas zu hoch. Nein, der (Kunst)Psalm ist das Medium, in dem auf beschränktem Raum Theologie (fast im strengen Sinne des Wortes) besonders gut und originell betrieben werden kann. Die Qualifizierung von Neh 9 als "minority opinion" (Williamson) darf auch auf späte Psalmen übertragen werden: So viele es ihrer gibt, so viele unterschiedliche Theologien entwerfen sie. Deutlicher als jedes andere alttestamentliche Buch und für sich allein führt der Psalter vor Augen, wie breit und eindrücklich inhaltlicher Umfang und theologisches Spektrum des Alten Testaments sind. Bellarmin hat das schöner im Satz ausgedrückt, der Psalter sei "quasi compendium et summa totius Veteris Testamenti"[1].

Die Kurzform Psalm eignet sich insbesondere gut zur Formulierung theologischer Spitzenaussagen, zur Verbindung so unterschiedlicher Themen wie Schöpfung, Heilsgeschichte und Anthropologie, weiter zum Entwerfen kurzer und origineller dogmatischer Konzepte (vgl. etwa Ps 33). Warum es sich so verhält, ist klar: Ein Redaktor, der ein Geschichtswerk

1 Zitiert nach: Ravasi, Libro 15f.

überarbeitete, konnte es korrigieren, ergänzen und interpretieren; aber er war doch an Vorgaben gebunden. Anders die Psalmisten in später Zeit: Sie konnten grundsätzlich frei arbeiten und haben diese Freiheit auch genutzt und zum Teil Erstaunliches vollbracht, und dies, obwohl sie sich stark an vorliegende Texte anlehnen und sich zum Teil einengenden formalen Zwängen unterwerfen. Die despektierliche Beurteilung, die einige der untersuchten Texte, insbesondere Psalmen, in der Kommentierung erfahren haben, dürfte auch damit zusammenhängen, daß man im Unterschied zur Antike Originalität zu sehr in Stoffen und nicht in deren Gestaltung suchte. Diese Beobachtung konnten wir auch bei andern der hier behandelten Texte machen, und auch die folgende trifft für viele unter ihnen zu: Die Psalmisten betreiben systematische Theologie mittels Stichworten; ihre Arbeitsweise berührt sich eng mit der späterer jüdischer Theologien. Die vorliegende Untersuchung bildet also eine weitere Bestätigung von Seeligmanns These, wonach "sich die älteste Midraschexegese organisch aus der Eigenart der biblischen Literatur entwickelt hat"[2]. Dieses Arbeiten mit Stichwörtern, besonders ausgeprägt in ISam 2; IISam 22f; Jes 12 und Neh 9 zu beobachten, kann auch erklären, warum ihr systematischer Gehalt gerne verkannt wird: Er liegt nicht offen zutage, muß ihnen vielmehr (durch mühselige Konkordanzarbeit) entrissen werden.

Wollte man von den Resultaten unserer Arbeit her eine Theologie des Alten Testaments entwickeln – sie setzte nicht mit dem Geschichtshandeln Gottes ein, obwohl dieses quantitativ betrachtet das Alte Testament bestimmt. In vielen der von uns untersuchten Texten, gerade denen, die in der einen oder andern Weise Gottes Geschichtshandeln interpretieren, wird die immer gültige Bedeutung von Gottes Wirken für das Volk und den Einzelnen in Gegenwart wie Zukunft betont, weniger Nachdruck auf die einzelnen, kontingenten Fakten gelegt, und zudem deutlich gemacht, daß es nach der Antwort der Israeliten in Dank, Lob und Handeln ruft.

Mit dem letzten Punkt sei eingesetzt: Immer wieder sind wir in unserer Arbeit auf weisheitliche Sentenzen gestoßen, die in engem Zusammenhang mit der Gesetzestheologie stehen. Stellvertretend sei ISam 2,9 genannt:

> Die Füße seiner Frommen behütet er,
> aber die Gottlosen werden zunichte im Dunkel.

---

2 Seeligmann, Voraussetzungen 151.

Diesen Satz wiederholen in mannigfacher Gestalt viele der in der Spätzeit des Alten Testaments schreibenden Theologen. Wohl weil er ihrer Meinung nach die Lehren, die aus dem Tanach zu ziehen sind, angemessen umschreibt, haben sie ihm einen Logenplatz zugewiesen oder erkämpft: Im Psalter erhält er das erste Wort (Ps 1), im Buche Hosea behält er das letzte (Hos 14,10).

Aufs Ganze des Alten Testaments gesehen behält der Satz, anders ausgedrückt: die Antwort der Tat, nicht das letzte Wort. Ihm kommt schon rein umfangsmäßig weniger Gewicht zu als der Antwort in Dank und Gotteslob, und diesem Unterschied in der Quantität entspricht ein qualitativer: Jahwes Handeln an Israel wie am Einzelnen findet sein Ziel in Dank und Gotteslob. Davon zeugt neben vielen der hier behandelten Texte auch der Schluß des Psalters (Ps 146-150). Sein Anfang und Schluß beinhalten also zwei Themen, denen nach Ansicht der Späteren zentrales Gewicht zukommt.

Gerhard von Rad, der in seiner Theologie den ersten Satz dieser Zusammenfassung an unzähligen Beispielen durchgespielt hat[3], verdanken wir eine klassisch gewordene Verhältnisbestimmung von Gotteslob und Reflexion: “Im Rühmen und Feiern Gottes war Israel immer stärker als in der theologischen Reflexion”[4]. Dieser Satz stimmt, muß aber durch die folgenden ergänzt und ausgelegt werden: Theologische Reflexion hat Israel im Verlaufe seiner Geschichte immer stärker dazu geführt, Rühmen und Feiern Gottes in seinen Schriften einen zentralen Platz zuzuweisen. Diese Reflexion erfolgt bevorzugt im Gotteslob und -dank, in Psalmen, Doxologien und Gebeten.

In einem programmatischen Artikel hat Hengel nachgewiesen, “daß das Christuslied eine ganz wesentliche Bedeutung für... die Ausformung der Christologie besaß”[5] und “ ‚lehrhaften‘ Charakter”[6] hat. Das Neue Testament setzt theologisch also da ein, wo das Alte aufhört.

---

3 So formuliert hätte er ihn allerdings kaum.

4 Von Rad, Theologie I 136; vgl. dazu auch die daran anknüpfenden Ausführungen von Jacob, Ancien Testament 276-278.

5 Hengel, Hymnus 13.

6 Hengel, a.a.O. 21.

LITERATURVERZEICHNIS

In den Anmerkungen wird unter Angabe des Nachnamens des Verfassers und eines Hauptstichwortes aus dem Titel zitiert. Bei Wiederabdrucken wird nur der letzte Publikationsort vermerkt. Die Abkürzungen in Text und Literaturverzeichnis richten sich nach: Theologische Realenzyklopädie. Abkürzungsverzeichnis, zusammengestellt von S. Schwertner, Berlin, New York 1976. – Zusätzliche (im Literaturverzeichnis nicht aufgelöste) Abkürzungen: SAHG (Falkenstein, A. – von Soden, W., Sumerische und akkadische Hymnen und Gebete, Zürich, Stuttgart 1953); ZB (Zürcher Bibel). – Zitate aus der Bibel werden wo möglich in dieser Übersetzung wiedergegeben, Abweichungen von ihr aber nicht eigens ausgewiesen.

ACKERMAN, J.S.
Satire and Symbolism in the Song of Jonah, in: Traditions in Transformation. Turning Points in Biblical Faith, ed. B. Halpern, J.D. Levenson, Winona Lake 1981, 213-246

ACKROYD, P.R.
I & II Chronicles, Ezra, Nehemiah. Introduction and Commentary, TBC, 1973

ACKROYD, P.R.
The Composition of the Song of Deborah, VT 2, 1952, 160-162

ACKROYD, P.R.
Isaiah I-XII: Presentation of a Prophet, VT.S 29, 1978, 16-48

ACKROYD, P.R. (u.a.)
Art. *jd*, ThWAT 3, 1982, 421-455

AHARONI, Y.
Das Land der Bibel. Eine historische Geographie, Neukirchen-Vluyn 1984

AIROLDI, N.
Note critiche ai salmi (Ps. 130,1; 38,5; 102,8), Aug. 10, 1970, 174-180

ALBERTZ, R.
Art. *plʾ*, THAT 2, 1976, 413-420

ALBRIGHT, W.F.
Some Remarks on the Song of Moses in Deuteronomy XXXII, VT 9, 1959, 339-346

ALLEN, L.C.
Psalms 101-150, Word Biblical Commentary 21, Waco 1983

ALONSO-SCHÖKEL, L.
Is 12: De duabus methodis pericopam explicandi, VD 34, 1956, 154-160

ALONSO-SCHÖKEL, L.
Psalmus 136 (135), VD 45, 1967, 129-138

AMSLER, S.
Amos, CAT 11a, [2]1982, 157-247

AMSLER, S.
Art. *ᶜmd*, THAT 2, 1976, 328-332

ANDREWS, D.K.
Yahweh the God of the Heavens, in: The Seed of Wisdom, FS T.J. Meek, Toronto 1964, 45-57

AUFFRET, P.
Note sur la structure littéraire du Psaume CXXXVI, VT 27, 1977, 1-12

BARTELMUS, R.
Tempus als Strukturprinzip. Anmerkungen zur stilistischen und theologischen Revelanz des Tempusgebrauchs im «Lied der Hanna» (1 Sam 2,1-10), BZ 31, 1987, 15-35

BARTH, C.
Die Errettung vom Tode in den individuellen Klage- und Dankliedern des Alten Testamentes, Zollikon 1947

BARTH, C.
Die Antwort Israels, in: Probleme biblischer Theologie, FS G. von Rad, München 1971, 44-56

BARTH, C.
Art. *bqr*, ThWAT 1, 1973, 745-754

BARTH, C.
Art. *zmr*, ThWAT 2, 1977, 603-612

BARTHELEMY, D.
Critique textuelle de l'Ancien Testament. 1. Josué, Juges, Ruth, Samuel, Rois, Chroniques, Esdras, Néhémie, Esther, OBO 50/1, 1982 (= CTAT 1)

BATTEN, L.W.
The Books of Ezra and Nehemiah, ICC, 1913 (Nachdr. 1972)

BAUER, H. – LEANDER, P.
Grammatik des Biblisch-Aramäischen, Halle 1927 (Nachdr. Hildesheim, New York 1981)

BAUER, H. – LEANDER, P.
Historische Grammatik der hebräischen Sprache des Alten Testaments, Halle 1922 (Nachdr. Hildesheim 1965)

BAUMANN, E.
Struktur-Untersuchungen im Psalter I/II, ZAW 61, 1945/48, 114-176; 62, 1950, 115-152

BAYER, P.E.
Danielstudien, ATA 3/5, 1912

BECKER, J.
Gottesfurcht im Alten Testament, AnBib 25, 1965

BEGRICH, J.
Der Psalm des Hiskia. Ein Beitrag zum Verständnis von Jesaja 38_{10-20}, FRLANT 42, 1926

BENTZEN, A.
Daniel, HAT 1/19, ^{2}1952

BERG, W.
Die sogenannten Hymnenfragmente im Amosbuch, EHS.T 45, 1974

BERGES, U.
Die Verwerfung Sauls. Eine thematische Untersuchung, Forschung zur Bibel 61, 1989

BERTHOLET, A.
Deuteronomium, KHC 5, 1899

BICKELL, G.
Carmina Veteris Testamenti metrice. Notas criticas et dissertationem de re metrica Hebraeorum..., Oeniponte 1882

BONHOEFFER, D.
Das Gebetbuch der Bibel. Eine Einführung in die Psalmen, in: Auslegungen – Predigten 1931 bis 1944. Gesammelte Schriften Bd. 4, München 1961, 544-569

BOSTON, J.R.
The Wisdom Influence upon the Song of Moses, JBL 87, 1968, 198-202

BRAULIK, G.
Spuren einer Neubearbeitung des deuteronomistischen Geschichtswerkes in 1 Kön 8,52-53.59-60, Bib. 52, 1971, 20-33

BRESSAN, G.
Il Cantico di Anna (ISam 2,1-10), Bib. 32, 1951, 503-521; 33, 1952, 67-89

BRIGGS, C.A. und E.G.
The Book of Psalms, Vol. 2, ICC, 1907 (Nachdr. 1976)

BRIGHT, J.
Jeremiah, AncB 21, 1965

BROCKHAUS
Brockhaus Enzyklopädie, Bd. 1: A-ATE, Art. Anthologie, Wiesbaden 1966, 566

BRONGERS, H.A.
Die Partikel *lm*[c]*n* in der Biblisch-Hebräischen Sprache, OTS 18, 1973, 84-96

BROWN, W.P.
The So-Called Refrain in Isaiah 5:25-30 and 9:7-10:4, CBQ 52, 1990, 432-443

BRUEGGEMANN, W.
2 Samuel 21-24: An Appendix of Deconstruction, CBQ 50, 1988, 383-397

BRUNET, A.-M.
La Théologie du Chroniste. Théocratie et Messianisme, in: Sacra Pagina, BEThL 12f, 1959, 384-397

BUDDE, K.
Die Bücher Richter und Samuel, Ihre Quellen und ihr Aufbau, Gießen 1890

BUDDE, K.
Die Bücher Samuel, KHC 8, 1902

BUTLER, T.
A Forgotten Passage from a Forgotten Era (1 Chr. XVI 8-36), VT 28, 1978, 142-150

CAMPONOVO, O.
Königtum, Königsherrschaft und Reich Gottes in den frühjüdischen Schriften, OBO 58, 1984

CAQUOT, A.
« In Splendoribus Sanctorum », Syr. 33, 1956, 36-41

CAQUOT, A.
Brève explication de la prophétie de Natan (2 Sam 7,1-17), FS H. Cazelles, AOAT 212, 1981, 51-69

CARLSON, R.A.
David, the chosen King. A Traditio-Historical Approach to the Second Book of Samuel, Stockholm, Göteborg, Uppsala 1964

CASSUTO, U.
The Song of Moses (Deuteronomy Chapter xxxii 1-43), in: Biblical and Oriental Studies, Vol. I: Bible, Jerusalem 1973, 41-46

CASSUTO, U.
Deuteronomy Chapter XXXIII and the New Year in Ancient Israel, in: Biblical and Oriental Studies, Vol. I: Bible, Jerusalem 1973, 47-70

CATHOLIC COMMENTARY
A New Catholic Commentary on Holy Scripture, ed. R.C. Fuller, London [2]1969

CHARLES, R.H.
A Critical and Exegetical Commentary on the Book of Daniel, Oxford 1929

CHARLESWORTH, J.H. (Ed.)
The Old Testament Pseudepigrapha, Vol. 1: Apocalyptical Literature and Testaments, Garden City, New York 1983

CHILDS, B.S.
Introduction to the Old Testament as Scripture, London 1979 (Nachdr. 1983)

CHILDS, B.S.
Deuteronomic Formulae of the Exodus Traditions, in: FS W. Baumgartner, VT.S 16, 1967, 30-39

CHILDS, B.S.
Psalm Titles and Midrashic Exegesis, JSSt 16, 1971, 137-150

CLEMENTS, R.E.
The Purpose of the Book of Jonah, VT.S 28, 1975, 16-28

CLEMENTS, R.E.
The Unity of the Book of Isaiah, Interp. 36, 1982, 117-129

CLINES, D.J.A.
Ezra, Nehemiah, Esther, NCeB, 1984

CLINES, D.J.A.
The Tree of Knowledge and the Law of Yahweh (Psalm XIX), VT 24, 1974, 8-14

COGGINS, R.J.
The First and Second Books of the Chronicles, CBC, 1976

COHN, G.H.
Das Buch Jona im Lichte der biblischen Erzählkunst, SSN 12, 1969

COOTE, R.B.
Amos among the Prophets. Composition and Theology, Philadelphia 1981

COPPENS, J.
La Prophétie de Nathan. Sa Portée dynastique, in: FS J.P.M. van der Ploeg, AOAT 211, 1982, 91-100

CRENSHAW, J.L.
Hymnic Affirmation of Divine Justice: The Doxologies of Amos and Related Texts in the Old Testament, SBLDS 24, 1975

CRENSHAW, J.L.
YHWH Ṣ^{e}baʾôt Š^{e}mô: A Form-Critical Analysis, ZAW 81, 1969, 156-175

CRENSHAW, J.L.
"W^{e}dōrēk ʿal-bāmŏtě ʾāreṣ", CBQ 34, 1972, 39-53

CROSS, F.M.
Canaanite Myth and Hebrew Epic. Essays in the History of the Religion of Israel, Cambridge, Massachusetts 1973

CROSS, F.M.
Notes on a Canaanite Psalm in the Old Testament, BASOR 117, 1950, 19-21

CROSS, F.M.
Studies in the Structure of Hebrew Verse: The Prosody of the Psalm of Jonah, in: The Quest For the Kingdom of God, FS G.E. Mendenhall, Winona Lake 1983, 159-167

CROSS, F.M. – FREEDMAN, D.N.
The Song of Miriam. Exodus 15, in: Studies in Ancient Yahwistic Poetry, SBLDS 21, 1975, 43-65

CROSS, F.M. – FREEDMAN, D.N.
The Blessing of Moses, JBL 67, 1948, 191-210

CROSS, F.M. – FREEDMAN, D.N.
A Royal Song of Thanksgiving: IISamuel 22 = Psalm 18, JBL 72, 1953, 15-34

CRÜSEMANN, F.
Studien zur Formgeschichte von Hymnus und Danklied in Israel, WMANT 32, 1969

CRÜSEMANN, F.
Die Tora. Theologie und Sozialgeschichte des alttestamentlichen Gesetzes, München 1992

CRÜSEMANN, F.
Jahwes Gerechtigkeit (ṣ^{e}dāqā/ṣädäq) im Alten Testament, EvTh 36, 1976, 427-450

CTAT 1
Barthélemy, D., Critique textuelle de l'Ancien Testament. 1. Josué, Juges, Ruth, Samuel, Rois, Chroniques, Esdras, Néhémie, Esther, OBO 50/1, 1982

CURTIS, E.L. – MADSEN, A.A.
The Books of Chronicles, ICC, 1910 (Nachdr. 1976)

DAHOOD, M.
Psalms III. 101-150, AncB 17A, 1970

DEISSLER, A.
Psalm 119 (118) und seine Theologie. Ein Beitrag zur Erforschung der anthologischen Stilgattung im Alten Testament, MThS.H 11, 1955

DEISSLER, A.
Die Psalmen. I. Teil (Ps 1-41), WB, ^{3}1966, III. Teil (Ps 90-150), WB, ^{2}1969

DEISSLER, A.
Der anthologische Charakter des Psalmes 33 (32), in: FS A. Robert, TICP 4, 1957, 225-233

DEISSLER, A.
Zur Datierung und Situierung der "kosmischen Hymnen" Pss 8 19 29, in: FS H. Junker, Trier 1961, 47-58

DEISSLER, A.
Art. De Profundis, LThK 3, 1959, 240f

DELITZSCH, F.
Jesaja, BC 3/1, ^{3}1879 (Nachdr. Gießen, Basel 1984)

DELITZSCH, F.
Die Psalmen, BC 4/1, ^{4}1883

DELITZSCH, F.
Neues Testament (*sprj hbrjt hḥdšh n^{c}tqjm mlšwn jwn llšwn ^{c}brjt*), London 1927

DEL OLMO LETE, G.
David's Farewell Oracle (2 Samuel xxiii 1-7): A Literary Analysis, VT 34, 1984, 414-437

DE MOOR, J.C.
The Reconstruction of the Aramaic Original of the Lord's Prayer, in: The Structural Analysis of Biblical and Canaanite Poetry, ed. W. van der Meer, J.C. de Moor, Journal for the Study of the Old Testament, Suppl. Ser. 74, 1988, 397-422

DE VAUX, R.
Histoire ancienne d'Israël. Des Origines à l'Installation en Canaan, EtB, 1971

DIETRICH, W.
Prophetie und Geschichte. Eine redaktionsgeschichtliche Untersuchung zum deuteronomistischen Geschichtswerk, FRLANT 108, 1972

DI LELLA, A.A.
Strophic Structure and Poetic Analysis of Daniel 2:20-23, 3:31-33, and 6:26b-28, Studia Hierosolymitana III, SBF.CMa 30, 1982, 91-96

DILLMANN, A.
Die Bücher Numeri, Deuteronomium und Josua, KEH 13, ^{2}1886

DILLMANN, A.
Der Prophet Jesaia, KEH 5, ^{5}1890

DOHMEN, C.
Ps 19 und sein altorientalischer Hintergrund, Bib. 64, 1983, 501-517

DONNER, H.
Ugaritismen in der Psalmenforschung, ZAW 79, 1967, 322-350

DÜRR, L.
Zur Frage nach der Einheit von Ps 19, in: Beiträge zur Religionsgeschichte und Archäologie Palästinas, FS E. Sellin, Leipzig 1927, 37-48

DUHM, B.
Die Psalmen, KHC 14, ^{1}1899, ^{2}1922

DUHM, B.
Das Buch Jeremia, KHC 11, 1901

DUHM, B.
Das Buch Jesaia, HK 3/1, ^{2}1902

DUHM, B.
Anmerkungen zu den Zwölf Propheten, ZAW 31, 1911, 1-43.81-110.161-204

DUMBRELL, W.J.
The Purpose of the Book of Isaiah, TynB 36, 1985, 111-128

DURLESSER, J.A.
A Rhetorical Critical Study of Psalms 19, 42, and 43, SBTh 10, 1980, 179-197

DUSSAUD, R.
Les découvertes de Ras Shamra (Ugarit) et l'Ancien Testament, Paris ^{2}1941

EATON, J.H.
Notes and Studies. Some Questions of Philology and Exegesis in the Psalms, JThS NS 19, 1968, 603-609

EERDMANS, B.D.
The Hebrew Book of Psalms, OTS 4, 1947

EHRLICH, A.B.
Randglossen zur Hebräischen Bibel, 7. Bd., Leipzig 1914

EICHHORN, D.
Gott als Fels, Burg und Zuflucht. Eine Untersuchung zum Gebet des Mittlers in den Psalmen, EHS.T 4, 1972

EISSFELDT, O.
Einleitung in das Alte Testament, Tübingen ^{3}1964

EISSFELDT, O.
Das Lied Moses Deuteronomium 32_{1-43} und das Lehrgedicht Asaphs Psalm 78 samt einer Analyse der Umgebung des Mose-Liedes, BVSAW.PH 104/5, 1958

ELLIGER, K.
Deuterojesaja. 1. Teilband: Jesaja 40,1 – 45,7, BK 11/1, 1978

FABRY, H.-J.
Art *hdm*, ThWAT 2, 1977, 347-357

FENSHAM, F.C.
Neh. 9 and Pss. 105, 106, 135 and 136. Post-Exilic Historical Traditions in Poetic Form, JNWSL 9, 1981, 35-51

FISCHER, I.
Psalm 19 – Ursprüngliche Einheit oder Komposition?, Biblische Notizen. Beiträge zur exegetischen Diskussion 21, 1983, 16-25

FISHBANE, M.
Text and Texture. Close Readings of Selected Biblical Texts, New York 1979

FOHRER, G.
Das Buch Hiob, KAT 16, 1963

FORESTI, F.
Funzione semantica dei brani participiali di Amos: 4,13; 5,8s; 9,5s, Bib. 62, 1981, 169-184

FREEDMAN, D.N.
The Chronicler's Purpose, CBQ 23, 1961, 436-442

FREEDMAN, D.N.
Psalm 113 and the Song of Hannah, FS H.L. Ginsberg, ErIs 14, 1978, 56*-69*

GALLING, K.
Die Bücher der Chronik, Esra, Nehemia, ATD 12, 1954

GAMPER, A.
Die heilsgeschichtliche Bedeutung des Salomonischen Tempelweihgebets, ZKTh 85, 1963, 55-61

GERSTENBERGER, E.
Art. *kwn*, THAT 1, 1971, 812-817

GESE, H.
Die Entstehung der Büchereinteilung des Psalters, in: Wort, Lied und Gottesspruch. Beiträge zu Psalmen und Propheten, FS J. Ziegler, Forschung zur Bibel 2, 1972, 57-64

GESE, H.
Die Einheit von Psalm 19, in: Alttestamentliche Studien, Tübingen 1991, 139-148

GESENIUS, W. – KAUTZSCH, E.
Hebräische Grammatik, Leipzig ^{28}1909 (Nachdr. Hildesheim, New York 1977)

GILBERT, M.
La prière de Daniel Dn 9,4-19, RTL 3, 1972, 284-310

GILBERT, M.
La place de la Loi dans la prière de Néhémie 9, in: De la Tôrah au Messie, FS H. Cazelles, Paris 1981, 307-316

GLOBE, A.
The Literary Structure and Unity of the Song of Deborah, JBL 93, 1974, 493-512

GÖRG, M.
Gott-König-Reden in Israel und Ägypten, BWANT 105, 1975

GÖRG, M.
Die Gattung des sogenannten Tempelweihspruchs (1 Kg 8,12f.), UF 6, 1974, 55-63

GOLKA, F.W.
Jona, Calwer Bibelkommentare, Stuttgart 1991

GOLDSCHMIDT, L.
Der Babylonische Talmud. 8. Bd.: Baba Bathra – Synhedrin (1. Hälfte), Berlin 1933

GOLDSCHMIDT, L.
Der Babylonische Talmud. 9. Bd.: Synhedrin (2. Hälfte) – Horajoth, Berlin 1934

GRAY, G.B. – PEAKE, A.S.
The Book of Isaiah, Vol. 1, ICC, 1912 (Nachdr. 1949)

GRAY, J.
I & II Kings. A Commentary, OTL, [3]1977

GUNKEL, H. – BEGRICH, J.
Einleitung in die Psalmen. Die Gattungen der religiösen Lyrik Israels, HK ErgBd., 1933

GUNKEL, H.
Die Psalmen, (HK 2/2), [5]1968

GUNKEL, H.
Die Psalmen, in: Zur neueren Psalmenforschung, hg.v. P.H.A. Neumann, WdF 192, 1976, 19-54

GUNNEWEG, A.H.J.
Esra, KAT 19/1, 1985

GUNNEWEG, A.H.J.
Nehemia, KAT 19/2, 1987

HAL
Hebräisches und aramäisches Lexikon zum Alten Testament, hg.v. W. Baumgartner u. J.J. Stamm, Leiden, [3]1967ff

HANSON, K.C.
Alphabetic Acrostics: A Form Critical Study, Ph.D., Ann Arbor 1984/86

HARPER, W.R.
Amos and Hosea, ICC, 1905 (Nachdr. 1973)

HARTMAN, L.F. – DI LELLA, A.A.
The Book of Daniel, AncB 23, 1978

HAUPT, P.
On the Penitential Psalm "De Profundis.", Hebr. 2, 1885/86, 98-106

HAUSMANN, J.
Gottesdienst als Gottes Lob. Erwägungen zu 1Chr 16,8-36, in: Spiritualität. Theologische Beiträge, hg.v. H. Wagner, Stuttgart 1987, 83-92

HENGEL, M.
Hymnus und Christologie, in: Wort in der Zeit. Neutestamentliche Studien, FS K.H. Rengstorf, Leiden 1980, 1-23

HENTSCHKE, R.
Art. *gbh*, ThWAT 1, 1973, 890-895

HERMISSON, H.-J.
Sprache und Ritus im altisraelitischen Kult. Zur "Spiritualisierung" der Kultbegriffe im Alten Testament, WMANT 19, 1965

HERRMANN, W.
Psalm 19 und der kanaanäische Gott ᵓIlu, UF 19, 1987, 75-78

HERTZBERG, H.W.
Die Samuelbücher, ATD 10, [1]1956, [4]1968

HILL, A.E.
Patchwork Poetry or Reasoned Verse? Connective Structure in 1 Chronicles XVI, VT 33, 1983, 97-101

HITZIG, F.
Das Buch Daniel, KEH 10, 1850

HITZIG, F.
Die Psalmen, 2. Bd., Leipzig, Heidelberg 1865

HOFFMANN, G.
Versuche zu Amos, ZAW 3, 1883, 87-126.279f

HORST, F.
Zephanja, HAT 1/14, [3]1964, 187-200

HORST, F.
Hiob. I. Teilband, BK 16/1, 1968

HORST, F.
Die Doxologien im Amosbuch, in: Gottes Recht. Gesammelte Studien zum Recht im Alten Testament, TB 12, 1961, 155-166

HOSSFELD, F.-L.
Der Wandel des Beters in Ps 18. Wachstumsphasen eines Dankliedes, in: Freude an der Weisung des Herrn. Beiträge zur Theologie der Psalmen, FS H. Groß, Stuttgart 1986, 171-190

HUPFELD, H.
Die Psalmen, 4. Bd., Gotha [2]1871

HURVITZ, A.
Originals and Imitations in Biblical Poetry: A Comparative Examination of 1 Sam 2:1-10 and Ps 113:5-9, in: Biblical and Related Studies, FS S. Iwry, Winona Lake 1985, 115-121

ISHIDA, T.
The Structure and Historical Implications of the Lists of Pre-Israelite Nations, Bib. 60, 1979, 461-490

JACOB, E.
L'Ancien Testament et la Théologie, ZAW 100 (Suppl.) 1988, 268-278

JACQUET, L.
Les Psaumes et le coeur de l'homme. Etude textuelle, littéraire et doctrinale. *Psaumes 1 à 41, Namur 1975; **Psaumes 42 à 100, Namur 1977; ***Psaumes 101 à 150, Namur 1979

JANOWSKI, B.
Rettungsgewißheit und Epiphanie des Heils. Das Motiv der Hilfe Gottes » am Morgen « im Alten Orient und im Alten Testament. Bd. I: Alter Orient, WMANT 59, 1989

JANOWSKI, B.
» Ich will in eurer Mitte wohnen «. Struktur und Genese der exilischen Schekina-Theologie, Jahrbuch für Biblische Theologie 2, 1987, 165-193

JAPHET, S.
The Ideology of the Book of Chronicles and Its Place in Biblical Thought, Beiträge zur Erforschung des Alten Testaments und des Antiken Judentums 9, 1989

JAPHET, S.
Conquest and Settlement in Chronicles, JBL 98, 1979, 205-218

JENNI, E.
Das hebräische Pi^{c}el. Syntaktisch-semasiologische Untersuchung einer Verbalform im Alten Testament, Zürich 1968

JENNI, E.
Art. *gdwl*, THAT 1, 1971, 402-409

JEPSEN, A.
Die Quellen des Königsbuches, Halle 1953

JEREMIAS, J.
Theophanie. Die Geschichte einer alttestamentlichen Gattung, WMANT 10, ^{2}1977

JEREMIAS, J.
Das Königtum Gottes in den Psalmen. Israels Begegnung mit dem kanaanäischen Mythos in den Jahwe-König-Psalmen, FRLANT 141, 1987

JEREMIAS, J.
Amos 3-6. Beobachtungen zur Entstehungsgeschichte eines Prophetenbuches, ZAW 100 (Suppl.), 1988, 123-138

JIRKU, A.
Die Sprache der Gottheit in der Natur, ThLZ 76, 1951, 631

JONES, B.W.
The Prayer in Daniel IX, VT 18, 1968, 488-493

JONES, G.H.
1 and 2 Kings, Vol. I, NCeB, 1984

JOÜON, P.
Grammaire de l'Hébreu biblique, Rom 1923

KAISER, O.
Der Prophet Jesaja. Kapitel 1-12, ATD 17, ^{3}1970, ^{5}1981

KAISER, O.
Einleitung in das Alte Testament. Eine Einführung in ihre Ergebnisse und Probleme, Gütersloh ^{4}1978

KAISER, O.
Wirklichkeit, Möglichkeit und Vorurteil. Ein Beitrag zum Verständnis des Buches Jona, EvTh 33, 1973, 91-103

KBL
Lexicon in Veteris Testamenti Libros, ed. L. Köhler, W. Baumgartner, Leiden 1958

KD
Barth, K., Die Kirchliche Dogmatik, (München), Zürich 1932ff

KEGLER, J.
Das Zurücktreten der Exodustradition in den Chronikbüchern, in: Schöpfung und Befreiung, FS C. Westermann, Stuttgart 1989, 54-66

KELLENBERGER, E.
ḥäsäd wäʾ^{ä}mät als Ausdruck einer Glaubenserfahrung. Gottes Offen-Werden und Bleiben als Voraussetzung des Lebens, Zürich 1982

KELLER, C.-A.
Sophonie, CAT 11b, 1971, 177-216

KELLER, C.-A.
Jonas, CAT 11a, ^{2}1982, 263-291

KELLER, C.-A.
Jonas. Le portrait d'un prophète, ThZ 21, 1965, 329-340

KELLERMANN, U.
Nehemia. Quellen, Überlieferung und Geschichte, BZAW 102, 1967

KISSANE, E.J.
The Book of Psalms. Vol. I (Psalms 1-72), Dublin 1953. Vol. II (Psalms 73-150), Dublin 1954

KITTEL, R.
Die Bücher der Könige, HK 1/5, 1900

KLATT, W.
Hermann Gunkel. Zu seiner Theologie der Religionsgeschichte und zur Entstehung der formgeschichtlichen Methode, FRLANT 100, 1969

KLOPFENSTEIN, M.
Die Lüge nach dem Alten Testament. Ihr Begriff, ihre Bedeutung und ihre Beurteilung, Zürich, Frankfurt 1964

KLOPFENSTEIN, M.
Scham und Schande nach dem Alten Testament. Eine begriffsgeschichtliche Untersuchung zu den hebräischen Wurzeln *bôš*, klm und ḥpr, AThANT 62, 1972

KNIERIM, R.
Art. *šgg*, THAT 2, 1976, 869-872

KOCH, K.
Das Buch Daniel, EdF 144, 1980

KOCH, K. – SCHMIDT, J.M. (Hg.)
Apokalyptik, WdF 365, 1982

KOCH, K.
"denn seine Güte währet ewiglich", EvTh 21, 1961, 531-544

KOCH, K.
Wort und Einheit des Schöpfergottes in Memphis und Jerusalem. Zur Einzigartigkeit Israels, ZThK 62, 1965, 251-293

KOCH, K.
Die Rolle der hymnischen Abschnitte in der Komposition des Amos-Buches, ZAW 86, 1974, 504-537

KOCH, K.
Spätisraelitisches Geschichtsdenken am Beispiel des Buches Daniel, in: ders. u. Schmidt, J.M., Apokalyptik, WdF 365, 1982, 276-310

KÖHLER, L.
Theologie des Alten Testaments, NTG, ^{3}1953

KÖNIG, E.
Das Deuteronomium, KAT 3, 1917

KÖNIG, F.E.
Historisch-kritisches Lehrgebäude der hebräischen Sprache. Bd. I, 1. Hälfte, Leipzig 1881; Bd. II, 2. Hälfte, 1. Theil, Leipzig 1895; Bd. III, 2. Hälfte, 2. Theil (Syntax), Leipzig 1897 (Nachdr. Hildesheim, New York 1979)

KOSMALA, H.
Art. *gbr*, ThWAT 1, 1973, 901-919

KRATZ, R.G.
Translatio imperii. Untersuchungen zu den aramäischen Danielerzählungen und ihrem theologiegeschichtlichen Umfeld, WMANT 63, 1991

KRAUS, H.-J.
Psalmen, BK 15, 2 Bde., ^{5}1978

KRAUS, H.-J.
Theologie der Psalmen, BK 15/3, 1979

KRAUS, H.-J.
Freude an Gottes Gesetz. Ein Beitrag zur Auslegung der Psalmen 1; 19B und 119, EvTh 1950/51, H. 8, 337-351

KROPAT, A.
Die Syntax des Autors der Chronik verglichen mit der seiner Quellen. Ein Beitrag zur historischen Syntax des Hebräischen, BZAW 16, 1909

KRUSE, H.
David's Covenant, VT 35, 1985, 139-164

KSELMAN, J.S.
Psalm 146 in Its Context, CBQ 50, 1988, 587-599

KTU
Die keilalphabetischen Texte aus Ugarit. Einschließlich der keilalphabetischen Texte außerhalb Ugarits. 1. T.: Transkription, AOAT 24,1, 1976

KÜHLEWEIN, J.
Geschichte in den Psalmen, CThM 2, 1973

KÜHLEWEIN, J.
Art. *gbr*, THAT 1, 1971, 398-402

KUMAKI, F.K.
The Deuteronomistic Theology of the Temple -- as crystallized in 2Sam 7, 1Kgs 8 --, AJBI 7, 1981, 16-52

KUTSCH, E.
Die Dynastie von Gottes Gnaden. Probleme der Nathanweissagung in 2. Sam 7, ZThK 58, 1961, 137-153

LABUSCHAGNE, C.J.
The Song of Moses: Its Framework and Structure, in: De Fructu Oris Sui, FS A. van Selms, POS 9, 1971, 85-98

LACOCQUE, A.
Le Livre de Daniel, CAT 15b, 1976

LACOCQUE, A.
The Liturgical Prayer in Daniel 9, HUCA 47, 1976, 119-142

LAMBERT, W.G.
DINGIR.ŠÀ.DIB.BA Incantations, JNES 33, 1974, 267-305

LANDES, G.M.
The Kerygma of the Book of Jonah. The Contextual Interpretation of the Jonah Psalm, Interp. 21, 1967, 3-31

LEVENSON, J.D.
From Temple to Synagogue: 1 Kings 8, in: Traditions in Transformation. Turning Points in Biblical Faith, ed. B. Halpern, J.D. Levenson, Winona Lake, 1981, 143-166

LEVENSON, J.D.
The Sources of Torah: Psalm 119 and the Modes of Revelation in Second Temple Judaism, in: Ancient Israelite Religion, FS F.M.Cross, Philadelphia 1987, 559-574

LEVIN, C.
Die Verheißung des neuen Bundes in ihrem theologiegeschichtlichen Zusammenhang ausgelegt, FRLANT 137, 1985

LEVIN, C.
Der Dekalog am Sinai, VT 35, 1985, 165-191

L'HOUR, J.
Die Ethik der Bundestradition im Alten Testament, SBS 14, 1967

LIEDKE, G.
Gestalt und Bezeichnung alttestamentlicher Rechtssätze. Eine formgeschichtlich-terminologische Studie, WMANT 39, 1971

LÖHR, M.
Psalmenstudien, BWAT NF 3, 1922

LOEWENSTAMM, S.E.
"The Lord is My Strength and My Glory", VT 19, 1969, 464-470

LOHFINK, N.
Lobgesänge der Armen. Studien zum Magnifikat, den Hodajot von Qumran und einigen späten Psalmen, SBS 143, 1990

LORETZ, O.
Der Torso eines kanaanäisch-israelitischen Tempelweihspruches in 1 Kg 8,12-13, UF 6, 1974, 478-480

LUCKENBILL, D.D.
Ancient Records of Assyria and Babylonia. Vol. I: Historical Records of Assyria from the Earliest Times to Sargon, Chicago 1926 (Nachdr. New York 1968)

LUYTEN, J.
Primeval and Eschatological Overtones in the Song of Moses (Dt 32,1-43), in: Das Deuteronomium. Entstehung, Gestalt und Botschaft, BEThL 68, 1985, 341-347

MAGONET, J.
Form and Meaning. Studies in Literary Techniques in the Book of Jonah, Beiträge zur biblischen Exegese und Theologie 2, Bern, Frankfurt 1976

MAIER, J.
Das altisraelitische Ladeheiligtum, BZAW 93, 1965

MAILLOT, A. – LELIEVRE, A.
Les Psaumes. Traduction nouvelle et commentaire. Troisième partie: Psaumes 101 à 150, avec, en appendice, des Psaumes de Qumran, Genève 1969

MARTI, K.
Das Buch Jesaja, KHC 10, 1900

MARTI, K.
Das Buch Daniel, KHC 18, 1901

MARTI, K.
Das Dodekapropheton, KHC 13, 1904

MARTIN-ACHARD, R.
Israël et les nations. La perspective missionnaire de l'Ancien Testament, CTh 42, 1959

MAYES, A.D.H.
Deuteronomy, NCeB, 1979

McCARTER, P.K.
I Samuel. A New Translation with Introduction, Notes & Commentary, AncB 8, 1980

McCARTER, P.K.
II Samuel. A New Translation with Introduction, Notes and Commentary, AncB 9, 1984

MEINHOLD, A.
Überlegungen zur Theologie des 19. Psalms, ZThK 80, 1983, 119-136

MELUGIN, R.F.
The Formation of Isaiah 40-55, BZAW 141, 1976

METTINGER, T.N.D.
King and Messiah. The Civil and Sacral Legitimation of the Israelite Kings, CB.OT 8, 1976

METTINGER, T.N.D.
The Dethronement of Sabaoth. Studies in the Shem and Kabod Theologies, CB.OT 18, 1982

MEYER, R.
Die Bedeutung von Deuteronomium 32,8f.43(4Q) für die Auslegung des Moseliedes, in: Verbannung und Heimkehr. Beiträge zur Geschichte und Theologie Israels im 6. und 5. Jahrhundert v. Chr., FS W. Rudolph, Tübingen 1961, 197-209

MEYNET, R.
Dieu donne son Nom à Jésus. Analyse rhétorique de Lc 1,26-56 et de 1 Sam 2,1-10, Bib. 66, 1985, 39-72

MICHAELI, F.
Les Livres des Chroniques, d'Esdras et de Néhémie, CAT 16, 1967

MICHEEL, R.
Die Seher- und Prophetenüberlieferungen in der Chronik, BBE 18, 1983

MILLER, P.D.
Psalm 130, Interp. 33, 1979, 176-181

MISCALL, P.D.
1 Sam. A Literary Reading, Indiana Studies in Biblical Literature, Bloomington 1986

MONTGOMERY, J.A.
The Book of Daniel, ICC, 1927 (Nachdr. 1972)

MONTGOMERY, J.A. – GEHMAN, H.S.
The Books of Kings, ICC, 1951 (Nachdr. 1976)

MORGENSTERN, J.
Psalms 8 and 19A, HUCA 19, 1945/46, 491-523

MORGENSTERN, J.
Amos Studies. Part Four, HUCA 32, 1961, 295-350

MOSIS, R.
Untersuchungen zur Theologie des chronistischen Geschichtswerkes, FThSt 92, 1973

MOWINCKEL, S.
The Psalms in Israel's Worship, 2 Bde., Oxford 1962 (Nachdr. 1967)

MOWINCKEL, S.
"Die letzten Worte Davids" II Sam 23_{1-7}, ZAW 45, 1927, 30-58

MOWINCKEL, S.
Die Komposition des deuterojesajanischen Buches, ZAW 49, 1931, 87-112.242-260

MOWINCKEL, S.
Psalms and Wisdom, in: Wisdom in Israel and in the Ancient Near East, FS H.H. Rowley, VT.S 3, 1955, 205-224

MÜLLER, D.H.
Strophenbau und Responsion, Biblische Studien 2, Wien, Neue Ausgabe 1904

MÜLLER, H.-P.
Der Aufbau des Deboraliedes, VT 16, 1966, 446-459

MYERS, J.M.
I Chronicles, AncB 12, 1965

MYERS, J.M.
II Chronicles, AncB 13, 1965

MYERS, J.M.
Ezra – Nehemiah, AncB 14, 1965

MYERS, J.M.
The Kerygma of the Chronicler. History and Theology in the Service of Religion, Interp. 20, 1966, 259-273

NEUMANN, P.H.A.
Zur neueren Psalmenforschung, WdF 192, 1976

NORIN, S.I.L.
Er spaltete das Meer. Die Auszugsüberlieferung in Psalmen und Kult des alten Israel, CB.OT 9, 1977

NORTH, R.
Theology of the Chronicler, JBL 82, 1963, 369-381

NOTH, M.
Überlieferungsgeschichtliche Studien. Die sammelnden und bearbeitenden Geschichtswerke im Alten Testament, Tübingen ²1957

NOTH, M.
Könige. I. Teilband, BK 9/1, 1968

NOTH, M.
Die Gesetze im Pentateuch (Ihre Voraussetzungen und ihr Sinn), in: Gesammelte Studien zum Alten Testament, TB 6, ³1966, 9-141

NOWACK, W.
Richter, Ruth u. Bücher Samuelis, HK 1/4, 1902

OEMING, M.
Das wahre Israel. Die »genealogische Vorhalle« 1 Chronik 1-9, BWANT 128, 1990

PARKER, S.B.
Exodus XV 2 again, VT 21, 1971, 373-379

PEDERSEN, J.
Israel. Its Life and Culture. Vol. 1-2, London, Kopenhagen 1926 (Nachdr. 1973)

PERLITT, L.
Bundestheologie im Alten Testament, WMANT 36, 1969

PETERSEN, C.
Mythos im Alten Testament. Bestimmung des Mythosbegriffs und Untersuchung der mythischen Elemente in den Psalmen, BZAW 157, 1982

PLÖGER, O.
Das Buch Daniel, KAT 18, 1965

PLÜMACHER, E.
Art. Bibel II. Die Heiligen Schriften des Judentums im Urchristentum, TRE 6, 1980, 8-22

PORTEOUS, N.W.
Das Buch Daniel, ATD 23, ^{2}1968

PORÚBČAN, Š.
Psalm CXXX 5-6, VT 9, 1959, 322-323

PREUSS, H.D.
Deuteronomium, EdF 164, 1982

PREUSS, H.D.
Art. *ḥwh*, ThWAT 2, 1977, 784-794

PROCKSCH, O.
Jesaia I, KAT 9, 1930

PROCKSCH, O.
Die letzten Worte Davids. 2. Sam. 23_{1-7}. Alttestamentliche Studien, FS R. Kittel, BWAT 13, 1913, 112-125

QUELL, G.
Art. ἀγαπάω κτλ., ThWNT 1, 1933, 20-34

RAVASI, G.
Il Libro dei Salmi. Commento e Attualizzazione, lettura pastorale della Bibbia, Bologna 1981

REINDL, J.
Gotteslob als "Weisheitslehre". Zur Auslegung von Psalm 146, in: Dein Wort beachten. Alttestamentliche Aufsätze, hg.v. J. Reindl, Leipzig 1981, 116-135

RENDSBURG, G.A.
The Northern Origin of Nehemiah 9, Bib. 72, 1991, 348-366

RENDTORFF, R.
Zur Komposition des Buches Jesaja, in: Kanon und Theologie. Vorarbeiten zu einer Theologie des Alten Testaments, Neukirchen-Vluyn 1991, 141-161

REVENTLOW, H. GRAF
Hauptprobleme der alttestamentlichen Theologie im 20. Jahrhundert, EdF 173, 1982

REVENTLOW, H. GRAF
Gebet im Alten Testament, Stuttgart, Berlin, Köln, Mainz 1986

RICHARDSON, H.N.
The Last Words of David: Some Notes on IISamuel 23:1-7, JBL 90, 1971, 257-266

RINGGREN, H.
Art. *hgh*, ThWAT 2, 1977, 343-345

ROBERT, A.
Les attaches littéraires bibliques de Prov. I-IX, RB 43, 1934, 42-68. 172-204.374-384; 44, 1935, 344-365.502-525

ROBERT, A.
Le Sens du Mot Loi dans le Ps. CXIX (Vulg. CXVIII), RB 46, 1937, 182-206

ROST, L.
Die Überlieferung von der Thronnachfolge Davids, in: Das Kleine Credo und andere Studien zum Alten Testament, Heidelberg 1965, 119-253

ROTH, W.
Art. *ᶜll*,ThWAT 6, 1989, 151-160

ROTHSTEIN, J.W. – HÄNEL, J.
Kommentar zum ersten Buch der Chronik, KAT 18/2, 1927

RUDOLPH, W.
Esra und Nehemia samt 3. Esra, HAT 1/20, 1949

RUDOLPH, W.
Chronikbücher, HAT 1/21, 1955

RUDOLPH, W.
Jeremia, HAT 1/12, [3]1968

RUDOLPH, W.
Joel – Amos – Obadja – Jona. Mit einer Zeittafel von A. Jepsen, KAT 13/2, 1971

RUDOLPH, W.
Micha – Nahum – Habakuk – Zephanja. Mit einer Zeittafel von A. Jepsen, KAT 13/3, 1975

SAEBØ, M.
Art. *śkl*, THAT 2, 1976, 824-828

ŠANDA, A.
Die Bücher der Könige, EHAT 9, 1911

SANDERS, J.A.
The Dead Sea Psalms Scroll, Ithaca, New York 1967

SARNA, N.
Psalm XIX and the Near Eastern Sun-God Literature, Fourth World Congress of Jewish Studies. Papers, Vol. 1, Jerusalem 1967, 171-175

SAUER, G.
Art. *šmr*, THAT 2, 1976, 982-987

SCHARBERT, J.
Formgeschichte und Exegese von Ex 34,6f und seiner Parallelen, Bib. 38, 1957, 130-150

SCHLÖGL, D.N.
Dan 2,20-23, ein aramäisches Lied, BZ 8, 1910, 389f

SCHMID, H.H.
Schöpfung, Gerechtigkeit und Heil. « Schöpfungstheologie » als Gesamthorizont biblischer Theologie, in: ders., Altorientalische Welt in der alttestamentlichen Theologie, Zürich 1974, 9-30

SCHMIDT, H.
Die Psalmen, HAT 1/15, 1934

SCHMIDT, L.
» De Deo « . Studien zur Literarkritik und Theologie des Buches Jona, des Gesprächs zwischen Abraham und Jahwe in Gen 18$_{22ff}$. und von Hi 1, BZAW 143, 1976

SCHMIDT, W.H.
Königtum Gottes in Ugarit und Israel. Zur Herkunft der Königsprädikation Jahwes, BZAW 80, 1961

SCHMIDT, W.H.
Die Schöpfungsgeschichte der Priesterschrift. Zur Überlieferungsgeschichte von Geneses 1$_{1-24a}$ und 2$_{4b}$-3$_{24}$, WMANT 17, [2]1967

SCHMIDT, W.H.
Alttestamentlicher Glaube in seiner Geschichte, Neukirchen-Vluyn [4]1982

SCHMIDT, W.H.
Gott und Mensch in Ps. 130. Formgeschichtliche Erwägungen, ThZ 22, 1966, 241-253

SCHMIDT, W.H.
Art. *ᵓl*, THAT 1, 1971, 142-149

SCHMIDT, W.H.
Art. *dbr*, ThWAT 2, 1977, 101-133

SCHMUTTERMAYR, G.
Psalm 18 und 2 Samuel 22. Studien zu einem Doppeltext. Probleme der Textkritik und Übersetzung und das Psalterium Pianum, StANT 25, 1971

SCHREINER, J.
Jeremia II. 25,15-52,34, Die Neue Echter Bibel Lfg. 9, 1984

SCHREINER, J.
Leben nach der Weisung des Herrn. Eine Auslegung des Ps 119, in: Freude an der Weisung des Herrn. Beiträge zur Theologie der Psalmen, FS H. Groß, Stuttgart 1986, 395-424

SCHULZ, H.
Das Buch Nahum. Eine redaktionskritische Untersuchung, BZAW 129, 1973

SEELIGMANN, I.L.
Voraussetzungen der Midraschexegese, VT.S 1, 1953, 150-181

SEELIGMANN, I.L.
A Psalm from Pre-Regal Times, VT 14, 1964, 75-92

SEELIGMANN, I.L.
Die Auffassung von der Prophetie in der deuteronomistischen und chronistischen Geschichtsschreibung (Mit einem Exkurs über das Buch Jeremia), VT.S 29, 1978, 254-284

SEYBOLD, K.
Die Wallfahrtspsalmen. Studien zur Entstehungsgeschichte von Psalm 120-134, Biblisch-Theologische Studien 3, Neukirchen-Vluyn 1978

SEYBOLD, K.
Psalm 104 im Spiegel seiner Unterschrift, ThZ 40, 1984, 1-11

SEYBOLD, K.
Art. *mšḥ*, ThWAT 5, 1986, 46-59

SHEPPARD, G.T.
Wisdom as a Hermeneutical Construct. A Study in the Sapentializing of the Old Testament, BZAW 151, 1980

SLOMOVIC, E.
Toward an Understanding of the Formation of Historical Titles in the Book of Psalms, ZAW 91, 1979, 350-380

SMEND, R.
Die Entstehung des Alten Testaments, ThW 1, 1978

SMEND, R.
Die Bundesformel, in: Die Mitte des Alten Testaments. Gesammelte Studien Bd. 1, BEvTh 99, 1986, 11-39

SMEND, R.
Theologie im Alten Testament, in: Die Mitte des Alten Testaments. Gesammelte Studien Bd. 1, BEvTh 99, 1986, 104-117

SMITH, H.P.
The Books of Samuel, ICC, 1899 (Nachdr. 1951)

SOGGIN, J.A.
Le Livre des Juges, CAT 5b, 1987

SOGGIN, J.A.
Bemerkungen zum Deboralied, Richter Kap. 5, ThLZ 106, 1981, 625-639

SPIECKERMANN, H.
Juda unter Assur in der Sargonidenzeit, FRLANT 129, 1982

SPIECKERMANN, H.
Heilsgegenwart. Eine Theologie der Psalmen, FRLANT 148, 1989

SPIECKERMANN, H.
»Barmherzig und gnädig ist der Herr...«, ZAW 102, 1990, 1-18

STÄHLI, H.-P.
Solare Elemente im Jahweglauben des Alten Testaments, OBO 66, 1985

STÄHLI, H.-P.
Art. *gbh*, THAT 1, 1971, 394-397

STAMM, J.J.
Erlösen und Vergeben im Alten Testament. Eine begriffsgeschichtliche Untersuchung, Bern 1940

STAMM, J.J.
Art. *pdh*, THAT 2, 1976, 389-406

STECK, O.H.
Israel und das gewaltsame Geschick der Propheten. Untersuchungen zur Überlieferung des deuteronomistischen Geschichtsbildes im Alten Testament, Spätjudentum und Urchristentum, WMANT 23, 1967

STECK, O.H.
Bereitete Heimkehr. Jesaja 35 als redaktionelle Brücke zwischen dem Ersten und dem Zweiten Jesaja, SBS 121, 1985

STECK, O.H.
Bemerkungen zur thematischen Einheit von Psalm 19, 2-7, in: Werden und Wirken des Alten Testaments, FS C. Westermann, Göttingen, Neukirchen-Vluyn 1980, 318-324

STEINMANN, J.
Le Prophète Isaïe. Sa vie, son oeuvre et son temps, LeDiv 5, 1950

STEUERNAGEL, C.
Das Deuteronomium, HK 1/3/1, ^{2}1923

STOEBE, H.J.
Das erste Buch Samuelis, KAT 8/1, 1973

STOEBE, H.J.
Art. *ḥsd*, THAT 1, 1971, 600-621

STOEBE, H.J.
Art. *ṭwb*, THAT 1, 1971, 652-664

STOEBE, H.J.
Art. *rḥm*, THAT 2, 1976, 761-768

STOLZ, F.
Strukturen und Figuren im Kult von Jerusalem. Studien zur altorientalischen, vor- und frühisraelitischen Religion, BZAW 118, 1970

STOLZ, F.
Das erste und zweite Buch Samuel, ZBK 9, 1981

STOLZ, F.
Psalmen im nachkultischen Raum, ThSt 129, 1983

STOLZ, F.
Art. *ᵓwt*, THAT 1, 1971, 91-95

STORY, C.I.K.
Amos – Prophet of Praise, VT 30, 1980, 67-80

TALLQVIST, K.L.
Akkadische Götterepitheta, StOr 7, 1938 (Nachdr. 1974)

THIEL, W.
Die deuteronomistische Redaktion von Jeremia 26-45. Mit einer Gesamtbeurteilung der deuteronomistischen Redaktion des Buches Jeremia, WMANT 52, 1981

THRONTVEIT, M.A.
When Kings Speak. Royal Speech and Royal Prayer in Chronicles, SBLDS 93, 1987

TORREY, C.C.
The Composition and Historical Value of Ezra-Nehemiah, BZAW 2, 1896

TOURNAY, R.
Notules sur les Psaumes (Psaumes XIX, 2-5; LXXI, 15-16), in: Alttestamentliche Studien, FS F. Nötscher, BBB 1, 1950, 271-280

TOURNAY, R.
Le Psaume et les Bénédictions de Moïse (Deutéronome, XXXIII), RB 65, 1958, 181-213

TOURNAY, R.
Le Cantique d'Anne. 1 Samuel II.1-10, FS D. Barthélemy, OBO 38, 1981, 553-576

TOURNAY, R.
Les « Dernières Paroles de David » II Samuel, XXIII, 1-7, RB 88, 1981, 481-504

TOWNER, W.S.
The Poetic Passages of Daniel 1-6, CBQ 31, 1969, 317-326

ULLMANN, L. – WINTER, L.W.
Der Koran. Das heilige Buch des Islam, Goldmanns Gelbe Taschenbücher 521/22, München 1964

VAN DEN BORN, A.
Zum Tempelweihespruch (1 Kg viii 12f), OTS 14, 1965, 235-244

VAN DER PLOEG, J.P.M.
Psalmen, BOT 7b, 1975

VAN DER PLOEG, J.P.M.
Psalm XIX and Some of its Problems, JEOL 17, 1963, 193-201

VAN DER PLOEG, J.P.M.
Le Psaume 119 et la Sagesse, in: La Sagesse de l'Ancien Testament, hg.v. M. Gilbert, BEThL 51, 1979, 82-87

VAN DER WOUDE, A.S.
Bemerkungen zu einigen umstrittenen Stellen im Zwölfprophetenbuch, FS H. Cazelles, AOAT 212, 1981, 483-499

VAN DER WOUDE, A.S.
Art. *ṣwr*,THAT 2, 1976, 538-543

VEIJOLA, T.
Die ewige Dynastie. David und die Entstehung seiner Dynastie nach der deuteronomistischen Darstellung, STAT Ser. B 193, 1975

VERMEYLEN, J.
Du Prophète Isaïe à l'Apocalyptique. Isaïe, I-XXXV, miroir d'un demi-millénaire d'expérience religieuse en Israël, EtB, t. I 1977, t. II 1978

VESCO, J.-L.
Le Psaume 18, Lecture Davidique, RB 94, 1987, 5-62

VOLZ, P.
Der Prophet Jeremia, KAT 10, ^{2}1928

VOLZ, P.
Zum Verständnis von Psalm 16 und Psalm 130, in: Vom Alten Testament, FS K. Marti, Gießen 1925, 287-296

VON DER OSTEN-SACKEN, P.
Die Apokalyptik in ihrem Verhältnis zu Prophetie und Weisheit, TEH 157, 1969

VON RAD, G.
Das Geschichtsbild des chronistischen Werkes, BWANT 54, 1930

VON RAD, G.
Theologie des Alten Testaments. Bd. I: Die Theologie der geschichtlichen Überlieferungen Israels, ^{6}1969; Bd. II: Die Theologie der prophetischen Überlieferungen Israels, ^{5}1968, EETh 1

VON RAD, G.
Der Heilige Krieg im alten Israel, Göttingen ^{5}1969

VON RAD, G.
Weisheit in Israel, Neukirchen-Vluyn 1970

VON RAD, G.
Das formgeschichtliche Problem des Hexateuch, in: Gesammelte Studien zum Alten Testament, TB 8, ^{4}1971, 9-86

VON RAD, G.
Das theologische Problem des alttestamentlichen Schöpfungsglaubens, in: Gesammelte Studien zum Alten Testament, TB 8, ^{4}1971, 136-147

VON RAD, G.
Gerichtsdoxologie, in: Gesammelte Studien zum Alten Testament II, TB 48, 1973, 245-254

VOSBERG, L.
Studien zum Reden vom Schöpfer in den Psalmen, BEvTh 69, 1975

WAGNER, S.
Art. *drš*, ThWAT 2, 1977, 313-329

WAGNER, S.
Art. *kn*^{c}, ThWAT 4, 1984, 216-224

WAMBACQ, B.N.
Les prières de Baruch (1,15-2,19) et de Daniel (9,5-19), Bib. 40, 1959, 463-475

WANKE, G.
Art. *nḥlh*, THAT 2, 1976, 55-59

WEIMAR, P.
Jon 2,1-11. Jonapsalm und Jonaerzählung, BZ 28, 1984, 43-68

WEINFELD, M.
Deuteronomy and the Deuteronomic School, Oxford 1972

WEIPPERT, H.
Die Prosareden des Jeremiabuches, BZAW 132, 1973

WEIPPERT, H.
Schöpfer des Himmels und der Erde. Ein Beitrag zur Theologie des Jeremiabuches, SBS 102, 1981

WEIPPERT, H.
« Der Ort, den Jahwe erwählen wird, um dort seinen Namen wohnen zu lassen ». Die Geschichte einer alttestamentlichen Formel, BZ 24, 1980, 76-94

WEIPPERT, M.
Mitteilungen zum Text von Ps 19$_{5}$ und Jes 22$_{5}$, ZAW 73, 1961, 97-99

WEISER, A.
Die Psalmen, ATD 14/15, ^{4}1955

WEISER, A.
Das Buch Jeremia, ATD 20/21, ^{6}1969

WEISMAN, Z.
A Connecting Link in an Old Hymn: Deuteronomy XXXIII 19A, 21B, VT 28, 1978, 365-367

WELCH, A.C.
The Source of Nehemiah IX, ZAW 47, 1929, 130-137

WELLHAUSEN, J.
Der Text der Bücher Samuelis, Göttingen 1871

WELLHAUSEN, J.
Prolegomena zur Geschichte Israels, Berlin, Leipzig ^{6}1927

WELLHAUSEN, J.
Die Composition des Hexateuchs und der historischen Bücher des Alten Testaments, Berlin ^{4}1963

WELTEN, P.
Geschichte und Geschichtsdarstellung in den Chronikbüchern, WMANT 42, 1973

WELTEN, P.
Lade – Tempel – Jerusalem. Zur Theologie der Chronikbücher, in: Textgemäß. Aufsätze und Beiträge zur Hermeneutik des Alten Testaments, FS E. Würthwein, Göttingen 1979, 169-183

WESTERMANN, C.
Das Loben Gottes in den Psalmen, Berlin 1953

WESTERMANN, C.
Die Verheißungen an die Väter. Studien zur Vätergeschichte, FRLANT 116, 1976

WESTERMANN, C.
Theologie des Alten Testaments in Grundzügen, GAT 6, 1978

WESTERMANN, C.
Genesis. 2. Teilband: Genesis 12-36, BK 1/2, 1981

WESTERMANN, C.
Sprache und Struktur der Prophetie Deuterojesajas, in: Forschung am Alten Testament. Gesammelte Studien, TB 24, 1964, 92-170

WESTERMANN, C.
Art. *ᶜbd*, THAT 2, 1976, 182-200

WILDBERGER, H.
Jesaja. 1. Teilband: Jesaja 1-12, BK 10/1, 1972

WILDBERGER, H.
Jesaja. 2. Teilband: Jesaja 13-27, BK 10/2, 1978

WILDBERGER, H.
Jesaja. 3. Teilband: Jesaja 28-39. Das Buch, der Prophet und seine Botschaft, BK 10/3, 1982

WILDBERGER, H.
"Glauben", Erwägungen zu *hᵓmjn*, in: Jahwe und sein Volk. Gesammelte Aufsätze zum Alten Testament, TB 66, 1979, 146-160

WILDBERGER, H.
Art. *bḥr*, THAT 1, 1971, 275-300

WILLI, T.
Die Chronik als Auslegung. Untersuchungen zur literarischen Gestaltung der historischen Überlieferung Israels, FRLANT 106, 1972

WILLIAMSON, H.G.M.
Israel in the Books of Chronicles, Cambridge 1977

WILLIAMSON, H.G.M.
1 and 2 Chronicles, NCeB, 1982

WILLIAMSON, H.G.M.
Ezra, Nehemiah, Word Biblical Commentary 16, 1985

WILLIAMSON, H.G.M.
Eschatology in Chronicles, TynB 28, 1977, 115-154

WILLIAMSON, H.G.M.
Structure and Historiography in Nehemiah 9, in: The Proceedings of the Ninth World Congress of Jewish Studies, Jerusalem o.J., 117-131

WILLIS, J.T.
The Song of Hannah and Psalm 113, CBQ 35, 1973, 139-154

WILSON, G.H.
The Prayer of Daniel 9: Reflection on Jeremiah 29, Journal for the Study of the Old Testament 48, 1990, 91-99

WOLF, C.U.
Daniel and the Lord's Prayer. A Synthesis of the Theology of the Book of Daniel, Interp. 15, 1961, 398-410

WOLFF, H.W.
Dodekapropheton 1. Hosea, BK 14/1, 1961

WOLFF, H.W.
Dodekapropheton 2. Joel und Amos, BK 14/2, [2]1975

WOLFF, H.W.
Dodekapropheton 3. Obadja und Jona, BK 14/3, 1977

WOLFF, H.W.
Dodekapropheton 4. Micha, BK 14/4, 1982

WOLFF, H.W.
Das Kerygma des deuteronomistischen Geschichtswerks, in: Gesammelte Studien zum Alten Testament, TB 22, [2]1973, 308-324

WÜRTHWEIN, E.
Das erste Buch der Könige. Kapitel 1-16, ATD 11/1, [2]1985

WÜRTHWEIN, E.
Kultpolemik oder Kultbescheid? Beobachtungen zu dem Thema "Prophetie und Kult", in: Wort und Existenz. Studien zum Alten Testament, Göttingen 1970, 144-160

ZENGER, E.
Tradition und Interpretation in Exodus XV 1-21, VT.S 32, 1981, 452-483

ZIEGLER, J.
Die Hilfe Gottes “am Morgen”, in: Alttestamentliche Studien, FS F. Nötscher, BBB 1, 1950, 281-288

ZIMMERLI, W.
Grundriß der alttestamentlichen Theologie, ThW 3, [2]1975

ZIMMERLI, W.
Zwillingspsalmen, in: Studien zur alttestamentlichen Theologie und Prophetie. Gesammelte Aufsätze II, TB 51, 1974, 261-271

ZOBEL, H.-J.
Art. *ḥsd*, ThWAT 3, 1982, 48-71

BIBELSTELLENREGISTER

Stellen, die über das Inhaltsverzeichnis erschlossen werden können, sind nicht berücksichtigt. Nicht in dieses Register eingearbeitet sind ebenfalls in “Zusammenfassung und Ausblick” aufgeführte Stellen.

Gen

1	6.86.87.91.92.95.252.262.268.312
1,3	252
1,6	252
1,14-18	91
1,14	116
1,16	84.91.92
1,27ff	87
2f	312
2	6
6,5	275
7,18	131
7,19	131
7,20	131
7,24	131
8,21	275
12	212
12,7	211
15	8.9
15,6	9
15,18	9
16,10	211
17	9.211
17,5	210
18,19	148
20,7	212
24,27	295
25,16	292
25,23	292
26	212
28,12	104
28,14	211
32,11	74
35,18	48
49,1	172
49,26	131

Ex

2,10	155
3,15	260
3,20	195
6,1	93
6,8	173
9,16	80
10,1	195
13,21f	11
14f	176
14	179.191
14,27	84.93.96
15	45.126.137.179.180.191.234.239.246.267
15,1	155.193.255
15,2	181.190.191
15,3	105
15,4	84
15,11	60.135
15,21	170.193.255.295
17,6	189
17,7	195
17,11	131
18,11	15
19ff	139
19-24	14
19	138
19,3	139
19,5	260
19,11	7
19,20	7
20,1	139.286

20,5f	16.28
20,6	79
20,22	7
23,21	195
24,12	14.31
24,17	117
33,3	195
33,5	195
34,6f	16.28
34,9	16.195
34,28	35
40,36-38	11

Lev

4,3	305
10,14	305
18,24	30
20	61
25,23	41
26,14f	31
26,15	282
26,41	40

Num

6,25	307
11	14.15
11,20	195
11,21	195
11,29	15
11,31	14
14,11	195
14,14	195
14,18	28
14,19f	16
20,11	189
20,14ff	46
21	94
21,17	155
21,21ff	10
21,21	10
21,23	10
21,26	10
21,27	10
21,28	10
21,29	10
21,33	10
21,34	10
24,3	159
24,15	159
25,15	292
32,33	10

Dtn

1,4	10
1,42	195
2f	10
2,4f	46
2,7	10
2,9	46
2,19	46
2,24	10
2,26	10
2,30	10
2,31	10
2,32	10
3,1	10
3,2	10
3,3	10
3,4	10
3,6	10
3,10	10
3,11	10
3,13	10
4	60.66.67
4,7f	73
4,7	66
4,8	8
4,15ff	60
4,17	67
4,20	61
4,27	31
4,34	73.80
4,37	8
4,39	45.60.122
4,46	10
4,47	10
5,9f	16.28
5,22	286

6,4	5
6,10f	10
6,15	195
7,(1)3	30
7,6	254.260
7,7ff	27.28
7,8	72
7,9f	16.28
7,9	27.28.305
7,12	27
7,19	80
7,21	195
8,2	93
8,4	10
8,7ff	87
8,11	149
8,15	93
9,9	35.62
9,26	72
9,29	78
10,4	286
10,14	6
10,15	8
10,17	80.86
11,1	149.282
11,8	30
11,10ff	87
12	64
12,10ff	64
13,6	72
15,15	72
16,18	8
17,18	31
18,13	149
18,15	30
21,8	72
23,7	30
23,15	195
24,16	31
24,18	72
26,8	80
27,3	31
27,8	31
28,61	31
28,64	31
29,4	93
29,6	10
29,8	14
29,19	57
29,20	31
30,1-5	31
30,10	31
30,16	149
31f	154
31,4	10
31,9	31
31,17	195
31,19	154
31,21	154
31,22	154
31,24	31
31,30	154.155
32f	126.154.174.179.180
32	136.137.154.155.174.179
32,4	121.143.149.252.305
32,12	136
32,13	102
32,15	143.173
32,18	143
32,21	221
32,27	136
32,30	143
32,31	143
32,36	260
32,37f	136
32,39	135.140.141
32,43	295
32,44	154
33	73.136.139.155.179
33,2	137
33,26f	136
33,26	73.135.136
33,29	73.102.136
34,10	30

Jos

1,8	14.31
2,9	179
2,10	10
2,11	45
2,24	179
3,5	195
3,10	195
7,19	107
8,31	31
8,32	31
8,34	31
9,10	10
12	94
12,1	94
12,2-6	94
12,2	10
12,4	10
12,5	10
13,10	10
13,12	10
13,21	10
13,27	10
13,30	10
13,31	10
21,44	64
21,45	64
23,1	64
23,6	31
24	173.244
24,5	195
24,23	63.195
24,25	282
24,26	31

Jdc

2	12.13
2,10-19	12
2,16	56
2,22	148
3,7-15	12
3,9	56
4	176
4,24	176
5	126.137.145.170. 177.179.180.239
5,4f	137
5,11	24
5,31	142
6,15	74
10,6-16	12
11,16f	46
11,19	10
11,20	10
11,21	10
16,28	3
17-21	156
17,6	156
18,1	156
19,1	156
21,25	156

ISam

1	129.130.134
1,10	130
1,11	130
1,12	130
1,16	152
1,26	130
1,27	130
2	164.213.227.234. 246.267.309
2,1-10	147
2,4ff	149
2,10	155.156.157
2,12	152
2,21	130
2,30	153
4,3	195
7,3	42
7,6	189
7,10	134
9,1	132
9,2	133
9,21	74
10,6	159
10,23	133
10,27	152.161

11,13 132
12,7 24
12,9-11 12
12,19 56
13,19 162
13,22 162
14,6 131
14,52 132
15,22f 146
15,23 153
15,29 146
16,7 133.146
16,18 132
17 131.134
17,4 133
17,7 162
17,37 131
17,40 162
17,45-47 131
17,45 162
17,47 146.162
17,51 132
18,4 132
18,10 162
18,11 162
18,18 134
19,9 162
19,10 162
19,12 151
19,18 151
20,27 159
20,30 159
20,31 159
20,33 162
21,9 162
22 151
22,6 162
22,7 159
22,8 159
22,9 159
22,13 159
23,5 132
23,25 151
24,3 151
24,14 146
24,18 133
24,23 151
25,10 159
25,17 152.161
25,25 152.161
26,7 162
26,8 162
26,11 162
26,12 162
26,16 162
26,22 162
26,23 146
26,24 152
30 153
30,22 152.161
31,3 132
31,12 162

IISam

1,6 162
1,17ff 132
1,18 132
1,19 132
1,21 132
1,22 132
1,23 131
1,25 132
1,27 132
2,23 162
3,18 132
4,9 152
5,3 39
7 48.49.51.52.55.60.64.82.154.163.176
7,1 64
7,5ff 51
7,6 61
7,15f 156
7,18ff 124
7,21 38
7,22 47
7,23 38

10,7 132
11 152.153
11,23 131
12,7 151
12,31 162
15 134
16,6 132
16,7 152.161
17,8 132
17,10 132
20,1 152.159.161
20,7 132
21-24 156.164
21,1-14 164
21,19 162
22f 129.155.174.213.227.246.309
22,1-23,7 154
22 48.49.131.136.138.139.164.176.224.263
22,3 143
22,5-7 224
22,5f 223
22,8-16 137
22,14 134
22,17 223
22,26f 146
22,26 128.132
22,28 141
22,31 146
22,32 135.143
22,34 102
22,35 132
22,40 141
22,43 92
22,47 143
22,51 129
23 137.152
23,1-7 147.155.156.157
23,2 301
23,3 143
23,6 152
23,8 132
23,9 132
23,16 132.189
23,17 132
23,18 162
23,21 162
23,22 132
24,1-25 164

IReg
2,1 158
2,3 14.31.149.282
3,8 211
4,19 10
5,18 64
5,19 64
6,12 149
8 48.49.73.82
8,23 16.27.28.78
8,27 6
8,28ff 45
8,47 21.56
8,52 272
11,33 149
12,16 159
21,29 40
22 6
22,21ff 159

IIReg
5,7 140
5,17 16
5,18 57
6,33 277
11,10 162
14,6 31
17 13.14
17,7ff 57
17,13 14.19.39
17,15 282
17.34 149
17,36 78
17,37 31
19,15 5.6.78
19,19 5.60

22f 32
22,19 40
23,3 282
23,25 31.32
24,4 57

Jes
1-39 185.187.196.198
1-34 198
1-12 184.185.187.193.200
1-11 186.200
1,1 185
1,4 197
1,19 30
2 192
2,1 185
2,2-5 185
2,6-22 192
2,9 192
2,10 192
2,11 185.192
2,12-22 192
2,12 192
2,13 192
2,14 192
2,17 185.192
2,19 192
2,20 185
2,21 192
2,22 268
3,7 185
3,18 185
4,1 185
4,2 185
5 187
5,1 155
5,7 190
5,25 187
5,26ff 87
5,30 185
7,9 47.190
7,18 185
7,20 185
7,21 185
7,23 185
8,18 118
9 187
9,8 192
9,11 187
9,16 187
9,20 187
10,5-11,16 184
10 187
10,4 187
10,12 192
10,17 117
10,20 185
10,27 185
10,33 192
11f 194.196
11 200
11,2 116
11,10 185
11,11ff 189.196
11,11-16 186.191.194.198
11,11 185
12 138.246.309
13,3 192
13,11 192
13,19 192
14,11 192
14,13 192
14,14 102
16,6 192
17,4 185
17,7 185
17,9 185
17,10 143
17,12ff 87
18,7 199
19,16 185
19,18-25 199
19,18 185
19,19 185
19,21 185
19,23 185
19,24 185

20,3	118
20,6	185
22,4	188
22,8	185
22,12	185
22,20	185
22,25	185
23,9	192
23,15	155.185
24-27	198
24,14	192
24,21	120.185.192
24,23	270
25,4	151
25,6f	199
25,8	199
25,9f	198
25,9	185
25,10-12	198
26,1	185
26,4	143.190
26,5	192
26,10	192
27,1	185
27,2	185
27,12	185.198
27,13	185.198
28,1	192
28,3	192
28,5	185
29,18	185
29,23	195
30,1	80
30,15	190
30,23	185
30,29	143
31,1	131
31,7	185
32-34	198
32,18	37
33f	199
33,3	105
33,5	192
33,15	24
34,1	292
35	198.199
35,8-10	194
36,4	190
36,5	190
36,6	190
36,7	190
36,9	190
36,15	190
37f	188
37,10	190
37,23	192
37,24	192
38	234
40-66	187
40ff	184.194.196.200
40-62	198
40-55	194
40	194.199
40,1-11	198
40,1f	194
40,1	187.194
40,2	194.197
40,8	254
40,9-11	194
40,9	181
40,17	119.120
40,18	135.300
40,23	113
40,26	192
41,2	113
41,8ff	45
41,8f	94
41,17f	189
42,5	92.300
42,8	105
42,10ff	295
42,10	205
42,13	131
43,1	101
43,7	101
43,9	292
43,10	135.300
43,12	135.300

43,20	189
44,1	94
44,2	94.173
44,3f	189
44,5	192
44,6	105
44,8	135.143
44,21	94
44,23	294.295
44,24-28	116
44,24	91.92
45,4	94
45,7	101
45,9	120
45,14f	300
45,14	135
45,15	135
45,18	101
45,21	135.300
45,22	135.300
45,24	24
46,9	135.300
46,10	254
47,4	105
48,1	192
48,2	105
48,6	113
48,20	295
48,21	189
48,28	94
49,7	305
49,10	189
49,13	188
49,14ff-55	194
50,10	190
51,3	188
51,9-11	194
51,10	273
51,12	187
51,15	105
51,19	188
52,6	185
52,7-12	194
52,7	270
52,9f	294
52,9	188.295
52,11	305
54,5	105
54,11	188
55,1	189
55,5	196
56,1	24.197
58,11	189
58,14	102
59,4	190
59,21	160
60,9	196
60,14	196
60,19	117
61,2	188
62,10-12	194.198
63,3	102
63,12	80
63,14	80
64,5	24
66,1ff	66
66,1	66
66,13	187
Jer	
2,13	189
4,13	87
5,15ff	87
6,22ff	87
7,4	267
9,2	131
9,3	267
9,15	31
10,1-16	260
10,10	105
10,12	92
10,13	260
10,16	105
11,4	61
11,20	111
14,9	195
16,17	79.254
16,21	105

17,9f	58
17,9	275
17,10	58.79
17,13	189
17,17	151
20,13	295
23,23f	66
24,10	309
25,3-11	35
27,5f	78
27,5	78
29,10-12	35
30,10	94
31,29	18
31,31-34	280.281
31,35	105
31,39	298
32	227
32,18	28.105
32,19	58
33,2	105
33,11	97
46,18	105
48,15	105
48,45	10
50,34	105
50,41ff	87
51,15-19	260
51,15	92
51,16	260
51,19	105
51,57	105

Ez

1,4ff	137
1,27	117
3,20	24
11,15	20.173
11,16	31
16,13	87
17,24	141
18	24
18,2	18
18,24	24
20	5.8.13.14
20,10-12	7
20,25	8
21,31	141
25,4	173
25,10	173
27,34	273
33,13	24
33,24	20.173
36,2	173
36,3	173
36,4	294
36,5	173
36,17	30

Hos

1,7	521
1,9	166
2,18-25	243
9,7	159
11,9	195
12,6	105
12,11	39

Joel

2,27	195
4,16	151

Am

1,2	109.112.137.138
2,4f	138
2,10	89
2,15	275
3,4	138
3,7	112
4,1-12	110
4,6-12	108
4,6-11	107
4,11	106
4,12	107.108
5,1ff	106
5,1-17	112
5,1-8	110
5,7	106.107

5,15 110
5,17 195
6,8 111
6,12 106
6,14 104
7,2 16
8,3 155
8,8 103.104.105.107
8,10 106
9,1ff 106
9,1-6 108
9,2 106
9,3 138
9,11ff 110

Jon
1f 226
1 220.225
1,2 223
1,6 223
1,9 226
1,14 223
1,16 222.226
2 234
2,11 221
3,2 223
3,4 223
3,5 223
3,8 223
4 225
4,2 226
4,3 224
4,8 224

Mi
1,3f 137
1,3 102
3,11 195
4,7 270
6,5 24
6,8 159
7,5 267
7,7 277
7,8-20 186.187
7,20 295

Nah
1,3ff 137
1,6 275

Hab
1,6ff 87
1,12 143
3 137.138
3,2 137
3,4 117
3,7 105.137
3,9 301
3,12 105.137
3,13 137.142
3,15 102
3,16 137
3,19 102

Zeph
3 196
3,5 195
3,11 133
3,14-17 195
3,15 195
3,17 195
3,18-20 196
3,19f 196
3,20 196

Hag
1,1 39
1,3 39
2,1 39

Sach
7,7 39
7,12 14.39
10,6 131
10,12 131

Mal
1,1 39

2,6	8
2,9	148
3,2	275
3,7	148
3,22	31

Ps

1	132.161.164.251. 259.283.304
1,1	299
1,4	160
2	164
2,1ff	87
2,1	292
2,8	143
3,9	221
5,8	222
5,12	291
7,7	289
8	265
8,5	265
9,9	206
9,12f	295
11,4	254
11,7	24
12,5	131
13,4	307
13,5	150
14,2	254
18	143.148.151.153. 154.263.264.265. 266
18,3	143
18,5	152
18,17	155
18,24-27	305
18,27	305
18,29	307
18,32	143
18,34	102
18,35	263
18,45f	264
18,45	264
18,47	143.264
18,48	263
18,51	264
19	8.251.282.283. 286.309
19,10	282
19,13	59
19,15	143
20,8	251
21,11	284
22	222
22,1	222
22,25	295
23,6	222
24	274
24,3	274
25,8	305
25,10	295
25,16	291
27,4	222
28,1	143
29	234
29,1f	300
29,3-9	235
29,9	300
31,3	143
31,6	305
31,7	221
31,17	307
31,19	134
31,23	219.224
33	73.259.262
33,3	205
33,5	291
33,12	73
34	242.251
34,12	299
34,17	284
35,17	307
36,1	154
36,10	117.189
37	251
37,14f	141
37,16	256
37,30f	280

37,34	148
39	242
39,6f	265
39,13	41
40	297
40,4	205
40,5	242
40,8f	280
40,11f	297
41,9	152
41,14	115
42,5	224
42,6	277
42,8	224
42,9	155.257
43,5f	224
44,3	292
44,15	292
46,2	151
46,6	195
46,7	87
46,9f	87
47	171
47,2-4	293.294
47,5	294
48,2	195
48,5f	87
49	242.251
50	280
51	59.275
59	151
59,1	151
59,8	302
59,17	151
60,10	178
60,13	267
61,4	151
62,3	143
62,8	143.151
62,9	151
62,10	265
62,11	267
63,4	292
65,4	131
65,10	189
66	98
66,13ff	239
67,2	307
67,4f	293
68	86.299
68,12	301
68,13ff	87
69,3	273
69,15	273
71,3	143
71,7	151
72	152
72,8	143
72,10	159
72,18	84.91
73,26	143
73,28	151
75	134.143.144
75,3f	141
75,8	140
76,2-7	87
76,8	275
77,9	301
78	93.96.251
78,1	282
78,2	302
78,10	282
78,35	143.310
78,43	80
79,13	301
80,4	307
80,8	307
80,20	307
81,17	87
83,19	105
86,5	16
86,8	60
86,9f	197
87,7	189
88,3	223
88,11	240
89	163.268
89,27	143

90	242	105	86.93.96.202.206.211.212.214.216.217.251
90,5f	41	105,1-15	203.206.209
91,2	151	105,1	191
91,9	151	105,4	214
92,16	143.305	105,6	211
94,4	134.302	105,8-11	211
94,22	143.151	105,8	205.257
95,1	143	105,12	205
96	202.203.206.209.216.217	105,15	204.212.213
96,1f	205	105,44	292
96,1	205	106	203.205.216.217.251
96,3f	197	106,1	97.203.209
96,9f	202	106,47f	203
96,10	141.206	106,47	203.204.292
96,13	204.206	106,48	205
97	300	107	97.98.99.116
97,6	300	107,1	97.98
97,10	132	107,2f	98
98,1	205	107,4-32	98
98,9	204.206	107,8	98
99,1	87	107,15	98
99,2	195	107,20	288
99,5	66	107,21	98
100,5	97.295.296	107,23f	301
101,3	152	107,31	98
102,13	260	107,33ff	98
102,26	301	107,43	98
103,6	24	108,10	178
103,8	257	108,13	267
103,11	131.297	109,15	284
103,15f	41	110,1ff	87
104	309	110,1	66
104,2	117	110,7	189
104,14f	87	111	251
104,19	116	111,7	306
104,24	301	112	251
104,27f	87	113	135.144
104,31-35	308.309	113,1	260
104,31	301	113,5f	144
104,32	309	113,7f	135.144
104,33	267	114	299
104,34	308.309		
104,35	309		

115 262
115,2-5 261
115,3 45.260.262
115,4ff 261
115,4-8 260.261
115,9-11 251
115,9-13 260
116-118,4 293
116 292.293
116,18 228
117 99.192.278
117,2 131
118 98.292.293
118,1-4 293
118,1 97
118,2-4 97.260
118,8f 267
118,14 181.190
118,27 307
118,29 97
119 8.234.242.277.304.307
119,19 41
119,33 304
119,36 63
119,43 306
119,64 251
119,65 256
119,68 256
119,71 256
119,72 256
119,74 307
119,89 304
119,99 14
119,102 148
119,103 304
119,108 308
119,127 304
119,130 306.307
119,133 42f
119,135 307
119,137 306
119,142 306
119,151 306
119,160 306
119,171 302
120-134 278
120 278
120,1 223.226
123,1f 46
127 152.251
129 279
130 36.57
130,3 26.27
130,4 16
130,5 288
131 279
131,3 277
132 217.279
132,7 66
132,8-10 213
132,8f 207
132,9 209
132,10 213
132,16 213
134 279
134,1 260
135 10.86.93.94.95.96
135,6 122
135,10-12 94
135,10f 96
135,10 94.96
135,11 10.85.94
135,12 94
136 6.10.239.295
136,1 260
136,17-22 260
136,19 10
136,20 10
137 260
138,7f 98
138,8 97
139 242.260
139,4 301
139,12 117
139,19 150
142 151

142,1 151
142,4 224
142,5 151
142,6 151
143,2 275
143,4 224
144 73.138.268
144,1 143
144,9 205
144,15 73.251.253
145 38.300
145,3-6 38
145,3 197
145,4 292
145,5 197
145,7 302
145,9 256
145,10 300
145,11f 38
145,15 46.87
145,17 121
146 216
146,6 297
147 314
147,8f 87
147,9 87
147,10 251
147,12 292
147,14 87
147,15-20 313
147,15-18 314
147,19 314
148,4 6
148,5 252
148,13 192
149,1 205
149,2 270
149,7 292

Hi

4,17 275
7,7 265
7,16 265
8,9 41
9 106.109
9,4 116
9,5-10 106
9,8 91.102
9,10 91
9,12-25 116
9,12 120
12,13 115.116
12,22 117
13,17 302
14,1f 41
14,2 265
14,4 275
15,14 275
15,17 302
15,25 131
21,7 131
22,14 102
22,22 282
22,28 301
23,11 148
25,24ff 275
28 312.313
28,28 313
32,6 302
32,10 302
32,17 302
33,30 307
36,2 302
36,9 131
38,1 138
38,33 298
40,6 138
40,7-16 144

Prov

1,2-5 302
1,23 160.302
1,29 299
2,1 282
2,8 132
3,19 92
8 312.313
8,1ff 313

8,22ff 313
8,32 148
9,10 257
11,5 305
14,26 37.151
15,2 302
15,3 254
15,26 305
15,28 302
16,20 14
18,4 302
19,21 254
19,25 306
20,9 57.275
21,11 306
21,31 131.251
23,9 301
25,13 307
29,13 307
30,1 159
30,5 149

Ruth
4,15 307

Cant
6,10 306

Koh
4,2 292
5,1 122
7,20 57
8,1 307
8,15 292
10,1 302
10,10 131

Thr
1,11 307
1,15 102
1,16 131.307
1,19 307
2,1 66
3,24 277
3,25 256
3,26 256
3,27 256
4,9 256

Est
4,16 35

Dan
1-7 113
1-6 113.122.123.124
2,6 114
2,8 116
2,9 116
2,16 116
2,18 123
2,19 123
2,23 292
2,24 117
2,28 124
2,30 114
2,31-45 124
2,37 38.114.123
2,44 123
2,45 123
2,47 123
3,5 116
3,7 116
3,8 116
3,15 116
3,17 123
3,26 123
3,28f 123
4 121
4,13 116
4,14 114.121.123
4,19 114
4,20 116
4,21 123
4,22 114.116.123
4,23 114
4,27 114
4,28 114
4,29 114.116.123

4,31 292
4,33 114.116
4,34 292
5,4 292
5,11 114
5,14 114
5,18 114.123
5,19 114
5,20 114
5,21 114.123
5,23 123.292
5,26 114
5,28 114
6,6 123
6,8f 122
6,11 116.123
6,12 123
6,14 116
6,17 122
6,21 122
6,22 122
6,24 123
6,27 123
7 113
7,6 114
7,12 114.116
7,14 114.124
7,18 114
7,22 114.116
7,23 114
7,24 114
7,25 116
7,26 114
7,27 114
9,4-19 18
9,4 16
9,5 148
9,9 16.272
9,13 14
9,15 80
9,27 131
10,3 35

Esr
3,2 31
3,11 97
6,14 111
9,6-15 18
9,8 307

Neh
1 22
1,5 16
1,6f 22
1,7 22
5,7 173
8 4
8,1ff 280
8,1 31
8,3 31
8,13 14
8,14 31
8,18 31
9 22.28.29.67.68.77.89.90.95.96.100.168.255
9,3 31
9,5 115
9,10 80
9,13 306
9,17 272
9,32 28.80
10,35 31
10,37 31

IChr
1-15 215
1-9 211
1,1-2,2 211
1,27 210
1,28 210
1,32 210
1,34 210.211
2-9 210
2,1 211
2,55 48
4,9f 48

4,9 48
4,10 48
5,1 211
5,2 131
5,3 211
5,18-22 47
5,20 47.48
6,16 208
6,17 208
6,18 208
6,23 211
7,29 211
9,33 208
10,14 159
11,3 39
11,18 159
12,19 159
12,41 209
13 214
13,3 214
13,8 208.209
15f 214
15,1-3 215
15,11-15 215
15,13 214
15,16 208.209
15,19 208
15,25-29 215
15,25 209
15,27 208
16 42
16,4 208
16,18 42
16,19 42
16,21 42
16,34 97
16,35 292
16,40 31
16,41 97
17,6 71
17,14 40
17,17 68
17,19 68
17,24 209
20,5 162
22,10 72
23,5 208
23,30 208
25,3 208
25,6 208
25,7 208
28f 43
28,2 66
28,5 40
28,6 72
28,8f 214
28,9 43
29 44.63.75.215
29,9 209
29,10 211
29,11f 115.209
29,11 79.115.209
29,13 208
29,14 74
29,17 209
29,18 210.211
29,22 209
29,26 159

IIChr
1,9 211
1,10 43
2,4 209
2,5f 41
2,5 6
5,12 208
5,13 97.208.209
5,14 209
6,5f 51
6,10 40
6,14 16.27.28
6,16 40
6,18 6
6,24 208
6,26 208
6,32 209
6,40 272
6,41f 208.213

6,41 209.214
6,42 213
7,1 209
7,2 209
7,3 97.208.209
7,6 97.208.209
7,10 209
7,14 40
7,15 272
8,14 39.208
9,8 40
9,11 208
10,15 39
10,16 159
11,18 159
12,1 31
12,6f 40
12,7 39
12,8 40
13,5 39
13,8 39
13,14 48
13,18 48
14,10 41.45
14,11 48
15,15 209
17,9 31
18,7 214
18,31 48
20 21
20,6 209
20,7f 210
20,7 210.211
20,19 208
20,21 97.208.209
20,27 209
22,9 41
23,12 208
23,13 208.209
23,18 31.208.209
23,21 209
24,10 209
24,19 19
25,15 214
29,25 39
29,27 208
29,28 208
29,30 208.209
29,36 209
30,6 210.211
30,11 40
30,16 31
30,18 209
30,19 42
30,21 208.209
30,22 208
30,23 209
30,25 209
30,26 209
30,27 223
31,2 208
31,3 31
32,26 40
33,8 39
33,12 40
33,19 40
33,23 40
34,3 214
34,12 208
34,14 31.32.39
34,21 214
34,27 40
34,32 212
35,6 39
35,15 208
35,25 208
35,26f 31
36,12 40
36,15 39

Sir
4,29 133
7,7 173
16,25 302
24 312.313
24,23 313
37,25 173
42,11 173

50,25f 166

Bar
1,15-3,8 33

Jdt
16 234
16,14 252

Tob
12 234

Lk
1 234

Joh
3,21 117
8,12 117
12,36 117

Röm
15,11 294

Eph
5,8 117

IThes
5,5 117

IJoh
1,7 117
2,9f 117

Apk
6,17 275

ORBIS BIBLICUS ET ORIENTALIS – Lieferbare Titel

Bd. 4 KARL JAROŠ: *Die Stellung des Elohisten zur kanaanäischen Religion.* 294 Seiten, 12 Abbildungen. 1982. 2. verbesserte und überarbeitete Auflage.

Bd. 7 RAINER SCHMITT: *Exodus und Passa. Ihr Zusammenhang im Alten Testament.* 124 Seiten. 1982. 2. neubearbeitete Auflage.

Bd. 8 ADRIAN SCHENKER: *Hexaplarische Psalmenbruchstücke.* Die hexaplarischen Psalmenfragmente der Handschriften Vaticanus graecus 752 und Canonicianus graecus 62. Einleitung, Ausgabe, Erläuterung. XXVIII–446 Seiten. 1975.

Bd. 10 EDUARDO ARENS: *The ΗΛΘΟΝ-Sayings in the Synoptic Tradition.* A Historico-critical Investigation. 370 Seiten. 1976.

Bd. 11 KARL JAROŠ: *Sichem.* Eine archäologische und religionsgeschichtliche Studie, mit besonderer Berücksichtigung von Jos 24. 280 Seiten, 193 Abbildungen. 1976.

Bd. 11a KARL JAROŠ/BRIGITTE DECKERT: *Studien zur Sichem-Area.* 81 Seiten, 23 Abbildungen. 1977.

Bd. 17 FRANZ SCHNIDER: *Die verlorenen Söhne.* Strukturanalytische und historisch-kritische Untersuchungen zu Lk 15. 105 Seiten. 1977.

Bd. 18 HEINRICH VALENTIN: *Aaron.* Eine Studie zur vor-priesterschriftlichen Aaron-Überlieferung. VIII–441 Seiten. 1978.

Bd. 19 MASSÉO CALOZ: *Etude sur la LXX origénienne du Psautier.* Les relations entre les leçons des Psaumes du Manuscrit Coislin 44, les Fragments des Hexaples et le texte du Psautier Gallican. 480 pages. 1978.

Bd. 20 RAPHAEL GIVEON: *The Impact of Egypt on Canaan.* Iconographical and Related Studies. 156 Seiten, 73 Abbildungen. 1978.

Bd. 22/3 CESLAS SPICQ: *Notes de Lexicographie néo-testamentaire.* Supplément. 698 pages. 1982.

Bd. 25/1 MICHAEL LATTKE: *Die Oden Salomos in ihrer Bedeutung für Neues Testament und Gnosis.* Band I. Ausführliche Handschriftenbeschreibung. Edition mit deutscher Parallel-Übersetzung. Hermeneutischer Anhang zur gnostischen Interpretation der Oden Salomos in der Pistis Sophia. XI–237 Seiten. 1979.

Bd. 25/1a MICHAEL LATTKE: *Die Oden Salomos in ihrer Bedeutung für Neues Testament und Gnosis.* Band Ia. Der syrische Text der Edition in Estrangela Faksimile des griechischen Papyrus Bodmer XI. 68 Seiten. 1980.

Bd. 25/2 MICHAEL LATTKE: *Die Oden Salomos in ihrer Bedeutung für Neues Testament und Gnosis.* Band II. Vollständige Wortkonkordanz zur handschriftlichen, griechischen, koptischen, lateinischen und syrischen Überlieferung der Oden Salomos. Mit einem Faksimile des Kodex N. XVI–201 Seiten. 1979.

Bd. 25/3 MICHAEL LATTKE: *Die Oden Salomos in ihrer Bedeutung für Neues Testament und Gnosis.* Band III. XXXIV–478 Seiten. 1986.

Bd. 27 JOSEF M. OESCH: *Petucha und Setuma.* Untersuchungen zu einer überlieferten Gliederung im hebräischen Text des Alten Testaments. XX–392–37* Seiten. 1979.

Bd. 28 ERIK HORNUNG/OTHMAR KEEL (Herausgeber): *Studien zu altägyptischen Lebenslehren.* 394 Seiten. 1979.

Bd. 29 HERMANN ALEXANDER SCHLÖGL: *Der Gott Tatenen.* Nach Texten und Bildern des Neuen Reiches. 216 Seiten, 14 Abbildungen. 1980.

Bd. 30 JOHANN JAKOB STAMM: *Beiträge zur Hebräischen und Altorientalischen Namenkunde.* XVI–264 Seiten. 1980.

Bd. 31 HELMUT UTZSCHNEIDER: *Hosea - Prophet vor dem Ende.* Zum Verhältnis von Geschichte und Institution in der alttestamentlichen Prophetie. 260 Seiten. 1980.

Bd. 32 PETER WEIMAR: *Die Berufung des Mose.* Literaturwissenschaftliche Analyse von Exodus 2, 23–5, 5. 402 Seiten. 1980.

Bd. 33 OTHMAR KEEL: *Das Böcklein in der Milch seiner Mutter und Verwandtes.* Im Lichte eines altorientalischen Bildmotivs. 163 Seiten, 141 Abbildungen. 1980.

Bd. 34 PIERRE AUFFRET: *Hymnes d'Egypte et d'Israël.* Etudes de structures littéraires. 316 pages, 1 illustration. 1981.

Bd. 35 ARIE VAN DER KOOIJ: *Die alten Textzeugen des Jesajabuches.* Ein Beitrag zur Textgeschichte des Alten Testaments. 388 Seiten. 1981.

Bd. 36 CARMEL McCARTHY: *The Tiqqune Sopherim and Other Theological Corrections in the Masoretic Text of the Old Testament.* 280 Seiten. 1981.

Bd. 37 BARBARA L. BEGELSBACHER-FISCHER: *Untersuchungen zur Götterwelt des Alten Reiches im Spiegel der Privatgräber der IV. und V. Dynastie.* 336 Seiten. 1981.

Bd. 38 MÉLANGES DOMINIQUE BARTHÉLEMY. *Etudes bibliques offertes à l'occasion de son 60e anniversaire.* Edités par Pierre Casetti, Othmar Keel et Adrian Schenker. 724 pages, 31 illustrations. 1981.

Bd. 39 ANDRÉ LEMAIRE: *Les écoles et la formation de la Bible dans l'ancien Israël.* 142 pages, 14 illustrations. 1981.

Bd. 40 JOSEPH HENNINGER: *Arabica Sacra.* Aufsätze zur Religionsgeschichte Arabiens und seiner Randgebiete. Contributions à l'histoire religieuse de l'Arabie et de ses régions limitrophes. 347 Seiten. 1981.

Bd. 41 DANIEL VON ALLMEN: *La famille de Dieu.* La symbolique familiale dans le paulinisme. LXVII–330 pages, 27 planches. 1981.

Bd. 42 ADRIAN SCHENKER: *Der Mächtige im Schmelzofen des Mitleids.* Eine Interpretation von 2 Sam 24. 92 Seiten. 1982.

Bd. 43 PAUL DESELAERS: *Das Buch Tobit.* Studien zu seiner Entstehung, Komposition und Theologie. 532 Seiten + Übersetzung 16 Seiten. 1982.

Bd. 44 PIERRE CASETTI: *Gibt es ein Leben vor dem Tod?* Eine Auslegung von Psalm 49. 315 Seiten. 1982.

Bd. 46 ERIK HORNUNG: *Der ägyptische Mythos von der Himmelskuh.* Eine Ätiologie des Unvollkommenen. Unter Mitarbeit von Andreas Brodbeck, Hermann Schlögl und Elisabeth Staehelin und mit einem Beitrag von Gerhard Fecht. XII–129 Seiten, 10 Abbildungen. 1991. 2. ergänzte Auflage.

Bd. 47 PIERRE CHERIX: *Le Concept de Notre Grande Puissance (CG VI, 4).* Texte, remarques philologiques, traduction et notes. XIV–95 pages. 1982.

Bd. 49 PIERRE AUFFRET: *La sagesse a bâti sa maison.* Etudes de structures littéraires dans l'Ancien Testament et spécialement dans les psaumes. 580 pages. 1982.

Bd. 50/1 DOMINIQUE BARTHÉLEMY: *Critique textuelle de l'Ancien Testament.* 1. Josué, Juges, Ruth, Samuel, Rois, Chroniques, Esdras, Néhémie, Esther. Rapport final du Comité pour l'analyse textuelle de l'Ancien Testament hébreu institué par l'Alliance Biblique Universelle, établi en coopération avec Alexander R. Hulst †, Norbert Lohfink, William D. McHardy, H. Peter Rüger, coéditeur, James A. Sanders, coéditeur. 812 pages. 1982.

Bd. 50/2 DOMINIQUE BARTHÉLEMY: *Critique textuelle de l'Ancien Testament.* 2. Isaïe, Jérémie, Lamentations. Rapport final du Comité pour l'analyse textuelle de l'Ancien Testament hébreu institué par l'Alliance Biblique Universelle, établi en coopération avec Alexander R. Hulst †, Norbert Lohfink, William D. McHardy, H. Peter Rüger, coéditeur, James A. Sanders, coéditeur. 1112 pages. 1986.

Bd. 50/3 DOMINIQUE BARTHÉLEMY: *Critique textuelle de l'Ancien Testament.* Tome 3. Ézéchiel, Daniel et les 12 Prophètes. Rapport final du Comité pour l'analyse textuelle de l'Ancien Testament hébreu institué par l'Alliance Biblique Universelle, établi en coopération avec Alexander R. Hulst†, Norbert Lohfink, William D. McHardy, H. Peter Rüger†, coéditeur, James A. Sanders, coéditeur. 1424 pages. 1992.

Bd. 52 MIRIAM LICHTHEIM: *Late Egyptian Wisdom Literature in the International Context.* A Study of Demotic Instructions. X–240 Seiten. 1983.

Bd. 53 URS WINTER: *Frau und Göttin.* Exegetische und ikonographische Studien zum weiblichen Gottesbild im Alten Israel und in dessen Umwelt. XVIII–928 Seiten, 520 Abbildungen. 1987. 2. Auflage. Mit einem Nachwort zur 2. Auflage.

Bd. 54 PAUL MAIBERGER: *Topographische und historische Untersuchungen zum Sinaiproblem.* Worauf beruht die Identifizierung des Ǧabal Mūsā mit dem Sinai? 189 Seiten, 13 Tafeln. 1984.

Bd. 55 PETER FREI/KLAUS KOCH: *Reichsidee und Reichsorganisation im Perserreich.* 119 Seiten, 17 Abbildungen. 1984. Vergriffen. Neuauflage in Vorbereitung.

Bd. 56 HANS-PETER MÜLLER: *Vergleich und Metapher im Hohenlied.* 59 Seiten. 1984.

Bd. 57 STEPHEN PISANO: *Additions or Omissions in the Books of Samuel.* The Significant Pluses and Minuses in the Massoretic, LXX and Qumran Texts. XIV–295 Seiten. 1984.

Bd. 58 ODO CAMPONOVO: *Königtum, Königsherrschaft und Reich Gottes in den Frühjüdischen Schriften.* XVI–492 Seiten. 1984.

Bd. 59 JAMES KARL HOFFMEIER: *Sacred in the Vocabulary of Ancient Egypt.* The Term *Ḏ̱SR,* with Special Reference to Dynasties I–XX. XXIV–281 Seiten, 24 Figures. 1985.

Bd. 60 CHRISTIAN HERRMANN: *Formen für ägyptische Fayencen.* Katalog der Sammlung des Biblischen Instituts der Universität Freiburg Schweiz und einer Privatsammlung. XXVIII-199 Seiten. Mit zahlreichen Abbildungen im Text und 30 Tafeln. 1985.

Bd. 61 HELMUT ENGEL: *Die Susanna-Erzählung.* Einleitung, Übersetzung und Kommentar zum Septuaginta-Text und zur Theodition-Bearbeitung. 205 Seiten + Anhang 11 Seiten. 1985.

Bd. 62 ERNST KUTSCH: *Die chronologischen Daten des Ezechielbuches.* 82 Seiten. 1985.

Bd. 63 MANFRED HUTTER: *Altorientalische Vorstellungen von der Unterwelt.* Literar- und religionsgeschichtliche Überlegungen zu «Nergal und Ereškigal». VIII–187 Seiten. 1985.

Bd. 64 HELGA WEIPPERT/KLAUS SEYBOLD/MANFRED WEIPPERT: *Beiträge zur prophetischen Bildsprache in Israel und Assyrien.* IX–93 Seiten. 1985.

Bd. 65 ABDEL-AZIZ FAHMY SADEK: *Contribution à l'étude de l'Amdouat.* Les variantes tardives du Livre de l'Amdouat dans les papyrus du Musée du Caire. XVI–400 pages, 175 illustrations. 1985.

Bd. 66 HANS-PETER STÄHLI: *Solare Elemente im Jahweglauben des Alten Testamentes.* X–60 Seiten. 1985.

Bd. 67 OTHMAR KEEL / SILVIA SCHROER: *Studien zu den Stempelsiegeln aus Palästina/Israel.* Band I. 115 Seiten, 103 Abbildungen. 1985.

Bd. 68 WALTER BEYERLIN: *Weisheitliche Vergewisserung mit Bezug auf den Zionskult.* Studien zum 125. Psalm. 96 Seiten. 1985.

Bd. 69 RAPHAEL VENTURA: *Living in a City of the Dead.* A Selection of Topographical and Administrative Terms in the Documents of the Theban Necropolis. XII–232 Seiten. 1986.

Bd. 70 CLEMENS LOCHER: *Die Ehre einer Frau in Israel.* Exegetische und rechtsvergleichende Studien zu Dtn 22, 13–21. XVIII–464 Seiten. 1986.

Bd. 71 HANS-PETER MATHYS: *Liebe deinen Nächsten wie dich selbst.* Untersuchungen zum alttestamentlichen Gebot der Nächstenliebe (Lev 19,18). XII–204 Seiten. 1990. 2. verbesserte Auflage.

Bd. 72 FRIEDRICH ABITZ: *Ramses III. in den Gräbern seiner Söhne.* 156 Seiten, 31 Abbildungen. 1986.

Bd. 73 DOMINIQUE BARTHÉLEMY/DAVID W. GOODING/JOHAN LUST/EMANUEL TOV: *The Story of David and Goliath.* 160 Seiten. 1986.

Bd. 74 SILVIA SCHROER: *In Israel gab es Bilder.* Nachrichten von darstellender Kunst im Alten Testament. XVI–553 Seiten, 146 Abbildungen. 1987.

Bd. 75 ALAN R. SCHULMAN: *Ceremonial Execution and Public Rewards.* Some Historical Scenes on New Kingdom Private Stelae. 296 Seiten, 41 Abbildungen. 1987.

Bd. 76 JOŽE KRAŠOVEC: *La justice (Ṣdq) de Dieu dans la Bible hébraïque et l'interprétation juive et chrétienne.* 456 pages. 1988.

Bd. 77 HELMUT UTZSCHNEIDER: *Das Heiligtum und das Gesetz.* Studien zur Bedeutung der sinaitischen Heiligtumstexte (Ez 25–40; Lev 8–9). XIV–326 Seiten. 1988.

Bd. 78 BERNARD GOSSE: *Isaie 13,1-14,23.* Dans la tradition littéraire du livre d'Isaïe et dans la tradition des oracles contre les nations. 308 pages. 1988.

Bd. 79 INKE W. SCHUMACHER: *Der Gott Sopdu - Der Herr der Fremdländer.* XVI–364 Seiten, 6 Abbildungen. 1988.

Bd. 80 HELLMUT BRUNNER: *Das hörende Herz.* Kleine Schriften zur Religions- und Geistesgeschichte Ägyptens. Herausgegeben von Wolfgang Röllig. 449 Seiten, 55 Abbildungen. 1988.

Bd. 81 WALTER BEYERLIN: *Bleilot, Brecheisen oder was sonst?* Revision einer Amos-Vision. 68 Seiten. 1988.

Bd. 82 MANFRED HUTTER: *Behexung, Entsühnung und Heilung.* Das Ritual der Tunnawiya für ein Königspaar aus mittelhethitischer Zeit (KBo XXI 1 – KUB IX 34 – KBo XXI 6). 186 Seiten. 1988.

Bd. 83 RAPHAEL GIVEON: *Scarabs from Recent Excavations in Israel.* 114 Seiten. Mit zahlreichen Abbildungen im Text und 9 Tafeln. 1988.

Bd. 84 MIRIAM LICHTHEIM: *Ancient Egyptian Autobiographies chiefly of the Middle Kingdom.* A Study and an Anthology. 200 Seiten, 10 Seiten Abbildungen. 1988.

Bd. 85 ECKART OTTO: *Rechtsgeschichte der Redaktionen im Kodex Ešnunna und im «Bundesbuch».* Eine redaktionsgeschichtliche und rechtsvergleichende Studie zu altbabylonischen und altisraelitischen Rechtsüberlieferungen. 220 Seiten. 1989.

Bd. 86 ANDRZEJ NIWIŃSKI: *Studies on the Illustrated Theban Funerary Papyri of the 11th and 10th Centuries B.C.* 488 Seiten, 80 Seiten Tafeln. 1989.

Bd. 87 URSULA SEIDL: *Die babylonischen Kudurru-Reliefs.* Symbole mesopotamischer Gottheiten. 236 Seiten, 33 Tafeln und 2 Tabellen. 1989.

Bd. 88 OTHMAR KEEL/HILDI KEEL-LEU/SILVIA SCHROER: *Studien zu den Stempelsiegeln aus Palästina/Israel.* Band II. 364 Seiten, 652 Abbildungen. 1989.

Bd. 89 FRIEDRICH ABITZ: *Baugeschichte und Dekoration des Grabes Ramses' VI.* 202 Seiten, 39 Abbildungen. 1989.

Bd. 90 JOSEPH HENNINGER SVD: *Arabica varia.* Aufsätze zur Kulturgeschichte Arabiens und seiner Randgebiete. Contributions à l'histoire culturelle de l'Arabie et de ses régions limitrophes. 504 Seiten. 1989.

Bd. 91 GEORG FISCHER: *Jahwe unser Gott.* Sprache, Aufbau und Erzähltechnik in der Berufung des Mose (Ex. 3–4). 276 Seiten. 1989.

Bd. 92 MARK A. O'BRIEN: *The Deuteronomistic History Hypothesis:* A Reassessment. 340 Seiten. 1989.

Bd. 93 WALTER BEYERLIN: *Reflexe der Amosvisionen im Jeremiabuch.* 120 Seiten. 1989.

Bd. 94 ENZO CORTESE: *Josua 13–21.* Ein priesterschriftlicher Abschnitt im deuteronomistischen Geschichtswerk. 136 Seiten. 1990.

Bd. 95 ERIK HORNUNG (Herausgeber): *Zum Bild Ägyptens im Mittelalter und in der Renaissance. Comment se représente-t-on l'Egypte au Moyen Age et à la Renaissance.* 268 Seiten. 1990.

Bd. 96 ANDRÉ WIESE: *Zum Bild des Königs auf ägyptischen Siegelamuletten.* 264 Seiten. Mit zahlreichen Abbildungen im Text und 32 Tafeln. 1990.

Bd. 97 WOLFGANG ZWICKEL: *Räucherkult und Räuchergeräte.* Exegetische und archäologische Studien zum Räucheropfer im Alten Testament. 372 Seiten. Mit zahlreichen Abbildungen im Text. 1990.

Bd. 98 AARON SCHART: *Mose und Israel im Konflikt.* Eine redaktionsgeschichtliche Studie zu den Wüstenerzählungen. 296 Seiten. 1990.

Bd. 99 THOMAS RÖMER: *Israels Väter.* Untersuchungen zur Väterthematik im Deuteronomium und in der deuteronomistischen Tradition. 664 Seiten. 1990.

Bd. 100 OTHMAR KEEL/MENAKHEM SHUVAL/CHRISTOPH UEHLINGER: *Studien zu den Stempelsiegeln aus Palästina/Israel.* Band III. Die Frühe Eisenzeit. Ein Workshop. XIV–456 Seiten. Mit zahlreichen Abbildungen im Text und 22 Tafeln. 1990.

Bd. 101 CHRISTOPH UEHLINGER: *Weltreich und «eine Rede».* Eine neue Deutung der sogenannten Turmbauerzählung (Gen 11,1–9). XVI–654 Seiten. 1990.

Bd. 102 BENJAMIN SASS: *Studia Alphabetica.* On the Origin and Early History of the Northwest Semitic, South Semitic and Greek Alphabets. X–120 Seiten. 16 Seiten Abbildungen. 2 Tabellen. 1991.

Bd. 103 ADRIAN SCHENKER: *Text und Sinn im Alten Testament.* Textgeschichtliche und bibeltheologische Studien. VIII–312 Seiten. 1991.

Bd. 104 DANIEL BODI: *The Book of Ezekiel and the Poem of Erra.* IV–332 Seiten. 1991.

Bd. 105 YUICHI OSUMI: *Die Kompositionsgeschichte des Bundesbuches Exodus 20,22b–23,33.* XII–284 Seiten. 1991.

Bd. 106 RUDOLF WERNER: *Kleine Einführung ins Hieroglyphen-Luwische.* XII–112 Seiten. 1991.

Bd. 107 THOMAS STAUBLI: *Das Image der Nomaden im Alten Israel und in der Ikonographie seiner sesshaften Nachbarn.* XII–408 Seiten. 145 Abb. und 3 Falttafeln. 1991.

Bd. 108 MOSHÉ ANBAR: *Les tribus amurrites de Mari.* VIII–256 Seiten. 1991.

Bd. 109 GÉRARD J. NORTON/STEPHEN PISANO (eds.): *Tradition of the Text.* Studies offered to Dominique Barthélemy in Celebration of his 70th Birthday. 336 Seiten. 1991.

Bd. 110 HILDI KEEL-LEU: *Vorderasiatische Stempelsiegel.* Die Sammlung des Biblischen Instituts der Universität Freiburg Schweiz. 180 Seiten. 24 Tafeln. 1991.

Bd. 111 NORBERT LOHFINK: *Die Väter Israels im Deuteronomium.* Mit einer Stellungnahme von Thomas Römer. 152 Seiten. 1991.

Bd. 112 EDMUND HERMSEN: *Die zwei Wege des Jenseits.* Das altägyptische Zweiwegebuch und seine Topographie. XII–282 Seiten, 1 mehrfarbige und 19 Schwarz-weiss-Abbildungen. 1992.

Bd. 113 CHARLES MAYSTRE: *Les grands prêtres de Ptah de Memphis.* XIV–474 pages, 2 planches. 1992.

Bd. 114 THOMAS SCHNEIDER: *Asiatische Personennamen in ägyptischen Quellen des Neuen Reiches.* 480 Seiten. 1992.

Bd. 115 ECKHARD VON NORDHEIM: *Die Selbstbehauptung Israels in der Welt des Alten Orients.* Religionsgeschichtlicher Vergleich anhand von Gen 15/22/28, dem Aufenthalt Israels in Ägypten, 2 Sam 7, 1 Kön 19 und Psalm 104. 240 Seiten. 1992.

Bd. 116 DONALD M. MATTHEWS: *The Kassite Glyptic of Nippur.* 208 Seiten. 210 Abbildungen. 1992.

Bd. 117 FIONA V. RICHARDS: *Scarab Seals from a Middle to Late Bronze Age Tomb at Pella in Jordan.* XII–152 Seiten, 16 Tafeln. 1992.

Bd. 118 YOHANAN GOLDMAN: *Prophétie et royauté au retour de l'exil. Les origines littéraires de la forme massorétique du livre de Jérémie.* XIV–270 pages. 1992.

Bd. 119 THOMAS M. KRAPF: *Die Priesterschrift und die vorexilische Zeit. Yehezkel Kaufmanns vernachlässigter Beitrag zur Geschichte der biblischen Religion.* XX-364 Seiten. 1992.

Bd. 120 MIRIAM LICHTHEIM: *Maat in Egyptian Autobiographies and Related Studies.* 236 Seiten, 8 Tafeln. 1992.

Bd. 121 ULRICH HÜBNER: *Spiele und Spielzeug im antiken Palästina.* 256 Seiten. 58 Abbildungen. 1992.

Bd. 122 OTHMAR KEEL: *Das Recht der Bilder, gesehen zu werden. Drei Fallstudien zur Methode der Interpretation altorientalischer Bilder.* 332 Seiten, 286 Abbildungen. 1992.

Bd. 123 WOLFGANG ZWICKEL (Hrsg.): *Biblische Welten. Festschrift für Martin Metzger zu seinem 65. Geburtstag.* 268 Seiten, 19 Abbildungen. 1993.

Bd. 124 AHMED FERJAOUI: *Recherches sur les relations entre l'Orient phénicien et Carthage.* 528 pages, 57 planches. 1993.

Bd. 125 BENJAMIN SASS/CHRISTOPH UEHLINGER (eds.): *Studies in the Iconography of Northwest Semitic Inscribed Seals. Proceedings of a symposium held in Fribourg on April 17-20, 1991.* 368 pages, 532 illustrations. 1993.

Bd. 126 RÜDIGER BARTELMUS/THOMAS KRÜGER/HELMUT UTZSCHNEIDER (Hrsg.): *Konsequente Traditionsgeschichte. Festschrift für Klaus Baltzer zum 65. Geburtstag.* 418 Seiten. 1993.

Bd. 127 ASKOLD I. IVANTCHIK: *Les Cimmériens au Proche-Orient.* 336 pages. 1993.

Bd. 128 JENS VOß: *Die Menora. Gestalt und Funktion des Leuchters im Tempel zu Jerusalem.* 124 Seiten. 1993.

Bd. 129 BERND JANOWSKI/KLAUS KOCH/GERNOT WILHELM (Hrsg.): *Religionsgeschichtliche Beziehungen zwischen Kleinasien, Nordsyrien und dem Alten Testament. Internationales Symposion Hamburg 17.-21. März 1990.* 572 Seiten. 1993.

Bd. 130 NILI SHUPAK: *Where can Wisdom be found?* The Sage's Language in the Bible and in Ancient Egyptian Literature. XXXII–516 pages. 1993.

Bd. 131 WALTER BURKERT/FRITZ STOLZ (Hrsg.): *Hymnen der Alten Welt im Kulturvergleich.* 134 Seiten. 1994.

Bd. 132 HANS-PETER MATHYS: Dichter und Beter. *Theologen aus spätalttestamentlicher Zeit.* 392 Seiten. 1994.

Sonderband PASCAL ATTINGER: *Eléments de linguistique sumérienne. La construction de du_{11}/e/di «dire».* 816 pages. 1993.

UNIVERSITÄTSVERLAG FREIBURG SCHWEIZ

Zusammenfassung

Israels systematische Bedürfnisse waren in seiner Spätzeit maßlos. Diese These ist bis anhin vor allem an Prosatexten erprobt worden, weniger dagegen an Psalmen, Gebeten und Doxologien. Dies geschieht im vorliegenden Buch. In ihm wird nachgewiesen, dass sich diese Gattungen besonders gut zur Verdichtung, Vertiefung und Systematisierung überkommenen Glaubensgutes eignen und deshalb in der Spätzeit des Alten Testaments auch gerne verwendet werden. Wann dieser Prozess genau eingesetzt hat, lässt sich nicht bestimmen.

Die vorliegende Untersuchung besteht vor allem aus Exegesen und muss es auch: In jedem der behandelten Texte lassen sich andere Tendenzen der Systematisierung beobachten. Zu einer umfassenden Systematisierung ist die jüdische Theologie damals allerdings noch nicht vorgestossen.

Bei den untersuchten Texten handelt es sich um folgende: Neh 9; Dan 9; Esr 9; Neh 1; IChr 29; IIChr 20; IReg 8; IISam 7; Jer 32; Ps 136; die Amosdoxologien; die hymnischen Einsprengsel im Danielbuch; das Lied der Hanna, den Psalm und die letzten Worte Davids (ISam 2; IISam 22; 23); Dtn 32; 33; Jdc 5; Ex 15; Jes 12; IChr 16; Ps 33; IIIf; 135; 144; 146; 130; 119; 117; 19.

Drei – exemplarisch herausgegriffene – Resultate dieser Exegesen: Ps 33 enthält eine alttestamentliche Dogmatik in nuce. Jes 13 bildet die Zusammenfassung des (ganzen!) Jesajabuches, das nach dem Verfasser dieses Psalmes einheitlich und widerspruchslos ist. Hannalied, Davids Psalm und letzte Worte enthalten eine weisheitlich-prophetische Interpretation der Samuelbücher, möglicherweise sogar des ganzen deuteronomistischen Geschichtswerkes; David wird in ihnen indirekt als Paradigma für den einzelnen Frommen dargestellt.

Gerhard von Rad verdanken wir eine klassisch gewordene Verhältnisbestimmung von Gotteslob und Reflexion: «Im Rühmen und Feiern Gottes war Israel immer stärker als in der theologischen Reflexion». Dieser Satz stimmt, muß aber durch die folgenden beiden ergänzt und ausgelegt werden: Theologische Reflexion hat Israel im Verlaufe seiner Geschichte immer stärker dazu geführt, Rühmen und Feiern Gottes in seinen Schriften einen zentralen Platz zuzuweisen. Diese Reflexion erfolgt bevorzugt in Gotteslob und -dank, in Psalmen, Doxologien und Gebeten.